Utiliser une calculatrice TI en physique et chimie

Saisir un nombre avec une puissance de 10

<u>Exemple de saisie :</u> Pour écrire **2,6 × 10^{-6}**, on tape :

2 · 6 2nde EE , (−) 6

Attention à ne pas confondre la touche du signe moins (nombre négatif) (−) avec la touche de soustraction −.

<u>Exemple d'affichage :</u> `2.6E-6`

Calculer avec les puissances de dix

Par exemple, le calcul $\frac{2,898 \times 10^{-3}}{5\,500 + 273}$ correspond à l'affichage ci-contre.

Le résultat affiché s'écrit 5,019920319 × 10^{-7}.

Dans ce type de calcul, il ne faut pas oublier les parenthèses au dénominateur.

Activer l'affichage en mode scientifique avec trois chiffres significatifs

Rappel : L'écriture scientifique (ou notation scientifique) d'un nombre décimal est l'écriture de ce nombre sous la forme $a \times 10^n$, le nombre a ne possédant qu'un chiffre non nul avant la virgule ($1 \leqslant a < 10$). Lorsque le nombre a possède deux décimales, on dit qu'il possède 3 chiffres significatifs.

Exemples : $3,00 \times 10^8$ et $2,52 \times 10^{-1}$ sont des écritures scientifiques comportant trois chiffres significatifs.

<u>Pour activer l'écriture scientifique :</u>

– Entrer dans les réglages par la touche mode.

– Avec les flèches du clavier, sélectionner **Sci** (pour scientifique),

puis **Float 2** (pour 2 décimales) et valider chaque étape par la touche entrer.

– Pour sortir : 2nde quitter mode.

```
NORMAL SCI ING
FLOTT 0 1 2 3 4 5 6 7 8 9
RADIAN DEGRE
FONC PAR POL SUITE
RELIE NONRELIE
SEQUENTIEL SIMUL
REEL a+bi re^θi
PLEIN HORIZ G-T
```

Rappeler le dernier résultat numérique affiché

– Appuyer sur les touches 2nde et ans (−), puis sur entrer.

– Le dernier résultat numérique s'affiche ; il peut être utilisé dans un calcul.

```
Ans
          6.29E-4
```

Mettre une valeur numérique en mémoire, puis la rappeler

<u>Pour stocker une valeur dans la mémoire :</u>

– Entrer la valeur à stocker (ici, la vitesse de la lumière dans le vide c = 299 792 458 m·s^{-1}).

– Appuyer sur les touches sto→, puis sur alpha draw C prgm entrer.

```
299792458→C
        299792458
```

On peut choisir d'autres lettres comme étiquettes de mémoire. Cela permet de stocker par exemple les valeurs des constantes souvent utilisées.

– Pour rappeler la valeur en mémoire, il suffit de taper la lettre correspondante : alpha draw C prgm entrer.

La valeur s'affiche ; elle peut être utilisée dans un calcul.

```
C
        299792458
```

Utiliser une calculatrice CASIO en physique et chimie

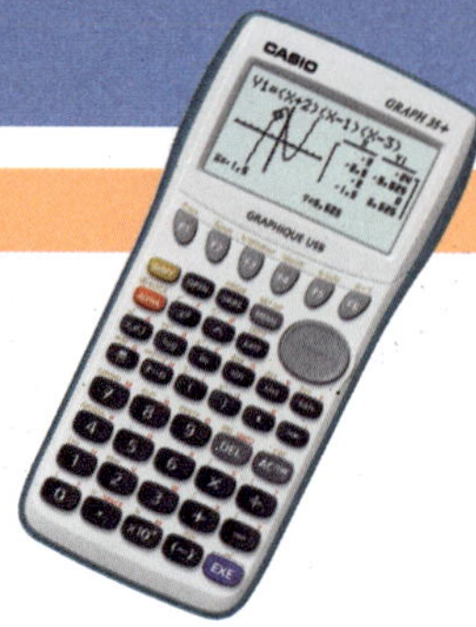

• Saisir un nombre avec une puissance de 10

Exemple de saisie : Pour écrire $2,6 \times 10^{-6}$, on tape :

[2] [•] [6] [×10^x] [(–)] [6]

Attention à ne pas confondre la touche du signe moins (nombre négatif) [(–)]

avec la touche de soustraction [–].

Exemple d'affichage : 2.6E-6

• Calculer avec les puissances de dix

Par exemple, le calcul $\dfrac{2,898 \times 10^{-3}}{5\,500 + 273}$ correspond à l'affichage ci-contre.

```
2.898E-3÷(5500+273)
          5.019920319E-07
▶MAT
```

Le résultat affiché s'écrit $5,019920319 \times 10^{-7}$.

Dans ce type de calcul, il ne faut pas oublier les parenthèses au dénominateur.

• Activer l'affichage en mode scientifique avec trois chiffres significatifs

Rappel : L'écriture scientifique (ou notation scientifique) d'un nombre décimal est l'écriture de ce nombre sous la forme $a \times 10^n$, le nombre a ne possédant qu'un chiffre non nul avant la virgule ($1 \leqslant a < 10$). Lorsque le nombre a possède deux décimales, on dit qu'il possède 3 chiffres significatifs.

Exemples : $3,00 \times 10^8$ et $2,52 \times 10^{-1}$ sont des écritures scientifiques comportant trois chiffres significatifs.

Pour activer l'écriture scientifique :

– Entrer dans les réglages par les touches [SHIFT] [MENU] (SET UP).

– Avec les flèches du clavier, sélectionner **Display** puis **Sci** [touche [F2]]

(pour scientifique), puis [3] (pour 3 chiffres significatifs) et valider par la touche [EXE].

```
Angle         :Deg    ↑
Complex Mode:Real
Coord         :On
Grid          :Off
Axes          :On
Label         :Off
Display       :Sci3
Fix  Sci  Norm  Eng
```

– Pour sortir : [SHIFT] [EXIT] (QUIT) ou [EXE].

▸ Rappeler le dernier résultat numérique affiché

– Appuyer sur les touches [SHIFT] et [(–)] (Ans), puis sur [EXE].

– Le dernier résultat numérique s'affiche ; il peut être utilisé dans un calcul.

```
Ans
              6.29E-04
```

▸ Mettre une valeur numérique en mémoire, puis la rappeler

Pour stocker une valeur dans la mémoire :

– Entrer la valeur à stocker (ici, la vitesse de la lumière dans le vide $c = 299\,792\,458$ m·s^{-1}).

```
299792458→C
          299792458
```

– Appuyer sur les touches [→], puis sur [ALPHA] [ln] (C) [EXE].

On peut choisir d'autres lettres comme étiquettes de mémoire. Cela permet de stocker par exemple les valeurs des constantes souvent utilisées.

Pour rappeler la valeur en mémoire, il suffit de taper la lettre correspondante : [ALPHA] [ln] (C) [EXE].

La valeur s'affiche ; elle peut être utilisée dans un calcul.

```
C
          299792458
```

Physique Chimie

1re S

Sous la direction de

Thierry DULAURANS
Lycée Fernand-Daguin à Mérignac

André DURUPTHY
Lycée Paul-Cézanne à Aix-en-Provence

Michel BARDE
Lycée Marcel-Pagnol à Marseille

Nathalie BARDE
Lycée Saint-Charles à Marseille

Jean-Philippe BELLIER
Lycée Michel-Montaigne à Bordeaux

Vincent BESNARD
Lycée Montesquieu à Bordeaux

Marc BIGORRE
Lycée des Graves à Gradignan

Éric DAINI
Lycée Paul-Cézanne à Aix-en-Provence

Maryline DAINI-D'INCAN
Lycée Maurice-Janetti
à Saint-Maximin-la-Sainte-Baume

Marie des Neiges DE FLAUGERGUES
Lycée du Grésivaudan à Meylan

Magali GIACINO
Lycée Paul-Cézanne à Aix-en-Provence

Nicolas LESCURE
Lycée Michel-Montaigne à Bordeaux

Vanina MONNET
Lycée Michel-Montaigne à Bordeaux

Bruno POUDENS
Lycée des Graves à Gradignan

Isabelle TARRIDE
Lycée Val de Durance à Pertuis

hachette
ÉDUCATION

Crédits photographiques

Couverture h : Hubert Raguet/LookatSciences ; mg : Franck Guiziou/Hemis/Corbis ; m : Sebastian Duda** (reprise p. 125) ; b : photlook*. **8** b : Mike Grandmaison/Corbis (reprise p. 29, 44 et 114) ; hd : fivespots** (reprise p. 96). **9** g : apdesign** (reprise p. 65) ; d : Ocean/Corbis. **10** Sunset. **13** P. Hardy/Corbis (reprise p. 28). **14** d : Alexander* (reprise p. 27). **22** Yuri Arcurs*. **23** b : milosluz*. **25** sunnymars*. **26** hd : moodboard* ; bd : Collection Christophel. **27** mg : laurent hamels* ; md : Igor Sinitsyn*. **29** IKO** (reprise p. 44). **30** g : Karol Kozlowski** ; d : Vasilyev**. **31** h : Y. Soulabaille/LookatSciences ; b : Christophel. **32** h : daboost*. **38** b : Giuseppe Porzani*. **40** Y. Guichaoua/Eyedea. **41** bg : BSIP/Medicimage ; d : Christian Faur. **43** bd : Pier95*. **45** Thomas Nord** (reprise p. 60). **46** hg : Niki Crucillo** (reprise p. 254) ; hd : ra-design** (reprise p. 254) ; mg : Tatiana Popova** (reprise p. 254) ; md : cosma**. **48** g : The Granger Collection NY/Rue des Archives ; m : Keystone ; d : Keystone. **49** hg : Martin Bangemann** ; hd : Kosmonaut**. **51** hd : Carlos Caetano** (reprise p. 59). **57** hg : Giovanni Benintende**. **58** T. McConnell/SPL/Cosmos. **59** h : M. Kerneïs. **60** mg : stocksnapp** ; hm : c.**. **61** g : The Bridgeman Art Library ; d : Diez Arcoo/Age fotostock (reprise p. 78). **62** h : javarman** ; bd : Anthony Bannister/Gallo Images/Corbis. **63** h : Alexandar Iotzov** ; m : Tracey Whitefoot/Alamy/Photo 12.com. **64** h : DR. **66** h : BNF ; b : gparigot*. **67** hg : A. Renaux, Dominique Cardon/CNRS Photothèque ; hd : Elena Phipps/CNRS Photothèque ; m : SPL/Cosmos. **68** m : akg-images/Erich Lessing. **69** Euro Color Creative**. **71** Olga Rutko*. **72** h : Unclesam*. **73** R. Gino Santa Maria**. **74** bg : Gérard Blot/Photo RMN. **75** g : Doug Lemke** ; d : Kharidehal Abhirama Ashwin**. **76** Visuals Unlimited/Getty Images. **77** bg : Eremin Sergey** ; md : Musée Royal des Beaux Arts d'Anvers. **79** Don Johnston/Age Photostock (reprise p. 94). **90** bg : Isabella Pfenninger**. **92** d : sachek**. **95** K.F.L.* (reprise p. 111) ; m : Horus Pharma (reprise p. 111). **99** bd : Franz Pfluegl*. **105** hg : Nick Stubbs** ; hd : fotohunter** ; b : roswitha wesiak*. **106** hd : wiedzma* ; bd : Tupungato*. **107** mg : Liv Friis-larsen* ; bd : pokki*. **108** hg : Luis Ceifao* ; hd : Losevsky Pavel** ; bd : Anna Khomulo*. **109** g : Unclesam*. **110** hg : Katarzyna Krawiec** ; hd : Galaiko Sergey* ; bd : Pixel & Création*. **112** h : Visuals Unlimited/Corbis ; b : Hasbro. **114** h : La Collection/Artothek ; m : Only Fabrizio**. **115** Horizon/Sunset. **116** b : S. Koski/Novapix (reprise p. 201 et 218) ; g : Falk Kienas** (reprise p. 152). **117** h : P. Ginter/Science Faction/Corbis ; b : Light & Magic Photography** (reprise p. 185 et 200). **119** h : CERN/SPL/Cosmos ; b : D. Parker/SPL/Cosmos (reprise p. 132). **121** m : Giovanni Benintende** ; d : cynoclub*. **128** bg : pf30* ; bd : Luc PATUREAU* **129** hg : C. Molloy/SPL/Phanie ; bg : B. Pepone/Corbis ; d : J.C. Révy/ISM. **130** h : W. Cody/Corbis ; b : jokerpro*. **131** h : W.B. Myers/Novapix ; m : Julien Serreau, bd : École Estienne. **132** b : CERN. **133** Keystone (reprise p. 150). **134** hg : MP/Leemage ; bg : Library of Congress/SPL/Cosmos ; hd : Selva/Leemage ; bd : Collection CL/Kharbine-Tapabor. **135** Christophel. **138** h : Burger/Phanie ; b : C. Molloy/SPL/Cosmos. **139** bg à bd : StudioJohann2000** ; Gyorgy Barna** ; ayazad** ; kzww** ; Bragin Alexey**. **144** Bork**. **146** The British Museum, Londres, Dist. RMN/The Trustees of The British Museum. **147** g : ISM. **148** Pierre Baudier. **149** hg : hornyak** ; bg : Y. Arthus-Bertrand/Altitude ; md : majeczka** ; bd : Ozerov Alexander**. **150** bg : Taily** (reprise p. 224). **151** Susan S. Carroll** (reprise p. 168). **152** md : Heritage Images/Leemage. **155** h : José Manuel Sanchis Calvete/Corbis. **158** md : Gustoimages/SPL/Phanie. **162** h : B. Murton/Southampton Oceanography Centre/SPL/Biosphoto. **163** b : Altrendo nature/Getty Images. **164** hd : Christine Lamour*. **165** DR. **166** hd : Pierre Gleizes/Rea. **168** mg : Vaughan Fleming/SPL/Cosmos ; md : Louis-Dominique Bayle/MNHN. **169** Daniel Sambraus/SPL/Cosmos ; g : Laure Fons* (reprise p. 184). **174** b : Nicolas Tucat/Rea. **189** hd : Schlierner* ; bm : prizzz**. **193** mg : frank ungrad**. **194** hd : Philippe LERIDON* ; bd : katzensteiner*. **198** bg : Studio DER*. **199** CRB98*. **201** bg : NASA/Novapix (reprise p. 218). **202** h : Météo France. **203** g : North Wind Pictures/Leemage ; m : Héritage Images/Leemage ; d : akg-images/SPL. **205** hd : mojito.mak[dog]gmail[dot]com**. **214** d : TebNad**. **215** hg : Micha Rosenwirth** ; bg : R. Cummins/Corbis ; bd : Gertjan Hooijer**. **217** hd : Wesley Aston**. **219** Sunset/Visual Press (reprise p. 235). **220** akg-images/SPL. **222** hd : Weatherstock/Sunset ; hg : W. Faidley/Corbis. **223** g : akg-images/SPL ; m : J. Boyer/Roger-Viollet ; d : MP/Leemage. **224** md : Jarry/Tripelon/Top/Eyedea ; bd : moodboard*. **225** md : ESA/D. Ducros/Novapix. **226** h : Raoul Duke* ; m : Sportlibrary*. **229** g : Pi-Lens** ; hd : marc duprat*. **230** Rafa Irusta** (reprise p. 246). **231** hg : E. Teissedre/PNS ; bg : Christophel ; d : P. Royer/Eyedea. **232** hg : NASA/Novapix. **233** bd : Red Bull Experiment Las Vegas/C. Pondella. **236** Florame/DR. **237** Astier/BSIP. **238** DeVIce*. **240** B. Laurence/Imagestate/Eyedea (reprise p. 243 et 252). **241** mg : Hajohoos* (reprise p. 282) ; d : L. Berkeley National/SPL/Cosmos (reprise p. 333 et 347) ; mb : François Caillaud/Sagascience/CNRS Photothèque (reprise p. 337). **242** h : vovan*. **246** hg : AKS* ; hm : Marc Dietrich** ; hd : SeDmi** ; mg : Darren Baker** ; m : AnnaC* ; md : philippe Devanne* ; d : Momatiuk - Eastcott/Corbis ; b : TebNad*. **249** h : Franck Boston* ; m : cartographie Hachette Éducation. **250** h : TebNad* ; b : F. Oddoux/EDF. **251** h : Lukiyanova Natalia/frenta**. **253** K. Foy/Alamy (reprise p. 268). **254** h : ADEME ; m : Oleksiy Mark**. **258** hg à hd : Texas Instruments ; ambrits* ; Kayros Studio « Be Happy ! »** (reprise p. 264) ; PhotoStocker** ; Joe Gough** ; Dirk Ercken** (reprise p. 267). **261** h : terekhov igor**. **262** h : Hywit Dimyadi** ; b : Leelaryonkul**. **264** hg : M. Kerneïs ; mg : gualtiero boffi** ; m : cobalt88** ; bg : Dmitry Rukhlenko** ; bd : DO3820 Tropico Diffusion group Editor www.tropico-diffusion.fr/www.avenueofthestars.fr. **265** g : Anson0618** ; bg : terekhov igor** ; hd : Imagebroker/Sunset ; bd : Aleksandr Kurganov**. **266** Shuli Hallak/Corbis. **267** g : ilFede** ; hd : Slavomir Valigursky*. **268** md : Tonis Pan**. **269** Yann Arthus-Bertrand/Altitude (reprise p. 284). **270** Richard Damoret/Rea. **271** h : Inga Nielsen** ; hm : MaverickLEE** ; m : cbpix** ; mb : Katja Wickert** ; b : Alex Mit**. **272** g : Bill Ross/Corbis ; d : Nataliya Hora**. **277** h : Zlatko Ivancok* ; m : Anthony DiChello** ; b : Roman Sigaev**. **278** b : margouillat photo* ; md : Simon Isabelle/Sipa. **279** h : sumnersgraphicsinc* ; b : Subbotina Anna*. **280** g : Yvette Tavernier/Biosphoto ; bd : Udo Kroener*. **281** bd : Thaut Images*. **282** d : Colin Cuthbert/SPL/Biosphoto. **283** h : Erik C. Pendzich/Rex/Sipa ; d : Pascal Goetgheluck/Biosphoto. **284** hg : Martin Shields/Photo Researchers/BSIP ; mg : Scientifica/Visuals Unlimited/Corbis ; bd : Ornitolog82*. **285** AxiCom PR/DR. **286** Facelly/Sipa. **287** Sheila Terry/SPL/Cosmos. **289** Yves Flammin/Le progres. PhotoPQR/Maxppp. **291** Curtis Kautzer*. **293** Isopix/Sipa. **297** luxpainter*. **300** Nasa. **301** mg : Bernd Hentschel/Age Fotostock. **302** h : Aisa/Leemage ; mg : AxiCom PR/DR. **303** de hd à bd : John Dorado** ; Danshutter** ; Rozaliya* ; Claude Beaubien* ; Tomislav Forgo* ; Leonid Shcheglov* ; Alx* ; Steve Mann* ; PcJo** ; paulo cruz* ; Stas Volik**. **304** C.Bluesman*. **306** h : Ruud Knol/Age Fotostock. **307** b : Creativ Studio Heinem/Age Fotostock. **308** m : Mario Fourmy/Rea ; b : PVDE/Rue des Archives. **309** b : Foodfolio/Age Fotostock. **311** b : Diez Arcoo/Age Fotostock. **314** Gabees*. **315** AJ photo/Oredia. **316** m : Mark J. Grenier* ; hd : Hugh O'Neill* ; md : Viktor Pryymachuk**. **317** Maximilian Stock LTD/SPL/Cosmos ; g : Unclesam* ; d : shebeko**. **318** b : Ray*. **319** h : Mauro Rodrigues**. **329** hg : Gunnar Assmy* ; mg : Unclesam*. **330** Madlen**. **332** hg : Maximilian/Phototake/BSIP ; hd : martine wagner* ; m : Jean Claude Moschetti/Rea. **333** hd : mstroeck/Wikipedia ; md : Bernholc J/SPL/Cosmos. **334** mg : Michel Gunther/Biosphoto ; md : Eye of Science/Cosmos ; bg : St Stev/Flickr. **335** h : Digital Art/Corbis ; b : Charles Winters/BSIP. **336** h : E. reschker/Peter Arnold/Biosphoto ; mg : Frédéric Didillon/Biosphoto ; bg : Rodriguez/Age Fotostock. **337** François Caillaud/Sagascience/CNRS Photothèque. **338** hd : Jean-Luc GIROLET* ; md : Gunnar Pippel**. **339** hd : Didier Cot/CNRS Photothèque ; hg : Volodymyr Vechirnii* ; md : lunamarina* ; bd : Sport Rider. **340** hd : mangostock* ; mg : PixAchi* ; md : Teresa Kasprzycka** ; b : justtodd75*. **341** h : Equinox Graphics/SPL/Cosmos ; m : Unclesam* ; b : patolo*. **342** hd : Ryan Tweney/farady ; bg : Gina Sanders*. **343** Shelley Gazin/Corbis. **344** hg : laurent hamels* ; bd : Muriel Hazan/Biosphoto. **345** vanessita*. **346** hg : William Thielicke ; hd : Sto S.A.S. ; m : Bogdan VASILESCU**, Bill Gabbert*, Vulkanisator* ; bd : NATALE*. **347** bg : Jpl/Nasa ; bd : spaceloft. **348** Taiga**. **349** Sébastien Garcia*. **350** Boykov**. **352** mg : Gianni Giansanti/Sygma/Corbis ; bd : BSIP/W&D. Mcintyre ; bg : Alain Potignon. **353** bg : BSIP/Marka F. Laera ; bd : M. Castro/Urba Images Server. **366** Denis Dryashkin**.

*** = fotolia.com ; ** = shutterstock.com**

Photographies non référencées : Alain Béguerie et Philippe Burlot.

Remerciements

- Nous remercions vivement les enseignants qui ont accepté de participer à la **relecture critique** du manuscrit :
Alexandra Chauvin, Caroline Luc,
Sébastien Gomes et Laurent Le Floch.
- Nous remercions l'administration et le personnel de laboratoire du lycée des Graves à Gradignan et du lycée Paul-Cézanne à Aix-en-Provence de nous avoir accueillis pour la réalisation des photos d'expériences.
- Nous remercions également les sociétés Jeulin, Sciencéthic, Galilab et Ovio-instruments pour leurs prêts de matériel.

Couverture : Pierre-Antoine Rambaud (Parbleu !)
Maquette intérieure : Frédéric Jély
Composition : CMB graphic
Suivi éditorial : Annie Herschlikowitz
Schémas : Patrick Hanequand et Jean-Luc Maniouloux
Infographies : Antoine Dagan (p. 33, 123, 204, 244-245, 255, 257, 272-273, rabat IV)
Photographies d'expériences : Alain Béguerie et Philippe Burlot
Recherche iconographique : Michèle Kerneïs et Katia Davidoff
Illustrations : Jean-Louis Goussé
Photogravure : Apex Graphic

www.hachette-education.com

ISBN : 978-2-01-135535-5

Cet ouvrage est imprimé sur du papier composé de fibres naturelles, renouvelables, recyclables, et fabriqué à partir de bois issu de forêts gérées de façon durable conformément à l'article 206 de la loi n° 2010-788 du 12 juillet 2010.

Sommaire

OBSERVER
Couleurs et images

COMPRENDRE
Lois et modèles

Sommaire

Sommaire

À la découverte

La page d'ouverture

Elle présente la problématique du chapitre et ses objectifs.

Chaque couleur correspond à un thème.

Observer

Comprendre

Agir

Les activités

Elles peuvent être documentaires, expérimentales ou les deux.

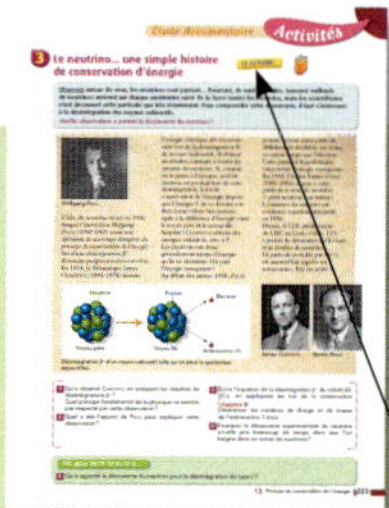

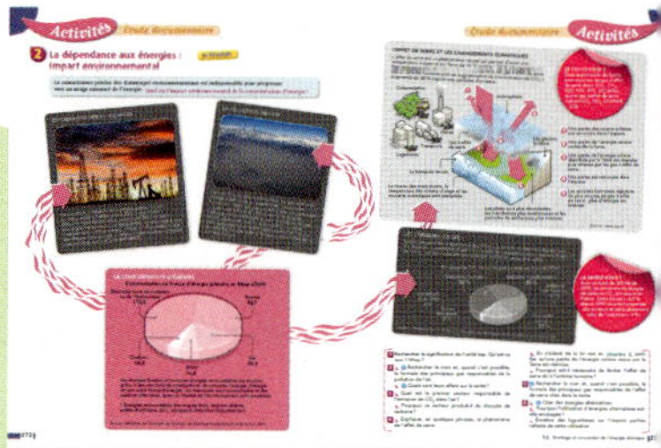

EN AUTONOMIE

Elles peuvent parfois être réalisées en autonomie, au CDI ou à la maison.

Certaines mettent en œuvre une démarche d'investigation.

DÉMARCHE D'INVESTIGATION

La plupart se termine par une question de synthèse.

Un pas vers le cours...

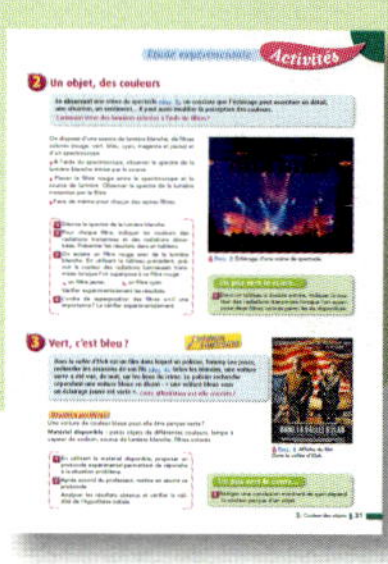

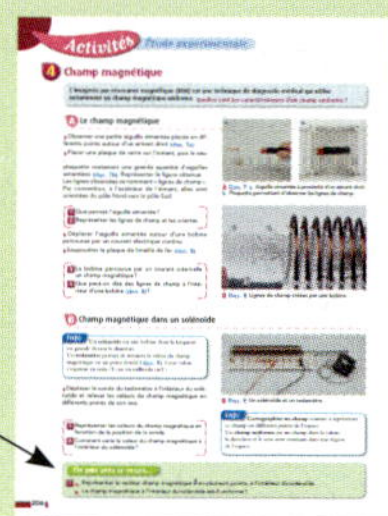

Le cours

Clair et concis, il est construit à partir des activités. Il propose des renvois aux QCM et aux exercices « Pour commencer ».

La rubrique « Pour les curieux » permet d'approfondir certains points, qui sont ensuite réinvestis dans un exercice.

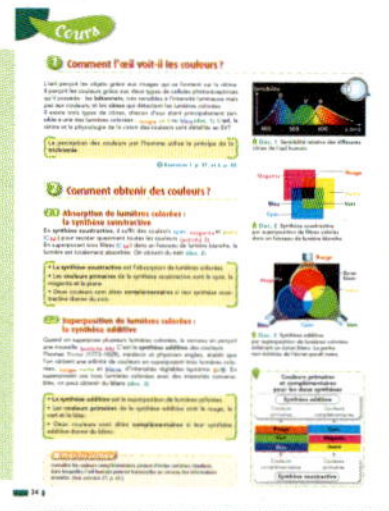

Les pictos du manuel

- Histoire des sciences
- Question nécessitant une recherche documentaire.
- B2i Activité ou exercice nécessitant un outil informatique.
- SVT Exercice pluridisciplinaire.
- Exercice en anglais
- Exercice à résoudre sans calculatrice.

Atomes, éléments, ions

▸ Le noyau d'un atome ou d'un ion peut être décrit de façon symbolique par une **formule** :

$^{A}_{Z}X$

- A : Nombre de nucléons = Nombre de protons + nombre de neutrons
- X : Symbole de l'élément
- Z : Numéro atomique = Nombre de protons

$^{63}_{29}Cu$: 63 nucléons ; 29 protons ; (63 – 29) = 34 neutrons ; 29 électrons

▸ L'ion O^{2-} porte une charge négative, c'est un **anion** ; l'ion Li^+ porte une charge positive, c'est un **cation**.

▸ Les électrons des ions ou des atomes se répartissent en **couches électroniques** notées *K*, *L*, *M*.
Les **électrons externes** sont ceux de la dernière couche.

Couche	Nombre maximal d'électrons
K	2
L	8
M	18

Atome	Z	Électrons	Formule électronique
C	6	6	K^2L^4
O	8	8	K^2L^6
N	7	7	K^2L^5
Si	14	14	$K^2L^8M^4$

Atome ou ion	Z	Formule électronique
O	8	K^2L^6
O^{2-}	8	K^2L^8
Ne	10	K^2L^8
Al	13	$K^2L^8M^3$
Al^{3+}	13	K^2L^8

▸ Lors des réactions chimiques, les atomes ont tendance à acquérir une structure externe en **duet** (deux électrons) ou en **octet** (huit électrons). Ainsi :

Li (K^2L^1) donne l'ion Li^+ (K^2) et O (K^2L^6) donne l'ion O^{2-} (K^2L^8)

Molécules

▸ Une molécule est un édifice électriquement neutre, formé d'un nombre limité d'atomes ; elle peut être caractérisée par :

– sa **formule brute** donnant la nature et le nombre d'atomes de la molécule ;

– sa **formule développée** (g) où toutes les liaisons sont représentées ;

– sa **formule semi-développée** (h) où les liaisons avec les atomes d'hydrogène ne sont pas représentées.

▸ Dans la formule d'une molécule, une liaison simple est représentée par un tiret entre les atomes (**H – Cl**), une liaison double par deux tirets (**O = O**) et une liaison triple par trois tirets (**N ≡ N**).

Éthanol

Formule brute : C_2H_6O

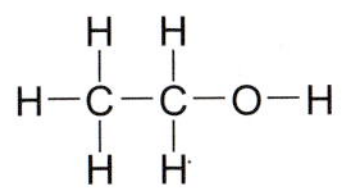

CH_3-CH_2-OH

g. Formule développée **h.** Formule semi-développée

Méthoxyméthane

Formule brute : C_2H_6O

CH_3-O-CH_3

(isomère de l'éthanol)

▸ Deux espèces sont isomères si leurs molécules ont la même formule brute mais des enchaînements d'atomes différents. Deux isomères ont des propriétés physiques et chimiques différentes.

▸ De nombreuses molécules présentent des groupes caractéristiques :

Nom	Hydroxyle	Amine	Étheroxyde	Carbonyle	Carboxyle	Ester	Amide
Formule	–OH	–N(–)–	C–O–C	–C(=O)–	–C(=O)–O–H	–C(=O)–O–C	–C(=O)–N(–)–

Mélanges, corps purs, extraction, séparation, identification

- Un **corps pur** est constitué d'une seule espèce chimique identifiée par sa formule développée.
- Un **mélange** est constitué d'espèces chimiques différentes. Il est **hétérogène** si on peut distinguer ses constituants à l'œil nu et **homogène** dans le cas contraire.
- L'utilisation d'une **ampoule à décanter** (i) permet de séparer deux liquides non miscibles.
- Une **filtration**, éventuellement sous vide (j), permet d'extraire un solide d'un mélange hétérogène liquide-solide (voir **fiche n° 6**, p. 359).
- Une **chromatographie** (k) permet la séparation et l'identification d'espèces chimiques (voir **fiche n° 6**, p. 359).

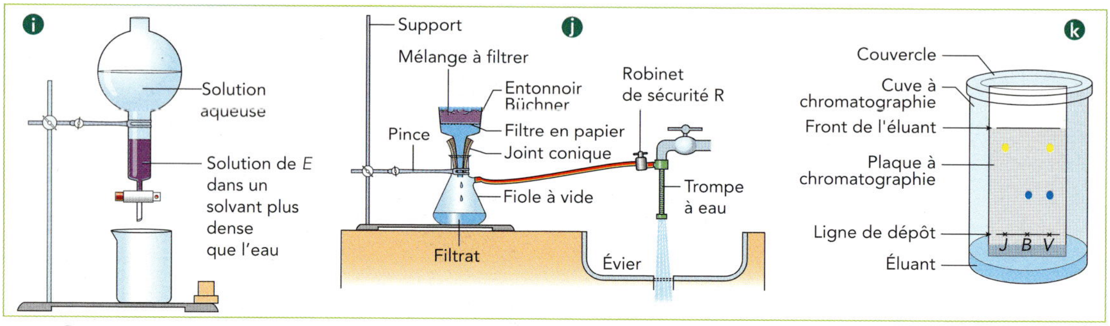

Solution, quantité de matière, concentrations

- La dissolution complète d'un **soluté** dans un liquide, nommé **solvant**, donne un mélange homogène appelé **solution**. Si le solvant est **l'eau**, on obtient une **solution aqueuse**.
- Une solution peut être acide (pH < 7), basique (pH > 7) ou neutre (pH = 7).
- Pour préparer une solution de **concentration** déterminée, on peut soit **dissoudre un solide** soit **diluer une solution-mère** (voir **fiches n°s 3** et **4**, p. 356 et 357).

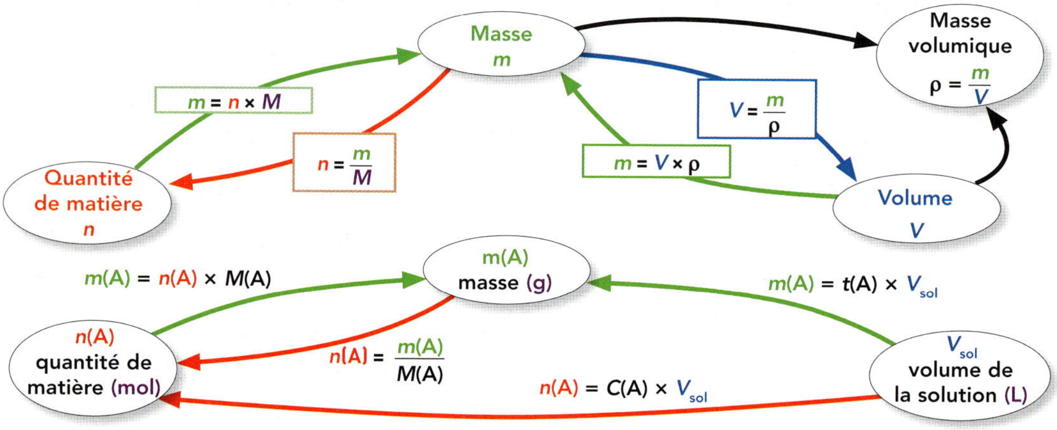

Réaction chimique, équation chimique

- Une **réaction chimique** est une transformation au cours de laquelle des **réactifs** disparaissent pour donner des **produits**. Elle peut être traduite par une **équation chimique** :

Une flèche indique le sens d'évolution du système. — L'état physique est indiqué.

Les réactifs sont écrits à gauche de la flèche.

$$Fe(s) + 2\,H^+(aq) \rightarrow Fe^{2+}(aq) + H_2(g)$$

Les produits sont écrits à droite de la flèche.

Des nombres stœchiométriques assurent la conservation des éléments et, le cas échéant, des charges.

Vision et images

Chapitre 1

Golden Gate Bridge, San Francisco (USA).

L'écran de l'appareil photo reproduit ce que voient nos yeux. Certains photographes considèrent leur appareil photographique comme un troisième œil.
Comment un appareil autofocus permet-il d'obtenir une photographie nette sans que le photographe ait à effectuer de réglage ? (Voir exercice 28, p. 28.)

Comment une image se forme-t-elle dans l'œil ?

OBJECTIFS

- → Décrire le fonctionnement de l'œil et de l'appareil photographique.
- → Caractériser une lentille convergente.
- → Déterminer la position, la grandeur et le sens de l'image d'un objet donnée par une lentille convergente.
- → Comparer les fonctionnements optiques de l'œil et de l'appareil photographique.

1 L'œil et l'appareil photographique

Lorsque l'on observe un objet, l'œil en forme une image. De même, l'appareil photographique forme des images et permet de les conserver.
Quels sont les points communs entre le fonctionnement de ces deux instruments d'optique ?

Formation des images dans l'œil
En se déformant, le cristallin permet aux images de se former sur la rétine quelle que soit la position de l'objet observé : l'œil accommode.

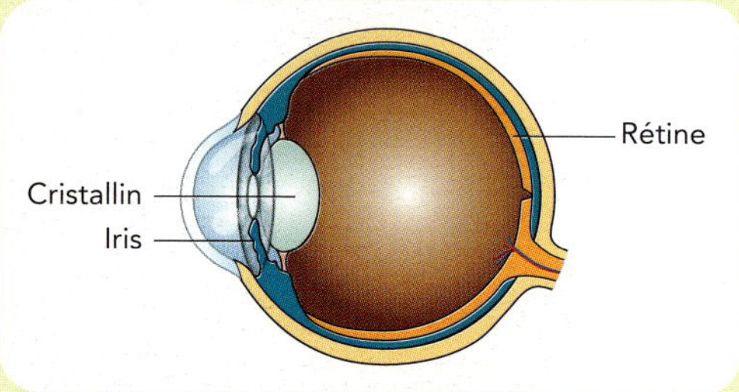

Schéma en coupe de l'œil réel simplifié.

Modèle de l'œil réduit
On peut modéliser l'œil par un système optique, appelé **œil réduit**, comprenant un diaphragme, une lentille convergente et un écran.

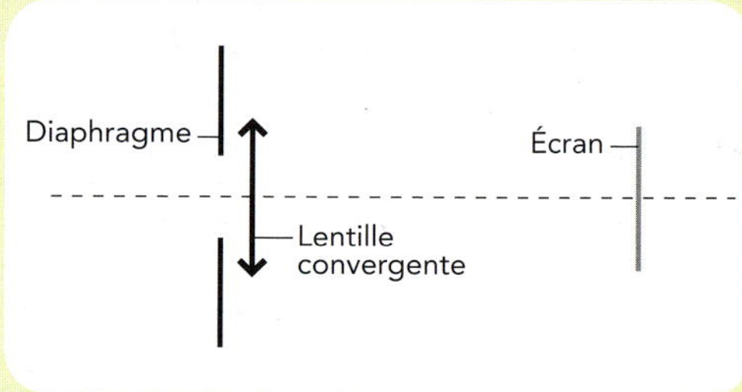

Schéma du modèle de l'œil réduit.

Maquette de l'œil
Lors d'une étude expérimentale, on peut utiliser une maquette de l'œil. Afin de former convenablement les images avec un tel dispositif, il est possible de simuler la déformation du cristallin en injectant ou en aspirant de l'eau au moyen d'une seringue.

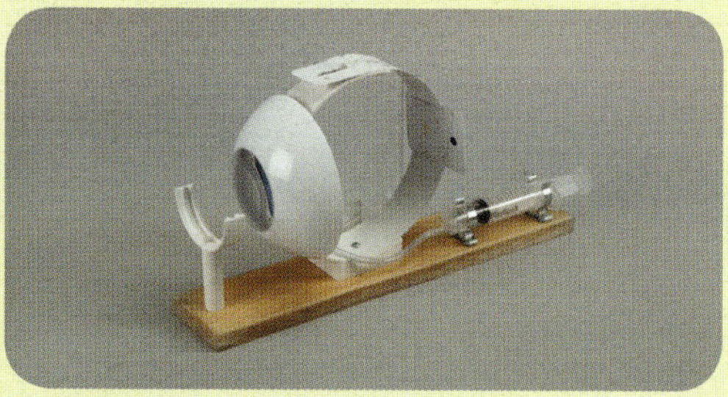
Maquette simulant un œil.

Maquette de l'appareil photographique
Un appareil photographique peut être modélisé par une boîte percée d'une ouverture sur laquelle est fixée une lentille. La face opposée peut se déplacer pour obtenir des images nettes sur l'écran constitué d'un papier-calque.

Maquette simulant un appareil photographique.

Doc. 1 Fonctionnements de l'œil et de l'appareil photographique.

- Former l'image d'un objet lointain sur chacune des deux maquettes présentées dans le document 1.
- Rapprocher l'objet. Modifier un paramètre de chaque maquette afin d'obtenir de nouveau une image nette.

1 Comment obtenir une image nette d'un objet proche :
a. avec la maquette de l'œil ?
b. avec la maquette de l'appareil photographique ?

2 Proposer un schéma du modèle de l'appareil photographique.

Un pas vers le cours...

3 À l'aide d'un tableau, mettre en correspondance les éléments de l'œil réel avec ceux de l'œil réduit et de l'appareil photographique.

2 Image d'un objet par une lentille convergente

L'observation de quelques rayons lumineux permet de comprendre la formation d'une image par une lentille convergente. Comment déterminer graphiquement les caractéristiques de cette image ?

A Étude des rayons caractéristiques

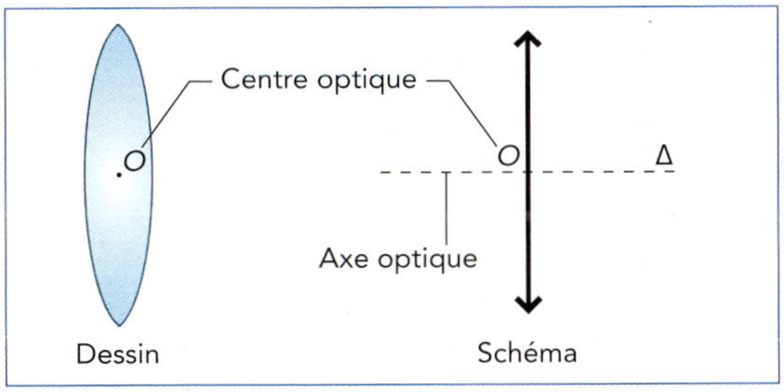

Doc. 2 Dessin et schéma d'une lentille convergente.

Règle 1 Tout rayon lumineux passant par le centre optique *O* d'une lentille ne subit aucune déviation.
Règle 2 Tout rayon lumineux arrivant parallèlement à l'axe optique Δ émerge de la lentille en passant par le foyer image, point de l'axe optique noté *F'*. La distance entre *O* et *F'* est la distance focale (notée *f'*).
Règle 3 Tout rayon lumineux passant par le foyer objet, point de l'axe optique noté *F*, émerge de la lentille parallèlement à cet axe.

Doc. 3 Règles des rayons caractéristiques.

1 Schématiser les expériences du **document 4** à l'aide du **document 2**.

2 Associer à chaque expérience la règle correspondante **(doc. 3)**.

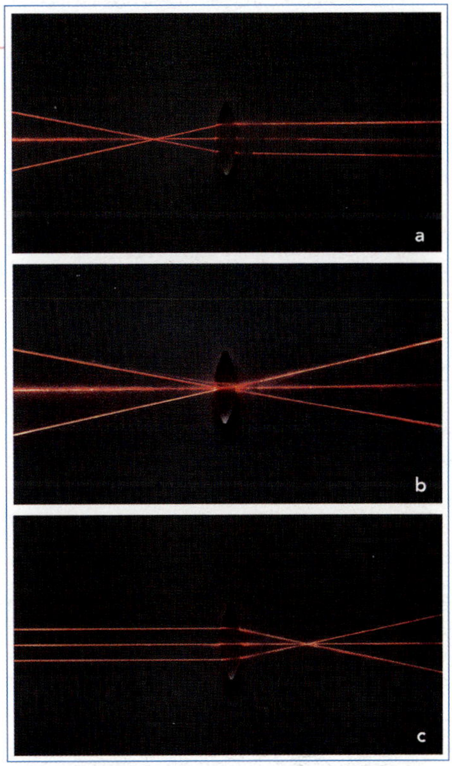

Doc. 4 Trajets de quelques rayons lumineux. Dans ces expériences, la lumière se propage de la gauche vers la droite.

B Construction graphique

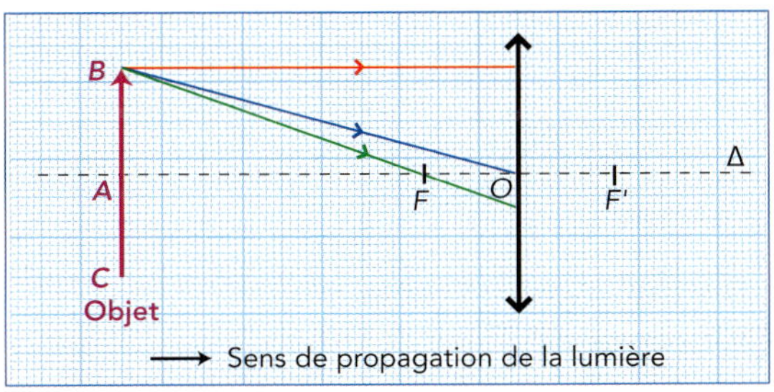

Doc. 5 La lentille convergente est caractérisée par son centre optique *O* et ses deux foyers *F* et *F'*. Les points *A*, *B* et *C* représentent trois points d'un objet lumineux *CB*.

Règle 4 L'image d'un point se forme à l'intersection des rayons lumineux provenant de ce point après traversée de la lentille.
Règle 5 L'image d'un segment [*CB*] perpendiculaire à l'axe optique est un segment [*C'B'*] perpendiculaire à l'axe optique.

Doc. 6 Images d'un point et d'un segment.

3 Reproduire le schéma **(doc. 5)** et le compléter pour tracer l'image [*C'B'*] de [*CB*] **(doc 6)**.

4 En déduire la position de l'image *A'* du point *A*.

Un pas vers le cours...

5 Quels sont les rayons caractéristiques permettant de tracer l'image d'un point ?

3 Quelles relations pour une lentille convergente ?

Une lentille permet d'obtenir l'image d'un objet. On peut <u>observer</u> les positions de l'objet et de l'image par rapport à la lentille, ainsi que leurs caractéristiques pour <u>comprendre</u> comment modéliser le comportement d'une lentille convergente.
Quelles relations permettent de prévoir la position, la taille et le sens de l'image d'un objet donnée par une lentille ?

▸ Réaliser le montage du **document 7**.

▸ Déplacer la lentille convergente de distance focale f' afin d'obtenir l'image nette de l'objet lumineux AB sur l'écran.
On souhaite déterminer une relation entre les mesures algébriques suivantes :

– d'une part, $\overline{OA}$ et $\overline{OA'}$ caractérisant respectivement la position de l'objet et celle de l'image par rapport à la lentille ;

– d'autre part, $\overline{AB}$ et $\overline{A'B'}$ caractérisant respectivement la taille de l'objet et celle de l'image.

Info **Mesures algébriques**

L'écriture $\overline{OA}$ se lit « mesure algébrique de OA ».

Elle donne deux informations :
– la longueur du segment $[OA]$;
– la position de A par rapport à O selon l'orientation de l'axe choisie.

▸ Pour différentes positions de l'objet, chercher la position de l'écran permettant d'obtenir une image nette.

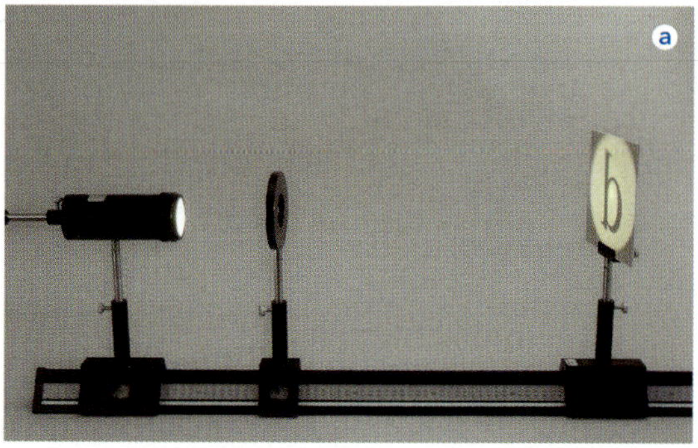

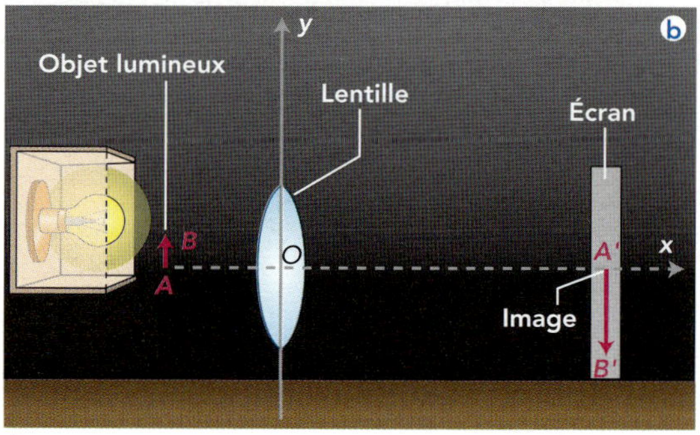

Doc. 7 Dispositif expérimental (a) ; schéma du montage et conventions d'orientation (b).

1 Reproduire et compléter le tableau ci-contre dans un tableur ou sur une calculatrice en utilisant les mêmes unités de longueur.

2 Déterminer la relation, appelée « **relation de conjugaison** », entre $\frac{1}{\overline{OA'}}$, $\frac{1}{\overline{OA}}$ et $\frac{1}{f'}$.

3 Calculer le **grandissement** $\gamma = \frac{\overline{A'B'}}{\overline{AB}}$ et le comparer à $\frac{\overline{OA'}}{\overline{OA}}$.

$\overline{OA}$						
$\frac{1}{\overline{OA}}$						
$\overline{OA'}$						
$\frac{1}{\overline{OA'}}$						
$\frac{1}{\overline{OA'}} - \frac{1}{\overline{OA}}$						
$\overline{AB}$						
$\overline{A'B'}$						

Un pas vers le cours...

4 Écrire les relations de conjugaison et de grandissement.

1 Comment modéliser un œil et un appareil photographique ?

L'œil et l'appareil photographique sont deux instruments d'optique : ils permettent de former l'image d'un objet.
L'œil réel **(doc. 1)** peut être modélisé par quelques éléments d'optique **(activité 1)**. On parle alors de modèle de l'œil réduit **(doc. 2)**. L'appareil photographique peut être modélisé de la même manière **(doc. 3)**.

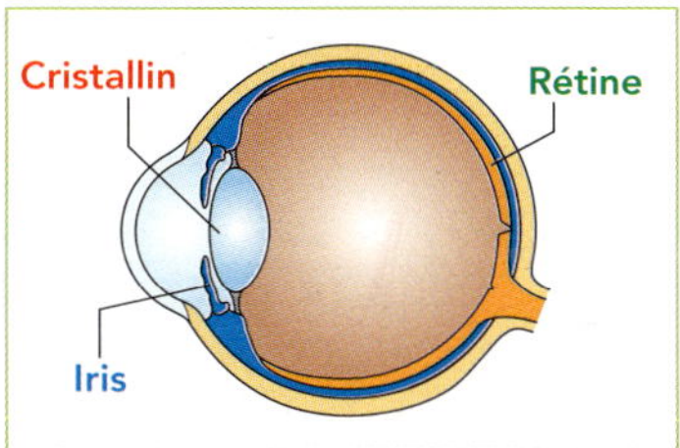

Doc. 1 Vue en coupe de l'œil réel.

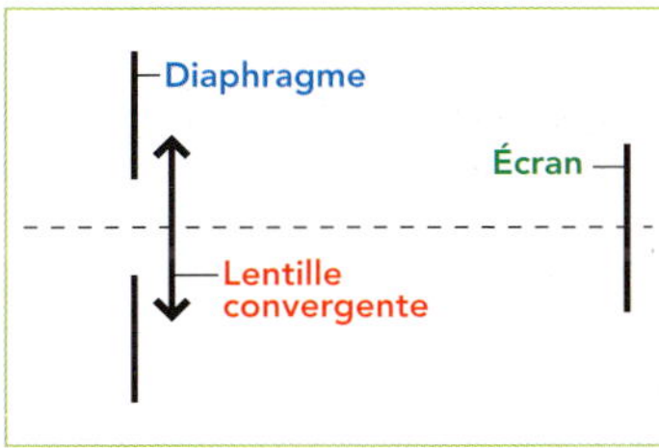

Doc. 2 Modèle de l'œil réduit.

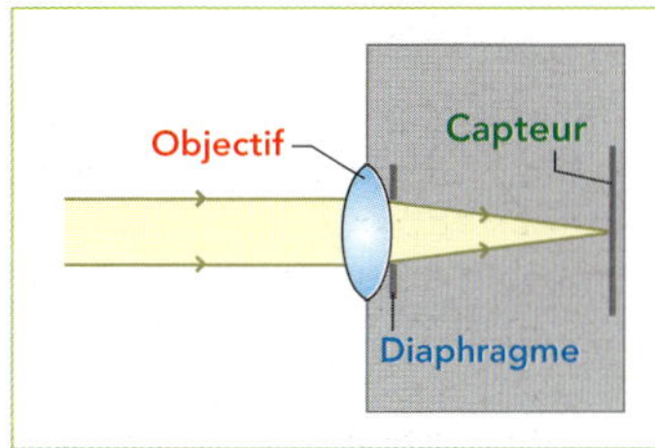

Doc. 3 Vue en coupe d'un appareil photographique.

Le tableau suivant résume les fonctions optique de l'œil et de l'appareil photographique :

Fonction	Élément de l'œil réel	Élément de l'œil réduit	Élément de l'appareil photographique
Régulation de la quantité de lumière	Iris	Diaphragme	Diaphragme
Formation de l'image	Cristallin	Lentille convergente	Objectif
Réception de l'image	Rétine	Écran	Capteur

Voir exercices 1, p. 21, et 7, p. 24.

2 Quelles sont les caractéristiques d'une lentille convergente ?

Certains rayons lumineux ont un trajet particulier à travers une lentille convergente **(activité 2)**. Ces trajets permettent de visualiser les positions du centre optique *O* et des foyers objet (*F*) et image (*F'*) de la lentille **(doc 4)**.

Doc. 4 Trajets de quelques rayons lumineux caractéristiques.

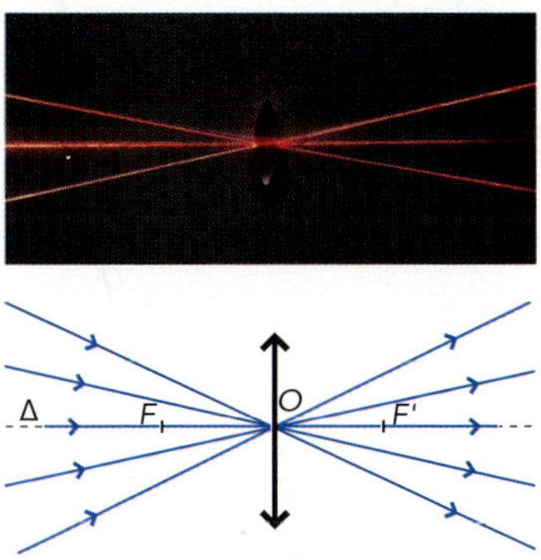

Tout rayon lumineux passant par le centre optique *O* de la lentille ne subit aucune déviation.

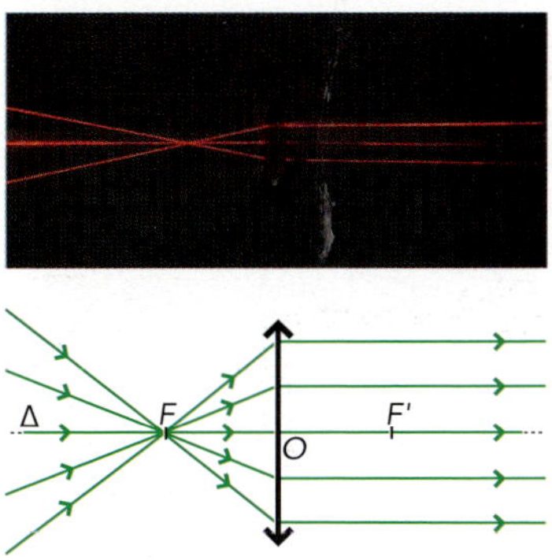

Tout rayon lumineux passant par le foyer objet *F* émerge de la lentille parallèlement à l'axe optique.

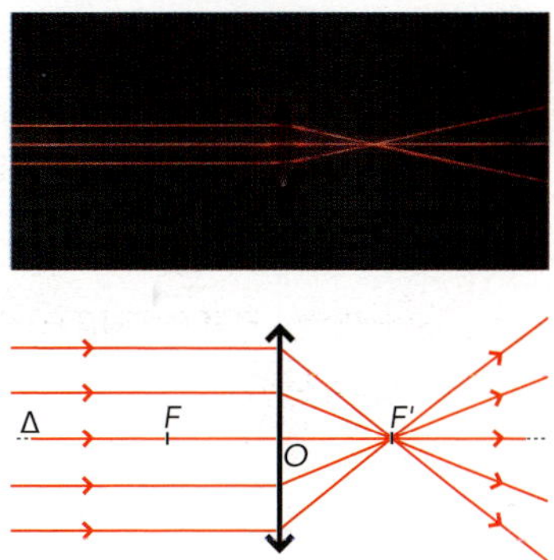

Tout rayon lumineux parallèle à l'axe optique émerge de la lentille en passant par le foyer image *F'*.

La distance entre O et F' est caractéristique de chaque lentille : c'est la **distance focale** notée f'; elle s'exprime en mètre (m).
L'inverse de la distance focale est appelée la **vergence**, notée V; elle s'exprime en **dioptrie** (δ) :

$$\underset{\delta}{V} = \frac{1}{\underset{m}{f'}}$$

Les foyers F et F' se situent sur l'axe optique de la lentille; ils sont symétriques par rapport au centre optique O (doc. 5).

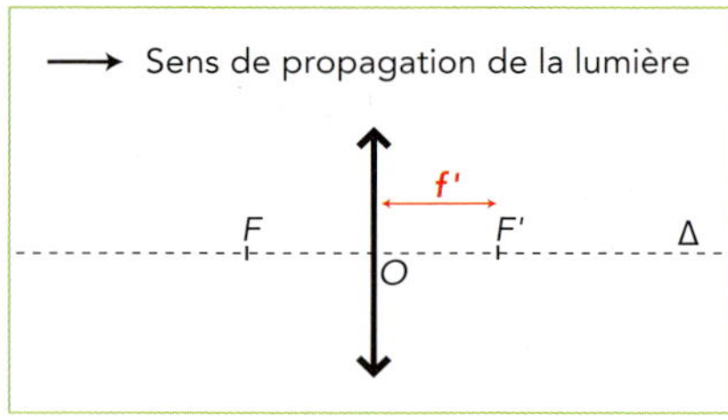

Doc. 5 Schématisation d'une lentille convergente avec ses foyers.

En ophtalmologie, on caractérise les verres correcteurs par leur vergence. Par exemple, les indications sur une ordonnance sont données en dioptrie.

Voir exercices 2, p. 21, et 8 à 10, p. 24.

3 Comment déterminer les caractéristiques d'une image ?

3.1 Construction graphique de l'image d'un objet

En traçant les trois rayons caractéristiques, issus d'un point B de l'objet et qui traversent la lentille, on trouve l'image B' de B donnée par cette lentille.

L'image B' d'un point B se forme à l'intersection des rayons lumineux provenant de B.

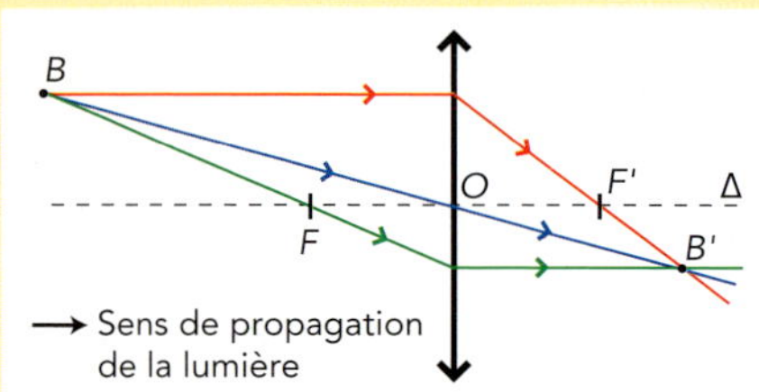

Remarque : La construction de deux rayons lumineux sur les trois suffit à obtenir l'image d'un point.

Une lentille convergente donne d'un objet CB, plan et perpendiculaire à l'axe optique, une image $C'B'$, elle aussi plane et perpendiculaire à l'axe optique (doc. 6).
Pour tracer cette image :
- on positionne les images B' et C' des points B et C (extrémités de l'objet BC) ;
- on relie ces deux points images par un segment orienté.

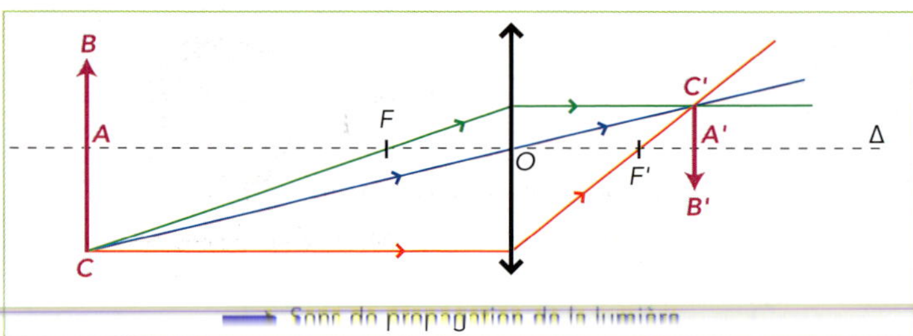

Doc. 6 Construction de l'image d'un objet plan CB.

Si un point A est sur l'axe optique, alors son image A' est, elle aussi, sur l'axe optique.
Si A est à l'aplomb* de B, alors A' est à l'aplomb de B'.

* Un point A est à l'aplomb d'un point B s'il se trouve à la verticale de celui-ci.

3.2 Relations de conjugaison et de grandissement

On peut déterminer la position et la taille d'une image à partir des relations de conjugaison et de grandissement **(activité 3)**. Pour cela, les positions et tailles de l'objet et de l'image sont repérées par des valeurs algébriques **(doc. 7)**.

- La **relation de conjugaison** permet de déterminer la position $\overline{OA'}$ d'une image donnée par une lentille à partir de la position $\overline{OA}$ de l'objet connaissant la distance focale f' de la lentille :

$$\frac{1}{\overline{OA'}} - \frac{1}{\overline{OA}} = \frac{1}{f'}$$

- La **relation de grandissement** permet de déterminer la taille et le sens d'une image à partir de la taille et du sens de l'objet :

$$\gamma = \frac{\overline{A'B'}}{\overline{AB}} = \frac{\overline{OA'}}{\overline{OA}}$$

Dans ces relations, les grandeurs algébriques et la distance focale doivent être exprimées dans la même unité.

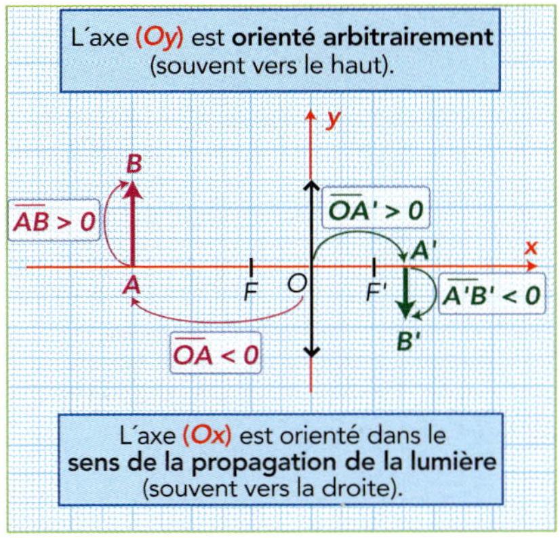

Doc. 7 Conventions d'orientation.

3.3 Caractéristiques de l'image observée

Le grandissement γ permet de déterminer la taille et le sens de l'image par rapport à l'objet.

Signe de γ	$\gamma > 0$	$\gamma < 0$
Sens de l'image	Image droite (dans le sens de l'objet)	Image renversée

Valeur de $\lvert\gamma\rvert$	$\lvert\gamma\rvert > 1$	$\lvert\gamma\rvert < 1$
Taille de l'image	Image plus grande que l'objet	Image plus petite que l'objet

Le sens, la position et la taille de l'image donnée par une lentille dépendent de la position de l'objet par rapport à la lentille.

Par rapport au sens de propagation de la lumière, si une image est formée après la lentille, elle est observable sur un écran. On parle d'image réelle* **(doc. 6)**.

Voir exercices 3, p. 21, et 11 à 15, p. 24.

*** Pour les curieux**

Si une image est formée avant la lentille, elle n'est pas observable sur un écran. C'est une image virtuelle, que l'on peut, par exemple, observer à travers une loupe. (Voir exercices 26 et 27, p. 27.)

4 Peut-on comparer les fonctionnements de l'œil et de l'appareil photographique ?

L'**activité 1** a montré que l'œil s'adapte à l'observation d'objets éloignés ou proches en déformant son cristallin **(doc. 8)**.

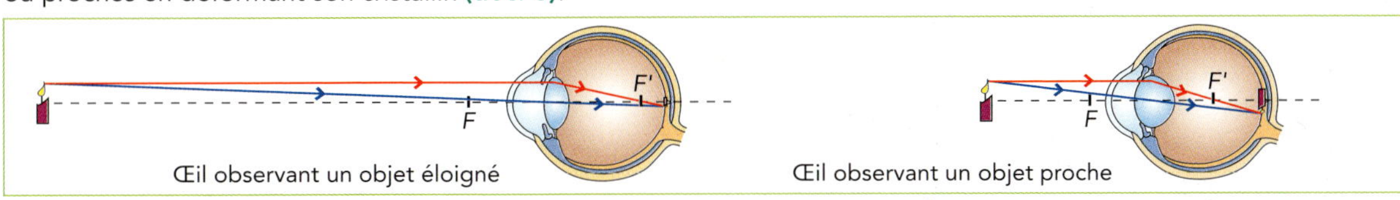

Doc. 8 Déformation du cristallin.

Lorsqu'un objet se rapproche de l'œil, la distance focale du cristallin diminue pour que l'image se forme sur la rétine. C'est le phénomène **d'accommodation**.

La mise au point d'un appareil photographique peut se faire soit en réglant la distance entre l'objectif et le capteur, soit en modifiant la distance focale de l'objectif.

Voir exercices 4, p. 21, et 16, p. 25.

Un œil normal au repos n'accommode pas, il observe à l'infini. Son foyer image F' est alors sur la rétine.

Essentiel

Œil et appareil photographique

Fonction	Œil réel	Appareil photographique
Régulation de la quantité de lumière	Iris	Diaphragme
Formation de l'image	Cristallin	Objectif
Réception de l'image	Rétine	Capteur

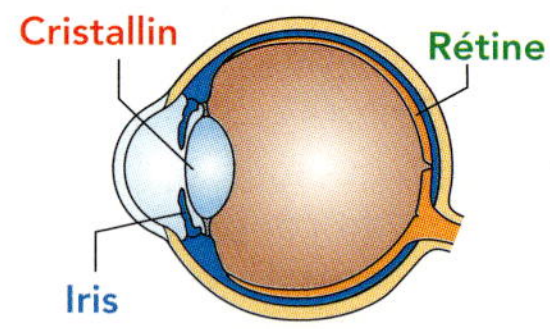

Lentilles convergentes

- La distance entre O et F' est la **distance focale f'**.
- La **vergence V** s'exprime en **dioptrie** (δ) :

$$V = \frac{1}{f'}$$

δ m

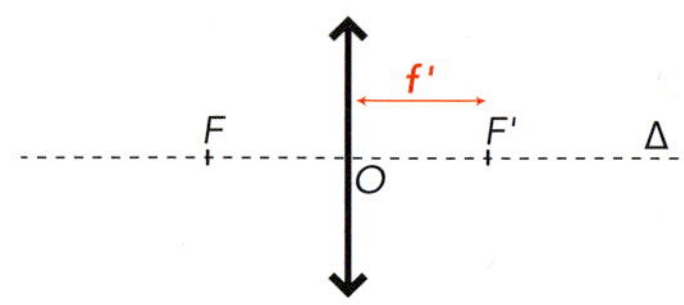

Image donnée par une lentille convergente

- L'image B' d'un point B donnée par une lentille se forme à l'intersection des rayons lumineux provenant de B.

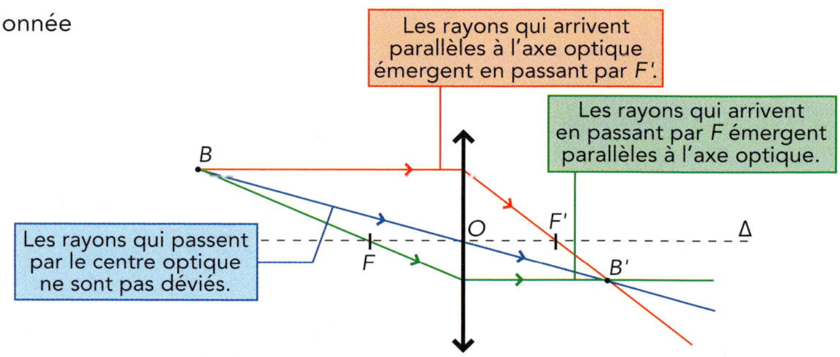

- Le sens, la position et la taille de l'image donnée par une lentille dépendent de la position de l'objet.

Relation de conjugaison

$$\frac{1}{\overline{OA'}} - \frac{1}{\overline{OA}} = \frac{1}{f'}$$

Relation de grandissement

$$\gamma = \frac{\overline{A'B'}}{\overline{AB}} = \frac{\overline{OA'}}{\overline{OA}}$$

Dans ces relations, les grandeurs algébriques et la distance focale doivent être exprimées dans la même unité.

Accommodation et mise au point

- L'œil s'adapte à l'observation d'objets éloignés ou proches. Pour cela, il modifie sa distance focale en déformant son cristallin. C'est **l'accommodation**.
- La **mise au point** d'un appareil photographique peut se faire :
  – en réglant la distance entre l'objectif et le capteur ;
  – en modifiant la distance focale de l'objectif.

LES COMPÉTENCES ATTENDUES

- ✔ Expliquer les fonctions des éléments de l'œil réduit.
- ✔ Représenter graphiquement l'image d'un objet à l'aide des rayons caractéristiques.
- ✔ Déterminer le sens, la position et la taille de l'image d'un objet à l'aide des relations de conjugaison et de grandissement.
- ✔ Comparer le fonctionnement d'un œil et celui d'un appareil photographique.

QCM

Pour chaque question, indiquer la (ou les) bonne(s) réponse(s).

Voir corrigés, p. 369.

1 Œil et appareil photographique

	A	B	C
Dans le modèle réduit de l'œil, le cristallin est représenté par :	une lentille convergente.	un écran.	un diaphragme.

Si erreur, revoir § 1, p. 17.

2 Lentilles convergentes

	A	B	C
1. Un rayon lumineux traversant une lentille sans être dévié :	passe par le foyer objet *F*.	passe par le centre optique *O*.	passe par le foyer image *F'*.
2. Quels sont les schémas qui représentent correctement le trajet d'un rayon lumineux traversant une lentille convergente ?	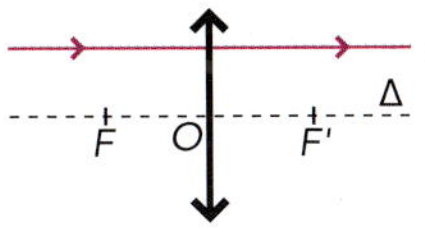	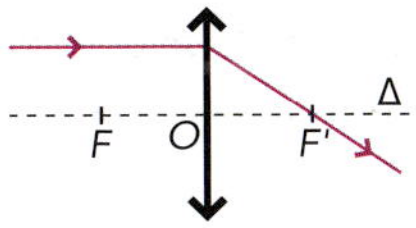	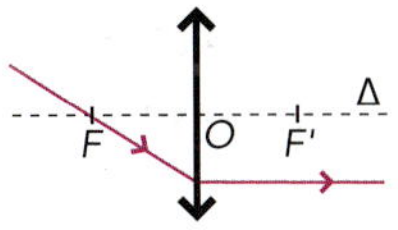
3. Une loupe a une distance focale de 5 mm.	Sa vergence vaut 2×10^2 δ.	Sa vergence vaut 2 δ.	Sa vergence vaut 0,2 δ.

Si erreur, revoir § 2, p. 17.

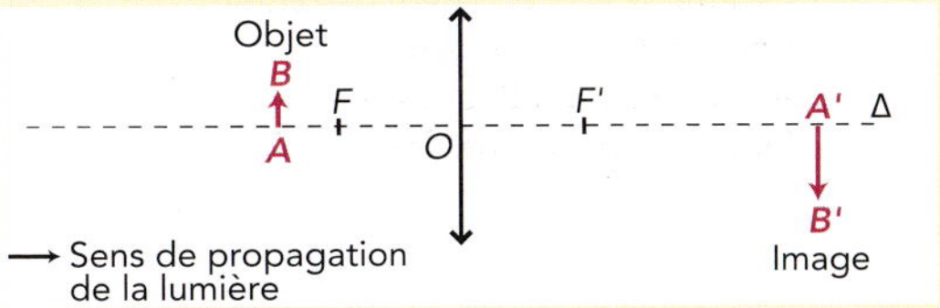

3 Image donnée par une lentille convergente

	A	B	C
1. Sur le schéma ci-dessus, on considère que *OA* = 3 cm, *OA'* = 6 cm et *A'B'* = 1 cm.	Le grandissement de la lentille vaut –2.	Le grandissement de la lentille vaut 3.	Le grandissement de la lentille vaut 0,5.
2. Sur le schéma ci-dessus :	L'objet est avant la lentille.	$\overline{OA} > 0$	$\overline{OA} < 0$
3. Sur le schéma ci-dessus :	L'image est avant la lentille.	$\overline{OA'} > 0$	$\overline{OA'} < 0$
4. Sur le schéma ci-dessus, l'image est :	droite.	réelle.	renversée.
5. Sur le schéma ci-dessus, l'image est :	de même taille que l'objet.	plus grande que l'objet.	plus petite que l'objet.
6. Sur le schéma ci-dessus :	$\gamma = 0$	$\gamma > 0$	$\gamma < 0$
7. Sur le schéma ci-dessus :	$\lvert\gamma\rvert = 1$	$\lvert\gamma\rvert < 1$	$\lvert\gamma\rvert > 1$

Si erreur, revoir § 3, p. 18.

4 Accommodation et mise au point

	A	B	C
1. Lors de l'accommodation de l'œil :	l'iris modifie son ouverture.	le cristallin modifie sa courbure.	la rétine se déplace.
2. Un œil de diamètre 15 mm voit net un objet situé à l'infini.	Sa distance focale est infinie.	Sa distance focale est *f'* = 15 mm.	Sa distance focale est inférieure à 15 mm.
3. Quels sont, pour l'œil et l'appareil photographique, les couples mettant correctement en correspondance les éléments similaires ?	iris ↔ capteur cristallin ↔ objectif rétine ↔ diaphragme	iris ↔ objectif cristallin ↔ diaphragme rétine ↔ capteur	iris ↔ diaphragme cristallin ↔ objectif rétine ↔ capteur

Si erreur, revoir § 4, p. 19.

Exercice résolu

COMPÉTENCES MISES EN ŒUVRE
- Réaliser un calcul.
- Rechercher des informations.

I. Calculer la position et la taille d'une image

Une jeune femme regarde l'heure sur sa montre. Son cristallin peut alors être modélisé par une lentille convergente de vergence $V = 50\ \delta$. La distance séparant la montre de l'œil est 40,0 cm.

1. Exprimer en cm :
a. la distance focale f' du cristallin ;
b. la distance $\overline{OA}$ entre la montre et le cristallin.

2. En appliquant la relation de conjugaison, déterminer la distance $\overline{OA'}$ entre le cristallin et la rétine de l'observatrice.

3. En déduire la taille de l'image du cadran de la montre de 2,0 cm de diamètre.

Conseils

1. a. La distance focale et la vergence sont liées par la relation $V = \frac{1}{f'}$.
La distance focale est exprimée en mètre lorsque la vergence est donnée en dioptrie.
b. La distance entre l'œil et la montre est 40,0 cm. C'est aussi la distance entre la montre et le cristallin. Il faut faire attention aux conventions de signe. Ici, $\overline{OA} < 0$.

2. Utiliser la relation de conjugaison
La position de l'objet et la distance focale sont connues. La position de l'image peut être calculée en utilisant la relation de conjugaison :

$$\frac{1}{\overline{OA'}} - \frac{1}{\overline{OA}} = \frac{1}{f'}$$

Lors de son utilisation, il faut être vigilant sur les signes des différentes valeurs algébriques et les exprimer avec la même unité.

3. Utiliser la formule du grandissement
La taille de l'image peut être trouvée par la formule du grandissement :

$$\gamma = \frac{\overline{OA'}}{\overline{OA}} = \frac{\overline{A'B'}}{\overline{AB}}$$

Solution rédigée

1. a. À partir de la relation $V = \frac{1}{f'}$, on calcule f' :
$f' = \frac{1}{50} = 0{,}020$ m, soit $f' = 2{,}0$ cm.

b. La distance entre l'objet (ici la montre) et le cristallin est : $\overline{OA} = -40{,}0$ cm.

2. La relation de conjugaison est $\frac{1}{\overline{OA'}} - \frac{1}{\overline{OA}} = \frac{1}{f'}$
soit $\frac{1}{\overline{OA'}} = \frac{1}{f'} + \frac{1}{\overline{OA}}$
Application numérique :

$$\frac{1}{\overline{OA'}} = \frac{1}{2{,}0} + \frac{1}{-40{,}0} = 0{,}475\ \text{cm}^{-1},$$

soit $\overline{OA'} = \frac{1}{0{,}475} = 2{,}1$ cm.
La distance entre le cristallin et la rétine est 21 mm.

3. En utilisant la formule du grandissement :
$\frac{\overline{OA'}}{\overline{OA}} = \frac{\overline{A'B'}}{\overline{AB}}$ on trouve $\overline{A'B'} = \frac{\overline{OA'}}{\overline{OA}} \cdot \overline{AB}$
Application numérique avec des valeurs en mm :
$\overline{A'B'} = \frac{21}{-400} \times 20 = -1{,}0$ mm
L'image est dans le sens opposé au sens de l'objet et mesure 1,0 mm.

Application immédiate

5 Un œil a une distance cristallin-rétine de 16,7 mm. Quelle doit être la vergence de cet œil pour qu'il puisse voir nettement un objet situé à 60,0 cm de l'œil ?

Voir corrigés, p. 369.

Exercice résolu

COMPÉTENCES MISES EN ŒUVRE
- Réaliser une construction graphique.
- Utiliser une échelle.

II. Déterminer la position et la taille d'une image par construction graphique

Un appareil photographique numérique est équipé d'un objectif assimilable à une lentille convergente de distance focale 30 mm. Une rose de 4,0 cm de hauteur est située à 12,0 cm de l'appareil. La base de la rose sera prise sur l'axe optique de la lentille constituant l'objectif de l'appareil.

1. a. Schématiser la situation, en respectant l'échelle suivante : 1 cm sur le schéma représente 2 cm horizontalement et 2 cm verticalement.
b. Construire l'image de la rose donnée par l'objectif.
c. Quelles sont les caractéristiques de cette image ?

2. En déduire à quelle distance de l'objectif le capteur doit être placé pour que l'image soit nette.

Conseils

1. a. Prévoir assez de place en largeur et en hauteur pour faire la construction graphique. Bien respecter les échelles. La rose peut être symbolisée par une flèche ses extrémités sont repérées par les points *A* et *B*.
b. Pour déterminer graphiquement la position de l'image *B'* du point *B*, il faut utiliser au moins deux des trois rayons caractéristiques venant de *B* et traversant la lentille.
Comme le point *A* est sur l'axe optique à l'aplomb de *B*, son image *A'* est elle aussi sur l'axe optique à l'aplomb de *B'*.

c. Pour déterminer graphiquement les caractéristiques de l'image, il faut déterminer la valeur algébrique $\overline{A'B'}$ et la comparer à $\overline{AB}$.

2. Il faut placer le capteur à l'endroit où se forme l'image pour que le résultat soit net.
Mesurer la distance lentille-image sur le schéma, puis en déduire la distance réelle grâce à l'échelle.

Solution rédigée

1. a. et b.

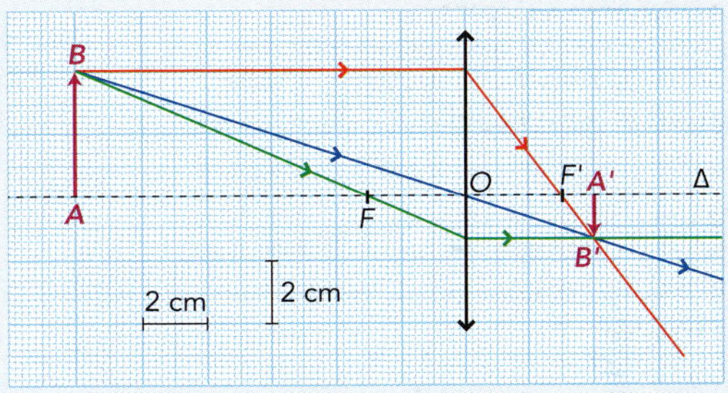

c. L'image est renversée et plus petite que l'objet.
Sur le schéma, l'image mesure 7,0 mm, ce qui représente 1,4 cm dans la réalité.

2. Le capteur doit être situé à l'endroit où se forme l'image.
Sur le schéma, on peut mesurer 2,0 cm entre la lentille et l'image, ce qui, avec l'échelle, représente 4,0 cm en réalité. Le capteur doit être placé à 4,0 cm de l'objectif.

Application immédiate

6 Un appareil photographique numérique est équipé d'un objectif assimilable à une lentille convergente de distance focale 40 mm.
On photographie un lézard de 16,0 cm de longueur, situé à 20,0 cm de l'appareil.
En choisissant une échelle adaptée, construire l'image du lézard donnée par la lentille.
En déduire sa taille et sa position par rapport à la lentille.

Voir corrigés, p. 369.

Exercices

Pour commencer

Comment modéliser un œil et un appareil photographique ?

7 Connaître le modèle de l'œil

1. Sur le schéma ci-contre, associer à chaque numéro la légende appropriée :
a. cristallin ;
b. iris ;
c. rétine.

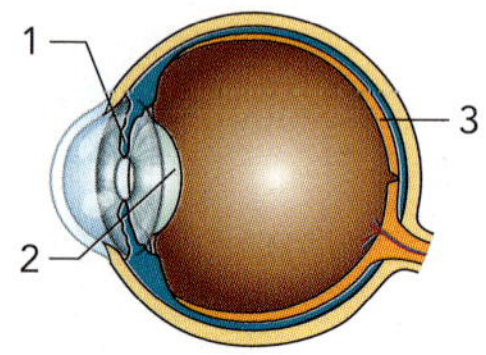

2. L'œil réduit peut être modélisé par une lentille convergente, un diaphragme et un écran.
a. Schématiser ce modèle.
b. Indiquer à quelles parties de l'œil correspondent les éléments du modèle.

Quelles sont les caractéristiques d'une lentille convergente ?

8 Schématiser une lentille

Une lentille convergente a une distance focale $f' = 5{,}0$ cm.
Schématiser cette lentille et représenter son centre optique, son axe optique, ainsi que ses foyers.

9 Lire un schéma

Un élève a schématisé une lentille.

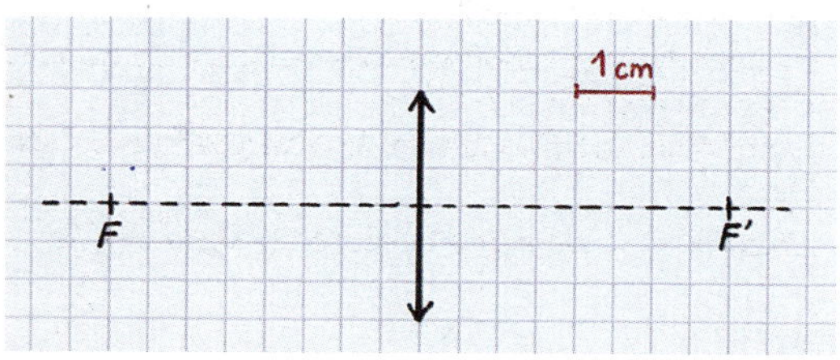

1. De quel type de lentille s'agit-il ?
2. Quelle est la distance focale de la lentille schématisée ?
3. En déduire sa vergence.

10 Calculer une vergence et une distance focale

1. Calculer la vergence d'une lentille de distance focale $f' = 5{,}0$ cm.
2. Quelle est la distance focale d'une lentille de vergence $V = 5{,}0$ δ ?
3. Des deux lentilles précédentes, laquelle est la plus convergente ? Justifier la réponse.

Comment déterminer les caractéristiques d'une image ?

11 Tracer des rayons lumineux

Reproduire les schémas ci-dessous et compléter le tracé de chacun des rayons lumineux.

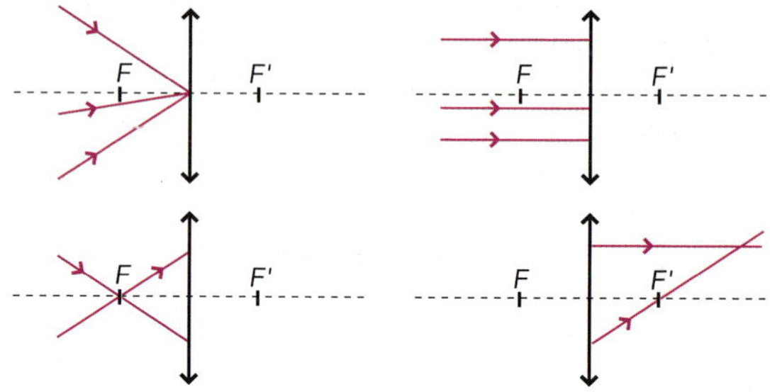

12 Prévoir le sens d'une image

Une lentille convergente forme sur un écran l'image d'un objet lumineux ayant la forme de la lettre **j**.
Quelle est l'allure de l'image correcte parmi celles proposées ?

1 2 3 4 5 6 7 8

13 Construire une image

1. Reproduire le schéma ci-dessous. Tracer les rayons lumineux caractéristiques qui permettent d'obtenir l'image de l'objet *AB*.

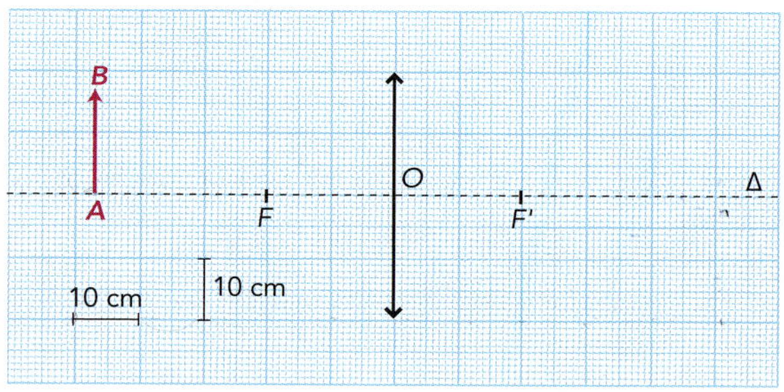

2. En déduire la taille et la position de l'image. L'image est-elle droite ou renversée ?

14 Appliquer la relation de conjugaison

On utilise une lentille convergente de vergence 8 δ. Un objet lumineux *AB* est perpendiculaire à l'axe optique, le point *A* est sur l'axe optique et $\overline{OA} = -25$ cm.
1. Exprimer littéralement la position de l'image $\overline{OA'}$ puis calculer sa valeur.
2. On déplace l'objet lumineux et on obtient une nouvelle image à la distance $\overline{OA_1'} = 15$ cm.
Déterminer la nouvelle position $\overline{OA_1}$ de l'objet par rapport à la lentille.

15 Trouver les caractéristiques d'une image

Un objet AB de hauteur 10,0 mm est placé à 300 mm d'une lentille convergente de distance focale f' = 100 mm.

1. Schématiser la situation sans souci d'échelle en plaçant A sur l'axe optique.
On notera O le centre optique de la lentille et $A'B'$ l'image de AB. Indiquer les sens positifs choisis pour les grandeurs algébriques.

2. Parmi les grandeurs algébriques suivantes, quelles sont celles qui sont positives : $\overline{OA}$, $\overline{OA'}$, $\overline{AB}$, $\overline{A'B'}$?

3. En utilisant la relation de conjugaison, calculer la position de l'image.

4. En utilisant la relation de grandissement, calculer la taille de l'image.

Peut-on comparer les fonctionnements de l'œil et de l'appareil photographique ?

16 Comparer l'œil et l'appareil photographique

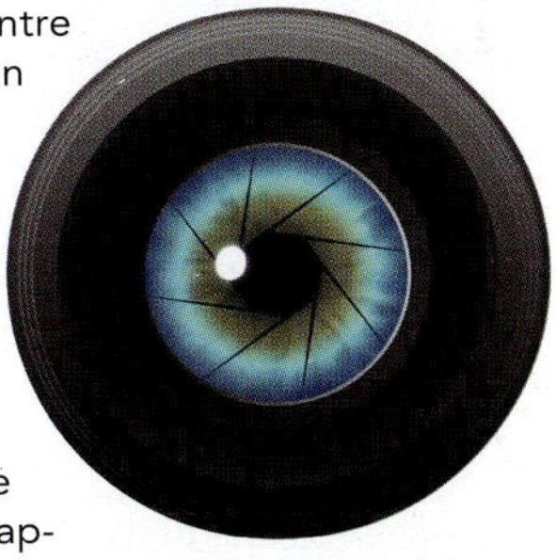

1. Établir une analogie entre les deux listes suivantes en reliant les termes correspondants :
a. œil, iris, rétine, cristallin ;
b. diaphragme, objectif, appareil photographique, capteur.

2. Où l'image doit-elle se former dans l'œil ? dans l'appareil photographique ?

3. Lorsque le photographe se rapproche d'un objet, la mise au point permet d'obtenir une image nette sur le capteur.
Expliquer le principe de la mise au point.

4. Est-ce le même processus qui est mis en œuvre pour l'œil ?

Pour s'entraîner

17 Distance focale d'une lentille

COMPÉTENCES **Effectuer un calcul ; élaborer un protocole.**

Au cours d'une séance de travaux pratiques, une lentille convergente est fournie aux élèves.

1. Cette lentille porte l'inscription +8 δ.
Que signifie cette inscription ?
En déduire la valeur de la distance focale de la lentille.

2. Proposer une expérience simple permettant de vérifier cette valeur.

18 À chacun son rythme

COMPÉTENCE **Effectuer une construction graphique.**

Cet exercice est proposé à deux niveaux de difficulté. Dans un premier temps, essayer de résoudre l'exercice de niveau 2. En cas de difficultés, passer au niveau 1.

Une lentille donne d'un petit objet vertical de 3,0 cm de hauteur une image de 1,5 cm de hauteur située à 15,0 cm de l'objet.

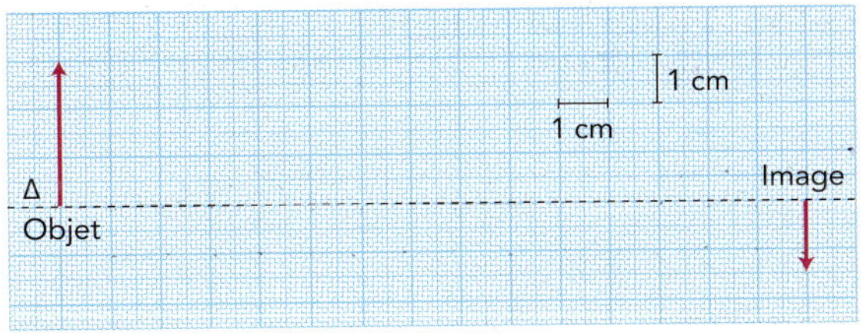

Niveau 2

1. Reproduire le schéma.

2. Déterminer graphiquement la position du centre optique O de la lentille.

3. Déterminer graphiquement la distance focale f' de la lentille.

4. En déduire la valeur de la vergence de la lentille.

Niveau 1

1. Reproduire le schéma.

2. a. Rappeler la propriété d'un rayon lumineux passant par le centre optique d'une lentille.
b. Par construction graphique, déterminer la position du centre optique O et représenter la lentille.

3. a. Rappeler la propriété d'un rayon lumineux incident, parallèle à l'axe optique d'une lentille.
b. Par construction graphique, déterminer la position du foyer image F' de la lentille.
c. En déduire la position du foyer objet F de la lentille et le représenter sur le schéma.
d. Déterminer graphiquement la distance focale f' de la lentille.

4. En déduire la valeur de la vergence de la lentille.

19 Évolution de l'image

COMPÉTENCES **Prévoir un résultat ; argumenter.**

On approche un objet d'une lentille convergente tout en maintenant la distance entre l'objet et la lentille supérieure à la distance focale.

1. L'image est-elle droite ou renversée ?

2. La taille de l'image est-elle toujours inférieure à celle de l'objet ? Justifier à l'aide de schémas.

3. La distance lentille-image diminue-t-elle ? Justifier à l'aide de schémas.

4. Sans déplacer l'objet, on remplace la lentille par une autre lentille convergente ayant une distance focale plus petite. Comment évolue la distance lentille-image ?
Justifier à l'aide de schémas.

Exercices

20 Chercher l'objet

COMPÉTENCE **Effectuer une construction graphique.**

On réalise l'expérience photographiée ci-dessous.

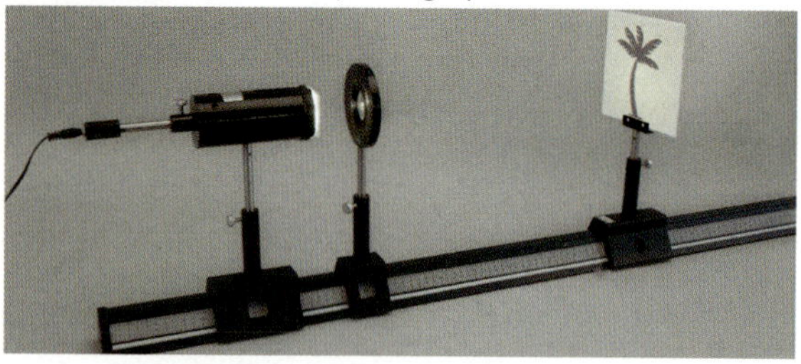

On a formé l'image nette d'un objet sur un écran placé à 40 cm de la lentille de vergence V = +20 δ.
L'image mesure 12 cm de hauteur.

1. Déterminer la distance focale de la lentille.

2. Représenter sur un schéma la lentille, ses foyers et l'image. On prendra une échelle de 1 pour 4, c'est-à-dire que 1 cm sur le schéma correspond à 4 cm dans la réalité.

3. Déterminer graphiquement la position, la taille et le sens de l'objet.

4. Quelle est la valeur du grandissement ?

Voir, si nécessaire, l'exercice résolu II, p. 23.

21 Relation de conjugaison

B2i

COMPÉTENCE **Faire un graphique.**

Un objet *AB* est placé devant une lentille convergente de centre optique *O*. Le point *A* est situé sur l'axe optique Δ de la lentille.

L'image *A'B'* est formée sur un écran. On donne les mesures algébriques $\overline{OA}$ et $\overline{OA'}$ dans le tableau suivant :

$\overline{OA}$ (cm)	–12,0	–15,0	–18,0	–20,0	–25,0	–30,0	–40,0	–50,0
$\overline{OA'}$ (cm)	61,0	30,5	22,5	20,0	16,5	15,5	13,5	12,5

1. À l'aide d'un tableur ou d'une calculatrice, représenter $d' = \dfrac{1}{\overline{OA'}}$ en fonction de $d = \dfrac{1}{\overline{OA}}$.

À l'aide de l'outil de modélisation, déterminer l'équation de la courbe obtenue.

2. En déduire la distance focale de la lentille.

22 Un modèle de l'œil

COMPÉTENCE **Utiliser un modèle.**

Un œil est modélisé par une lentille convergente située à une distance *d* = 25 mm de la rétine. Cet œil peut voir net des objets situés de l'infini à 25 cm.

1. Faire un schéma de ce modèle.

2. Expliquer pourquoi la distance focale de la lentille doit être variable ?

3. Quelle est la distance focale de cet œil au repos ?

4. Quelle est la distance focale de cet œil lorsqu'il observe un objet situé à 25 cm devant lui ?

23 Un peu de lecture

COMPÉTENCE **Effectuer un calcul.**

Marianne lit un roman. Le livre est situé à 29,0 cm de ses yeux, les caractères ont une hauteur de 4,0 mm. Elle les voit parfaitement nets. La distance entre son cristallin et sa rétine est 23 mm.

1. Schématiser la situation sans souci d'échelle en indiquant la position du cristallin et de la rétine. On notera *O* le centre optique du cristallin.

2. En utilisant la relation de grandissement, calculer la hauteur de l'image d'un caractère sur la rétine de Marianne.

3. En utilisant la relation de conjugaison, calculer la distance focale de son œil dans cette situation.

4. Comment cette distance focale évolue-t-elle si elle doit regarder au-dessus de son livre un objet lointain ?

Voir, si nécessaire, l'exercice résolu I, p. 22.

Pour aller plus loin

24 D'où viennent les pouvoirs de Superman ?

COMPÉTENCES **Rechercher des informations ; effectuer un calcul.**

Superman est doté d'une large gamme de pouvoirs visuels, mais est-ce physiquement possible ?

« D'abord, il faut que Superman ait de grands yeux, d'un diamètre au moins deux fois supérieur aux nôtres, dotés d'une grande pupille ; des arcades proéminentes et de forts sourcils sont alors indispensables pour le protéger de l'éblouissement. Sa fovéa doit être aussi très dense en cônes, un million par millimètre carré semble un minimum. Tout cela devrait lui donner la capacité d'apercevoir une pièce d'un euro à plus d'un kilomètre... »

R. Lehoucq, *D'où viennent les pouvoirs de Superman ?*, éditions EDP Sciences, 2003.

1. Quelles caractéristiques doivent être modifiées pour obtenir un œil plus performant d'après ce texte ?

2. Pourquoi le fait d'augmenter la taille de la pupille améliore-t-il la vision de loin ?

3. On considère que la distance entre le cristallin et la rétine de Superman est de 50,0 mm. Lorsque Superman observe une pièce d'un euro, de 23,2 mm de diamètre, située à 1,0 km de lui, quel est le diamètre de l'image de la pièce qui se forme sur sa rétine ?

4. En déduire la surface de l'image de la pièce sur la rétine. Combien de cônes reçoivent cette image d'après les informations du texte ?

25 Appareil photographique

COMPÉTENCES **Réaliser un schéma ; effectuer un calcul.**

Les éléments essentiels d'un appareil photographique sont l'objectif et le capteur. L'appareil photographique doit donner d'un objet réel une image réelle qui doit se former dans le plan du capteur.

Un appareil photographique autofocus 24 × 36 (dimensions en mm du capteur) a un objectif de distance focale 50 mm. Pour illustrer son principe de fonctionnement, on modélise l'objectif par une lentille convergente. La mise au point sur l'objet à photographier, automatique dans un appareil autofocus, règle la distance lentille-capteur entre 50 et 55 mm, pour que l'image se forme sur le capteur.

1. L'image obtenue est-elle droite ou renversée par rapport à l'objet ?
Justifier à l'aide d'un schéma.

2. a. Quelle est la distance lentille-capteur quand l'objet photographié est situé à une distance pratiquement infinie ?
b. La distance lentille-capteur augmente-t-elle ou diminue-t-elle si on photographie un objet plus proche de l'objectif ?
Justifier à l'aide d'un (de) schéma(s).
c. Que devient la taille de l'image d'un objet photographié quand la distance objet-lentille diminue ?
Justifier à l'aide d'un (de) schéma(s).

3. a. Expliquer l'intérêt de la mise au point.
b. Déterminer la distance minimale qui peut séparer l'objet à photographier de l'objectif.

Pour les curieux

26 Comprendre le fonctionnement d'une loupe

COMPÉTENCE **Réaliser un schéma.**

Pour observer des détails tout petits, on a parfois recours à l'utilisation d'une loupe. La loupe est une lentille convergente et permet d'obtenir une image agrandie, droite et virtuelle de l'objet observé.

Une loupe, assimilable à une lentille mince convergente, donne d'un petit objet une image agrandie.

1. De quel côté de la lentille se trouve l'objet observé ? De quel côté se trouve l'œil de l'observateur ?

2. Une telle image est appelée image virtuelle.
Peut-elle être observée sur un écran ?

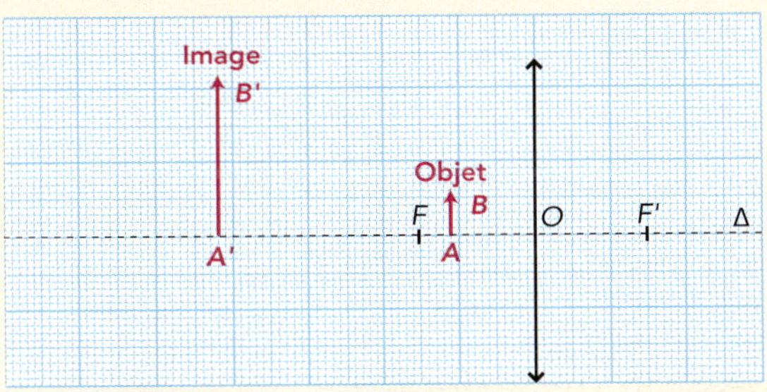

3. a. Reproduire le schéma ci-dessus et construire le rayon issu de B qui passe par O. Montrer que ce rayon passe par B'.
b. Tracer le cheminement d'un rayon issu de B parallèle à l'axe optique. Montrer, en prolongeant ce rayon, qu'il semble provenir du point B'.
c. En s'inspirant des questions 3a et 3b, tracer le troisième rayon caractéristique.

27 Observer à la loupe

COMPÉTENCES **Réaliser un schéma ; effectuer un calcul.**

Un botaniste observe les étamines d'une fleur d'amaryllis en utilisant une loupe constituée d'une lentille convergente de 10 cm de distance focale. L'étamine observée mesure 5,0 mm de longueur ; elle est placée à 5,0 cm de la loupe.

1. Schématiser la situation en représentant, en taille réelle, l'étamine par un segment AB, le point A étant sur l'axe optique de la lentille.

2. Tracer les trois rayons lumineux caractéristiques issus du point B et qui traversent la lentille.

3. L'image B' du point B se trouve à l'intersection du prolongement des rayons lumineux issus de B.
Trouver la position de B'.
Peut-on observer l'image de l'étamine sur un écran ?
Comment appelle-t-on ce type d'image ?

4. En déduire la taille, la position et le sens de l'image de l'étamine donnée par la loupe.

5. Retrouver ces résultats en utilisant les relations de conjugaison et de grandissement.

Retour sur l'ouverture du chapitre

28 Autofocus

COMPÉTENCES Rechercher des informations ; effectuer un calcul.

Le système autofocus

Jusque dans les années 80, la mise au point de la plupart des appareils était manuelle. Depuis, les technologies ont évolué et les appareils font eux-mêmes la mise au point grâce à des systèmes « autofocus » (*focus* signifiant « mise au point » en anglais).

Le principe de la mise au point automatique

Tous les constructeurs ont adopté le même système de commande : la mise au point est effectuée lors de l'appui à mi-course sur le déclencheur. L'appareil recherche alors une mise au point correcte en déplaçant la lentille de l'objectif jusqu'à ce que l'image soit nette. Dans de nombreux appareils, c'est en réalité le contraste entre les différentes parties de l'image qui est mesurée, l'image est considérée comme nette quand ce contraste est maximal. Il arrive que la mise au point automatique échoue, notamment quand le sujet photographié est en mouvement ou que lumière est faible. L'image obtenue est alors floue.

Exemple d'images successives analysées par l'appareil lors de la mise au point : sur les quatre premières images, le contraste augmente à chaque pas ; de la quatrième à la cinquième, il diminue. L'appareil sait alors qu'il a dépassé la meilleure mise au point et revient à la position précédente, où il avait la meilleure netteté.

1. a. Schématiser sans souci d'échelle la situation d'un appareil prenant une photographie de l'un des pylônes du Golden Gate Bridge (voir photographie ci-dessus et page 13).

b. En utilisant la relation de conjugaison, montrer que, pour photographier un objet à l'infini, la distance entre la lentille et le capteur doit être égale à la distance focale de la lentille.

2. a. Quel paramètre de l'appareil est modifié lorsque le système autofocus fait la mise au point ?

b. Comment doit-il agir lorsque le photographe se rapproche du sujet photographié ?

3. Un pylône du pont de 230 m de hauteur est situé à 800 m du photographe. L'objectif de l'appareil photo peut être assimilé à une lentille convergente de distance focale 50 mm.

a. Quelle distance entre la lentille et les capteurs photosensibles permettra d'obtenir une image nette de ce pylône ?

b. Peut-on obtenir une photographie complète de ce pylône avec un capteur de 2,4 cm de hauteur ?

4. Du même endroit, le photographe observe le pylône à l'œil nu.

a. Comment l'œil va-t-il s'adapter pour percevoir une image nette lorsqu'il se rapproche de ce pylône ?

b. Comment se nomme ce phénomène ?

5. a. Pourquoi peut-on dire que l'œil est un système autofocus ?

b. En quoi est-il différent du système de l'appareil photo numérique ?

Couleur des objets

Chapitre 2

Un écran plasma peut produire plus de 16 millions de couleurs.

Depuis son apparition dans les années 1930, la télévision est passée du noir et blanc à la couleur. Aujourd'hui, les écrans plats permettent de reproduire plusieurs millions de couleurs. **Comment un écran de télévision peut-il recréer toutes les couleurs présentes dans la nature ? (Voir exercice 28, p. 44.)**

La couleur d'un objet dépend-elle de l'objet, de l'observateur ou de la lumière qui l'éclaire ?

OBJECTIFS

- → Connaître le principe de la vision des couleurs.
- → Utiliser les phénomènes de synthèses additive et soustractive.
- → Comprendre ce qu'est la couleur d'un objet.

Activités *Étude expérimentale*

1 Toute la lumière sur l'éclairage

On peut observer un paysage par temps couvert, même s'il est moins lumineux qu'en plein soleil (doc. 1). Pour expliquer ce phénomène, il faut comprendre les notions d'absorption, de diffusion et de transmission de la lumière. Comment se comporte un objet éclairé par une source lumineuse ?

Doc. 1 a. Le mont Saint-Michel par temps couvert.

b. Le mont Saint-Michel lors d'une journée ensoleillée.

- Éclairer une feuille de papier blanc à l'aide d'une source de lumière blanche (doc. 2).
- Placer une balle à proximité de la lampe. La déplacer entre A et B, puis la placer en C.
- Refaire la manipulation en remplaçant la feuille blanche par une feuille noire, puis par une feuille incolore transparente.

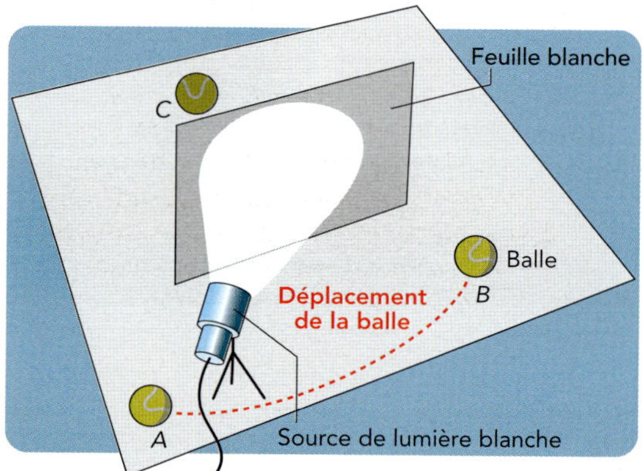

Doc. 2 Dessin du dispositif expérimental.

Info

La **diffusion** est le phénomène par lequel un objet éclairé renvoie dans toutes les directions une partie de la lumière incidente.
La **transmission** est le phénomène par lequel un objet est traversé par une partie de la lumière incidente.
L'**absorption** est le phénomène par lequel un objet éclairé absorbe une partie de la lumière incidente.

1 La balle est-elle toujours éclairée lorsqu'on la déplace entre les points A et B devant la feuille blanche ?

2 **a.** Rappeler les lois de la réflexion étudiées en classe de Seconde.

b. Montrer, à l'aide d'un schéma en vue de dessus, que la balle ne peut pas être éclairée par réflexion lorsqu'elle est placée en A.

3 À l'aide d'un autre schéma, montrer que la balle peut être éclairée par diffusion lorsqu'elle est placée en A.

4 Pour une position donnée de la balle entre les points A et B, quelle feuille lui permet d'être le plus éclairée ?

5 **a.** La balle placée en C est-elle éclairée lorsque l'on utilise la feuille blanche ? la feuille noire ? la feuille transparente ?

b. Quelle est la feuille qui transmet le plus la lumière ?
Quelle est celle qui diffuse le plus la lumière ?

c. Sachant que la lumière reçue par un objet peut être transmise, diffusée ou absorbée par cet objet, indiquer la feuille qui absorbe le plus la lumière.

Un pas vers le cours...

6 Réaliser un schéma pour illustrer les phénomènes mis en jeu au cours de l'activité.
Légender le schéma avec les expressions « lumière incidente », « lumière diffusée » et « lumière transmise ».

2 Un objet, des couleurs

En **observant** une scène de spectacle (doc. 3), on constate que l'éclairage peut accentuer un détail, une situation, un sentiment... Il peut aussi modifier la perception des couleurs.
Comment créer des lumières colorées à l'aide de filtres ?

On dispose d'une source de lumière blanche, de filtres colorés (rouge, vert, bleu, cyan, magenta et jaune) et d'un spectroscope.

- À l'aide du spectroscope, observer le spectre de la lumière blanche émise par la source.
- Placer le filtre rouge entre le spectroscope et la source de lumière. Observer le spectre de la lumière transmise par le filtre.
- Faire de même pour chacun des autres filtres.

1 Décrire le spectre de la lumière blanche.

2 Pour chaque filtre, indiquer les couleurs des radiations transmises et des radiations absorbées. Présenter les résultats dans un tableau.

3 On éclaire un filtre rouge avec de la lumière blanche. En utilisant le tableau précédent, prévoir la couleur des radiations lumineuses transmises lorsque l'on superpose à ce filtre rouge :
a. un filtre jaune ; **b.** un filtre cyan.
Vérifier expérimentalement les résultats.

4 L'ordre de superposition des filtres a-t-il une importance ? Le vérifier expérimentalement.

Doc. 3 Éclairage d'une scène de spectacle.

Un pas vers le cours...

5 Dans un tableau à double entrée, indiquer la couleur des radiations transmises lorsque l'on superpose deux filtres colorés parmi les six disponibles.

3 Vert, c'est bleu ?

DÉMARCHE D'INVESTIGATION

Dans la vallée d'Elah est un film dans lequel un policier, Tommy Lee Jones, recherche les assassins de son fils (doc. 4). Selon les témoins, une voiture verte a été vue, de nuit, sur les lieux du crime. Le policier recherche cependant une voiture bleue en disant : « une voiture bleue sous un éclairage jaune est verte ». Cette affirmation est-elle correcte ?

Doc. 4 Affiche du film *Dans la vallée d'Elah.*

Situation problème

Une voiture de couleur bleue peut-elle être perçue verte ?

Matériel disponible : petits objets de différentes couleurs, lampe à vapeur de sodium, source de lumière blanche, filtres colorés.

1 En utilisant le matériel disponible, proposer un protocole expérimental permettant de répondre à la situation problème.

2 Après accord du professeur, mettre en œuvre ce protocole.
Analyser les résultats obtenus et vérifier la validité de l'hypothèse initiale.

Un pas vers le cours...

3 Rédiger une conclusion montrant de quoi dépend la couleur perçue d'un objet.

4 Les couleurs d'un écran LCD

En observant l'écran d'un smartphone au microscope, on voit une multitude de petites zones rouges, vertes et bleues juxtaposées. Il faut s'intéresser au phénomène d'addition de lumières colorées pour comprendre comment, avec un tel écran, on peut obtenir d'autres couleurs.
Comment à partir de ces trois couleurs peut-on obtenir une aussi grande gamme de nuances ?

A Synthèse additive de lumières colorées

On souhaite créer de nouvelles couleurs avec un dispositif projetant sur un écran blanc les trois lumières colorées primaires : rouge, verte et bleue (doc. 5).
On pourra également utiliser un simulateur.

- Projeter simultanément sur l'écran blanc deux des lumières colorées.
- Effectuer toutes les combinaisons possibles.

Doc. 5 Source lumineuse à miroirs.

1 a. Pourquoi utiliser un écran blanc ?
b. Qu'observerait-on si on utilisait un écran noir ? Justifier la réponse.

2 a. Quelles sont les couleurs primaires de la synthèse additive ?
b. Quelle est la couleur complémentaire de chacune des couleurs primaires de la synthèse additive ?

3 Comment peut-on obtenir une lumière blanche par superposition de lumières colorées primaires ?

Info
La synthèse additive de deux **lumières colorées primaires** donne une **lumière colorée secondaire**.
La synthèse additive de deux **lumières colorées complémentaires** donne une lumières blanche.

Un pas vers le cours...

4 Recopier et compléter le schéma du document 6 en indiquant les noms de la couleur de chaque zone.
Souligner les noms des couleurs primaires de la synthèse additive.

Doc. 6 Schématisation de la synthèse additive.

B Principe de l'écran plat LCD

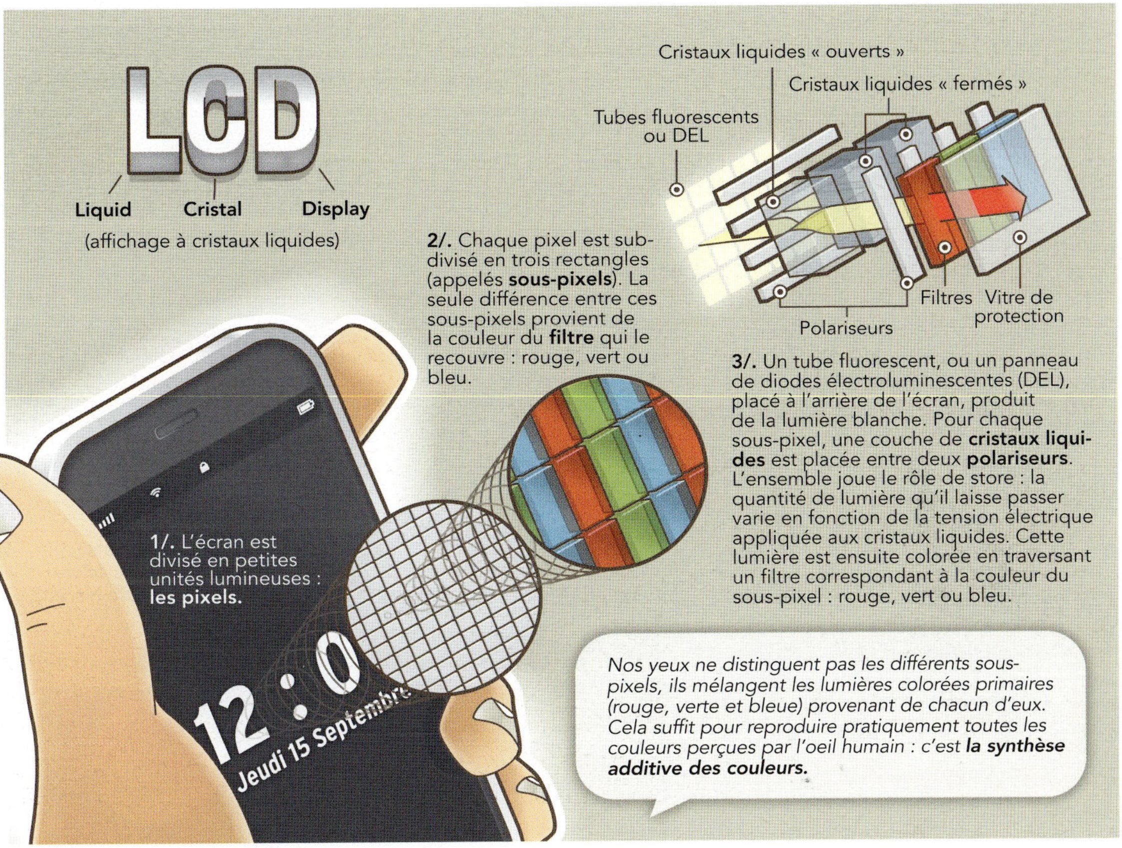

Doc. 7 Principe de fonctionnement d'un écran LCD.

5 Qu'appelle-t-on pixel sur un écran ?

6 Quel rôle jouent les cristaux liquides ?

7 Comment un pixel d'un écran LCD peut-il être perçu rouge ?

8 Recopier et compléter le tableau ci-dessous en indiquant dans chaque cas les couleurs des sous-pixels illuminés et la couleur correspondante du pixel.

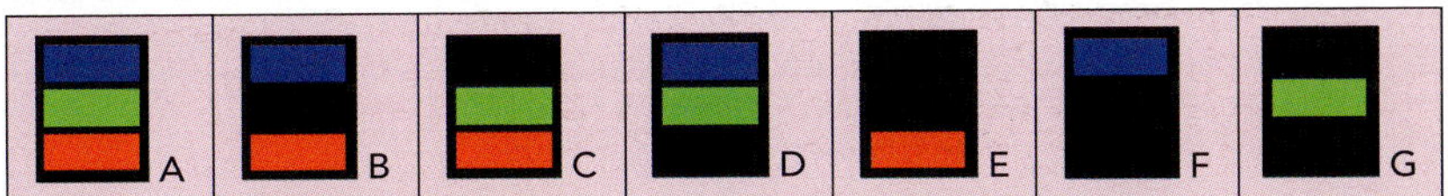

	A	B	C	D	E	F	G
Sous-pixels illuminés							
Couleur perçue du pixel							

9 Comment obtenir un pixel noir ?

10 @ Chercher les principales différences entre un écran LCD et un écran plasma.

Un pas vers le cours...

11 Présenter en quelques lignes le fonctionnement d'un pixel et le type de synthèse mis en jeu dans un écran plat.

Cours

1 Comment l'œil voit-il les couleurs ?

L'œil perçoit les objets grâce aux images qui se forment sur la rétine. Il perçoit les couleurs grâce aux deux types de cellules photoréceptrices qu'il possède : les **bâtonnets**, très sensibles à l'intensité lumineuse mais pas aux couleurs, et les **cônes** qui détectent les lumières colorées.
Il existe trois types de cônes, chacun d'eux étant principalement sensible à une des lumières colorées : rouge, vert ou bleu (doc. 1). L'œil, la rétine et la physiologie de la vision des couleurs sont détaillés en SVT.

> La perception des couleurs par l'homme utilise le principe de la **trichromie**.

Exercices 1, p. 37, et 6, p. 40.

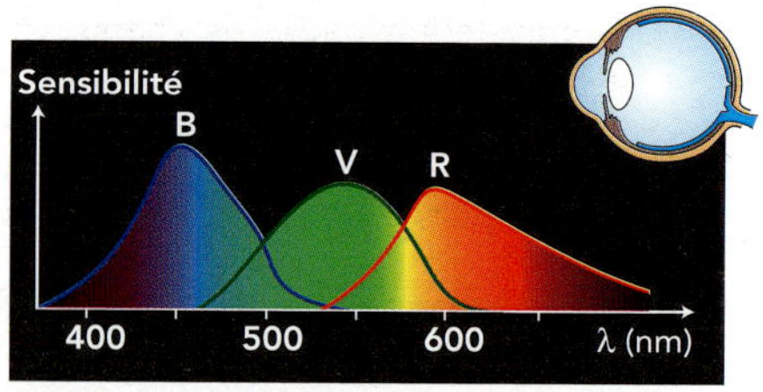

Doc. 1 Sensibilité relative des différents cônes de l'œil humain.

2 Comment obtenir des couleurs ?

2.1 Absorption de lumières colorées : la synthèse soustractive

En **synthèse soustractive**, il suffit des couleurs cyan, magenta et jaune (CMJ) pour recréer quasiment toutes les couleurs (activité 2).
En superposant trois filtres (CMJ) dans un faisceau de lumière blanche, la lumière est totalement absorbée. On obtient du **noir** (doc. 2).

> • **La synthèse soustractive** est l'absorption de lumières colorées.
> • Les **couleurs primaires** de la synthèse soustractive sont le cyan, le magenta et le jaune.
> • Deux couleurs sont dites **complémentaires** si leur synthèse soustractive donne du noir.

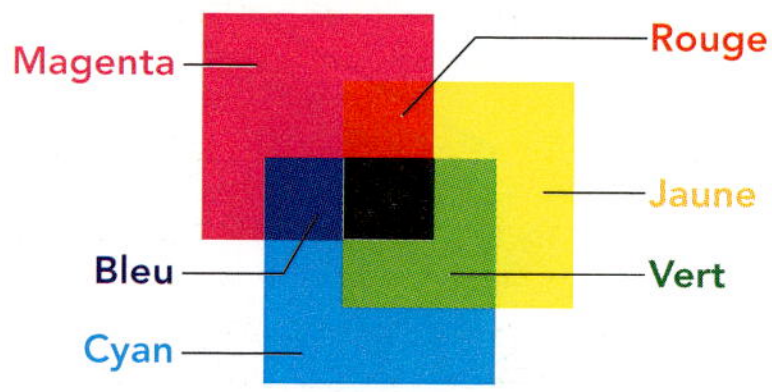

Doc. 2 Synthèse soustractive par superposition de filtres colorés dans un faisceau de lumière blanche.

2.2 Superposition de lumières colorées : la synthèse additive

Quand on superpose plusieurs lumières colorées, le cerveau en perçoit une nouvelle (activité 4A). C'est la **synthèse additive** des couleurs.
Thomas Young (1773-1829), médecin et physicien anglais, établit que l'on obtient une infinité de couleurs en superposant trois lumières colorées, rouge, verte et bleue, d'intensités réglables (système RVB). En superposant ces trois lumières colorées avec des intensités convenables, on peut obtenir du **blanc** (doc. 3).

> • **La synthèse additive** est la superposition de lumières colorées.
> • Les **couleurs primaires** de la synthèse additive sont le rouge, le vert et le bleu.
> • Deux couleurs sont dites **complémentaires** si leur synthèse additive donne du blanc.

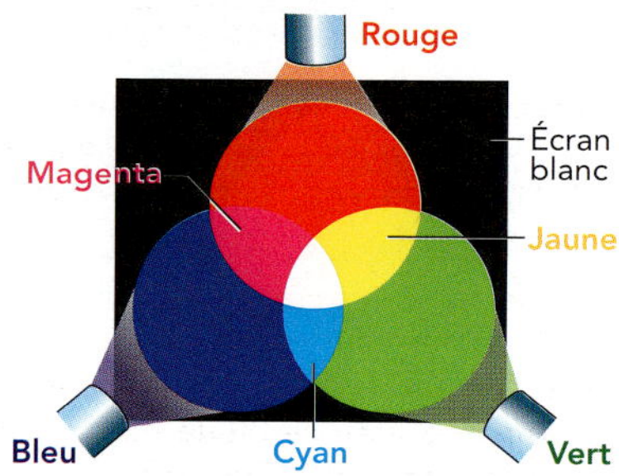

Doc. 3 Synthèse additive par superposition de lumières colorées éclairant un écran blanc. La partie non éclairée de l'écran paraît noire.

Couleurs primaires et complémentaires pour les deux synthèses

Synthèse additive

Couleurs primaires ↓	Couleurs complémentaires ↓
Rouge	Cyan
Vert	Magenta
Bleu	Jaune
↑ Couleurs complémentaires	↑ Couleurs primaires

Synthèse soustractive

Pour les curieux

Connaître les couleurs complémentaires permet d'éviter certaines situations dans lesquelles l'œil humain pourrait transmettre au cerveau des informations erronées. (Voir exercice 27, p. 43.)

Un **écran plat**, comme ceux des téléphones portables, est divisé en petites unités lumineuses : les **pixels** (activité 4B). Chaque pixel est composé de trois sous-pixels colorés en rouge, vert et bleu (doc. 4). On règle l'intensité lumineuse de chaque sous-pixel afin d'obtenir la couleur voulue pour le pixel.
Les sous-pixels étant très petits, l'œil ne les distingue pas. Il perçoit la superposition des lumières colorées émises; c'est de la synthèse additive. Chaque pixel peut ainsi restituer un grand nombre de couleurs.

Les écrans qui équipent les téléphones, ordinateurs, téléviseurs, etc. utilisent le principe de la trichromie et la synthèse additive.

Exercices 2, p. 37, et 7 à 12, p. 40.

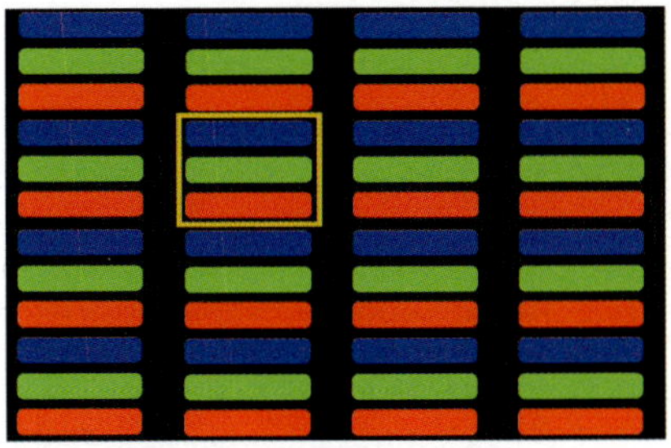

Doc. 4 Schématisation d'une portion d'écran de smartphone observée au microscope. La partie encadrée correspond à un pixel.

3 De quoi dépend la couleur d'un objet?

3.1 Diffusion, absorption, transmission

Selon leur nature, les objets interagissent différemment avec la lumière.

- La **diffusion** est le phénomène par lequel un objet éclairé renvoie dans toutes les directions une partie de la lumière incidente.
- La **transmission** est le phénomène par lequel un objet transparent est traversé par une partie de la lumière incidente.
- L'**absorption** est le phénomène par lequel un objet éclairé absorbe une partie la lumière incidente.

Une feuille blanche éclairée par une lumière blanche absorbe et transmet peu de lumière, mais en diffuse beaucoup (activité 1). L'absorption, la diffusion et la transmission peuvent avoir lieu simultanément (doc. 5).

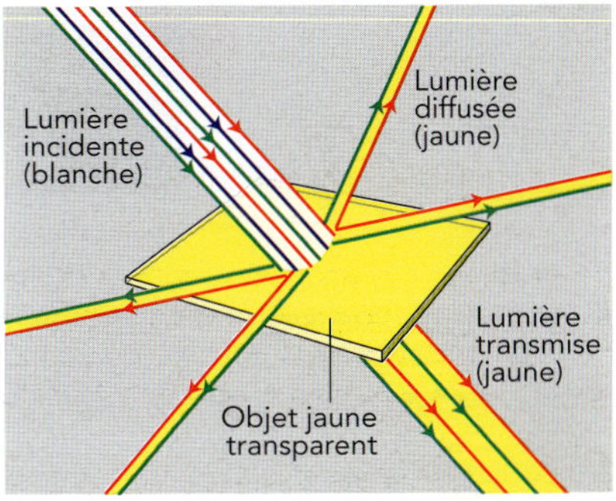

Doc. 5 Absorption, diffusion et transmission de la lumière.

3.2 Couleur d'un corps

- Éclairé en lumière blanche – que l'on considère pour simplifier constituée de lumières rouge, verte et bleue (RVB) – un corps qui absorbe uniquement la lumière bleue ne diffuse et ne transmet que des radiations vertes et rouges. Ces radiations donneront, par synthèse additive, une lumière jaune. Ce corps est perçu jaune par l'observateur (doc. 5).
- Le jaune obtenu par synthèse additive de lumières rouge et verte (doc. 6b) peut être perçu de la même façon qu'un jaune quasiment monochromatique (doc. 6a). Une même couleur perçue peut donc correspondre à plusieurs couleurs spectrales.

Une **couleur spectrale** est identifiable par son spectre.

- Pour une couleur spectrale donnée, la couleur perçue peut être différente d'un individu à l'autre. Cela peut être dû à un défaut d'un ou de plusieurs types de cônes, c'est le **daltonisme**. La forme la plus fréquente est la confusion entre le vert et le rouge (doc. 7). Le mot *daltonisme* provient du physicien anglais John Dalton, atteint de ce type de « cécité des couleurs ».

La **couleur perçue** d'un objet dépend :
- des lumières colorées qu'il absorbe, diffuse et transmet;
- de l'éclairage;
- de l'observateur.

Exercices 3, p. 37, et 13 à 17, p. 40-41.

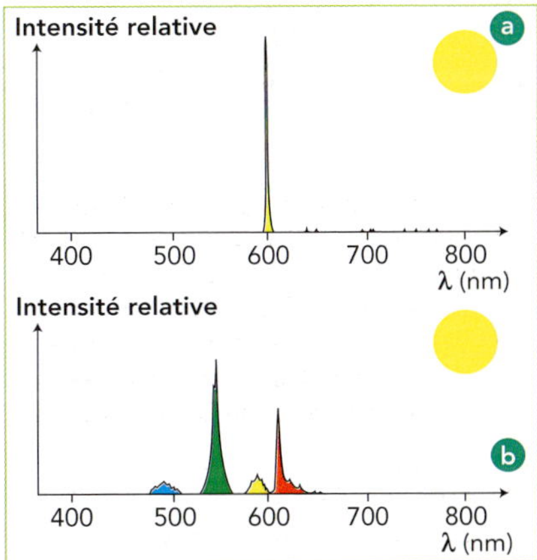

Doc. 6 Spectre de la lumière jaune produite par une lampe à vapeur de sodium (a) et par un écran reproduisant la couleur de la lumière émise par cette lampe (b).

Doc. 7 Mot en couleurs vu par un œil normal (à gauche) et par un œil atteint par une forme de daltonisme (à droite).

Essentiel

Vision des couleurs

La vision des couleurs est assurée par des récepteurs de l'œil sensibles à trois couleurs : le **rouge**, le **vert** et le **bleu**. La vision utilise la principe de la **trichromie**.

Synthèses colorées

Synthèse soustractive

La synthèse soustractive est **l'absorption** de lumières colorées.
Le cyan, le magenta et le jaune sont les couleurs primaires de la synthèse soustractive.

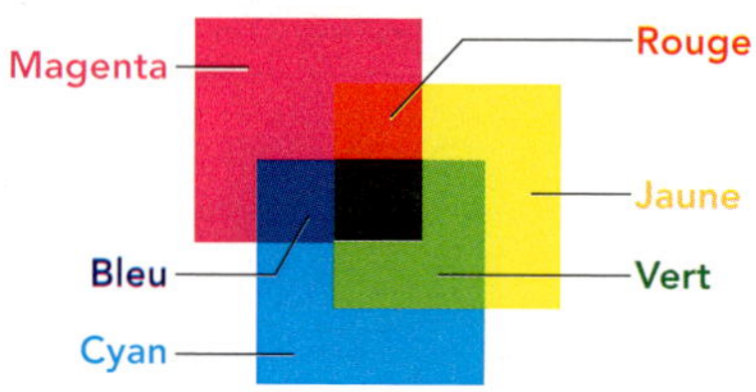

Synthèse additive

La synthèse additive est la **superposition** de lumières colorées.
Le **rouge**, le **vert** et le **bleu** sont les couleurs primaires de la synthèse additive.

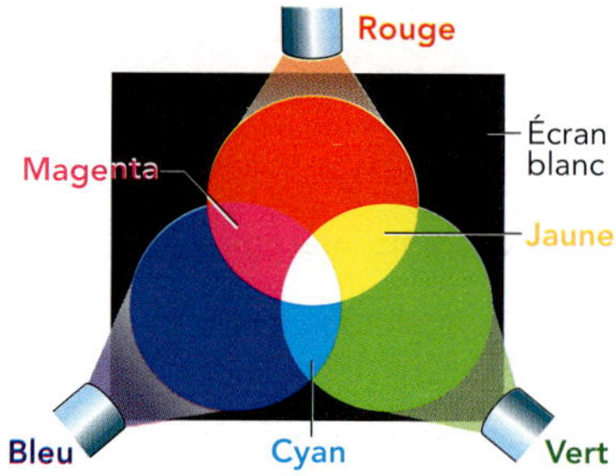

Deux couleurs sont **complémentaires** si :
- en synthèse additive elles donnent une lumière blanche ;
- en synthèse soustractive elles donnent du noir.

Restitution des couleurs par un écran plat

Sur un écran plat, les couleurs de chaque pixel sont restituées par synthèse additive.

Couleur d'un objet

Diffusion, absorption, transmission

La **diffusion** est le phénomène par lequel un objet éclairé renvoie dans toutes les directions une partie de la lumière incidente.
La **transmission** est le phénomène par lequel un objet transparent est traversé par une partie de la lumière incidente.
L'**absorption** est le phénomène par lequel un objet éclairé absorbe une partie la lumière incidente.

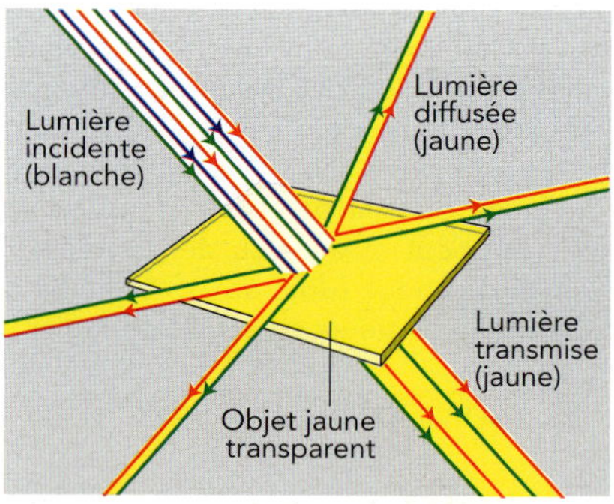

Absorption, diffusion et transmission

Couleur d'un corps

La couleur perçue d'un objet dépend :
- des couleurs qu'il absorbe, diffuse et transmet ;
- de l'éclairage ;
- de l'observateur.

Une couleur spectrale est identifiable par son spectre.

LES COMPÉTENCES ATTENDUES

- ✔ Interpréter la couleur d'un objet éclairé à partir de la lumière incidente ainsi que des phénomènes d'absorption, de diffusion et de transmission.
- ✔ Utiliser les notions de couleur blanche et de couleurs complémentaires.
- ✔ Prévoir le résultat de la superposition de lumières colorées et l'effet d'un ou plusieurs filtres colorés sur une lumière incidente.
- ✔ Distinguer couleur perçue et couleur spectrale.

QCM

Pour chaque question, indiquer la (ou les) bonne(s) réponse(s).

Voir corrigés, p. 369.

1 Vision des couleurs

	A	B	C
La perception des couleurs par l'œil humain utilise le principe de :	la quadrichromie.	la trichromie.	la synthèse soustractive.

Si erreur, revoir § 1, p. 34.

2 Synthèses colorées

	A	B	C
1. Une lumière blanche traverse successivement un filtre magenta et un filtre vert. On observe sur un écran blanc :	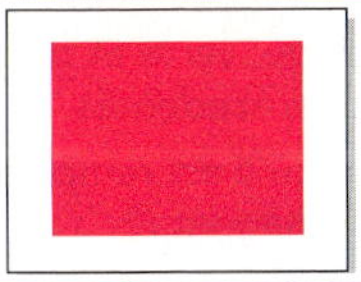		
2. On éclaire un filtre bleu avec une source de lumière blanche. Après traversée du filtre, la lumière est :	bleue.	blanche.	jaune.
3. Un mélange de colorants vu sous lumière blanche a une couleur verte. Quel peut être le chromatogramme de ce mélange ?	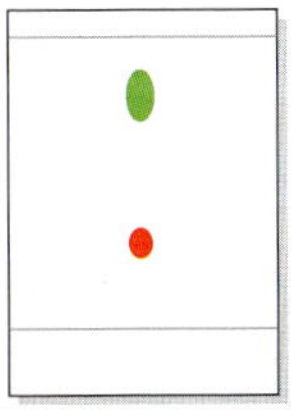	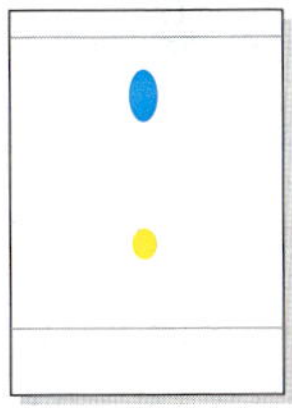	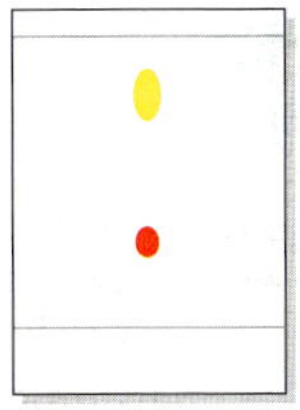
4. Les lumières colorées primaires de la synthèse additive sont :			
5. On a réalisé la superposition de lumières bleue, rouge et verte. Quatre zones ont été effacées. Quelle est la proposition convenable ? 			
6. Une observation au microscope d'un écran plat donne l'image ci-contre. 	La zone de l'image observée est jaune.	La zone de l'image observée est cyan.	La zone de l'image observée est magenta.

Si erreur, revoir § 2, p. 34.

3 Couleur d'un objet

	A	B	C
1. Un vitrail coloré d'une cathédrale éclairé en lumière blanche :	diffuse, absorbe et transmet de la lumière.	diffuse et absorbe de la lumière sans en transmettre.	absorbe et transmet de la lumière sans en diffuser.
2. La couleur perçue d'un objet dépend :	uniquement de sa nature.	uniquement de l'éclairage.	notamment de sa nature et de l'éclairage.
3. Observés par une même personne, deux corps qui ont des couleurs spectrales différentes :	sont toujours perçus de la même couleur.	peuvent être perçus de la même couleur.	sont toujours perçus de couleurs différentes.

Si erreur, revoir § 3, p. 35.

Exercice résolu

COMPÉTENCES MISES EN ŒUVRE
- Communiquer.
- Argumenter.

I. Prévoir l'effet de la superposition de filtres colorés

Sur la table d'un restaurant, un verre transparent, de couleur verte, est rempli d'eau. La lumière ambiante est blanche.

1. a. Quelle est la couleur de la lumière transmise par ce verre? Quelle est la couleur de la lumière qu'il diffuse? Quelle est la couleur de la lumière qu'il absorbe?
b. En considérant pour simplifier que la lumière blanche est composée des trois lumières colorées rouge, verte et bleue, réaliser un schéma illustrant les réponses précédentes.

2. De quelle couleur ce verre apparaît-il lorsqu'il est rempli de vin « rouge » dont la couleur s'apparente au magenta?

Conseils

1. a. Le verre se comporte comme un filtre coloré. Il transmet et diffuse les radiations lumineuses qui correspondent à sa propre couleur et absorbe principalement celles qui correspondent à sa couleur complémentaire.
b. Pour retrouver le résultat précédent il faut tout d'abord chercher, parmi le rouge, le vert et le bleu, quelles lumières colorées sont transmises, diffusées et absorbées.
Si plusieurs de ces lumières colorées interviennent dans l'un des phénomènes, il faut chercher quelle est la couleur obtenue par leur synthèse additive.

2. Il s'agit de synthèse soustractive, comme si deux filtres colorés étaient superposés.

Solution rédigée

1. a. Le verre transmet et diffuse sa propre couleur, donc du vert. La couleur de la lumière principalement absorbée est la couleur complémentaire du vert : le magenta.
b. Le verre est vert. La superposition de lumières rouge et bleue donne du magenta, donc la couleur de la lumière principalement absorbée est le magenta.

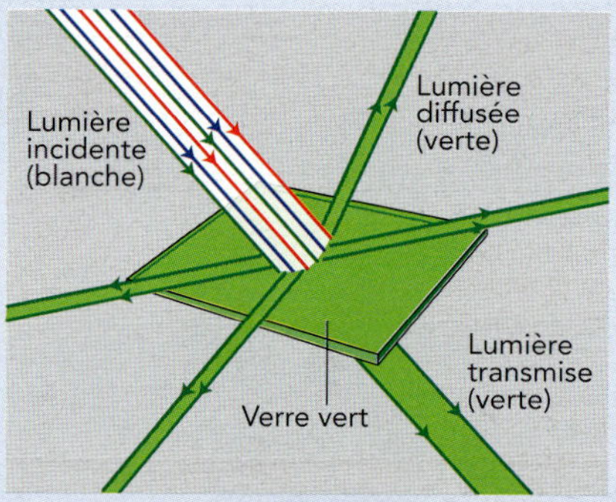

2. Rempli de vin de couleur magenta, le verre apparaîtra noir, car la lumière traverse deux filtres colorés superposés de couleurs complémentaires.

Application immédiate

4 Un flacon en verre incolore contient un sirop. Éclairé par une lumière blanche, constituée d'un mélange de lumières colorées rouge, verte et bleue, ce sirop paraît jaune.

1. Quelles sont les couleurs des lumières transmises, diffusées et absorbées?

2. Ce sirop est versé dans un verre rouge. Quelle est la couleur de la lumière qui traverse le verre et son contenu?

Voir corrigés, p. 369.

Exercice résolu

COMPÉTENCES MISES EN ŒUVRE
- Lire un schéma.
- Raisonner, argumenter.

II. Expliquer la couleur d'un écran

La surface d'un écran plat est découpée en petites zones appelées pixels. Chaque pixel est subdivisé en sous-pixels. Chaque sous-pixel ne peut s'illuminer qu'en rouge, vert ou bleu. La figure ci-contre, constituée de huit zones colorées, peut être utilisée pour régler les couleurs d'un écran et vérifier son fonctionnement.

1. Les différentes lumières colorées émises par les sous-pixels se superposent dans l'œil d'une personne observant un tel écran. Quel est le type de synthèse mise en jeu ?

2. Quelles sont les couleurs complémentaires du rouge, du vert et du bleu ?

3. Pour chacune des zones de la figure, indiquer quelles sont les couleurs des sous-pixels illuminés.

Conseils

1. Il faut bien connaître les définitions de la synthèse additive et de la synthèse soustractive.

2. Le texte indique trois couleurs : rouge, vert et bleu. Ce sont les couleurs primaires de la synthèse additive. Deux lumières colorées sont complémentaires si leur addition donne du blanc.

3. La superposition de deux des trois lumières colorées de couleurs primaires donne une lumière dont la couleur est complémentaire de celle de la troisième couleur primaire.

Le noir correspond à l'absence de lumière. Le blanc correspond à la superposition des trois lumières colorées de couleurs primaires.

Solution rédigée

1. Les différentes lumières colorées issues des sous-pixels se superposent dans l'œil.
La superposition de lumières colorées est la synthèse additive.

2. Le cyan est le complémentaire du rouge.
Le magenta est le complémentaire du vert.
Le jaune est le complémentaire du bleu.

3.

Numéro de la zone	Couleur perçue	Sous-pixel(s) illuminé(s)
1	jaune	rouge et vert
2	cyan	vert et bleu
3	vert	vert
4	magenta	rouge et bleu
5	rouge	rouge
6	bleu	bleu
7	blanc	rouge, vert et bleu
8	noir	aucun

Application immédiate

5 Les images ci-contre simulent le grossissement d'une petite zone d'un écran plat, en montrant les sous-pixels.
Quelle est la couleur perçue dans chaque cas ?

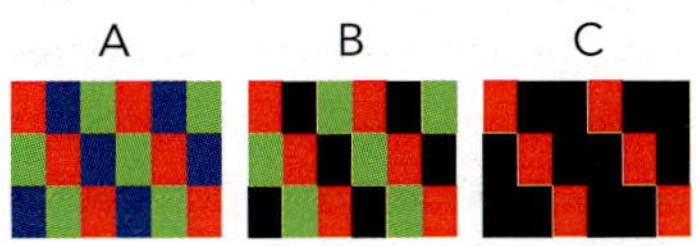

Voir corrigés, p. 369.

Exercices

Pour commencer

Comment l'œil voit-il les couleurs ?

6 Connaître le principe de la vision des couleurs

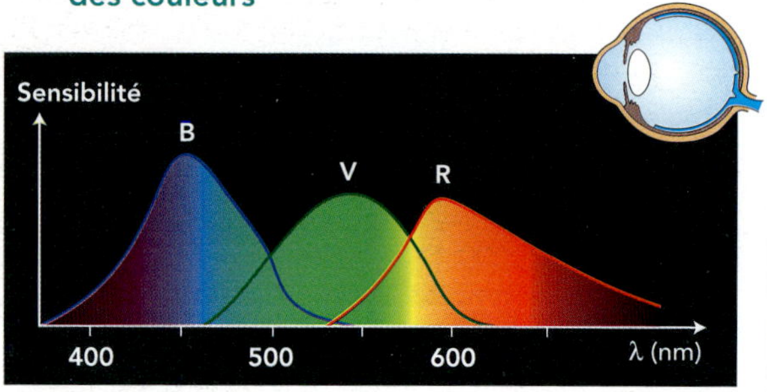

Les courbes ci-dessus représentent les sensibilités de chacun des types de cônes de l'œil humain.

1. Combien de types de cônes trouve-t-on dans l'œil humain ?

2. Quelle est la longueur d'onde pour laquelle chaque type de cônes est le plus sensible ?

3. Quel est le nom du principe de reproduction des couleurs utilisant trois couleurs de base ?

Comment obtenir des couleurs ?

7 Connaître la synthèse additive

1. Quelles sont les couleurs primaires de la synthèse additive ?

2. Recopier et compléter le schéma ci-contre.

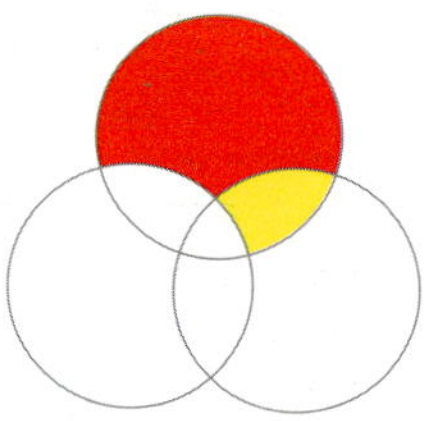

8 Connaître la synthèse soustractive

1. Quelles sont les couleurs primaires de la synthèse soustractive ?

2. Recopier et compléter le schéma ci-contre.

9 Connaître les couleurs complémentaires

1. Quelles sont les couleurs complémentaires des couleurs primaires en synthèse additive ?

2. Quelles sont les couleurs complémentaires des couleurs primaires en synthèse soustrative ?

10 Prévoir la couleur d'une lumière

Pour éclairer une scène de spectacle, un éclairagiste utilise un projecteur de lumière blanche à la sortie duquel il peut placer des filtres de différentes couleurs. Il dispose de trois filtres dont un cyan et un jaune.

1. L'éclairagiste superpose le filtre jaune et le filtre cyan. Quelle est la couleur de la lumière obtenue après traversée de ces deux filtres ?

Voir, si nécessaire, l'exercice résolu I, p. 38.

2. De quelle couleur doit-être le troisième filtre pour que l'éclairagiste puisse, par superposition avec le filtre cyan ou le filtre jaune, obtenir de la lumière rouge ?

3. Que se passera-t-il s'il superpose les trois filtres ?

11 Utiliser la synthèse additive

1. Quelles couleurs apparaissent sur cette photographie ?

2. Quelles sont les couleurs des lumières primaires de la synthèse additive ?

3. En supposant qu'un éclairagiste ne possède que des projecteurs de lumière primaire, comment peut-il obtenir chacune des couleurs citées à la question **1** ?

Voir, si nécessaire, l'exercice résolu II, p. 39.

12 Comprendre les couleurs d'un écran

Les écrans couleur utilisent le principe de la trichromie.

1. Quelles sont les trois couleurs primaires utilisées sur ces écrans ?

2. Quel type de synthèse utilise-t-on sur ces écrans afin d'obtenir pratiquement toutes les couleurs ?

De quoi dépend la couleur d'un objet ?

13 Connaître le vocabulaire

Utiliser les trois verbes pour décrire le comportement des objets proposés lorsqu'ils sont éclairés.

Verbes	Objets
Diffuser Transmettre Absorber	Vitrail Peinture colorée Pomme verte

14 Distinguer couleur perçue et couleur spectrale

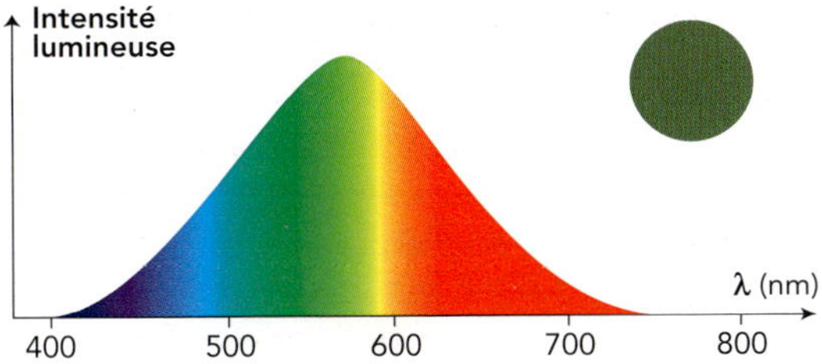

Le document ci-dessus représente un disque coloré, ainsi que le profil spectral de la lumière qu'il diffuse.

1. Quelle est la couleur perçue du disque ?

2. Décrire sa couleur spectrale.

15 Exploiter un spectre

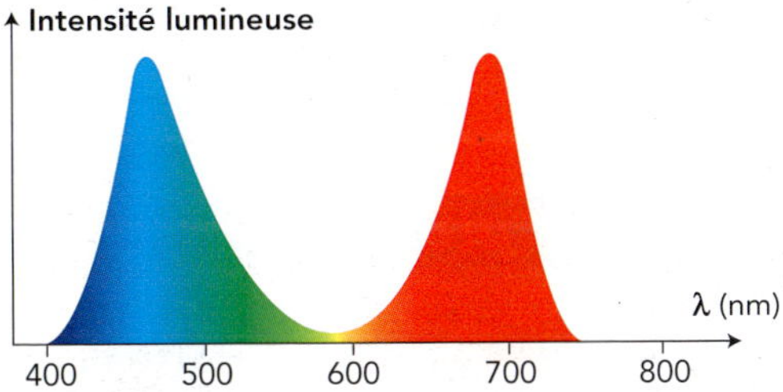

Le document ci-dessus représente le profil spectral d'une lampe d'aquarium.

1. Quelles sont les couleurs des radiations de la lumière émise ?

2. Quelle sera la couleur perçue ?

16 Comprendre la couleur d'un objet

Une pomme rouge est successivement éclairée en lumière blanche, rouge et bleue.

1. Quelle est la couleur perçue de la pomme éclairée en lumière blanche ?

2. Quelle est la couleur perçue de la pomme éclairée en lumière rouge ?
Quelle est la couleur perçue de la pomme éclairée en lumière bleue ?

3. De quoi dépend la couleur d'un objet ?

17 Connaître un défaut de vision

1. a. Quel est le nom de l'anomalie de vision empêchant de distinguer certaines couleurs ?
b. Quelle est l'origine de ce nom ?

2. La forme la plus courante est la deutéranopie.
L'utilisation d'images comme celle représentée ci-contre permet de dépister cette anomalie.
Quelles couleurs ne distingue pas un individu atteint de deutéranopie ?

Pour s'entraîner

18 Voir en relief

COMPÉTENCES Trouver les informations ; raisonner ; argumenter.

Pour obtenir un film en trois dimensions, il faut filmer la même scène avec deux caméras placées côte à côte. Lors de la projection, le spectateur perçoit l'un des films sur l'œil gauche et l'autre sur l'œil droit.
Les premières lunettes pour la vision d'un film en 3D étaient munies d'un filtre bleu pour un œil et d'un filtre rouge pour l'autre. Le filtre rouge masquait l'image projetée en bleu et le filtre bleu masquait l'image projetée en rouge.

1. Quelles sont les couleurs des radiations qui traversent chacun de ces deux filtres ?

2. Expliquer la dernière phrase du texte.

19 L'art et les crayons

COMPÉTENCES Formuler une hypothèse ; s'exprimer clairement.

The American artist Christian Faur gathered thousands of coloured pencils to create his *True Color Series*, a meticulous work inspired by the Pixel Art movement.

1. What is a « pixel » when dealing with a picture? Why is this artistic technique called pixel art?

2. What sort of luminous synthesis does this technique require if you step backward from the painting?

3. Instead of a cyan blue pencil, Christian Faur could have used two other pencils. Precise which two colours.

4. @ Which impressionist movement does this technique belong to?

20 La quadrichromie

COMPÉTENCES Trouver les informations ; raisonner ; argumenter.

La quadrichromie est un procédé d'imprimerie qui permet de reproduire un large spectre coloré à partir des trois couleurs cyan, magenta et jaune, auxquelles on ajoute le noir.

1. Quel type de synthèse des couleurs est utilisé en imprimerie ?

2. Comment nomme-t-on les couleurs cyan, magenta et jaune dans ce type de synthèse ?

3. Peut-on obtenir du noir avec trois couleurs ?

4. @ Quel est l'intérêt d'utiliser directement le noir ?

Exercices

21 La perception des couleurs SVT

COMPÉTENCES Lire un graphique ; raisonner ; argumenter.

1. Quelles sont les deux catégories de cellules sensibles à la lumière, situées sur la rétine d'un œil humain ?

2. Quelles sont les cellules sensibles aux couleurs ?

3. On dénombre trois types de ces cellules sensibles aux couleurs, notées A, B et C. Leurs domaines de sensibilité sont représentés sur les courbes ci-dessous.

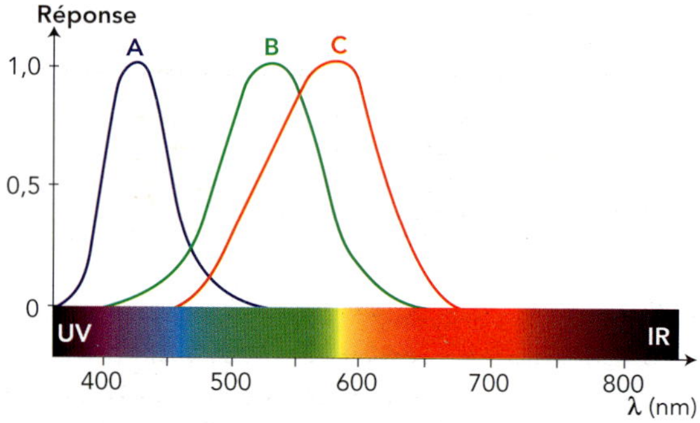

a. Pour quel intervalle de longueurs d'onde les cellules A, B et C sont-elles le plus sensibles ?
b. À quelle couleur chaque intervalle correspond-il ?
c. Quelle est la couleur perçue lorsque les cônes B et C sont stimulés ?

22 Trichromie

COMPÉTENCES Lire un schéma ; raisonner ; argumenter.

Les schémas 1 et 2 ci-dessous ont été trouvés sur un site Internet traitant de la couleur.

Le principe de la trichromie

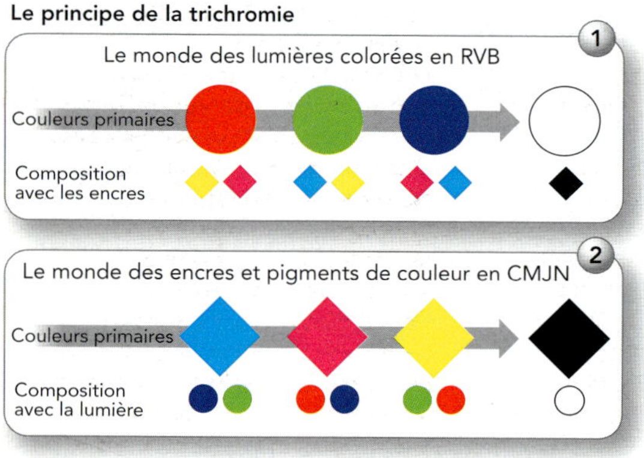

1. Schéma 1
a. Quel type de synthèse est représenté sur ce schéma ?
b. À quoi correspond le disque blanc en bout de flèche ?
c. Expliquer la couleur des deux losanges situés en dessous du cercle vert.

2. Schéma 2
a. Quel type de synthèse est représenté sur ce schéma ?
b. Pourquoi le losange en bout de flèche est-il noir ?
c. Expliquer la couleur des deux disques colorés en dessous du losange cyan ?

Voir, si nécessaire, les exercices résolus I et II, p. 38 et 39.

23 À chacun son rythme

COMPÉTENCES Raisonner ; argumenter.

Éclairé en lumière blanche, un classeur est perçu jaune. On intercale un filtre de couleur cyan entre la source de lumière blanche et ce classeur. Le classeur est perçu vert.

Niveau 2

Pourquoi le classeur, éclairé par une lumière blanche devant laquelle on a placé un filtre cyan, est perçu vert ?

Niveau 1

1. Quelles sont les couleurs des radiations d'une lumière blanche émise par une lampe à incandescence ?

2. Quelles sont les radiations transmises par un filtre de couleur cyan ?

3. Quelles peuvent-être les couleurs des radiations diffusées par un objet jaune ?

4. Expliquer pourquoi le classeur éclairé par une source de lumière blanche devant laquelle on a placé un filtre cyan est perçu vert.

Pour aller plus loin

24 Une couleur vue sous plusieurs angles

COMPÉTENCES Lire un graphique ; raisonner.

Éclairée en lumière blanche, une solution de permanganate de potassium est magenta (a). On en a réalisé le spectre d'absoption (b) et le profil spectral (c).

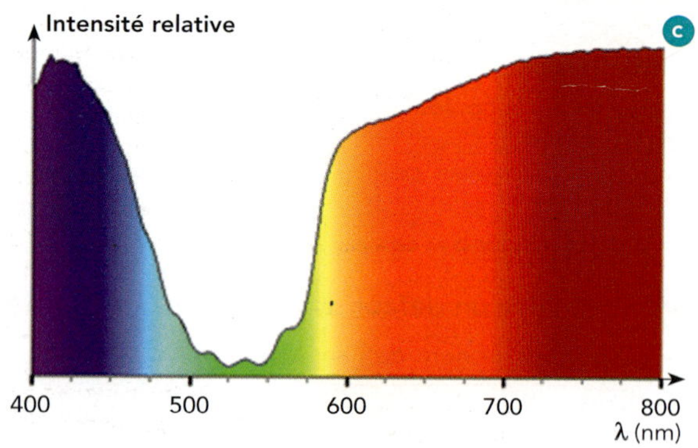

1. Définir le terme « absorption ».

2. Quelle est la couleur perçue de cette solution ?

3. Quelles sont les couleurs principales des radiations qui composent la lumière transmise par la solution ?

4. Quelle information supplémentaire nous apporte le profil spectral ?

1 Comment différencier les sources lumineuses ?

Les sources de lumière **(activité 1)** peuvent être des **sources chaudes** **(doc. 1a)** dont l'émission est d'origine thermique (lampes à incandescences, Soleil, etc.) ou des **sources froides (doc. 1b)** dont l'émission a lieu sans échauffement particulier (lampes fluocompactes, lasers, etc.).

Le spectre de la lumière émise par une source peut être constitué d'une seule raie **(doc. 2a)** ou de plusieurs raies **(doc. 2b)**.

Une source **monochromatique** émet une seule radiation.
Une source **polychromatique** émet plusieurs radiations.

Une radiation est caractérisée par sa longueur d'onde λ (lambda) dans le vide ou par sa fréquence ν (nu). Certaines radiations ne sont pas visibles par l'œil humain (**activité 1** et **doc. 3**).

- La longueur d'onde λ, dans le vide, et la fréquence ν d'une radiation lumineuse sont liées par la relation $\lambda = \frac{c}{\nu}$.
  λ s'exprime en mètre (m) et ν en hertz (Hz) ; c est la vitesse de la lumière dans le vide : $c \approx 3{,}00 \times 10^8\ \text{m} \cdot \text{s}^{-1}$.
- Dans le vide ou dans l'air, les **radiations visibles** ont des longueurs d'onde comprises **entre 400 nm et 800 nm** environ. Elles sont limitées par les **ultraviolets** (λ < 400 nm) et par les **infrarouges** (λ > 800 nm).

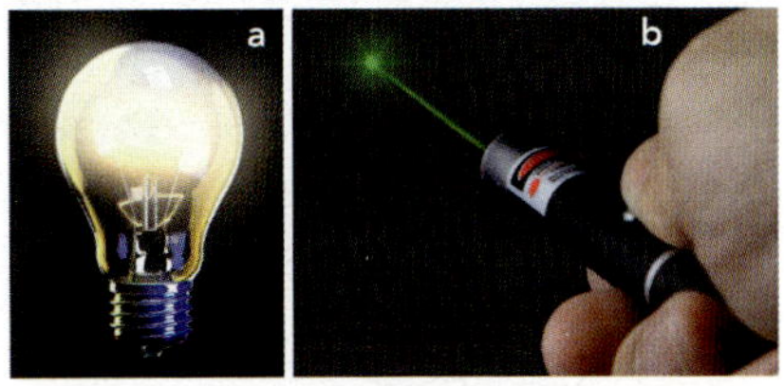

Doc. 1 **a.** Exemple de source chaude (lampe à incandescence).
b. Exemple de source froide (laser).

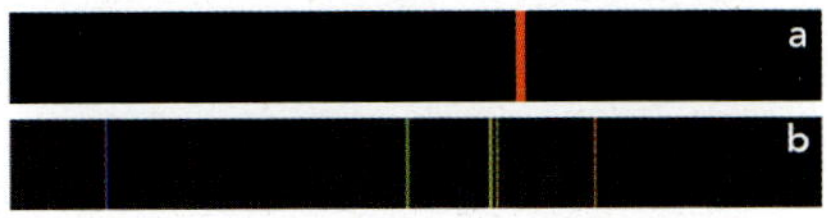

Doc. 2 **a.** Spectre de la lumière monochromatique émise par un laser.
b. Spectre de la lumière polychromatique émise par une lampe à vapeur de mercure.

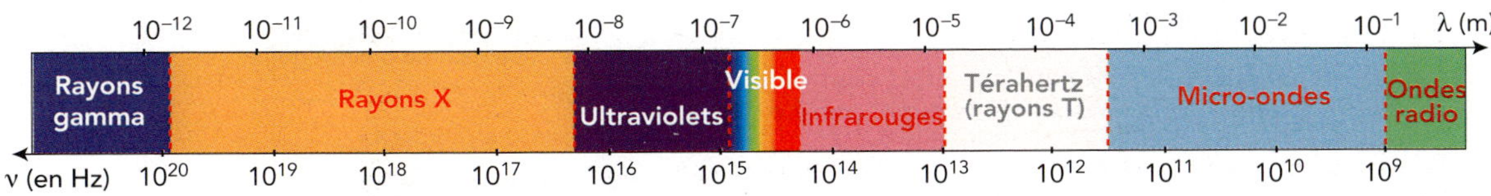

Doc. 3 Longueurs d'onde dans le vide et fréquences des radiations visibles ou invisibles.

Voir exercices 1, p. 53, et 6 à 8, p. 55.

2 La lumière émise par une source chaude dépend-elle de sa température ?

La température θ de la surface d'un corps chaud est reliée à la longueur d'onde λ_{max} de la radiation émise par ce corps avec le maximum d'intensité **(activité 2)**. C'est la loi de Wien :

$$\theta = \frac{2{,}89 \times 10^6}{\lambda_{max}} - 273.$$

λ_{max} s'exprime en nanomètre (nm) et θ en degré Celsius (°C).

La **loi de Wien** permet d'évaluer la température de surface θ d'un corps chaud à partir de la longueur d'onde λ_{max} de la radiation émise par ce corps avec le maximum d'intensité.

La couleur d'une source est liée à l'allure globale de son profil spectral **(doc. 4)**. Une source de couleur bleue est plus chaude qu'une source de couleur rouge.

Voir exercices 2, p. 53, et 9 à 10, p. 55.

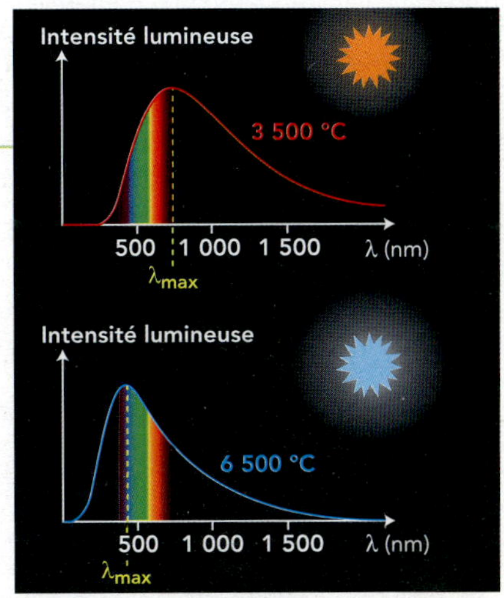

Doc. 4 Profil spectral et couleur de la lumière émise par un corps dont la température augmente.

3 Quelle est l'origine de l'émission de lumière par une source froide ?

3.1 Le photon

Depuis les travaux d'Albert Einstein publiés en 1905, on considère que la lumière est constituée de corpuscules*, les photons. On parle de **modèle corpusculaire**.

L'énergie de la lumière est transportée par des **photons**.

Pour une radiation de longueur d'onde λ (m) dans le vide et de fréquence ν (Hz), chaque photon transporte un quantum** d'énergie :

$$\mathscr{E} = h \cdot \frac{c}{\lambda} = h \cdot \nu$$

Cette énergie s'exprime en joule (J); h est la constante de Planck : $h = 6{,}63 \times 10^{-34}$ J·s; c est la vitesse de la lumière dans le vide : $c \approx 3{,}00 \times 10^{8}$ m·s^{-1}. On parlera par la suite d'un photon de longueur d'onde λ dans le vide et de fréquence ν.

Les valeurs des énergies des atomes exprimées en joule (J) étant extrêmement faibles, on utilisera souvent comme unité d'énergie l'électronvolt (eV) : 1 eV = $1{,}60 \times 10^{-19}$ J.

* Corpuscule, n. m. Particule de très petite dimension.
** Quantum (plur. quanta), n. m. Plus petite quantité d'une grandeur pouvant être échangée.

3.2 Quantification de l'énergie des atomes

Comme l'a postulé Niels Bohr en 1913 (activité 3), l'énergie d'un atome ne peut prendre que certaines valeurs.

Un atome ne peut exister que dans des états bien définis, chaque état étant caractérisé par un niveau d'énergie. L'énergie d'un atome est **quantifiée**.

Le **diagramme de niveaux d'énergie** d'un atome (doc. 5) représente les niveaux d'énergie possibles de cet atome. L'état de plus basse énergie correspond à l'**état fondamental** : c'est l'état stable de l'atome. Les autres états, d'énergie supérieure, sont qualifiés d'**états excités**. Il en existe une infinité. Dans l'état d'énergie nulle, l'atome est **ionisé**.

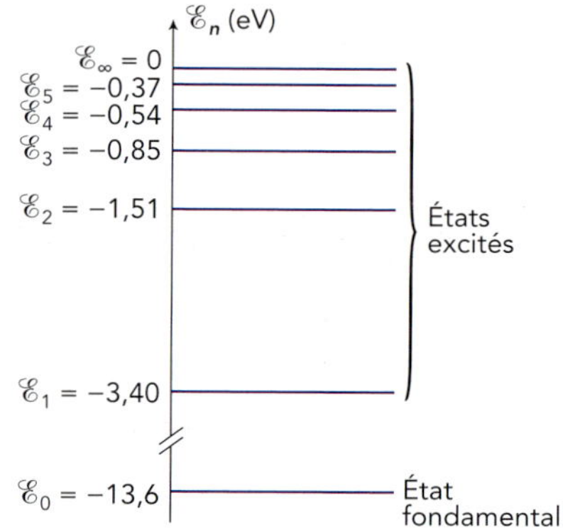

Doc. 5 Diagramme de niveaux d'énergie de l'atome d'hydrogène.

3.3 Émission de lumière

Lors de l'activité 3, on a observé quatre raies sur le spectre d'émission de l'atome d'hydrogène. Chaque raie correspond à une transition au cours de laquelle l'énergie de l'atome diminue de $|\Delta\mathscr{E}| = |\mathscr{E}_p - \mathscr{E}_m|$ (doc. 6).

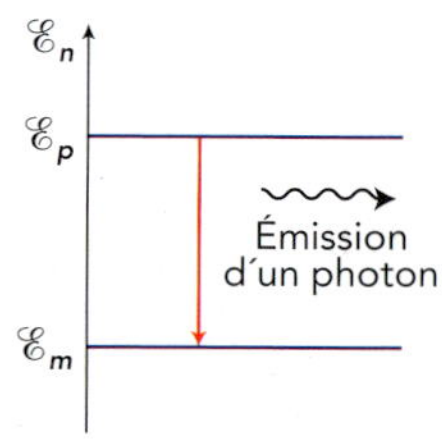

Doc. 6 Transition énergétique avec émission d'un photon.

Au cours d'une transition d'un niveau à un niveau inférieur, l'énergie de l'atome diminue de $|\Delta\mathscr{E}|$. L'atome émet alors un photon de même énergie. Cela se traduit par l'émission d'une radiation de longueur d'onde dans le vide λ telle que :

$$|\Delta\mathscr{E}| = h \cdot \frac{c}{\lambda} = h \cdot \nu$$

$|\Delta\mathscr{E}|$ s'exprime en joule (J), λ en mètre (m) et ν en hertz (Hz).

Par exemple, au cours de la transition du niveau 4 au niveau 1, l'énergie de l'atome de lithium diminue de $|\mathscr{E}_4 - \mathscr{E}_1|$. Cela correspond à une raie d'émission de couleur rouge et de longueur d'onde dans le vide λ = 612 nm (doc. 7).

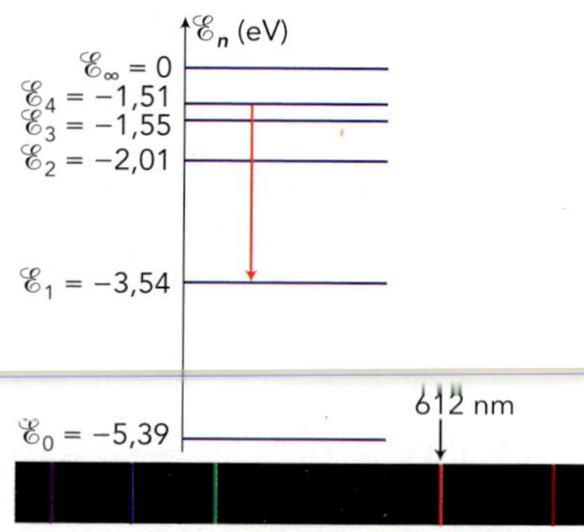

Doc. 7 Transition énergétique pour l'atome de lithium.

Voir exercices 3, p. 53, et 11 à 14, p. 55.

4 Comment interpréter le spectre de la lumière du Soleil ?

L'étude du spectre solaire nous renseigne sur sa température de surface et sur la composition chimique de son atmosphère.

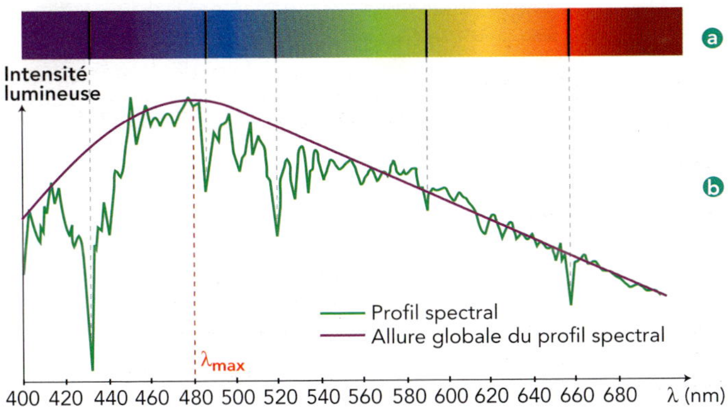

Doc. 8 Le Soleil : source de lumière blanche.

Doc. 9
a. Spectre de la lumière émise par le Soleil.
b. Profil spectral correspondant (en vert) et allure globale de ce profil spectral (en violet).

4.1 Température de surface du Soleil

Le profil spectral de la lumière venant du Soleil **(doc. 8)** fait apparaître un maximum d'intensité pour λ_{max} = 480 nm **(doc. 9b)**.

> La **loi de Wien** permet de connaître la température de surface du Soleil.

À partir de la loi de Wien* $\theta = \dfrac{2{,}89 \times 10^6}{\lambda_{max}} - 273$, on obtient une température de surface :

$$\theta = 5{,}75 \times 10^3 \text{ °C}.$$

*** Pour les curieux**

La loi de Wien s'applique en toute rigueur à un corps idéal nommé « corps noir », dont le rayonnement ne dépend que de la température. (Voir exercice 27, p. 59.)

4.2 Composition chimique de l'atmosphère du Soleil

Un atome émet un photon quand il passe d'un niveau d'énergie $\mathscr{E}_p$ à un niveau inférieur $\mathscr{E}_m$ **(doc. 6)**.

Il peut aussi absorber un photon de même énergie lorsqu'il passe du niveau inférieur $\mathscr{E}_m$ au niveau supérieur $\mathscr{E}_p$ **(doc. 10)**.

Cela explique la présence de raies noires dans les spectres d'absorption étudiés en classe de Seconde **(doc. 9a)**.

Cela explique également pourquoi, pour une même entité chimique, les raies noires du spectre d'absorption ont les mêmes longueurs d'onde dans le vide que les raies colorées du spectre d'émission.

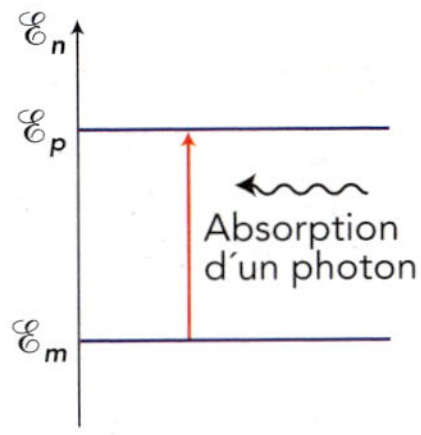

Doc. 10 Transition énergétique avec absorption d'un photon.

> Les raies noires du spectre de la lumière provenant du Soleil ou les minima d'intensité lumineuse de son profil spectral permettent d'**identifier les entités chimiques** présentes dans son atmosphère. En effet, les longueurs d'onde des radiations absorbées sont caractéristiques de chaque entité chimique.

Ainsi l'étude du **document 9** montre la présence d'hydrogène, de magnésium et de sodium dans l'atmosphère solaire.

Par exemple, les longueurs d'onde dans le vide caractéristiques de l'hydrogène **(doc. 11)** (434 nm, 486 nm, 656 nm) correspondent à des minima d'intensité lumineuse du profil spectral du Soleil.

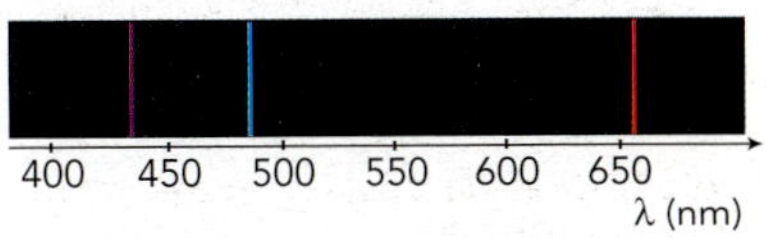

Doc. 11 Spectre d'émission de l'hydrogène.

Voir exercices 4, p. 53, et 15 à 16, p. 56.

Essentiel

Sources lumineuses

Source monochromatique
La lumière émise par une source monochromatique contient une **radiation unique**.

Source polychromatique
La lumière émise par une source polychromatique contient **plusieurs radiations**.

Une radiation lumineuse est caractérisée par sa longueur d'onde dans le vide ou dans l'air, notée λ, et sa fréquence ν telle que :

$\nu = \frac{c}{\lambda}$, λ en mètre (m) et ν en hertz (Hz).

c est la vitesse de la lumière dans le vide en mètre par seconde : $c = 3{,}00 \times 10^8\ m \cdot s^{-1}$.

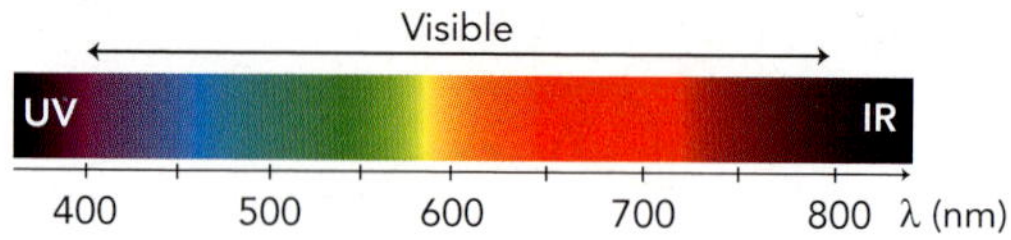

Longueurs d'onde des radiations visibles et proches du visible.

Émission de lumière par une source chaude

La loi de Wien permet d'évaluer la température de surface θ d'un corps dont on connaît la longueur d'onde dans le vide λ_{max} de la radiation émise avec le maximum d'intensité.

Émission de lumière par une source froide

- L'énergie de la lumière est transportée par des photons.
- Un photon, de longueur d'onde dans le vide λ, est émis lorsque l'atome passe d'un niveau d'énergie $\mathscr{E}_p$ à un autre d'énergie inférieure $\mathscr{E}_m$ ($\mathscr{E}_m < \mathscr{E}_p$).

Le quantum d'énergie transporté par ce photon vaut :

$$|\Delta\mathscr{E}| = |\mathscr{E}_p - \mathscr{E}_m| = h \cdot \frac{c}{\lambda} = h \cdot \nu$$

$|\Delta\mathscr{E}|$ s'exprime en joule (J), λ en mètre (m) et ν en hertz (Hz) ;
h est la constante de Planck : $h = 6{,}63 \times 10^{-34}\ J \cdot s$;
c est la vitesse de la lumière dans le vide : $c \approx 3{,}00 \times 10^8\ m \cdot s^{-1}$.

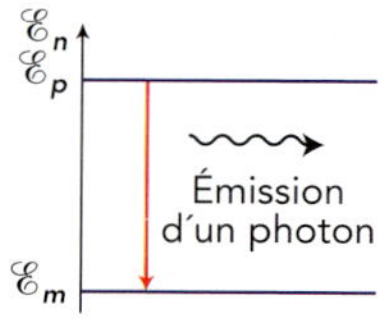

Transition énergétique avec émission d'un photon par un atome.

Spectre solaire

L'étude du profil spectral de la lumière du Soleil permet :
– de connaître sa température de surface à partir de λ_{max} et de la loi de Wien;
– d'identifier des entités chimiques de son atmosphère à partir des longueurs d'onde dans le vide des radiations absorbées qui sont caractéristiques de chaque entité.

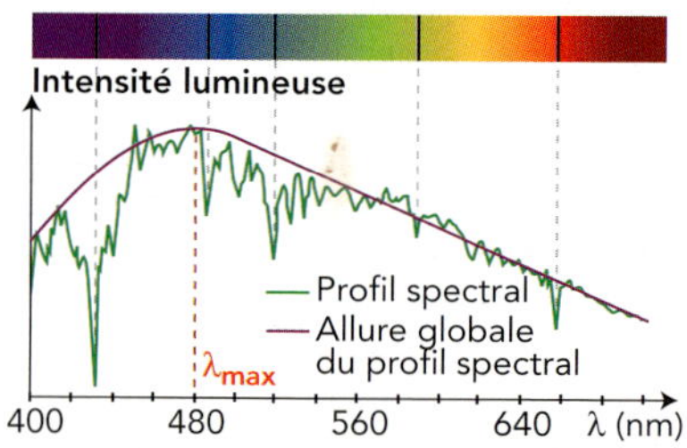

Spectre et profil spectral de la lumière émise par le Soleil.

LES COMPÉTENCES ATTENDUES

- ✔ Distinguer une source polychromatique d'une source monochromatique.
- ✔ Connaître les limites du domaine visible et situer les rayonnements infrarouges et ultraviolets.
- ✔ Pratiquer une démarche expérimentale pour comprendre la notion de lumière colorée. (TP)
- ✔ Exploiter la loi de Wien.
- ✔ Interpréter les échanges d'énergie entre lumière et matière.
- ✔ Connaître les relations $\lambda = \frac{c}{\nu}$ et $|\Delta\mathscr{E}| = h \cdot \nu$.
- ✔ Expliquer les caractéristiques du spectre solaire.

QCM

Pour chaque question, indiquer la (ou les) bonne(s) réponse(s).

Voir corrigés, p. 369.

Données : loi de Wien : $\theta = \dfrac{2{,}89 \times 10^{6}}{\lambda_{max}} - 273$ avec θ en °C et λ_{max} en nm ; 1 eV = $1{,}60 \times 10^{-19}$ J ; $c = 3{,}00 \times 10^{8}$ m·s^{-1} ; $h = 6{,}63 \times 10^{-34}$ J·s .

1 Sources lumineuses

	A	B	C
1. Quel(s) spectre(s) correspond(ent) à la lumière d'une source polychromatique ?			
2. Les radiations infrarouges ont, dans le vide, des longueurs d'onde :	inférieures à 400 nm.	supérieures à 800 nm.	inférieures à celles des radiations rouges.
3. Une source froide telle qu'une DEL émet de la lumière :	sans échauffement particulier.	par absorption de photons.	par émission de photons.

Si erreur, revoir § 1, p. 49.

2 Émission de lumière par une source chaude

	A	B	C
1. Plus un corps est chaud, plus son spectre s'enrichit de radiations :	infrarouges.	de grandes longueurs d'onde.	de courtes longueurs d'onde.
2. La radiation émise avec le maximum d'intensité par une source lumineuse a pour longueur d'onde dans le vide λ_{max} = 700 nm. Sa température de surface est d'environ :	$3{,}86 \times 10^{3}$ °C.	$4{,}40 \times 10^{3}$ °C.	$4{,}13 \times 10^{5}$ °C.

Si erreur, revoir § 2, p. 49.

3 Émission de lumière par une source froide

	A	B	C
1. Le spectre ci-contre a été obtenu avec du sodium. La présence de la raie traduit : 	l'absorption de photons.	l'émission d'électrons.	l'émission de photons.
2. L'énergie d'un photon de longueur d'onde dans le vide λ = 450 nm vaut :	$4{,}42 \times 10^{-19}$ J.	$4{,}42 \times 10^{-28}$ J.	$4{,}42 \times 10^{-18}$ J.
3. On donne une partie du diagramme de niveaux d'énergie du mercure. Les atomes de mercure pris dans leur état fondamental peuvent absorber un photon d'énergie : 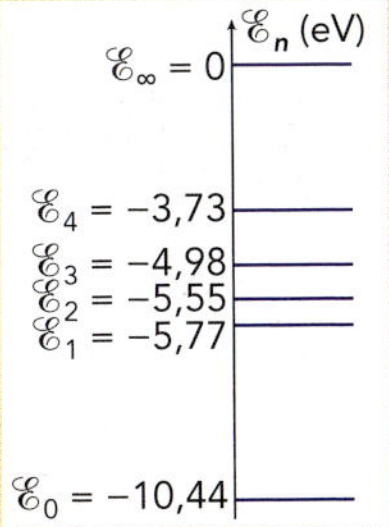	4,67 eV.	3,73 eV.	2,04 eV.
4. Quelle est la longueur d'onde λ d'un photon d'énergie 4,67 eV ?	405 nm.	266 nm.	$2{,}66 \times 10^{-7}$ m.

Si erreur, revoir § 3, p. 50.

4 Spectre solaire

	A	B	C
1. À partir du profil spectral du Soleil, la loi de Wien permet de connaître :	sa température de surface.	la composition de son atmosphère.	sa masse.
2. Les entités chimiques présentes dans l'atmosphère du Soleil sont identifiées à partir :	de sa température.	des raies noires du spectre solaire.	des minima d'intensité lumineuse de son profil spectral.

Si erreur, revoir § 4, p. 51.

Exercice résolu

COMPÉTENCES MISES EN ŒUVRE
- Lire un graphique.
- Effectuer un calcul.

Longueur d'onde et énergie

Les raies du spectre de l'atome de mercure (voir ci-dessous) résultent des transitions de l'atome entre ses différents niveaux d'énergie.
Le diagramme ci-contre représente certains niveaux d'énergie de l'atome de mercure.

1. Quelle est, en joule, la diminution d'énergie d'un atome passant du niveau d'énergie $\mathcal{E}_1$ au niveau d'énergie $\mathcal{E}_0$?

2. Calculer la longueur d'onde dans le vide du photon pouvant être émis lors de cette transition.

3. À quel domaine de longueur d'onde appartient cette radiation ?

Données : $c = 3{,}00 \times 10^8\ m \cdot s^{-1}$; $1\ eV = 1{,}60 \times 10^{-19}\ J$; $h = 6{,}63 \times 10^{-34}\ J \cdot s$.

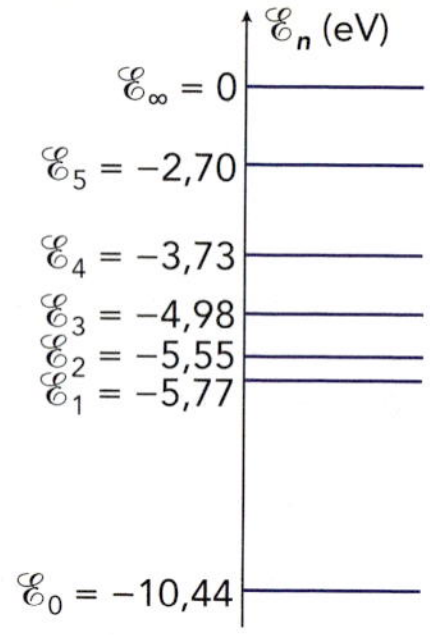

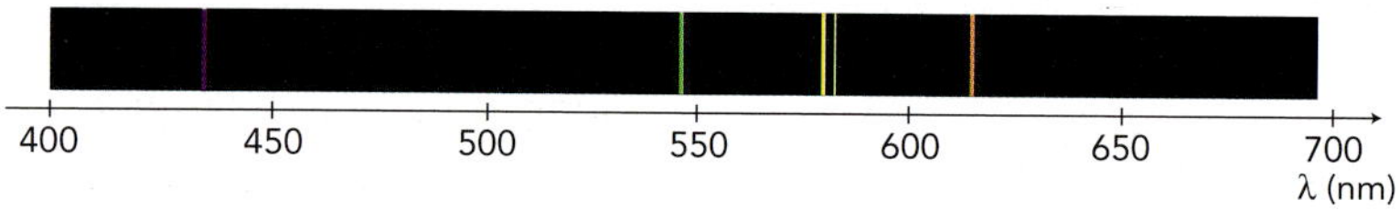

Conseils

Comment calculer une énergie ?

1. Les valeurs de $\mathcal{E}_1$ et $\mathcal{E}_0$ sont indiquées sur le diagramme.
Pour calculer la diminution d'énergie en joule, il faut tout d'abord la calculer en eV, puis la convertir en joule.

Comment calculer une longueur d'onde ?

2. L'énergie du photon émis est égale à la diminution de l'énergie de l'atome.
Pour calculer la longueur d'onde dans le vide d'un photon émis, il faut utiliser la relation :

$$|\Delta\mathcal{E}| = h \cdot \frac{c}{\lambda}$$

en faisant attention aux unités.

3. Il faut comparer la valeur trouvée aux longueurs d'onde qui délimitent le domaine du visible.

Solution rédigée

1. Sur le diagramme énergétique, on voit que la différence d'énergie entre le niveau $\mathcal{E}_1$ et le niveau $\mathcal{E}_0$ d'énergie est :

$$|\Delta\mathcal{E}| = |\mathcal{E}_1 - \mathcal{E}_0| = |-5{,}77 - (-10{,}44)| = 4{,}67\ eV.$$

Convertie en joule, cette diminution d'énergie vaut :

$$|\Delta\mathcal{E}| = 4{,}67 \times 1{,}60 \times 10^{-19} = 7{,}47 \times 10^{-19}\ J.$$

2. La relation entre l'énergie et la longueur d'onde est :

$$|\Delta\mathcal{E}| = h \cdot \frac{c}{\lambda}$$

La longueur d'onde dans le vide associée à cette transition est donc donnée par :

$$\lambda = \frac{h \cdot c}{|\Delta\mathcal{E}|}$$

$$\lambda = \frac{6{,}63 \times 10^{-34} \times 3{,}00 \times 10^8}{7{,}47 \times 10^{-19}} = 2{,}66 \times 10^{-7}\ m = 266\ nm.$$

3. La longueur d'onde est inférieure à 400 nm. Cette radiation n'est pas visible par l'œil ; elle appartient au domaine des UV.

Application immédiate

5 Une des raies du spectre de l'atome de mercure a pour longueur d'onde $\lambda = 546$ nm.

1. Calculer, en joule, l'énergie de la transition correspondante.

2. Convertir cette énergie en électronvolt (eV).

3. Sachant que la transition concerne le niveau d'énergie $\mathcal{E}_3$, la représenter sur un diagramme.

Voir corrigés, p. 369.

Pour commencer

Comment différencier les sources lumineuses ?

6 Connaître le vocabulaire

Une source émet une lumière composée de deux radiations. Une autre émet une lumière comportant une seule radiation. Comment qualifier ces sources ?

7 Connaître les longueurs d'onde du spectre

Indiquer, pour chaque radiation, son appartenance (domaine visible, IR ou UV).

a. Radiation 1 : $\lambda = 6 \times 10^{-7}$ m. b. Radiation 2 : $\lambda = 0,3$ µm.

c. Radiation 3 : $\lambda = 9 \times 10^{-7}$ m.

8 Exploiter la relation entre fréquence et longueur d'onde

1. Quelle est la fréquence ν_1 d'une radiation de longueur d'onde dans le vide $\lambda_1 = 632,8$ nm ?

2. Quelle est la longueur d'onde dans le vide λ_2 d'une radiation de fréquence $\nu_2 = 5,64 \times 10^{14}$ Hz ?

Donnée : $c = 3,00 \times 10^8$ m·s^{-1}.

La lumière émise par une source chaude dépend-elle de sa température ?

9 Couleurs des étoiles

Trois étoiles de couleurs différentes (jaune, bleu et rouge) ont les profils spectraux suivants.

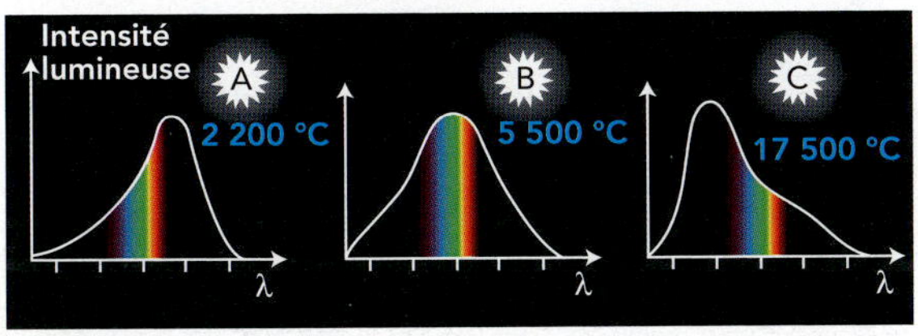

1. Comment évolue λ_{max} lorsque θ augmente ?

2. Associer chacune des étoiles A, B et C à sa couleur.

10 Comprendre et exploiter la loi de Wien

La température de surface de l'étoile Spica, dans la constellation de la Vierge, est d'environ 20 000 °C.
Avec θ en °C et λ_{max} en nm, la loi de Wien s'écrit :

$$\theta = \frac{2,89 \times 10^6}{\lambda_{max}} - 273.$$

1. Quelles grandeurs physiques représentent λ_{max} et θ ?

2. Comment évolue θ quand λ_{max} augmente ?

3. Exprimer λ_{max} en fonction de la température θ.

4. Calculer la longueur d'onde dans le vide λ_{max} de la radiation émise avec le maximum d'intensité.
À quel domaine appartient-elle ?

Quelle est l'origine de l'émission de lumière par une source froide ?

11 Structure de l'atome

1. Un atome peut-il être dans n'importe quel état d'énergie ? Que signifie le terme « quantifié » ?

2. Comment peut-on expliquer les raies d'émission du spectre d'une entité chimique ? Quel corpuscule est associé à une raie d'émission ?

3. Deux entités chimiques différentes peuvent-elles avoir le même spectre de raies ? Pourquoi ?

12 Calculer l'énergie d'un photon

On considère une radiation de longueur d'onde dans le vide $\lambda = 516$ nm.

1. Calculer, en joule, l'énergie du photon correspondant.

2. Exprimer cette énergie en électronvolt.

Données : $c = 3,00 \times 10^8$ m·s^{-1} ; 1 eV $= 1,60 \times 10^{-19}$ J ; $h = 6,63 \times 10^{-34}$ J·s.

13 Calculer des énergies et des longueurs d'onde

Recopier et compléter le tableau ci-dessous.

Énergie (eV)	Énergie (J)	Longueur d'onde dans le vide (nm)
2,86		
	$4,09 \times 10^{-19}$	
		656

Données : $c = 3,00 \times 10^8$ m·s^{-1} ; 1 eV $= 1,60 \times 10^{-19}$ J ; $h = 6,63 \times 10^{-34}$ J·s.

14 Exploiter un diagramme de niveaux d'énergie

Le diagramme ci-contre représente certains niveaux d'énergie de l'atome de lithium.
La raie rouge du spectre de la lumière émise par une lampe à vapeur de lithium correspond à la transition du niveau d'énergie $\mathscr{E}_1$ vers le niveau d'énergie $\mathscr{E}_0$.

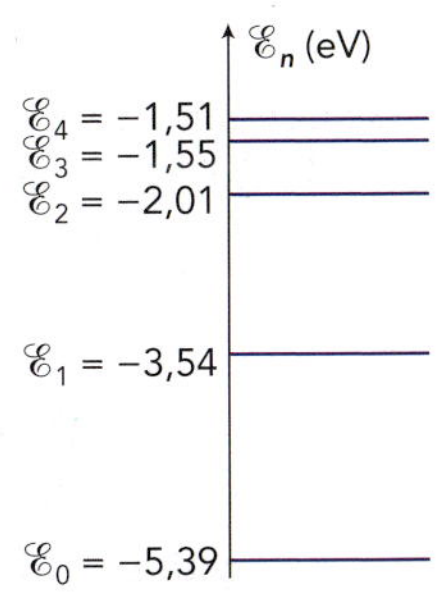

1. Calculer l'énergie du photon correspondant en électronvolt, puis en joule.

2. En déduire la valeur de la longueur d'onde dans le vide de la radiation associée. Vérifier qu'elle correspond bien à une radiation rouge.

Données : $c = 3,00 \times 10^8$ m·s^{-1} ; 1 eV $= 1,60 \times 10^{-19}$ J ; $h = 6,63 \times 10^{-34}$ J·s.

Exercices

Comment interpréter le spectre de la lumière du Soleil ?

15 Interpréter les raies noires d'un spectre

Le document ci-dessus représente le spectre de la lumière émise par le Soleil, obtenu avec un spectroscope de laboratoire.

1. Quelle est l'origine des raies noires observées dans le spectre ?

2. Quel schéma, parmi les deux ci-dessous, permet d'interpréter une de ces raies noires ? Justifier.

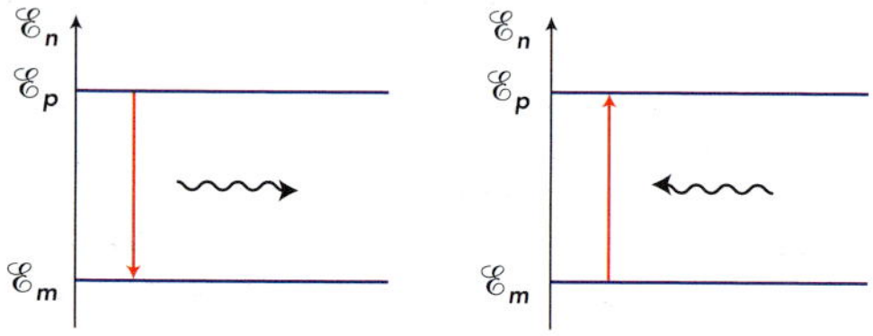

Schéma a — Schéma b

16 Interpréter l'allure d'un profil spectral

1. Représenter l'allure globale du profil spectral de la lumière venant du Soleil. Qu'appelle-t-on λ_{max} ?

2. Quelle information peut-on obtenir à partir de la valeur de λ_{max} ?

3. À quoi sont dus les minima d'intensité lumineuse qui apparaissent sur le profil spectral ?
Quelle information peut-on obtenir à partir de ces minima ?

Pour s'entraîner

17 Lampe à vapeur de sodium

COMPÉTENCES **Lire un schéma ; effectuer un calcul.**

L'analyse du spectre d'émission d'une lampe à vapeur de sodium révèle la présence de raies de longueur d'onde dans le vide λ bien définies.

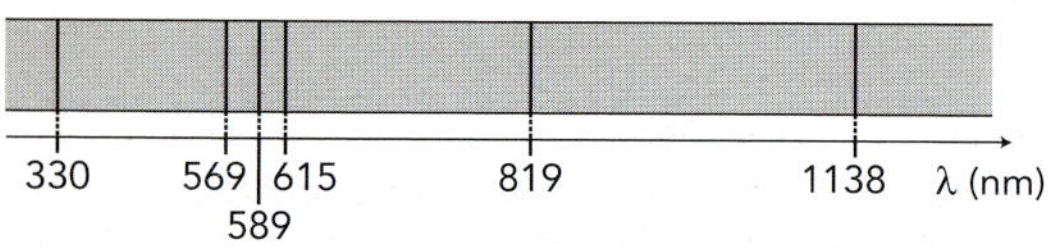

1. Repérer dans ce spectre les longueurs d'onde des raies appartenant :

a. au domaine de la lumière visible ;

b. au domaine des rayonnements ultraviolets ;

c. au domaine des rayonnements infrarouges.

2. La lumière émise par cette lampe est-elle polychromatique ou monochromatique ? Justifier la réponse.

3. Quelle est la valeur de la fréquence ν correspondant à la longueur d'onde dans le vide λ = 589 nm ?

18 Température de la Terre

COMPÉTENCES **Effectuer un calcul ; lire un schéma.**

1. La Terre est éclairée par le Soleil dont la température externe est environ 5 700 °C.

a. La loi de Wien s'écrit : $\theta = \dfrac{2{,}89 \times 10^6}{\lambda_{max}} - 273$,
avec θ en °C et λ_{max} en nm.
Déterminer la longueur d'onde dans le vide de la radiation émise avec le maximum d'intensité.

b. À quel domaine du spectre appartient-elle ?

2. Actuellement, la température moyenne de la Terre est de 15 °C.

a. En utilisant la loi de Wien, calculer la longueur d'onde dans le vide correspondant à la radiation émise par la Terre avec le maximum d'intensité.

b. À quel domaine du spectre appartient cette radiation ?

3. L'effet de serre peut être modélisé par le schéma suivant. Quelle partie du schéma illustre la réponse à la question 2.b ?

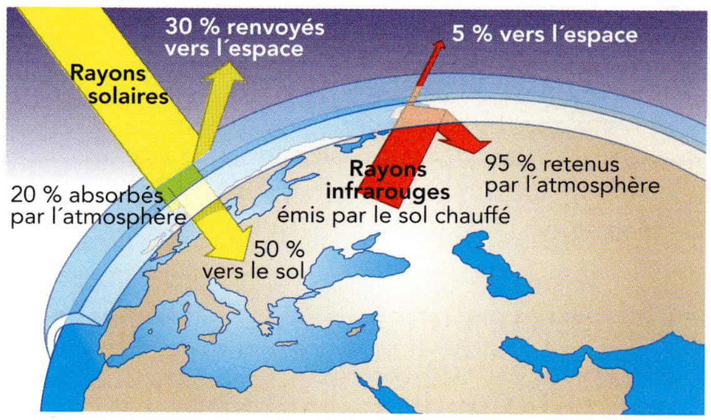

19 Spectre d'Arcturus

COMPÉTENCES **Lire un graphique ; effectuer un calcul.**

Arcturus est une étoile située dans la constellation du Bouvier.
Son profil spectral est représenté ci-dessous.

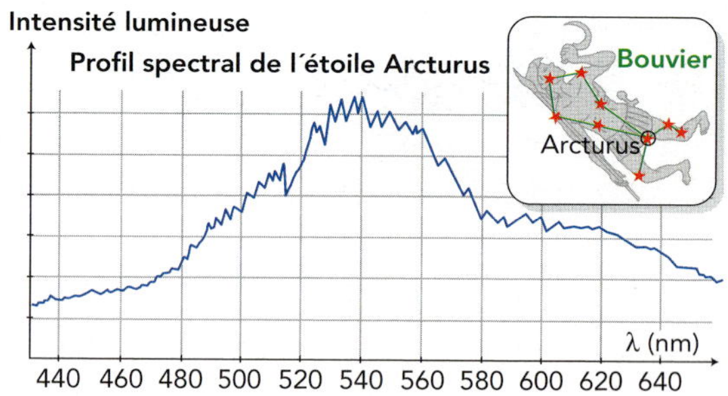

1. Évaluer la longueur d'onde dans le vide λ_{max} de la radiation émise avec le maximum d'intensité.

2. À quel domaine du spectre appartient-elle ?

3. La loi de Wien s'écrit : $\theta = \dfrac{2{,}89 \times 10^6}{\lambda_{max}} - 273$,
avec θ en °C et λ_{max} en nm.
Calculer la température de surface d'Arcturus.

20 La nébuleuse d'Orion

COMPÉTENCES Lire un graphique ; effectuer un calcul ; raisonner ; argumenter.

La grande nébuleuse d'Orion est une des nébuleuses les plus brillantes du ciel.
Elle est constituée en majorité d'atomes d'hydrogène, dont certains sont dans un état excité. La couleur rose de la nébuleuse est due à une transition de l'atome d'hydrogène entre les niveaux d'énergie $\mathscr{E}_2$ et $\mathscr{E}_1$.

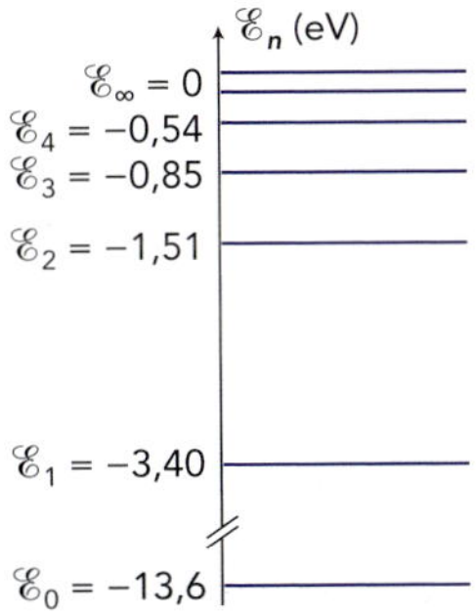

1. Cette transition correspond-elle à une émission ou une absorption de lumière ?

2. Représenter cette transition sur un diagramme.

3. Calculer la longueur d'onde dans le vide de la radiation correspondante.

Voir, si nécessaire, l'exercice résolu, p. 54.

4. En utilisant le spectre de la lumière visible donné dans l'essentiel p. 52, montrer que la valeur obtenue est en accord avec la couleur rose de la nébuleuse.

Données : $c = 3,00 \times 10^8\ \text{m}\cdot\text{s}^{-1}$; $1\ \text{eV} = 1,60 \times 10^{-19}\ \text{J}$; $h = 6,63 \times 10^{-34}\ \text{J}\cdot\text{s}$.

21 Le spectre solaire

COMPÉTENCES Lire un graphique ; raisonner ; argumenter.

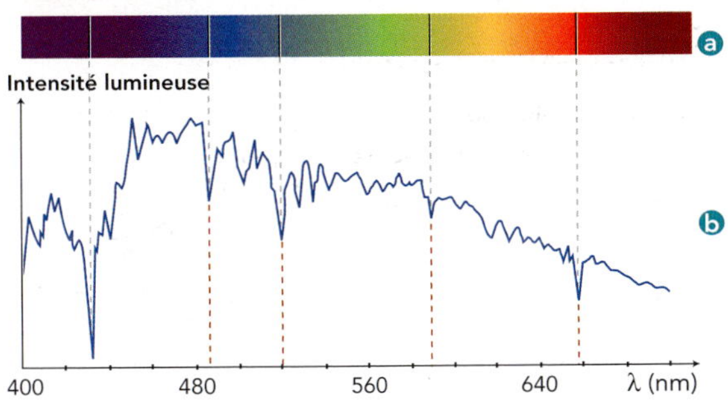

Spectre (a) et profil spectral (b) de la lumière venant du Soleil

Longueurs d'onde dans le vide de quelques radiations émises par des atomes :
H : 434,0 nm ; 486,1 nm ; 656,3 nm.
Na : 589,0 nm ; 589,6 nm.
Mg : 470,3 nm ; 516,7 nm.
Hg : 435,6 nm ; 546,1 nm.

1. Quel est le phénomène à l'origine des raies noires du spectre solaire ?

2. Comment repère-t-on ce phénomène dans le profil spectral ?

3. Quelles informations sur le Soleil peut-on en déduire ?

4. Quels éléments chimiques le profil spectral permet-il d'identifier dans l'atmosphère du Soleil ?

22 À chacun son rythme

COMPÉTENCES Lire un graphique ; effectuer un calcul ; raisonner ; argumenter.

Cet exercice est proposé à deux niveaux de difficulté. Dans un premier temps, essayer de résoudre l'exercice de niveau 2. En cas de difficultés, passer au niveau 1.

Le diagramme ci-contre représente certains niveaux d'énergie de l'atome de mercure.

Données :
$c = 3,00 \times 10^8\ \text{m}\cdot\text{s}^{-1}$;
$1\ \text{eV} = 1,60 \times 10^{-19}\ \text{J}$;
$h = 6,63 \times 10^{-34}\ \text{J}\cdot\text{s}$.

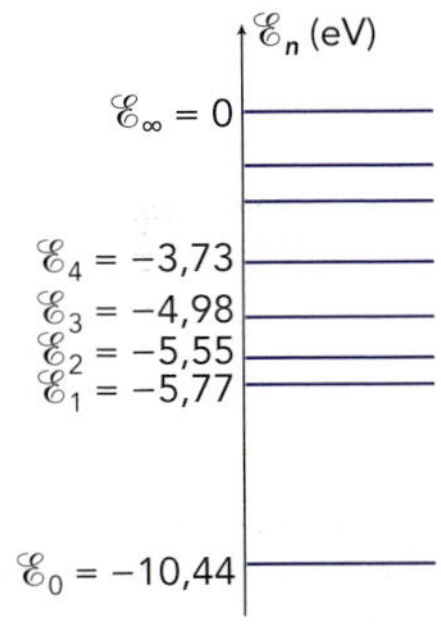

Niveau 2

1. Que représentent :
– le niveau d'énergie $\mathscr{E}_0$?
– les niveaux d'énergie $\mathscr{E}_1$, $\mathscr{E}_2$, $\mathscr{E}_3$ et $\mathscr{E}_4$?

2. Quelle est la plus grande longueur d'onde dans le vide des radiations que peut absorber l'atome de mercure initialement dans l'état d'énergie $\mathscr{E}_0$?

3. À partir du diagramme ci-dessus, expliquer l'émission d'un photon de longueur d'onde $\lambda_1 = 254$ nm dans le vide.

Niveau 1

1. Que représentent :
– le niveau d'énergie $\mathscr{E}_0$?
– les niveaux d'énergie $\mathscr{E}_1$, $\mathscr{E}_2$, $\mathscr{E}_3$ et $\mathscr{E}_4$?

2. a. Quelle est, en électronvolt, la plus petite énergie que peut absorber l'atome de mercure initialement dans l'état d'énergie $\mathscr{E}_0$?
b. Convertir cette énergie en joule.
c. En déduire la longueur d'onde dans le vide de la radiation correspondante.
d. S'agit-il de la plus grande ou de la plus petite longueur d'onde des radiations que peut absorber l'atome de mercure initialement dans l'état d'énergie $\mathscr{E}_0$?

3. a. Quelle est l'énergie, en joule puis en électronvolt, d'un photon de longueur d'onde $\lambda_1 = 254$ nm dans le vide ?
b. À partir du diagramme ci-dessus, expliquer l'émission d'un photon de longueur d'onde $\lambda_1 = 254$ nm dans le vide.

Exercices

23 Vérifier la loi de Wien

COMPÉTENCES Effectuer un calcul ; construire un graphique ; interpréter un résultat.

En physique, un « corps noir » est un objet idéal émettant un rayonnement qui n'est fonction que de sa température.
Pour retrouver expérimentalement la loi de Wien, on augmente progressivement la température θ d'un morceau de métal. Pour chacune des températures, on mesure la longueur d'onde pour laquelle l'intensité lumineuse émise est maximale. On obtient les résultats suivants :

θ (°C)	3000	2800	2600	2400	2200
λ_{max} (nm)	880	940	1010	1080	1170

θ (°C)	2000	1800	1600	1400	1200
λ_{max} (nm)	1270	1400	1540	1730	1960

1. a. À l'aide d'un tableur, tracer θ en fonction de λ_{max}.
b. Ces deux grandeurs sont-elles proportionnelles ?

2. a. À l'aide du tableur, calculer $\frac{1}{\lambda_{max}}$.
Tracer le graphique représentant θ en fonction de $\frac{1}{\lambda_{max}}$.
b. Quelle est l'allure de la courbe obtenue ?
c. Établir l'équation de la courbe obtenue à l'aide du tableur.
Montrer qu'elle correspond à la loi de Wien qui s'écrit :

$$\theta = \frac{2,89 \times 10^6}{\lambda_{max}} - 273.$$

3. Cette loi peut être appliquée à la lumière venant d'une étoile. Que permet-elle alors de connaître ?

Pour aller plus loin

24 L'éclairage routier

COMPÉTENCES Lire un graphique ; effectuer un calcul ; raisonner ; argumenter.

Certaines rues sont éclairées par des lampes qui contiennent du sodium gazeux à très faible pression.
Les atomes de ce gaz sont excités par un faisceau d'électrons qui traverse le tube. Lors de leur désexcitation vers l'état fondamental, ils émettent de la lumière jaune. Le diagramme des niveaux d'énergie de l'atome de sodium est donné ci-contre.

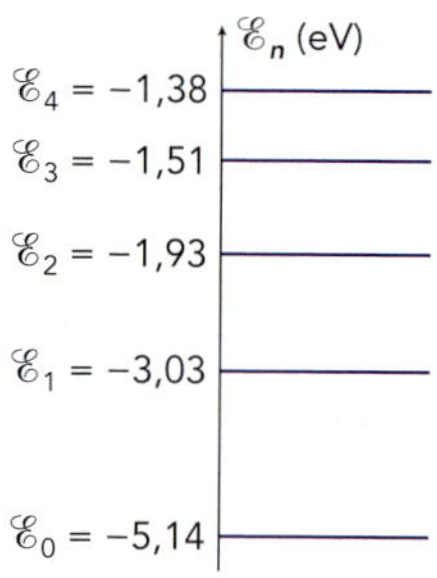

1. On considère une raie jaune, de longueur d'onde dans le vide $\lambda = 589$ nm, émise par une telle lampe.
a. Calculer, en électrovolt (eV), l'énergie perdue par un atome de sodium lors de l'émission de cette radiation.
b. Indiquer par une flèche, sur le diagramme des niveaux d'énergie, la transition correspondante.

2. L'atome de sodium, considéré maintenant dans l'état d'énergie $\mathscr{E}_1$, reçoit une radiation lumineuse dont le quantum d'énergie $\mathscr{E}$ a pour valeur 1,10 eV.
a. Cette radiation lumineuse peut-elle être absorbée par l'atome de sodium à l'état $\mathscr{E}_1$? Justifier.
b. Sur un spectre, la raie associée à cette transition est-elle une raie d'émission ou une raie d'absorption ? Justifier.

Données : $c = 3,00 \times 10^8$ m·s^{-1} ; 1 eV = $1,60 \times 10^{-19}$ J ; $h = 6,63 \times 10^{-34}$ J·s.

25 Infrared light

COMPÉTENCES Trouver l'information ; formuler une hypothèse.

Humans may not be able to see infrared light, but the snakes in the *pit* viper family, have sensory "pits", which are used to imaging infrared light. This allows the snake to detect warm blooded animals, even in dark *burrows*!
Infrared light lies between the visible and microwave portions of the electromagnetic spectrum. Infrared light has a range of *wavelengths*, just like visible light has wavelengths that range from red light to violet. "Near infrared" light is closest in wavelength to visible light and "far infrared" is closer to the microwave region of the electromagnetic spectrum.

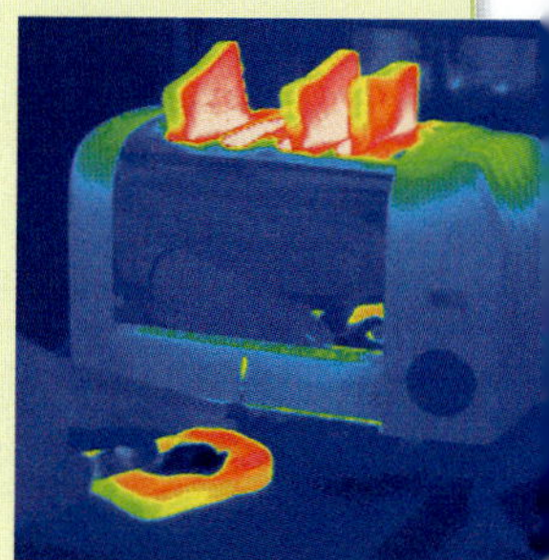

A toaster in the night.

Far infrared *waves* are thermal. The heat that we feel from sunlight, a fire, a radiator or a warm sidewalk is infrared. The temperature-sensitive *nerve endings* in our skin can detect the difference between inside body temperature and outside skin temperature.
Shorter, near infrared waves are not hot at all – in fact you cannot even feel them. These shorter wavelengths are the ones used by your TV's remote control.

D'après le site de la Nasa : http://science.hq.nasa.gov

Vocabulaire : *pit* : cavité, mine ; *burrows* : terriers ; *wavelengths* : longueurs d'onde ; *waves* : ondes ; *nerve endings* : terminaisons nerveuses.

1. Où se situent les radiations infrarouges dans le spectre des rayonnements électromagnétiques ?

2. Citer un animal capable de percevoir les infrarouges. Quel avantage cela lui donne-t-il ?

3. a. Citer une application courante du proche infrarouge.
b. Quelles sources émettent des radiations du domaine infrarouge lointain ?

4. Dans l'image reconstituée en fausses couleurs donnée par une caméra infrarouge :
a. À quelles couleurs correspondent les zones les plus chaudes ?
b. Comment peut-on voir que le grille-pain vient d'être utilisé ?

26 Un ciel étoilé dans sa chambre…

COMPÉTENCES **Construire un schéma ; s'exprimer clairement.**

Zia a collé au plafond de sa chambre des étoiles qui brillent la nuit. Pour en savoir davantage sur ce phénomène, elle a fait une recherche et a trouvé les informations suivantes :

> La phosphorescence est une propriété remarquable. Lorsqu'un atome est excité, dans la plupart des cas, il se désexcite presque immédiatement. Seulement, pour certaines matières, cette désexcitation est (très) lente. Les atomes restent un certain temps dans un état excité et retombent petit à petit dans leur état fondamental en émettant de la lumière. Un matériau phosphorescent continue donc d'émettre de la lumière bien après en avoir reçu !

1. Illustrer sur un diagramme de niveaux d'énergie une transition qui permet à l'atome phosphorescent de passer dans un état excité.

2. Illustrer sur le même diagramme une désexcitation en deux étapes.

3. Expliquer pourquoi la lumière émise est qualifiée de « froide ».

Pour les curieux

27 Lumière sur le corps noir

COMPÉTENCES **Construire un graphique ; interpréter un résultat.**

Lorsqu'un corps chauffé émet un rayonnement thermique, ce rayonnement dépend de la température de surface du corps. Un « corps noir » est un corps dont le rayonnement ne dépend que de la température. En pratique, un tel objet matériel n'existe pas ; il modélise un cas idéal servant de référence pour les physiciens. L'atmosphère du Soleil est assimilable à un corps noir.

Contrairement à ce que son nom suggère, un corps noir n'apparaît pas forcément noir : l'adjectif « noir » signifie que l'objet ne diffuse, ni ne transmet aucune radiation de la lumière qui lui parvient ; il les absorbe toutes.

1. Le tableau suivant donne l'intensité lumineuse relative des radiations émises par le corps noir en fonction de leur longueur d'onde pour trois températures.

Longueur d'onde (nm)	Intensité relative à 4 000 K	Intensité relative à 5 000 K	Intensité relative à 6 000 K
300	0,3	3,3	16,5
350	0,8	6,1	24,0
400	1,4	8,7	29,0
450	2,2	10,8	31,3
500	2,9	12,1	31,5
550	3,4	12,6	30,2
600	3,8	12,7	28,1
650	4,0	12,3	25,6
700	4,1	11,6	23,0
800	4,0	10,0	18,1
900	3,7	8,24	14,0
1 000	3,3	6,7	10,8

Remarque
Les températures sont écrites en Kelvin (K).
Le Kelvin est une unité de température liée au degré Celsius (schéma ci-contre).

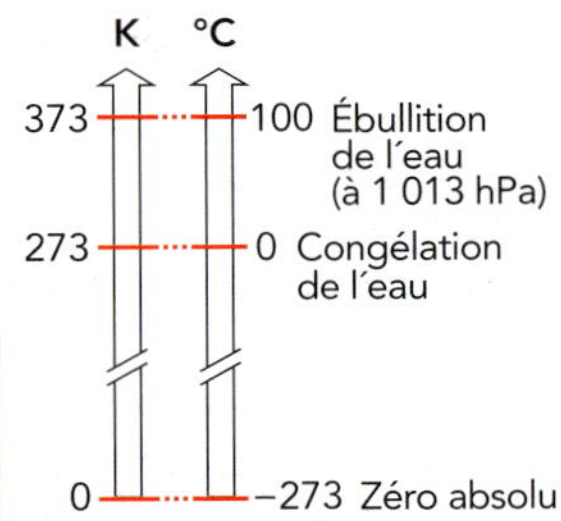

a. Sur un même graphique, représenter pour les trois températures les variations de l'intensité lumineuse relative en fonction de la longueur d'onde de la radiation émise.

b. Repérer graphiquement les longueurs d'onde des radiations émises avec le maximum d'intensité.

c. Comment évoluent ces longueurs d'onde avec la température ?

2. L'intensité relative rayonnée par le Soleil en fonction de la longueur d'onde est donnée dans le tableau suivant :

Longueur d'onde (nm)	Intensité relative	Longueur d'onde (nm)	Intensité relative
300	3,2	500	36,2
350	16,0	550	33,5
375	20,6	600	30,1
420	35,6	700	21,7
450	37,0	800	15,9
470	37,1	1 000	9,9

a. Sur le graphique réalisé à la question 1, représenter la courbe de l'intensité relative rayonnée par le Soleil.

b. Rechercher la température de surface du Soleil en comparant sa courbe à celle d'un des trois corps noirs.

Retour sur l'ouverture du chapitre

28 Principe de fonctionnement d'un tube à gaz

COMPÉTENCES Lire un graphique ; argumenter.

D'après Baccalauréat S, métropole, juin 2004.

Évolution des tubes fluorescents

Dès la fin des années 1940, les tubes fluorescents s'imposent dans les bureaux et les lieux publics, car ils consomment moins d'électricité et durent plus longtemps que les ampoules traditionnelles. La lumière des anciens tubes et celle des tubes modernes bas de gamme est peu agréable à l'œil. Cela provient du fait que la poudre fluorescente qui tapisse l'intérieur du tube n'émet pas toutes les radiations de la lumière blanche.
Désormais, ces problèmes sont résolus. On peut créer une atmosphère très agréable avec des tubes fluorescents, en utilisant des poudres qui permettent de se rapprocher de la lumière du jour.

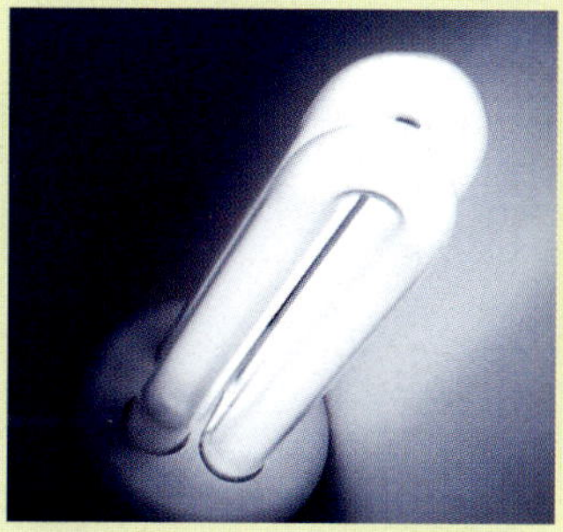

Comment fonctionne un tube fluorescent ?

Un tube fluorescent est constitué d'un cylindre de verre qui contient un gaz à basse pression (par exemple de la vapeur de mercure).
La paroi intérieure du cylindre est recouverte d'une poudre fluorescente.
Lorsque le tube est mis sous tension, une décharge électrique se produit : des électrons circulent dans le gaz entre deux électrodes. Les électrons bombardent les atomes et leur cèdent de l'énergie.
La **fluorescence** est une émission lumineuse provoquée par l'excitation d'un atome par absorption d'un photon immédiatement suivie d'une émission spontanée.

Des UV à la lumière visible

Pour produire de la lumière visible, la poudre doit être soumise à un rayonnement dont la longueur d'onde est comprise entre 200 nm et 300 nm. Elle émet alors de la lumière dont le spectre est continu (voir les profils spectraux ci-dessous).

Données : $c = 3{,}00 \times 10^8\ m \cdot s^{-1}$;
$1\ eV = 1{,}60 \times 10^{-19}\ J$;
$h = 6{,}63 \times 10^{-34}\ J \cdot s$.

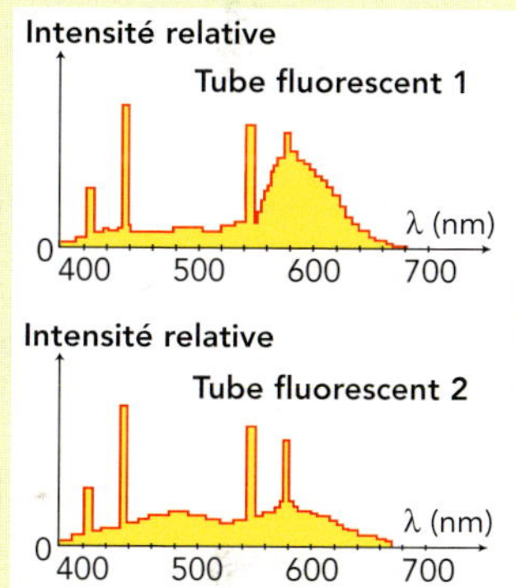

Profil spectral de deux tubes fluorescents contenant des poudres différentes.

1. Un électron cède une partie de son énergie à un atome de mercure. L'énergie de celui-ci passe du niveau d'énergie $\mathscr{E}_0$ au niveau d'énergie $\mathscr{E}_1$.
L'atome de mercure va revenir au niveau $\mathscr{E}_0$ d'énergie en perdant un quantum d'énergie.
Comment se manifeste cette perte d'énergie ?

2. Le diagramme ci-contre représente quelques niveaux d'énergie de l'atome de mercure.

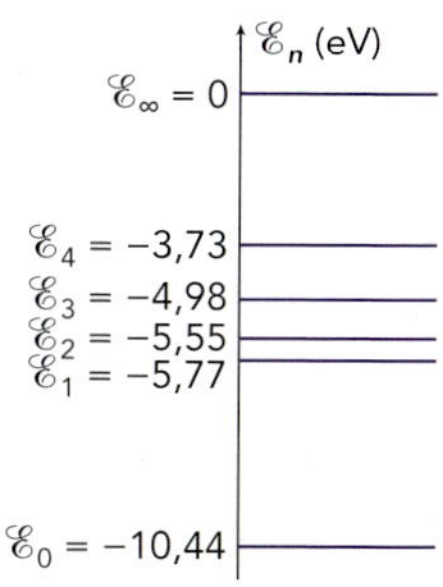

a. Calculer la longueur d'onde λ dans le vide correspondant à la transition du niveau $\mathscr{E}_0$ au niveau $\mathscr{E}_1$.

b. Après avoir rappelé les limites des longueurs d'onde dans le vide du spectre visible, indiquer dans quel domaine – ultra-violet (UV), visible ou infrarouge (IR) – se situe la radiation de longueur d'onde λ.

3. La vapeur de mercure contenue dans le tube permet-elle à la poudre déposée sur les parois du tube d'émettre de la lumière visible ?

4. Un éclairage confortable pour la restitution des couleurs correspond à de la lumière dont le spectre se rapproche de celui de la lumière solaire.
En comparant les spectres des lumières émises par les deux tubes fluorescents contenant des poudres différentes, montrer que la nature de la poudre a une influence sur la couleur de la lumière émise.

Chapitre 4

Pigments et colorants

Ci-contre : miniature sur vélin tirée de *Des propriétés des choses* par Bartholome l'Anglais (1482).
Ci-dessous : une racine de garance.

La garance des teinturiers est une plante à longues racines ramifiées dans lesquelles sont concentrées plus d'une vingtaine de matières colorées différentes.
Comment ces matières colorées étaient-elles extraites ? (Voir exercice 27, p. 78.)

Qu'est-ce qu'une matière colorée ?

OBJECTIFS

→ Définir une matière colorée, un colorant, un pigment.

→ Interpréter la couleur d'un mélange obtenu à partir de matières colorées.

→ Établir un lien entre la structure moléculaire et le caractère coloré ou non coloré d'une molécule.

1 Les pigments des peintures rupestres

Dans de nombreuses grottes préhistoriques, on peut observer des peintures rupestres datant de plusieurs milliers d'années. Comment fabriquer ces peintures en n'utilisant que des substances naturelles ?

A Qu'est-ce qu'un pigment ?

Doc. 1 Le village de Roussillon, en Provence, doit sa célébrité à ses magnifiques falaises et à ses impressionnantes carrières d'ocre.

- Dans un tube à essais contenant 2 mL d'eau, introduire une pointe de spatule d'ocre (doc. 1). Agiter. Laisser reposer. Observer.
- Recommencer l'expérience avec du charbon en poudre.

1 L'ocre ou le charbon sont-ils solubles ou insolubles dans l'eau ?

Un pas vers le cours...

2 L'ocre et le charbon sont appelés « pigments ». Proposer une définition d'un pigment.

- Sur une plaque chauffante, déposer une pointe de spatule d'ocre jaune.
Chauffer quelques instants. Observer.

3 Quelle est l'action du chauffage sur l'ocre jaune ?

4 L'ocre jaune est principalement formé de goethite de formule FeOOH ; l'ocre rouge est formé d'hématite de formule Fe_2O_3. Sachant que le chauffage conduit à la déshydratation de la goethite, écrire et ajuster l'équation de la réaction.

- Sur une feuille de papier, esquisser au pinceau, ou avec le doigt, un dessin avec de la poudre d'ocre.

5 Le dessin réalisé a-t-il un rendu homogène ?

- Frotter le dessin avec le doigt, puis avec le doigt légèrement humide.

6 Le dessin résiste-t-il à l'abrasion ? à l'eau ?

B Qu'est-ce qu'une peinture ?

Pour fixer un pigment sur un support, un liant est nécessaire. Le mélange d'un pigment et d'un liant constitue une peinture déjà utilisée à la Préhistoire (doc. 2).
Aujourd'hui, on dispose de divers liants : blanc d'œuf, huile végétale (huile de lin par exemple), beurre, solution aqueuse de *gomme arabique*, miel, gouache blanche, etc.

- Dans des boîtes de pétri, réaliser divers mélanges de pigments et de liants en proportions variées.
- Esquisser des dessins.
- Laisser sécher et tester si la peinture résiste aux dégradations citées précédemment.

7 @ La peinture à l'œuf est une technique ancienne appelée « détrempe ».
Rechercher l'origine de ce mot.

8 @ Qu'est-ce que la gomme arabique ?

Info

L'**aquarelle** est un mélange de pigments, de gomme arabique et d'eau.
La **gouache** est un mélange de pigments, de gomme arabique, d'eau et d'une matière de charge telle que du talc, de la craie, etc.

Doc. 2 Pigment naturel, l'ocre fut tout d'abord utilisée pour des peintures rupestres comme celles laissées par les Bushmen, dans le Cederberg en Afrique du Sud.

2 Le monde des matières colorées naturelles

Contrairement à leurs homologues de synthèse qui les ont peu à peu remplacées, les substances naturelles ne contiennent pas qu'une seule matière colorée. Quels procédés mettre en œuvre pour les séparer ?

A Séparation de pigments d'épinards

DÉMARCHE D'INVESTIGATION

Ce que l'on nomme couramment **chlorophylle** est un mélange de plusieurs espèces : les chlorophylles a et b sont les plus abondantes.

Les plantes vertes contiennent également d'autres pigments comme les **xanthophylles** et le **carotène**.

Le but de cette activité est de mettre en évidence ces différents pigments à l'aide d'une extraction suivie d'une chromatographie. Le solvant d'extraction est l'acétone. L'éluant utilisé est un mélange constitué, en volume, de 10 % d'acétone, 5 % de toluène et 85 % d'éther de pétrole.

1 Proposer et mettre en œuvre un protocole d'extraction des pigments naturels d'épinards.

2 Proposer et mettre en œuvre un procédé de séparation des pigments cités dans le texte.

3 @ Rechercher à quelles espèces correspondent les taches colorées sur le chromatogramme.

B Une teinture naturelle : le rose de carthame

Le carthame des teinturiers **(doc. 3)** est une plante originaire d'Égypte. Les plus anciens tissus de lin teints avec le carthame ont été retrouvés en Égypte et datent d'environ 1050 ans av. J.-C.

Doc. 3 Appelé faux-safran, le carthame est une plante annuelle épineuse.

La carthamine, de couleur rouge, est extraite des fleurs. Elle se forme à partir de la précarthamine jaune. Alors que la précarthamine est soluble dans l'eau, la carthamine ne l'est pas. En revanche, elle est soluble dans une solution aqueuse basique.

D'autres matières colorées jaunes (safflor, safflomine, etc.) sont également présentes dans la fleur. Tout l'art de la teinture en rose et rouge réside dans la délicate façon de les éliminer.

Première étape

- Dans un mortier, placer une petite poignée de *ligules* de carthame.
- Remplir aux trois-quarts le mortier d'eau froide et malaxer longuement pour extraire le colorant jaune. Renouveler l'eau froide plusieurs fois, jusqu'à ce qu'elle ne se colore presque plus.
- Filtrer sur filtre Büchner, puis enfermer les ligules dans une gaze en formant un pochon.

Seconde étape

- Dans le mortier, verser deux spatules de carbonate de sodium. Ajouter de l'eau et agiter jusqu'à dissolution complète. La solution obtenue est basique.
- Y introduire la gaze contenant les ligules de carthame et malaxer environ cinq minutes : la solution prend une teinte orangée.
- Retirer le pochon de ligules.
- Tremper dans la solution un morceau de tissu en coton. Plus le trempage est long, plus la teinture sera intense.
- Introduire deux spatules d'acide citrique : une effervescence se produit. Le tissu rosit : le rincer, l'essorer et le sécher.

4 @ Qu'est-ce qu'une ligule ?

5 Quel est le rôle de la première étape ?

6 Schématiser le dispositif de filtration sur filtre Büchner.

7 Dans la seconde étape, quel est le rôle du carbonate de sodium ?

8 Quel est le rôle de l'acide citrique ?

Un pas vers le cours...

9 Quel est l'influence de l'acidité ou de la basicité du solvant sur la couleur ou sur la solubilité des matières colorées ?

3 Des couleurs changeantes

De nombreuses espèces colorées ont une couleur qui varie selon le traitement qu'elles subissent.
De quoi dépend la couleur d'un colorant ?

A Une soupe au chou... rouge

DÉMARCHE D'INVESTIGATION

Faire revenir un oignon dans une casserole, émincer le chou rouge en fines lanières, éplucher les pommes de terre et verser le tout dans une casserole avec un litre d'eau. Entre temps, faire revenir les lamelles de lardons fumés. Laisser cuire la soupe, puis la passer et rajouter les lardons, ainsi que le vinaigre.

Doc. 4 Recette de la soupe au chou rouge à l'alsacienne.

Un cuisinier réalise une soupe au chou rouge à l'alsacienne, à partir d'une recette trouvée dans un livre de cuisine (doc. 4).
Lorsque le cuisinier goûte sa préparation, il constate que celle-ci est trop chaude et très fade !
Il verse alors un peu d'eau pour refroidir : le chou rouge change de couleur !
Il poivre, sale et ajoute encore du vinaigre : la soupe devient rose !

1 Quelles hypothèses peut-on formuler pour aider le cuisinier à comprendre ce qui s'est passé ?

2 Proposer un protocole expérimental pour vérifier ces hypothèses.

3 Après accord du professeur, réaliser les expériences.

B L'influence du milieu sur la couleur d'une espèce

1. Le diiode

Doc. 5 Les cristaux de diiode ont une couleur pourpre foncée.

- Observer les pictogrammes des réactifs utilisés. Rechercher les risques que peut présenter leur utilisation et s'organiser en conséquence (voir **rabats** V et VI).
- Dans quatre tubes à essais, introduire, à l'aide d'une spatule, deux cristaux de diiode I_2 (doc. 5).
- Verser respectivement 2 mL d'eau, 2 mL d'éthanol, 2 mL de cyclohexane et 2 mL d'acétone.
- Boucher les tubes et agiter. Observer et noter, dans chaque cas, la couleur de la solution.

2. Le bleu de bromothymol

- Dans sept tubes à essais, verser respectivement 2 mL d'eau distillée, 2 mL d'alcool à 95°, 2 mL d'acétone, 2 mL de solution d'acide chlorhydrique, 2 mL de vinaigre, 2 mL d'une solution de soude, 2 mL d'une solution d'hydrogénocarbonate de sodium.
- Verser quelques gouttes d'une solution de bleu de bromothymol (doc. 6).
- Boucher les tubes et agiter. Observer et noter, dans chaque cas, la couleur de la solution.

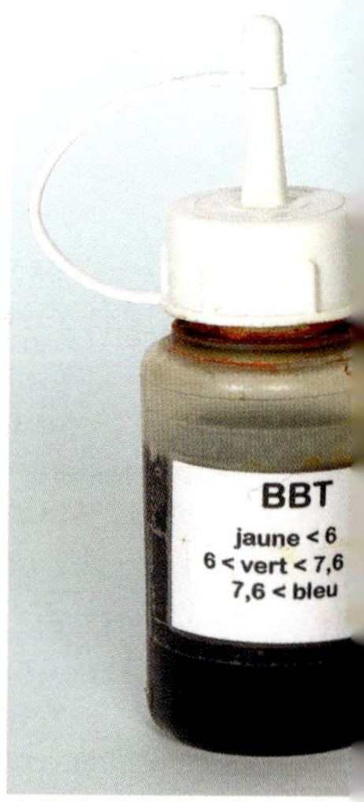

Doc. 6 Flacon de bleu de bromothymol en solution alcoolique.

Un pas vers le cours...

4 De quels paramètres peut dépendre la couleur d'une espèce colorée ?

4 Synthèse d'un pigment naturel

L'indigotier (*Indigofera tinctoria*) (doc. 7) est un arbuste cultivé comme plante tinctoriale. Sa feuille est une des sources naturelles de la teinture bleue d'indigo. Cette teinture est aujourd'hui synthétisée.
Quel est le protocole de sa synthèse ? Comment réaliser la teinture d'un tissu de coton avec ce pigment ?

A Synthèse de l'indigo

- Observer les pictogrammes de sécurité sur les flacons des réactifs utilisés et agir en conséquence.
- Dans un erlenmeyer, introduire 0,5 g de 2-nitrobenzaldéhyde $C_7H_5NO_3$.
- Verser 5 mL d'acétone C_3H_6O, puis 10 mL d'eau distillée. Agiter.
- À l'aide d'une pipette, ajouter, goutte à goutte et tout en agitant, 4 mL d'une solution d'hydroxyde de sodium concentrée $Na^+ + HO^-$. Le mélange s'échauffe et brunit : l'indigo formé $C_{16}H_{10}N_2O_2$ précipite.
- Filtrer sur filtre Büchner.
- Rincer le précipité à l'eau, puis avec quelques millilitres d'éthanol.
- Déposer le filtre sur un papier absorbant. Laisser sécher.
- Conserver ce pigment pour l'expérience suivante.

1 @ Qu'est-ce qu'une plante tinctoriale ?
2 Quelles précautions faut-il observer lors de la manipulation ?
3 Écrire l'équation de la réaction sachant que les ions sodium Na^+ sont spectateurs et qu'il se forme également des ions éthanoate $CH_3CO_2^-$ et de l'eau.

B Teinture d'un tissu de coton

1. Teinture directe par simple immersion

- Dans un petit bécher, introduire une pointe de spatule de l'indigo synthétisé.
- Ajouter 20 mL d'eau. Rincer la spatule et agiter.
- Introduire une bande de coton blanc dans la solution et l'agiter.
- La retirer à l'aide d'une pince.
- Rincer sous un courant d'eau. Observer.

4 Le mélange est-il homogène ?
5 L'indigo est-il soluble dans l'eau ?
6 Le tissu est-il teint ? Commenter.

Doc. 7 Encore de nos jours, au Niger, les Touaregs utilisent la teinture naturelle bleue indigo pour leur chèche (foulard) et leur bazin (longue tunique).

2. Teinture en deux temps

- Dans un erlenmeyer, introduire 1,0 g de dithionite de sodium $Na_2S_2O_4$.
- Ajouter deux spatules d'hydroxyde de sodium.
- Ajouter une pointe de spatule du pigment obtenu.
- Verser 20 mL d'eau. Rincer la spatule et agiter.
- Boucher l'erlenmeyer. Agiter en maintenant le bouchon. Dégazer rapidement et régulièrement.
- Observer les évolutions de la teinte de la solution.
- Au bout d'une dizaine de minutes, lorsque la teinte de la solution n'évolue plus, plonger une bande de coton blanc dans la solution pendant une vingtaine de secondes, la retirer avec une pince et l'exposer à l'air libre. Observer.
- Rincer sous un courant d'eau. Observer.

7 Le procédé de teinture en deux temps est-il plus efficace que la teinture directe ?
8 @ Rechercher le rôle :
a. de l'hydroxyde de sodium ;
b. du dithionite de sodium ;
c. du dioxygène.

5 Des couleurs par milliers

Les peintres, les teinturiers, les imprimeurs créent des milliers de teintes en mélangeant des matières colorées.
Comment obtiennent-ils cette gamme très étendue de couleurs ? Pourquoi une matière est-elle colorée ?

A Observer des couleurs

EN AUTONOMIE — DÉMARCHE D'INVESTIGATION

La Manufacture de tapisseries des Gobelins, a été créée en 1601, à Paris. À cette époque, les *matières tinctoriales* étaient d'origine végétale (gaude, garance, indigo, etc.) ou animale (kermès, cochenille, etc.).
Entre 1824 et 1883, Eugène CHEVREUL (1786-1889), directeur du laboratoire des teintures, mène des recherches sur la couleur. Il établit notamment la loi du mélange des couleurs qui permet de réduire de moitié le nombre des couleurs qui étaient jusque-là nécessaires au *lissier* et met au point un *nuancier* **(doc. 8)**. Depuis 1982, le nuancier de CHEVREUL est numérisé. Le système NIMES (Nuancier informatique des Manufactures) répertorie plus de 20 000 coloris sur laine.

Doc. 8 CHEVREUL élabore le cercle chromatique et définit, à partir de 3 couleurs de base, 72 tons et 14 400 coloris.

1 @ Rechercher le sens des mots ou expressions en *italique* dans le texte.

2 À partir des trois couleurs primaires utilisées en peinture : le magenta, le cyan et le jaune, proposer un protocole opératoire pour réaliser un nuancier de douze couleurs. Le mettre, éventuellement, en œuvre à partir de gouaches du commerce.

3 @ Eugène CHEVREUL a établi la loi du **contraste simultané**. Expliquer succinctement cette loi.

Un pas vers le cours...

4 En se référant au **chapitre 2** et sachant que les peintures se comportent comme des filtres, expliquer en quoi le mélange de couleurs en peinture (ou en teinture) est un procédé soustractif.

B Comprendre le caractère coloré d'une molécule

Les couleurs de la nature sont dues à l'absorption sélective, par des molécules, de certaines radiations du spectre visible de la lumière blanche. Ainsi, l'embrasement des feuilles en automne est dû au carotène. La caractéristique la plus marquante du carotène est sa chaîne carbonée composée de simples et de doubles liaisons alternées, appelées aussi **doubles liaisons conjuguées** **(doc. 9)**.
Plus une molécule contient de doubles liaisons conjuguées, plus la longueur d'onde de la lumière absorbée est grande : ainsi, éclairé en lumière blanche, le carotène absorbe des radiations bleues et apparaît orange.

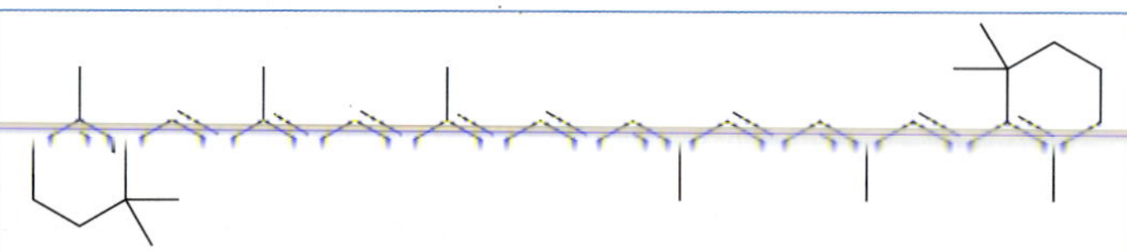

Doc. 9 Dans la molécule de carotène, $C_{40}H_{56}$, représentée ci-dessus, les atomes de carbone et d'hydrogène n'ont pas été représentés.
(Voir **fiche n° 8**, p. 361).

1 Combien de doubles liaisons conjuguées le carotène renferme-t-il ?

2 Quelle est environ la valeur de la longueur d'onde du maximum d'absorption du carotène ?

3 En théorie, un composé bleu ou vert devrait-il comporter plus ou moins de doubles liaisons conjuguées que le carotène ?

1 Qu'est-ce qu'une matière colorée ?

Les substances responsables de la couleur sont des matières colorées.

1.1 Des origines à nos jours

Les matières colorées sont connues et utilisées depuis la Préhistoire. Des fresques peintes avec des **matières colorées minérales**, telles que l'ocre ou le noir de charbon, ont été retrouvées dans des grottes ornées (activité 1).
Depuis la plus Haute Antiquité, on sait extraire des matières colorées des végétaux, comme la garance ou le carthame (activité 2) ou d'animaux, comme le kermès des teinturiers (doc. 1). On appelait **matières colorées organiques**, les substances extraites des **organismes vivants**. Leur extraction était souvent longue et laborieuse, leur fixation sur support parfois imparfaite et leur coût de revient élevé.
Dès le milieu du XIXe siècle, les chimistes parviennent à synthétiser des espèces jusqu'alors extraites de la nature (activité 4). Les matières colorées naturelles sont alors progressivement remplacées par des produits de synthèse (doc. 2).
Le terme « organique » change alors de définition.

Une **espèce « organique »**, naturelle ou de synthèse, contient essentiellement les éléments **carbone C** et **hydrogène H**.

Aujourd'hui, une matière colorée peut être organique ou inorganique, naturelle ou synthétique.

1.2 Pigments et colorants

Parmi les matières colorées, on distingue les **pigments** et les **colorants**. L'ocre et le charbon forment, avec l'eau un mélange hétérogène : ce sont des pigments (activité 1). La précarthamine jaune extraite du carthame est soluble dans l'eau : c'est un colorant (activité 2B).

Les **pigments** sont des substances finement divisées et **insolubles** dans le milieu qui les contient. Les **colorants** y sont **solubles**.

1.3 Paramètres influençant la couleur

Par **chauffage**, une ocre jaune devient rouge (activité 1).

Les anthocyanes contenus dans le chou rouge (activité 3A) ont la propriété de changer de couleur en **fonction du pH** de la solution : ce sont des *indicateurs colorés acido-basiques* (doc. 3) comme le bleu de bromothymol (activité 3B).
Enfin, la couleur de certaines espèces varie en fonction du **solvant** utilisé (activité 3B) : le diiode en solution aqueuse est jaune orangé ; en solution dans le cyclohexane, il est violet.

La couleur de certaines espèces colorées peut dépendre de la **température**, du **solvant** utilisé ou du **pH** de la solution dans laquelle ils sont dissous.

Voir exercices 1, p. 71, et 7, 9, p. 74.

Doc. 1 Le kermès des teinturiers est un insecte vivant sur le chêne kermès. On extrait de la femelle un colorant rouge écarlate, le plus prestigieux et le plus coûteux qui n'ait jamais existé. Ce tissu teint au kermès constitue le vêtement d'apparat d'une statue de la Vierge à l'Enfant (XIe siècle).

Doc. 2 En 1856, l'Anglais W.H. PERKIN (1838-1907) synthétise l'un des premiers colorants : la mauvéine.

Doc. 3 Selon le pH du milieu, la couleur d'une solution contenant du jus de chou rouge varie.
Sur cette échelle de teinte, la solution la plus acide se situe à gauche.

2 Qu'est-ce qu'un mélange soustractif ?

Au **chapitre 2**, on a vu que la couleur d'un objet opaque, ou d'une substance éclairés en lumière blanche, est due à l'absorption – c'est-à-dire à la soustraction – de certaines radiations du spectre de la lumière blanche **(doc. 4)**. Par exemple, un pigment bleu soustrait pratiquement toutes les couleurs de la lumière blanche, sauf les radiations correspondant à la couleur bleue. La couleur bleue est alors diffusée et perçue par l'œil.

Doc. 4 Un spectre continu de la lumière blanche.

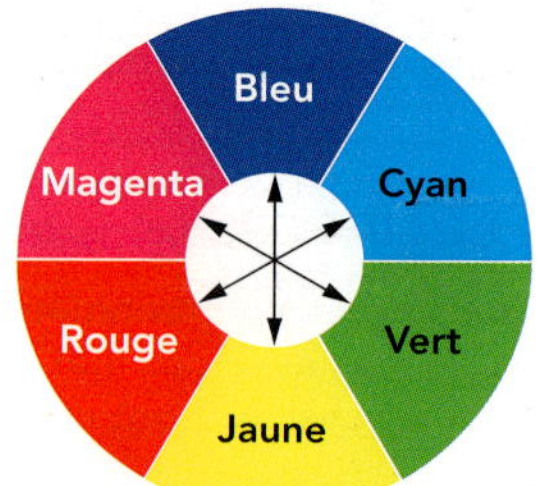

Doc. 5 Cercle chromatique simplifié.

Des mélanges de matières colorées différentes permettent d'obtenir une très grande variété de couleurs **(activité 5A)**. Théoriquement, en synthèse soustractive, trois couleurs suffisent pour reproduire toutes les autres : le cyan, le jaune et le magenta. Elles sont appelées **couleurs primaires**.

> Les couleurs primaires ne peuvent pas s'obtenir par mélange d'autres couleurs.

Les mélanges des couleurs primaires soustraient conjointement un certain nombre de radiations du spectre de la lumière blanche : de nouvelles couleurs apparaissent. Ces mélanges sont nommés **mélanges soustractifs.**

> La couleur d'un mélange résulte d'une **synthèse soustractive** des couleurs des matières colorées ayant servi à sa réalisation.

Dans le cercle chromatique simplifié proposé au **document 5**, chaque couleur a pour **couleur complémentaire**, celle qui lui est diamétralement opposée.

> Pour une couleur donnée, ce sont les radiations correspondant à la couleur complémentaire qui sont majoritairement absorbées.

Doc. 6 *Jeune fille lisant une lettre* (1657-1659) de Jan Vermeer. Dans ce tableau de Vermeer, la couleur verte du rideau résulte du mélange d'un pigment bleu (l'azurite) et de jaune d'étain et de plomb.

C'est sur ce principe que reposent la photographie couleur argentique, l'impression papier en trichromie ou la peinture **(doc. 6)**.

- Lors d'une impression trichromique, on dépose des couches d'encres en proportions variables, correspondant aux couleurs primaires cyan, jaune et magenta. Lors d'une impression en quadrichromie, une encre noire est ajoutée pour accentuer les contrastes.
- En peinture, on procède par mélanges de matières colorées correspondant aux trois couleurs primaires. Une peinture blanche est également utilisée.

La couleur rouge est obtenue par un mélange de magenta et de jaune. De même, un mélange de magenta et de cyan, conduit au bleu **(doc. 7)**. En pratique, selon les qualités physico-chimiques des peintures utilisées, les couleurs obtenues peuvent être différentes.

Les couleurs complémentaires jouent un grand rôle dans la perception des couleurs. Le chimiste Michel-Eugène Chevreul s'intéressa aux couleurs, à leurs influences réciproques et à leurs perceptions par l'œil humain **(activité 5A)**.

Doc. 7 Hormis les **couleurs primaires**, toutes les autres couleurs de cette palette sont obtenues en mélangeant des couleurs adjacentes, en proportions variables, sans ajout de blanc ni de noir.

Voir exercices 2, p. 71, et 12, p. 75.

3 Quelle est la structure d'une molécule colorée ?

Dans ce chapitre, la **représentation topologique** des molécules organiques est utilisée car elle facilite l'écriture des formules. Par convention, dans une représentation topologique, un atome de carbone se trouve à chaque sommet d'une ligne brisée. Il porte autant d'atomes d'hydrogène que nécessaire pour participer à quatre liaisons. On se reportera à la **fiche n° 8**, p. 361.

3.1 Structure de la chaîne carbonée

Les liaisons entre atomes sont assurées par des doublets d'électrons (chapitre 6). L'interaction de la lumière avec la matière dépend de l'énergie des électrons des molécules et plus particulièrement de ceux des doubles liaisons C=C, C=O, etc.

L'observation de la formule des **molécules colorées*** (doc. 8 et activité 5B) montre que celles-ci présentent un grand nombre de doubles liaisons séparées par des liaisons simples C–C :

Les molécules colorées présentent une **alternance régulière de doubles liaisons et de simples liaisons** : on dit que les doubles liaisons sont **conjuguées** ou en position conjuguée.

La couleur perçue correspond à la couleur complémentaire de la (ou des) radiations absorbée(s) (§ 2).

La longueur d'onde de la lumière absorbée augmente lorsque le nombre de doubles liaisons conjuguées augmente (doc. 9).

3.2 Groupes chromophores et auxochromes

Les doubles liaisons, qui permettent l'absorption de la lumière dans le domaine du visible ou de l'ultraviolet, sont des groupes **chromophores** (du grec *khrôma* : couleur et *phero* : je porte).

Exemples de groupes chromophores :

–C=C–C=C– ; –C=N– ; –N=N– ; –C=C–C=O

La présence de substituants peut modifier la longueur d'onde d'absorption. Par exemple, alors que l'anthraquinone est jaune (doc. 10), l'alizarine est rouge car elle porte deux substituants –OH (doc. 8).

Le déplacement de l'absorption vers les plus grandes longueurs d'onde dans le domaine visible, est dû notamment à la présence de certains groupes **auxochromes** (du grec *auxein* : accroître) couplés aux groupes chromophores.

Parmi ces substituants, on peut citer :

$-NH_2$; –OH ; $-O-CH_3$; –Br

Dans une molécule organique colorée, les groupes d'atomes responsables de la couleur sont des groupes **chromophores**. Un groupe d'atomes pouvant modifier la longueur d'onde d'absorption des chromophores est appelé groupe **auxochrome**.

Voir exercices 3, p. 71, et 14, 15, p. 75.

a

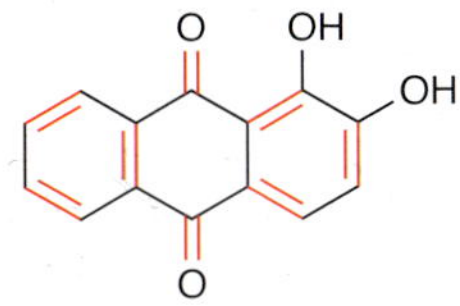

b

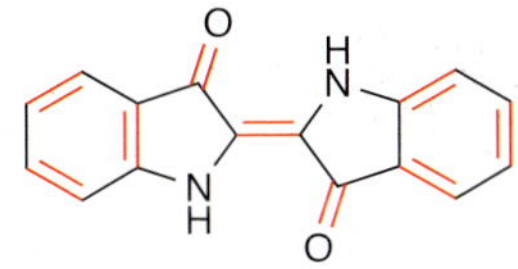

Doc. 8 a. La molécule d'alizarine, extraite des racines de la garance des teinturiers, est rouge. b. L'indigotine, extraite des feuilles d'indigotier, est bleue.

* Les matières contenant ces molécules sont colorées. Par abus de langage, on parle de molécules colorées.

a 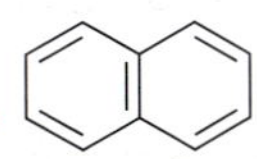 b 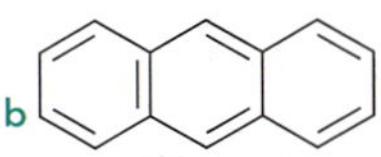

Doc. 9 a. Le naphtalène comporte 5 doubles liaisons conjuguées : il est incolore. b. L'anthracène, utilisé pour synthétiser l'alizarine, en comporte 7. Ce composé est jaune pâle.

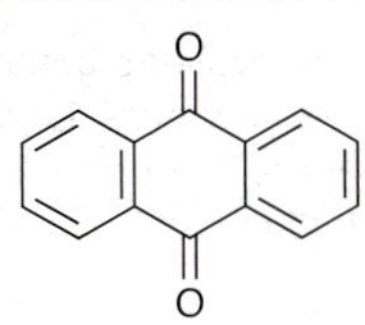

Doc. 10 L'anthraquinone existe à l'état naturel dans certains lichens et leur donne leur couleur jaune.

Essentiel

Matière colorée, colorant, pigment

- Les substances responsables de la couleur sont des **matières colorées**.
Une matière colorée peut être **organique** ou **inorganique**, **naturelle** ou **synthétique**.
Une espèce « **organique** », naturelle ou de synthèse, contient essentiellement les éléments carbone C et hydrogène H.
- Les **pigments** sont des substances finement divisées et insolubles dans le milieu qui les contient.
En revanche, les **colorants** y sont solubles.
- La couleur de certaines espèces colorées peut dépendre de la **température**, du **solvant** utilisé ou du **pH** de la solution dans laquelle ils sont dissous.

Mélange soustractif

La couleur d'un mélange résulte d'une **synthèse soustractive** (doc. 1) des couleurs des matières colorées ayant servi à sa réalisation (doc. 2).

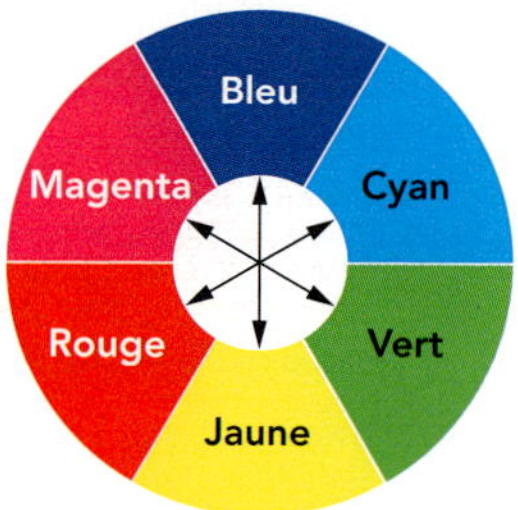

Doc. 1 Dans le cercle chromatique simplifié, chaque couleur a pour couleur complémentaire celle qui lui est diamétralement opposée. Pour une couleur donnée, ce sont les radiations correspondant à la couleur complémentaire qui sont majoritairement absorbées.

Doc. 2 Le jaune, le magenta et le cyan sont les couleurs primaires utilisées en peinture. Mélangées les unes aux autres en proportions adéquates, elles donnent les autres couleurs.

Structure d'une molécule colorée

Les molécules colorées présentent une **alternance** de doubles liaisons et de simples liaisons : on dit que les doubles liaisons sont **conjuguées** (doc. 3) ou en position conjuguée.

Doc. 3 Le lycopène est le pigment rouge des tomates. Il contient 11 doubles liaisons conjuguées.

LES COMPÉTENCES ATTENDUES

- ✔ Recueillir et exploiter des informations sur les colorants.
- ✔ Pratiquer une démarche expérimentale mettant en œuvre une extraction, une synthèse et une chromatographie. (TP)
- ✔ Reconnaître si deux doubles liaisons sont en position conjuguée dans une chaîne carbonée.
- ✔ Repérer expérimentalement des paramètres influençant la couleur d'une substance (pH, solvant, etc.). (TP)
- ✔ Établir un lien entre la structure moléculaire et le caractère coloré ou non d'une molécule.

QCM

Pour chaque question, indiquer la (ou les) bonne(s) réponse(s).

Voir corrigés, p. 369.

1 Matière colorée, colorant, pigment

	A	B	C
1. Lorsque l'on verse une pointe de spatule de bleu de méthylène dans un bécher rempli d'eau, la solution devient bleue. Le bleu de méthylène est :	une matière colorée.	un pigment.	un colorant.
2. Une molécule organique colorée :	est extraite seulement des végétaux ou des animaux.	peut être synthétisée.	contient l'élément carbone.
3. La couleur d'une espèce :	peut varier avec la température.	ne peut pas dépendre du pH de la solution.	peut être sensible au solvant.

Si erreur, revoir § 1, p. 67.

2 Mélange soustractif

	A	B	C
1. La peinture ou l'imprimerie sont des procédés qui mettent en œuvre une synthèse :	soustractive des couleurs.	additive des couleurs.	additive et soustractive des couleurs.
2. Une couleur magenta :	absorbe le vert.	peut diffuser le rouge et le bleu.	peut diffuser le cyan et le jaune.
3. Une couleur jaune :	absorbe le bleu.	peut diffuser le cyan et le magenta.	peut diffuser le rouge et le vert.
 **4. La couleur obtenue en mélangeant une peinture magenta et une peinture jaune :**	peut être orange.	peut être rouge.	peut être violette.

Si erreur, revoir § 2, p. 68.

3 Structure d'une molécule colorée

	A	B	C
1. La longueur d'onde d'absorption du benzène est égale à 254 nm. Le benzène :	est incolore.	absorbe dans l'UV.	absorbe dans le visible.
2. La longueur d'onde d'absorption du pentacène est égale à 580 nm :	il est incolore.	il absorbe dans l'UV.	il absorbe dans le visible.
3. Le pentacène a pour formule topologique : 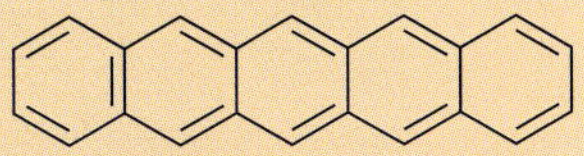 **Le pentacène :**	possède des groupes chromophores.	possède des groupes auxochromes.	comporte des doubles liaisons conjuguées.
4. La butane-2,3-dione a pour formule topologique : 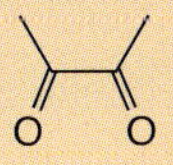 **Elle est colorée et :**	a pour formule développée : 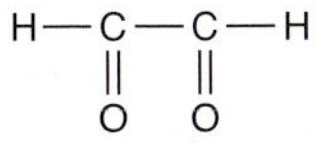	comporte des doubles liaisons conjuguées.	ne comporte pas de doubles liaisons conjuguées.

Si erreur, revoir § 3, p. 69.

Exercice résolu

COMPÉTENCES MISES EN ŒUVRE
- Élaborer le protocole d'une expérience.
- Faire un schéma.

I. Réaliser l'extraction d'un colorant

Dès le début du XIXe siècle, on a isolé des racines du curcuma un colorant jaune, mélange de curcuminoïdes. En Inde, les teinturiers sur coton teignent avec du curcuma en solution basique (carbonate de sodium) et nuancent ensuite dans un bain acidifié au jus de citron. Pour extraire ce colorant, un montage à reflux peut être utilisé.

1. Décrire la suite de manipulations permettant d'extraire le colorant hydrosoluble de la poudre de curcuma. Illustrer la réponse à l'aide d'un schéma légendé.

2. La couleur du colorant est-elle sensible au pH du milieu ?

Conseils

Quel solvant choisir ?
1. Utiliser le caractère **hydrosoluble** du colorant.

Pour le montage, voir **fiche n° 5**, p. 358.

Comment récupérer la solution colorée ?
Tenir compte du fait que le mélange obtenu après chauffage est hétérogène.

2. Le pH est une grandeur qui permet de définir si un milieu est **acide** ou **basique**.

Solution rédigée

1. Le montage utilisé est un montage à reflux :
Dans un ballon (1), introduire 2 ou 3 spatules de curcuma en poudre et y verser de l'eau ;
– introduire quelques grains de pierre ponce ;
– placer le ballon dans un chauffe-ballon (2) hissé sur un support élévateur (3) ;
– adapter le réfrigérant (4) et faire circuler l'eau (5) ;
– porter le mélange à ébullition douce ;
– arrêter le chauffage au bout de 15 minutes environ et laisser refroidir le mélange.
Le ballon contient la solution colorée et le résidu des racines ; il faut donc :
– filtrer le mélange obtenu à l'aide d'un entonnoir muni d'un papier-filtre ;
– récupérer le filtrat : le colorant jaune y est dissous.

2. Les teinturiers sur coton teignent au curcuma en solution basique et nuancent ensuite dans un bain acidifié au jus de citron : le colorant est donc **sensible aux variations de pH**.

Application immédiate

4 Le bois de campêche provient d'un arbre tropical dont la sève est rouge foncé. Il a connu un grand succès à partir du XVIIe siècle, car il fournit des couleurs rares allant du bleu au violet. Les teintes grenat, rosées et violettes apparaissent en présence de poudre d'alun. Une décoction de bois de campêche peut être utilisée comme encre. Cette encre est sensible au pH.
Proposer une suite de manipulations permettant d'extraire le colorant hydrosoluble et de fabriquer des encres de campêche de différentes couleurs.

Voir corrigés, p. 369.

COMPÉTENCES MISES EN ŒUVRE
- Raisonner.
- Argumenter.

II. Établir un lien entre la structure d'une molécule et sa couleur

▸ Le squalène est présent en grande quantité dans l'huile du foie des requins. Il est utilisé, entre autres, comme adjuvant dans les vaccins. Molécule incolore, sa représentation topologique est la suivante :

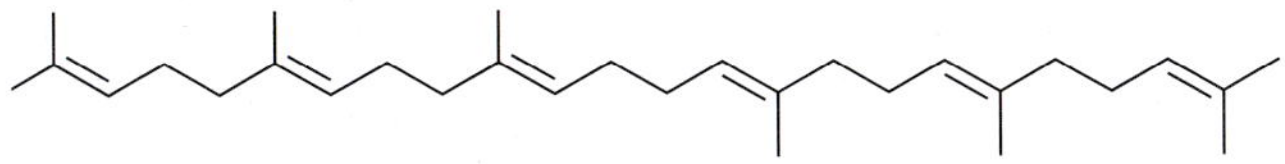

▸ L'apocaroténal est un pigment de couleur rouge orangée. Il est utilisé dans l'alimentation sous le code E160e.
Sa représentation topologique est :

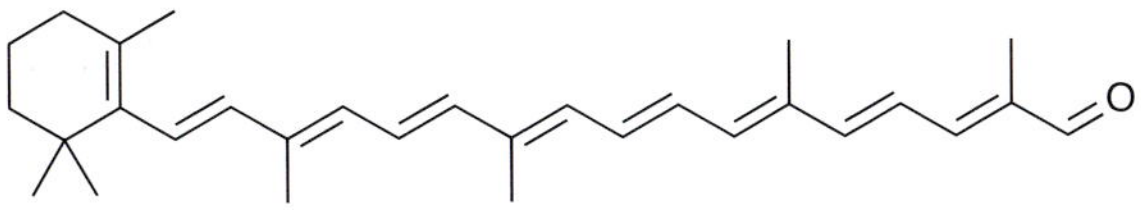

Pourquoi le squalène est-il incolore alors que l'apocaroténal est coloré ?

Conseils

Quel lien existe-t-il entre la structure d'une molécule et son caractère coloré ?
Pour argumenter sur la couleur (ou l'absence de couleur) d'une molécule, vérifier qu'elle comporte (ou ne comporte pas) des **doubles liaisons conjuguées,** c'est-à-dire une alternance de doubles liaisons et de liaisons simples :

Se reporter, si nécessaire, à la **fiche n° 8,** p. 361 pour lire la formule topologique.

Solution rédigée

Lorsqu'une molécule présente une alternance régulière de doubles et de simples liaisons, elle est très souvent colorée.

- La molécule de squalène est **incolore** : en effet, **deux** doubles liaisons sont ici séparées par **trois** liaisons simples ; les doubles liaisons ne sont donc pas conjuguées.

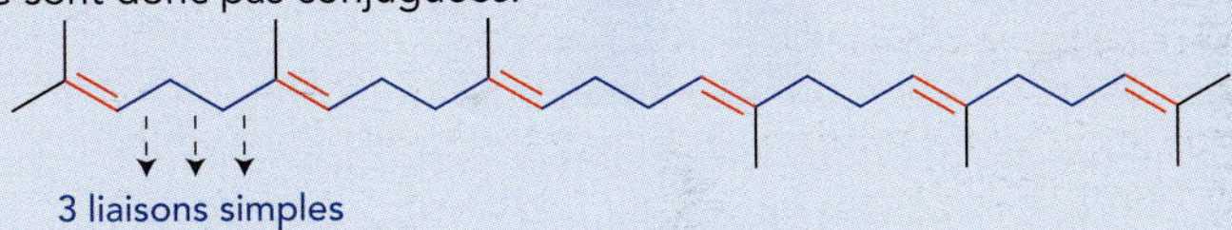

- La molécule d'apocaroténal est colorée : ses doubles liaisons sont séparées par une seule liaison simple, elles sont donc conjuguées.

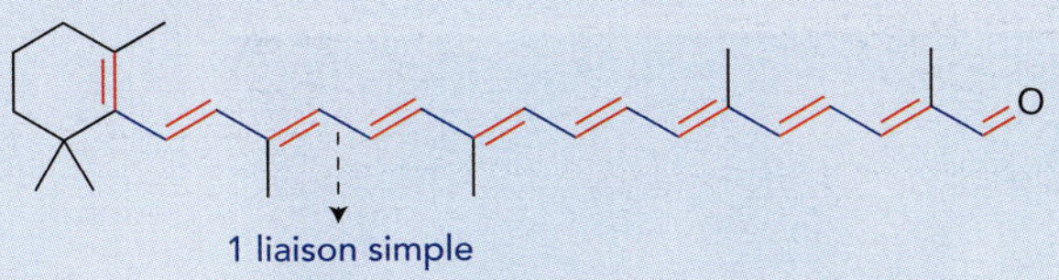

Application immédiate

5 La phénolphtaléine existe sous deux formes (a) et (b) selon le pH de la solution qui la contient : l'une de ces formes est incolore et l'autre est rose. Les représentations topologiques sont données ci-contre.

1. Quelle est la forme rose ? Justifier.

2. La phénolphtaléine peut-elle être utilisée comme indicateur coloré acido-basique ?

a

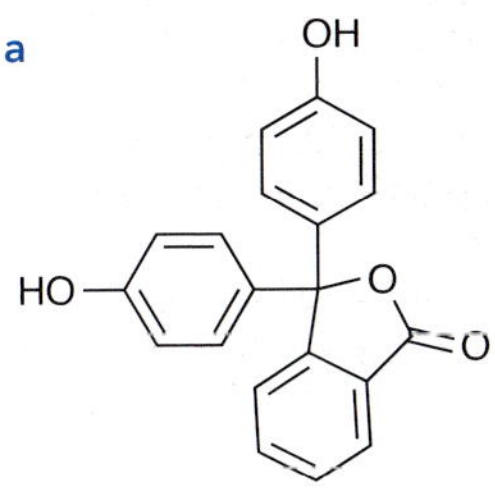

b

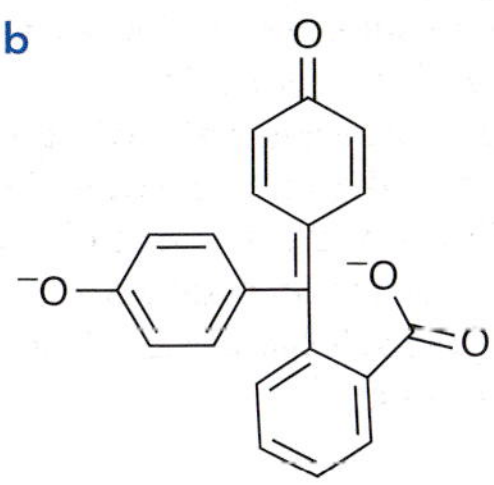

Voir corrigés, p. 369.

Exercices

Pour commencer

Qu'est-ce qu'une matière colorée ?

6 **Reconnaître une molécule organique**

Parmi les espèces suivantes, reconnaître les matières colorées organiques :
- l'oxyde de zinc, ZnO (blanc) ;
- l'acide picrique, $C_6H_3N_3O_7$ (jaune) ;
- le bleu de Thénard, $CoAl_2O_4$;
- le rouge vermillon, HgS ;
- le bleu de phtalocyanine, $C_{32}H_{16}N_8CuSO_4$;
- le jaune Soudan, $C_{16}H_{12}N_2O$;
- le vert de Guignet, $Cr_2O(OH)_4$.

7 **Distinguer un pigment d'un colorant**

Dans quatre tubes à essais contenant 2 mL d'eau, on introduit respectivement : une pointe de spatule d'hélianthine (**a**), de charbon (**b**), d'indigo (**c**) et de vert malachite (**d**). Après agitation, on observe le contenu des tubes.

Quels sont les pigments et les colorants parmi les matières colorées introduites ?

8 **Étudier l'influence d'un paramètre sur la couleur d'une espèce**

Le Tricheur à l'as de carreau (1635), Georges de La Tour.

Les baies du troène sont riches en anthocyanes. Jadis, les parties rouges et violettes des cartes à jouer étaient colorées par le jus des baies de troène, additionné de sulfate acide de potassium pour le rouge, d'urine pour le violet et de potasse (obtenue par macération des cendres dans l'eau) pour les bleus.

La valeur du pH d'une solution de sulfate acide de potassium est inférieure à 7. L'urine a un pH compris entre 7 et 7,5. Celui d'une solution de potasse est très supérieur à 7.

1. Quel paramètre influence la couleur des anthocyanes ?

2. Comment nomme-t-on de telles espèces ?

9 **Observer l'influence de paramètres sur la couleur d'une espèce**

Le MOED est une poudre rouge. Dans cinq tubes à essais, on introduit respectivement 5 mL d'eau, de méthanol, d'éthanol, de pyridine et d'acétone. En ajoutant une pointe de spatule de MOED dans chacun d'eux, les solutions obtenues prennent des couleurs différentes, respectivement jaune, orange, rouge, bleue et violette.

1. Quel paramètre influence la couleur de la solution ?

2. En acidifiant une solution aqueuse de MOED, la couleur vire au jaune-vert. Conclure.

Qu'est-ce qu'un mélange soustractif ?

10 **Interpréter la couleur d'un colorant**

On réalise la chromatographie du colorant vert d'un sirop de menthe. Sur une plaque CCM, on dépose la tartrazine jaune (J), le bleu patenté (B) (dont la couleur est proche du cyan) et le colorant vert (V).

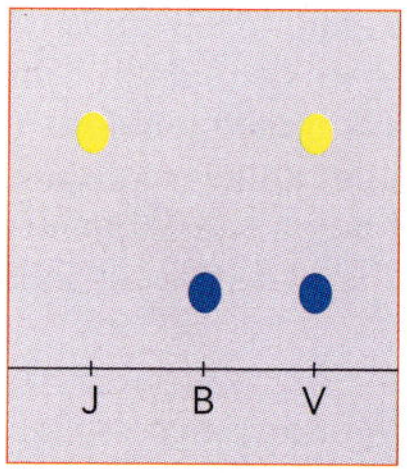

1. Que signifie l'acronyme CCM ?

2. Interpréter la couleur du colorant vert à l'aide du cercle chromatique simplifié.

11 **Interpréter la couleur d'une encre**

On réalise la chromatographie de l'encre violette d'un feutre :

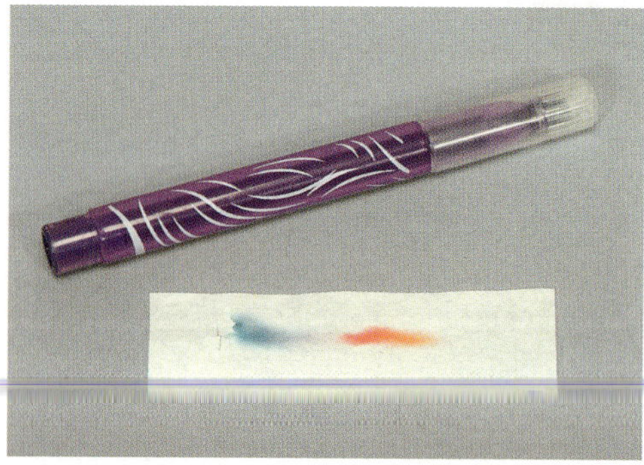

1. Interpréter le chromatogramme obtenu.

2. À l'aide de la synthèse soustractive, justifier la couleur violette de l'encre.

Quelle est la structure d'une molécule colorée ?

12 Écrire une formule topologique

Donner la formule topologique des molécules ayant la formule semi-développée suivante :

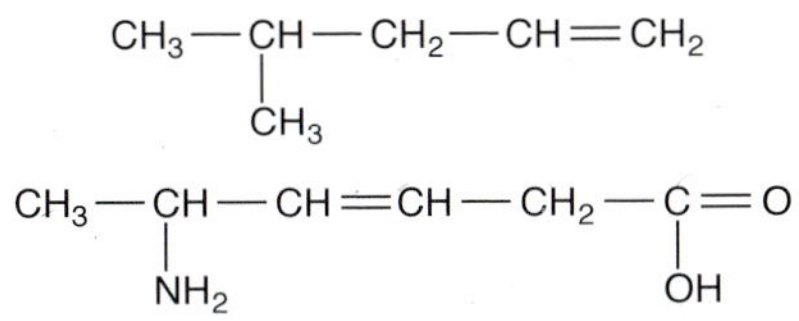

13 Interpréter la couleur d'une molécule

Alors que l'hydrazobenzène (a) est incolore, l'azobenzène (b) est rouge orangé. Pourquoi est-il coloré ?

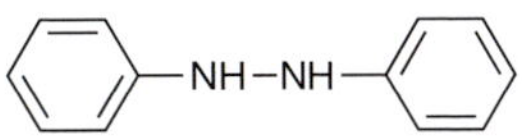

a

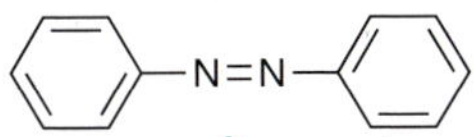

b

14 Repérer des liaisons conjuguées

Le MOED est une espèce qui change de couleur suivant le solvant dans lequel il est dissous :

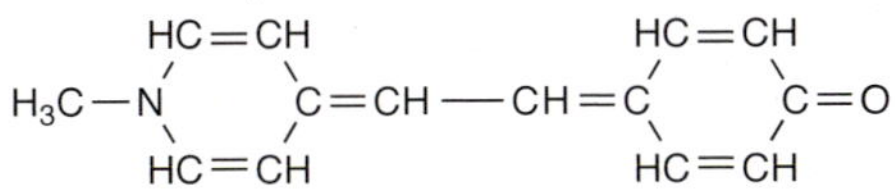

Quelles sont les doubles liaisons conjuguées ?

15 Interpréter la structure d'une molécule

La canthaxanthine est un pigment qui donne au plumage des oiseaux une couleur rouge.
C'est un additif alimentaire autorisé pour les animaux.
Toutes les doubles liaisons sont-elles conjuguées ?

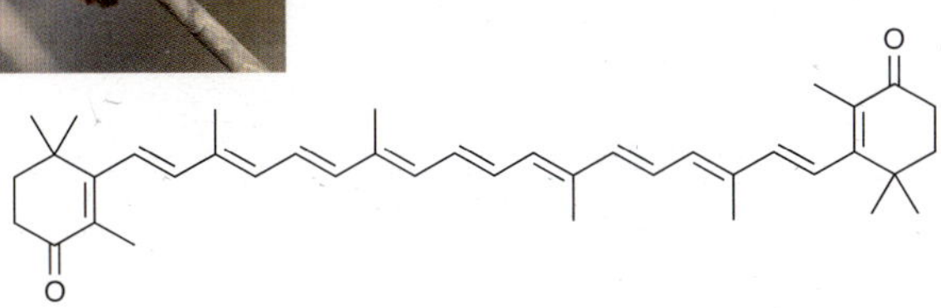

16 Repérer des doubles liaisons conjuguées

1. On peut trouver chez les insectes plusieurs formes d'hormones juvéniles dont le farnésoate de méthyle :

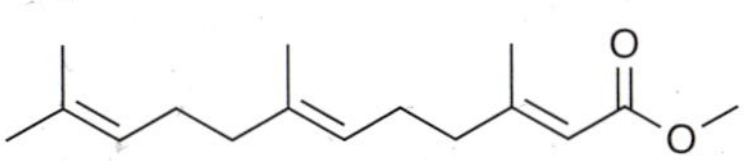

Quelles sont les doubles liaisons conjuguées ?

2. L'α-tocohexaénol est une molécule aux propriétés fluorescentes :

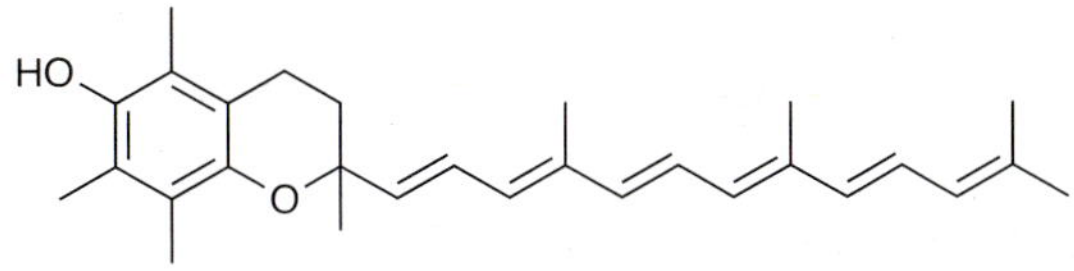

Quelles sont les doubles liaisons conjuguées ?

Voir, si nécessaire, l'exercice résolu II, p. 73.

Pour s'entraîner

17 Le pernambouc ou « bois du Brésil »

COMPÉTENCES **Formuler une hypothèse ; élaborer un protocole.**

Le cœur du tronc du pernambouc était utilisé pour ses propriétés tinctoriales. On en tire un pigment rouge : la braziléine. Pour extraire la teinture, le bois réduit en poudre est mis à bouillir dans l'eau. Le jus rouge-rosé est alors récupéré.

1. Nommer les techniques d'extraction et de séparation évoquées dans le texte.

2. Quel est l'intérêt de réduire en poudre le bois ?

3. Décrire le procédé de séparation.

4. En présence de soude, la teinture vire au rouge violacé. En présence d'acide chlorhydrique, elle vire au jaune. Conclure.

18 Décor traditionnel au henné

COMPÉTENCES **Raisonner ; argumenter.**

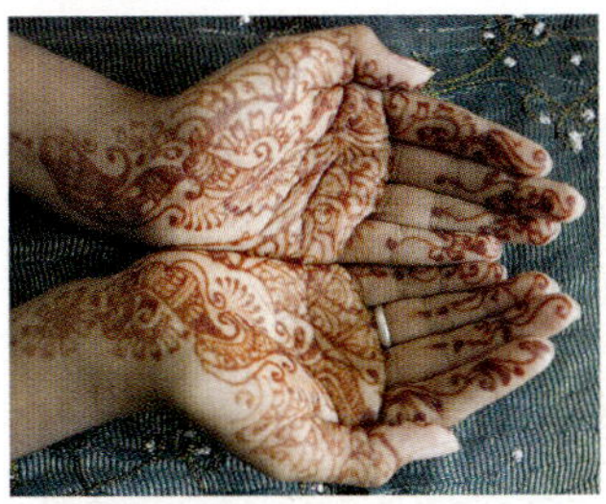

Les feuilles de henné, séchées et pulvérisées, donnent, de beaux tons orangés et roux dus, notamment, à la lawsone (a), un dérivé de la naphtaquinone (b). Leurs formules semi-développées sont représentées ci-dessous :

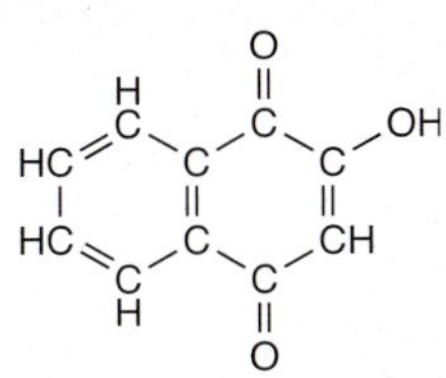

a

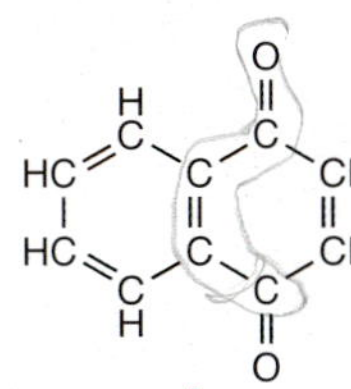

b

1. Écrire les formules topologiques de ces molécules.

2. Leurs doubles liaisons sont-elles conjuguées ?

3. Quels sont les groupes chromophores ?

4. Alors que la naphtaquinone est incolore, la lawsone est rouge-orangée : à quoi est due cette différence ?

Exercices

19 Du bois jaune

COMPÉTENCES Trouver les informations.

> « Le quercitron est l'écorce du *Quercus tinctoria*. [Il] contient une matière colorante jaune susceptible d'être extraite à l'eau. [...] On peut obtenir la matière colorante du quercitron en concentrant doucement une infusion de quercitron. [...] L'eau le dissout ; la dissolution est colorée en jaune par les alcalis [...] [Avec] l'acide sulfurique, la dissolution est d'un orangé verdâtre. »
>
> J. J. Berzelius, *Traité de chimie*, 1838.

1. @ Rechercher qui était J. J. Berzelius.

2. @ Le quercitron est la contraction des mots latins *quercus* et *citrus*. Rechercher le nom de cet arbre.

3. Selon Berzelius, la matière colorante est-elle un pigment ou un colorant ?

4. Proposer un protocole expérimental pour extraire la matière colorante de l'écorce intérieure moulue.

5. a. @ Qu'est-ce qu'un alcali ?

b. De quel paramètre dépend la couleur de la matière colorante ?

6. La quercitrine est la principale matière colorante contenue dans le quercitron. La molécule a pour formule semi-développée :

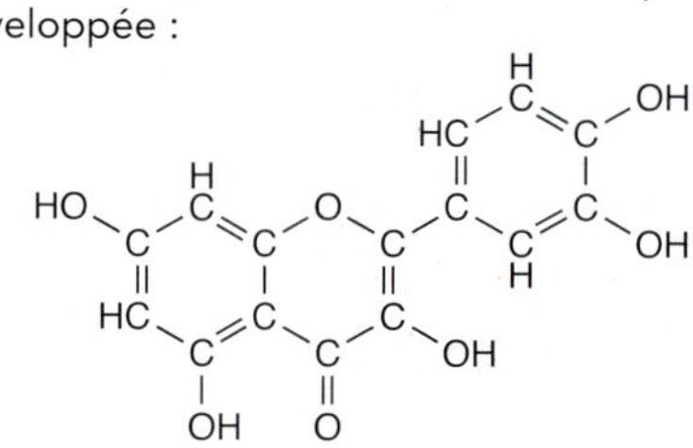

a. Écrire la formule topologique de la molécule.

b. Est-elle organique ?

c. Pourquoi la molécule est-elle colorée ?

20 À chacun son rythme

COMPÉTENCE Interpréter un résultat.

Cet exercice est proposé à deux niveaux de difficulté. Dans un premier temps, essayer de résoudre l'exercice au niveau 2. En cas de difficultés, passer au niveau 1.

Le β-carotène est responsable de la coloration de certains fruits et légumes (carotte, abricot, courge, etc.). L'astaxanthine est responsable de la couleur des crustacés après cuisson.

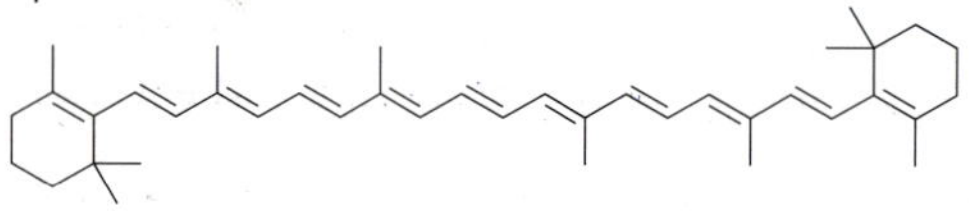

β-carotène

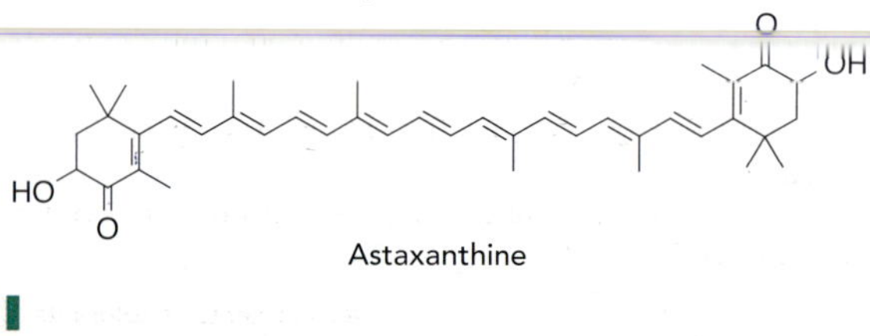

Astaxanthine

Niveau 2

Alors que le β-carotène est jaune-orangé, l'astaxanthine est rouge. Pourquoi ?

Niveau 1

1. Les doubles liaisons des molécules de β-carotène et d'astaxanthine sont-elles conjuguées ?

2. La longueur d'onde de la radiation absorbée augmente-t-elle ou diminue-t-elle lorsque le nombre de doubles liaisons conjuguées croît ?

3. Alors que le β-carotène est jaune-orangé, l'astaxanthine est rouge. Pourquoi ?

Pour aller plus loin

21 Le violet de gentiane SVT

COMPÉTENCES Raisonner ; argumenter.

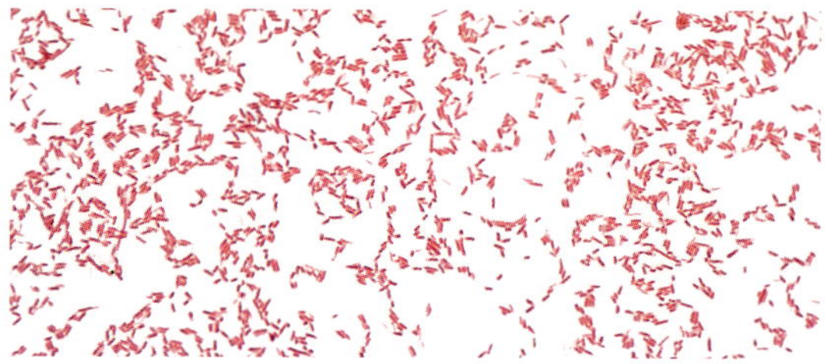

Lors d'une coloration de Gram, le violet de gentiane est utilisé pour colorer les bactéries et les distinguer ainsi à l'examen au microscope. Il contient du cristal violet.

1. Le cristal violet $C_{25}H_{30}N_3Cl$ est synthétisé à partir de diméthylaniline $C_8H_{11}N$ et de tétrachlorure de carbone CCl_4. Il se forme également du chlorure d'hydrogène HCl. Écrire l'équation de la réaction.

2. Le cristal violet est violet pour un pH > 1,8. Il change de couleur en deçà. Comment nomme-t-on une telle espèce ?

3. La formule semi-développée du cristal violet est donnée ci-dessous.

a. Montrer que les doubles liaisons sont conjuguées.

b. Quel est le rôle des groupes $-N(CH_3)_2$ dans la couleur de ce cristal ?

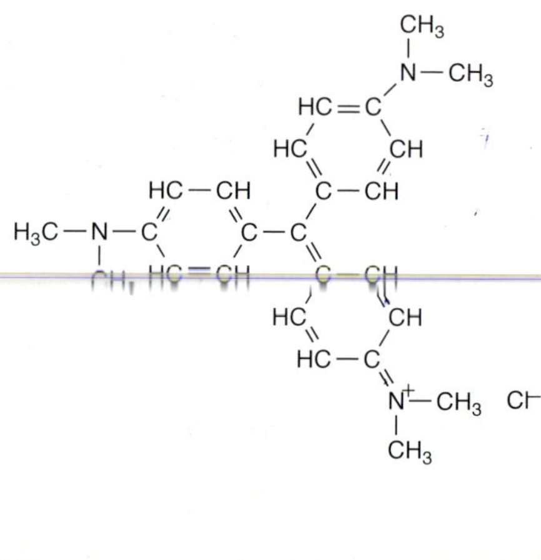

Cours

1 Comment décrire l'évolution d'un système chimique ?

1.1 Réactif limitant

La réaction étudiée à l'**activité 1** met en jeu le diiode I_2(aq) et les ions thiosulfate $S_2O_3^{2-}$(aq) comme réactifs. Les produits formés sont les ions iodure I^-(aq) et les ions tétrathionate $S_4O_6^{2-}$(aq). Le **diiode** est la **seule espèce colorée**. La réaction étudiée a pour équation :

$$I_2(aq) + 2\ S_2O_3^{2-}(aq) \rightarrow 2\ I^-(aq) + S_4O_6^{2-}(aq)$$

La solution finale de **l'expérience n° 2** est **incolore** ; elle ne contient plus de diiode **(doc.1)**. Le diiode a totalement réagi, c'est le **réactif limitant**.

La solution finale de **l'expérience n° 3** est **orangée** ; elle contient encore du diiode **(doc. 2)**. Le diiode n'a pas totalement réagi ; c'est le réactif en **excès**. La réaction chimique se déroulant jusqu'à ce que l'un des réactifs ait totalement réagi, le réactif limitant de l'expérience n° 3 est, dans ce cas, l'ion thiosulfate.

Dans une réaction chimique, le **réactif limitant** est le réactif qui est totalement consommé.

Expérience n° 2	
Bécher 1	Bécher 2
V_1 = 10 mL de solution de diiode à $C_1 = 1{,}0 \times 10^{-2}$ mol·L^{-1}	V_2 = 40 mL de solution de thiosulfate de sodium à $C_2 = 1{,}0 \times 10^{-2}$ mol·L^{-1}

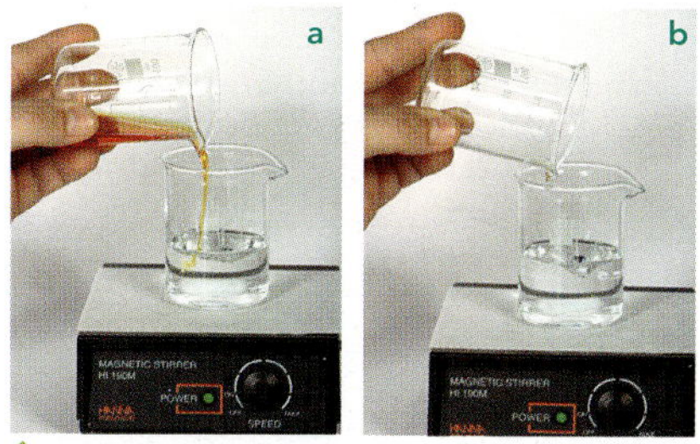

Doc. 1 **Expérience n° 2.**
a. Mélange des réactifs
b. Fin du mélange.

1.2 Stœchiométrie

L'équation de la réaction étudiée peut s'écrire :

$$1\ I_2(aq) + 2\ S_2O_3^{2-}(aq) \rightarrow 2\ I^-(aq) + 1\ S_4O_6^{2-}(aq)$$

Les nombres 1, 2, 2 et 1 sont les **nombres stœchiométriques**. L'équation montre qu'**une** mole de I_2 réagit avec **deux** moles d'ions $S_2O_3^{2-}$ pour donner **deux** moles d'ions I^- et **une** mole d'ions $S_4O_6^{2-}$.

Plus généralement, **1*x*** mol de I_2 réagit avec **2*x*** mol d'ions $S_2O_3^{2-}$ pour former **2*x*** mol d'ions I^- et **1*x*** mol d'ions $S_4O_6^{2-}$.

Les réactifs réagissent toujours dans les mêmes proportions. Cette propriété est appelée **stœchiométrie** de la réaction.

Expérience n° 3	
Bécher 1	Bécher 2
V_1 = 25 mL de solution de diiode à $C_1 = 1{,}0 \times 10^{-2}$ mol·L^{-1}	V_2 = 40 mL de solution de thiosulfate de sodium à $C_2 = 1{,}0 \times 10^{-2}$ mol·L^{-1}

1.3 Avancement

L'avancement d'une réaction, noté ***x***, est une grandeur, exprimée en **mol**, qui permet de décrire l'évolution d'un système chimique.

Pour la réaction étudiée, l'avancement *x* est égal à la quantité de diiode consommée. Initialement, lorsque les réactifs sont mélangés, mais avant que la réaction ne débute, l'avancement est nul, ***x* = 0 mol**. Puis au cours de la réaction, la valeur de l'avancement ***x*** augmente. En fin de réaction, lorsque le réactif limitant est totalement consommé, l'avancement atteint sa valeur maximale, notée x_{max}.

Doc. 2 **Expérience n° 3.**
a. Mélange des réactifs
b. Fin du mélange.

1.4 Tableau d'avancement

L'**activité 1** et le **document 3** permettent d'établir le tableau d'avancement de l'**expérience n° 2** :

Équation chimique		$1\ I_2(aq)$	$+\ 2\ S_2O_3^{2-}(aq)$ →	$2\ I^-(aq)$	$+1\ S_4O_6^{2-}(aq)$
État du système	Avancement (mmol)	$n(I_2)$	$n(S_2O_3^{2-})$	$n(I^-)$	$n(S_4O_6^{2-})$
État initial	$x = 0$	0,10	0,40	0	0
État intermédiaire	x	$0{,}10 - 1x$	$0{,}40 - 2x$	$0 + 2x$	$0 + 1x$
État final	x_{max}	$0{,}10 - 1x_{max}$	$0{,}40 - 2x_{max}$	$0 + 2x_{max}$	$0 + 1x_{max}$

Pour le diiode I_2

$$n_1 = C_1 \cdot V_1 = 1{,}0 \times 10^{-2} \times 10 \times 10^{-3} = 1{,}0 \times 10^{-4}\ \text{mol} = 0{,}10\ \text{mmol}$$

Pour les ions thiosulfate $S_2O_3^{2-}$

$$n_2 = C_2 \cdot V_2 = 1{,}0 \times 10^{-2} \times 40 \times 10^{-3} = 4{,}0 \times 10^{-4}\ \text{mol} = 0{,}40\ \text{mmol}$$

Doc. 3 Calcul des quantités initiales des réactifs pour l'**expérience n° 2**.

2 Dosage d'une espèce colorée en solution

DÉMARCHE D'INVESTIGATION

La solution de Dakin® est une solution antiseptique qui contient différentes espèces chimiques. Sa couleur rose est uniquement due aux ions permanganate $MnO_4^-(aq)$.

Comment déterminer la concentration en ion permanganate de la solution de Dakin® en utilisant un spectrophotomètre ?

Un spectrophotomètre **(doc. 1)** est un appareil qui permet d'étudier de façon quantitative l'absorption de la lumière par une espèce colorée. Un spectrophotomètre (voir **fiche n° 7**, p. 360) affiche une grandeur sans unité, appelée **absorbance** et notée A : elle mesure la proportion de lumière absorbée par une solution colorée pour une concentration donnée **(doc. 2)**.

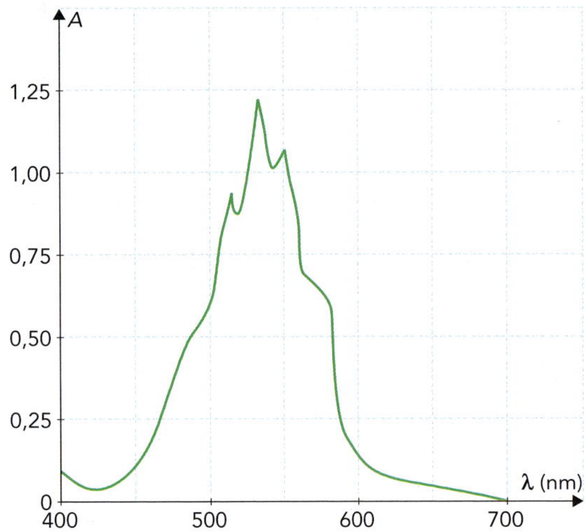

Doc. 2 Spectre d'absorption $A = f(\lambda)$ d'une solution de permanganate de potassium. L'absorbance dépend de la longueur d'onde des radiations.

1 Rédiger un protocole expérimental détaillé permettant, avec le matériel disponible **(doc. 3)**, de déterminer la concentration molaire en permanganate de potassium de la solution de Dakin® **(doc 4)**.

2 Il est conseillé de régler le spectrophotomètre sur la longueur d'onde $\lambda = 540$ nm.
Justifier ce choix.

3 Mettre en œuvre ce protocole après discussion avec le professeur.

Voir, si nécessaire, les **fiches n°s 11 et 12**, p. 364 et 365.

Un pas vers le cours...

4 Quelle relation peut-on écrire entre l'absorbance des solutions étudiées et leur concentration ?

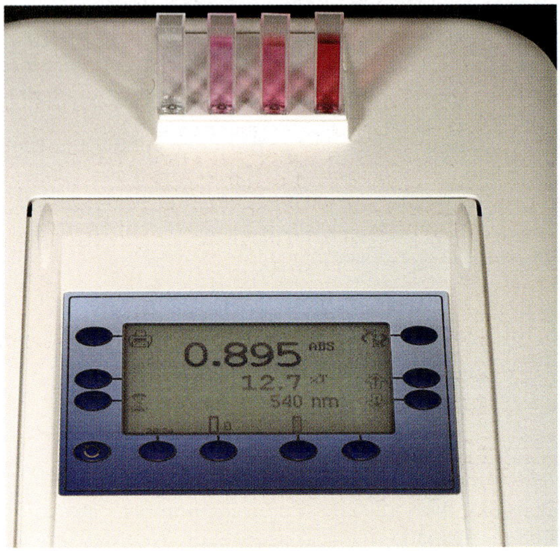

Doc. 1 Spectrophotomètre

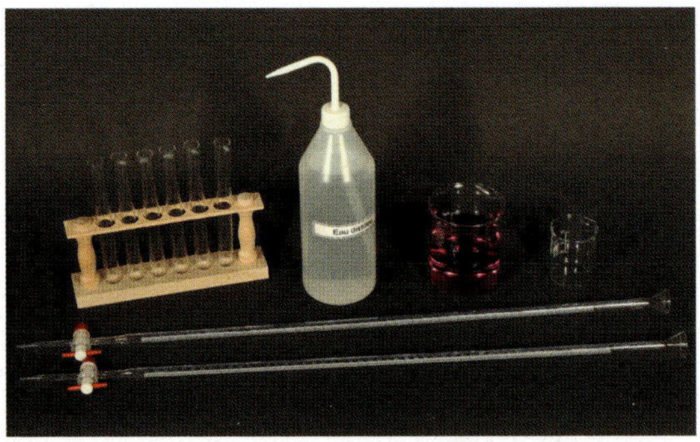

Doc. 3 Matériel et produits disponibles. La solution mère en permanganate de potassium a une concentration molaire égale à $2{,}0 \times 10^{-4}$ mol·L^{-1}.

Doc. 4 Flacon de solution de Dakin®.

22 La cuisson des haricots SVT

COMPÉTENCES Trouver les informations ; formuler une hypothèse.

À la cuisson, les haricots perdent souvent leur belle couleur verte appétissante ; comment la conserver ? On trouve par exemple un dicton étrange, qui dit que les haricots sont bien verts quand ils sont cuits dans de la lessive de cendres. Une expérience simple consiste à cuire des haricots verts dans de l'eau additionnée d'un peu de vinaigre : ils virent au jaune brun, bien peu appétissant. La raison est simple : les haricots verts sont verts parce qu'ils contiennent des molécules de chlorophylle, lesquelles ont, en leur centre, un atome de magnésium. Lorsqu'il est remplacé par un ion hydrogène, les propriétés optiques de la chlorophylle changent : au lieu d'absorber la lumière en ne laissant passer que le vert, elle absorbe les radiations en ne laissant que le jaune brun. Une pincée de bicarbonate de soude fait l'affaire : et nos haricots sont plus verts.

D'après H. THIS, au cours de son émission télévisée « Côté labo, Côté cuisine ».

1. a. @ Qu'est-ce que la lessive de cendres ?
b. Quelle propriété distingue la lessive de cendres du vinaigre ?
c. À quel paramètre la couleur des haricots est-elle sensible ?
d. D'où proviennent les ions hydrogène cités dans le texte ?

2. a. @ Qu'est-ce que le bicarbonate de soude ?
b. Expliquer pourquoi, en sa présence, les haricots sont verts.

23 La pourpre animale

COMPÉTENCES Trouver les informations ; interpréter un résultat.

La pourpre est une teinture violette connue depuis l'Antiquité où elle se négociait à prix d'or. Cette matière colorante est issue d'une glande d'un mollusque gastéropode : le murex. Près de 9 000 coquillages étaient nécessaires pour obtenir 1 g de pourpre.
L'extraction pouvait être réalisée en broyant les glandes. Le broyat, additionné d'eau de mer, était chauffé lentement. Les débris de chair remontaient à la surface et étaient écumés. Le bain était alors filtré puis exposé au soleil.

1. Nommer les quatre techniques d'extraction ou de séparation évoquées dans le texte.

2. La plupart des murex donnent une molécule violet-rouge dont la formule semi-développée est donnée ci-après :

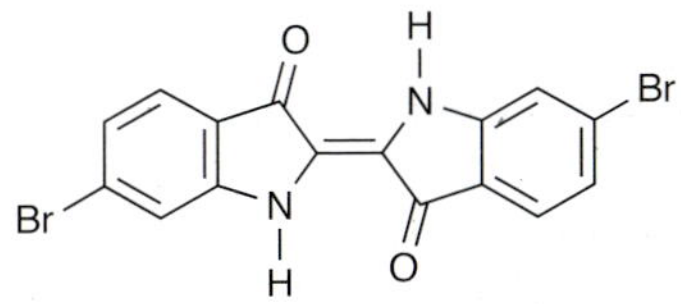

Justifier que cette molécule est colorée.

3. Si l'on substitue, dans la molécule, l'un des deux atomes de brome Br par un atome d'hydrogène, la molécule obtenue est violet-bleu.
a. En déduire le rôle des atomes de brome dans la molécule. Nommer ce type de groupement.
b. Comparer cette molécule à celle de l'indigotine donnée dans le cours, au document 8b, p. 69.

24 Le contraste simultané Arts plastiques

COMPÉTENCES Trouver les informations ; interpréter un résultat.

Ce tableau, représentant la Vierge Marie, a été peint vers 1340 par le maître de Sienne, Simone Martini. La luminosité éclatante et ce bleu magnifique ont été obtenus avec de l'or et du lapis-lazuli, pierre semi-précieuse qui, compte-tenu de la difficulté de son extraction et de son acheminement depuis l'Asie, coûtait plus cher que l'or. En ce début de XIVe siècle, Martini broie ses couleurs dans l'eau, les délaye avec de l'œuf, du lait ou de la gomme. Le résultat est terne et sans éclat. Le moyen trouvé pour donner à la couleur bleue un éclat unique était de peindre sur des feuilles d'or.

D'après l'émission télévisée « d'Art d'Art ! ».

1. Le lapis-lazuli est-il un pigment ou un colorant ?

2. a. Pourquoi était-il nécessaire de le délayer dans l'œuf ?
b. @ Quel était le nom de cette technique ?

3. La couleur du lapis-lazuli est due aux ions du soufre. Les ions S_3^-, majoritaires, absorbent la lumière rouge tandis que les ions S^{2-}, minoritaires, absorbent la lumière bleue.
a. Lorsque la proportion d'ions S^{2-} est faible, expliquer pourquoi le lapis-lazuli est bleu.
b. Quand sa proportion augmente, comment évolue la couleur de la pierre ?

4. a. @ CHEVREUL a énoncé la loi du contraste simultané : de quoi s'agissait-il ?
b. Expliquer alors pourquoi l'or donne un éclat unique au lapis-lazuli.

Exercices

25 Food coloring agents

COMPÉTENCES Trouver des informations ; raisonner.

Food coloring agents in chocolate flavoured candy are labeled with an E followed by a number in Europe (eg. E100) or directly by their names. However, the labelling code is different in the US.
A chromatogram of European and US yellow, blue and green coloring agents is shown on the right hand side.

JF : European yellow
J : American yellow
BF : European blue
B : American blue
VF : European green
V : American green

1. Describe the chromatogram.

2. Describe the green coloring agent. Explain the consequences of colored radiation absorption.

3. Labels of European candy (a) and American candy (b) are shown on the right hand side.

a. Farbstoffe*, Dextrin, Überzugsmittel (Carnaubawachs), Aromen, Salz, Pflanzenöl. (Spuren: Haselnuss, Mandel). Hergestellt in Frankreich. * E100, E120, E133, E160e, E171. ™/®/designs/© Mars

b. ARTIFICIAL FLAVORS), SUGAR, CORNSTARCH, LESS THAN 1% - CORN SYRUP, DEXTRIN, COLORING (INCLUDES BLUE 1 LAKE, RED 40 LAKE, YELLOW 6, YELLOW 5, RED 40, BLUE 1, BLUE 2 LAKE, YELLOW 6 LAKE, YELLOW 5 LAKE, BLUE 2), GUM ACACIA. ⓤD

a. @ What are the names of « blue 1 lake » and E133 coloring agents? Describe the corresponding colors on the chromatogram.

b. @ What are the names of « yellow 5 lake » and E100 coloring agents? Describe the corresponding colors on the chromatogram.

c. @ Are « blue 1 lake », E133, « yellow 5 lake » and E100 natural or synthetic chemical products?

26 Les couleurs d'une épice

COMPÉTENCE Élaborer le protocole d'une expérience.

Le paprika est une épice de couleur rouge. Parmi les pigments colorés qu'il contient, on trouve les **caroténoïdes** (jaune), la **capsanthine** (rouge) et la **capsorbine** (orange). L'extraction des pigments est réalisée en chauffant à reflux un mélange de paprika et d'un solvant : l'éthanoate d'éthyle.

1. Schématiser et légender le montage en précisant le sens de circulation de l'eau dans le réfrigérant.

2. Après refroidissement, comment séparer la phase organique et la poudre restante ?

3. On réalise une chromatographie sur couche mince de l'extrait coloré. Après élution, le chromatogramme obtenu a l'allure ci-dessus.
Sur le chromatogramme, retrouver les principaux colorants du paprika.

Voir, si nécessaire, l'exercice résolu I, p. 72.

Retour sur l'ouverture du chapitre

27 La garance des teinturiers

COMPÉTENCES Trouver des informations ; établir le protocole d'une expérience.

Cultivée en Europe et au Moyen-Orient depuis l'époque médiévale, la garance des teinturiers fournissait une grande partie des teintures rouges naturelles. Ses racines étaient moulues dans des *moulins à tan*. La teinture de la laine était réalisée dans un bain d'eau et de poudre de garance chauffé vers 80 °C. Son succès tient pour beaucoup à la multiplicité des couleurs (du rose à l'écarlate en passant par les violets) qu'elle permet d'obtenir (bain acides ou *alcalins*, usage de *mordants* différents, etc.). L'alizarine est la plus connue de la vingtaine de matières colorantes contenues dans les racines de garance. Pourtant, dès 1869, l'alizarine de synthèse apparaît et divise par dix le prix d'achat. Le procédé de teinture naturelle disparaît peu à peu.

1. @ Rechercher la signification des mots en italiques.

2. @ Quels chimistes allemands ont synthétisé l'alizarine ? Quel chimiste anglais est parvenu de son côté, mais un jour plus tard, à l'obtenir ?

3. Proposer un protocole expérimental pour [illegible]

4. À quel paramètre la couleur de la teinture est-elle sensible ?

5. La molécule d'alizarine a pour formule semi-développée :

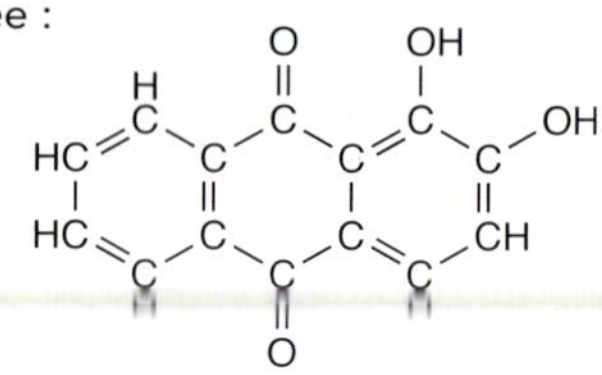

a. Les doubles liaisons sont-elles conjuguées ?

b. Quels sont les groupes chromophores ? Quels sont les groupes auxochromes ?

Changement de couleur et réaction chimique

Chapitre 5

Couleurs d'automne dans le Parc provincial du lac Supérieur, en Ontario, Canada.

Les feuilles de certains arbres sont vertes au printemps et en été, puis deviennent jaune orangé à l'automne. La couleur des feuilles est liée à la quantité de deux sortes de chlorophylle qu'elles synthétisent.
Comment suivre l'évolution des quantités des chlorophylles synthétisées par les feuilles ?
(Voir exercice 21, p. 94.)

Quelle grandeur permet au chimiste de suivre l'évolution d'une réaction chimique ?

OBJECTIFS
- → Décrire l'évolution d'un système chimique à l'aide de la notion d'avancement.
- → Connaître la loi de Beer-Lambert et savoir l'utiliser.

Activités — Étude expérimentale

1 Avancement d'une réaction chimique

L'utilisation de réactifs ou de produits colorés permet <u>d'observer</u> l'évolution d'un système chimique. Cette évolution peut être suivie de façon quantitative en utilisant la notion d'avancement.
Qu'est-ce que l'avancement d'une réaction chimique ?

A Observation des évolutions d'un système chimique

Matériel et solutions

– Béchers de 150 mL, éprouvettes graduées de 100 mL, agitateur magnétique et barreau aimanté.
– **Solution 1** : solution de diiode I_2(aq) de concentration molaire $C_1 = 1{,}0 \times 10^{-2}$ mol·L^{-1}.
– **Solution 2** : solution de thiosulfate de sodium $2\ Na^+(aq) + S_2O_3^{2-}(aq)$ de concentration molaire $C_2 = 1{,}0 \times 10^{-2}$ mol·L^{-1}.

Expérience n° 1

- Dans un tube à essais, verser 2 mL de la solution 2.
- Ajouter deux gouttes de la solution 1.
- Agiter et observer.

1 Pourquoi peut-on affirmer qu'une réaction chimique a eu lieu ?

Expériences n° 2 et n° 3

- Pour chacune des expériences ci-dessous, verser le contenu du bécher 1 dans le bécher 2 correspondant.
- Agiter puis observer.

Expérience n° 2		Expérience n° 3	
Bécher 1	Bécher 2	Bécher 1	Bécher 2
10 mL de solution 1	40 mL de solution 2	25 mL de solution 1	40 mL de solution 2

2 Pour chacune des expériences, quelle est la couleur de la solution finale ?
3 Quelle conclusion peut-on en tirer ?

B Notion d'avancement d'une réaction chimique

L'équation de la réaction qui s'est produite, s'écrit :

$$1\ I_2(aq) + 2\ S_2O_3^{2-}(aq) \rightarrow 2\ I^-(aq) + 1\ S_4O_6^{2-}(aq)$$

4 Pour 1 mmol de I_2 consommée, quelle quantité d'ions $S_2O_3^{2-}$ aura réagi ? Quelles seront alors les quantités d'ions I^- et $S_4O_6^{2-}$ formées ?
5 Si **x** mmol de I_2 sont consommées, quelle quantité d'ions $S_2O_3^{2-}$ aura réagi et quelle quantité d'ions I^- et $S_4O_6^{2-}$ auront été formées ?

Pour la réaction étudiée, x est appelée **avancement de la réaction**. L'évolution de la composition du système chimique peut être décrite dans le **tableau** ci-contre.

Équation chimique		$I_2(aq)$ +	$2\ S_2O_3^{2-}(aq)$ →	$2\ I^-(aq)$ +	$S_4O_6^{2-}$
État du système	Avancement (mmol)	$n(I_2)$	$n(S_2O_3^{2-})$	$n(I^-)$	n(S₄
État initial	$x = 0$				
État intermédiaire	x	(1)	(2)	(3)	(4
État final	x_{max}				

6 Reproduire le tableau et, pour l'**expérience n° 2**, compléter la ligne « État initial » avec les valeurs des quantités initiales des réactifs et des produits, exprimées en mmol.
7 Exprimer, en fonction de la quantité initiale du réactif et de l'avancement x, les **quantités restantes** des réactifs dans les cases (1) et (2). De la même façon, compléter les cases (3) et (4), puis la dernière ligne du tableau.
8 D'après la couleur finale du mélange réactionnel, quel réactif a été totalement consommé en fin de réaction ? Que peut-on alors en conclure sur la valeur de la quantité finale de ce réactif ?
9 En déduire la valeur de l'avancement maximal x_{max}.
10 Calculer les quantités finales des réactifs et des produits lorsque la réaction est terminée.
11 Reprendre cette étude pour **l'expérience n° 3**.

Un pas vers le cours...

12 Proposer une définition de l'**avancement maximal x_{max}** d'une réaction.

Le tableau d'avancement décrit l'évolution des quantités de matière d'un système de l'état initial à l'état final, en fonction de l'avancement **x**.
Les nombres placés devant l'avancement **x** sont égaux aux nombres stœchiométriques de l'équation. Ils sont précédés d'un **signe « – »** pour les **réactifs** et d'un **signe « + »** pour les **produits**.
Le nombre stœchiométrique 1 n'est pas écrit.

1.5 Avancement maximal x_{max}

On détermine la valeur de x_{max} pour l'**expérience n° 2**.

– Si I_2 est le réactif limitant : $n(I_2) = 0{,}10 - x_{max} = 0$ mmol, soit :

$$x_{max} = 0{,}10 \text{ mmol.}$$

La quantité finale d'ions $S_2O_3^{2-}$ est alors :

$$n(S_2O_3^{2-}) = 0{,}40 - 2x_{max} = 0{,}20 \text{ mmol.}$$

– Si $S_2O_3^{2-}$ est le réactif limitant, $n(S_2O_3^{2-}) = 0{,}40 - 2x_{max} = 0$ mmol, soit :

$$x_{max} = 0{,}20 \text{ mmol.}$$

La quantité finale de I_2 est alors : $n(I_2) = 0{,}10 - x_{max} = -0{,}10$ mmol.

Or, une quantité de matière ne peut pas être négative. La valeur de x_{max} retenue est donc **x_{max} = 0,10 mmol** (doc. 4). C'est **la plus petite des deux valeurs de x_{max} calculées.** Le réactif limitant est le diiode.

Pour déterminer la valeur de l'avancement maximal $\mathbf{x_{max}}$, on calcule les valeurs de l'avancement qui annulent les quantités de chacun des réactifs.
La plus petite de ces valeurs fournit l'avancement maximal $\mathbf{x_{max}}$.
Le réactif qui lui est associé est le **réactif limitant**.

On détermine la valeur de x_{max} pour l'**expérience n° 3** (doc. 5).

– Si I_2 est le réactif limitant, $n(I_2) = 0{,}25 - x_{max} = 0$ mmol, soit :

$$x_{max} = 0{,}25 \text{ mmol.}$$

– Si $S_2O_3^{2-}$ est le réactif limitant, $n(S_2O_3^{2-}) = 0{,}40 - 2x_{max} = 0$ mmol, soit :

$$x_{max} = 0{,}20 \text{ mmol.}$$

La plus petite valeur de x_{max} est **x_{max} = 0,20 mmol** : les ions $S_2O_3^{2-}$ constituent le réactif limitant.

1.6 État final

La valeur de l'avancement maximal x_{max} permet de calculer les quantités finales des espèces chimiques dans le mélange réactionnel.

L'état final de l'**expérience n° 2** est caractérisé par les valeurs suivantes :

Équation chimique		$I_2(aq)$	$+ 2\,S_2O_3^{2-}(aq) \rightarrow$	$2\,I^-(aq)$	$+\ S_4O_6^{2-}(aq)$
État final	x_{max} = 0,10 mmol	$0{,}10 - x_{max}$ = 0,00 mmol	$0{,}40 - 2x_{max}$ = 0,20 mmol	$2x_{max}$ = 0,20 mmol	x_{max} = 0,10 mmol

Ce résultat est conforme aux observations expérimentales : le mélange final étant incolore, il ne contient plus de diiode (doc. 4).

L'état final de l'**expérience n° 3** est caractérisé par les valeurs suivantes :

Équation chimique		$I_2(aq)$	$+ 2\,S_2O_3^{2-}(aq) \rightarrow$	$2\,I^-(aq)$	$+\ S_4O_6^{2-}(aq)$
État final	x_{max} = 0,20 mmol	$0{,}25 - x_{max}$ = 0,05 mmol	$0{,}40 - 2x_{max}$ = 0,00 mmol	$2x_{max}$ = 0,40 mmol	x_{max} = 0,20 mmol

Le mélange final contient encore du diiode, ce que confirme l'expérience (doc. 6).

Voir exercices 1, p. 87 et 5 à 10, p. 90.

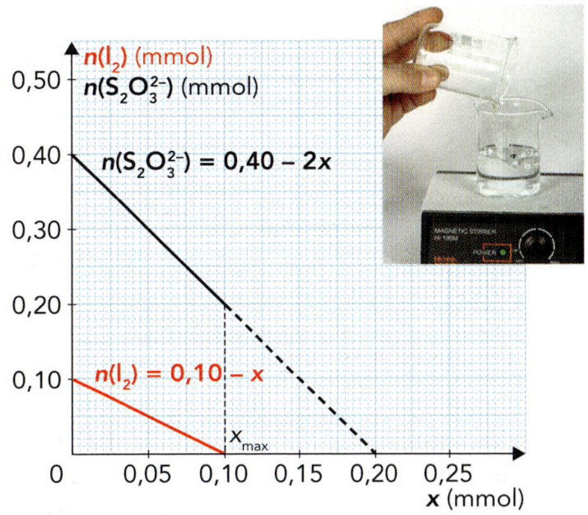

Doc. 4 Évolution des quantités des réactifs I_2 et $S_2O_3^{2-}$ en fonction de l'avancement, lors de l'**expérience n° 2**.
Comme x_{max} = 0,10 mmol (courbe rouge), la courbe noire est tracée en pointillés pour $x > x_{max}$ car x ne peut pas être supérieur à x_{max}.
Le diiode est le réactif limitant.

Pour le diiode I_2

$n_1 = C_1 \cdot V_1 = 1{,}0 \times 10^{-2} \times 25 \times 10^{-3}$
$= 2{,}5 \times 10^{-4}$ mol
$= 0{,}25$ mmol

Pour les ions thiosulfate $S_2O_3^{2-}$

$n_2 = C_2 \cdot V_2 = 1{,}0 \times 10^{-2} \times 40 \times 10^{-3}$
$= 4{,}0 \times 10^{-4}$ mol
$= 0{,}40$ mmol

Doc. 5 Calcul des quantités initiales des réactifs pour l'**expérience n° 3**.

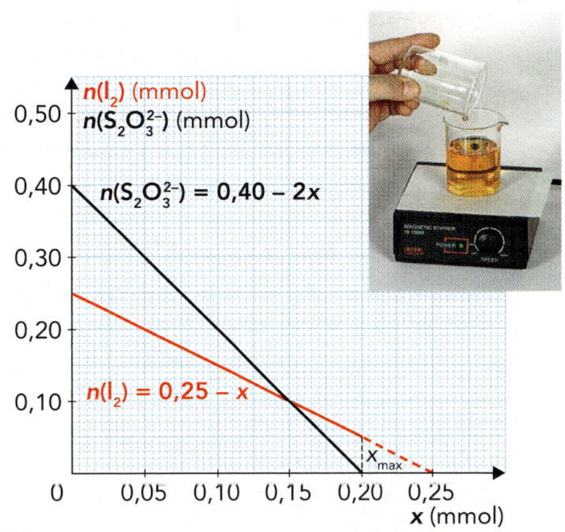

Doc. 6 Évolution des quantités des réactifs I_2 et $S_2O_3^{2-}$ en fonction de l'avancement, lors de l'**expérience n° 3**.
Les ions $S_2O_3^{2-}$ constituent le réactif limitant.

1.7 Cas d'un mélange initial stœchiométrique

On considère les quantités initiales :

$$n_0(I_2) = 0{,}20 \text{ mmol et } n_0(S_2O_3^{2-}) = 0{,}40 \text{ mmol.}$$

Le tableau d'avancement de la réaction s'écrit :

Équation chimique		$1\ I_2(aq)$	$+\ 2\ S_2O_3^{2-}(aq) \rightarrow$	$2\ I^-(aq)$	$+\ S_4O_6^{2-}(aq)$
État du système	Avancement (mmol)	$n(I_2)$	$n(S_2O_3^{2-})$	$n(I^-)$	$n(S_4O_6^{2-})$
État initial	$x = 0$	0,20	0,40	0	0
État intermédiaire	x	$0{,}20 - 1x$	$0{,}40 - 2x$	$2x$	x
État final	x_{max}	$0{,}20 - 1x_{max}$	$0{,}40 - 2x_{max}$	$2x_{max}$	x_{max}

– Si I_2 est le réactif limitant : $n(I_2) = 0{,}20 - x_{max} = 0$ mmol, soit :

$$x_{max} = 0{,}20 \text{ mmol.}$$

– Si $S_2O_3^{2-}$ est le réactif limitant : $n(S_2O_3^{2-}) = 0{,}40 - 2x_{max} = 0$ mmol, soit :

$$x_{max} = 0{,}20 \text{ mmol.}$$

Les quantités finales des réactifs sont nulles pour la même valeur de x_{max} (doc. 7). L'état final ne contient alors que les produits de la réaction :

Équation chimique		$1\ I_2(aq)$	$+\ 2\ S_2O_3^{2-}(aq) \rightarrow$	$2\ I^-(aq)$	$+\ S_4O_6^{2-}(aq)$
État final	$x_{max} = 0{,}20$ mmol	$0{,}20 - 1x_{max} = 0{,}0$ mmol	$0{,}40 - 2x_{max} = 0{,}0$ mmol	$2x_{max} = 0{,}40$ mmol	$x_{max} = 0{,}20$ mmol

Dans l'état final : $x_{max} = \dfrac{n_0(I_2)}{1}$ et $x_{max} = \dfrac{n_0(S_2O_3^{2-})}{2}$, donc :

$$\frac{n_0(I_2)}{1} = \frac{n_0(S_2O_3^{2-})}{2}$$

Un mélange initial est stœchiométrique si les quantités initiales des réactifs sont dans les **proportions des nombres stœchiométriques** de ces réactifs. Dans l'état final, les quantités des réactifs sont nulles ; seuls sont présents les produits de la réaction.

Voir exercices 1, p. 87, et 11 à 12, p. 91.

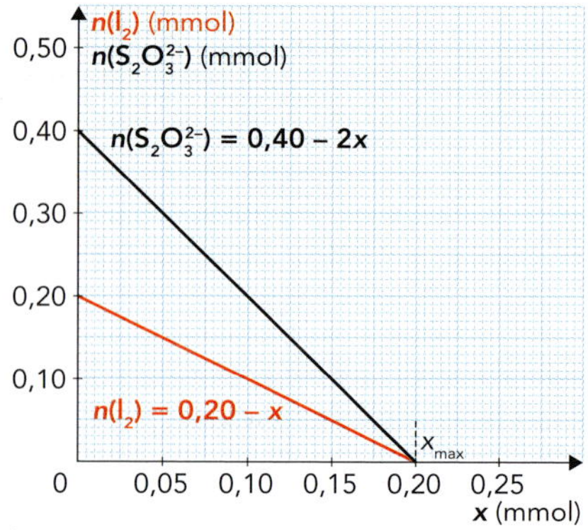

Doc. 7 Évolution des quantités des réactifs I_2 et $S_2O_3^{2-}$ en fonction de l'avancement, lors d'un mélange initial stœchiométrique. Les graphes coupent l'axe des abscisses au même point d'abscisse x_{max}.

2 Comment déterminer la concentration d'une espèce colorée en solution ?

2.1 Absorbance

À l'aide d'un prisme, on réalise la décomposition de la lumière blanche et on observe le spectre sur un écran. On intercale entre le prisme et l'écran une cuve transparente contenant une solution diluée de permanganate de potassium de couleur violette. Le spectre présente alors une **bande sombre** pour des radiations allant du vert à l'orange (doc. 8). Ainsi, une **solution colorée absorbe certaines radiations** de la lumière blanche et le spectre obtenu est son **spectre d'absorption**.

La couleur d'une solution résulte de la superposition des radiations non absorbées de la lumière blanche.

Si la solution n'absorbe que dans un seul domaine de longueurs d'onde, sa couleur est **complémentaire** de celle des radiations absorbées (doc. 9).

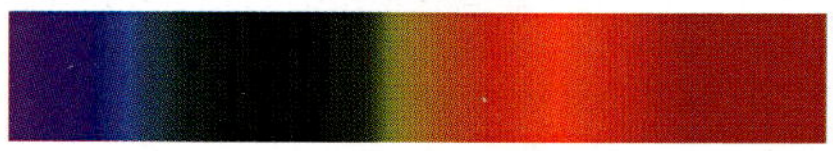

Doc. 8 Spectre d'absorption d'une solution de permanganate de potassium.

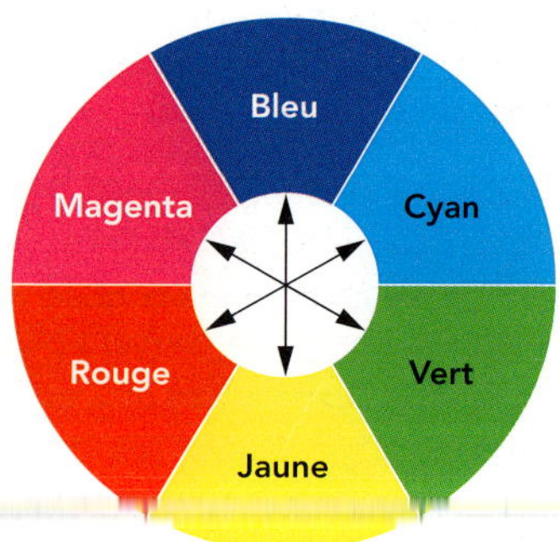

Doc. 9 Cercle chromatique simplifié. Une solution magenta de permanganate de potassium absorbe principalement dans la couleur complémentaire, c'est-à-dire le vert.

La proportion de lumière absorbée par une solution, à une longueur d'onde λ donnée, est son absorbance *A*.
C'est une grandeur additive : l'absorbance d'une solution est la somme des absorbances de toutes les espèces qu'elle contient.

L'absorbance est mesurée à l'aide d'un **spectrophotomètre** (voir **fiche n° 7**, p. 360).

2.2 Spectre d'absorption, $A = f(\lambda)$

Le **spectre d'absorption** d'une solution est le graphe de l'absorbance en fonction de la longueur d'onde (doc. 10).
L'étude du spectre permet de déterminer la longueur d'onde notée λ_{max} pour laquelle l'absorbance est maximale.

Pour réaliser des mesures d'absorbance, le spectrophotomètre est généralement réglé sur la longueur d'onde λ_{max} correspondant au maximum d'absorption du spectre de la solution étudiée.
À cette longueur d'onde, la valeur de l'absorbance étant la plus grande, l'incertitude sur la mesure est la plus petite.

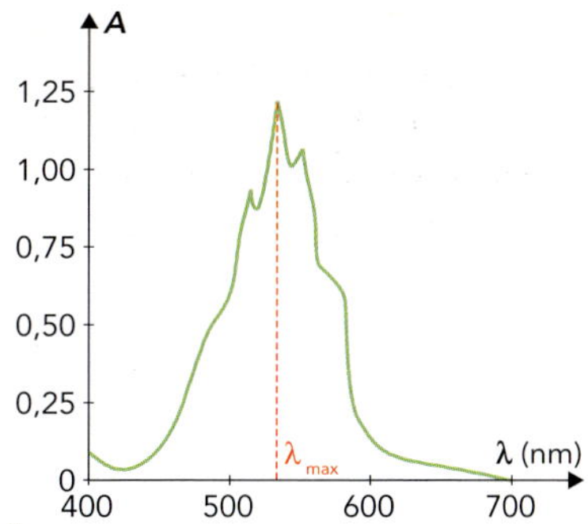

Doc. 10 Spectre d'absorption d'une solution de permanganate de potassium. L'absorbance maximale est obtenue pour λ_{max} = 540 nm.

2.3 Courbe d'étalonnage, $A = f(C)$

L'activité 2 a permis de réaliser une échelle de teinte à partir d'une solution mère de permanganate de potassium. La couleur violette des solutions est due aux ions permanganate MnO_4^-(aq), les autres espèces (eau, ion K^+(aq)) étant incolores. Les mesures d'absorbance des solutions filles permettent de tracer la **courbe d'étalonnage** de l'absorbance de ces solutions en fonction de leur concentration (doc. 11). Ce graphe est une droite passant par l'origine. L'absorbance A est donc **proportionnelle** à la concentration C en ions permanganate :

$$A = k \cdot C.$$

Dans les mêmes conditions, la mesure de l'absorbance de l'eau de Dakin® permet de doser* les ions permanganate dans cette solution, c'est-à-dire de déterminer la concentration en ions permanganate de l'eau de Dakin® (doc. 11).

* Doser une espèce chimique dans une solution, c'est déterminer la concentration de cette espèce chimique dans la solution.

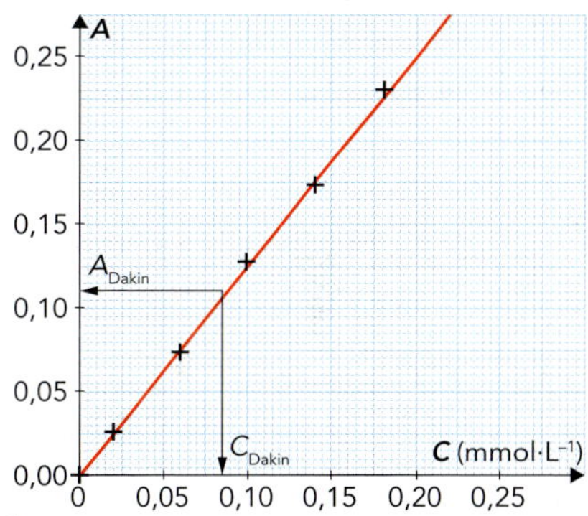

Doc. 11 Courbe d'étalonnage : absorbance, *A*, pour λ = 540 nm, des solutions filles en permanganate de potassium en fonction de la concentration, *C*.

2.4 Loi de Beer-Lambert

Pour des solutions suffisamment diluées, l'absorbance est proportionnelle à la concentration de l'espèce colorée.
Pour une même espèce colorée, la proportion de lumière absorbée croît quand l'épaisseur de solution colorée traversée croît (doc 12).
La relation entre l'absorbance, l'épaisseur de solution traversée et la concentration molaire de l'espèce absorbante constitue la **loi de Beer-Lambert :**

L'absorbance A d'une espèce chimique en solution diluée est proportionnelle à la concentration molaire *C* de cette espèce et à l'épaisseur ℓ de la solution traversée :

$$A = \varepsilon \cdot \ell \cdot C$$

avec *A* sans unité, ℓ en cm, *C* en $mol \cdot L^{-1}$ et ε en $L \cdot mol^{-1} \cdot cm^{-1}$.

Le coefficient ε est appelé **coefficient d'extinction molaire**. Il dépend de la nature de l'espèce, de la longueur d'onde de la radiation utilisée, du solvant et de la température.

La loi de Beer-Lambert permet de doser une espèce chimique colorée dans une solution.

Voir exercices 2, p. 87, et 13 et 14, p. 91.

Doc. 12 Une même solution de permanganate de potassium est placée dans des béchers de diamètres croissants. La coloration est de plus en plus intense quand l'épaisseur de la solution augmente.

Essentiel

Évolution d'un système chimique et avancement

▸ L'évolution d'un système chimique, depuis son état initial jusqu'à son état final, est décrit par une grandeur appelée **avancement**, notée ***x*** et exprimée **en mol**.
Le **tableau d'avancement** d'un système chimique se présente sous la forme suivante :

Quantités initiales des réactifs

Les nombres qui précèdent l'avancement sont égaux aux nombres stœchiométriques de l'équation. Le nombre stoechiométrique 1 n'est pas écrit.

Équation chimique		$2\ Al(s)$ +	$6\ H^+(aq)$ →	$2\ Al^{3+}(aq)$ +	$3\ H_2(g)$
État du système	Avancement (mol)	$n(Al)$	$n(H^+)$	$n(Al^{3+})$	$n(H_2)$
État initial	$x = 0$	$n_0(Al)$	$n_0(H^+)$	0	0
État intermédiaire	x	$n_0(Al) - 2x$	$n_0(H^+) - 6x$	$+ 2x$	$+ 3x$
État final	x_{max}	$n_0(Al) - 2x_{max}$	$n_0(H^+) - 6x_{max}$	$+ 2x_{max}$	$+ 3x_{max}$

Le signe « – » indique que les quantités des réactifs diminuent.

Le signe « + » indique que les quantités des produits augmentent.

▸ Pour déterminer la valeur de x_{max}, on calcule les valeurs de l'avancement qui annulent les quantités de chacun des réactifs. La plus petite de ces valeurs correspond à l'**avancement maximal x_{max}**.
Le réactif qui lui est associé est le **réactif limitant**.

▸ Un mélange initial est **stœchiométrique** si les quantités initiales des réactifs sont dans les proportions des nombres stœchiométriques des réactifs.
Dans l'exemple choisi, si $\frac{n_0(Al)}{2} = \frac{n_0(H^+)}{6}$, le mélange initial est stœchiométrique.

Loi de Beer-Lambert

▸ L'**absorbance *A*** est une grandeur sans unité qui mesure la proportion de lumière absorbée par une solution pour une longueur d'onde λ donnée.
Elle est mesurée par un **spectrophotomètre**.

▸ **Loi de Beer-Lambert** : l'absorbance *A* d'une espèce chimique colorée en solution diluée est proportionnelle à la concentration molaire *C* de cette espèce et à l'épaisseur ℓ de la solution traversée :

$$A = \varepsilon \cdot \ell \cdot C$$

avec *A* sans unité, ℓ en cm, *C* en $mol \cdot L^{-1}$ et ε en $L \cdot mol^{-1} \cdot cm^{-1}$.

▸ La loi de Beer-Lambert permet de **doser** une espèce chimique colorée dans une solution, c'est-à-dire de déterminer sa concentration.

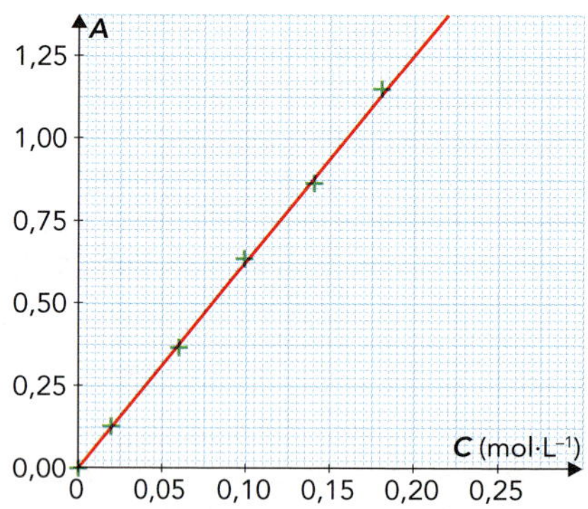

LES COMPÉTENCES ATTENDUES

✔ Identifier le réactif limitant d'un système chimique.

✔ Interpréter, en fonction des conditions initiales, la couleur à l'état final d'une solution siège d'une réaction chimique mettant en jeu un réactif ou un produit coloré.

✔ Décrire quantitativement l'état final d'un système chimique.

✔ Pratiquer une démarche expérimentale pour déterminer la concentration d'une espèce colorée à partir d'une courbe d'étalonnage en utilisant la loi de Beer-Lambert. (TP)

Pour chaque question, indiquer la (ou les) bonne(s) réponse(s).

Voir corrigés, p. 369.

1 Évolution d'un système chimique

	A	B	C
1. L'avancement x :	est une grandeur exprimée en mol.	diminue au cours de la réaction.	augmente au cours de la réaction.
2. Dans un tableau d'avancement, on indique, pour un état donné du système :	les masses des espèces chimiques.	les quantités des espèces chimiques.	les volumes des espèces chimiques.
3. Dans un état intermédiaire du tableau d'avancement associé à la réaction : $2\ Al + 3\ S \rightarrow Al_2S_3$	la quantité restante d'aluminium est $n_0(Al) + 2x$	la quantité restante de soufre est $n_0(S) - 3x$	la quantité de sulfure d'aluminium formée est x
4. Si dans un état final les quantités de deux réactifs, exprimées en mol, sont : – réactif 1 : $4{,}0 - 2\ x_{max}$ – réactif 2 : $6{,}0 - 4\ x_{max}$	$x_{max} = 1{,}5$ mol.	le réactif 1 est limitant.	le réactif 2 est limitant.
5. Dans un mélange stœchiométrique, les quantités des réactifs :	sont nulles dans l'état final.	sont égales dans l'état initial.	conduisent à la même valeur de l'avancement maximal.
6. Après réaction d'un mélange stœchiométrique de réactifs :	les réactifs sont entièrement consommés.	l'état final ne contient que des produits.	il s'est formé la même quantité de chacun des produits.
7. La réaction d'équation : $2\ H_2 + O_2 \rightarrow 2\ H_2O$ assure la propulsion de la fusée Ariane. Un mélange de H_2 et de O_2 est stœchiométrique si :	$\frac{n_0(H_2)}{1} = \frac{n_0(O_2)}{2}$	$2n_0(H_2) = n_0(O_2)$	$\frac{n_0(H_2)}{2} = \frac{n_0(O_2)}{1}$

Si erreur, revoir § 1, p. 82.

2 Loi de Beer-Lambert

	A	B	C
1. Une solution colorée absorbe : 	toutes les radiations du spectre de la lumière blanche.	principalement certaines radiations.	une seule radiation.
2. Un spectrophotomètre affiche :	l'absorbance d'une solution.	la concentration d'une solution.	la couleur d'une solution colorée.
3. L'absorbance d'une espèce colorée en solution est proportionnelle à :	la concentration molaire de l'espèce colorée.	la longueur d'onde choisie pour la mesurer.	l'épaisseur de la solution colorée traversée.
4. À partir du graphe ci-contre, la loi de Beer-Lambert s'écrit : 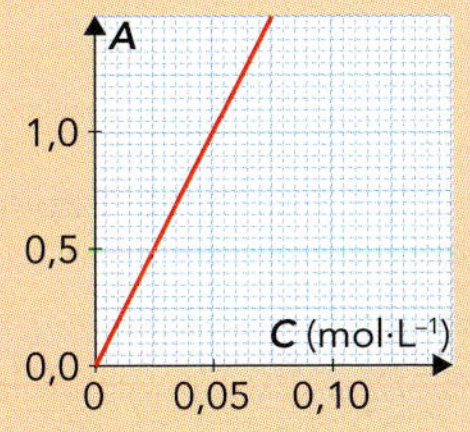	$A = 2 \cdot C$	$A = 0{,}20 \cdot C$	$A = 20 \cdot C$

Si erreur, revoir § 2, p. 84.

Exercice résolu

COMPÉTENCES MISES EN ŒUVRE
- Effectuer un calcul.
- Expliquer une démarche.

I. Établir et utiliser un tableau d'avancement

Dans un tube à essais, on verse un volume $V = 5{,}0$ mL de solution de nitrate d'argent de concentration molaire en ion argent, $C = 0{,}20\ \text{mol} \cdot \text{L}^{-1}$ **(doc. a)**.
On immerge partiellement un fil de cuivre. La masse de la partie immergée est $m = 0{,}52$ g.
Le fil de cuivre se recouvre progressivement d'un dépôt gris d'argent métallique et la solution bleuit **(doc. b)**.
L'équation de la réaction qui se produit entre les ions argent et le métal cuivre est :

$$2\,Ag^{+}(aq) + Cu(s) \rightarrow 2\,Ag(s) + Cu^{2+}(aq)$$

1. Calculer les quantités initiales des réactifs ; les exprimer en mmol.

2. Établir le tableau d'avancement de la réaction.

3. Déterminer le réactif limitant.

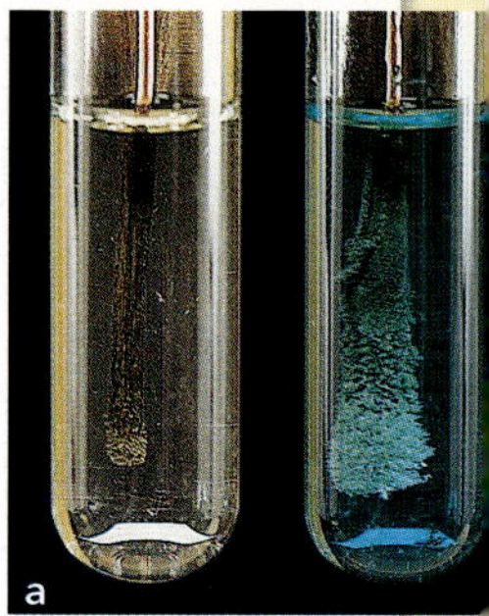

a

Conseils

Comment déterminer les quantités initiales des réactifs ?

1. Exploiter les données V, C, et m, et revoir, si nécessaire, le **diagramme**, p. 12.

Comment construire le tableau d'avancement ?

2. Procéder par étapes :
- recopier l'équation de la réaction ;
- préciser l'unité choisie pour les quantités de matière ;
- écrire les quantités initiales des réactifs ;
- penser aux nombres stœchiométriques et au signe à placer devant x et x_{max}.

Comment déterminer le réactif limitant ?

3. Calculer les différentes valeurs possibles de x_{max} en annulant les quantités finales de chacun des réactifs et garder la plus petite valeur.

Solution rédigée

1. La quantité initiale d'ions Ag^{+}, $n_0(Ag^{+})$, vaut : $n_0(Ag^{+}) = C \cdot V$.

$$n_0(Ag^{+}) = 0{,}20 \times 5{,}0 \times 10^{-3} = 1{,}0 \times 10^{-3}\ \text{mol} = \mathbf{1{,}0\ mmol.}$$

La quantité initiale de cuivre, $n_0(Cu)$, vaut :

$$n_0(Cu) = \frac{m}{M(Cu)}$$

$$n_0(Cu) = \frac{0{,}52}{63{,}5} = 8{,}2 \times 10^{-3}\ \text{mol} = \mathbf{8{,}2\ mmol.}$$

2. Le tableau d'avancement est :

Équation chimique		$2\,Ag^{+}(aq)$ +	$Cu(s)$ →	$2\,Ag(s)$ +	$Cu^{2+}(aq)$
État du système	Avancement (mmol)	$n(Ag^{+})$	$n(Cu)$	$n(Ag)$	$n(Cu^{2+})$
État initial	$x = 0$	1,0	8,2	0	0
État intermédiaire	x	$1{,}0 - 2x$	$8{,}2 - x$	$2x$	x
État final	x_{max}	$1{,}0 - 2x_{max}$	$8{,}2 - x_{max}$	$2x_{max}$	x_{max}

3. Si Ag^{+} est le réactif limitant, alors :

$$n(Ag^{+}) = 1{,}0 - 2x_{max} = 0\ \text{mmol, soit } x_{max} = 0{,}5\ \text{mmol.}$$

Si Cu est le réactif limitant, alors :

$$n(Cu) = 8{,}2 - x_{max} = 0\ \text{mmol, soit } x_{max} = 8{,}2\ \text{mmol.}$$

L'avancement maximal correspond à la plus petite des valeurs de x_{max}, soit $\mathbf{x_{max} = 0{,}5\ mmol}$ et **Ag^{+} est le réactif limitant**.

Application immédiate

3 Un mélange constitué de 0,30 mol de poudre de soufre S(s) et de 0,60 mol de poudre d'aluminium Al(s) est enflammé. Il se forme du sulfure d'aluminium de formule $Al_2S_3(s)$.

1. Écrire l'équation de la réaction, puis établir le tableau d'avancement.

2. Déterminer le réactif limitant et en déduire les quantités de matière du système chimique dans l'état final.

Voir corrigés, p. 369.

Exercice résolu

COMPÉTENCE MISE EN ŒUVRE
- Tracer et utiliser un graphique

II. Vérifier et exploiter la relation de Beer-Lambert

Pour déterminer la concentration C_S en diiode d'une solution S d'eau iodée, une échelle de teinte a été réalisée. Un spectrophotomètre, réglé sur la longueur d'onde λ = 450 nm, a permis de mesurer l'absorbance de chacune des solutions. Les valeurs de la concentration C en diiode des solutions de l'échelle de teinte et les valeurs de l'absorbance A sont indiquées dans le tableau ci-contre :

Solution	1	2	3	4
C (mmol · L^{-1})	2,0	4,0	6,0	8,0
Absorbance A	0,26	0,54	0,82	1,08

1. Tracer la courbe d'étalonnage correspondant à l'absorbance en fonction de la concentration en diiode.

2. La loi de Beer-Lambert est-elle vérifiée ?

3. Sans modifier les réglages du spectrophotomètre, on mesure une absorbance A_S = 0,64 pour la solution S. En déduire la concentration C_S en diiode de la solution d'eau iodée.

Conseils

Comment tracer la courbe d'étalonnage ?

1. Pour tracer le graphe $A = f(C)$, on porte A en ordonnée et C en abscisse.
Ne pas oublier d'indiquer sur les axes les graduations, les échelles choisies, les grandeurs et les unités, si elles en ont.

Comment savoir si la loi de Beer-Lambert est vérifiée ?

2. Observer l'allure du graphe : la loi de Beer-Lambert est vérifiée si $A = k \cdot C$, donc si la courbe représentant l'absorbance en fonction de la concentration est une droite passant par l'origine.

Comment déterminer la valeur de C_S ?

3. On cherche, sur le graphe, le point d'ordonnées A_S. Son abscisse fournit la valeur de C_S.

Solution rédigée

1. La courbe d'étalonnage $A = f(C)$ est tracée avec les échelles suivantes :
– pour A : 1,0 cm ⇔ 0,20
– pour C : 1,0 cm ⇔ 2,0 mmol · L^{-1}

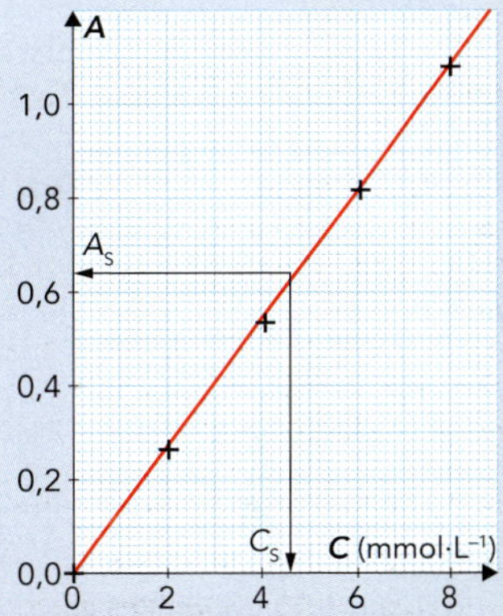

2. Le graphe est une droite passant par l'origine. Donc l'absorbance est proportionnelle à la concentration en diiode. La loi de Beer-Lambert est vérifiée.

3. Le point de la courbe d'ordonnée $\mathbf{A_S = 0,64}$ a pour abscisse $\mathbf{C_S = 4,6 \times 10^{-3}}$ **mol · L^{-1}**.

Application immédiate

4 Un spectrophotomètre, réglé sur la longueur d'onde λ = 750 nm, a permis de mesurer l'absorbance de quatre solutions de sulfate de cuivre. Les valeurs des concentrations C et des absorbances A des solutions sont indiquées dans le tableau ci-contre.

1. Tracer la courbe d'étalonnage $A = f(C)$.
Une solution S de sulfate de cuivre, de concentration inconnue C_S a une absorbance A_S = 1,05.

2. En déduire la valeur de la concentration C_S de la solution S.

Solution	1	2	3	4
C (mmol · L^{-1})	10	20	40	50
Absorbance A	0,34	0,70	1,37	1,68

Voir corrigés, p. 369.

Exercices

Pour commencer

Comment décrire l'évolution d'un système chimique ?

5 Interpréter une évolution de couleur

Sur la photographie ci-contre, une solution violette de permanganate de potassium est ajoutée à une solution incolore contenant des ions fer (II) $Fe^{2+}(aq)$. La seule espèce colorée du système est l'ion permanganate $MnO_4^-(aq)$.

1. Quelle observation montre qu'une réaction a lieu ?

2. Quelle est la couleur de la solution finale :
– si l'ion fer (II) $Fe^{2+}(aq)$ est le réactif limitant ?
– si l'ion permanganate $MnO_4^-(aq)$ est le réactif limitant ?

6 Compléter un tableau d'avancement

Les ions cuivre (II) $Cu^{2+}(aq)$ réagissent avec les ions hydroxyde $HO^-(aq)$ pour former un précipité bleu foncé d'hydroxyde de cuivre (II) $Cu(OH)_2(s)$.
Compléter le tableau d'avancement ci-dessous en utilisant l'avancement x, l'avancement maximal x_{max} et les valeurs des quantités initiales.

Équation chimique		$Cu^{2+}(aq)$ +	$2\ HO^-(aq)$ →	$Cu(OH)_2(s)$
État du système	Avancement (mol)	$n(Cu^{2+})$	$n(HO^-)$	$n(Cu(OH)_2)$
État initial	0	5,0	8,0	0,0
État intermédiaire	x	...	...	...
État final	x_{max}	...	...	...

7 Utiliser un tableau d'avancement

Les ocres du Roussillon sont composées, entre autres, de silice, d'argile et d'un pigment minéral coloré, l'oxyde de fer (III) de formule brute $Fe_2O_3(s)$.
Ce solide peut être obtenu en faisant réagir à chaud, du métal fer avec du dioxygène. L'équation de la réaction est donnée dans le tableau d'avancement ci-après.

1. Quel est le réactif limitant ?

2. Compléter le tableau en utilisant les valeurs des quantités initiales et les grandeurs x, x_{max} et $n_0(O_2)$.

Équation chimique		$4\ Fe(s)$ +	$3\ O_2(g)$ →	$2\ Fe_2O_3(s)$
État du système	Avancement (mol)	$n(Fe)$	$n(O_2)$	$n(Fe_2O_3)$
État initial	0	10,0	...	0,0
État intermédiaire	x	...	...	...
État final	x_{max}	...	0,0	...

3. Il se forme 2,0 mol de $Fe_2O_3(s)$. Quelle est la valeur de x_{max} ?

4. En déduire la valeur de la quantité initiale $n_0(O_2)$.

5. Quelle est la quantité de fer Fe (s) dans l'état final ?

8 Déterminer le réactif limitant

Le diiode $I_2(aq)$ réagit avec les ions thiosulfate $S_2O_3^{2-}(aq)$ pour former des ions iodure $I^-(aq)$ et des ions tétrathionate $S_4O_6^{2-}(aq)$ selon l'équation :

$$I_2(aq) + 2\ S_2O_3^{2-}(aq) \rightarrow 2\ I^-(aq) + S_4O_6^{2-}(aq)$$

La seule espèce colorée de ce système chimique est le diode $I_2(aq)$. Les solutions aqueuses de diiode sont jaune-orangé. Initialement le système chimique contient 3,0 mol de diiode et 5,0 mol d'ions thiosulfate.

1. Construire le tableau d'avancement.

2. Calculer la valeur de l'avancement maximal x_{max}.

3. En déduire le réactif limitant.

4. Le mélange final est-il coloré ?

9 Établir l'état final d'un système (I)

En présence d'ions hydroxyde $HO^-(aq)$, les ions fer (III) $Fe^{3+}(aq)$ forment un précipité rouille d'hydroxyde de fer (III) $Fe(OH)_3(s)$. Initialement, 6,0 mmol d'ions fer (III) réagissent avec 12,0 mmol d'ions hydroxyde.

1. Écrire l'équation de la réaction avec les nombres stœchiométriques entiers les plus petits possibles.

2. Établir le tableau d'avancement de la réaction.

3. Calculer la valeur de l'avancement maximal x_{max} et en déduire le réactif limitant.

4. Calculer les quantités de matière dans l'état final.

10 Établir l'état final d'un système (II)

Les ions iodure $I^-(aq)$ réagissent lentement avec les ions peroxodisulfate $S_2O_8^{2-}(aq)$ pour former du diiode $I_2(aq)$ et des ions sulfate $SO_4^{2-}(aq)$ selon l'équation :

$$2\ I^-(aq) + S_2O_8^{2-}(aq) \rightarrow I_2(aq) + 2\ SO_4^{2-}(aq)$$

On verse, dans un bécher, 50 mL de solution incolore de peroxodisulfate de potassium de concentration 0,10 mol·L⁻¹.

On ajoute 50 mL de solution incolore d'iodure de potassium de concentration 0,50 mol · L^{-1}.
La photographie ci-dessous montre l'évolution de la coloration du mélange au cours du temps :

1. L'ion sulfate étant incolore en solution, quelle est l'espèce chimique responsable de la coloration du mélange ?

2. Calculer les quantités initiales des réactifs.

3. Établir le tableau d'avancement de la réaction.

4. Calculer la valeur de l'avancement maximal x_{max} et en déduire le réactif limitant.

5. Calculer les quantités de matière dans l'état final.

11 Analyser des graphes

L'hydroxyde d'aluminium $Al(OH)_3$(s) est un solide blanc qui peut être obtenu lors de la réaction entre les ions aluminium Al^{3+}(aq) et les ions hydroxyde HO^-(aq). L'équation de la réaction est :

$$Al^{3+}(aq) + 3\ HO^-(aq) \rightarrow Al(OH)_3(s)$$

Les graphes **a** et **b** ci-dessous montrent l'évolution des quantités de ces ions en fonction de l'avancement *x*, pour deux système chimiques différents :

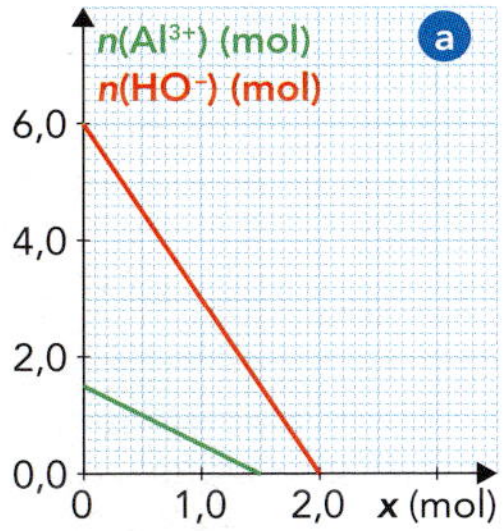

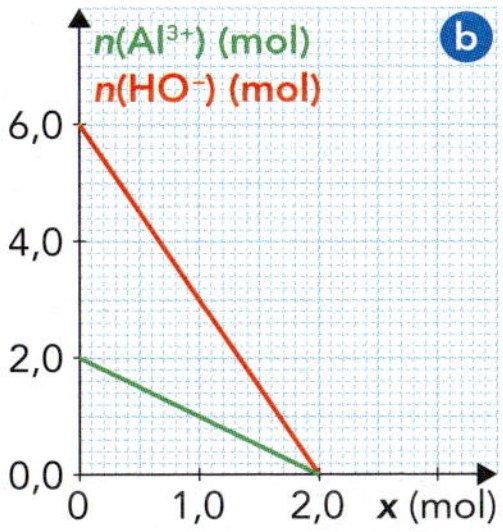

1. Pour chaque système chimique, déduire des graphes :
a. les quantités de matière dans l'état initial ;
b. l'avancement maximal ;
c. le(s) réactif(s) limitant(s).

2. L'un des deux systèmes correspond-il à un mélange stœchiométrique ? Si oui, lequel et pourquoi ?

12 Savoir si un mélange initial est stœchiométrique

Les phosphates de calcium sont des solides blanchâtres, qui composent la partie minérale des os et des dents. Le précipité de phosphate de calcium, $Ca_3(PO_4)_2$(s), est un solide blanc, obtenu en faisant réagir les ions calcium Ca^{2+}(aq) avec les ions phosphate PO_4^{3-}(aq) selon l'équation :

$$3\ Ca^{2+}(aq) + 2\ PO_4^{3-}(aq) \rightarrow Ca_3(PO_4)_2(s)$$

1. Les mélanges initiaux suivants sont-ils stœchiométriques ?
a. 3 mol de Ca^{2+}(aq) et 2 mol de PO_4^{3-}(aq) ;
b. 2 mol de Ca^{2+}(aq) et 3 mol de PO_4^{3-}(aq) ;
c. 4 mol de Ca^{2+}(aq) et 6 mol de PO_4^{3-}(aq).

2. La relation de stœchiométrie s'écrit-elle :
a. $\frac{n_0(Ca^{2+})}{3} = \frac{n_0(PO_4^{3-})}{2}$? b. $\frac{n_0(Ca^{2+})}{2} = \frac{n_0(PO_4^{3-})}{3}$?
c. $2n_0(Ca^{2+}) = 3n_0(PO_4^{3-})$?

Comment déterminer la concentration d'une espèce colorée en solution ?

13 Exploiter un spectre d'absorption

Le spectre d'absorption $A = f(\lambda)$ d'une solution de diiode est tracé ci-dessous :

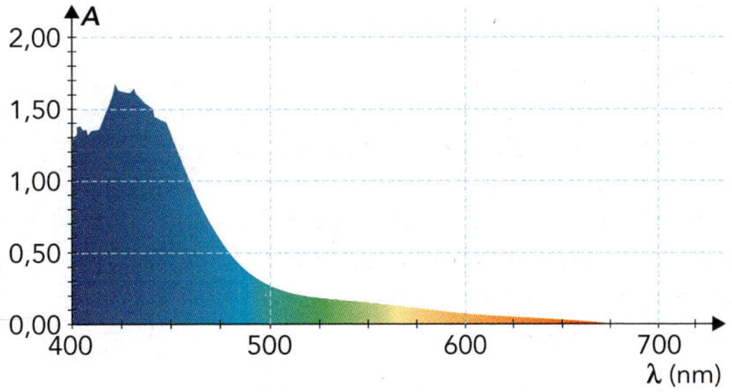

1. La solution de diiode absorbe-t-elle davantage dans le rouge ou dans le bleu ?

2. À quelle longueur l'onde λ_{max} faut-il régler le spectrophotomètre pour mesurer l'absorbance d'une solution de diiode avec la meilleure précision ?

3. Indiquer la couleur d'une solution de diiode.

14 Tracer une courbe d'étalonnage

Pour doser par spectrophotométrie une solution jaune de dichromate de potassium, $2K^+(aq) + Cr_2O_7^{2-}(aq)$, on a préparé 5 solutions de concentrations *C* différentes. La mesure de leur absorbance *A*, pour une longueur d'onde de 400 nm, a donné les résultats suivants :

C (mmol · L^{-1})	5,0	4,0	3,0	2,0	1,0
Absorbance A	1,48	1,24	0,90	0,59	0,31

1. Justifier la valeur de la longueur d'onde choisie.

2. Tracer la courbe d'étalonnage $A = f(C)$. La loi de Beer-Lambert est-elle vérifiée ?

3. Une solution de concentration *C'* inconnue a, dans les mêmes conditions de mesure, une absorbance *A'* = 1,12. En déduire la valeur de la concentration *C'*.

Voir, si nécessaire, l'exercice résolu II, p. 89.

Exercices

Pour s'entraîner

À partir de l'exercice 15, rechercher, si nécessaire, les masses molaires dans la classification périodique, ***rabat IV****.*

15 Décomposition d'un solide par chauffage

COMPÉTENCES Effectuer un calcul ; raisonner.

L'hydrogénocarbonate de sodium, $NaHCO_3(s)$, est un solide blanc.
Par chauffage, il se décompose selon l'équation :

$$2\ NaHCO_3(s) \rightarrow Na_2O(s) + 2\ CO_2(g) + H_2O(\ell)$$

Une masse initiale m = 2,2 g d'hydrogénocarbonate de sodium est totalement décomposée par chauffage.

1. Calculer la valeur de la quantité initiale $n_0(NaHCO_3)$.

2. Construire le tableau d'avancement de la réaction et en déduire la valeur de l'avancement maximal x_{max}.

3. Calculer les quantités des produits dans l'état final.

4. Calculer la masse d'oxyde de sodium formée.

Voir, si nécessaire, l'exercice résolu I, p. 88.

16 Réaction entre l'acide oxalique et les ions permanganate

COMPÉTENCE Exploiter un tableau.

Une solution incolore d'acide oxalique, de formule $H_2C_2O_4(aq)$ est mélangée a une solution violette de permanganate de potassium, en milieu acide. La seule espèce colorée du système étudié est l'ion permanganate, $MnO_4^-(aq)$, de couleur violette.
On observe l'évolution suivante :

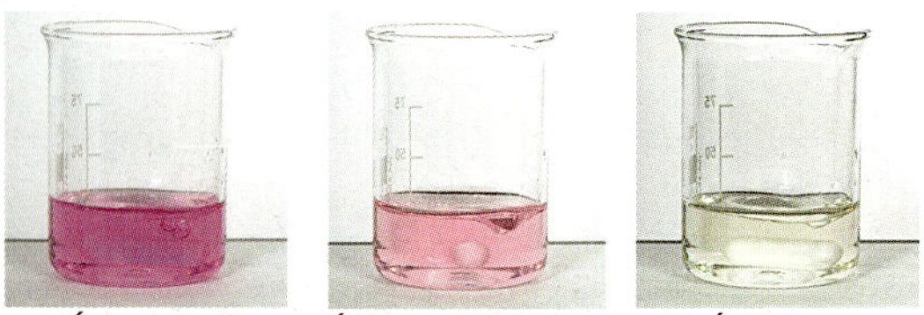

État initial — État intermédiaire — État final

Initialement, on a mélangé un volume V_1 = 20,0 mL de solution d'acide oxalique à la concentration C_1 = 0,50 mol·L^{-1} avec un volume V_2 = 5,0 mL d'une solution acidifiée de permanganate de potassium de concentration C_2 = 0,40 mol·L^{-1} en ion permanganate. L'acide est en excès et l'eau constitue le solvant de la solution. Le tableau d'avancement de la réaction est donné ci-dessous.

1. Quel est le réactif limitant ?

2. Calculer les quantités initiales n_1 et n_2 en mol.

3. Compléter littéralement le tableau d'avancement et déterminer le réactif limitant.

4. Justifier que la couleur finale prise par la solution est cohérente avec la nature du réactif limitant.

Équation chimique		$2\ MnO_4^-(aq)$	$+ 5\ H_2C_2O_4(aq)$	$+ 6\ H^+(aq)$	$\rightarrow 2\ Mn^{2+}(aq)$	$+ 10\ CO_2(g)$	$+ 8\ H_2O(\ell)$
État du système	Avancement	$n(MnO_4^-)$	$n(H_2C_2O_4)$	$n(H^+)$	$n(Mn^{2+})$	$n(CO_2)$	$n(H_2O)$
État initial	0	n_2	n_1	excès	…	…	solvant
État intermédiaire	x	…	…	excès	…	…	solvant
État final	x_{max}	…	…	excès	…	…	solvant

17 À chacun son rythme

COMPÉTENCES Effectuer un calcul ; raisonner.

Cet exercice est proposé à deux niveaux de difficulté. Dans un premier temps, essayer de résoudre l'exercice de niveau 2. En cas de difficultés, passer au niveau 1.

Les saphirs sont des pierres précieuses constituées de cristaux d'oxyde d'aluminium. Des impuretés, à l'état de traces, leur donnent leur couleur (titane et fer pour le bleu, vanadium pour le violet, chrome pour le rose, fer pour le jaune et le vert).
L'oxyde d'aluminium, $Al_2O_3(s)$, peut être obtenu en faisant réagir à chaud du métal aluminium $Al(s)$ avec du dioxygène $O_2(g)$. Au cours d'une réaction, une masse m d'aluminium a totalement réagi dans un excès de dioxygène. Il se forme 0,25 mol d'oxyde d'aluminium.

Niveau 2

Quelle est la masse m d'aluminium consommée ?

Niveau 1

1. Écrire l'équation de la réaction.

2. Construire le tableau d'avancement.

3. À partir de la quantité finale d'oxyde d'aluminium formée, déterminer l'avancement maximal x_{max}.

4. En déduire la quantité d'aluminium correspondante.

5. Calculer la masse m d'aluminium consommée.

18 Étude d'une solution colorée pour bain de bouche

COMPÉTENCES Tracer et exploiter un graphe.

Un spectrophotomètre, réglé sur la longueur d'onde λ = 640 nm, a permis de mesurer l'absorbance de solutions en bleu patenté. Les valeurs de la concentration C et de l'absorbance A des solutions sont indiquées dans le tableau ci-dessous :

Solutions filles S_i	S_1	S_2	S_3	S_4	S_5
C (µmol·L^{-1})	0,4	0,8	1,2	1,6	2,0
Absorbance A	0,064	0,133	0,194	0,255	0,319

1. Tracer la courbe d'étalonnage $A = f(C)$.

2. La loi de Beer-lambert est-elle vérifiée ?

L'Alodont® est une solution pour bain de bouche dont la couleur bleue est due à la présence du colorant bleu patenté.

L'absorbance de la solution d'Alodont® est, dans les mêmes conditions de mesure, $A_{Alodont®} = 0{,}126$.

3. En déduire la concentration $C_{Alodont®}$ en bleu patenté de la solution.

4. Le spectre d'absorption d'une solution de bleu patenté est donné ci-dessous. Justifier le choix de la longueur d'onde λ = 640 nm.

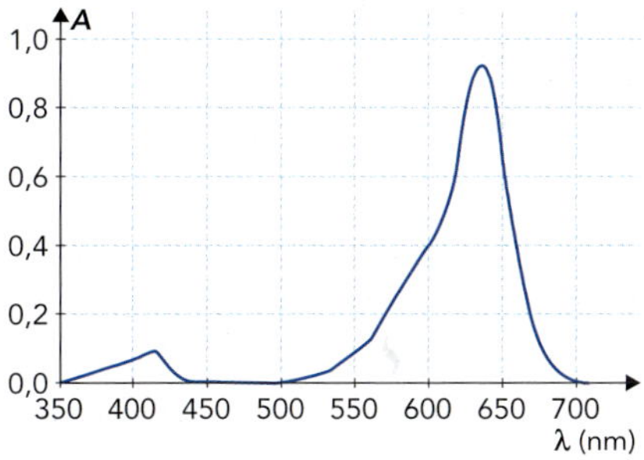

Voir, si nécessaire, l'exercice résolu I, p. 88.

Pour aller plus loin

19 Dosage de la caféine

COMPÉTENCES **Exploiter des graphiques ; raisonner.**

D'après Baccalauréat S, Nouvelle Calédonie, 2003.

Afin de déterminer la concentration en caféine dans deux tasses de café de provenances différentes, notées boisson 1 et boisson 2, on prépare des solutions de caféine de différentes concentrations massiques t :

4 mg·L⁻¹, 8 mg·L⁻¹, 12 mg·L⁻¹, 16 mg·L⁻¹ et 32 mg·L⁻¹.

On a tracé ci-dessous le spectre d'absorption de la caféine entre 210 nm et 320 nm pour une des solutions de caféine.

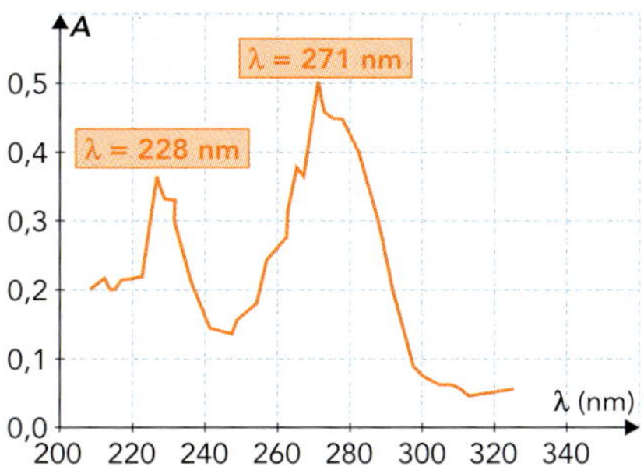

1. À quel domaine de radiations appartiennent ces longueurs d'onde ?

On trace la courbe d'étalonnage $A = f(t)$ de la caféine à l'aide des différentes solutions précédemment préparées. On obtient la courbe ci-après.

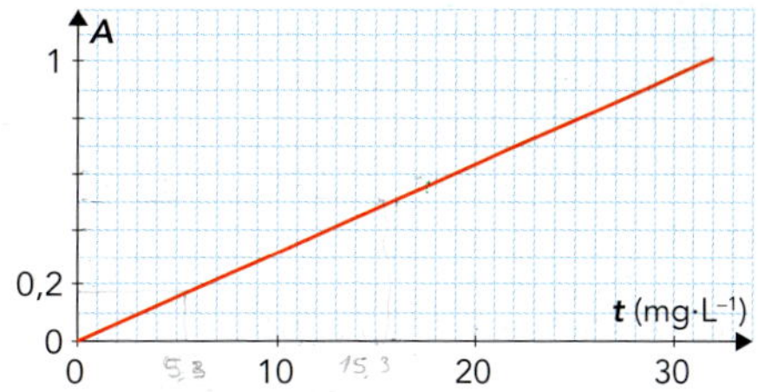

2. À quelle longueur d'onde λ faut-il se placer pour réaliser les mesures d'absorbance les plus précises ?

3. Sans changer les réglages du spectrophotomètre, on mesure les absorbances des boissons 1 et 2.

On trouve $A_1 = 0{,}17$ pour la boisson 1 et $A_2 = 0{,}53$ pour la boisson 2.

Quel est le café le « plus excitant » pour le consommateur ?

Quelle est sa concentration massique en caféine ?

20 Food coloring agents

COMPÉTENCES **Tracer et exploiter un graphe ; raisonner.**

The label of a mint syrup indicates that it contains two food coloring agents, E102 (tartrazine) and E131 (patent blue). But the label doesn't mention their concentrations. Pupils decide to determine them by using their high school's spectrophotometer.
First of all, pupils realize the spectrum of each food coloring agent.

They obtain the following graphs :

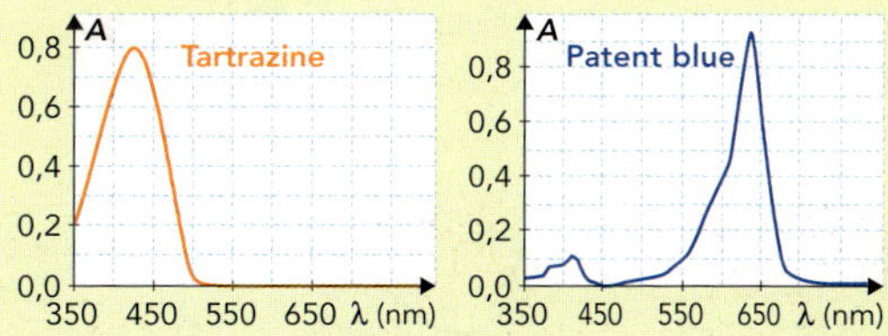

Vocabulaire : *wavelength* : longueur d'onde ; *curve* : courbe ; *sample* : échantillon.

1. By using the spectra, find the color of each food coloring agent?

2. Show that it is possible to study the concentration of each coloring agent, independently of the other one.

For each coloring agent, the pupils make a range of concentration with a set of six different concentration solutions.

Then, they measure the absorbance of each solution :

– at wavelength λ = 450 nm, for coloring agent E 102 :

Solution number	1	2	3	4	5	6
Concentration (mg·L⁻¹)	5	10	12,5	15	20	25
Absorbance A	0,26	0,41	0,5	0,61	0,83	1,00

– at wavelength λ = 630 nm, for coloring agent E 131 :

Solution number	1	2	3	4	5	6
Concentration ($mg \cdot L^{-1}$)	2,0	4,0	5,0	6,0	8,0	10,0
Absorbance *A*	0,38	0,58	0,74	0,88	1,08	1,41

3. Justify the wavelengths used to realize the measures of absorbance for each coloring agent.

4. On the same graph, draw the *curve* of the absorbance according to the concentration for each coloring agent.
Range : concentration : 1,0 $mg \cdot L^{-1} \Leftrightarrow$ 1,0 cm ;
absorbance : 0,1 $\Leftrightarrow$ 1,0 cm.

The calibration is now realized and can be used to establish the concentration of each coloring agent in mint syrup. For that purpose, the syrup is ten times diluted and a *sample* is put in the cuvette of the spectrophotometer.
At wavelength λ = 450 nm, absorbance is equal to 0,51 and at wavelength λ = 630 nm, absorbance is equal to 0,91.

5. Deduct the concentration of each coloring agent in the measured sample, then in mint syrup.

Retour sur l'ouverture du chapitre

21 Couleurs d'automne SVT

COMPÉTENCES **Lire des graphes ; raisonner.**

Pour expliquer la couleur des feuilles des végétaux, on réalise l'extraction des pigments présents dans une feuille verte. Le **document 1** montre le spectre de la solution obtenue.
Afin d'interpréter ce spectre, on le compare aux spectres des pigments les plus répandus **(doc. 2)** dans les végétaux : les chlorophylles a et b et le β-carotène.
La chlorophylle est régulièrement synthétisée par les végétaux si l'ensoleillement et la température sont suffisants.

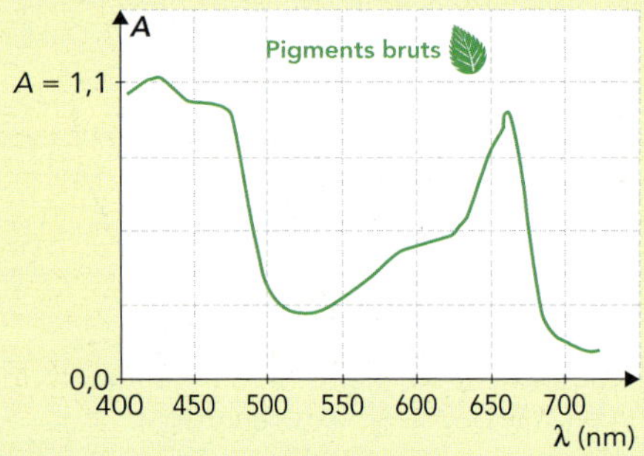

Doc. 1

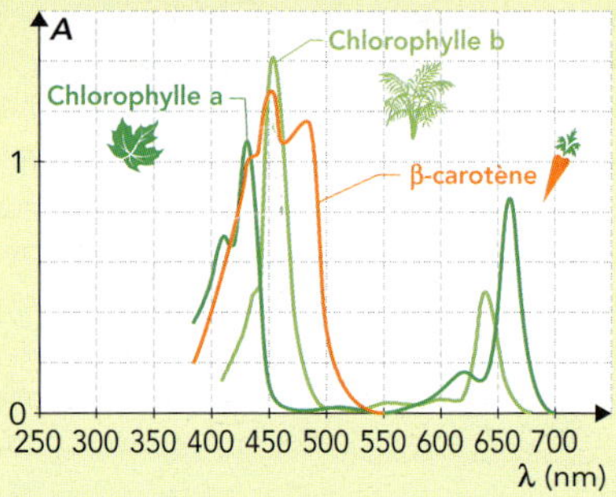

Doc. 2

Étude des spectres

1. Déduire, des spectres des chlorophylles a et b, la couleur des solutions contenant ces pigments.

2. Déduire du spectre du β-carotène la couleur d'une solution de ce pigment.

3. En utilisant l'additivité de l'absorbance, interpréter le spectre de la solution contenant les pigments extraits de la feuille.

4. En déduire les pigments présents dans une feuille verte. Comment expliquer alors la couleur verte de la feuille au printemps et en été ?

5. Comment peut-on expliquer que les feuilles des végétaux deviennent jaune-orangé à l'automne ?

Recherche de concentration

On souhaite déterminer par spectrophotométrie, la concentration en pigments dans l'extrait de feuille étudié.

6. En comparant le spectre du β-carotène avec celui des chlorophylles a et b, expliquer pourquoi la mesure de l'absorbance, dans l'extrait de feuille de ce seul pigment est impossible.

7. À quelle longueur d'onde faudrait-il mesurer l'absorbance pour déterminer la concentration :
a. en chlorophylle a ?
b. en chlorophylle b ?

Des atomes aux molécules

Chapitre **6**

Le grand-père qui regarde son épouse et ses petits-enfants voit une tache qui l'handicape : il souffre de DMLA.

La **d**égénérescence **m**aculaire **l**iée à l'**â**ge (DMLA) est une pathologie de la macula, zone centrale de la rétine. On peut ralentir son évolution par un régime alimentaire riche en pigments caroténoïdes. Leur action est due notamment à la présence de doubles liaisons covalentes carbone-carbone dans les molécules de ces pigments.
Quelle est la structure de ces molécules ? (Voir exercice 27, p. 111.)

Qu'est-ce qu'une liaison covalente ?

OBJECTIFS

- → Décrire les liaisons que peut établir un atome.
- → Justifier la géométrie de quelques molécules simples.
- → Prévoir si une molécule présente une isomérie *Z*/*E*.

Activités Étude documentaire

1 Les liaisons des molécules colorées

EN AUTONOMIE

Depuis la classe de seconde, plusieurs dizaines de molécules ont été rencontrées. Toutes renfermaient une ou plusieurs liaisons entre les atomes. Comment ces liaisons se forment-elles ?

Le caméléon est capable de changer de couleur grâce aux *chromatophores* de son *derme*.
L'un d'eux est constitué de lames de guanine. Selon leur orientation, elles réfléchissent différemment la lumière et produisent les teintes *iridescentes* (jaunes, vertes et bleues). Les trois autres types de chromatophores contiennent des pigments : les *caroténoïdes* sont responsables des couleurs rouge et orange, la ptéridine colore la peau en jaune et, enfin, la mélanine donne les tons noirs et bruns.

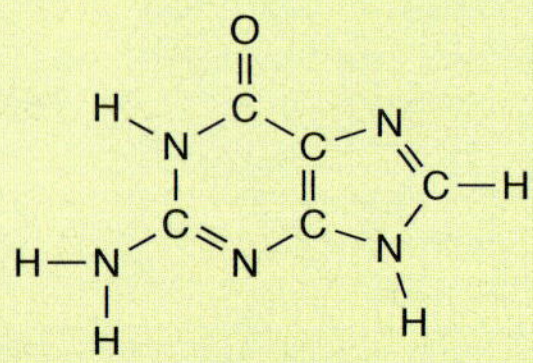

Molécule de guanine.

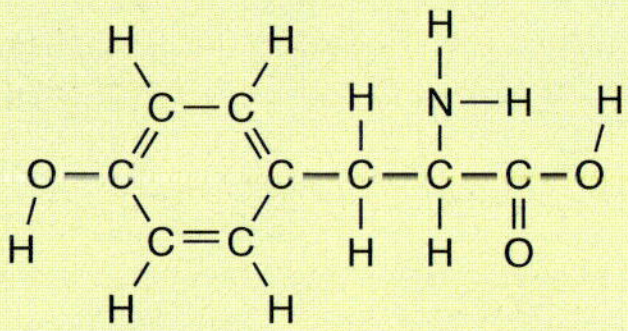

Molécule de tyrosine, acide amine à la base de la synthèse de la mélanine.

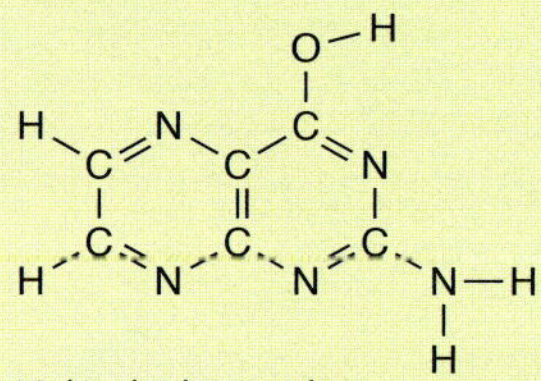

Molécule de ptéridine.

Doc. 1 Grâce à ces molécules, le caméléon change de couleur en fonction de son humeur et peut communiquer.

1 @ Rechercher le sens des mots écrits en italique dans le texte du **document 1**.

2 Recopier le tableau ci-dessous et compléter les lignes 1, 2 et 3.

Atome : numéro atomique *Z*	H : 1	He : 2	C : 6	N : 7	O : 8	Ne : 10
1. Formule électronique						
2. Nombre d'électrons manquant à l'atome pour atteindre une structure stable						
3. Nombre de liaisons (doublets liants) formées pour chaque atome dans les molécules proposées						
4. Nombre d'électrons engagés dans des doublets liants						
5. Nombre d'électrons restant sur la couche externe de l'atome						

3 Quels types de liaisons (simple, double, triple) établit chaque atome dans les molécules étudiées ?

Info

1. Une liaison (**doublet liant**) résulte de la mise en commun de deux électrons appartenant chacun à un atome.
2. Pour chacun des atomes liés, les électrons des couches externes, qui ne sont pas engagés dans des liaisons, se regroupent par paire et forment des **doublets non liants**.

Un pas vers le cours...

4 Comparer les lignes 2 et 3 du tableau. Conclure.

5 Compléter le tableau, puis déterminer le nombre de doublets non liants de chaque atome dans les molécules considérées (voir *Info* ci-contre).

6 Rappeler les règles du duet et de l'octet. Généraliser cet énoncé à la formation de liaisons dans les molécules.

2 Molécules en trois dimensions

L'espace dans lequel nous vivons est à trois dimensions (3D). Pour étudier la structure d'une molécule et déterminer la répartition spatiale de ses atomes, une représentation tridimensionnelle est indispensable.
Comment étudier la structure spatiale de quelques molécules ?

A Utilisation d'un logiciel de simulation

Dans le logiciel ChemSketch[1], écrire la formule de la molécule de méthane CH_4 **(doc. 2)**.

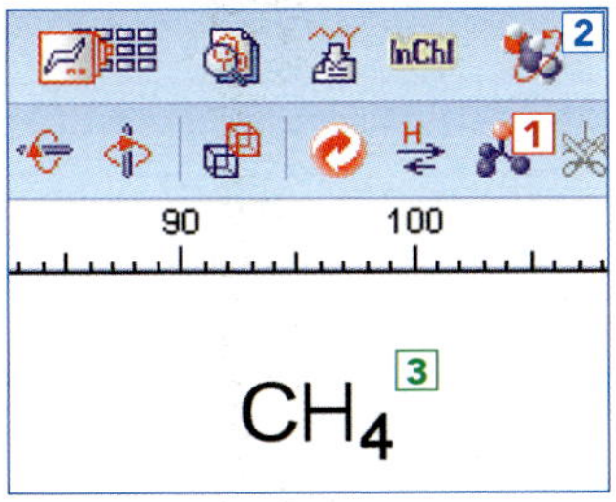

Doc. 2 Visualisation de la molécule de méthane.

1 Cliquer pour la conversion tridimensionnelle de la molécule.

2 Cliquer pour importer la molécule dans le logiciel 3D Viewer[1].

3 Cliquer sur la molécule, la faire pivoter et observer sa structure tridimensionnelle.

▶ En utilisant la méthode décrite précédemment, construire les molécules suivantes :

Eau	Dioxyde de carbone	Ammoniac	Méthanal
H—O—H	O=C=O	H—N—H (avec un H lié à N)	H—C=O (avec un H lié à C)

Pour visualiser les molécules dans l'espace, plusieurs représentations sont disponibles dans le logiciel :

– l'icône permet de figurer les atomes par des boules, mais ne permet pas de représenter les doubles liaisons ;

– inversement, l'icône ne permet pas de figurer les atomes par des boules, mais permet de représenter les doubles liaisons[2].

▶ En utilisant l'une et l'autre des représentations, observer la structure tridimensionnelle de chaque molécule.

1 Pour chaque molécule, examiner la disposition des atomes autour de l'atome central. Géométriquement, comment pourrait-on qualifier chacune de ces dispositions ?

2 Comparer les géométries des molécules d'eau et de dioxyde de carbone, d'une part, et celles des molécules d'ammoniac et de méthanal, d'autre part.

1. Logiciels distribués gratuitement sur Internet par la firme ACD à l'adresse suivante : http://www.acdlabs.com/download/
Attention, cette adresse était valable début 2011, mais elle a pu changer.
2. La représentation topologique a déjà été utilisée au **chapitre 4**. On pourra se référer à la **fiche n° 8**, p. 361.

B Utilisation des modèles moléculaires

▶ Réaliser les modèles des molécules d'éthène, $CH_2=CH_2$ et de propène, $CH_2=CH-CH_3$.

▶ Réaliser un modèle moléculaire du butène de formule brute C_4H_8, hydrocarbure comprenant une double liaison carbone-carbone.

▶ Comparer le modèle moléculaire obtenu avec ceux obtenus par les autres élèves de la classe.

3 Existe-t-il plusieurs façons d'agencer les atomes ?

4 Combien de modèles moléculaires différents peut-on construire ? Comment se différencient-ils ?

Info
La libre rotation autour d'une double liaison n'est pas possible. Ainsi, lorsque de part et d'autre d'une double liaison, on trouve deux groupements d'atomes différents, il existe deux isomères appelés *Z* et *E*.

Un pas vers le cours...

5 Recopier, dans le cours (p. 101), la définition de l'isomérie *Z* et *E*.

6 Parmi les modèles réalisés, repérer les isomères *Z* et *E* et les représenter.

Activités Étude expérimentale

3 La vision : une question de double liaison

La vision est assurée par un pigment, la rhodopsine, contenu dans les bâtonnets de la rétine. Les doubles liaisons C=C interviennent dans le mécanisme de conversion de la lumière en signal électrique.
Comment ce processus se produit-il ?

EN AUTONOMIE

Dès le début du XIXe siècle, on sait que les acides maléique et fumarique, $HO_2C-CH=CH-CO_2H$, ont la même formule brute, les mêmes groupes caractéristiques mais qu'ils sont différents. En revanche, on en ignore la raison. En 1874, le chimiste néerlandais VAN'T HOFF suggère que la rotation autour des doubles liaisons C=C est limitée. Il propose les termes *cis* (du latin « de ce côté ») et *trans* (« de l'autre côté ») pour les deux isomères. La nomenclature actuelle propose les appellations *Z* et *E*.

1 @ Qui était le chimiste VAN'T HOFF ? Quels ont été ses travaux concernant l'isomérie ?

2 En recherchant dans le cours la définition de l'isomérie *Z* et *E*, construire les modèles moléculaires des acides maléique (isomère *Z*) et fumarique (isomère *E*).

A Une isomérisation photochimique

- Préparer 20 mL d'une solution aqueuse contenant 8 g d'acide maléique et répartir la solution dans deux boîtes de Pétri.
- Ajouter sous la hotte, avec précautions, quelques gouttes d'une solution aqueuse de dibrome saturée.

Info Le dibrome intervient dans le déroulement de la réaction sans être ni un réactif, ni un produit.

- Placer l'une des boîtes devant une lampe halogène de 500 W pendant un quart d'heure. Observer.
- Filtrer sur Büchner, rincer à l'eau et sécher.
- Comparer expérimentalement les points de fusion du solide obtenu et de l'acide maléique utilisé.

Info Les températures de fusion des acides maléique et fumarique sont respectivement égales à 131 °C et 287 °C.

3 Le solide obtenu est-il de l'acide maléique ?

4 Quel est le rôle de la lumière ? Proposer une interprétation.

B Vision et isomérisation *Z/E* EN AUTONOMIE

La rhodopsine est formée par l'association d'une protéine, l'opsine, et d'un aldéhyde, le rétinal. La chaîne latérale de ce dernier présente quatre doubles liaisons C=C.
Quand la rhodopsine absorbe un photon, le rétinal « 11-*Z* » subit une isomérisation (photo-isomérisation) et forme le rétinal « tout *E* » (**doc. 3**) qui se détache alors de la protéine : c'est ce processus qui déclenche le signal nerveux.
Le rétinal « tout *E* » subit, à l'obscurité, une isomérisation enzymatique en rétinal-11-*Z* (**doc. 4**).

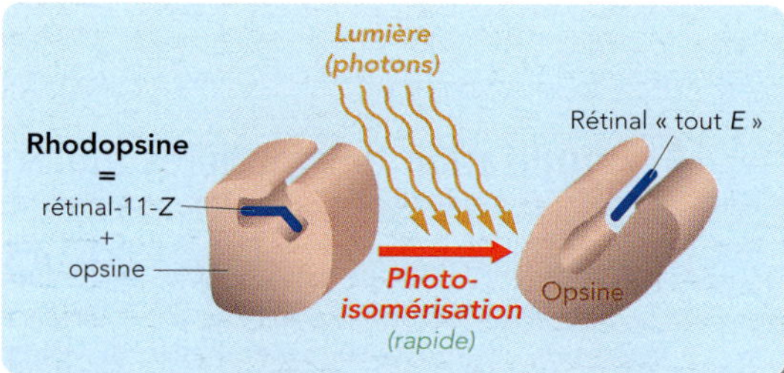

Doc. 3 La photo-isomérisation ne dure qu'une milliseconde.

5 Représenter la molécule de rétinal « tout *E* » à partir de celle proposée au **document 4** sachant que la photo-isomérisation concerne la liaison colorée en rouge.

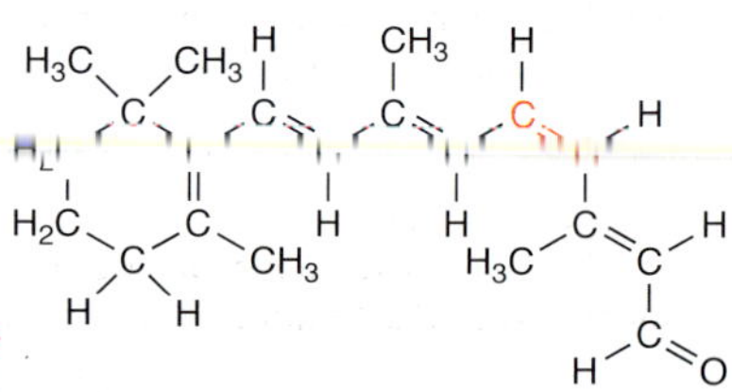

Doc. 4 Rétinal-11-*Z*.

1 Comment se forment les molécules ?

1.1 Stabilité chimique des gaz nobles

Contrairement aux autres atomes qui ne restent pas isolés, mais forment des édifices (molécules ou ions), les gaz nobles existent sous la forme d'atomes non associés.
Leur inertie chimique provient de leur structure électronique en ***duet*** ou en ***octet*** (doc. 1) qui leur confère une grande stabilité.

Atome	Z	Formule électronique
Hélium He	2	K^2
Néon Ne	10	K^2L^8
Argon Ar	18	$K^2L^8M^8$

Doc. 1 Les gaz nobles possèdent une couche électronique externe à 2 électrons (structure en ***duet***) ou à 8 électrons (structure en ***octet***).

1.2 La liaison covalente

Dans une molécule, les liaisons unissant les atomes sont appelées **liaisons covalentes**.

> Une **liaison covalente** entre deux atomes est due à la mise en commun de deux électrons. Ces deux électrons constituent un **doublet liant**.

Les électrons mis en commun appartiennent à chacun des deux atomes et doivent être pris en compte dans le décompte des électrons de chaque atome.
La liaison covalente est un exemple de liaison chimique. Au chapitre 9, une autre liaison chimique sera étudiée : la liaison ionique.

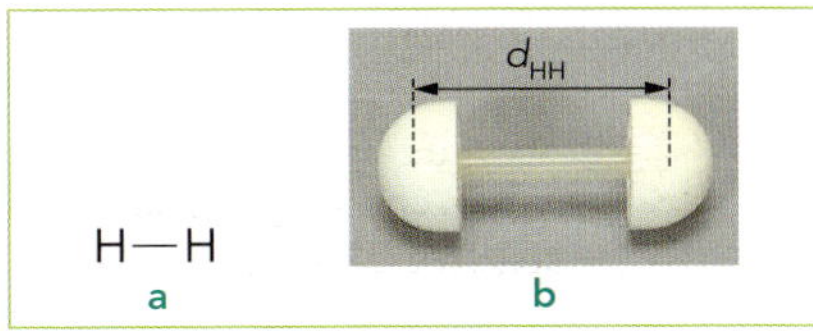

Doc. 2 Formule développée (a) et modèle moléculaire (b) du dihydrogène. d_{HH} = 74 pm.

1.3 Le respect des règles du duet et de l'octet

Reprenons un extrait du tableau établi à l'activité 1 :

Atome	H	C	N	O
Numéro atomique Z	1	6	7	8
Formule électronique	K^1	$K^2\ L^4$	$K^2\ L^5$	$K^2\ L^6$
Nombre d'électrons manquant à l'atome pour atteindre une structure stable	1	4	3	2
Nombre de doublets liants formés pour chaque atome de la molécule	1	4	3	2

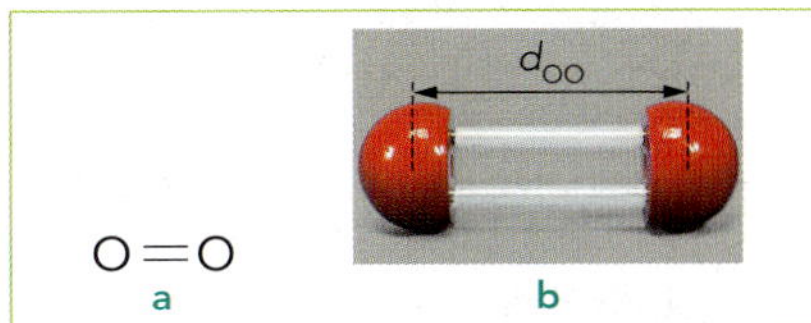

Doc. 3 Formule développée (a) et modèle moléculaire (b) du dioxygène. d_{OO} = 122 pm.

> Au sein d'une molécule, les atomes tendent à compléter leur couche électronique externe pour atteindre deux ou huit électrons, en partageant des électrons avec d'autres atomes. Chaque liaison formée permet à l'atome de gagner un électron sur sa couche externe.

- Ainsi, dans une **molécule de dihydrogène H_2** (doc. 2), les deux atomes d'hydrogène mettent en commun leur électron pour former un doublet d'électrons. Ce doublet appartenant à chacun des atomes, ces derniers acquièrent tous deux une structure stable en duet.
- Dans une **molécule de dioxygène O_2** (doc. 3), les deux liaisons formées permettent à chaque atome d'oxygène de gagner deux électrons et d'atteindre ainsi une structure stable en octet.
- Il en est de même des autres molécules étudiées à l'activité 1. Ainsi, dans la molécule de tyrosine (doc. 4) :
  – chaque atome d'hydrogène forme une seule liaison avec un autre atome ;
  – les atomes d'oxygène forment deux liaisons simples ou une liaison double avec les atomes voisins ;
  – les trois liaisons formées permettent à l'atome d'azote de gagner trois électrons et d'atteindre ainsi une structure stable en octet.

Voir exercices 1, p. 103, et 7, p. 106.

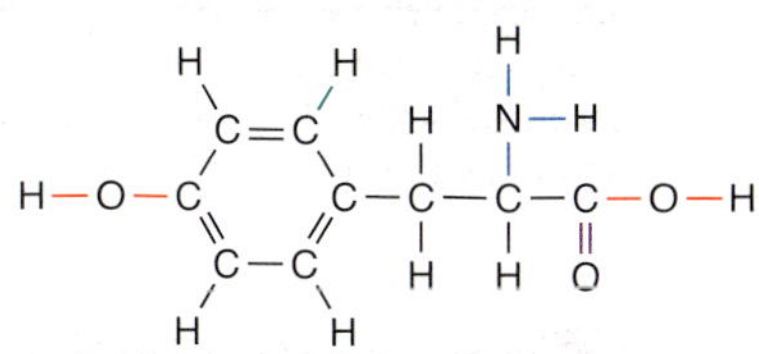

Doc. 4 Formule développée de la tyrosine précuseur de la mélamine, pigment reponsable de la couleur de la peau, des cheveux et des yeux chez l'homme.

1.4 Représentation de Lewis d'une molécule

Dans la représentation, ou formule de Lewis, d'une molécule :

- le symbole de l'élément représente le noyau et les électrons internes de l'atome ;
- les doublets d'électrons externes sont représentés par des tirets. Une liaison simple est notée **A – B**, une liaison double **A = B** et une liaison triple **A ≡ B**. Les autres doublets, constitués par les paires d'électrons externes ne participant pas à une liaison chimique, sont appelés **doublets non liants**.

Les doublets non liants sont représentés par des tirets situés autour de l'atome auquel ils appartiennent (doc. 5).

L'application de la méthode décrite ci-dessous permet d'établir la représentation de Lewis des molécules simples. L'exemple pris pour illustrer cette méthode est la molécule de fluorure d'hydrogène HF :

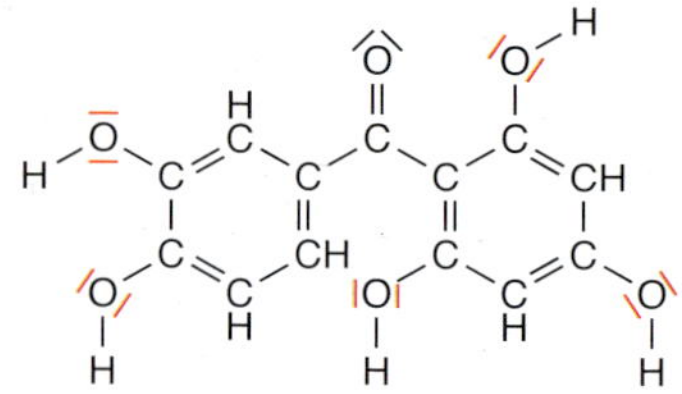

Doc. 5 La maclurine est un colorant jaune extrait du bois du mûrier des teinturiers. Les groupements auxochromes (O – H) de la molécule portent des doublets non liants (en rouge) qui participent à la conjugaison.

1. Chercher le numéro atomique de chaque atome, puis écrire la formule électronique.	H (Z = 1) : K^1 F (Z = 9) : $K^2\ L^7$
2. Déterminer le nombre d'électrons manquant à chaque atome pour atteindre une structure stable ; en déduire le nombre maximal de liaisons n_ℓ que peut établir cet atome.	n_ℓ (H) = 2 – 1 = 1 (structure stable en **duet**) n_ℓ (F) = 8 – 7 = 1 (structure stable en **octet**)
3. Placer, entre les atomes, autant de doublets liants qu'il est possible.	Chaque atome peut établir une liaison : H – F
4. Pour chaque atome, déterminer le nombre d'électrons de la couche externe, qui ne sont pas engagés dans un doublet liant.	– L'unique électron de la couche externe de l'hydrogène est engagé dans une liaison covalente : il ne reste **aucun** électron sur sa couche externe. – Un électron de la couche externe de l'atome de fluor est engagé dans une liaison covalente : il reste donc 7 – 1 = 6 électrons sur sa couche externe.
5. En déduire le nombre de doublets non liants entourant chaque atome de la molécule (les électrons s'appariant en doublets).	Les 6 électrons externes du fluor, non engagés dans des doublets liants, s'apparient en 3 doublets non liants.
6. Placer les doublets non liants autour de chaque atome (vérifier que les règles du duet ou de l'octet sont respectées).	H respecte la règle du duet et F, la règle de l'octet : H — $\overline{\underline{F}}$|

Voir exercices 1, p. 103, et 8 et 11, p. 106.

2 Quelle est la géométrie des molécules ?

2.1 Répulsion des doublets d'électrons

L'agencement des liaisons peut être déterminé à partir de la représentation de Lewis : les doublets d'électrons d'un même atome se repoussent (voir **chapitre 9**) et se placent le plus loin possible les uns des autres, de façon à minimiser leurs répulsions activité 2 et doc. 6.

La structure spatiale d'une molécule est celle dans laquelle les doublets d'électrons, liants et non liants autour de chaque atome, s'écartent au maximum les uns des autres.

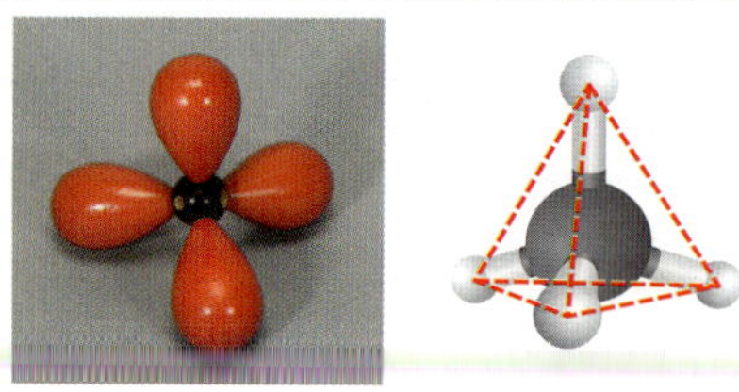

Doc. 6 Disposition tétraédrique de la molécule de méthane. Les quatre ballons schématisent les doublets d'électrons autour de l'atome central.

Voir exercice résolu II, p. 105.

2.2 Prévision de la géométrie

- La répulsion électrique entre doublets impose une disposition tétraédrique pour quatre doublets se repoussant dans une molécule.
- Dans la molécule d'ammoniac **(doc. 7a)**, l'atome d'azote est entouré de trois doublets liants et d'un doublet non liant disposés tétraédriquement : la molécule est une pyramide à base triangulaire.
- Dans la molécule d'eau **(doc. 7b)**, l'atome d'oxygène est entouré de deux doublets liants et de deux doublets non liants : elle est coudée.
- D'autres géométries existent. En l'absence de doublet non liant sur l'atome central, les molécules de méthanal **(doc. 8a)** et de dioxyde de carbone **(doc. 8b)** sont respectivement triangulaire et linéaire **(activité 2)**.

Voir exercices 2, p. 103, et 13, p. 107.

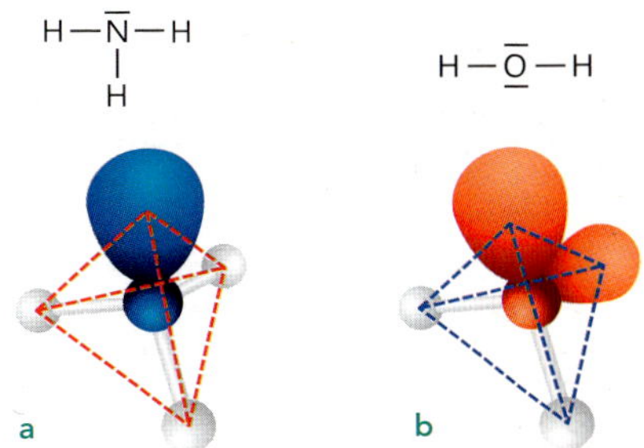

Doc. 7 Molécules d'ammoniac (a) et d'eau (b). Dans ces molécules, seuls les doublets non liants sont figurés par des ballons colorés.

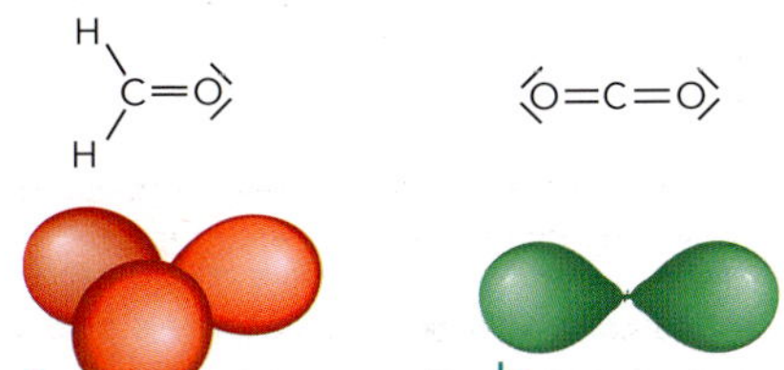

Doc. 8 Géométrie triangulaire de la molécule de méthanal (a) et géométrie linéaire de la molécule de dioxyde de carbone (b).

3 Qu'est-ce que l'isomérie *Z*/*E* ?

3.1 Définition

Les modèles moléculaires du but-2-ène C_4H_8, de formule semi-développée, $CH_3-CH=CH-CH_3$, montrent que cette molécule peut exister sous deux formes isomères (**activité 2**).
Ces molécules diffèrent par la position des deux atomes d'hydrogène, par rapport à l'axe de la double liaison C=C. Les atomes d'hydrogène se situent soit du même côté de la liaison C=C **(doc. 9a)**, soit de part et d'autre de cette liaison **(doc. 9b)**.
En effet, la libre rotation autour de la double liaison C=C n'est pas possible.

L'absence de rotation possible autour d'une double liaison **C=C** est la cause de l'isomérie *Z*/*E*. Lorsque, de part et d'autre de la double liaison d'un composé CHA=CHB, les groupements d'atomes A et B ne sont pas des atomes d'hydrogène H, il existe deux isomères appelés *Z* et *E* :

Isomère *Z* **Isomère *E***

- dans l'isomère *Z*, les deux atomes d'hydrogène se trouvent du même côté de la double liaison ;
- dans l'isomère *E*, ils se trouvent de part et d'autre.

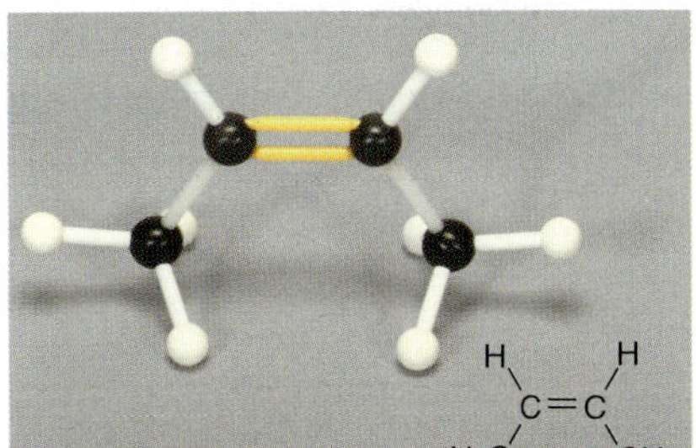

a (*Z*)-but-2-ène

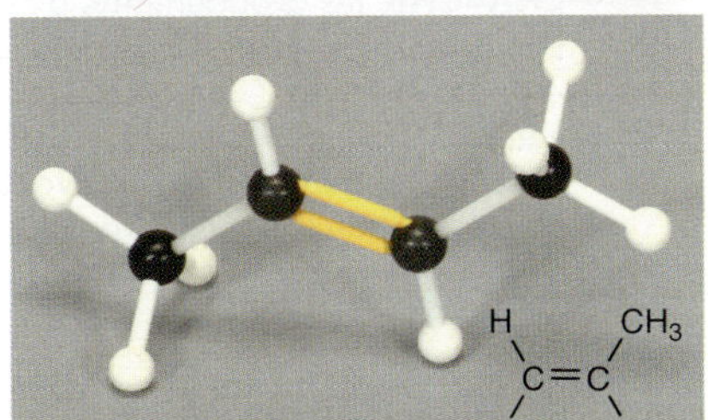

b (*E*)-but-2-ène

Doc. 9 Deux isomères du butène.
La molécule (a) est l'isomère *Z* (de l'allemand *Zusammen* « ensemble »). La molécule (b) est l'isomère *E* (de l'allemand *Entgegen* « opposé »).

3.2 Passage d'un isomère à l'autre

Pour passer d'un isomère à l'autre, il faut qu'une rotation puisse se produire et, pour cela, rompre la double liaison. Cela demande de l'énergie. L'**activité 3.A** montre qu'une radiation électromagnétique d'énergie convenable peut permettre à la rotation de se produire.

En éclairant un isomère *Z* (respectivement *E*), il est parfois possible de rompre la double liaison et d'obtenir ainsi l'isomère *E* (respectivement *Z*). C'est une **photo-isomérisation**.

L'**activité 3.B** illustre comment l'isomérisation photochimique d'une double liaison est à l'origine du processus de la vision*.

Voir exercices 3, p. 103, et 15, p. 107.

*** Pour les curieux**

Une carence en vitamine A peut conduire à des affections occulaires graves (cécité nocturne, opacification de la cornée). (Voir exercice 23, p. 109.)

Essentiel

Les liaisons possibles d'un atome

- Pour respecter les règles du duet ou de l'octet, les atomes peuvent s'assembler pour former une **molécule** : chaque liaison formée permet à un atome de gagner un électron sur sa couche externe.
- Une **liaison covalente** entre deux atomes est due à la mise en commun de deux électrons, constituant un **doublet liant**.

Les doublets, formés par les paires d'électrons externes, qui ne participent pas à une liaison chimique sont appelés **doublets non liants**.

- L'enchaînement des atomes et la disposition des doublets liants et non liants dans une molécule sont précisés dans **la représentation de Lewis** :
  – les doublets liants sont représentés par des tirets entre les atomes ;
  – les doublets non liants sont représentés par des tirets situés autour de l'atome auquel ils appartiennent.

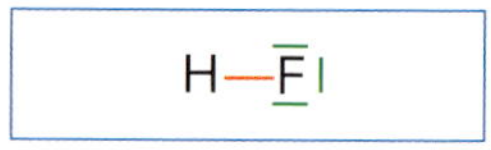

Représentation de Lewis de la molécule de flurorure d'hydrogène.

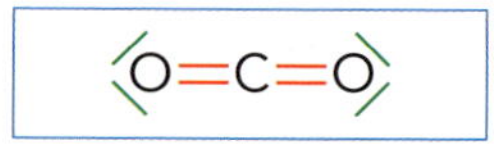

Représentation de Lewis de la molécule de dioxyde de carbone.

Géométrie de molécules simples

La structure spatiale d'une molécule est celle dans laquelle les doublets d'électrons, liants et non liants, autour de chaque atome s'écartent au maximum les uns des autres.

La molécule de méthane est tétraédrique.

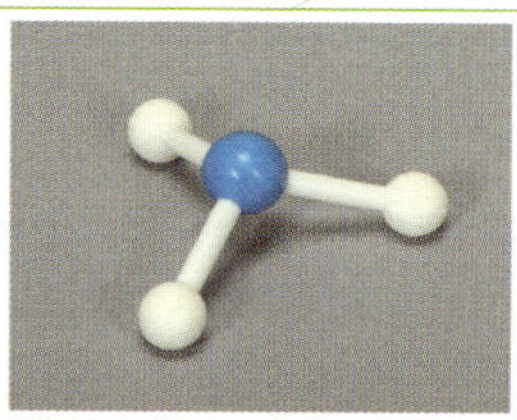

La molécule d'ammoniac est pyramidale.

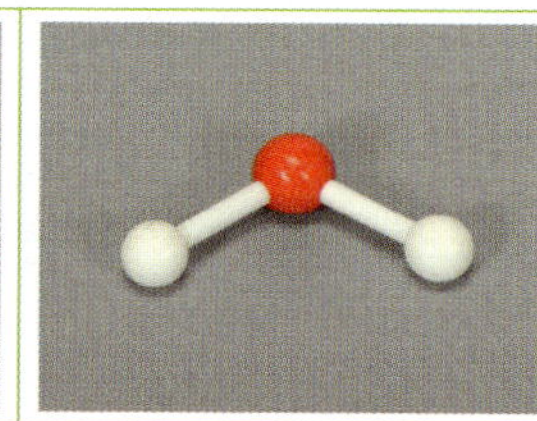

La molécule d'eau est coudée.

La molécule de méthanal est triangulaire plane.

Isomérie *Z*/*E*

Lorsque, de part et d'autre de la double liaison d'un composé **CHA=CHB**, les groupements d'atomes A et B ne sont pas des atomes d'hydrogène H, il existe deux **isomères** appelés ***Z*** et ***E*** :
– dans l'isomère *Z*, les deux atomes d'hydrogène se trouvent du même côté de la double liaison ;
– dans l'isomère *E*, ils se trouvent de part et d'autre.

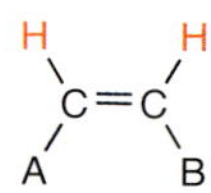

Isomère *Z*

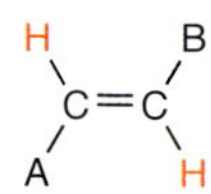

Isomère *E*

En éclairant un isomère *Z* (respectivement *E*), il est parfois possible de rompre la double liaison et d'obtenir ainsi l'isomère *E* (respectivement *Z*). C'est une **photo-isomérisation**.

LES COMPÉTENCES ATTENDUES

- ✔ Interpréter la représentation de Lewis de quelques molécules simples.
- ✔ Mettre en relation la formule de Lewis et la géométrie de quelques molécules simples.
- ✔ Savoir que l'isomérisation photochimique d'une double liaison est à l'origine du processus de la vision.
- ✔ Mettre en œuvre le protocole d'une réaction photochimique. (TP)
- ✔ Utiliser des modèles moléculaires et des logiciels de modélisation. (TP)

QCM

Pour chaque question, indiquer la (ou les) bonne(s) réponse(s).

Voir corrigés, p. 369.

1 Liaisons possibles d'un atome

	A	B	C
1. Les gaz nobles :	sont quasi inertes chimiquement.	possèdent tous un octet électronique.	ont leur couche externe saturée.
2. Combien de liaisons covalentes l'atome de carbone C ($Z=6$) forme-t-il ?	6	4	2
3. L'atome d'hydrogène H et l'atome d'oxygène O ont pour numéros atomiques respectifs 1 et 8. La molécule d'eau H_2O a pour représentation de Lewis :	H—$\overline{O}$—H	H—H—$\overline{\underline{O}}$|	H—$\overline{\underline{O}}$—H
4. L'atome de carbone C et l'atome d'oxygène O ont pour numéros atomiques respectifs 6 et 8. La molécule de dioxyde de carbone CO_2 a pour représentation de Lewis :	|$\overline{\underline{O}}$—$\overline{\underline{C}}$—$\overline{\underline{O}}$|	⟨O=C=O⟩	⟨C=O=O⟩
5. L'atome d'azote N a pour numéro atomique $Z=7$. La molécule de diazote N_2 a pour formule de Lewis :	|N≡N|	N≡N	⟨N=N⟩
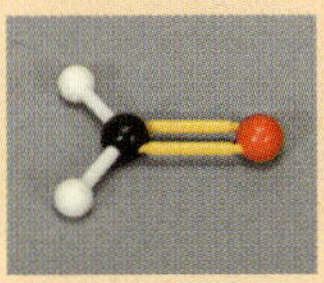 **6. Dans la molécule de méthanal, les atomes de carbone ($Z=6$) et d'oxygène ($Z=8$) :**	mettent en commun 2 électrons.	mettent en commun 4 électrons.	respectent la règle de l'octet.

Si erreur, revoir § 1, p. 99.

2 Géométrie de molécules simples

	A	B	C
 **1. La molécule de fluorométhane est :**	plane.	triangulaire.	tétraédrique.
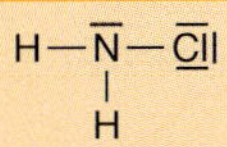 **2. La molécule de chloramine est :**	plane.	triangulaire.	pyramidale.

Si erreur, revoir § 2, p. 100.

3 Isomérie *Z/E*

	A	B	C
 **1. La molécule de 1,1-dibromoéthène représentée ci-contre :**	est celle de l'isomère *Z*.	est celle de l'isomère *E*.	ne présente pas d'isomérie *Z/E*.
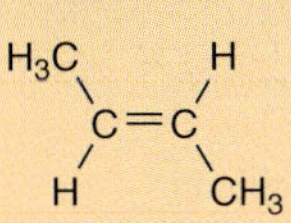 **2. La molécule de but-2-ène représentée ci-contre :**	est celle de l'isomère *Z*.	est celle de l'isomère *E*.	ne présente pas d'isomérie *Z/E*.

Si erreur, revoir § 3, p. 101.

Exercice résolu

COMPÉTENCES MISES EN ŒUVRE
- Raisonner.
- Expliquer une démarche.

I. Interpréter la représentation de Lewis d'une molécule

On considère les atomes d'hydrogène, d'oxygène et de chlore :

$_1H$, $_8O$ et $_{17}Cl$.

L'acide hypochloreux, dont le modèle moléculaire est reproduit ci-contre, est utilisé, entre autres, comme agent de blanchiment. Interpréter la représentation de Lewis de la molécule d'acide hypochloreux :

$$H-\overline{\underline{O}}-\overline{\underline{Cl}}|$$

Conseils

Écrire la formule électronique de chaque atome puis en déduire le nombre de liaisons que chaque atome peut établir.

– Le numéro atomique Z est précisé en bas à gauche du symbole chimique.
– Les atomes sont électriquement neutres : le nombre d'électrons est égal au nombre de protons donné par le numéro atomique. Voir **Révisions**, p. 11.

Dans la représentation de Lewis proposée, vérifier le nombre de liaisons covalentes établies par chaque atome.

Déterminer le nombre de doublets non liants dont s'entoure chacun des atomes.

Dans la représentation de Lewis proposée, vérifier le nombre de doublets d'électrons dont s'entoure chaque atome, pour que les règles du duet et de l'octet soient vérifiées.

Solution rédigée

- Pour acquérir une structure stable, chaque atome doit capter un ou plusieurs électrons :
$_1H$: $K^1 \Rightarrow$ il lui manque $(2-1) = 1$ électron pour obtenir un **duet** électronique ; il peut former **une** liaison.
$_8O$: $K^2\,L^6 \Rightarrow$ il lui manque $(8-6) = 2$ électrons pour obtenir un **octet** électronique ; il peut former **deux** liaisons.
$_{17}Cl$: $K^2\,L^8\,M^7 \Rightarrow$ il lui manque $(8-7) = 1$ électron pour obtenir un **octet** électronique ; il peut former **une** liaison.
- Dans la représentation de Lewis proposée, on vérifie alors que les atomes d'hydrogène, d'oxygène et de chlore sont entourés respectivement de 1, 2 et 1 liaison(s) covalente(s) :

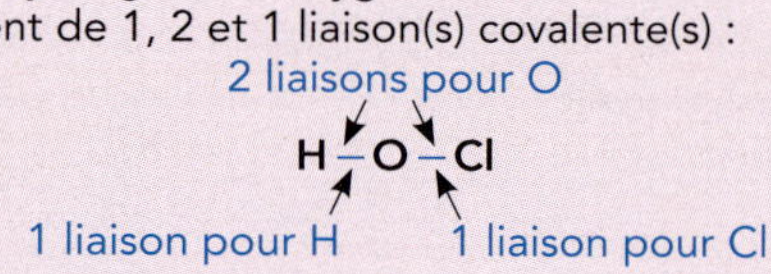

- L'unique électron de la couche externe de l'atome d'hydrogène est engagé dans une liaison covalente : il ne possède **aucun** doublet non liant.
- Deux électrons de la couche externe de l'atome d'oxygène sont engagés dans deux liaisons covalentes : il reste donc $(6-2) = 4$ électrons qui s'apparient en **2** doublets non liants localisés sur l'atome d'oxygène.
- Un électron de la couche externe de l'atome de chlore est engagé dans une liaison covalente : il reste donc $(7-1) = 6$ électrons qui s'apparient en **3** doublets non liants localisés sur l'atome de chlore.
- Dans la représentation de Lewis proposée, on vérifie alors que les atomes d'hydrogène, d'oxygène et de chlore sont entourés respectivement de **0**, **2** et **3** doublet(s) non liant(s) :

$$H-\overline{\underline{O}}-\overline{\underline{Cl}}|$$

Application immédiate

4 On considère les atomes d'hydrogène, de carbone et d'azote : $_1H$, $_6C$ et $_7N$.
La méthanamine a pour formule brute CH_5N, interpréter la représentation de Lewis de la molécule ci-contre.

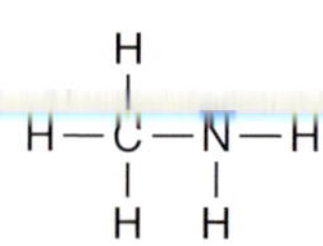

Voir corrigés, p. 369.

COMPÉTENCES MISES EN ŒUVRE
- Raisonner.
- Communiquer ses résultats.

II. Justifier la géométrie d'une molécule

Déterminer les géométries des molécules suivantes :

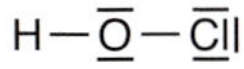

Acide hypochloreux

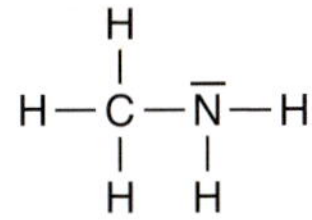

Méthanamine

L'acide hypochloreux est un désinfectant utilisé dans de nombreuses piscines.

La méthanamine est, entre autres, utilisée dans la synthèse de la théophylline, un antiasthmatique présent dans les feuilles de thé.

Conseils

Déterminer d'abord le nombre de doublets autour de l'atome « central » considéré :

- pour la première molécule, l'atome central considéré est l'atome d'oxygène;
- pour la deuxième molécule, étudier successivement les deux atomes centraux : l'azote et le carbone.

Utiliser le vocabulaire approprié pour décrire la géométrie :

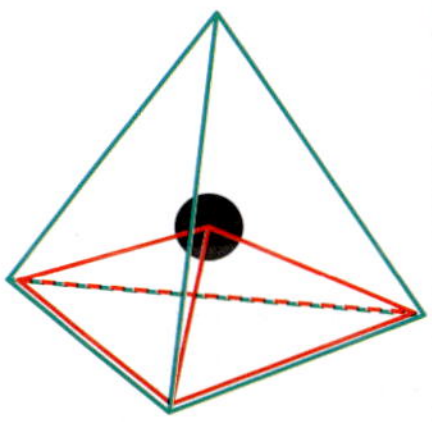

- tétraédrique renvoie à un assemblage de cinq atomes. L'atome central est placé au centre d'un tétraèdre et relié à quatre atomes se situant à chaque sommet;
- pyramidal à base triangulaire renvoie à un assemblage de quatre atomes. L'atome central est placé au sommet d'une pyramide et relié à trois atomes se situant aux trois autres sommets.

Solution rédigée

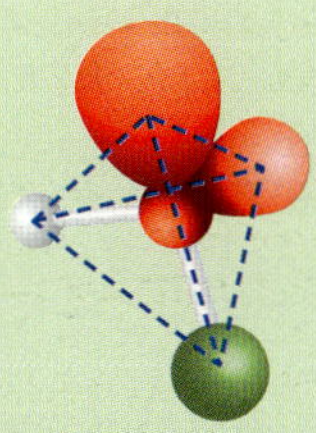

- L'atome d'oxygène de la molécule d'acide hypochloreux est entouré de quatre doublets (deux doublets liants et deux doublets non liants). Pour minimiser leurs répulsions, ces doublets adoptent une disposition tétraédrique. **La molécule est donc coudée.**
- Dans la molécule de méthanamine, l'atome d'azote est entouré de trois doublets liants et d'un doublet non liant. L'atome de carbone est entouré de quatre doublets liants. Comme précédemment, les doublets adoptent une disposition tétraédrique. **La molécule est donc pyramidale** autour de l'atome d'azote (a) et **tétraédrique** autour de l'atome de carbone (b).

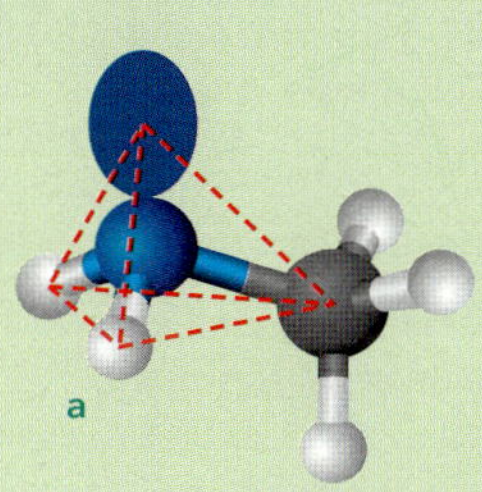

a

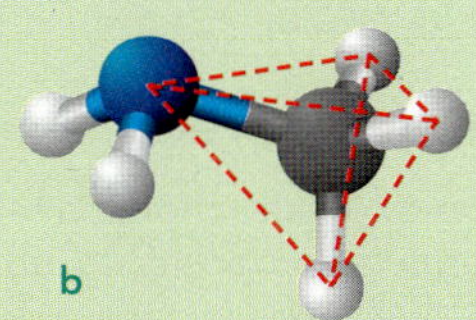

b

Application immédiate

5 Naturellement produit par les fruits mûrs, l'éthanal est une espèce chimique qui contribue également à l'odeur du romarin.
Déterminer la géométrie de la molécule d'éthanal :

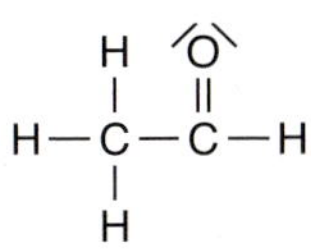

Voir corrigés, p. 369.

Exercices

Pour commencer

Comment se forment les molécules ?

6 Prévoir le nombre de doublets liants

On donne ci-dessous la formule électronique de certains atomes dans leur état fondamental :

a. Hélium He : K^2 ; b. Carbone C : $K^2\,L^4$;
c. Fluor F : $K^2\,L^7$; d. Néon Ne : $K^2\,L^8$;
e. Silicium Si : $K^2\,L^8\,M^4$; f. Argon Ar : $K^2\,L^8\,M^8$

Déterminer le nombre de liaisons covalentes que ces atomes peuvent établir.

7 Choisir une formule électronique

La chloramine la plus simple a pour formule de Lewis :

H—N̄—C̄l|
    |
    H

En exploitant la formule de cette molécule, choisir la bonne réponse pour chacune des trois questions :

1. L'atome d'hydrogène a pour formule électronique :
a. K^1 ; b. K^2.

2. L'atome d'azote a pour formule électronique :
a. $K^2\,L^3$; b. $K^2\,L^5$.

3. L'atome de chlore a pour formule électronique :
a. $K^2\,L^8\,M^1$; b. $K^2\,L^8M^7$.

8 Interpréter une représentation de Lewis

Le difluorure d'oxygène est un gaz incolore de formule F_2O.
Sa représentation de Lewis est :

|F̲—O̲—F̲|

Interpréter la représentation de Lewis de la molécule à l'aide des numéros atomiques des éléments oxygène (Z = 8) et fluor (Z = 9).

9 Choisir une représentation de Lewis

Pour chaque molécule, choisir la représentation de Lewis correcte parmi les propositions, en justifiant la réponse :

Molécule	Proposition 1	Proposition 2
Acide cyanhydrique HCN	H—C̲—N̲|	H—C≡N|
Acétylène C_2H_2	H—C≡C—H	H—C̄=C̄—H
Méthanal CH_2O	H—C—H, ‖, \O/	H—C̄—H, |, |O̲|

Données : H (Z = 1) ; C (Z = 6) ; N (Z = 7) ; O (Z = 8).

10 Placer des doublets non liants

Les acrylates, esters dérivés de l'acide acrylique, sont utilisés dans les peintures acryliques.
Ils sont particulièrement visqueux, adhérents et élastiques.

Le modèle moléculaire de l'acide acrylique est donné ci-dessous :

1. Écrire la formule développée de la molécule.

2. Déterminer la formule électronique des atomes d'hydrogène (Z = 1), de carbone (Z = 6) et d'oxygène (Z = 8).

3. Pour chaque atome de la molécule, vérifier s'il respecte la règle du duet ou de l'octet puis compter le nombre d'électrons éventuellement manquants.

4. Apparier les électrons non liants en doublets. Les placer sur les atomes en s'assurant que ces derniers respectent la règle du duet ou de l'octet.

11 Établir des représentations de Lewis

Vapeurs sulfuriques du volcan Krafla, l'un des volcans les plus actifs d'Islande.

L'eau H_2O, le sulfure d'hydrogène H_2S, le chlorure d'hydrogène HCl et le dioxyde de carbone CO_2 sont naturellement présents dans les gaz volcaniques.
Établir la représentation de Lewis de ces quatre molécules connaissant les numéros atomiques des éléments :
H (Z = 1) ; C (Z = 6) ; O (Z = 8) ; S (Z = 16) ; Cl (Z = 17).

Quelle est la géométrie des molécules ?

12 Prévoir la géométrie d'une molécule

Le chlorosilane est un gaz utilisé lors de la préparation de silicium très pur destiné à l'électronique.
La représentation de Lewis de la molécule de chlorosilane est donnée ci-contre :
Établir la géométrie de la molécule.

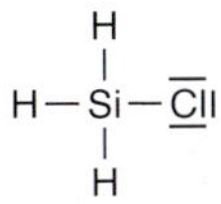

13 Justifier la géométrie d'une molécule

La phosphine (ou hydrure de phosphore) est un gaz incolore utilisé pour le traitement des denrées alimentaires stockées (céréales...).
Il détruit les insectes et les acariens.

Justifier la géométrie de la molécule à partir de sa représentation de Lewis donnée ci-contre :

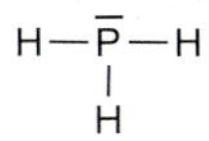

Qu'est-ce que l'isomérie *Z*/*E* ?

14 Identifier un isomère

Les chalcones sont des colorants jaunes. Ce sont des intermédiaires réactionnels lors de la biosynthèse des anthocyanes responsables des couleurs bleu, rouge, mauve, rose ou orange des pommes, du miel, du raisin, etc.
Dans la molécule de chalcone représentée ci-dessous, la liaison C=C coloriée en rouge présente-t-elle une isomérie *Z* ou *E* ?

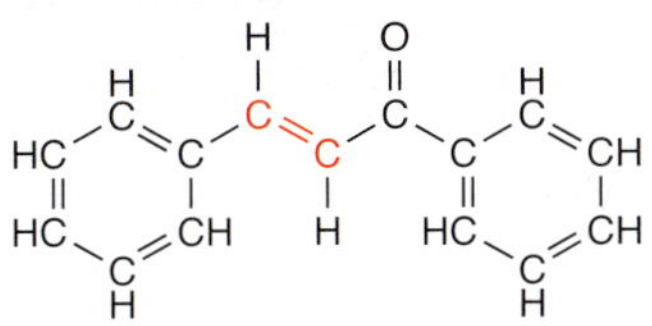

15 Représenter un isomère

Les stilbènes sont utilisés dans l'industrie des colorants : ils sont jaunes ou orangés.
Le *E*-stilbène peut être transformé par une réaction de photo-isomérisation en son isomère, le *Z*-stilbène, doté d'une fluorescence bleue.

La formule semi-développée du stilbène s'écrit :

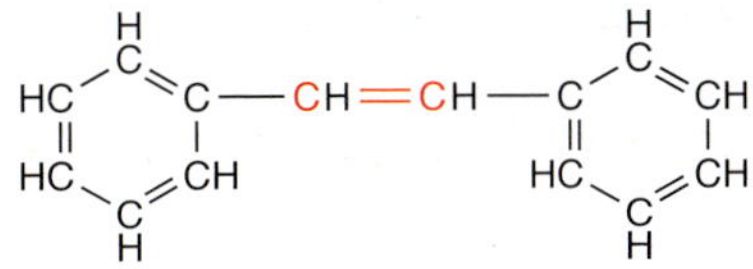

1. Qu'est-ce qu'une photo-isomérisation ?

2. Représenter les deux isomères (on ne s'intéresse qu'à la liaison représentée en rouge). Justifier.

Pour s'entraîner

16 Pour un bronzage artificiel

COMPÉTENCES **Lire un schéma ; raisonner.**

La dihydroxyacétone (ou DHA) est fréquemment utilisée en cosmétique dans la formulation des autobronzants. Cette méthode de bronzage artificiel ne fait pas intervenir la mélanine. La DHA donne un hâle brun par réaction photochimique.

1. Écrire la formule électronique des atomes d'hydrogène ($Z = 1$), de carbone ($Z = 6$) et d'oxygène ($Z = 8$).

2. Établir la représentation de Lewis de la molécule à partir de la formule semi-développée de la DHA représentée ci-dessous :

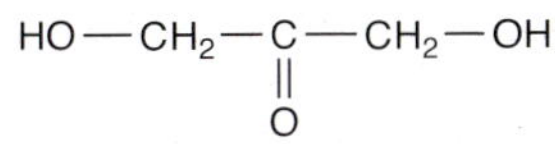

3. Déterminer la géométrie de la molécule autour des atomes de carbone.

Voir, si nécessaire, les exercices résolus I et II, p. 104 et 105.

17 Un colorant orangé

COMPÉTENCES **Lire un schéma ; raisonner.**

Les pigments isoindoline jaune-orangé utilisés en peinture, sont des dérivés de l'isoindoline.

1. Écrire la formule électronique des atomes d'hydrogène ($Z = 1$), de carbone ($Z = 6$) et d'azote ($Z = 7$).

2. Établir la représentation de Lewis de la molécule à partir du modèle moléculaire de l'isoindoline représenté ci-dessous.

3. Justifier la géométrie de la molécule ci-dessous autour des atomes de carbone 1 et 2, ainsi qu'autour de l'atome d'azote :

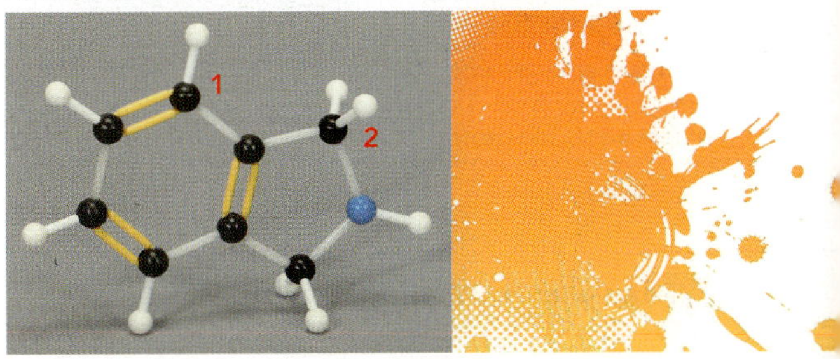

Voir, si nécessaire, les exercices résolus I et II, p. 104 et 105.

Exercices

18 Un additif dans les peintures

COMPÉTENCES **Interpréter un modèle ; expliquer une démarche.**

Une peinture contient de nombreuses espèces chimiques : des pigments, des solvants, des adjuvants, etc. Les adjuvants représentent moins de 1 % de la masse totale de la peinture. Parmi eux, les agents antipeaux limitent la formation d'une pellicule à la surface des peintures stockées en pots. Ils peuvent contenir de la méthyléthylcétoxime (MECO) dont l'effet cancérogène est suspecté.

Une cétoxime comporte une liaison double entre un atome de carbone et un atome d'azote ainsi qu'un groupe hydroxyle lié à l'atome d'azote :

$$H_3C-CH_2-\underset{\displaystyle CH_3}{\underset{|}{C}}=N-OH$$

1. Écrire la formule électronique des atomes d'hydrogène ($Z = 1$), de carbone ($Z=6$), d'azote ($Z = 7$) et d'oxygène ($Z = 8$).

2. À partir de la formule semi-développée, établir la représentation de Lewis de la molécule.

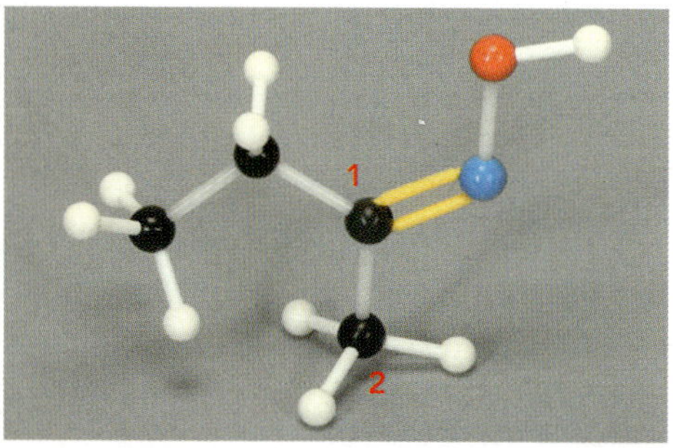

3. Justifier la géométrie de la molécule autour des atomes de carbone 1 et 2, ainsi qu'autour des atomes d'azote et d'oxygène.

Voir, si nécessaire, les exercices résolus I et II, p. 104 et 105.

19 Les encres UV

COMPÉTENCES **Lire un schéma ; raisonner ; expliquer une démarche.**

Les encres pour l'imprimerie sont généralement constituées d'un pigment coloré, d'un solvant et d'additifs.

En Europe, l'industrie des revêtements (peintures, vernis, encres, etc.) consomme plusieurs millions de tonnes de solvants par an.

Pour réduire l'usage des solvants dangereux pour l'environnement, des méthodes alternatives ont été développées.

À la place des solvants habituels, les encres UV contiennent, entre autres, des éthers vinyliques qui raccourcissent les temps de séchage.

1. @ Rechercher quel procédé est mis en œuvre lors d'un séchage par rayonnement UV.

2. Le modèle moléculaire de l'éther vinylique le plus simple est représenté ci-dessous :

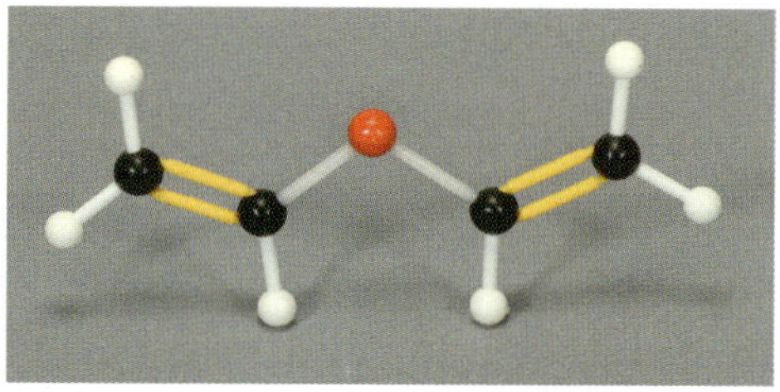

a. Écrire la formule électronique des atomes d'hydrogène ($Z = 1$), de carbone ($Z = 6$) et d'oxygène ($Z = 8$).

b. Établir la représentation de Lewis de la molécule et interpréter sa géométrie.

3. La molécule peut-elle présenter une isomérie Z/E ? Justifier.

20 L'odeur de jasmin

COMPÉTENCES **Raisonner ; faire un schéma.**

La formule semi-développée de la jasmone s'écrit :

Dans l'huile essentielle de jasmin, seule la Z-jasmone est présente et contribue à son odeur caractéristique. Représenter l'isomère Z de la jasmone.

21 Des odeurs végétales

COMPÉTENCES Raisonner ; argumenter ; faire un schéma.

La β-ionone, présente dans certaines plantes, a une odeur de framboise.
La formule semi-développée de la β-ionone est la suivante :

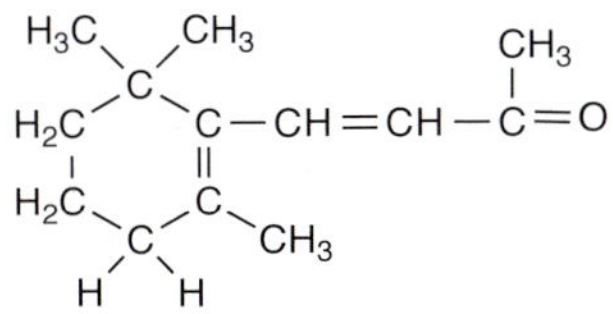

1. La β-ionone est, en fait, l'isomère *E*. La représenter.

2. Que peut-on dire des doubles liaisons de la β-ionone ?

3. La molécule de linalol, présente dans la lavande et participant à son odeur caractéristique, est représentée ci-dessous :

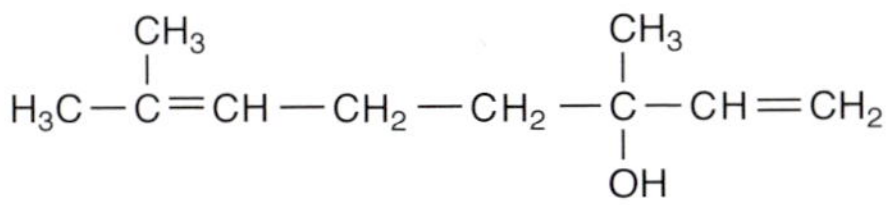

Présente-t-elle une isomérie *Z/E* ? Justifier.

22 À chacun son rythme

COMPÉTENCES Lire un schéma ; raisonner ; argumenter.

Cet exercice est proposé à deux niveaux de difficulté. Dans un premier temps, essayer de résoudre l'exercice de niveau 2. En cas de difficultés, passer au niveau 1.

Le cyanoacrylate de méthyle est une substance adhésive très puissante habituellement vendue sous la marque déposée Superglue® :

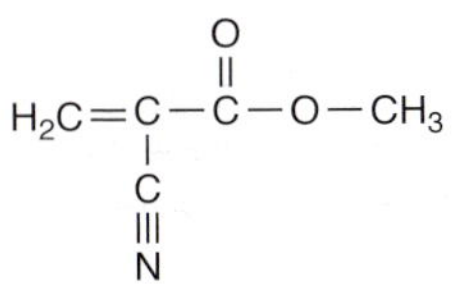

Niveau 2

Les éléments hydrogène, carbone, azote et oxygène ont pour numéros atomiques respectifs 1, 6, 7 et 8.

1. Compléter la représentation de Lewis de la molécule.

2. Établir la géométrie de la molécule autour de chaque atome de carbone.

3. La molécule présente-t-elle une isomérie *Z/E* ?

Niveau 1

1. a. Écrire la formule électronique des atomes d'hydrogène (Z = 1), de carbone (Z = 6), d'azote (Z = 7) et d'oxygène (Z = 8).

b. Pour chaque atome, déterminer le nombre d'électrons de la couche externe qui ne sont pas engagés dans un doublet liant.

c. En déduire le nombre de doublets non liants entourant chaque atome de la molécule (les électrons s'appariant en doublets).

d. Placer les doublets non liants autour de chaque atome (vérifier que les règles du duet ou de l'octet sont respectées).

2. À l'aide du modèle moléculaire ci-dessous, justifier la géométrie autour des atomes de carbone notés 1, 2 et 3 :

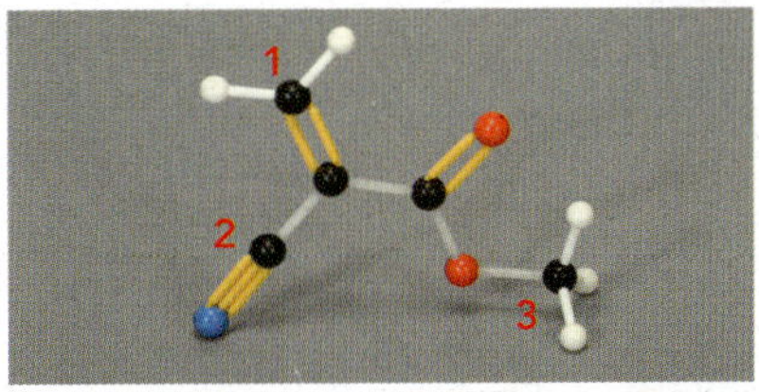

3. Pourquoi la molécule ne peut-elle pas présenter une isomérie *Z/E* ?

Pour aller plus loin

Pour les curieux

23 La vitamine A

COMPÉTENCES Trouver des informations ; proposer une hypothèse.

La vitamine A, appelée aussi rétinol, est une vitamine *liposoluble* présente dans de nombreux aliments.
La *carence* en vitamine A (CVA) est un problème de santé publique dans plus de 118 pays et touche plus de 200 millions d'enfants. Près de la moitié des enfants aveugles dans les pays en développement le sont à cause d'une carence en vitamine A. Celle-ci joue un rôle important dans le mécanisme de la vision.
L'une des premières étapes du processus de la vision est l'*isomérisation photochimique* de l'une des doubles liaisons covalentes (colorée en rouge ci-dessous) de la molécule de rétinal issu de celle de la vitamine A.
La formule topologique de la vitamine A s'écrit :

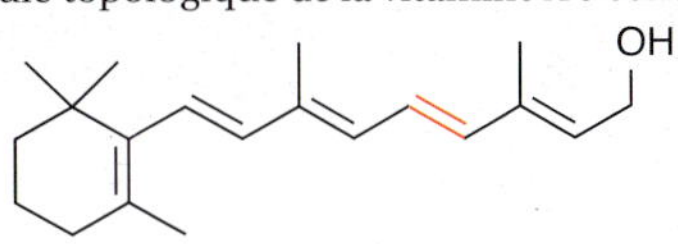

1. a. @ Rechercher la définition des mots ou expression en *italique* dans le texte.

b. @ Rechercher des aliments contenant de la vitamine A ainsi que les conséquences sur notre organisme d'une carence en vitamine A.

2. Les doubles liaisons de la vitamine A sont-elles conjuguées ?

3. L'isomère représenté est-il, pour la liaison rouge, l'isomère *Z* ou l'isomère *E* ? Représenter l'autre isomère.

4. Comparer la formule de la molécule de vitamine A à celle du rétinal fourni au document 4 de l'activité 3.
Quels groupes caractéristiques les distinguent-elles ?

24 Des cheveux colorés

COMPÉTENCES Raisonner ; expliquer une démarche ; faire des schémas.

Données : H ($Z = 1$) ; C ($Z = 6$) ; N ($Z = 7$) ; O ($Z = 8$).

Outre les colorants et l'eau, les teintures pour les cheveux contiennent de nombreuses espèces chimiques aux propriétés diverses.

1. L'éthanol

Cet alcool favorise la diffusion du colorant à l'intérieur du cheveu. Connaissant sa formule semi-développée, CH_3-CH_2-OH, établir la représentation de Lewis, puis en déduire la géométrie de la molécule.

2. Un fixateur de couleur

C'est une émulsion de peroxyde d'hydrogène H_2O_2 et d'alcool à longue chaîne carbonée (appelé alcool gras).

a. @ Rechercher le sens du mot « émulsion ».

b. Établir la représentation de Lewis de la molécule de peroxyde d'hydrogène.

c. En déduire sa géométrie.

3. L'éthanolamine

Elle remplace l'ammoniac, trop agressif pour le cheveu, afin de ralentir le ternissement des couleurs.

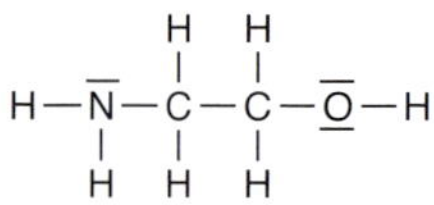

À partir de la représentation de Lewis de la molécule, établir sa géométrie autour des atomes de carbone, d'azote et d'oxygène.

4. Le propylèneglycol

Il favorise l'hydratation du cheveu.
Établir la représentation de Lewis de cette molécule et interpréter sa géométrie autour de l'atome d'oxygène et de l'un des atomes de carbone.

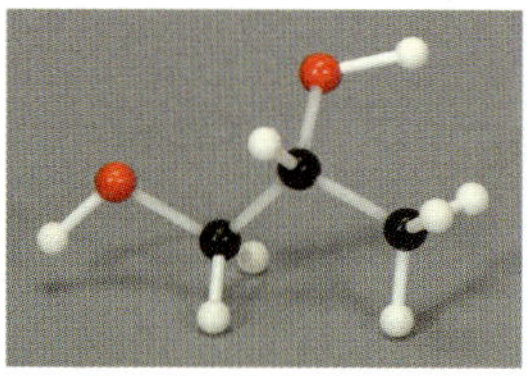

5. La cocamide DEA

Extraite de la noix de coco, elle favorise la formation de mousse et épaissit le mélange.

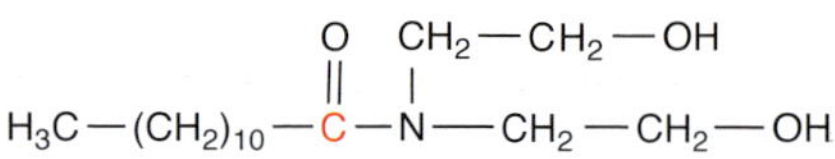

Déterminer la géométrie de la molécule autour de l'atome de carbone représenté en rouge.

6. L'acide oléique

Espèce abondante dans les huiles végétales ou animales, elle nourrit le cheveu. La formule semi-développée est la suivante :

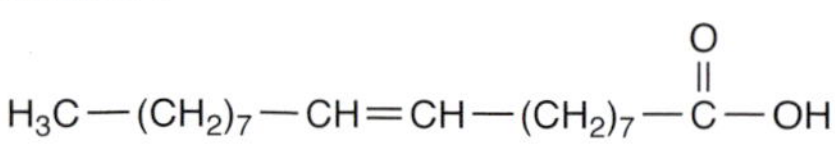

L'acide oléique est l'isomère *Z* : le représenter.

7. Le PEG-2 oléamine

Extrait du soja, c'est un agent nettoyant qui donne de la brillance aux cheveux.
Une oléamine simple a pour formule semi-développée :

$$H_2N-(CH_2)_8-CH=CH-(CH_2)_7-CH_3$$

Représenter l'isomère *E*.

25 Proposer un énoncé et son corrigé

COMPÉTENCES Rédiger ; s'exprimer clairement.

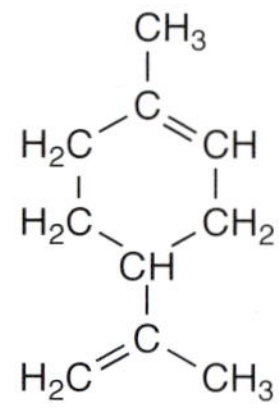

Le limonène, dont la formule semi-développée est donnée ci-dessus, est utilisé en parfumerie. Il est extrait des peaux d'orange ou de citron. Des chercheurs étudient ses propriétés anticancéreuses.

1. Proposer un exercice dont l'énoncé portera sur le limonène. L'énoncé contiendra les mots suivants : *formule électronique* ; *représentation de Lewis* ; *géométrie* ; *formule semi-développée* ; *isomérie Z/E*.
Préciser les données nécessaires.

2. Rédiger son corrigé.

3. Demander à un(e) camarade de tester l'énoncé et comparer les corrigés.

26 Organic photocromism

COMPÉTENCE Trouver des informations.

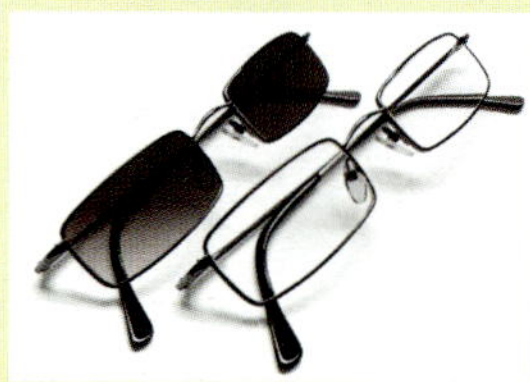

Photochemical reactions are chemical reactions that proceed with the absorption of light. Photochromism may be defined as a light-induced reversible change of color. Some people wear photochromic glasses that darken in the sun and recover their transparency in darkness.
In fact, photochromism is a reversible transformation of a chemical species. By irradiation, the colorless or weakly colored form A of a molecule is transformed into colored form B :

$$A \xrightarrow{h\nu} B$$

Photochromism is just a special case of a photochemical reaction.

1. Donner la signification des mots ou expressions :
a. photochromisme ? b. $h\nu$?

2. Dans quelles conditions l'isomérisation *E/Z* peut-elle être considérée comme une réaction photochromique ?

Retour sur l'ouverture du chapitre

27 La DMLA

COMPÉTENCES Raisonner ; s'exprimer clairement.

La dégénérescence maculaire liée à l'âge est la première cause de malvoyance, en France, chez les personnes âgées de plus de 50 ans. Elle se traduit par une diminution de l'acuité visuelle, le besoin d'un éclairage plus puissant, une déformation des lignes qui semblent onduler et l'apparition d'une tache sombre centrale. La DMLA est une pathologie de la macula, zone centrale de la rétine.

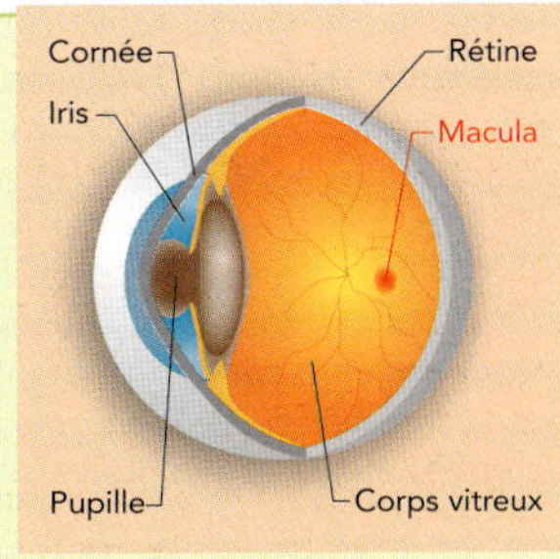

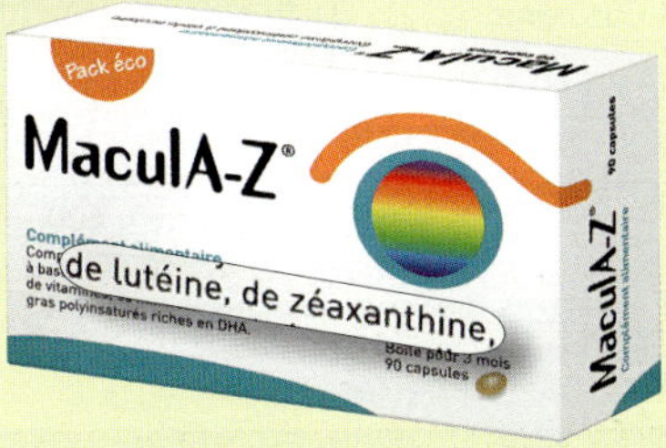

À l'heure actuelle, la DMLA ne se guérit pas, mais les traitements existants permettent de ralentir son évolution. Un régime alimentaire approprié y contribue également. Il doit être riche en pigments caroténoïdes (lutéine et zéaxanthine) que l'on retrouve dans les carottes ou dans le jaune d'œuf. Présents dans la macula, ils jouent le rôle de filtre pour les radiations bleues, sources de lésions oculaires. L'action de ces pigments est due notamment à la présence de doubles liaisons C=C.

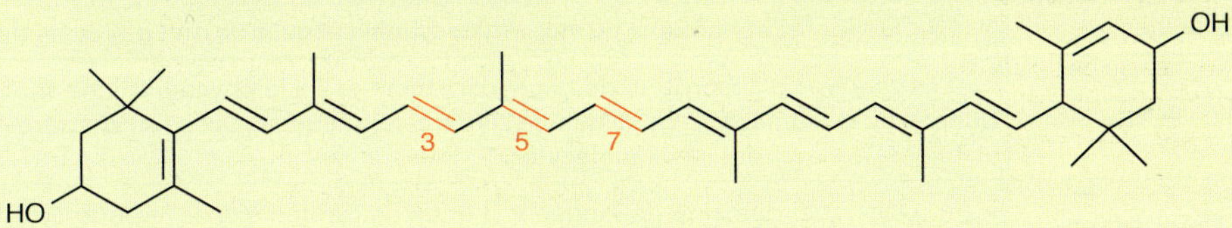

Lutéine

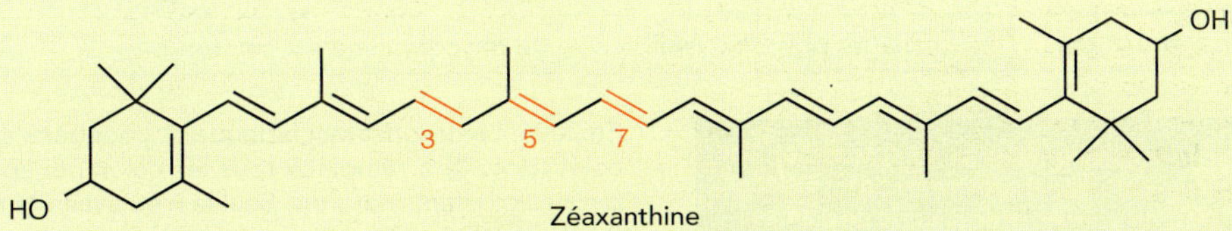

Zéaxanthine

1. Quels sont les symptômes associés à la DMLA ?

2. La lutéine et la zéaxanthine sont des pigments maculaires : expliquer.

3. a. Pourquoi la lutéine et la zéaxanthine sont-elles des espèces colorées ?

b. Quelle est la couleur de ces deux pigments ?

4. En déduire leur rôle comme filtre de la lumière bleue.

5. En quoi ces deux molécules ont-elles des structures distinctes ?

6. Les doubles liaisons notées (3) et (7) présentent-elles une isomérie *Z* ou *E* ?

Exercices

1 La phycocyanine et la phycoérythrine : deux pigments colorés

Doc. 1 Cyanobactérie *Spirulina sp.* vue au microscope.

Les cyanobactéries (doc. 1) réalisent la photosynthèse et libèrent du dioxygène indispensable pour permettre aux autres organismes de vivre. Elles renferment des pigments capables de capter les photons dans un spectre étendu de longueurs d'ondes. Outre les chlorophylles et les caroténoïdes, elles possèdent des phycobiliprotéines (phycocyanine et phycoérythrine) *qui captent la lumière dans les domaines de longueurs d'onde où les autres pigments ne sont pas efficaces*.

La phycocyanine a pour formule topologique :

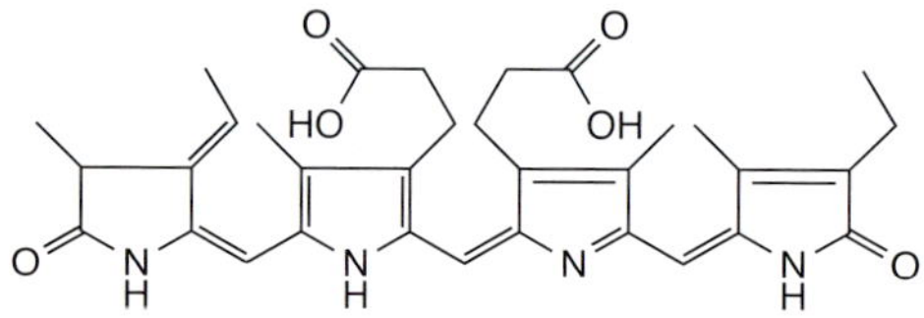

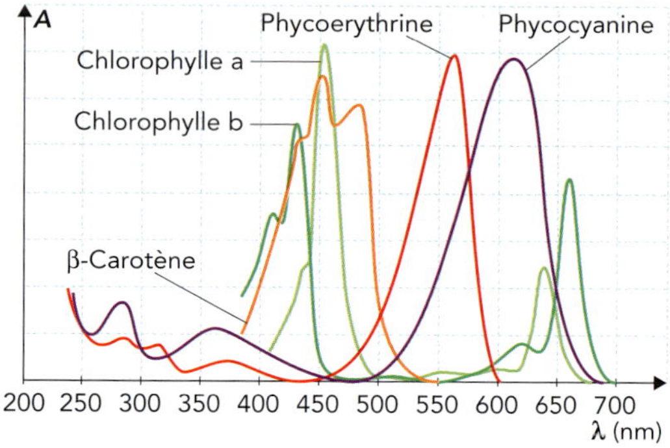

Doc. 2 Spectres d'absorption des pigments contenus dans les cyanobactéries.

Compétences	Questions
Rechercher.	**1.** @ Quelle est l'étymologie du mot ***phycocyanine*** et celle du mot ***phycoérythrine*** ?
Interpréter un résultat.	**2.** Les spectres d'absorption de la phycocyanine et de la phycoérythrine sont donnés au **document 2**. En utilisant le cercle chromatique proposé au **chapitre 4**, justifier la couleur des deux molécules.
Extraire l'information, raisonner.	**3. a.** Dans quel domaine de longueur d'onde, le rendement de la photosynthèse avec les chlorophylles est-il très bas ? **b.** Justifier alors la phrase écrite en italique dans le texte.
Raisonner, argumenter.	**4.** Expliquer pourquoi la molécule de phycocyanine est colorée.

Doc. 3 Sur cet emballage, la compagnie qui fabrique les bonbons communique sur l'origine naturelle des colorants.

En 2006, l'entreprise qui fabrique ces bonbons au chocolat (doc. 3) a remplacé tous les colorants artificiels par des colorants naturels. Seul le bleu avait été retiré : le fabricant ne parvenait pas à trouver un colorant bleu naturel.

Récemment, la pastille bleue a fait son retour grâce à la spiruline, algue contenant la ***phycocyanine***.

La spiruline commerciale se présente sous forme de granulés verts.

Dans un mortier, on broie des granulés avec de l'eau. On sépare l'algue et la phase aqueuse sur un papier-filtre. La phycocyanine migre par capillarité sur le papier.

Trouver des informations.	**5.** Nommer les procédés d'extraction et de séparation décrits dans le texte.
	6. La technique de migration sur papier-filtre est utilisée dans un procédé de séparation et d'identification couramment utilisé au laboratoire : lequel ?

2 Un bleu de phtalocyanine

Jed sortit dans un long couloir très clair, au loin une baie vitrée donnait sur les arches de la Défense, le ciel était d'un bleu hivernal splendide, qui en paraissait presque artificiel ; un bleu de phtalocyanine, songea fugitivement Jed. Il marchait lentement, avec hésitation, comme s'il avançait dans une matière cotonneuse ; il savait qu'il venait d'aborder un nouveau tournant de sa vie. La porte du bureau d'Olga était ouverte ; elle lui sourit.

Michel Houellebecq, *La carte et le territoire*, Flammarion, 2010.

Analyse littéraire du texte

Compétences	Questions
Raisonner, rédiger.	**1.** Exprimer la particularité du terme *phtalocyanine* figurant dans cette description.
Rechercher, extraire et organiser l'information.	**2.** Fils d'architecte, Jed est photographe et peintre. Relever ce qui, dans le texte, permet de se faire une idée de ses domaines de compétences.

Sous l'angle de la chimie

La synthèse du bleu de phtalocyanine suit le protocole suivant :
– dans un bécher, introduire 2,5 g d'anhydride phtalique $C_8H_4O_3$, 1 g d'urée CH_4N_2O, 1 g de sulfate de cuivre $CuSO_4$ et une pointe de spatule de molybdate d'ammonium qui sert de catalyseur ;
– chauffer le mélange sur une plaque chauffante en l'homogénéisant : une effervescence se produit ;
– lorsque l'effervescence cesse, arrêter le chauffage. Le solide bleu obtenu est le bleu de phtalocyanine. Il est insoluble dans l'eau.

Trouver des informations.	**3.** Le bleu de phtalocyanine est largement utilisé en peinture ainsi que dans les encres (imprimantes, etc.). Quel est son nom courant ?
Argumenter.	**4.** Le bleu de phtalocyanine est-il un pigment ou un colorant ? Justifier. 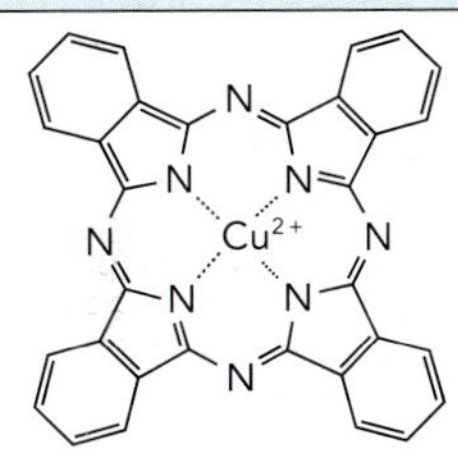
Interpréter un résultat.	**5.** À partir de la formule topologique représentée ci-contre, expliquer pourquoi la molécule est colorée.
Trouver des informations.	**6.** Qu'est-ce qu'un catalyseur ? Apparaît-il dans l'équation de la réaction ?
Raisonner.	**7.** Compléter l'équation de la réaction de synthèse : $4\ C_8H_4O_3(s) + \ldots\ \ldots(s) + CuSO_4(s) \rightarrow \ldots\ CO_2(g) + \ldots\ H_2O(\ell) + C_{32}H_{16}N_8CuSO_4(s)$
Proposer une hypothèse.	**8.** @ À quelle espèce est due l'effervescence observée ?

Sous l'angle de la physique

Le bleu du ciel est le résultat de la diffusion de la lumière solaire par les molécules de l'atmosphère. En effet, ces molécules, qui constituent l'atmosphère terrestre, diffusent essentiellement les radiations de la lumière blanche de plus courtes longueurs d'onde (en l'occurrence le violet, l'indigo et le bleu). C'est donc la superposition de ces radiations diffusées qui confère au ciel sa couleur bleue. La présence de gouttes d'eau et de poussières dans l'air amplifie la diffusion de vert et de jaune, donnant ainsi au ciel une teinte plus claire.

Schématiser.	**9.** Schématiser (en couleur) le phénomène de diffusion de la lumière solaire par l'atmosphère terrestre et justifier la couleur bleue perçue
Raisonner.	**10.** Qu'advient-il des radiations rouges de la lumière solaire ?
Formuler une hypothèse.	**11. a.** Pourquoi, en zone urbaine, le ciel semble-t-il souvent moins bleu ? **b.** Michel Houellebecq décrit le « bleu hivernal » du ciel. Qu'est-ce qui distingue un « bleu hivernal » d'un « bleu estival » ? Proposer une explication quant à la nuance du bleu observé.

3 Une histoire en couleur : le bleu...

La Madonna Litta,
L. de Vinci (vers 1490)

Le bleu a été pendant longtemps une couleur « mal aimée » en Occident.

Ainsi, à Rome, c'était la couleur des barbares, comme les Germains aux yeux bleus ou les Celtes qui s'enduisaient le corps de bleu pour le combat.

Ce n'est qu'au XIIe siècle que la couleur bleue est mise à l'honneur grâce à une profonde évolution des idées religieuses, ce que montre par exemple le manteau de la Vierge dans le tableau de Léonard de Vinci. L'usage de la couleur bleue va alors se répandre très rapidement.

C'est d'abord l'âge d'or des pigments bleus :

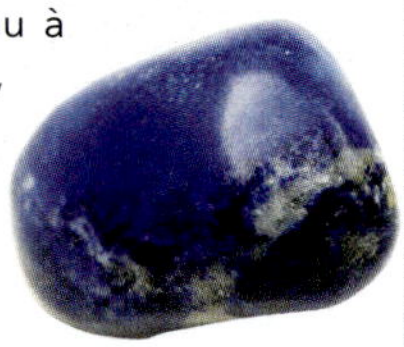

– Le « bleu outremer » est obtenu à partir du lapis-lazuli (ou lazurite), une pierre semi-précieuse de couleur très stable dans le temps qui se vendait plus cher que l'or. Il est largement utilisé par les peintres italiens des XIVe et XVe siècles.
– Le « bleu de cobalt », extrait des mines de Saxe et de Bohême, est utilisé pour les vitraux des grandes cathédrales, dont celles de Saint-Denis et de Chartres.
– L'azurite, minéral composé de carbonate de cuivre hydraté, plus courant donc moins coûteux que la lazurite, est également utilisé. Mais l'azurite se transforme lentement en malachite. Ainsi de nombreux ciels ou madones d'anciens tableaux se sont mis à verdir...

Couleur céleste, couleur divine, le bleu devient la couleur des rois de France sous Philippe Auguste et son petit-fils Saint Louis (Louis IX).

Les teinturiers mettent alors au point des procédés de fabrication de teintures bleues pour les textiles. L'indigo extrait de la guède (plante nommée aussi pastel) se développe au XIIIe siècle, faisant la richesse du Pays de Cocagne, dans la région toulousaine, jusqu'au XVIIe siècle. L'indigo extrait de l'indigotier, une plante des régions chaudes, est ensuite massivement importé d'Inde, des Antilles puis d'Amérique.

À cette époque, l'indigo est si important qu'Isaac NEWTON l'ajoute dans sa description du spectre de la lumière blanche, dont il formule l'explication scientifique exacte. Le chiffre sept étant hautement symbolique, il attribue sept couleurs à l'arc en ciel, alors que l'œil humain n'en discerne que six, en intercalant la couleur « indigo » entre le bleu et le violet.

Compétences	Questions
Extraire l'information.	**1. a.** Quels sont parmi les pigments cités ceux d'origine minérale et ceux d'origine végétale ? **b.** @ Rechercher la formule de l'azurite et de la malachite. **2.** Le bleu a-t-il toujours été une couleur à la mode en Occident ? Quelles sont les principales évolutions qui ont provoqué son développement ? **3.** @ Quelle entreprise a synthétisé l'indigo pour la première fois ?
Raisonner, argumenter.	**4.** Quelles sont les radiations absorbées principalement par les pigments bleus ? **5.** La formule topologique de la molécule d'indigo est donnée ci-contre. Justifier que cette molécule est colorée. 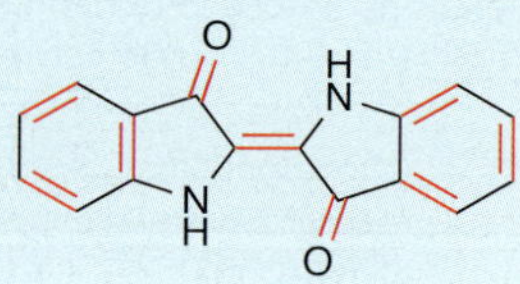
Raisonner, argumenter, interpréter un résultat.	**6.** La perception des couleurs par l'œil humain est due à trois types de cônes, respectivement sensibles au bleu, au vert et au rouge. Quels sont les cônes activés lors de la perception du violet ? Pourquoi est-il difficile de percevoir une couleur entre le bleu et le violet ?

4 La vision sous-marine

L'œil humain n'est pas adapté pour voir sous l'eau de façon nette.

Dans l'air, des rayons parallèles, issus d'objets lointains, convergent sur la rétine d'un œil normal au repos (doc. 1.a).

L'immersion dans l'eau a pour effet de diminuer la vergence du cristallin, car les indices de réfraction de l'eau et des tissus de l'œil sont très proches. L'image des objets lointains se forme alors en arrière de la rétine : la vision n'est pas nette (doc 1.b).

Le masque d'un plongeur sous-marin lui permet de voir net, mais il altère l'appréciation des dimensions des objets et des distances.

En effet, le cerveau interprète toujours la propagation de la lumière comme rectiligne, alors que les rayons lumineux subissent une réfraction lors de leur passage de l'eau dans l'air du masque. Ainsi, un objet qui serait vu dans l'air sous un angle α apparaît, en vision sous-marine avec un masque, sous un angle β supérieur à l'angle α (doc. 2). Pour la même raison, les objets semblent plus proches.

Par ailleurs, malgré son aspect transparent, l'eau agit comme un filtre qui altère les couleurs : à quelques mètres de profondeur, les radiations rouges de la lumière solaire sont absorbées par les molécules d'eau. La faune et la flore sous-marines apparaissent alors bleues (doc. 3).

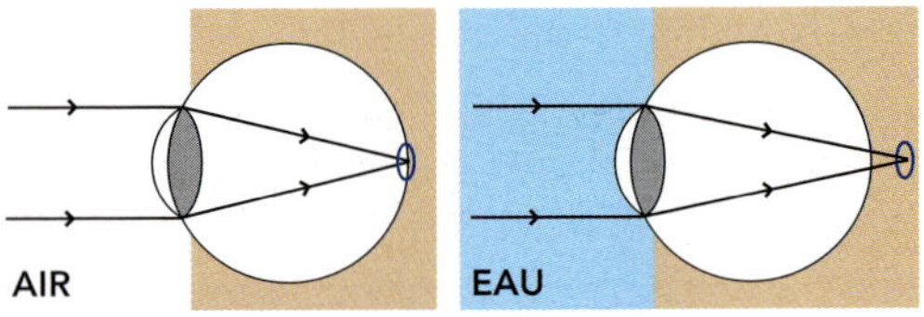

Doc. 1 Vision dans l'air (a) et dans l'eau (b).

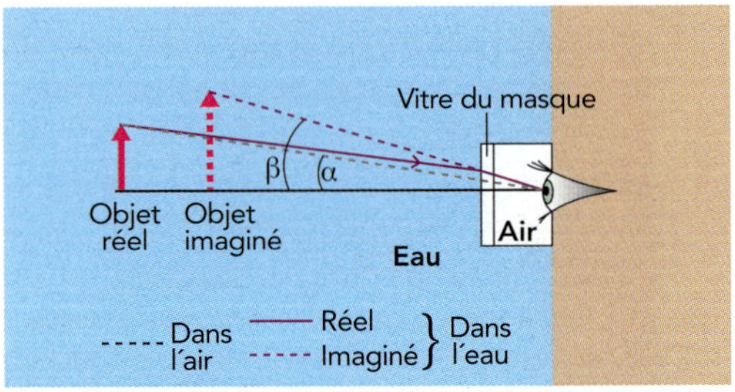

Doc. 2 Sous l'eau, les objets semblent plus gros.

Doc. 3 À faible profondeur dans l'eau, les objets paraissent bleus.

Compétences	Questions
S'informer, rédiger.	**1.** Quels sont les inconvénients de la vision sous-marine à travers un masque ? **2. a.** Pourquoi la faune et la flore sous-marine sont-elles vues bleues en plongée ? **b.** Quelle est l'espèce chimique responsable de ce phénomène ?
Argumenter.	**3.** Pourquoi l'atténuation de l'intensité lumineuse augmente-t-elle avec la profondeur de l'eau ?
Raisonner, schématiser.	**4.** Reproduire le schéma ci-contre et le compléter, avec les mêmes conventions de couleur que le doc. 2, en traçant le cheminement de la lumière imaginé par le cerveau. Indiquer, en justifiant, la position apparente A' de l'objet A situé au fond de l'eau. Est-ce en accord avec une affirmation du texte ? 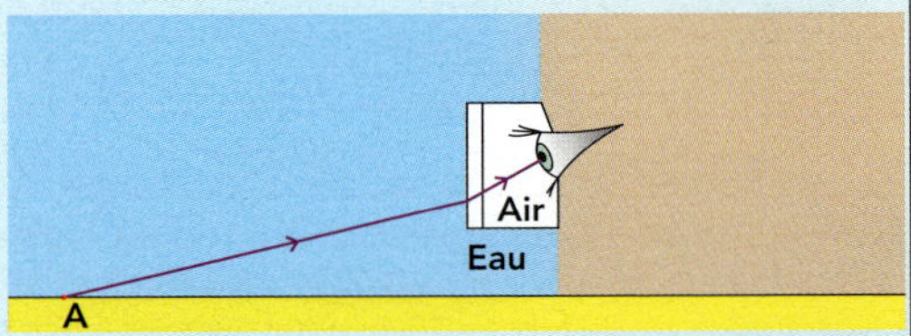
S'informer, rédiger.	**5. a.** Comment évolue la distance focale d'un œil normal au repos lorsqu'il passe de l'air dans l'eau ? **b.** Dans l'eau, où se situe le foyer F' de cet œil ?
Raisonner, rédiger.	**6.** Le processus de la vision est dû à l'isomérisation photochimique d'une double liaison. **a.** Expliquer succinctement le principe de cette isomérisation. **b.** Le processus chimique de la vision est-il modifié lorsque l'œil est dans l'eau ?

Comprendre : lois

À tous ses niveaux d'organisation, la matière manifeste une cohésion fondée sur l'existence d'interactions fondamentales assurant sa stabilité quelle que soit l'échelle d'organisation, des particules subatomiques aux amas de galaxies. Cette stabilité cesse en raison des échanges et des transformations d'énergie associés aux changements d'état, aux réactions chimiques et aux réactions nucléaires. À ces interactions peuvent être associés des champs et des forces. Au sein de tous ces phénomènes est présente une grandeur essentielle : l'énergie.

→ ***Quelles sont les causes physiques à l'œuvre dans l'Univers ?***
→ ***Quelles interactions expliquent à la fois les stabilités et les évolutions physiques et chimiques de la matière ?***
→ ***Quels modèles utilise-t-on pour les décrire ?***
→ ***Quelles énergies leur sont associées ?***

et modèles

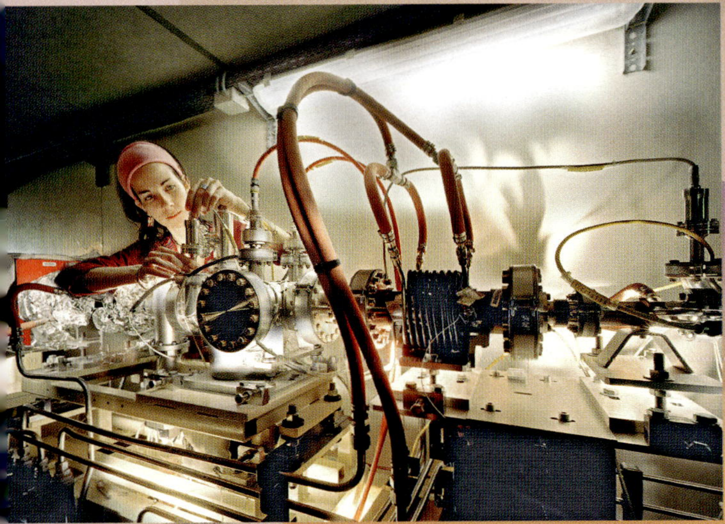

Sommaire

Révisions

Les notions vues au Collège et en Seconde

L'interaction gravitationnelle

▸ Deux corps A et B, de masses m_A et m_B uniformément réparties autour de leurs centres C_A et C_B, séparés d'une distance d, exercent l'un sur l'autre des forces d'**attraction gravitationnelle** dont la valeur est donnée par :

$$F_{A/B} = F_{B/A} = G\,\frac{m_A \cdot m_B}{d^2}$$

F en newton (N) ; m_A et m_B en kilogramme (kg) ; d en mètre (m)

$G = 6{,}67 \times 10^{-11}\ N \cdot m^2 \cdot kg^{-2}$
est la **constante universelle de gravitation.**

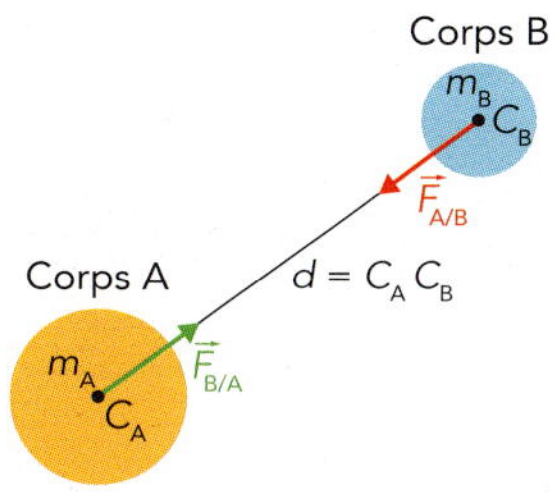

Le poids

▸ Le **poids** $\vec{P}$ d'un corps de masse m au voisinage de la Terre est assimilé à la force d'attraction gravitationnelle exercée par la Terre sur ce corps : $\vec{P} = \vec{F}_{Terre/corps}$.

▸ La valeur du poids d'un corps de masse m au voisinage de la Terre a pour expression :

$$P = m \cdot g$$

P en newton (N) ; m en kilogramme (kg)

$g = 9{,}8\ N \cdot kg^{-1}$ est **l'intensité de la pesanteur.**

Transformations physiques

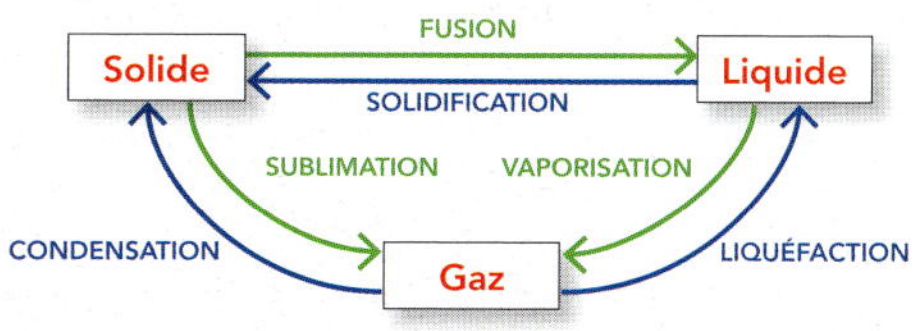

▸ Un corps pur peut exister sous trois états physiques : **solide (compact** et **ordonné), liquide (compact** et **désordonné)** et **gazeux (dispersé** et très **désordonné).**

▸ Le passage d'un état physique à un autre, ou **changement d'état**, est une **transformation physique**.

▸ La fusion, la vaporisation et la sublimation d'un corps nécessitent l'absorption d'**énergie thermique**.
Cette **énergie** thermique s'exprime en **joule** (J).

▸ Un **corps pur** peut être identifié par ses **caractéristiques** physiques : température de fusion θ_{fus}, température d'ébullition $\theta_{éb}$, indice de réfraction n, masse volumique ρ, etc., suivant son état physique.

Somme géométrique de deux vecteurs

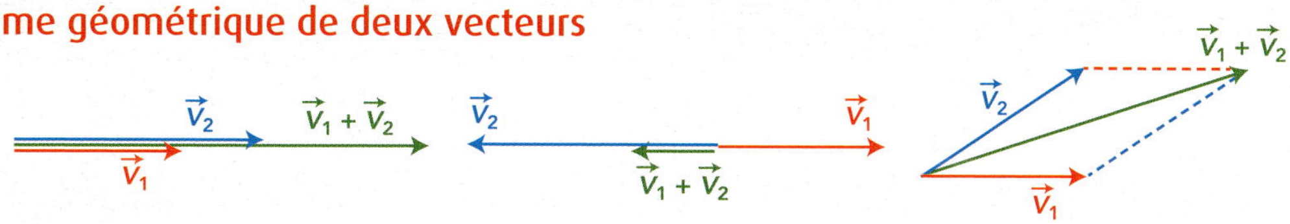

L'énergie mécanique

▸ Un objet possède :
– une **énergie de position** au voisinage de la Terre ;
– une **énergie de mouvement** appelée **énergie cinétique**.

La somme de ses énergies de position et cinétique constitue son **énergie mécanique**.

▸ Un système en translation dans un référentiel donné, de masse m et de vitesse v, possède une énergie cinétique $\mathscr{E}_c$, telle que :

$$\mathscr{E}_c = \frac{1}{2}\,m \cdot v^2$$

$\mathscr{E}_c$ en joule (J) ; v en mètre par seconde ($m \cdot s^{-1}$) ; m en kilogramme (kg)

Cohésion de la matière

Chapitre 7

Situé à la frontière franco-suisse et inauguré en 2008, le LHC est le plus puissant accélérateur de particules du monde. Le tunnel du LHC est si grand que les scientifiques s'y déplacent à vélo.

Les scientifiques espèrent que les expériences menées au LHC (*Large Hadron Collider*) permettront de mieux comprendre la physique, de l'infiniment petit à l'infiniment grand.
Quelles découvertes pourraient être réalisées avec le LHC ? **(Voir exercice 24, p. 132.)**

Quelles interactions assurent la cohésion de la matière ?

OBJECTIFS

- → Connaître les constituants de la matière.
- → Connaître les dimensions des différents édifices microscopiques et macroscopiques et les interactions fondamentales qui assurent leur cohésion.

1 Élémentaire… mon cher Rutherford ! Au cœur de la matière

EN AUTONOMIE

Les progrès techniques du XXe siècle ont permis d'observer la matière à des échelles de plus en plus petites. L'identification de particules élémentaires a permis de comprendre son organisation.
Qu'appelle-t-on particules élémentaires ?

À notre échelle, la matière peut être fragmentée. Un mur peut être découpé en briques, les briques cassées en gravats, les gravats broyés en grains de plus en plus fins. Il est ainsi possible de continuer jusqu'au plus petit fragment de matière. Celui-ci n'est plus indivisible : on parle alors de « particule élémentaire ».

La science n'est pas faite de vérités absolues mais de questionnements, de recherches et de réponses qui évoluent au fil du temps. Ainsi, au XIXe siècle, on parvenait tout juste à dissocier les molécules en atomes par chauffage. Les particules élémentaires étaient alors les atomes constituants ces molécules.
Par la suite, le développement de l'électricité a permis de disposer d'énergies plus importantes, capables d'extraire des électrons d'un atome. Dès lors, l'atome a perdu son statut de particule élémentaire, laissant la place à ses constituants nouvellement identifiés. Ernest RUTHERFORD (1871-1937) a pu mettre en évidence, en 1911, l'existence du noyau atomique.

Les premiers accélérateurs de particules ont ensuite permis l'exploration du noyau atomique et l'extraction de ses constituants : les protons et les neutrons.
Au milieu du XXe siècle, les particules élémentaires étaient donc les protons, les neutrons et les électrons.
Aujourd'hui, on connaît des particules encore plus petites, dont l'étude n'est pas au programme de la classe de Première. Les modèles actuels prévoient en outre l'existence de particules qui n'ont pas encore été découvertes.

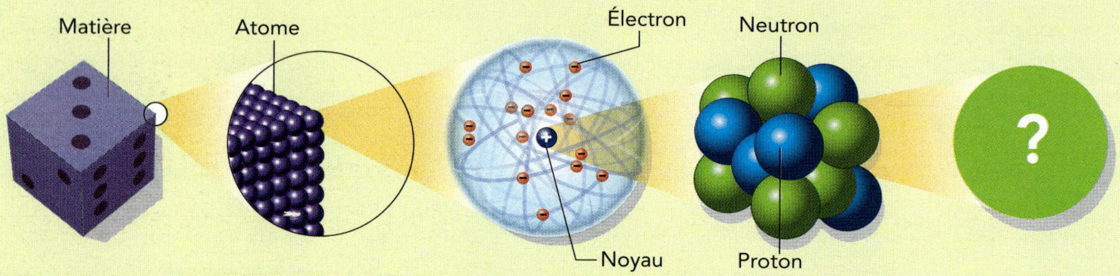

Doc. 1 Évolution de la notion de particule élémentaire au fil de l'Histoire.

1 Au cours des découvertes scientifiques, quelles particules ont été successivement considérées comme élémentaires ?

2 @ Rechercher l'ordre de grandeur de la taille des particules ayant été successivement considérées élémentaires.
Comment cet ordre de grandeur évolue-t-il ?

3 Rappeler la composition d'un atome de représentation symbolique $^{A}_{Z}X$.

4 @ Rechercher la signification du terme « dogme ». La notion de particules élémentaires est-elle dogmatique ? Justifier alors la présence d'un point d'interrogation sur le schéma ci-dessus.

Un pas vers le cours…

5 @ Recopier et compléter le tableau ci-dessous :

Particule	Localisation dans l'atome	Charge	Masse
Électron			
Proton			
Neutron			

2 Les interactions fondamentales

EN AUTONOMIE

Du noyau de l'atome à la galaxie, de nombreux édifices organisés, de toutes tailles, peuvent être observés. Quatre interactions, appelées « interactions fondamentales », permettent de comprendre leur cohésion.
Quelles sont ces interactions fondamentales ? À quelle(s) échelle(s) chaque interaction prédomine-t-elle ?

Dans la conception contemporaine, il faut entendre par force non seulement ce qui pousse, qui tire ou modifie le mouvement, mais aussi tout ce qui incite au changement, à la métamorphose. La force, ou mieux l'interaction, dans l'acception physicienne, se définit donc comme l'agent unique de la transformation. Les interactions sont au nombre de quatre : forte, faible, électromagnétique et gravitationnelle. Elles sont hiérarchisées en portée et en intensité.

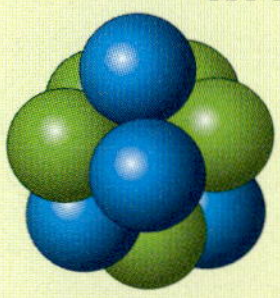

À l'échelle du noyau atomique, l'interaction forte domine en intensité toutes les autres, dont l'interaction électromagnétique, laquelle surpasse l'interaction faible, qui elle-même laisse très loin derrière la minuscule interaction gravitationnelle.

Pourtant, cette hiérarchie microscopique ne reflète en rien l'influence de ces interactions à grande échelle.

La gravitation est sans conteste dominante à l'échelle cosmique, parce qu'elle n'est compensée par aucune antigravitation, et que son intensité, bien que déclinante, s'exerce sans limite de distance. Elle est toujours attractive et de portée infinie.
Les interactions forte et faible, par leur portée minuscule, respectivement 10^{-15} m et 10^{-17} m, se sont fait un royaume du noyau de l'atome.

Quant à l'interaction électromagnétique, bien que de portée infinie, elle ne saurait gouverner le vaste cosmos car, dans les grandes structures, les charges électriques positives et négatives, en nombre égal, partout se neutralisent.
Cette interaction, attractive ou répulsive, n'est pas pour autant une interaction négligeable : elle a pris possession du vaste domaine laissé vacant entre l'atome et l'étoile, qui inclut le minéral, l'animal, le végétal et l'homme.

Nostalgie de la lumière de Michel Cassé, © Belfond, un département de Place des éditeurs, 1987.

1 Quelles sont les quatre interactions fondamentales ?

2 Seulement deux de ces interactions interviennent à notre échelle. Expliquer pourquoi.

3 Pourquoi l'interaction gravitationnelle nous est-elle plus familière que l'interaction électromagnétique ?

4 D'après ce qui a été vu en classe de Seconde, décrire l'évolution de la valeur des forces d'attraction gravitationnelle s'exerçant entre deux corps lorsque la distance entre ces corps augmente.
Expliquer alors la phrase soulignée dans le texte.

Un pas vers le cours...

5 @ Recopier le tableau ci-dessous. Le compléter en utilisant le texte.

Interaction	Portée	Échelle ou édifice majoritairement concerné

Cours

1 Quels sont les plus petits constituants de la matière ?

1.1 Les particules élémentaires

Tout édifice est constitué d'atomes, de molécules ou d'ions.
Ces entités sont elles-mêmes formées à partir de particules plus petites dites élémentaires * :
– les nucléons : neutrons et protons ;
– les électrons.

Les caractéristiques de ces particules élémentaires (**activité 1** et **doc. 1**) sont résumées dans le tableau suivant :

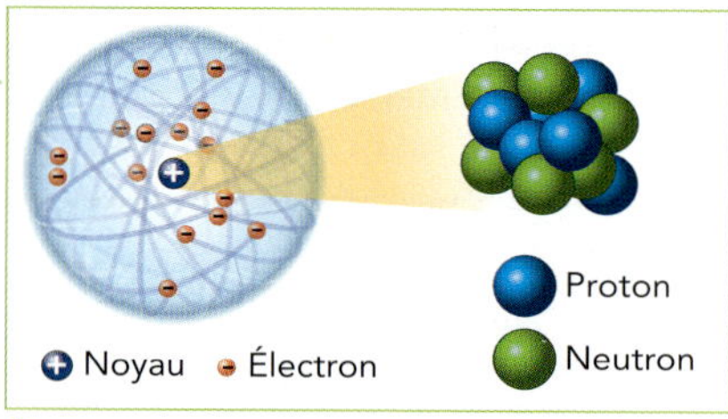

Doc. 1 Représentation schématique du modèle d'atome selon RUTHERFORD (à gauche) et du noyau (à droite).

Particule	Localisation dans l'atome	Charge	Masse
Proton	Dans le noyau	**+e** = +1,6 × 10^{-19} C	1,673 × 10^{-27} kg, soit environ **10^{-27} kg**
Neutron	Dans le noyau	0	1,675 × 10^{-27} kg, soit environ **10^{-27} kg**
Électron	Autour du noyau	**−e** = −1,6 × 10^{-19} C	9,1 × 10^{-31} kg, soit environ **10^{-30} kg** (négligeable par rapport à celle d'un nucléon)

La charge électrique **e** est appelée **charge élémentaire**. C'est la charge électrique d'un proton. C'est aussi l'opposé de la charge électrique d'un électron.

> La **charge élémentaire** est notée e et vaut e = 1,6 × 10^{-19} C.
> La charge électrique q d'un noyau atomique, d'un ion ou d'un objet chargé peut s'exprimer en fonction de la charge élémentaire e :
> $q = n \cdot e$, avec n un nombre entier.

On sait aujourd'hui que les nucléons ne sont pas des particules élémentaires *.

*** Pour les curieux**
Les nucléons sont constitués de particules : les quarks. (Voir exercice 23, p. 131.)

1.2 L'atome

- Le terme « atome » vient du grec *atomos*, qui signifie « indivisible ».

> Un atome de **symbole X** dont le noyau comporte **A nucléons** et **Z protons** est représenté symboliquement par $^{A}_{Z}X$.

- Son **noyau,** constitué de **A nucléons,** contient **Z protons** et **(A – Z) neutrons**. A est appelé « nombre de masse » ; Z est appelé « numéro atomique » ou « nombre de charge » **(doc. 2)**.
- Le **cortège électronique** de cet atome comprend **Z électrons**, car un atome est toujours électriquement neutre.

> Des atomes **isotopes** ont le même numéro atomique Z, mais des nombres de nucléons A différents.
> Ainsi, les isotopes ont le même nombre de protons, mais des nombres de neutrons différents.

Par exemple, $^{12}_{6}C$, $^{13}_{6}C$ et $^{14}_{6}C$ sont des isotopes du carbone.

Certains noyaux atomiques sont naturellement **instables**. On dit qu'ils sont radioactifs : ils ont la capacité d'expulser spontanément une ou plusieurs particules. C'est le cas du noyau de carbone 14 ($^{14}_{6}C$). Ces propriétés seront développées au **chapitre 8**.

Voir exercices 1, p. 125, et 5 à 10, p. 128.

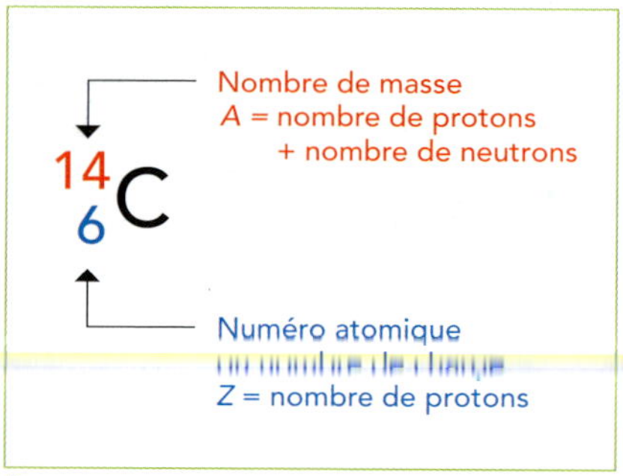

Doc. 2 Représentation symbolique du noyau d'un atome et, par extension, de l'atome.

2 Quelles sont les interactions fondamentales ? Quelles sont les dimensions des édifices de l'Univers ?

Toutes les structures de l'Univers sont régies par des interactions fondamentales :
- **l'interaction gravitationnelle** ;
- **l'interaction électromagnétique** ;
- **les interactions forte et faible**.

Selon l'ordre de grandeur de la taille de l'édifice concerné, l'une des interactions est prédominante.

Voir exercices 2, p. 125, et 11 à 14, p. 128.

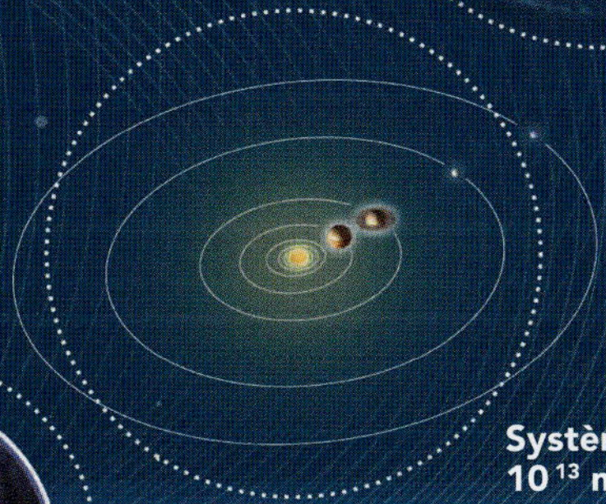

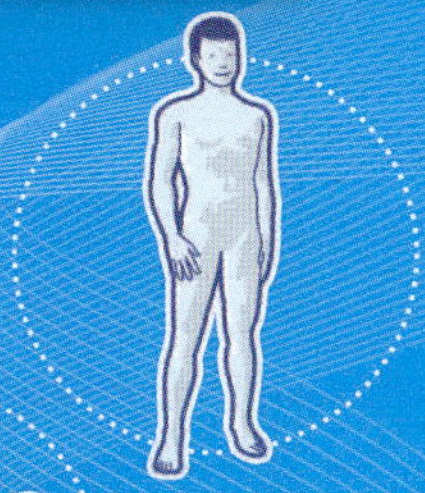

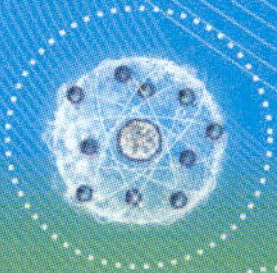

L'INTERACTION GRAVITATIONNELLE

Cette interaction a été étudiée en classe de Seconde.
L'interaction gravitationnelle est toujours **attractive.** Elle **agit entre particules ayant une masse.**
Sa portée est infinie, mais sa valeur diminue quand la distance augmente. C'est l'interaction prédominante lorsque les objets en interaction ont des masses élevées. Elle explique notamment la cohésion des édifices astronomiques. À l'**échelle astronomique**, l'interaction gravitationnelle est prédominante.

L'INTERACTION ÉLECTROMAGNÉTIQUE

L'**interaction électromagnétique** est **répulsive** ou **attractive**. Elle agit entre objets ayant une charge électrique. Sa portée est infinie, mais sa valeur diminue quand la distance augmente.
C'est l'interaction prédominante lorsque les objets en interaction sont chargés. Elle explique notamment la cohésion de l'atome. De l'**échelle atomique à l'échelle humaine**, l'interaction électromagnétique est prédominante.
L'interaction électrostatique est un des aspects de l'interaction électromagnétique, elle est décrite par la loi de Coulomb qui sera détaillée au chapitre 9.

LES INTERACTIONS FORTE ET FAIBLE

L'**interaction forte** assure la cohésion du noyau atomique. Elle agit principalement entre les nucléons. Elle ne s'exerce qu'à des distances très courtes, de l'ordre du diamètre du noyau d'un atome.
L'**interaction faible** est responsable de certains types de radioactivité (chapitre 8). Sa portée est extrêmement faible, de l'ordre du diamètre d'un nucléon.
À l'**échelle du noyau atomique**, l'interaction forte est prédominante.

Essentiel

Constituants de la matière

Particule	Charge	Masse
Proton	$+\mathbf{e} = +1{,}6 \times 10^{-19}$ C	De l'ordre de $\mathbf{10^{-27}}$ **kg**
Neutron	Charge nulle	De l'ordre de $\mathbf{10^{-27}}$ **kg**
Électron	$-\mathbf{e} = -1{,}6 \times 10^{-19}$ C	De l'ordre de $\mathbf{10^{-30}}$ **kg**

- Toutes les charges électriques peuvent s'exprimer en fonction de la charge élémentaire :
  $\mathbf{e} = 1{,}6 \times 10^{-19}$ C.
- **Représentation symbolique de l'atome**

$$^{A}_{Z}\mathrm{X}$$

- A : Nombre de nucléons = nombre de protons + nombre de neutrons = nombre de masse
- X : symbole de l'élément
- Z : Nombre de protons = numéro atomique = nombre de charge

- On appelle « atomes isotopes » des atomes ayant le même numéro atomique Z, mais des nombres de masse A différents.

Dimensions de quelques édifices et interactions fondamentales prédominantes

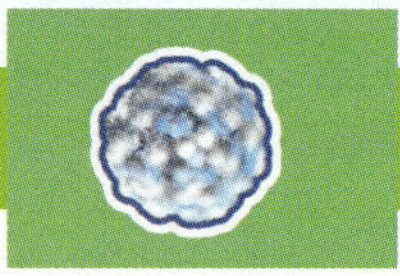

	Ordre de grandeur	Interaction prédominante
Voie lactée (galaxie)	10^{21} m	Interaction gravitationnelle
Système solaire	10^{13} m	
Terre	10^{7} m	
Homme	1 m	
Molécule	10^{-9} m	Interaction électromagnétique
Atome	10^{-10} m	
Noyau	10^{-15} m	Interactions forte et faible

LES COMPÉTENCES ATTENDUES

- ✔ Connaître les constituants de la matière.
- ✔ Connaître les ordres de grandeur des valeurs des masses du proton, du neutron et de l'électron.
- ✔ Savoir que toute charge électrique peut s'exprimer en fonction de la charge élémentaire e.
- ✔ Utiliser la représentation symbolique $^{A}_{Z}$X et reconnaître des isotopes.
- ✔ Connaître les ordres de grandeur des dimensions des différents édifices organisés.
- ✔ Associer à chaque édifice organisé la ou les interactions prédominantes.

QCM

Pour chaque question, indiquer la (ou les) bonne(s) réponse(s).

Voir corrigés, p. 369.

1 Constituants de la matière

	A	B	C
1. La charge du proton est :	appelée la charge élémentaire.	nulle.	égale à 1,6 × 10^{-19} C.
2. La masse de l'électron est :	négligeable par rapport à celle du noyau.	négligeable par rapport à celle d'un nucléon.	du même ordre de grandeur que celle d'un nucléon.
3. L'électron et le proton ont des charges opposées. L'atome est électriquement neutre, car :	il contient autant de neutrons que d'électrons.	il contient autant de protons que de neutrons.	il contient autant de protons que d'électrons.
4. La représentation symbolique d'un atome de fluor est $^{19}_{9}F$.	19 est le nombre de protons et d'électrons. 9 est le nombre de neutrons.	19 est le nombre de nucléons. 9 est le nombre d'électrons et de protons.	19 est le nombre de neutrons. 9 est le nombre de protons et d'électrons.
5. Deux atomes isotopes ont :	le même nombre de protons.	le même nombre de neutrons.	le même nombre de nucléons.

Si erreur, revoir § 1, p. 122.

2 Dimensions de quelques édifices et interactions fondamentales prédominantes

	A	B	C
1. L'interaction gravitationnelle prédomine :	à l'échelle astronomique.	à l'échelle moléculaire.	à l'échelle nucléaire.
2. À l'échelle de la molécule : 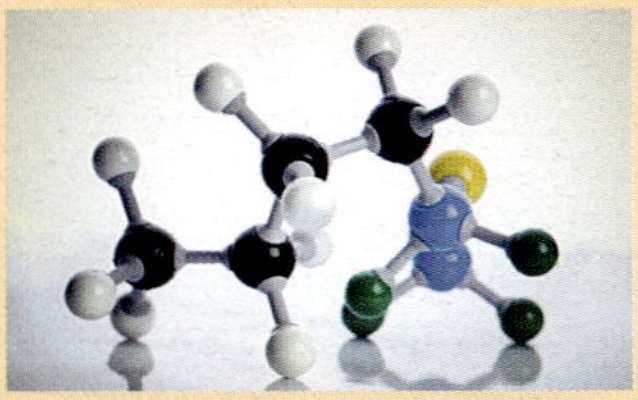	l'interaction gravitationnelle est prédominante.	l'interaction électromagnétique est prédominante.	l'interaction forte est prédominante.
3. À l'échelle de l'atome : 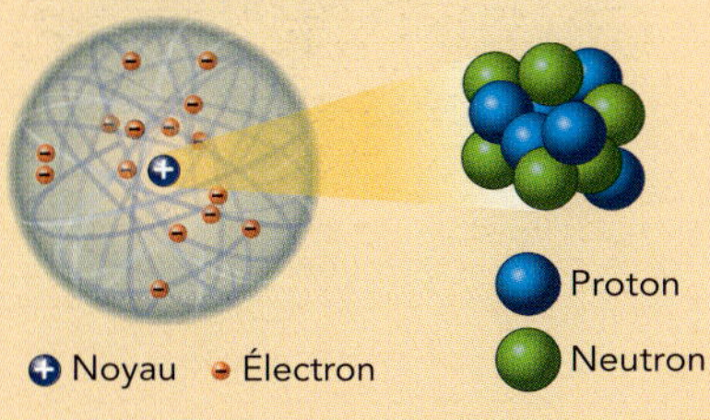	l'interaction gravitationnelle est prédominante.	l'interaction électromagnétique est prédominante.	l'interaction forte est prédominante.
4. L'interaction forte prédomine :	à l'échelle astronomique.	à l'échelle moléculaire.	à l'échelle du noyau.
5. L'interaction gravitationnelle :	est toujours répulsive.	peut être attractive ou répulsive.	est toujours attractive.
6. La portée de l'interaction électromagnétique est :	limitée.	infinie.	la même que celle de l'interaction gravitationnelle.

Si erreur, revoir § 2, p. 123.

Exercice résolu

COMPÉTENCES MISES EN ŒUVRE
- Trouver des informations.
- Effectuer un calcul.

I. Calculer les valeurs de deux forces

La valeur de la force d'attraction gravitationnelle exercée par un corps de masse m_A, situé en A, sur un corps de masse m_B, situé en B, est donnée par l'expression littérale :

$$F_{A/B} = F_{B/A} = G\,\frac{m_A \cdot m_B}{d^2}$$

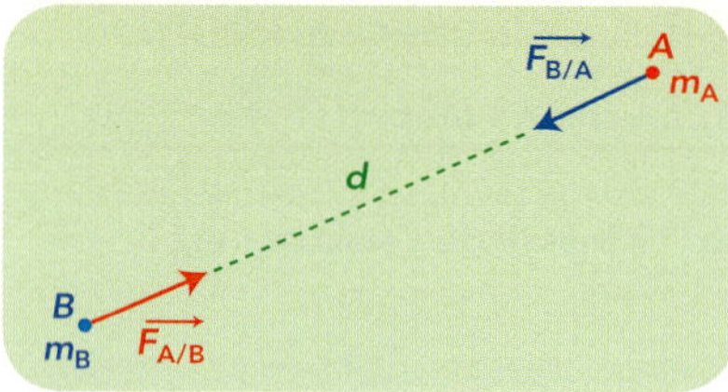

Les masses m_A et m_B sont exprimées en kilogramme et la distance d entre les points A et B est exprimée en mètre.

G est la constante universelle de gravitation ; sa valeur est : $G = 6{,}67 \times 10^{-11}\ N \cdot m^2 \cdot kg^{-2}$.

1. Calculer la valeur de la force d'attraction gravitationnelle $F_{S/T}$ exercée par le Soleil sur la Terre.

2. Comparer cette valeur à celle de la force d'attraction gravitationnelle $F_{n/e}$ exercée par le noyau sur l'électron d'un atome d'hydrogène.

Données numériques :
- Masse du Soleil : $m_S = 2{,}0 \times 10^{30}$ kg.
- Masse de la Terre : $m_T = 6{,}0 \times 10^{24}$ kg.
- Distance Terre-Soleil : $d_{TS} = 1{,}5 \times 10^{11}$ m.
- Diamètre du Soleil : $D_S = 1{,}4 \times 10^9$ m.
- Diamètre de la Terre : $D_T = 1{,}3 \times 10^7$ m.
- Masse d'un noyau d'hydrogène : $m_H = 1{,}67 \times 10^{-27}$ kg.
- Masse d'un électron : $m_e = 9{,}11 \times 10^{-31}$ kg.
- Rayon d'un atome d'hydrogène : $R_H = 5{,}3 \times 10^{-11}$ m.
- Rayon du noyau de l'atome d'hydrogène : $R_{noyau} = 1 \times 10^{-15}$ m.

Conseils

Comment calculer la valeur d'une force d'attraction gravitationnelle ?

1. Il faut rechercher les données utiles au calcul de la valeur de la force d'attraction gravitationnelle : les masses de la Terre et du Soleil, ainsi que la distance entre ces deux astres (en exprimant leurs valeurs dans les bonnes unités).
Le calcul doit être fait en une seule étape, en utilisant convenablement la touche « Puissance de 10 » de la calculatrice (voir **rabats II et III**).
Le résultat doit être écrit avec un nombre de chiffres significatifs adapté aux données.

Comment comparer deux valeurs de force ?

2. Pour comparer les valeurs de deux forces, il est judicieux de calculer l'ordre de grandeur du rapport de ces valeurs.
Il faut donc commencer par calculer la valeur $F_{n/e}$ de la force d'attraction gravitationnelle entre le noyau et l'électron de l'atome d'hydrogène. La distance qui les sépare est égale au rayon de l'atome.

Solution rédigée

1. Avec les notations de l'énoncé, l'expression de la force à calculer est : $F_{S/T} = G\,\frac{m_S \cdot m_T}{d_{TS}^2}$

Le calcul à effectuer (avec les unités adaptées) est :

$$F_{S/T} = 6{,}67 \times 10^{-11} \times \frac{2{,}0 \times 10^{30} \times 6{,}0 \times 10^{24}}{(1{,}5 \times 10^{11})^2}$$

$F_{S/T} \approx 3{,}6 \times 10^{22}$ N.

La valeur de la force d'attraction gravitationnelle exercée par le Soleil sur la Terre est $3{,}6 \times 10^{22}$ N.

2. $$F_{n/e} = 6{,}67 \times 10^{-11} \times \frac{1{,}67 \times 10^{-27} \times 9{,}11 \times 10^{-31}}{(5{,}3 \times 10^{-11})^2}$$

$F_{n/e} \approx 3{,}6 \times 10^{-47}$ N.

Le rapport entre les valeurs des deux forces est :

$$\frac{F_{S/T}}{F_{n/e}} = \frac{3{,}6 \times 10^{22}}{3{,}6 \times 10^{-47}} \approx 10^{69}.$$

La valeur de la force d'attraction gravitationnelle exercée par le Soleil sur la Terre est environ 10^{69} fois plus grande que celle exercée par le noyau sur l'électron.

Application immédiate

3 Calculer la valeur de la force d'attraction gravitationnelle exercée par la Terre sur la Lune.
Nouvelles données : masse de la Lune $m_L = 7{,}4 \times 10^{22}$ kg ; distance Terre-Lune $d_{TL} = 3{,}84 \times 10^5$ km.

Voir corrigés, p. 369.

Exercice résolu

COMPÉTENCES MISES EN ŒUVRE
- Interpréter un résultat.
- Utiliser des ordres de grandeur.

II. Justifier un résultat

Des interactions « incroyables »
Considérons une interaction analogue à la gravitation qui varie comme l'inverse du carré de la distance, mais qui soit environ *un milliard de milliards de milliards de milliards de fois plus intense.* Et avec une autre différence ; il y a deux espèces de matière, que nous pouvons appeler positive et négative. Celles de même espèce se repoussent et celles d'espèces différentes s'attirent. Une telle interaction existe : c'est l'interaction électrostatique.

D'après Richard Feynman.

Info La valeur de la force électrostatique due à l'interaction électromagnétique est $F_e = k\dfrac{|q \cdot q'|}{d^2}$ où q et q' sont les charges électriques des corps en interaction, exprimées en coulomb (C), d est la distance qui les sépare, exprimée en mètre (m), et $k = 9{,}0 \times 10^9\ N \cdot m^2 \cdot C^{-2}$.
C'est la loi de Coulomb ; elle sera détaillée au **chapitre 9**.

1. Rappeler l'expression de la valeur F_g des forces d'attraction gravitationnelle s'exerçant entre deux masses ponctuelles m et m' séparées d'une distance d.

2. Exprimer littéralement le rapport $\dfrac{F_e}{F_g}$ des valeurs des deux forces citées dans le texte et s'exerçant entre deux particules chargées, de masses m et m', de charges q et q', séparées d'une distance d (voir *info* ci-contre).
Ce rapport dépend-il de la distance entre les particules ?

3. Dans le cas de deux protons de masse $m_p \approx 1{,}7 \times 10^{-27}$ kg et de charge $q_p = 1{,}6 \times 10^{-19}$ C, vérifier, sans calculatrice, l'affirmation en italique.

Conseils

1. Cette expression a été vue en Seconde. Préciser la signification des notations utilisées. En cas de difficultés, il faut revoir l'exercice précédent.

2. Exprimer le rapport en divisant l'expression littérale de F_e par celle de F_g.
Simplifier le résultat avant de répondre à la seconde partie de la question.

3. Les corps étant deux protons on a :
$q = q' = q_p$ et $m = m' = m_p$.
En utilisant les données numériques, on calcule l'ordre de grandeur du rapport des valeurs des forces. Il n'a pas d'unité, car c'est le rapport de deux valeurs de force, donc de deux grandeurs de même unité.
Le résultat obtenu doit être comparé à la valeur indiquée dans le texte qui correspond, elle aussi, à un ordre de grandeur.

Solution rédigée

1. La valeur de la force d'attraction gravitationnelle est :

$$F_g = G\,\frac{m \cdot m'}{d^2}$$

2. Le rapport des valeurs des forces d'interaction vaut :

$$\frac{F_e}{F_g} = \frac{k\,\dfrac{|q \cdot q'|}{d^2}}{G\,\dfrac{m \cdot m'}{d^2}} = \frac{k}{G} \cdot \frac{|q \cdot q'|}{m \cdot m'}$$

Ce rapport ne dépend pas de la distance entre ces particules.

3. Dans le cas de deux protons, on a :

$$\frac{F_e}{F_g} = \frac{k}{G} \cdot \frac{{q_p}^2}{{m_p}^2} = \frac{k}{G} \cdot \left(\frac{q_p}{m_p}\right)^2 \approx \frac{9{,}0 \times 10^9}{6{,}67 \times 10^{-11}} \times \left(\frac{1{,}6 \times 10^{-19}}{1{,}7 \times 10^{-27}}\right)^2$$

En observant que : $\dfrac{9{,}0}{6{,}67} \approx 1$ et $\dfrac{1{,}6^2}{1{,}7^2} \approx 1$, l'ordre de grandeur est :

$$\frac{F_e}{F_g} \approx \frac{10^9}{10^{-11}} \times \left(\frac{10^{-19}}{10^{-27}}\right)^2 = 10^{9+11} \times 10^{(-19+27)\times 2} = 10^{20} \times 10^{16} = 10^{36}.$$

Un milliard de milliards de milliards de milliards vaut :

$$10^9 \times 10^9 \times 10^9 \times 10^9 = 10^{36}.$$

On retrouve bien l'ordre de grandeur calculé.

Application immédiate

4 Sans calculatrice, calculer l'ordre de grandeur du rapport $\dfrac{F_e}{F_g}$ dans le cas de deux électrons de masse $m_e = 9{,}1 \times 10^{-31}$ kg et de charge $q_e = -1{,}6 \times 10^{-19}$ C.

Voir corrigés, p. 369.

Exercices

Pour commencer

Quels sont les plus petits constituants de la matière ?

5 Identifier les particules élémentaires

Parmi les entités suivantes, quelles sont les particules dites élémentaires ?
Noyau de l'atome d'hélium, atome d'hélium, neutron, proton, électron, noyau de l'atome d'hydrogène.

6 Comparer des masses

1. Quel est l'ordre de grandeur de la masse :
a. d'un nucléon ?
b. d'un électron ?

2. Peut-on négliger l'une de ces masses par rapport à l'autre ?

7 Exprimer une charge

En fonction de la charge élémentaire e :
a. donner l'expression de la charge portée par un proton et de celle portée par un électron ;
b. donner l'expression de la charge d'un noyau d'hélium, de représentation symbolique $^{4}_{2}He$.

8 Déterminer un numéro atomique

La masse de tous les électrons d'un atome est $5{,}5 \times 10^{-30}$ kg.

1. Combien d'électrons possède cet atome, sachant qu'un électron a une masse de $9{,}1 \times 10^{-31}$ kg ?

2. Quel est le nombre de charges positives portées par le noyau de cet atome ?
Comment se nomment les particules qui portent ces charges positives ?

3. En déduire la valeur de son numéro atomique.

9 Déterminer la composition d'un atome

Le silicium est l'élément utilisé dans les panneaux photovoltaïques pour convertir la lumière en électricité.

La charge q du noyau de l'atome de silicium, de représentation symbolique $^{28}_{Z}Si$, a pour valeur $2{,}24 \times 10^{-18}$ C.

1. Combien de protons possède ce noyau, sachant que la charge élémentaire vaut $e = 1{,}6 \times 10^{-19}$ C ?

2. En déduire le nombre de neutrons de ce noyau.

3. Quel est le nombre d'électrons de cet atome ?

10 Identifier des isotopes

1. Donner la composition des atomes suivants :
$^{20}_{10}Ne$; $^{9}_{4}Be$; $^{4}_{2}He$; $^{10}_{4}Be$; $^{10}_{5}B$.

2. Quels sont les isotopes dans cette liste ? Justifier.

Quelles sont les interactions fondamentales ? Quelles sont les dimensions des édifices de l'Univers ?

11 Donner un ordre de grandeur

1. Quel est l'ordre de grandeur de la taille d'un atome ?

2. Quel est l'ordre de grandeur de la taille du noyau d'un atome ?

12 Comparer des ordres de grandeur

Le diamètre de notre galaxie, la Voie lactée, est d'environ 100 000 années de lumière. Le Soleil a un diamètre de 1 392 000 km.

1. Quel est l'ordre de grandeur du diamètre du Soleil ?

2. Calculer, en km, l'ordre de grandeur du diamètre de notre galaxie.

3. Comparer les ordres de grandeur des deux diamètres.

Donnée : 1 a.l. = $9{,}46 \times 10^{15}$ m.

13 Connaître les interactions

1. Quelles sont les quatre interactions fondamentales ?

2. Quelle interaction prédomine :
a. entre deux protons d'un noyau ?
b. entre la Terre et le Soleil ?

14 Associer l'interaction prépondérante à un édifice

Quelle est l'interaction prépondérante :
a. à l'échelle humaine ?
b. à l'échelle moléculaire ?
c. à l'échelle nucléaire ?
d. à l'échelle astronomique ?

Pour s'entraîner

15 Autour du mercure

COMPÉTENCES Raisonner; calculer.

À la température de 20 °C, le mercure, de symbole Hg, est un métal gris et liquide. Le noyau d'un atome de mercure est caractérisé par des valeurs $Z = 80$ et $A = 200$.

1. Comment appelle-t-on Z et A? Que représentent-ils?

2. Donner la représentation symbolique de cet atome et indiquer sa composition.

3. Calculer la charge électrique q du noyau de cet atome.

4. Calculer la masse m de cet atome.

Données : masses du proton et du neutron
$m_p \approx m_n \approx 1{,}7 \times 10^{-27}$ kg;
masse de l'électron $m_{e^-} = 9{,}1 \times 10^{-31}$ kg ;
charge élémentaire $e = 1{,}6 \times 10^{-19}$ C.

16 What about gravity?

COMPÉTENCES Trouver les informations; communiquer.

Gravity is *weird*.
It is clearly one of the fundamental interactions, but the Standard Model cannot really explain it. This is one of those major unanswered problems in physics today.
In addition, the gravity force *carrier particle* has not been found. Such a particle, however, is predicted to exist and may someday be found : the **graviton**. *Fortunately, the effects of gravity are extremely tiny in most particle physics situations* compared to the other three interactions, so theory and experiment can be compared without including gravity in the calculations. Thus, the Standard Model works without explaining gravity.

D'après le site particleadventure.org.

Vocabulaire : *weird* : mystérieuse; *carrier particle* : particule porteuse.

1. Qu'est-ce que la gravitation?

2. Quelle est la question relative à la gravitation sans réponse aujourd'hui?

3. Expliquer la phrase en *italique*. Cette remarque est-elle vraie à toutes les échelles de l'Univers?

17 Quelle interaction pour quelle énergie?

COMPÉTENCES Argumenter; s'exprimer clairement.

Citer, en justifiant, l'interaction prédominante mise en jeu lors de la production d'électricité dans :

a. une centrale hydraulique (la descente de l'eau sous l'effet de la pesanteur permet de produire de l'électricité);

b. une centrale thermique (la combustion de pétrole, de charbon ou de gaz permet de produire de l'électricité);

c. une centrale nucléaire (la fission de noyaux atomiques permet de produire de l'électricité).

Les exercices 18 à 21 utilisent l'interaction électrostatique décrite par la ***loi de Coulomb*** *(chapitre 9) :*

Deux corps portant les charges électriques q et q' (en C) :
– s'attirent si q et q' sont de signes opposés;
– se repoussent si q et q' sont de même signe.
La valeur de la force d'interaction électrostatique entre ces corps distants de d (en m) a pour valeur :

$$F_e = k\frac{|q \cdot q'|}{d^2} \quad \text{avec } k = 9{,}0 \times 10^9 \text{ N} \cdot \text{m}^2 \cdot \text{C}^{-2}.$$

18 Noyaux radioactifs

COMPÉTENCES Trouver les informations; raisonner.

Les forces nucléaires agissent principalement entre chaque proton ou neutron et son plus proche voisin, tandis que les forces électrostatiques agissent sur de plus grandes distances, donnant une répulsion entre chaque proton et tous les autres protons du noyau. Plus il y a de protons dans le noyau, plus forte est la répulsion électrostatique, plus le noyau est instable.

D'après Richard Feynman.

Dans la nature, on trouve de l'uranium 235 de nombre de masse 235 et de l'uranium 238 de nombre de masse 238. Ces noyaux, de numéro atomique $Z = 92$, sont radioactifs et émettent, en se désintégrant, une particule alpha (noyau d'hélium, voir **chapitre 8**).

1. a. Donner la composition de chacun des noyaux d'uranium cités.

b. Comment nomme-t-on ce type de noyaux?

2. La particule alpha émise lors de la désintégration est un noyau d'hélium de nombre de masse 4.

a. Quel est le numéro atomique de l'hélium? S'aider, si nécessaire, de la classification périodique.

b. Quelle est la composition d'une particule alpha?

3. Quelle interaction est responsable de la cohésion du noyau?

4. Quel est l'effet de l'interaction électrostatique s'exerçant entre les protons d'un noyau?

5. En quoi l'émission d'une particule alpha peut-elle stabiliser un noyau comportant trop de nucléons?

19 À chacun son rythme

COMPÉTENCES Calculer ; argumenter.

Cet exercice est proposé à deux niveaux de difficulté. Dans un premier temps, essayer de résoudre l'exercice de niveau 2. En cas de difficultés, passer au niveau 1.

Une particule α (alpha) est un noyau d'hélium $^{4}_{2}He$. Deux particules α sont séparées d'une distance *d*. La valeur des forces électrostatiques, dues à l'interaction électromagnétique, qui s'exercent alors entre ces particules a pour expression :

$$F_e = k\frac{|q_1 \cdot q_2|}{d^2}$$

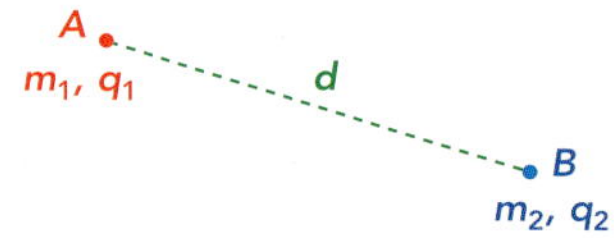

k est une constante, q_1 et q_2 sont les charges des deux particules en interaction exprimées en coulomb (C) et *d* est la distance qui les sépare exprimée en mètre (m).

Voir, si nécessaire, les exercices résolus I et II, p. 126-127.

Niveau 2

1. Sans souci d'échelle, schématiser les forces gravitationnelles entre deux particules α.

2. Sans souci d'échelle, schématiser les forces électrostatiques entre deux particules α.

3. Comparer les valeurs de ces deux forces et conclure.

Niveau 1

1. a. Les forces gravitationnelles s'exerçant entre deux masses sont-t-elles attractives ou répulsives ?
b. Sans souci d'échelle, schématiser les forces gravitationnelles entre deux particules α.

2. a. Que peut-on dire des signes des charges électriques des particules α ?
b. Les forces électrostatiques s'exerçant entre ces deux particules sont-elles attractives ou répulsives ?
c. Sans souci d'échelle, schématiser les forces électrostatiques entre deux particules α.

3. a. On note F_g la valeur des forces gravitationnelles entre ces particules α.
Exprimer F_g en fonction de G, m_p, m_n et *d*.
b. On note F_e la valeur des forces électrostatiques entre ces particules α.
Exprimer F_e en fonction de k, e et *d*.

c. Exprimer le rapport $\frac{F_e}{F_g}$.

d. Calculer le rapport $\frac{F_e}{F_g}$.

e. Que peut-on en conclure ?

Données :
$G = 6{,}67 \times 10^{-11}\ N \cdot kg^{-2} \cdot m^2$;
masses du proton et du neutron $m_p = m_n = 1{,}7 \times 10^{-27}$ kg ;
charge élémentaire $e = 1{,}6 \times 10^{-19}$ C ;
$k = 9{,}0 \times 10^9\ N \cdot m^2 \cdot C^{-2}$.

Pour aller plus loin

20 Interpréter l'expérience de Rutherford

COMPÉTENCE Raisonner.

Au début du XXe siècle, E. RUTHERFORD détermine la structure d'un atome en bombardant une feuille d'or par des noyaux d'hélium $^{4}_{2}He$, appelés particules α (alpha).
Il observe que certaines de ces particules α sont déviées lorsqu'elles traversent la feuille constituée d'atomes d'or de représentation symbolique $^{197}_{79}Au$.

1. En fonction de la charge élémentaire e, exprimer :
a. la charge du noyau d'un atome d'or ;
b. la charge de la particule α.

2. a. À quelles interactions le noyau d'un atome d'or et une particule α sont-ils soumis lorsqu'ils sont à proximité l'un de l'autre ?
b. À cette échelle, quelle est l'interaction prépondérante ?

3. @ Quelle conclusion RUTHERFORD a-t-il tiré de son observation ?

21 Si l'homme était chargé !

COMPÉTENCES Effectuer un calcul ; exercer son esprit critique.

> Si vous vous teniez à un bras de distance de quelqu'un et que chacun de vous ait un pour cent d'électrons de plus que de protons, la force de répulsion serait incroyable. De quelle grandeur ? Suffisante pour soulever l'Empire State Building ? Non ! Pour soulever le Mont Everest ? Non ! La répulsion serait suffisante pour soulever une masse égale à celle de la Terre entière !
>
> D'après Richard FEYNMAN.

1. Quelle est l'interaction évoquée par FEYNMAN ?

2. La situation décrite par FEYNMAN peut être modélisée par deux corps ponctuels, de charge $q_1 = q_2 = -6{,}7 \times 10^7$ C, distants de $d = 60$ cm.
Calculer la valeur des forces électrostatiques qu'exerceraient l'un sur l'autre les deux corps ponctuels dans la situation décrite par FEYNMAN.

3. Calculer le poids qu'aurait un objet si sa masse était égale à celle de la Terre.

4. Comparer les ordres de grandeur des valeurs de ces deux forces. La dernière phrase du texte ci-dessus est-elle justifiée ?

Données : masse de la Terre $m_T = 6{,}0 \times 10^{24}$ kg ;
intensité de la pesanteur terrestre $g = 10\ N \cdot kg^{-1}$;
$k = 9{,}0 \times 10^9\ N \cdot m^2 \cdot C^{-2}$.

22 « Sphérique » or not « sphérique »

COMPÉTENCES Trouver l'information ; raisonner.

> « Que fait la force de gravité ? Elle attire la matière. Quelle est la configuration dans laquelle tous les éléments sont les plus proches les uns des autres ? Une boule ! C'est la raison pour laquelle les étoiles sont sphériques, comme les planètes, si elles ne sont pas trop petites. À l'intérieur d'un objet céleste de plus de 100 kilomètres de rayon, les forces de gravité prennent le dessus sur les forces chimiques qui donnent à la matière sa rigidité et obligent celle-ci à adopter une forme sphérique : la Lune est ronde, les satellites de Jupiter aussi. En revanche, ceux de Mars, plus petits, ont une gravité insuffisante pour que leur masse rocheuse soit arrondie. Ils ne sont pas sphériques ».
>
> *La Plus belle histoire du monde. Les secrets de nos origines*, Hubert Reeves, Joël de Rosnay, Dominique Simonnet, Yves Coppens, © Éditions du Seuil, 1996, *Points* 2002.

1. Quel est le nom actuel de la force dite « de gravité » ? À quelle interaction est-elle associée ?

2. Quelle est l'interaction à l'origine des « forces chimiques qui donnent à la matière sa rigidité » ?

3. Quelle interaction prédomine pour les astres dont les rayons sont supérieurs à 100 km ?

4. Pourquoi Phobos, satellite de Mars, n'est-il pas sphérique ?

5. Comparer la valeur de la force d'attraction gravitationnelle moyenne exercée par Phobos sur un objet de masse $m = 1{,}0$ kg placé sur sa surface avec celle exercée par Mars sur ce même objet placé à la surface de Mars.

Données : masse de Mars $m_M = 6{,}4 \times 10^{23}$ kg ; masse de Phobos $m_P = 1{,}1 \times 10^{16}$ kg ; rayon « moyen » de Phobos $R_P = 11$ km ; rayon de Mars $R_M = 3{,}4 \times 10^3$ km ; $G = 6{,}67 \times 10^{-11}\ N \cdot kg^{-2} \cdot m^2$.

Pour les curieux

23 Un nucléon haut comme trois... quarks !

COMPÉTENCE Extraire des informations.

Un quoi ? Un quark ! Ce nom, pour le moins original, est attribué aux constituants des protons et des neutrons, qui, avec les électrons, sont les briques fondamentales de la matière dont nous sommes faits.

Jusqu'au milieu du XXe siècle, on pensait que protons et neutrons étaient élémentaires, c'est-à-dire sans structure interne. Mais alors, comment expliquer la multitude des particules observées dans le rayonnement cosmique ou produites dans les accélérateurs par la suite ? En 1964, Murray Gell-Mann et George Zweig ont proposé d'introduire les quarks comme composants des protons et des neutrons. Deux types de quarks suffisaient pour leur description : le *up* et le *down*. D'autres particules connues à cette époque nécessitaient l'existence d'un troisième quark, appelé *strange*. Aujourd'hui, les quarks sont au nombre de six : aux précédents, on a ajouté le *charm*, le *bottom* et le *top*. Les quarks ont tous des charges fractionnaires $-\frac{1}{3}$ e ou $+\frac{2}{3}$ e. C'est ainsi que le proton est constitué de deux quarks *up* (charge $+\frac{2}{3}$ e) et de un quark *down* (charge $-\frac{1}{3}$ e) tandis que le neutron contient deux quarks *down* et un quark *up*.

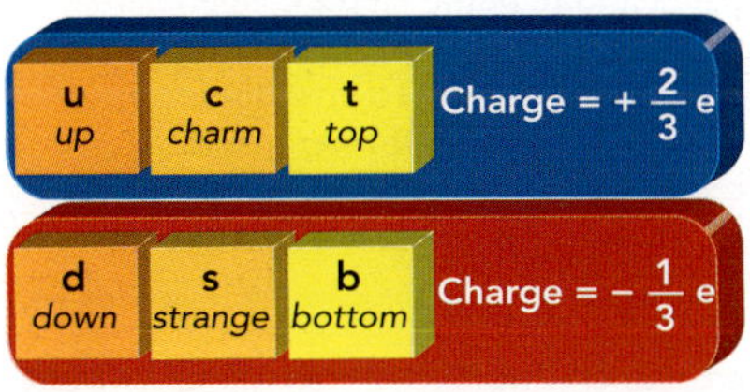

L'interaction forte, de très courte portée mais très intense, lie les quarks entre eux pour former les protons et les neutrons. De même, elle lie ces derniers pour former les noyaux des atomes. L'interaction faible, de portée et d'intensité bien plus faibles que celles de l'interaction forte, permet la transformation d'un quark en un autre quark. Ainsi, à l'intérieur d'un proton, un quark *up* peut être transformé en un quark *down*. Le proton est alors transformé en neutron.

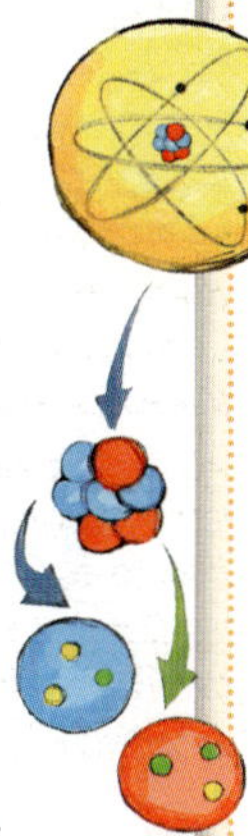

D'après la revue *Élémentaire, numéro 4*, 2006, Disponible sur : http://elementaire.web.lal.in2p3.fr.

1. a. @ Rappeler la valeur de la charge élémentaire.

b. Cette appellation est-elle réellement justifiée ?

2. Vérifier, à partir de leur constitution en quarks, les charges du proton et du neutron.

3. Quel type d'interaction permet de maintenir les quarks à l'intérieur des nucléons ?

4. Les désintégrations radioactives seront étudiées au **chapitre 8**. Lors de certaines de ces réactions, un neutron peut être transformé en proton. Quel est alors le changement observé au niveau des quarks ?

Exercices

Retour sur l'ouverture du chapitre

24 Les objectifs du LHC

COMPÉTENCES **Extraire des informations ; proposer une hypothèse.**

Le LHC est un gigantesque accélérateur de particules, avec lequel les physiciens étudient les plus petites particules connues : les composants fondamentaux de la matière.

Dans le long tunnel circulaire du LHC, deux faisceaux de particules tournent en sens inverses, emmagasinant de l'énergie à chaque tour. En les faisant entrer en collision frontale à une vitesse proche de celle de la lumière, le LHC permet de recréer les conditions qui existaient juste après le Big Bang.

Des équipes internationales de scientifiques analysent les résultats de ces collisions en utilisant des détecteurs spéciaux. Nombre d'entre eux sont inspirés des chambres multifilaires de Charpak. Le physicien français Georges Charpak (1924-2010), qui a reçu le prix Nobel de physique en 1992, est à l'origine d'une nouvelle génération de détecteurs de particules.

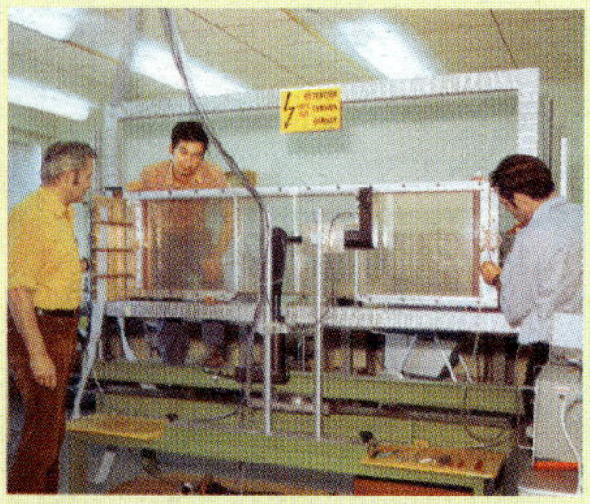

Une chambre de Charpak.

La chambre multifilaire de Charpak est constituée d'un boîtier rempli de gaz et contenant des fils de détection, parallèles entre eux. Ces fils sont reliés à la borne positive d'un générateur. On trouve de part et d'autre de ces fils deux plaques conductrices reliées à la borne négative (figure ci-dessous). Lorsqu'une particule chargée pénètre dans la chambre, elle peut ioniser les atomes du gaz contenu dans la chambre en leur arrachant un ou plusieurs électrons. Les ions positifs obtenus sont attirés par les plaques reliées à la borne négative, les électrons sont attirés par les fils environnants. Cela crée un courant électrique dans ces fils. La mesure de l'intensité du courant dans chaque fil permet de reconstituer la trajectoire de la particule ayant pénétré dans la chambre.

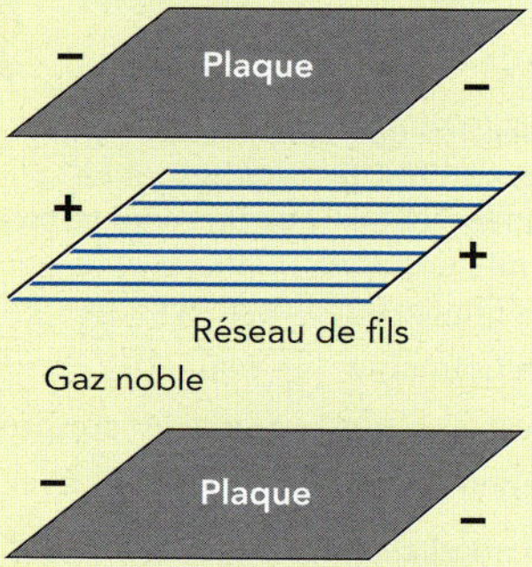

« Sans les procédés que Charpak a mis au point, en particulier la chambre proportionnelle multifilaire qu'il a inventée en 1968, on peut affirmer que le programme LHC serait en grande partie impossible aujourd'hui », a déclaré Rolf Heuer, directeur général du Cern (Organisation européenne pour la recherche nucléaire) pour *Le Bulletin du Cern*.

Les scientifiques espèrent ainsi vérifier les prévisions issues de la théorie appelée « modèle standard » qui est actuellement la meilleure description des constituants élémentaires de la matière et des forces qui s'exercent entre eux.

Dans ce modèle, les particules se classent en fermions et en bosons. Les quarks et l'électron sont des exemples de fermions.

Les bosons actuellement connus sont des intermédiaires d'interactions fondamentales :

– le photon pour l'interaction électromagnétique ;
– les gluons pour l'interaction forte ;
– les bosons Z et W pour l'interaction faible.

Le modèle standard prévoit l'existence de deux autres bosons : le boson de Higgs et le graviton.

Pour approfondir les découvertes dues au LHC, le Cern travaille à l'amélioration du LHC, mais aussi à l'élaboration de nouveaux accélérateurs linéaires de particules : le ILC (*International Linear Collider*) et à plus longue échéance le CLiC (*Compact Linear Collider*).

Le Cern est aussi impliqué dans plusieurs programmes européens d'accélération d'ions lourds pour la physique nucléaire.

1. Chercher la signification du sigle LHC, en anglais puis en français. À quoi sert cet appareil ? Où se trouve-t-il ?

2. Quelle interaction fondamentale est mise en jeu lors de la détection d'une particule dans une chambre multifilaire de Charpak ?

3. @ Que permettra de valider la découverte du boson de Higgs espérée au LHC ?

4. Si son existence est prouvée un jour, à votre avis, quelle interaction devrait transmettre le graviton ?

5. @ Quels ont été les premiers ions lourds entrés en collision au LHC en 2010 ?

Radioactivité et réactions nucléaires

Chapitre **8**

Albert EINSTEIN (1879-1955).
Cette image est un montage, car il n'existe pas de photographie d'EINSTEIN écrivant sa célèbre formule.

Albert EINSTEIN est l'un des plus grands esprits scientifiques de tous les temps. Ses travaux ont permis de grands progrès scientifiques. **En quoi sa formule emblématique, $\mathscr{E} = mc^2$, explique-t-elle la formidable énergie provenant du Soleil ? (Voir exercice 31, p. 150.)**

Qu'est-ce que la radioactivité ? Quelles énergies les réactions nucléaires dégagent-elles ?

OBJECTIFS

- Connaître les différents types de réactions nucléaires.
- Utiliser les lois de conservation pour écrire l'équation d'une réaction nucléaire.
- Utiliser la relation $\mathscr{E}_{libérée} = |\Delta m| \cdot c^2$.

Activités Étude documentaire

1 Histoire de la radioactivité

EN AUTONOMIE

De nombreux scientifiques sont associés à la découverte de la radioactivité. Qui sont les plus connus ?

A Des dates qui ont marqué l'histoire

1896

Le 26 février 1896, le physicien français Henri BECQUEREL (1852-1908) tente d'exciter la fluorescence de sels d'uranium en les exposant au rayonnement solaire, dans l'espoir d'impressionner par la suite une plaque photographique. Ne pouvant faire ses expériences à cause des nuages, il range les sels précédemment exposés dans un tiroir avec ses plaques photographiques neuves. Quatre jours plus tard, lorsqu'il développe ces plaques, elles sont impressionnées. H. BECQUEREL vient ainsi de découvrir un rayonnement invisible dont les effets sont similaires aux rayons X : il les nomme « rayons uraniques ».

1898

La physicienne franco-polonaise Marie CURIE (1867-1934) et son mari le physicien français Pierre CURIE (1859-1906) se consacrent à l'étude du rayonnement découvert par H. BECQUEREL. Ils montrent que d'autres composés sont susceptibles d'émettre un rayonnement identique à celui des sels uraniques. Ils nomment « polonium » (en référence au pays d'origine de Marie CURIE) et « radium » les éléments chimiques qu'ils découvrent. C'est également à eux que l'on doit le terme « radioactivité ». Leurs travaux leur vaudront le prix Nobel de chimie, en 1903, qu'ils partageront avec Henri BECQUEREL.

1902

Le physicien britannique Ernest RUTHERFORD (1871-1937) découvre que la radioactivité est due soit à des émissions de particules chargées, nommées particules alpha (α) ou bêta (β), soit à l'émission de rayons, nommés rayons gamma (γ), très énergétiques, non chargés et de même nature que la lumière et que les rayons X. Ces rayons gamma viennent d'être mis en évidence, en 1900, par le physicien français Paul VILLARD (1860-1934). E. RUTHERFORD réussira la toute première transmutation artificielle : lors de la radioactivité, il y a transformation du noyau d'un élément en noyau d'un autre élément. Le rêve des alchimistes devient réalité. Les travaux de E. RUTHERFORD lui valurent le prix Nobel de chimie en 1908.

1934

En travaillant sur la radioactivité naturelle, les physiciens et chimistes français Irène JOLIOT-CURIE (1897-1956) et Frédéric JOLIOT-CURIE (1900-1958) découvrent la radioactivité artificielle en irradiant du bore ou de l'aluminium avec des particules alpha. Le phénomène de radioactivité artificielle consiste à transformer un noyau stable en noyau radioactif. Ils obtiennent conjointement l'année suivante le prix Nobel de chimie. Leurs études et celles du physicien italien Enrico FERMI (1901-1954) sur les impacts de neutrons sur les noyaux lourds ouvriront la voie de la découverte de la fission nucléaire.

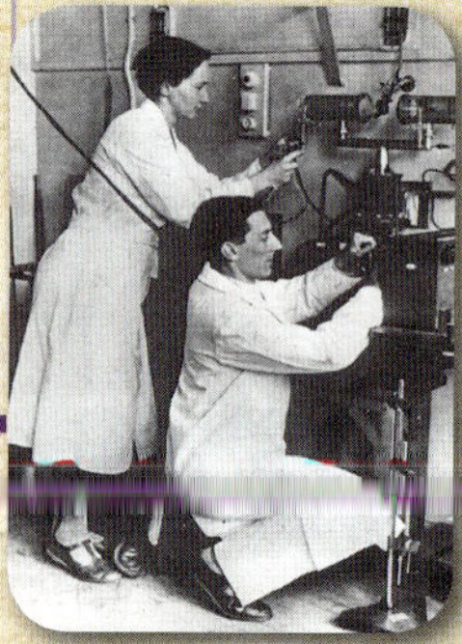

Doc. 1 Les pionniers de la radioactivité.

B La découverte d'un nouvel élément

Le texte ci-dessous est un extrait de la pièce *Les Palmes de M. Schutz*, écrite par Jean-Noël Fenwick en 1989 et inspirée de la vie de Pierre et Marie CURIE.

Pierre et Marie Curie sont dans leur laboratoire, Marie explique à Georgette, la nourrice de leur fille, ce qui la tracasse.

MARIE. Georgette, ceci est de l'uranium. Un métal comme le plomb ou le fer qui vient du fond d'une mine. On connaît l'uranium depuis toujours, seulement voilà, M. Curie et moi nous nous sommes rendu compte depuis peu de temps que l'uranium n'est pas un métal comme les autres. Figurez-vous qu'il dégage de l'électricité. *(Georgette a un mouvement de recul.)* Et il y a mieux. Figurez-vous qu'il dégage en plus des rayons tellement pénétrants qu'ils peuvent traverser une feuille de carton fort, une planche de bois et même un matelas.

GEORGETTE. Eh ben, comment ça se fait donc ?

MARIE. On n'en sait rien. Personne au monde à ce jour ne sait ni pourquoi ni comment. Monsieur Curie et moi avons seulement constaté ce... talent particulier de l'uranium. Il agit à distance, de façon invisible. [...] Comme la radio. D'ailleurs j'appelle ce phénomène la radioactivité. Vous me suivez ?

GEORGETTE. Ben oui. C'est ça qui vous fait des soucis ?

MARIE. Oui. C'est la radioactivité de l'uranium. [...] Qu'on le mouille avec n'importe quoi, qu'on le mélange à n'importe quoi, n'importe comment, qu'on le chauffe, qu'on le refroidisse, l'uranium continue à « yoyoter » comme dit M. Schutz, c'est-à-dire à rayonner invariablement. Sans baisse ni interruption. Plus il y a d'uranium dans un mélange, plus le mélange est radioactif, c'est tout ce qui change. [...] Et voilà maintenant que j'ai cette roche qui vient d'Autriche appelée pechblende... qui contient un peu d'uranium et beaucoup de cailloux, disons... et qui, à poids égal, est plus radioactif que l'uranium pur !! Or ce n'est pas possible ! Un mélange de roche et d'uranium ne peut pas être plus radioactif que l'uranium pur ! [...]

GEORGETTE. C'est peut-être autre chose que vous n'avez pas encore trouvé...

Isabelle Huppert et Charles Berling, dans le film de Claude Pinoteau, *Les Palmes de M. Schutz*, adapté de la pièce de J.-N. Fenwick.

MARIE. Autre chose ? Comment ça autre chose ??

GEORGETTE. Une chose que vous allez sûrement trouver. Dans la pêche blette. Avec toute votre instruction...

MARIE. Mais dans la pechblende, on sait ce qu'il y a ! Du bismuth, de la carnotite, de l'uranium et des impuretés. Et ni le bismuth ni la carnotite ne sont radioactifs !

GEORGETTE. Ben, alors c'est peut-être les impuretés qui yoyotent...

MARIE. Mais ces impuretés ne contiennent même pas de métal. Comment voulez-vous qu'elles soient radioactives ?

PIERRE. *(soudain très alerté)* Tu as vérifié ?

MARIE. Non mais... S'il y en a c'est infinitésimal. S'il y avait du métal parmi ces impuretés il faudrait qu'il soit des centaines de fois plus radioactif que l'uranium pour rendre le mélange plus radioactif que l'uranium pur ! *(Un long temps. Pierre et Marie se regardent avec intensité.)* Tu... Tu crois que ? [...] Mais... Mais alors, ce métal à l'état de trace serait tellement radioactif qu'il faudrait l'appeler... le radioactum.

PIERRE. Le... radionum !

MARIE. Le radium !

J-N. Fenwick, *Les Palmes de monsieur Schutz*, Acte II scène 3, © Éditions L'avant-scène théatre, collection des Quatre-vents, 2002

Doc. 2 Scène de la pièce où Pierre et Marie CURIE découvrent le radium.

1 Résumer le principal événement correspondant à chaque date citée dans le **document 1**.

2 Quelle anomalie présente le minerai d'Autriche appelé pechblende **(doc. 2)** ?

3 Quelle hypothèse est suggérée pour expliquer cette anomalie ?

4 **Observer**, **comprendre**, **agir** sont les trois grandes étapes de la démarche scientifique.
Montrer comment la découverte du radium, résulte de la mise en œuvre de cette démarche.

Un pas vers le cours...

5 Qu'est-ce que la radioactivité ?

Activités Étude expérimentale

2 La radioactivité : un phénomène naturel

De nombreux objets qui nous entourent sont radioactifs. Comment mesurer leur radioactivité ?

A La radioactivité qui nous entoure

DÉMARCHE D'INVESTIGATION

Le granite est-il radioactif ?

▸ Élaborer un protocole permettant de prouver que le granite est radioactif (on pourra utiliser le matériel du **document 3**). Le compteur Geiger-Müller sert à compter les rayonnements ionisants (particules alpha, bêta ou gamma et rayons X).

▸ Après accord du professeur, mettre en œuvre ce protocole.

1 Analyser les résultats obtenus.

Quelle est la radioactivité des objets quotidiens ?

2 Reporter dans un tableau, les valeurs des activités des objets indiqués dans l'animation :
http://www.cea.fr/content/download/3801/298507/file/anim_radioactivite.swf

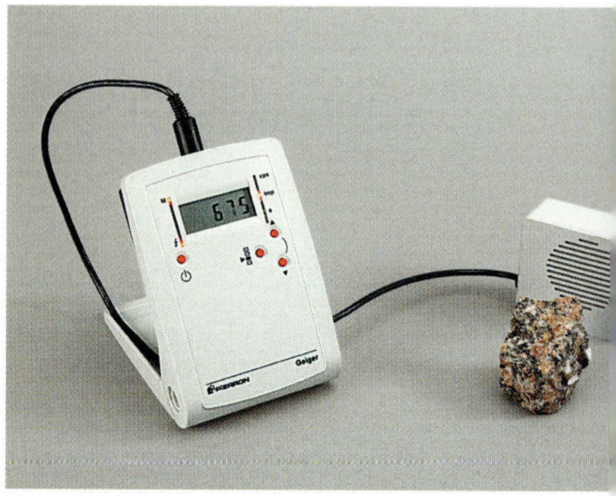

Doc. 3 Matériel disponible : compteur Geiger-Müller et bloc de granite.

B La radioactivité du radon

Le radon 222 est un gaz produit à partir de l'uranium 238. Il constitue la principale source d'exposition à la radioactivité naturelle. Dans certaines régions granitiques comme la Bretagne ou le Massif central, ce gaz radioactif s'accumule dans les caves des maisons. Lorsqu'il est inhalé, il se trouve en contact avec les poumons et devient dangereux : les produits de sa décomposition peuvent ioniser la matière vivante et entraîner certaines pathologies. Une aération des locaux permet d'éviter une concentration trop importante de radon 222.

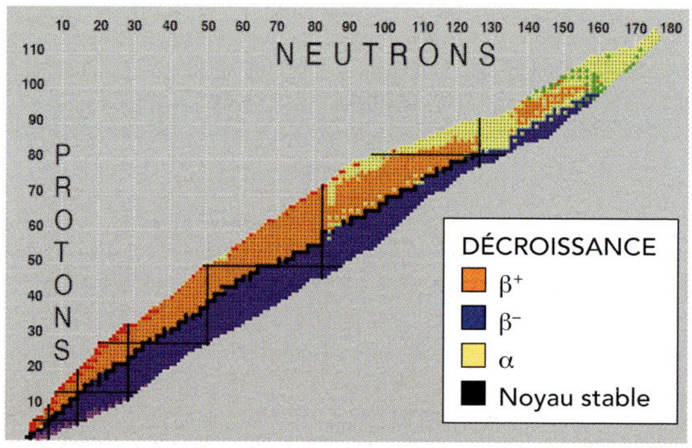

Doc. 4 Les principales décroissances radioactives peuvent être mises en évidence par le logiciel *Nucleus-Win®*.

Utiliser le logiciel *Nucléus-Win®* téléchargeable à l'adresse suivante :
http://amdc.in2p3.fr/web/nubdisp_fr.html
pour répondre aux questions ci-dessous.

3 Préciser où se situent les noyaux stables sur le diagramme représentant le nombre de protons, *Z*, en fonction du nombre de neutrons, *N*, du **document 4** (diagramme *N*,*Z*).

4 Justifier à l'aide de ce diagramme que le noyau de radon 222 n'est pas stable.

5 En utilisant le menu « filiation » du logiciel, rechercher le noyau fils du radon 222.
Écrire son symbole $^{A}_{Z}X$.

6 Compléter l'équation de la réaction de désintégration du radon 222 en remplaçant *A*, *Z* et *Z'* par leur valeur :

$$^{222}_{Z'}Rn \rightarrow {}^{4}_{2}He + {}^{A}_{Z}X.$$

Info Un noyau de radon 222 se désintègre en émettant :
– une **particule** α, c'est-à-dire un noyau d'hélium 4, $^{4}_{2}He$;
– un noyau appelé **noyau fils**.
Dans la notation $^{A}_{Z}X$, *A* représente le nombre de masse et *Z* le nombre de charge (ou numéro atomique).

Un pas vers le cours...

7 Quelles relations simples observe-t-on entre les nombres de masse *A* et de charge *Z* dans l'équation de désintégration du radon 222 ?

3 La fusion : l'énergie de demain ?

EN AUTONOMIE

Les scientifiques étudient actuellement un nouveau type de réaction nucléaire, la fusion.
Comment la fusion peut-elle libérer de l'énergie ?

En 2010, en France, 75 % de l'électricité est produite dans des centrales nucléaires par des réactions de **fission** (doc. 5).
Lors d'une réaction de fission, un noyau lourd d'uranium 235 se casse sous l'impact d'un neutron. Deux noyaux fils et des neutrons sont alors produits.
Cette réaction libère de l'énergie, nécessaire à la production de l'électricité. Les problèmes principaux de ce procédé sont la production de déchets radioactifs et la consommation de l'uranium, dont les réserves sont limitées.

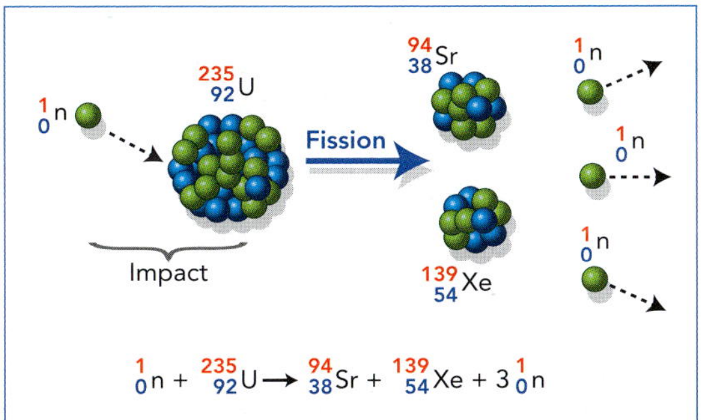

Doc. 5 Schématisation et équation d'une réaction de fission.

Un autre type de réaction se produisant naturellement dans le Soleil est actuellement étudié : la **fusion** (doc. 6).
Son intérêt réside dans le fait qu'elle est bien moins polluante que la fission et que les réserves de réactifs sont considérables.
Dans le Soleil, les noyaux d'hydrogène produisent en fusionnant un noyau d'hélium.
Une des réactions de fusion actuellement étudiée est la réaction entre un noyau de deutérium $^{2}_{1}H$ et un noyau de tritium $^{3}_{1}H$.

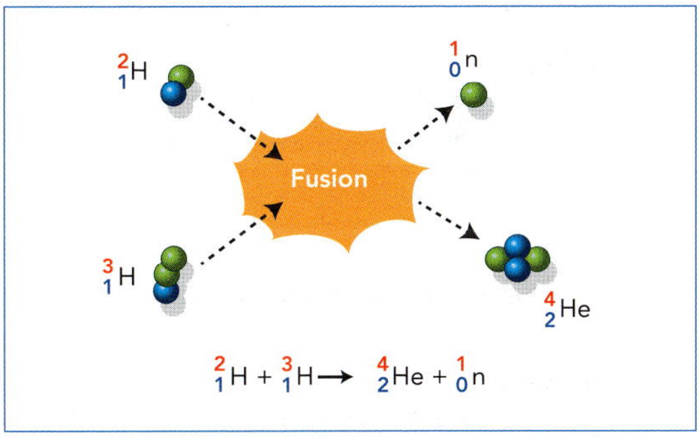

Doc. 6 Schématisation et équation d'une réaction de fusion.

La célèbre équation d'Einstein $\mathscr{E} = |\Delta m| \cdot c^2$ (doc. 7) permet d'expliquer la libération d'énergie lors de réactions nucléaires.

$$\mathscr{E} = |\Delta m| \cdot c^2$$

$\mathscr{E}$ est l'énergie produite exprimée en joule (J) ;
$|\Delta m|$ est la perte de masse, ou « défaut de masse », entre les réactifs et les produits, exprimée en kilogramme (kg) ;
c est la vitesse de la lumière dans le vide exprimée en mètre par seconde ($m \cdot s^{-1}$) : $c = 299\ 792\ 458\ m \cdot s^{-1}$.

Doc. 7 L'équation d'Einstein s'applique à toutes les réactions nucléaires.

1 Quelles sont les relations entre les nombres de charge et de masse des réactifs et des produits pour les réactions de fission (doc. 5) et de fusion (doc. 6) ?

2 @ Le deutérium et le tritium sont deux isotopes de l'hydrogène.
Comment peut-on les obtenir ?

3 **a.** Quels sont les réactifs et les produits de la réaction de fusion (doc. 6) ?
b. Calculer, pour cette réaction de fusion, la perte de masse $|\Delta m| = |m_{produits} - m_{réactifs}|$ (doc. 8).

Noyau ou particule	Masse (kg)
Deutérium $^{2}_{1}H$	$3{,}34359 \times 10^{-27}$
Tritium $^{3}_{1}H$	$5{,}00736 \times 10^{-27}$
Hélium $^{4}_{2}He$	$6{,}64466 \times 10^{-27}$
Neutron $^{1}_{0}n$	$1{,}67493 \times 10^{-27}$

Doc. 8 Masses de différents noyaux et du neutron mis en jeu lors d'une réaction de fusion.

Un pas vers le cours…

4 Calculer l'énergie libérée lors de la fusion d'un noyau de deutérium et d'un noyau de tritium.

4 Quelques applications de la radioactivité

EN AUTONOMIE

La radioactivité a de nombreuses applications dans des domaines très différents.
Comment la radioactivité est-elle utilisée en médecine et dans l'alimentation ?

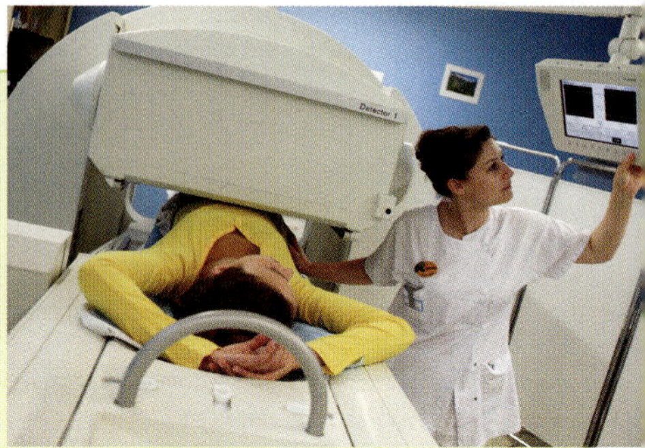
Examen de scintigraphie osseuse.

La radioactivité pour diagnostiquer
La scintigraphie est une technique d'imagerie médicale qui utilise des composés radioactifs, appelés « traceurs ». Ces composés émettent des rayonnements gamma ; leur détection permet d'obtenir l'image.
Un traceur est une molécule choisie pour se localiser de façon sélective dans la partie de l'organisme à explorer. Dans la structure moléculaire du traceur, un des atomes est remplacé par un de ses isotopes radioactifs appelé le marqueur isotopique. Le traceur ainsi marqué sera suivi dans l'organisme du patient.
Le traceur ingéré à faible dose n'a pas d'effet nocif.
Les marqueurs les plus fréquemment utilisés sont le thallium 201, le technétium 99 et l'iode 123.
Une illustration de cet examen est donnée dans l'animation disponible à l'adresse suivante :
http://caeinfo.in2p3.fr/IMG/Flash/anims/appmedi/scinti/animScintigraphieFinal.swf

Doc. 9 Exploration clinique et imagerie médicale.

La radioactivité pour conserver
Dans le domaine médical, pour l'hygiène des instruments opératoires, comme dans celui de l'alimentation, la radioactivité est utilisée pour éliminer à froid les micro-organismes, bactéries, moisissures, parasites.
De nombreux produits alimentaires sont stérilisés par des rayonnements gamma émis par des noyaux radioactifs.
Cette technique est aussi utilisée dans la conservation des œuvres d'art.
Les instruments ou aliments irradiés ne deviennent pas radioactifs.

Les effets dépendent de l'énergie absorbée, exprimée en gray (Gy). Un gray est la quantité d'énergie absorbée par un milieu homogène de masse 1 kg, lorsqu'il est exposé à un rayonnement radioactif apportant une énergie de un joule :

$$1\ \text{Gy} = 1\ \text{J} \cdot \text{kg}^{-1}.$$

Les fraises traitées par irradiation restent consommables plus lontemps.

Action de la radioactivité	Énergie correspondante
Inhiber la germination, stériliser les insectes	40 à 100 Gy
Tuer des insectes	1 000 à 3 000 Gy
Supprimer les microbes	1 000 à 4 000 Gy
Stériliser complètement un milieu	15 000 à 50 000 Gy

Doc. 10 Utilité de l'irradiation dans différents domaines.

1 @ Rechercher les différents isotopes cités dans le **document 9** et indiquer leur type de radioactivité.

2 À l'aide de l'animation (**doc. 9**), rechercher à quelles explorations peuvent être associés les différents traceurs.

3 @ Rechercher la signification du mot irradiation.

4 Expliquer la phrase en italique du **document 10**.

Un pas vers le cours...

5 Indiquer différentes utilisations de la radioactivité.

1 Qu'est-ce qu'une réaction nucléaire ?

1.1 Réactions nucléaires spontanées

Stabilité d'un noyau et radioactivité

• Les principales interactions qui interviennent au niveau des noyaux sont les interactions électromagnétiques et les interactions fortes. La **cohésion d'un noyau** résulte de l'équilibre entre ces interactions, auxquelles sont soumis ses nucléons (**chapitre 7**).

• Les noyaux isotopes d'un élément ne sont pas tous stables (**doc. 1**).
– Les noyaux **stables** sont représentés en noir dans le diagramme de Ségré (**doc. 2**). Lorsque Z est faible ($Z < 20$), ils ont des nombres de neutrons et de protons sensiblement égaux ($Z \approx N$).
– Lorsqu'un noyau est **instable**, il peut expulser spontanément une particule et émettre un rayonnement gamma (γ) de grande énergie. Cette réaction est appelée « désintégration radioactive », au cours de laquelle se forme le noyau d'un autre élément (**doc. 3**).
La particule émise peut être :
– **un électron $^{0}_{-1}e$ pour une réaction de type β^- (bêta moins) ;**
– **un positon $^{0}_{1}e$ pour une réaction de type β^+ (bêta plus) ;**
– **un noyau d'hélium 4 $^{4}_{2}He$ pour une réaction de type α (alpha).**
Le type de la désintégration radioactive spontanée dépend du type d'instabilité du noyau (**doc. 2**).

> Lors d'une **désintégration radioactive**, un noyau père se désintègre spontanément en émettant un noyau fils, une particule et un rayonnement électromagnétique γ.

• La **radioactivité naturelle** a été mise en évidence par Henri Becquerel, puis expliquée par Pierre et Marie Curie (**activité 1**). Ils ont reçu ensemble le prix Nobel de physique en 1903 pour cette découverte.

Activité d'un échantillon

> L'**activité** d'un échantillon radioactif est le nombre de désintégrations par seconde. Elle s'exprime en becquerel (Bq).

Un becquerel correspond à une désintégration par seconde.
L'activité d'un échantillon radioactif peut être évaluée avec un compteur Geiger (**activité 2**). Le **document 4** donne les activités de quelques objets quotidiens.

Doc. 1 Noyaux isotopes de l'aluminium, instables en bleu ou orange et stable en noir.

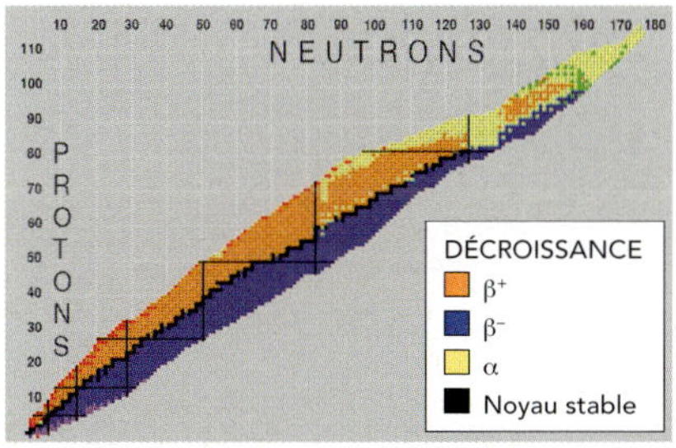

Doc. 2 Le diagramme de Ségré (ou diagramme N,Z) donne la nature de l'instabilité des noyaux en fonction du nombre de neutrons N, en abscisse, et du nombre de protons Z, en ordonnée.

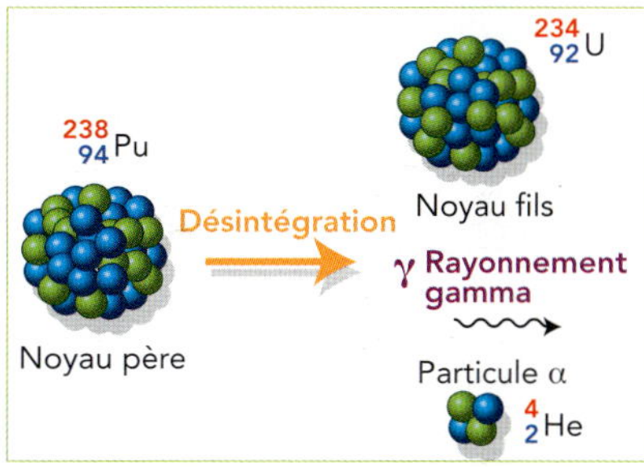

Doc. 3 Exemple de désintégration radioactive de type alpha : le noyau « père » se casse en émettant un noyau d'hélium.

Doc. 4 Activité moyenne de quelques objets quotidiens, donnée pour 1 kg.

Eau du robinet	Lait	Corps humain	Poisson	Granite

1 à 2 Bq	80 Bq	110 à 140 Bq	100 à 400 Bq	8 000 Bq

1.2 Réactions nucléaires provoquées

La fission des noyaux lourds

Lors d'une réaction de **fission**, un noyau lourd éclate sous l'impact d'un neutron.

Lors d'une fission, des noyaux plus légers, généralement radioactifs, et un rayonnement électromagnétique γ sont émis ; de l'énergie est libérée **(doc. 5)**. Cette réaction concerne des noyaux dits fissiles, comme l'uranium $^{235}_{92}U$ ou le plutonium $^{239}_{94}Pu$.
La fission est utilisée dans les réacteurs des centrales nucléaires pour produire de l'électricité.

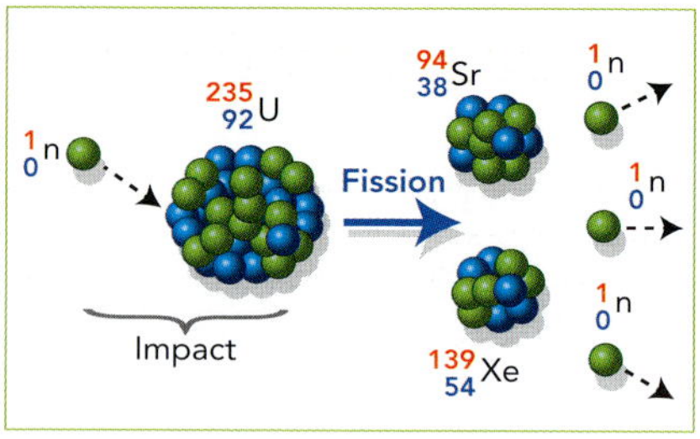

Doc. 5 Schématisation d'une réaction de fission.

La fusion des noyaux légers

Lors d'une réaction de **fusion**, deux noyaux légers s'associent pour former un noyau plus lourd.

Lors d'une fusion, des particules et un rayonnement électromagnétique γ sont émis ; de l'énergie est libérée **(doc. 6)**.
Dans le Soleil et les étoiles, la température et la pression sont très élevées, ce qui procure une énergie importante aux particules. Les réactions de fusion peuvent s'y produire spontanément.
Depuis une trentaine d'années, de nombreux laboratoires étudient la fusion de deux isotopes de l'hydrogène, le deutérium $^{2}_{1}H$ et le tritium $^{3}_{1}H$ (projet ITER, Laser Mégajoule, etc.).

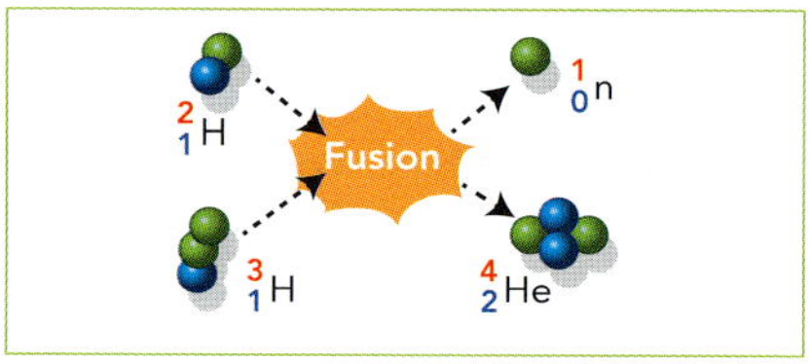

Doc. 6 Schématisation d'une réaction de fusion.

Voir exercices 1, p. 143, et 6 à 10, p. 146.

2 Comment écrire une équation de réaction nucléaire ?

Lors d'une réaction nucléaire, la somme des nombres de masse des réactifs est égale à la somme des nombres de masse des produits. On dit qu'il y conservation du nombre de masse.
De même, la somme des nombres de charge des réactifs est égale à la somme des nombres de charge des produits. On dit qu'il y a conservation du nombre de charge.

Au cours d'une réaction nucléaire, il y a conservation :
– du **nombre de masse** ;
– du **nombre de charge**.
Ce sont les **lois de conservation**, dites lois de Soddy.

Lors d'une réaction nucléaire, il n'y a pas conservation des éléments chimiques. **Une réaction nucléaire n'est pas une réaction chimique.**

Dans les équations de réactions nucléaires, on écrit uniquement les particules possédant une charge ou une masse. Ainsi les rayonnements gamma n'apparaissent pas.

Exemples d'application des lois de conservation :

Type de réaction spontanée	Particule associée	Exemple d'équation de réaction	Conservation du nombre de masse	Conservation du nombre de charge
Alpha (α)	Noyau d'hélium $^{4}_{2}He$	$^{238}_{92}U \rightarrow {}^{4}_{2}He + {}^{234}_{90}Th$	238 = 4 + 234	92 = 2 + 90
Bêta moins (β^-)	Électron $^{0}_{-1}e$	$^{14}_{6}C \rightarrow {}^{0}_{-1}e + {}^{14}_{7}N$	14 = 0 + 14	6 = –1 + 7
Bêta plus (β^+)	Positon $^{0}_{1}e$	$^{123}_{53}I \rightarrow {}^{0}_{1}e + {}^{123}_{52}Te$	123 + 0 = 123	53 = 1 + 52

Type de réaction provoquée	Exemple d'équation de réaction	Conservation du nombre de masse	Conservation du nombre de charge
Fission	$^{1}_{0}n + {}^{235}_{92}U \rightarrow {}^{94}_{38}Sr + {}^{139}_{54}Xe + 3\,{}^{1}_{0}n$	$1 + 235 = 94 + 139 + 3 \times 1$	$0 + 92 = 38 + 54 + 3 \times 0$
Fusion	$^{2}_{1}H + {}^{3}_{1}H \rightarrow {}^{4}_{2}He + {}^{1}_{0}n$	2 + 3 = 4 + 1	1 + 1 = 2 + 0

Voir exercices 2, p. 143, et 11 à 15, p. 146.

3 Quelle est l'énergie libérée par une réaction nucléaire ?

Lors d'une réaction nucléaire, la masse des produits obtenus est inférieure à la masse des réactifs **(doc. 7)**.
La masse manquante, appelée « perte de masse » (ou défaut de masse), a pour expression :

$$|\Delta m| = |m_{\text{produits}} - m_{\text{réactifs}}|$$ **(activité 4)**.

D'après la célèbre équation d'Einstein, la perte de masse correspond à l'énergie libérée suivant la relation :

$$\mathcal{E}_{\text{libérée}} = |\Delta m| \cdot c^2 = |m_{\text{produits}} - m_{\text{réactifs}}| \cdot c^2$$

L'énergie libérée $\mathcal{E}_{\text{libérée}}$ s'exprime en joule (J), la perte de masse $|\Delta m|$ en kilogramme (kg) et la vitesse de la lumière c dans le vide en mètre par seconde ($m \cdot s^{-1}$), avec $c = 299\,792\,458\ m \cdot s^{-1}$.

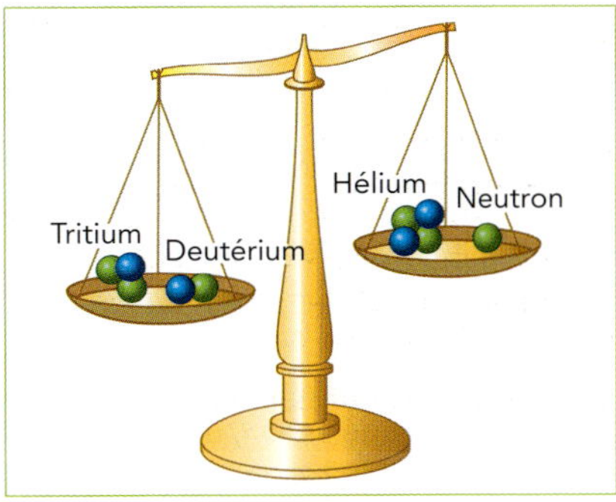

Doc. 7 Lors de la réaction de fusion du **document 6**, les masses du noyau d'hélium et du neutron sont inférieures aux masses des noyaux de tritium et de deutérium.

C'est aussi ce type d'énergie, appelée dans ce cas « énergie de liaison », qui assure la cohésion du noyau *.

*** Pour les curieux**

Pourquoi la masse d'un noyau est-elle toujours inférieure à la somme des masses de chacun de ses nucléons isolés ?
La masse manquante $|\Delta m| = |m_{\text{noyau}} - m_{\text{nucléon}}|$ a été convertie en énergie de liaison :

$$\mathcal{E}_{\text{liaison}} = |\Delta m| \cdot c^2$$

Elle correspond à l'énergie qu'il faudrait fournir au noyau pour qu'il soit dissocié en ses nucléons isolés. (Voir exercice 30, p. 150.)

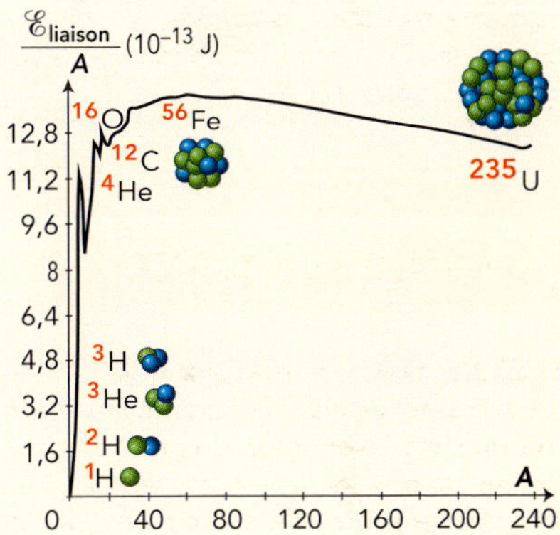

Exemple de calcul d'énergie libérée lors d'une réaction de fusion :

Réactifs			Produits	
^2_1H	+	^3_1H →	^4_2He +	^1_0n
$m(^2_1H) = 3{,}34358 \times 10^{-27}$ kg		$m(^3_1H) = 5{,}00736 \times 10^{-27}$ kg	$m(^4_2He) = 6{,}64466 \times 10^{-27}$ kg	$m(^1_0n) = 1{,}67493 \times 10^{-27}$ kg
$m_{\text{réactifs}} = 8{,}35094 \times 10^{-27}$ kg			$m_{\text{produits}} = 8{,}31959 \times 10^{-27}$ kg	
$\lvert\Delta m\rvert = \lvert 8{,}31959 \times 10^{-27}\ \text{kg} - 8{,}35094 \times 10^{-27}\ \text{kg}\rvert = 3{,}135 \times 10^{-29}$ kg				
$\mathcal{E}_{\text{libérée}} = \lvert\Delta m\rvert \cdot c^2 = 3{,}135 \times 10^{-29} \times (299\,792\,458)^2 = 2{,}818 \times 10^{-12}$ J				

Ordre de grandeur d'énergies libérées :

Type de réaction	Fusion	Fission	Désintégration alpha	Combustion du pétrole
Énergie libérée	2×10^{11} J par gramme d'hydrogène fusionné	8×10^{10} J par gramme d'uranium 235 fissionné	2×10^{9} J par gramme de radon 222 désintégré	4×10^{4} J par gramme de pétrole brûlé

Voir exercices 3, p. 143, et 16 à 17, p. 146-147.

Essentiel

Les réactions nucléaires

Réactions nucléaires spontanées

Lors d'une désintégration radioactive, un noyau père se désintègre spontanément en émettant un noyau fils, une particule et un rayonnement gamma (γ).
L'activité d'un échantillon radioactif est le nombre de noyaux qui se désintègrent par seconde.
Elle s'exprime en becquerel (Bq) :

$$1 \text{ Bq} = 1 \text{ désintégration} \cdot \text{s}^{-1}.$$

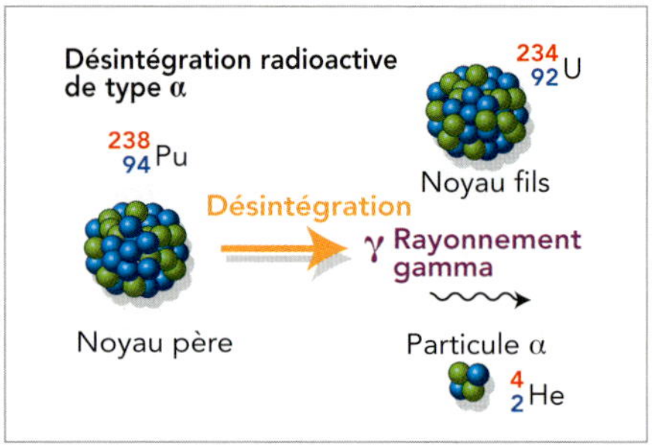

Réactions nucléaires provoquées

Lors d'une fission, un noyau lourd éclate sous l'impact d'un neutron.
Lors d'une fusion, deux noyaux légers s'associent pour former un noyau plus lourd.

Réaction de fission nucléaire

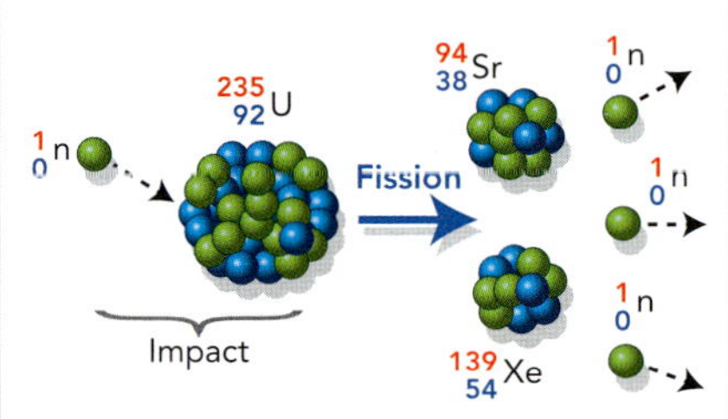

Réaction de fusion nucléaire

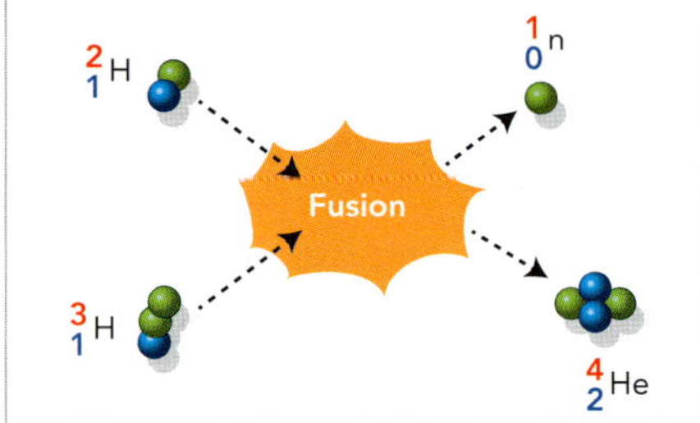

Lois de conservation

Au cours d'une réaction nucléaire, il y a conservation du **nombre de masse** et du **nombre de charge**.

$$^{1}_{0}\text{n} + ^{235}_{92}\text{U} \rightarrow ^{94}_{38}\text{Sr} + ^{139}_{54}\text{Xe} + 3\,^{1}_{0}\text{n}$$

$$1 + 235 = 94 + 139 + 3 \times 1$$

$$0 + 92 = 38 + 54 + 3 \times 0$$

$$^{2}_{1}\text{H} + ^{3}_{1}\text{H} \rightarrow ^{4}_{2}\text{He} + ^{1}_{0}\text{n}$$

$$2 + 3 = 4 + 1$$

$$1 + 1 = 2 + 0$$

Énergie libérée

Lors d'une réaction nucléaire, de l'énergie est libérée.

$$\mathscr{E}_{\text{libérée}} = |\Delta m| \cdot c^2$$

- $\mathscr{E}_{\text{libérée}}$: Énergie libérée en joule (J)
- $|\Delta m|$: Perte de masse en kilogramme (kg)
- c : Vitesse de la lumière dans le vide en mètre par seconde ($\text{m} \cdot \text{s}^{-1}$)

LES COMPÉTENCES ATTENDUES

- ✔ Recueillir et exploiter des informations sur la découverte de la radioactivité naturelle et de la radioactivité artificielle.
- ✔ Connaître la définition et des ordres de grandeur de l'activité exprimée en becquerel.
- ✔ Utiliser les lois de conservation pour écrire l'équation d'une réaction nucléaire.
- ✔ Utiliser la relation $\mathscr{E}_{\text{libérée}} = |\Delta m| \cdot c^2$
- ✔ Recueillir et exploiter des informations sur les réactions nucléaires (domaine médical, domaine énergétique, domaine astronomique, etc.).

QCM

Pour chaque question, indiquer la (ou les) bonne(s) réponse(s).

Voir corrigés, p. 369.

1 Les réactions nucléaires

	A	B	C
1. Une désintégration radioactive :	est spontanée.	est une réaction nucléaire.	est une réaction chimique.
2. Lors d'une réaction nucléaire spontanée :	un noyau père se désintègre.	un noyau fils se désintègre.	un rayonnement électromagnétique est émis.
3. Un échantillon a une activité de 480 Bq. Le nombre de noyaux désintégrés en une minute est :	8	28 800	1 728 000
4. Lors d'une réaction de fusion :	deux noyaux légers forment un noyau plus lourd.	un noyau lourd donne deux noyaux légers.	de l'énergie est libérée.
5. Lors d'une réaction de fission :	deux noyaux légers forment un noyau plus lourd.	un noyau lourd donne deux noyaux légers.	de l'énergie est libérée.

Si erreur, revoir § 1, p. 139.

2 Lois de conservation

	A	B	C
1. Les transformations nucléaires obéissent toujours aux lois suivantes :	conservation de la masse.	conservation du nombre de charge et du nombre de masse.	conservation du nombre de protons et du nombre de neutrons.
2. Le phosphore 30 ($^{30}_{15}P$) est radioactif β^+ (la particule émise est un positon $^{0}_{1}e$). Le noyau résultant de sa désintégration est :	le silicium 30 : $^{30}_{14}Si$.	le phosphore 29 : $^{29}_{15}P$.	le soufre 30 : $^{30}_{16}S$.
3. La réaction nucléaire d'équation $^{60}_{27}Co \rightarrow ^{60}_{28}Ni + ^{A}_{Z}X$ est de type :	β^+. La particule émise est : $^{0}_{1}e$.	β^-. La particule émise est : $^{0}_{-1}e$.	α. La particule émise est : $^{4}_{2}He$
4. Le noyau $^{214}_{84}Po$ est radioactif α (la particule émise est $^{4}_{2}He$). Le noyau issu de sa désintégration a pour numéro atomique :	82	84	86

Si erreur, revoir § 2, p. 140.

3 Énergie libérée

	A	B	C
1. Lors d'une réaction nucléaire :	la masse des produits est égale à la masse des réactifs.	la masse des réactifs est plus petite que la masse des produits.	la masse des réactifs est plus grande que la masse des produits.
2. On s'intéresse à la réaction d'équation $^{238}_{92}U \rightarrow ^{4}_{2}He + ^{234}_{90}Th$. L'énergie libérée est :	$\lvert m(^{234}_{90}Th) + m(^{4}_{2}He) - m(^{238}_{92}U)\rvert \times c^2$	$\lvert m(^{238}_{92}U) + m(^{4}_{2}He) - m(^{234}_{90}Th)\rvert \times c^2$	$\lvert m(^{238}_{92}U) + m(^{4}_{2}He) - m(^{234}_{90}Th)\rvert \times c$

Si erreur, revoir § 3, p. 141.

Exercice résolu

COMPÉTENCES MISES EN ŒUVRE
- Rechercher l'information.
- Effectuer un calcul.

I. Écrire l'équation d'une réaction nucléaire

Le technétium (${}^{99}_{43}Tc$), émetteur de rayons γ, est utilisé en médecine nucléaire pour effectuer de nombreux diagnostics. Cet isotope est radioactif de type β^-.

1. Écrire l'équation de la réaction qui permet de produire du technétium 99 à partir du molybdène Mo par désintégration β^-.

2. La réaction de désintégration β^- du technétium 99 produit du ruthénium Ru et un électron.
Écrire l'équation de cette réaction de désintégration.

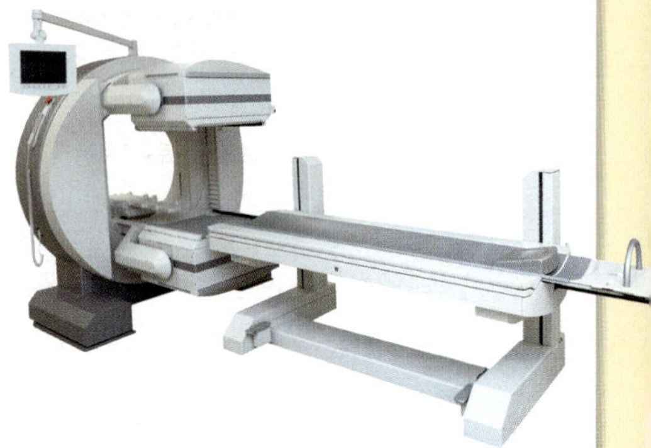

Conseils

Que demande-t-on ?
On doit écrire, avec les nombres de charge et les nombres de masse corrects, les équations de deux réactions nucléaires.

Quelles sont les données dont on dispose ?
L'énoncé indique la nature et la formule de chacun des réactifs et des produits.

Comment écrire l'équation de formation du technétium 99 ?

On exploite le fait que la désintégration du molybdène est une désintégration radioactive de type β^-.

Comment écrire l'équation de la réaction de désintégration du technétium 99 ?
On écrit les formules des réactifs et des produits en précisant les nombres de masse et de charge.
On assure la conservation des masses et des charges.

Solution rédigée

1. Le molybdène est le réactif, le technétium est le produit, la réaction est de type β^-, il se forme donc un électron.

$${}^{A}_{Z}Mo \rightarrow {}^{99}_{43}Tc + {}^{0}_{-1}e$$

Conservation du nombre de charge :
$Z = 43 - 1$
d'où $Z = 42$

Conservation du nombre de masse :
$A = 99 + 0$
d'où $A = 99$

On trouve donc :

$$\mathbf{{}^{99}_{42}Mo \rightarrow {}^{99}_{43}Tc + {}^{0}_{-1}e}$$

2. Le technétium 99 est le réactif, le ruthénium et l'électron sont les produits de la réaction.

$${}^{99}_{43}Tc \rightarrow {}^{A'}_{Z'}Ru + {}^{0}_{-1}e$$

Conservation du nombre de charge :
$43 = Z' - 1$
d'où $Z' = 44$

Conservation du nombre de masse :
$99 = A' + 0$
d'où $A' = 99$

On trouve donc :

$$\mathbf{{}^{99}_{43}Tc \rightarrow {}^{99}_{44}Ru + {}^{0}_{-1}e}$$

Application immédiate

4 Écrire l'équation de désintégration α du radon 220 (${}^{220}_{86}Rn$) qui donne du polonium Po et de l'hélium 4.

Voir corrigés, p. 369.

Exercice résolu

COMPÉTENCES MISES EN ŒUVRE
- Raisonner.
- Élaborer un algorithme.

II. Programmer pour calculer des énergies

Le logiciel *Algobox*® permet de programmer des algorithmes afin d'effectuer des calculs répétitifs (**fiche n° 9**, p. 362).

1. Élaborer, avec le logiciel *Algobox*®, un algorithme permettant d'afficher l'énergie libérée par une réaction nucléaire lorsque l'on saisit les valeurs des masses des réactifs et des produits.

2. Tester cet algorithme à partir de l'exemple suivant :
Le radium 226 est un émetteur radioactif de type α.
Sa réaction de désintégration est : ${}^{226}_{88}\text{Ra} \rightarrow {}^{4}_{2}\text{He} + {}^{222}_{86}\text{Rn}$

Données :
- masse du radium 226 : $3{,}7524501 \times 10^{-25}$ kg ;
- masse du radon 222 : $3{,}6859160 \times 10^{-25}$ kg ;
- masse de l'hélium 4 : $6{,}64466 \times 10^{-27}$ kg ;
- $c = 299\,792\,458$ m·s^{-1}.

Conseils

1. Pour pouvoir élaborer un algorithme il faut identifier les paramètres nécessaires, par exemple :
- I = nombre de réactifs
- R = liste des masses des réactifs
- J = nombre de produits
- P = liste des masses des produits
- c = vitesse de la lumière dans le vide
- D = perte de masse en kilogramme
- E = énergie en joule
- N = paramètre de comptage des boucles de réactifs et de produits
- R[N] sera la masse du *N*-ième réactif (1 ≤ N ≤ I)
- P[N] sera la masse du *N*-ième produit (1 ≤ N ≤ J)

Définir les différentes variables.
Initialiser la valeur de D et entrer la valeur de la constante c.
Prévoir les commentaires et les interactions avec l'utilisateur.
Programmer le calcul : D = [masse des réactifs – masse des produits]
Le calcul de D nécessite des boucles pour passer en revue tous les réactifs et tous les produits.
Programmer le calcul : E = D × c × c.
Ne pas oublier de faire afficher le résultat et son unité.

2. Pour tester l'algorithme, il faut entrer les valeurs correspondant aux différents paramètres en faisant attention aux unités.

Solution rédigée

1.

```
▼ VARIABLES
  I EST_DU_TYPE NOMBRE
  R EST_DU_TYPE LISTE
  J EST_DU_TYPE NOMBRE
  P EST_DU_TYPE LISTE
  c EST_DU_TYPE NOMBRE
  D EST_DU_TYPE NOMBRE
  E EST_DU_TYPE NOMBRE
  N EST_DU_TYPE NOMBRE
▼ DEBUT_ALGORITHME
  D PREND_LA_VALEUR 0
  c PREND_LA_VALEUR 299792458
  AFFICHER "Entrer le nombre de réactifs : "
  LIRE I
  AFFICHER I
  AFFICHER "Entrer le nombre de produits : "
  LIRE J
  AFFICHER J
  AFFICHER "Entrer les masses en kilogramme :"
  ▼ POUR N ALLANT_DE 1 A I
      DEBUT_POUR
      AFFICHER "Masse du réactif R"
      AFFICHER N
      AFFICHER " = "
      LIRE R[N]
      AFFICHER R[N]
      AFFICHER " kg"
      D PREND_LA_VALEUR D+R[N]
      FIN_POUR
  ▼ POUR N ALLANT_DE 1 A J
      DEBUT_POUR
      AFFICHER "Masse du produit P"
      AFFICHER N
      AFFICHER " = "
      LIRE P[N]
      AFFICHER P[N]
      AFFICHER " kg"
      D PREND_LA_VALEUR D-P[N]
      FIN_POUR
  AFFICHER "L'énergie correspondante vaut : "
  E PREND_LA_VALEUR D*c*c
  AFFICHER E
  AFFICHER " J"
FIN_ALGORITHME
```

2.

```
***Algorithme lancé***
Entrer le nombre de réactifs : 1
Entrer le nombre de produit : 2
Entrer les masses en kilogramme :
Masse du réactif R1 = 3.7524501e-25 kg
Masse du réactif R2 = 3.6859160e-25 kg
Masse du produit P1 = 6.64466e-27kg
L'énergie correspondante vaut : 7.8641078e-13 J
***Algorithme terminé***
```

Application immédiate

5 Utiliser l'algorithme pour vérifier la valeur de l'énergie libérée par la réaction de fusion présentée page 141.

Voir corrigés, p. 369.

Exercices

Pour commencer

Qu'est-ce qu'une réaction nucléaire ?

6 Reconnaître une désintégration radioactive

Parmi les équations ci-dessous, quelles sont celles qui correspondent à une désintégration radioactive ?

a. $^{18}_{9}F \rightarrow {}^{0}_{1}e + {}^{18}_{8}O$

b. $CH_4 + 2\,O_2 \rightarrow CO_2 + 2\,H_2O$

c. $Cu \rightarrow Cu^{2+} + 2\,e^-$

d. $^{205}_{87}Fr \rightarrow {}^{4}_{2}He + {}^{201}_{85}At$

7 Reconnaître des réactions nucléaires provoquées

Parmi les réactions nucléaires suivantes, repérer les équations des réactions de fission et de fusion :

a. $^{235}_{92}U + {}^{1}_{0}n \rightarrow {}^{94}_{39}Y + {}^{139}_{53}I + 3\,{}^{1}_{0}n$

b. $^{2}_{1}H + {}^{3}_{1}H \rightarrow {}^{4}_{2}He + {}^{1}_{0}n$

c. $^{131}_{53}I \rightarrow {}^{0}_{1}e + {}^{131}_{52}Te$

d. $^{3}_{2}He + {}^{3}_{2}He \rightarrow {}^{4}_{2}He + 2\,{}^{1}_{1}H$

e. $^{124}_{53}I \rightarrow {}^{0}_{-1}e + {}^{124}_{54}Xe$

8 Connaître les réactions nucléaires provoquées

1. Qu'appelle-t-on « fission nucléaire » ?
2. Qu'appelle-t-on « fusion nucléaire » ?
3. Où peut-on observer des réactions de fusion ?

9 Savoir exploiter une activité

L'activité d'une roche de granite vaut 200 Bq.

1. Donner la définition de l'activité d'un échantillon radioactif.
2. Combien de noyaux radioactifs sont désintégrés chaque seconde dans cette roche ?

10 Savoir calculer une activité

En une minute, on a mesuré 5 400 désintégrations de carbone 14 dans un échantillon provenant d'une momie.

1. Quelle est l'activité de cet échantillon ?
2. Combien aurait-on mesuré de désintégrations en 2,0 minutes ?

Comment écrire une équation de réaction nucléaire ?

11 Utiliser les lois de conservation (I)

1. Citer les lois de conservation mises en œuvre dans une réaction nucléaire.
2. Recopier et compléter les équations des réactions ci-dessous.

a. $^{107}_{46}Pd \rightarrow {}^{0}_{-1}e + {}^{A}_{Z}Ag$

b. $^{218}_{84}Po \rightarrow {}^{4}_{2}He + {}^{A}_{Z}Pb$

c. $^{A}_{Z}Bi \rightarrow {}^{0}_{1}e + {}^{208}_{82}Pb$

d. $^{2}_{1}H + {}^{2}_{1}H \rightarrow {}^{1}_{0}n + {}^{A}_{Z}He$

Voir, si nécessaire, l'exercice résolu I, p. 144.

12 Utiliser les lois de conservation (II)

Recopier et compléter les équations des réactions ci-dessous en identifiant $^{A}_{Z}X$.

a. $^{212}_{83}Bi \rightarrow {}^{A}_{Z}X + {}^{208}_{81}Tl$

b. $^{123}_{53}I \rightarrow {}^{0}_{1}e + {}^{A}_{Z}X$

c. $^{1}_{0}n + {}^{235}_{92}U \rightarrow {}^{94}_{38}Sr + {}^{A}_{Z}X + 3\,{}^{1}_{0}n$

d. $^{2}_{1}H + {}^{A}_{Z}X \rightarrow {}^{4}_{2}He + {}^{1}_{0}n$

Voir, si nécessaire, l'exercice résolu I, p. 144.

13 Écrire une équation de réaction nucléaire

Le plomb 185 $^{185}_{82}Pb$ est radioactif. Il se désintègre en formant du mercure 181 et un noyau d'hélium.

1. a. Quel est le numéro atomique du mercure dont le symbole est Hg ?
On pourra s'aider de la classification périodique.
b. Quelle est la représentation symbolique du mercure 181 ?
2. Écrire l'équation de cette réaction nucléaire.

Voir, si nécessaire, l'exercice résolu I, p. 144.

14 Écrire une équation de réaction de fusion

Écrire l'équation de la réaction de fusion entre deux noyaux d'hélium 3 qui donne un noyau d'hélium 4 et deux noyaux d'hydrogène 1.
On pourra s'aider de la classification périodique.

15 Écrire une équation de réaction de fission

Écrire l'équation de la réaction de fission d'un noyau d'uranium 235 qui donne un noyau de zirconium 95, un noyau de tellure 138 et trois neutrons.
On pourra s'aider de la classification périodique.

Quelle est l'énergie libérée par une réaction nucléaire ?

16 Connaître la relation masse-énergie

1. Quelle est la relation entre la perte de masse et l'énergie libérée lors d'une réaction nucléaire ? Préciser les unités.
2. Comment calculer la perte de masse ?

17 Utiliser la relation masse-énergie

Lors de la fission d'un noyau, on observe une diminution de masse de $2{,}457 \times 10^{-28}$ kg.
Quelle est l'énergie libérée par cette réaction ?
Donnée : $c = 299\,792\,458\ \text{m}\cdot\text{s}^{-1}$.

Pour s'entraîner

18 Histoire de radioactivité

COMPÉTENCES **Rechercher des informations ; raisonner.**

Le polonium 210 a été l'un des premiers isotopes radioactifs découverts par Pierre et Marie CURIE.
Lors de sa désintégration, il donne du plomb et un noyau d'hélium 4.

1. Quelles sont les représentations symboliques du polonium 210 et de l'hélium 4 ?
On pourra s'aider de la classification périodique.

2. Écrire l'équation de la réaction en citant les lois utilisées.

19 Tomographie

COMPÉTENCES **Rechercher des informations ; raisonner.**

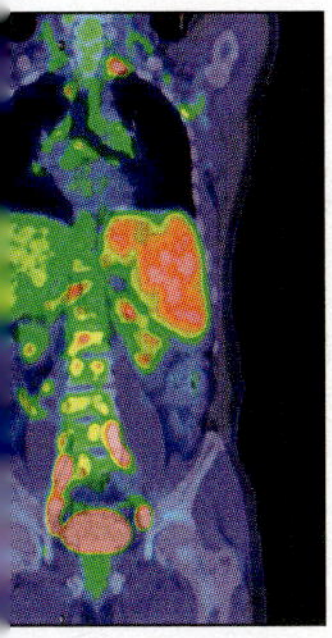

La tomographie par émission de positons (tep, ou *pet* en anglais) est une technique d'analyse médicale qui utilise, par exemple, l'oxygène 15.
Lors de l'examen, un détecteur enregistre la diffusion de la substance injectée dans les différentes parties de l'organe étudié.
Lors de sa désintégration, l'oxygène 15 émet un positon, ${}^{0}_{1}\text{e}$.

1. Quelle est la représentation symbolique de l'oxygène 15 ? On pourra s'aider de la classification périodique.

2. Écrire l'équation de la réaction en citant les lois utilisées.

20 De la masse à l'énergie

COMPÉTENCE **Calculer.**

Le radon 222 se désintègre suivant la réaction :

$${}^{222}_{86}\text{Rn} \rightarrow {}^{4}_{2}\text{He} + {}^{218}_{84}\text{Po}$$

Données :

Noyau	Masse (kg)
Radon ${}^{222}_{86}\text{Rn}$	$3{,}6859160 \times 10^{-25}$
Hélium ${}^{4}_{2}\text{He}$	$6{,}64466 \times 10^{-27}$
Polonium ${}^{218}_{84}\text{Po}$	$3{,}6193691 \times 10^{-25}$

$c = 299\,792\,458\ \text{m}\cdot\text{s}^{-1}$.

1. De quel type de réaction s'agit-il ?

2. Calculer la perte de masse accompagnant cette réaction.

3. Calculer l'énergie produite par la désintégration d'un noyau de radon 222.

Pour aller plus loin

21 Lois de conservation

COMPÉTENCE **Raisonner.**

1. En appliquant les lois de conservation, compléter les équations ci-dessous :

a. ${}^{235}_{92}\text{U} \rightarrow {}^{4}_{2}\text{He} + \ldots$

b. ${}^{19}_{10}\text{Ne} \rightarrow \ldots + {}^{19}_{9}\text{F}$

c. ${}^{235}_{92}\text{U} + {}^{1}_{0}\text{n} \rightarrow {}^{\ldots}_{53}\text{I} + {}^{94}_{\ldots}\text{Y} + 3\,{}^{1}_{0}\text{n}$

d. $2\,{}^{2}_{1}\text{H} \rightarrow \ldots + {}^{1}_{0}\text{n}$

e. $\ldots \rightarrow {}^{14}_{7}\text{N} + {}^{0}_{-1}\text{e}$

2. En déduire le type de chacune de ces réactions nucléaires.

3. Parmi ces réactions, quelles sont les réactions provoquées ?

Voir, si nécessaire, l'exercice résolu I, p. 144.

22 Réactions nucléaires spontanées

COMPÉTENCE **Raisonner.**

Compléter les équations suivantes et préciser le type de désintégration (α, β^-, β^+).
On utilisera la classification périodique pour déterminer les symboles ou les nombres de charges manquants :

a. ${}^{40}_{19}\text{K} \rightarrow {}^{0}_{-1}\text{e} + \ldots$

b. ${}^{226}_{88}\text{Ra} \rightarrow {}^{222}_{86}\text{Rn} + \ldots$

c. $\ldots \rightarrow {}^{4}_{2}\text{He} + {}^{214}_{Z}\text{Bi}$

d. ${}^{22}_{11}\text{Na} \rightarrow {}^{A}_{Z}\text{Ne} + \ldots$

e. ${}^{13}_{7}\text{N} \rightarrow {}^{A}_{Z}\text{C} + \ldots$

f. ${}^{210}_{83}\text{Bi} \rightarrow {}^{0}_{-1}\text{e} + \ldots$

g. ${}^{210}_{84}\text{Po} \rightarrow {}^{206}_{82}\text{Pb} + \ldots$

h. $\ldots \rightarrow {}^{4}_{2}\text{He} + {}^{230}_{90}\text{Th}$

i. ${}^{74}_{33}\text{As} \rightarrow {}^{A}_{Z}\text{Ge} + \ldots$

Voir, si nécessaire, l'exercice résolu I, p. 144.

23 Filiation radioactive

COMPÉTENCE **Lire un graphique.**

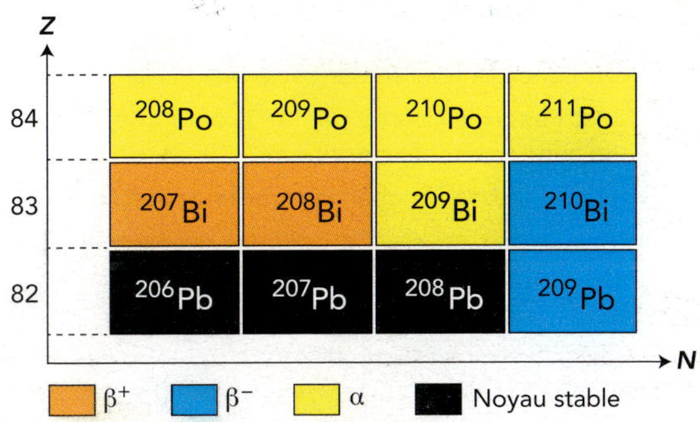

Le tableau ci-dessus représente le type de radioactivité de certains isotopes.

1. a. Quel est le type de radioactivité du bismuth 210 ?
b. Écrire l'équation de sa réaction de désintégration.
c. Quel est le noyau fils obtenu ?

2. Le noyau fils obtenu est radioactif.
a. Quel est son type de radioactivité ?
b. Écrire l'équation de sa désintégration.
c. Quel est le noyau fils obtenu ? Est-il radioactif ?

24 Quelle énergie !

COMPÉTENCES **Effectuer un calcul ; raisonner.**

À l'intérieur de la chambre d'expérimentation du Laser Mégajoule (LMJ), les scientifiques du CEA espèrent réaliser une réaction de fusion à l'aide de puissants lasers.
Une réaction de fusion envisagée a pour équation :

$$^{2}_{1}H + ^{3}_{1}H \rightarrow ^{4}_{2}He + ^{1}_{0}n$$

Données : c = 299 792 458 m·s^{-1} ;
$N_A = 6{,}02 \times 10^{23}$ mol^{-1} ; M(C) = 12,0 g·mol^{-1} ;
masses des différents noyaux et du neutron :

Noyau ou particule	Masse (kg)
Deutérium $^{2}_{1}H$	$3{,}34358 \times 10^{-27}$
Tritium $^{3}_{1}H$	$5{,}00736 \times 10^{-27}$
Hélium $^{4}_{2}He$	$6{,}64466 \times 10^{-27}$
Neutron $^{1}_{0}n$	$1{,}67493 \times 10^{-27}$

Le pouvoir calorifique moyen du charbon est de 240 kJ·mol^{-1}. Cela signifie que la combustion complète d'une mole de carbone fournit une énergie égale à 240 kJ.

1. a. Calculer la perte de masse correspondant à la fusion d'un noyau de deutérium et d'un noyau de tritium.
b. Calculer l'énergie libérée par cette réaction.

2. Calculer l'énergie libérée par la fusion d'une mole de deutérium avec une mole de tritium.

3. Calculer la masse de charbon qui fournirait la même énergie.

25 Calculs d'énergie et algorithme

COMPÉTENCES **Effectuer un calcul ; raisonner ; élaborer un algorithme.**

On se propose de comparer les énergies libérées par trois réactions nucléaires :

a. $^{235}_{92}U + ^{1}_{0}n \rightarrow ^{141}_{56}Ba + ^{92}_{36}Kr + 3\ ^{1}_{0}n$

b. $2\ ^{2}_{1}H \rightarrow ^{3}_{2}He + ^{1}_{0}n$

c. $^{239}_{94}Pu \rightarrow ^{235}_{92}U + ^{4}_{2}He$

1. Identifier les différents types de réactions nucléaires.

2. Après avoir programmé un algorithme permettant de calculer l'énergie libérée par une réaction nucléaire, calculer les énergies libérées par ces réactions.

Données : c = 299 792 458 m·s^{-1} ;
masses des différents noyaux et du neutron :

Noyau ou particule	Masse (kg)
Deutérium $^{2}_{1}H$	$3{,}34358 \times 10^{-27}$
Hélium 3 $^{3}_{2}He$	$5{,}00641 \times 10^{-27}$
Hélium 4 $^{4}_{2}He$	$6{,}64466 \times 10^{-27}$
Neutron $^{1}_{0}n$	$1{,}67493 \times 10^{-27}$
Uranium $^{235}_{92}U$	$3{,}9021711 \times 10^{-25}$
Baryum $^{141}_{56}Ba$	$2{,}3394323 \times 10^{-25}$
Krypton $^{92}_{36}Kr$	$1{,}5261429 \times 10^{-25}$
Plutonium $^{239}_{94}Pu$	$3{,}9687120 \times 10^{-25}$

Voir, si nécessaire, l'exercice résolu II, p. 145.

26 How does fusion produce energy ?

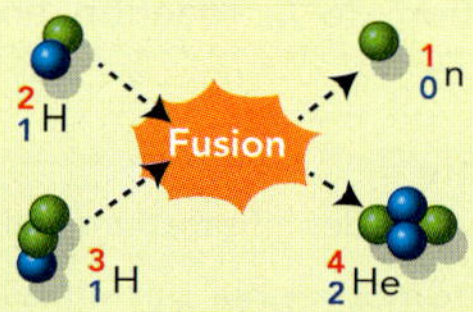

Nuclei never rest: the hotter they are, the faster they move. In the core of our Sun, temperatures reach 15 000 000° Celsius. Hydrogen nuclei are in a constant state of agitation, colliding at very great speeds. The natural electrostatic repulsion that exists between the positive charges of their nuclei *is overcome*, and the nuclei *fuse*. The fusion of two light hydrogen nuclei produces a heavier nucleus, helium.
The mass of the resulting helium nucleus is not the exact sum of the two initial nucleus, however : some mass has been lost and great amounts of energy have been gained. This is what Einstein's formula $\mathcal{E} = mc^2$ describes: the tiny bit of lost mass (m), multiplied by the square of the speed of light (c^2), results in a very large *figure* ($\mathcal{E}$) which is the amount of energy created by a fusion reaction.
Every second, our Sun turns 600 million tons of hydrogen into helium, releasing an enormous amount of energy. But without the benefit of gravitational forces at work in our universe, achieving fusion on Earth has required a different approach.

D'après le site Iter, http://www.iter.org/sci/whatisfusion

Vocabulaire : *nucleus (pl. nuclei)* : noyau ; *(to) be overcome* : être surmonté ; *(to) fuse* : fusionner ; *figure* : quantité.

1. Qu'est-ce qui permet aux noyaux légers de fusionner dans le Soleil ?

2. D'où provient l'énergie libérée lors de la fusion ?

3. Pourquoi n'est-il pas facile de réaliser des réactions de fusion sur Terre ?

27 À chacun son rythme

COMPÉTENCES **Effectuer un calcul ; raisonner.**

Cet exercice est proposé à deux niveaux de difficulté. Dans un premier temps, essayer de résoudre l'exercice de niveau 2. En cas de difficultés, passer au niveau 1.

Sous l'impact d'un neutron, un noyau d'uranium 235 peut subir une réaction de fission. Il se forme du xénon 139 et du strontium 94 avec une émission de neutrons.
L'énergie libérée par la réaction de fission servira à produire de l'électricité.

Tours aéroréfrigérantes d'une centrale nucléaire.

Données :
c = 299 792 458 m·s^{-1} ;
masses des différents noyaux et du neutron :

Noyau ou particule	Masse (kg)
Uranium $^{235}_{92}U$	$3,9021711 \times 10^{-25}$
Strontium $^{94}_{38}Sr$	$1,5591564 \times 10^{-25}$
Xénon $^{139}_{54}Xe$	$2,3063121 \times 10^{-25}$
Neutron $^{1}_{0}n$	$1,67493 \times 10^{-27}$

Niveau 2

Quelle est l'énergie libérée par la réaction de fission ?

Niveau 1

1. Rappeler les lois de conservation qui s'appliquent lors de réactions nucléaires.

2. Écrire l'équation de la réaction de fission.

3. Calculer la perte de masse de cette réaction.

4. Quelle est l'énergie libérée par cette réaction ?

28 L'énergie au cœur de la Terre

COMPÉTENCES **Effectuer un calcul ; raisonner.**

Gisement d'uranium.

Le gisement d'uranium d'Oklo, au Gabon, présente une particularité unique au monde ; il est constitué d'une quinzaine de réacteurs nucléaires naturels qui ont fonctionné sur le même principe que celui utilisé par l'homme pour la production d'électricité.

La proportion d'uranium 235 (l'isotope fissile) par rapport à l'uranium 238 était alors de 3,2 %, tout comme dans les réacteurs actuels.

1. a. Quels sont les isotopes de l'uranium présents dans un des réacteurs d'Oklo ?

b. Indiquer leurs compositions respectives.

2. Une réaction de fission observée dans un des réacteurs d'Oklo est :

$$^{235}_{92}U + ^{1}_{0}n \rightarrow ^{154}_{62}Sm + ^{79}_{30}Zn + x \cdot ^{1}_{0}n$$

En appliquant les lois de conservation, déterminer le nombre de neutrons libérés par cette réaction de fission.

3. Quelle est l'énergie libérée par cette réaction ?

Données : c = 299 792 458 m·s^{-1} ;
masses des différents noyaux et du neutron :

Noyau ou particule	Masse (kg)
Uranium $^{235}_{92}U$	$3,902\,171\,1 \times 10^{-25}$
Samarium $^{154}_{62}Sm$	$2,555\,378\,3 \times 10^{-25}$
Zinc $^{79}_{30}Zn$	$1,310\,600\,9 \times 10^{-25}$
Neutron $^{1}_{0}n$	$1,674\,93 \times 10^{-27}$

29 La fusion : une source d'énergie quasiment illimitée

COMPÉTENCES **Effectuer un calcul ; raisonner ; critiquer une information.**

On se propose de vérifier l'affirmation suivante : « 1 L d'eau de mer contient du deutérium permettant d'obtenir autant d'énergie que 800 L d'essence ».
La réaction de fusion entre un noyau de deutérium $^{2}_{1}H$ et un noyau de tritium $^{3}_{1}H$ conduit à un noyau d'hélium $^{4}_{2}He$ et à un neutron.

Données :
c = 299 792 458 m·s^{-1} ; $N_A = 6,02 \times 10^{23}$ mol^{-1} ;
masses des différents noyaux et du neutron :

Noyau ou particule	Masse (kg)
Deutérium $^{2}_{1}H$	$3,34358 \times 10^{-27}$
Tritium $^{3}_{1}H$	$5,00736 \times 10^{-27}$
Hélium $^{4}_{2}He$	$6,64466 \times 10^{-27}$
Neutron $^{1}_{0}n$	$1,67493 \times 10^{-27}$

1. Écrire l'équation de la réaction citée dans le texte.

2. Calculer l'énergie dégagée par la fusion d'un noyau de deutérium et d'un noyau de tritium.

3. Sachant que la concentration massique en deutérium de l'eau de mer est de 33 g·m^{-3}, calculer l'énergie libérée par le deutérium contenu dans 1,0 L d'eau de mer.

4. Sachant que le pouvoir calorifique de l'essence vaut $3,5 \times 10^{7}$ J·L^{-1}, commenter l'affirmation proposée.

Exercices

Pour les curieux

30 L'énergie de liaison des noyaux

COMPÉTENCES **Lire un graphique ; effectuer un calcul ; raisonner.**

La masse d'un noyau est toujours inférieure à la somme des masses de chacun de ses nucléons isolés. La masse manquante $|\Delta m| = |m_{noyau} - m_{nucléons}|$ a été convertie en énergie de liaison :

$$\mathscr{E}_{liaison} = |\Delta m| \cdot c^2$$

Elle correspond à l'énergie qu'il faudrait fournir au noyau pour qu'il soit dissocié en ses nucléons isolés.

Pour comparer la stabilité de différents noyaux, il faut comparer les énergies de liaison par nucléon dans le noyau, soit $\frac{\mathscr{E}_{liaison}}{A}$

Données : c = 299 792 458 m·s^{-1} ;

Noyau ou particule	Masse (× 10^{-27} kg)
Uranium $^{235}_{92}U$	390,21711
Fer $^{56}_{26}Fe$	92,85851
Carbone $^{14}_{6}C$	23,24746
Proton	1,67262
Neutron	1,67493

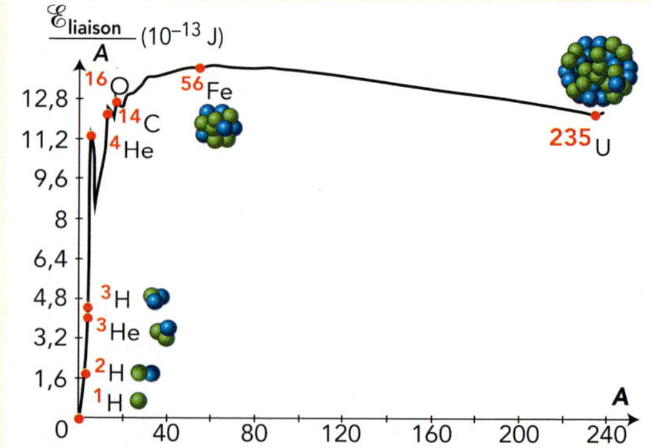

Énergies de liaison par nucléon en fonction du nombre de nucléons du noyau.

1. Pourquoi la masse d'un noyau est-elle toujours inférieure à la somme des masses de chacun de ses nucléons isolés ? Comment définit-on l'énergie de liaison ?

2. Calculer l'énergie de liaison par nucléon de $^{14}_{6}C$.

3. La comparer à celle de $^{56}_{26}Fe$.

4. Quel est le noyau le plus stable ? En se servant du document, expliquer pourquoi la fission de l'uranium 235 libère de l'énergie.

Retour sur l'ouverture du chapitre

31 Réaction de fusion

COMPÉTENCES **Effectuer un calcul ; raisonner.**

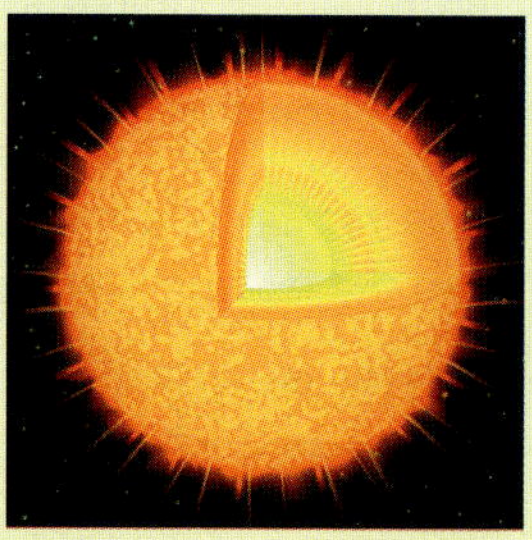

Le Soleil s'est formé il y a 4,6 milliards d'années. Il a aujourd'hui une masse de 2 × 10^{30} kg. On estime que seul le cœur du Soleil, dont la masse représente 10 % de la masse totale du Soleil, est assez chaud pour que s'y déroule la fusion nucléaire. Chaque seconde, l'énergie rayonnée par le Soleil est de 3,9 × 10^{26} J : les réactions de fusion qui se déroulent au cœur du Soleil transforment de l'hydrogène 1 en hélium 4 et génèrent ainsi de l'énergie, selon la fameuse équation d'Einstein

$$\mathscr{E}_{libérée} = |\Delta m| \cdot c^2.$$

Données :
c = 299 792 458 m·s^{-1} ;

Noyau ou particule	Masse (kg)
Hydrogène $^{1}_{1}H$	1,67262 × 10^{-27}
Hélium $^{4}_{2}He$	6,64466 × 10^{-27}
Positon $^{0}_{1}e$	9,1 × 10^{-31}

1. La réaction de fusion de l'hydrogène s'écrit :

$$4\,^{1}_{1}H \rightarrow \,^{4}_{2}He + x \cdot \,^{0}_{1}e$$

Déterminer x en énonçant la loi utilisée.

2. Préciser les unités des grandeurs de l'équation d'Albert EINSTEIN.

3. Quelle est la perte de masse correspondant à l'énergie rayonnée par le Soleil chaque seconde ?

4. a. Quelle est la perte de masse correspondant à la fusion décrite dans la question 1 ?

b. Quelle est la masse d'hydrogène consommée par cette fusion ?

c. Évaluer la masse d'hydrogène consommée par le Soleil chaque seconde.

Cohésion de la matière à l'état solide

Chapitre
9

L'ambre, l'or, l'argent, l'améthyste, le rubis, l'émeraude, la topaze, l'hématite, le diamant, etc. sont très utilisés en joaillerie.
De quelles espèces chimiques sont-ils constitués ?
Pourquoi certaines de ces pierres sont-elles colorées ? **(Voir exercice 27, p. 168.)**

Quelles interactions assurent la cohésion de la matière à l'état solide ?

OBJECTIFS

- → Interpréter la cohésion des solides ioniques.
- → Prévoir si une molécule est polaire.
- → Interpréter la cohésion des solides moléculaires.
- → Interpréter à l'échelle microscopique les aspects énergétiques d'une variation de température et d'un changement d'état.

Activités — Étude expérimentale

1 Comprendre l'électrisation de la matière

Lorsque l'on peigne des cheveux propres et secs avec un peigne en plastique, on observe que les cheveux sont attirés par le peigne. Comment expliquer ce phénomène ?

A Un peu d'histoire

Ambre jaune

Au VIe siècle avant notre ère, Thalès de Milet constate que l'ambre jaune attire les corps légers.

Au Ier siècle de notre ère, Plutarque note que cette attraction n'a lieu que si l'ambre est préalablement frotté. Ces observations sont ensuite étendues à d'autres matériaux.

Au début du XVIIIe siècle, les termes d'« électricité » et d'« électrisation » apparaissent.

En 1733, le Français Charles Du Fay (1698-1739) distingue « l'électricité résineuse » (présente sur de l'ambre frotté avec de la laine) et « l'électricité vitrée » (présente sur du verre frotté avec de la laine). Il montre que des corps qui portent des électricités de même nature se repoussent alors qu'ils s'attirent s'ils portent des électricités de nature différente.

L'Américain Benjamin Franklin (1706-1790) propose d'appeler « positive » l'électricité vitrée et « négative » l'électricité résineuse.

En 1785, le Français Charles Coulomb (1736-1806) établit la loi régissant les interactions électrostatiques.

Benjamin Franklin

Doc. 1 Dès l'Antiquité, les propriétés électriques de l'ambre (résine de conifère fossilisée) intriguèrent les savants.

1 @ Rechercher l'origine des termes « électricité » et « électrisation ».

2 @ Quelle invention a rendu célèbre Benjamin Franklin ?

B Sur les traces de Thalès, Plutarque et Du Fay

DÉMARCHE D'INVESTIGATION

3 En s'inspirant des textes historiques ci-dessus et en utilisant le matériel disponible (doc. 2), proposer un protocole opératoire (illustré de schémas) permettant :
- de confirmer les observations de Thalès de Milet et de Plutarque ;
- de vérifier les constatations de Charles Du Fay.

4 Mettre en œuvre ce protocole après discussion avec le professeur.

5 Sachant que, dans un solide, seuls les électrons sont susceptibles de se déplacer, expliquer en s'aidant de schémas :
- l'électrisation des tiges par frottement en interprétant l'existence de deux types d'électricité ;
- l'attraction des cheveux par un peigne en plastique.

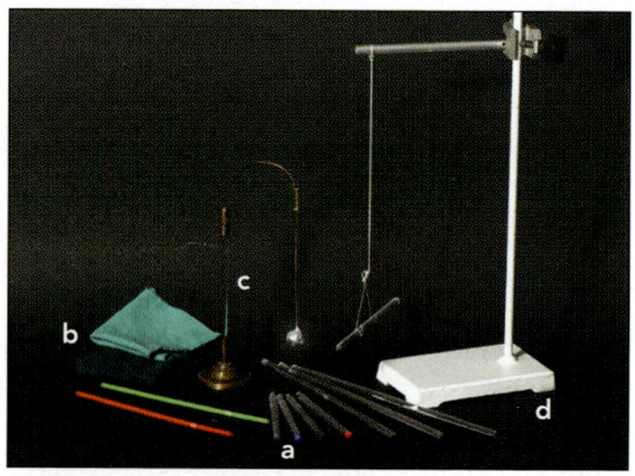

Doc. 2 Matériel disponible : **a.** tiges de verre, tiges de polystyrène (corps de stylo à bille Bic ou pailles en plastique) ; **b.** chiffons de laine ; **c.** pendule portant une sphère métallisée ; **d.** étrier suspendu pouvant porter l'une des tiges.

Un pas vers le cours...

6 En utilisant la notion de « charge électrique », reformuler les constatations de Charles Du Fay.

Info Pour les phénomènes d'électrisation, le polystyrène se comporte comme l'ambre.

2 Déterminer une énergie de changement d'état

Lorsque l'on ajoute des glaçons à une boisson, on constate, au bout de quelques minutes, que les glaçons ont fondu.
Comment déterminer l'énergie nécessaire à leur fusion ?

A Principe de la détermination : la méthode des mélanges

- Les mesures d'énergie thermique s'effectuent dans un calorimètre thermiquement isolé, c'est-à-dire n'échangeant pas d'énergie avec le milieu extérieur.
- Dans un calorimètre contenant une masse m_1 d'eau à la température θ_i on introduit une masse m_2 de glaçons à la température θ_{fus} et on laisse évoluer le mélange jusqu'à sa température finale d'équilibre θ_f.
Le calorimètre et l'eau qu'il contient fournissent respectivement les énergies thermiques* $\mathscr{E}_{tha}$ et $\mathscr{E}_{thb}$ (**doc. 3**) :

$$\mathscr{E}_{tha} = C \cdot |\theta_f - \theta_i| \quad \text{et} \quad \mathscr{E}_{thb} = m_1 \cdot c_{eau} \cdot |\theta_f - \theta_i|$$

où c_{eau} est la capacité thermique massique de l'eau liquide $c_{eau} = 4{,}18\ \text{J} \cdot \text{g}^{-1} \cdot {}^\circ\text{C}^{-1}$ et C est la capacité thermique du calorimètre et de ses accessoires.
- Au cours de cette manipulation : les glaçons fondent et l'eau liquide formée s'échauffe jusqu'à la température θ_f. L'énergie thermique reçue par les glaçons et l'eau liquide formée valent respectivement :

$$\mathscr{E}_{thc} = m_2 \cdot L_{fus} \quad \text{et} \quad \mathscr{E}_{thd} = m_2 \cdot c_{eau} \cdot |\theta_f - \theta_{fus}|$$

où L_{fus} est l'énergie thermique massique (ou chaleur latente massique) de fusion de l'eau, grandeur que l'on souhaite déterminer.
- Comme le calorimètre est thermiquement isolé, on peut admettre que l'énergie reçue par les glaçons est égale à l'énergie fournie par le calorimètre et l'eau qu'il contient, soit $\mathscr{E}_{tha} + \mathscr{E}_{thb} = \mathscr{E}_{thc} + \mathscr{E}_{thd}$.
La valeur de l'énergie thermique massique de fusion de l'eau, L_{fus} s'en déduit :

$$L_{fus} = \frac{C \cdot |\theta_f - \theta_i| + m_1 \cdot c_{eau} \cdot |\theta_f - \theta_i| - m_2 \cdot c_{eau} \cdot |\theta_f - \theta_{fus}|}{m_2}$$

Énergie thermique fournie par la masse m_1 d'eau $\mathscr{E}_{thb} = m_1 \cdot c_{eau} \cdot \lvert\theta_f - \theta_i\rvert$	**Énergie thermique reçue par la masse m_2 d'eau formée** $\mathscr{E}_{thd} = m_2 \cdot c_{eau} \cdot \lvert\theta_f - \theta_{fus}\rvert$
Énergie thermique fournie par le calorimètre $\mathscr{E}_{tha} = C \cdot \lvert\theta_f - \theta_i\rvert$	**Énergie thermique reçue par la masse m_2 de glaçons lors de la fusion** $\mathscr{E}_{thc} = m_2 \cdot L_{fus}$
Énergie thermique fournie =	Énergie thermique reçue
$\mathscr{E}_{tha} + \mathscr{E}_{thb}$ =	$\mathscr{E}_{thc} + \mathscr{E}_{thd}$

Doc. 3 Bilan thermique = $\mathscr{E}_{tha} + \mathscr{E}_{thb} = \mathscr{E}_{thc} + \mathscr{E}_{thd}$

1 @ Rechercher les définitions de la capacité thermique, de la capacité thermique massique et de la chaleur latente massique d'un corps.

* Les expressions des diverses énergies thermiques mises en jeu dans cette manipulation sont admises.

B Manipulations

- Peser le calorimètre et ses accessoires (agitateur + thermomètre) ; on notera m la masse obtenue.
- Verser, dans le calorimètre, un volume V_1 = 80 mL d'eau à température ambiante, peser l'ensemble ; on notera m' la masse obtenue. En déduire une valeur précise de la masse m_1 d'eau froide. Agiter quelques instants et laisser la température du calorimètre et de l'eau froide prendre une valeur constante, θ_i.
- Prélever quatre glaçons initialement à $\theta_{fus} = 0$ °C, les sécher avec du papier absorbant et les introduire rapidement dans le calorimètre. Agiter, laisser fondre les glaçons, puis relever la température finale, θ_f. Peser à nouveau l'ensemble, on notera m'' cette masse. En déduire une valeur précise de la masse m_2 des glaçons.

2 Pourquoi faut-il sécher les glaçons ?

3 À l'aide des valeurs expérimentales obtenues et de la valeur de la capacité thermique du calorimètre C fournie par le professeur, déterminer la valeur de L_{fus} exprimée en $\text{J} \cdot \text{g}^{-1}$.

4 Comparer la valeur trouvée avec celle des autres groupes. Discuter des éventuels écarts.

Un pas vers le cours...

5 Décrire les différents effets, à l'échelle macroscopique et éventuellement à l'échelle microscopique, d'un apport d'énergie thermique à un corps pur solide.

1 Comment interpréter la cohésion des solides ioniques ?

1.1 Électrisation par frottement

Dans un solide, seuls les électrons peuvent se déplacer : par frottement, des électrons sont transférés d'un corps à un autre (activité 1).

Quand on frotte une tige en polystyrène avec de la laine, la tige se charge négativement. Lors du frottement, des électrons sont arrachés à la laine et transférés à la tige en polystyrène (doc. 1).

Quand on frotte une tige de verre avec de la laine, la tige se charge positivement. Lors du frottement, des électrons sont arrachés à la tige de verre et transférés à la laine (doc. 2).

Lorsque l'on approche une tige en verre d'une autre tige en verre, toutes deux ayant été frottées avec de la laine, on constate que les tiges se repoussent (doc. 3). Il en est de même si on refait l'expérience avec deux tiges de polystyrène.

En revanche, si l'on approche une tige de polystyrène d'une tige en verre, toutes deux ayant été frottées avec de la laine, les deux tiges s'attirent.

Des corps portant **des charges de même signe se repoussent**, alors que des corps portant **des charges de signes contraires s'attirent**.

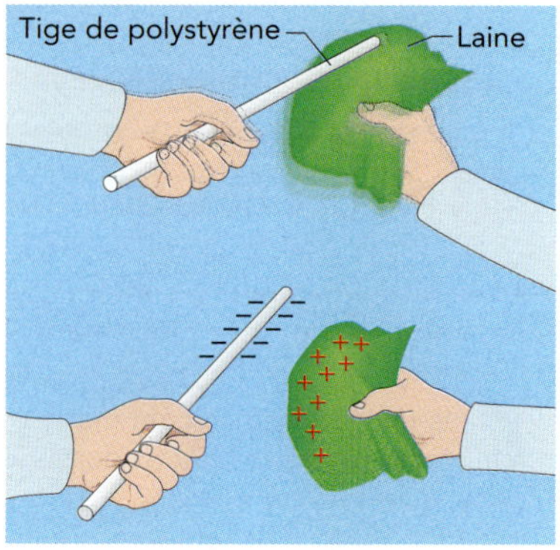

Doc. 1 Lors du frottement, des électrons sont transférés de la laine vers la tige en polystyrène qui se charge alors négativement.

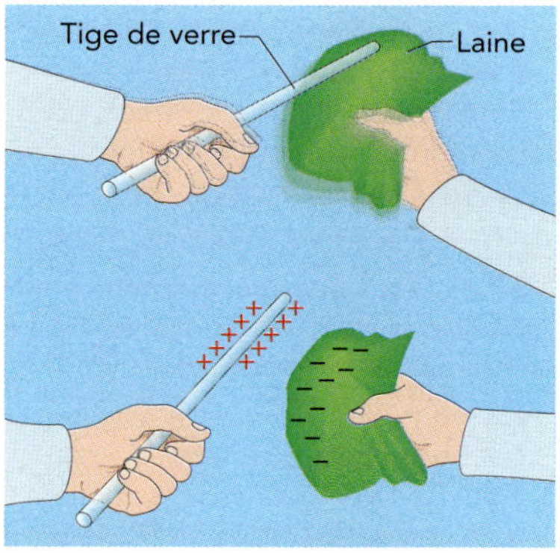

Doc. 2 Lors du frottement, des électrons sont transférés de la tige de verre vers la laine. La tige de verre se charge alors positivement.

1.2 Loi de Coulomb

En 1785, Charles Coulomb établit la loi des interactions électrostatiques (doc. 4) :

Deux corps ponctuels A et B, séparés d'une distance d et portant les charges électriques q_A et q_B, exercent l'un sur l'autre des forces $\vec{F}_{B/A}$ et $\vec{F}_{A/B}$ telles que :

$$\vec{F}_{B/A} = -\vec{F}_{A/B}$$

Ces deux forces :
- ont la même direction, celle de la droite (AB) ;
- sont respectivement appliquées en A et en B ;
- sont répulsives si les charges sont de même signe et attractives si les charges ont des signes opposés ;
- ont la même valeur F, telle que :

$$F = \frac{k \cdot |q_A \cdot q_B|}{d^2}$$

avec k = 9,0 x 10^9 $N \cdot m^2 \cdot C^{-2}$, F en newton (N), q_A et q_B en coulomb (C) et d en mètre (m).

Voir exercices 1, p. 161, et 7 et 9, p. 164.

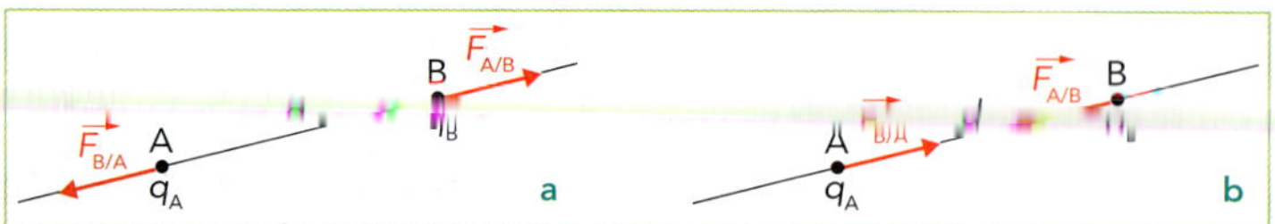

Doc. 4 Représentation des forces d'interaction électriques dans les cas où :
a. les charges ont le même signe, A et B se repoussent ;
b. les charges sont de signes opposés A et B s'attirent.

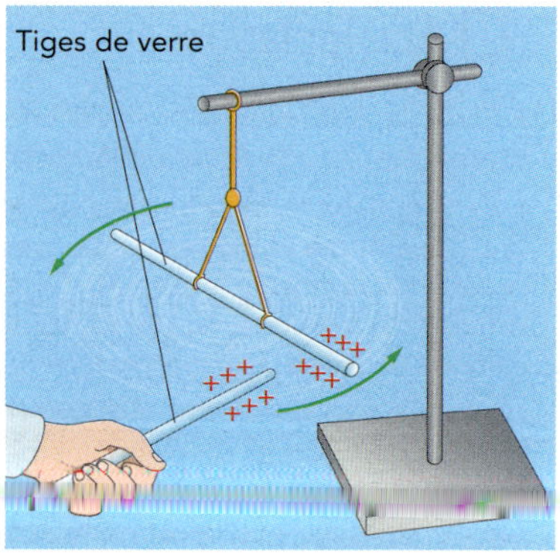

Doc. 3 Les deux tiges de verre, préalablement frottées avec de la laine, portent des charges de même signe ; elles se repoussent.

1.3 Le solide ionique

Le chlorure de sodium et le fluorure de calcium sont des solides ou cristaux ioniques (doc. 5).

Un **solide ou cristal ionique** est constitué d'**anions** et de **cations**, assimilés à des sphères dures, régulièrement disposées dans l'espace. Un solide ionique est **électriquement neutre**.

Comme l'ion sodium Na^+ porte une charge +e et l'ion chlorure Cl^- une charge −e, le cristal de chlorure de sodium comporte autant d'ions sodium que d'ions chlorure. On le note NaCl.

Dans le cristal de fluorure de calcium, chaque ion calcium Ca^{2+} porte une charge + 2 e ; il est donc accompagné de **deux** ions fluorure F^- portant chacun une charge −e. La formule du fluorure de calcium solide est alors notée CaF_2.

La formule d'un solide ou cristal ionique, appelée **formule statistique,** indique la nature et la proportion des ions présents.

Dans le cristal de chlorure de sodium, un cation sodium Na^+ attire les anions chlorure Cl^- qui l'entourent. Inversement, un anion chlorure Cl^- n'est entouré que de cations sodium Na^+ (doc. 6).

Dans un **cristal ionique**, chaque ion s'entoure d'ions de signes opposés.
L'interaction électrostatique existant entre ces ions de charges contraires **assure la cohésion du solide ionique**.

Dans un solide ionique, les ions occupent des positions déterminées et sont immobiles.

Voir exercices 1, p. 161 et 10 et 11, p. 164.

Doc. 5 Cristaux violets de fluorure de calcium ou fluorine : CaF_2.

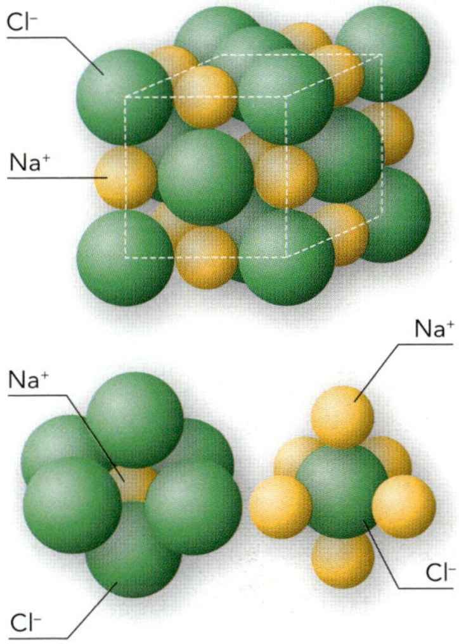

Doc. 6 Modèle compact du chlorure de sodium.

2 Qu'est-ce qu'une molécule polaire ?

2.1 Polarité d'une liaison et moment dipolaire

Dans la molécule de chlorure d'hydrogène HCl, le doublet d'électrons qui lie les deux atomes n'est pas équitablement partagé entre les deux atomes.

Il est plus proche de l'atome de chlore, plus avide d'électrons que l'atome d'hydrogène.

Ce partage dissymétrique du doublet d'électrons provoque l'apparition d'une charge positive $+q$ sur l'atome d'hydrogène et d'une charge négative $-q$ sur l'atome de chlore.

La molécule de chlorure d'hydrogène constitue un **dipôle électrique** (doc. 7) : la liaison H−Cl est **polarisée.**

La molécule de chlorure d'hydrogène est une **molécule polaire**.

Un **dipôle électrique** est l'ensemble constitué de deux charges ponctuelles opposées $-q$ et $+q$ séparées par une distance d.

Doc. 7 La molécule de chlorure d'hydrogène est une molécule polaire ; elle peut être représentée par un dipôle portant les charges $-q$ et $+q$.

Un **dipôle électrique** est caractérisé par son **moment dipolaire $\vec{p}$**, colinéaire à la liaison et orienté du pôle – vers le pôle + du dipôle.

Le moment dipolaire (doc. 8) est une grandeur mesurable qui s'exprime en debye de symbole D ; ainsi $p(\text{H}-\text{Cl}) = 1{,}1$ D.

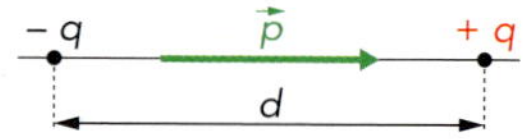

Doc. 8 Moment dipolaire associé à une molécule diatomique polaire.
La valeur du moment dipolaire est d'autant plus grande que la charge q est élevée et que la distance d est grande.

2.2 Électronégativité

Pour savoir si une liaison A – B est polaire, les chimistes comparent **l'électronégativité** des atomes A et B.

L'**électronégativité** est une grandeur relative qui traduit l'aptitude d'un atome A à attirer vers lui le doublet d'électrons qui l'associe à l'atome B dans une liaison covalente.

Plus l'électronégativité d'un atome est élevée, plus celui-ci attire à lui les électrons.

L'expérience montre que, hormis les gaz nobles, les éléments les plus électronégatifs se situent en haut et à droite dans la classification périodique (doc. 9).

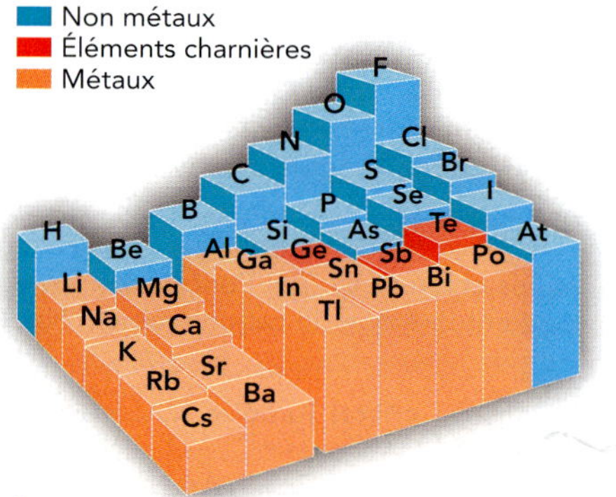

Doc. 9 L'électronégativité des éléments augmente de gauche à droite et de bas en haut dans la classification périodique.

Une **liaison** entre deux atomes A et B est **polarisée** si ces deux atomes ont des **électronégativités différentes**.
Plus la différence d'électronégativité des atomes A et B est importante, plus la liaison est polarisée et plus le moment dipolaire p (A – B) est élevé.

Ainsi comme le fluor est plus électronégatif que l'iode :

$p(\text{H}-\text{F}) = 1{,}8$ D, alors que $p(\text{H}-\text{I}) = 0{,}44$ D.

2.3 Polarité d'une molécule

Une molécule diatomique constituée de deux atomes identiques est **apolaire.** C'est le cas des molécules H_2, O_2, N_2, F_2, Cl_2, Br_2 et I_2.

Une molécule diatomique constituée de deux atomes différents est généralement **polaire.** C'est le cas des molécules HF, HCl, HBr, HI, CO, NO et ICl.

Pour une **molécule polyatomique**, le moment dipolaire est la **somme géométrique** des moments dipolaires associés à chacune des liaisons.
Il est donc essentiel de connaître la géométrie de la molécule pour savoir si celle-ci est polaire ou non.

- Dans la molécule d'eau H_2O, il existe deux liaisons covalentes O – H qui sont polarisées ($p(\text{O}-\text{H}) = 1{,}5$ D), l'oxygène étant plus électronégatif que l'hydrogène.

Comme la molécule d'eau est coudée, le moment dipolaire résultant n'est pas nul (doc. 10 a) et la molécule d'eau est polaire : $p(H_2O) = 1{,}8$ D.

- Dans la molécule de dioxyde de carbone CO_2, il existe deux liaisons covalentes C = O, qui sont polarisées ($p(\text{C}=\text{O}) = 2{,}3$ D), l'oxygène étant plus électronégatif que le carbone.

Comme la molécule de dioxyde de carbone est linéaire, le moment dipolaire résultant est nul (doc. 10 b) et la molécule de dioxyde de carbone est apolaire.

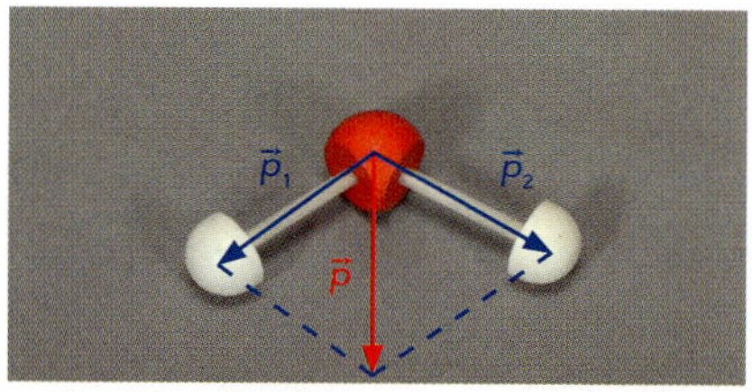

a. $\vec{p}_1 + \vec{p}_2 = \vec{p} \neq \vec{0}$

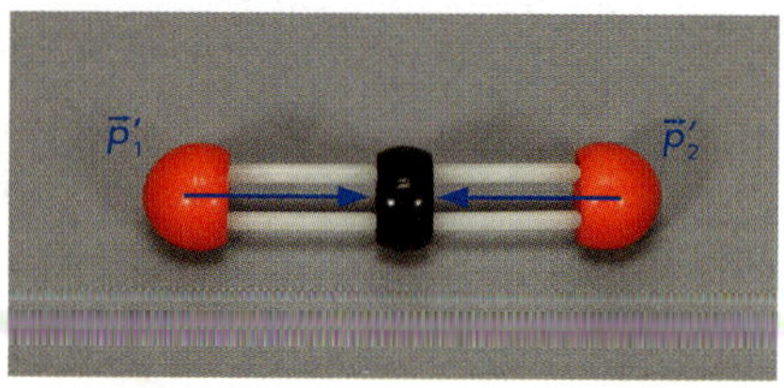

b. $\vec{p}'_1 + \vec{p}'_2 = \vec{0}$

Doc. 10 a. La molécule d'eau est polaire.
b. La molécule de dioxyde de carbone est apolaire.

Voir exercices 2, p. 161, et 12, 13 et 14, p. 164.

3 Comment interpréter la cohésion des solides moléculaires ?

3.1 Les solides moléculaires

À 0 °C, la glace H_2O, le diiode I_2, le chlorure d'iode ICl, l'acide benzoïque $C_7H_6O_2$, le saccharose (le sucre) $C_{12}H_{22}O_{11}$ et l'ambre $C_{40}H_{64}O$ sont des solides moléculaires.

Un **solide ou cristal moléculaire** est constitué de **molécules** régulièrement disposées dans l'espace.

La cohésion des solides moléculaires est assurée par deux types **d'interactions intermoléculaires** :
- les interactions de Van der Waals ;
- les liaisons hydrogène.

L'énergie mise en jeu dans ces interactions est très inférieure à celle rencontrée dans les cristaux ioniques : la cohésion des solides moléculaires est beaucoup moins forte que celle des cristaux ioniques.

C'est la raison pour laquelle les températures de fusion des solides moléculaires sont nettement inférieures à celles des composés ioniques. Ainsi, sous la pression atmosphérique, l'eau fond à 0 °C, le diiode à 113 °C, alors que le chlorure de sodium fond à 801 °C et le fluorure de calcium à 1 360 °C.

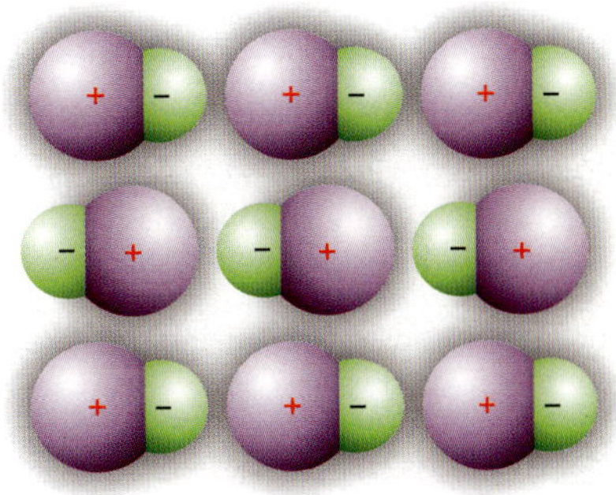

Doc. 11 Interactions dipôles-dipôles dans le chlorure d'iode ICl solide.

3.2 Les interactions de Van der Waals

Les **interactions de Van der Waals** sont des interactions entre **dipôles électriques**.

Il convient de distinguer deux cas suivant la nature des molécules mises en jeu :

Cas des molécules polaires

L'élément chlore étant plus électronégatif que l'élément iode, le **chlorure d'iode** I – Cl est **polaire** : $p(\text{I}-\text{Cl}) = 1{,}5$ D.
Dans le chlorure d'iode solide, les molécules I – Cl sont orientées de manière à ce que l'atome d'iode (pôle positif) d'une molécule soit toujours voisin de l'atome de chlore (pôle négatif) d'une autre molécule (doc. 11).
Les interactions électrostatiques entre ces **dipôles permanents** assurent la cohésion du solide I – Cl.

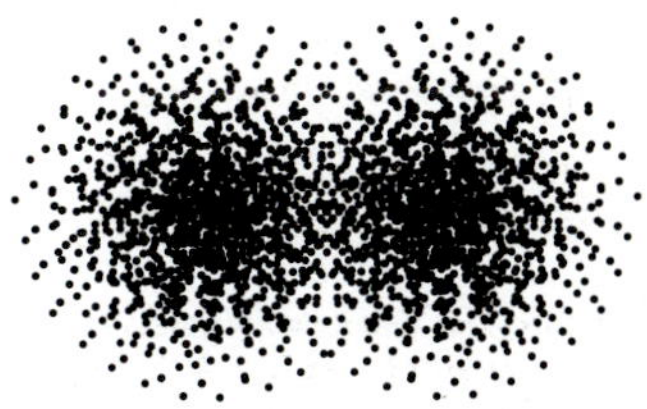
Doc. 12 Représentation de la molécule de diiode. Dans cette représentation, plus la densité de points est élevée plus la probabilité de présence des électrons est grande.

Cas des molécules non polaires

À température ordinaire, le diiode est un solide moléculaire constitué de molécules apolaires de diiode I_2.
Dans la molécule de diiode, les électrons n'ont pas de position définie et sont en mouvement permanent autour des noyaux au sein du nuage électronique (doc. 12).

- Dans cette molécule, les électrons du doublet de liaison se situent **statistiquement** aussi souvent près d'un noyau que de l'autre, c'est la raison pour laquelle **la molécule de diode** I_2 est **apolaire**.
- En revanche, à un instant donné, ces électrons peuvent être plus proches de l'un des deux noyaux. Un **dipôle électrique instantané** apparaît alors au sein de la molécule (doc. 13).

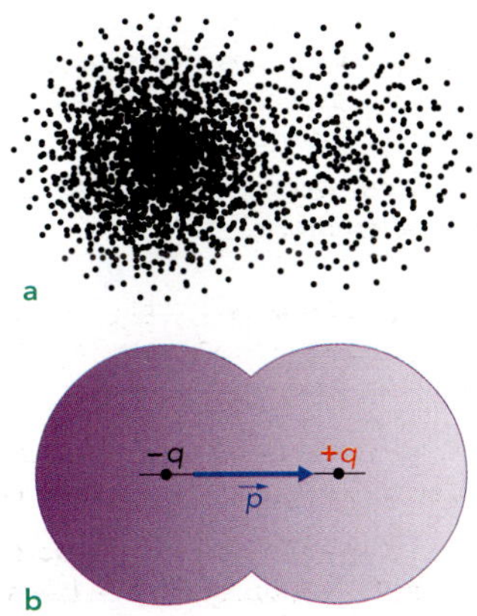

Doc. 13 a. Apparition d'un dipôle instantané au sein de la molécule lorsque les électrons sont plus proches d'un noyau que de l'autre.
b. Représentation du dipôle instantané et de son moment dipolaire.

Il en est de même pour toutes les molécules du solide. Les **dipôles instantanés** ainsi créés interagissent, ce qui assure la cohésion du cristal de diiode. Ces interactions changent à tout instant, mais leurs effets sont permanents (doc. 14).
Les interactions électriques qui découlent de ces polarisations instantanées assurent la cohésion du cristal de diiode.
Ces interactions instantanées permettent également d'expliquer que le dioxyde de carbone CO_2 apolaire (voir § 2.3) est solide à –78 °C. (doc. 15).

La cohésion d'un **solide moléculaire** peut être assurée par des **interactions** entre **dipôles électriques permanents** ou **instantanés** appelées « **interactions de Van der Waals** ».

Ces interactions sont également présentes dans les liquides (voir chapitres 10 et 11).

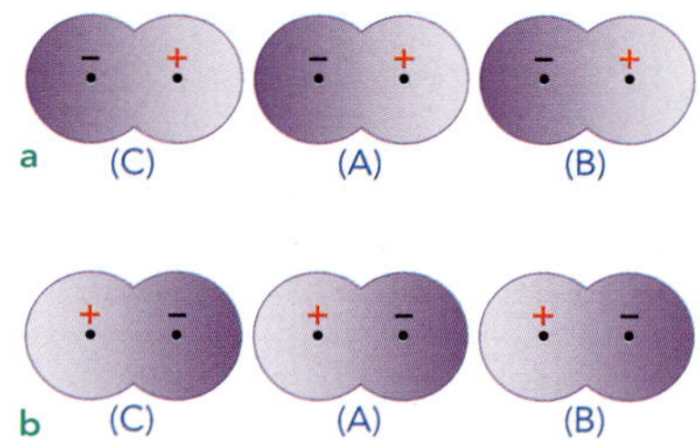

Doc. 14 Interactions entre dipôle instantané (A) et dipôles instantanés induits (B et C) : **a.** à l'instant *t*; **b.** à l'instant *t'*.

3.3 La liaison hydrogène

Les molécules d'éthanol et de méthoxyméthane, de formule brute C_2H_6O, sont isomères. Elles ont des moments dipolaires *p* voisins (doc. 16).

- En se limitant aux interactions de Van der Waals, on pourrait penser que ces deux espèces ont, à l'état solide (et liquide), des énergies de cohésion du même ordre de grandeur et donc des températures de fusion (et d'ébullition) voisines.

- Il n'en n'est rien (doc. 16) : les molécules d'éthanol sont plus fortement liées entre elles que les molécules de méthoxyméthane. Dans l'éthanol, des **interactions attractives supplémentaires s'ajoutent** aux interactions de Van der Waals : ce sont **les liaisons hydrogène**.

Une **liaison hydrogène** se forme lorsqu'un atome d'hydrogène lié à un atome **A**, **très électronégatif**, interagit avec un atome **B**, également très **électronégatif** et porteur d'un **doublet non liant**.

Les atomes A et B pouvant intervenir sont essentiellement les atomes de **fluor F**, d'**oxygène O**, **d'azote N** et de **chlore Cl.**
Les **trois atomes** participant à une liaison hydrogène sont généralement **alignés** (doc. 17).
Toute molécule qui possède des groupes –O–H présente des liaisons hydrogène qui vont participer, en plus des interactions de Van der Waals, à la cohésion du solide moléculaire. C'est le cas, par exemple, de l'éthanol, C_2H_5–OH (doc. 18), ou de la glace (doc. 19).
Des liaisons hydrogène peuvent aussi s'établir entre des molécules d'espèces liquides.

Voir exercices 3, p. 161, et 15 et 16, p. 165.

Doc. 15 Pastilles de dioxyde de carbone solide ou « carboglace » à –78 °C.

Éthanol	Méthoxyméthane
CH_3-CH_2-OH	CH_3-O-CH_3
p = 1,7 D	p = 1,4 D
θ_{fus} = –117 °C	θ_{fus} = –142 °C
$\theta_{éb}$ = 78 °C	$\theta_{éb}$ = –25 °C

Doc. 16 Caractéristiques physiques de deux isomères de formule C_2H_6O, l'éthanol et le méthoxyméthane.

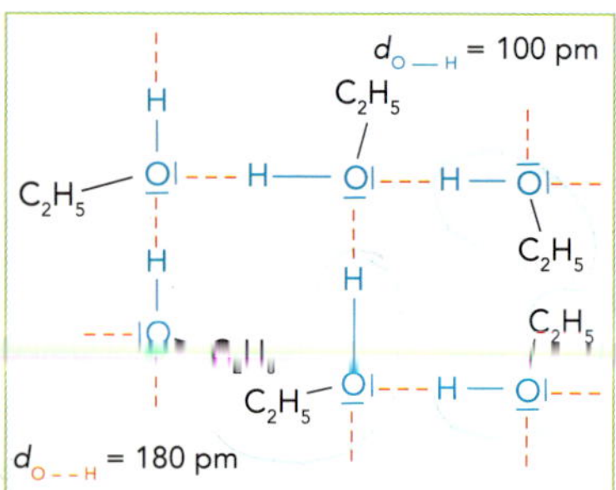

Doc. 18 Liaisons hydrogène dans l'éthanol.

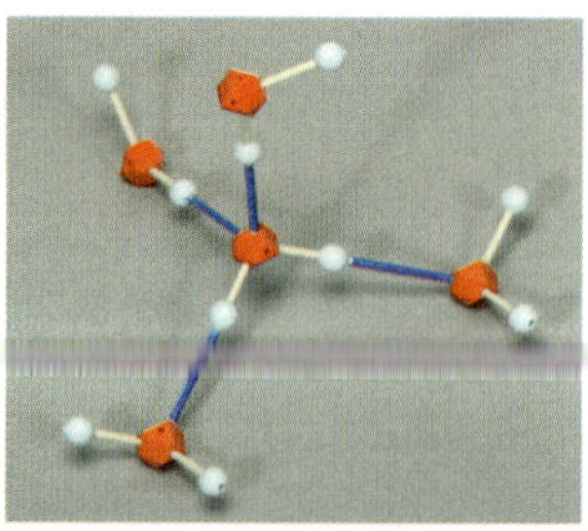

Doc. 19 Structure de l'eau solide.

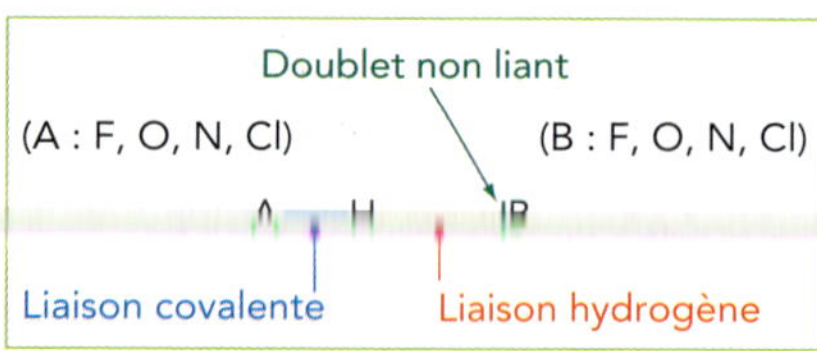

Doc. 17 Formation d'une liaison hydrogène. On représente généralement cette liaison par des pointillés.

4 Que se passe-t-il lorsque l'on chauffe un solide ?

Dans le diiode solide, les molécules de diiode sont régulièrement disposées dans l'espace. Cependant elles ne sont pas parfaitement immobiles, elles vibrent autour de leurs positions moyennes.

Que se passe-t-il lorsque l'on chauffe progressivement des cristaux de diiode de 25 °C jusqu'à 190 °C ?

▸ L'**énergie thermique**, ou chaleur, que reçoit le solide I_2 est transformée en **énergie cinétique***, l'agitation des molécules croît et la température s'élève.

Quand cette agitation est suffisante, certaines interactions de Van der Waals cessent et l'édifice cristallin se **disloque****; c'est la **fusion** :

$$I_2\ (s) \rightarrow I_2\ (\ell)$$

Au cours de la fusion, toute l'énergie thermique fournie au cristal est utilisée pour rompre des interactions de Van der Waals, donc l'agitation des molécules n'augmente pas ; **la température reste** ainsi **constante** et égale à 113 °C sous la pression atmosphérique.

▸ Une fois le diiode entièrement **liquide,** l'agitation thermique croît à nouveau et la température augmente.

Les interactions de Van der Waals existant entre les molécules de diiode sont de moins en moins nombreuses et disparaissent totalement lorsque, à 184 °C, se produit la **vaporisation** qui a lieu à température constante :

$$I_2\ (\ell) \rightarrow I_2\ (v)$$

▸ Une fois le diiode entièrement **vapeur,** l'agitation thermique croît à nouveau. Les molécules du gaz n'interagissant plus, l'énergie thermique reçue est entièrement transformée en énergie cinétique et leur vitesse augmente (doc. 20).

Ce qui se passe pour le diiode peut être généralisé à tout solide moléculaire, que celui-ci présente seulement des interactions de Van der Waals ou possède en plus des liaisons hydrogène ✱ :

> Lors d'un **chauffage,** l'**énergie thermique** apportée à un corps pur moléculaire peut :
> – conduire à une **élévation de température** avec **rupture d'interactions intermoléculaires** et **accroissement de l'agitation des molécules ;**
> – provoquer un **changement d'état** avec seulement **rupture d'interactions intermoléculaires**, la température restant alors constante.

Les expériences et les calculs effectués dans l'**activité 2** permettent de déterminer l'énergie massique de fusion ou chaleur latente de l'eau : $L_{fus} = 330\ J \cdot g^{-1}$.

Voir exercice 4, p. 161, et 17 et 18, p. 165.

* L'**énergie cinétique** $\mathscr{E}_c$ d'une masse m ayant une vitesse v est donnée par :

$$\mathscr{E}_c = \frac{1}{2} mv^2$$

** Lors de la **dislocation**, les molécules de diiode se séparent et la disposition régulière de celles-ci dans l'espace cesse.

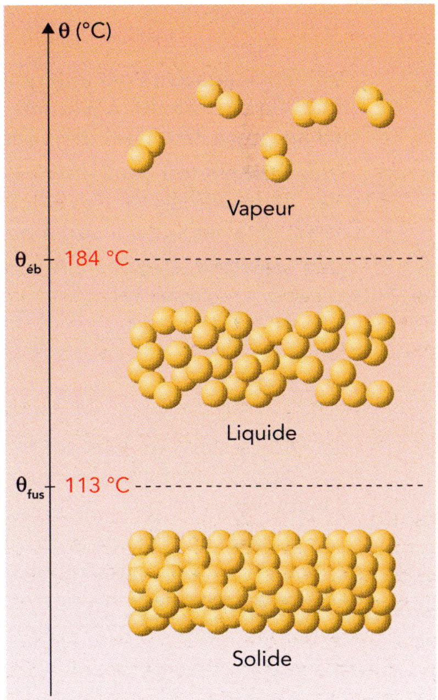

Doc. 20 Évolution microscopique de la structure d'un corps pur associée à une variation de température ou à un changement d'état.

✱ Pour les curieux

La présence simultanée d'interactions de Van der Waals et de liaisons hydrogène peut conduire à des évolutions surprenantes des températures de fusion.
(Voir exercice 26, p. 167.)

Essentiel

Cohésion des solides ioniques

Loi de Coulomb

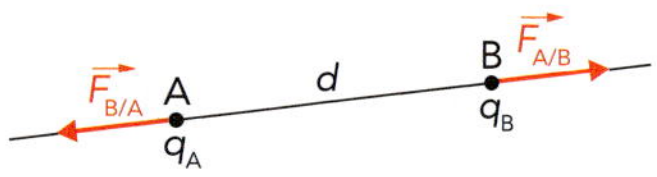

a. q_A et q_B de même signe.

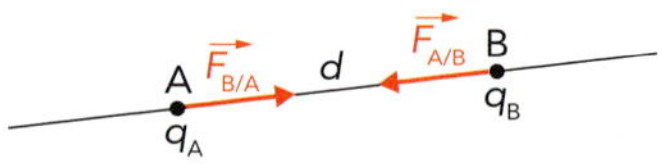

b. q_A et q_B de signes opposés.

$$F_{B/A} = F_{A/B} = \frac{k \cdot |q_A \cdot q_B|}{d^2}$$ avec $k = 9 \times 10^9\ N \cdot m^2 \cdot C^{-2}$.

(N : unité des forces ; C : unité des charges ; m : unité de d)

- La cohésion d'un **solide ou cristal ionique** est assurée par les **interactions électrostatiques** existant entre les anions et les cations qui le constituent.

Reconnaître une molécule polaire

- L'**électronégativité** est une grandeur relative qui traduit l'aptitude d'un atome A à attirer vers lui le doublet d'électrons qui l'associe à l'atome B dans une liaison covalente.
- Une **liaison** entre deux atomes A et B est **polarisée** si ces deux atomes ont des électronégativités différentes. Elle est caractérisée par son moment dipolaire $\vec{p}$.

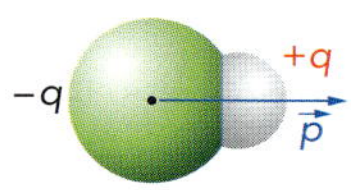

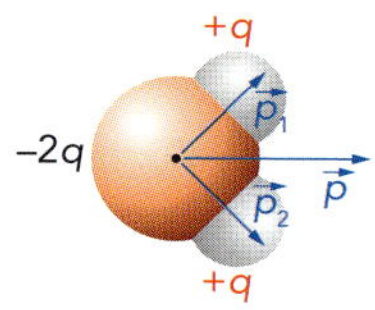

- Une **molécule** est **polaire** si son moment dipolaire, somme géométrique des moments dipolaires de toutes ses liaisons, est non nul.

Cohésion des solides moléculaires

- Les **interactions de Van der Waals** sont des interactions entre dipôles électriques **permanents** (I – Cl) ou **instantanés** (I_2).
- La cohésion d'un **solide moléculaire** est assurée par des **interactions intermoléculaires**, c'est-à-dire des **interactions de Van der Waals** auxquelles peuvent s'ajouter des **liaisons hydrogène**.

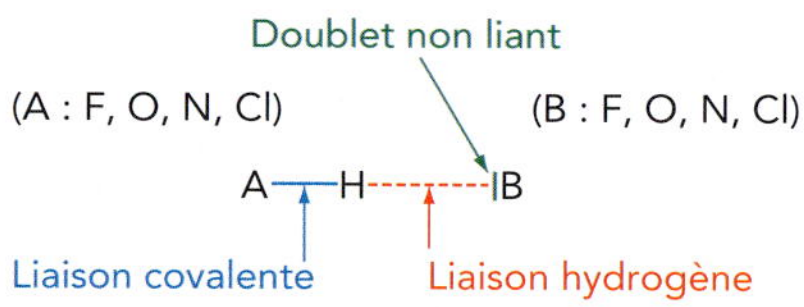

Effets thermiques à l'échelle microscopique

- Lors d'un chauffage, **l'énergie thermique** apportée à un corps pur moléculaire peut :
  – conduire à une élévation de température avec **rupture** d'interactions intermoléculaires et accroissement de l'**agitation** des molécules ;
  – provoquer un **changement d'état** avec seulement rupture d'interactions intermoléculaires, la température restant alors constante.

LES COMPÉTENCES ATTENDUES

- ✔ Interpréter la cohésion des solides ioniques et moléculaires.
- ✔ Réaliser et interpréter des expériences simples d'électrisation. (TP)
- ✔ Prévoir si une espèce est polaire.
- ✔ Interpréter à l'échelle microscopique les aspects énergétiques d'une variation de température et d'un changement d'état.
- ✔ Pratiquer une démarche expérimentale pour mesurer une énergie de changement d'état. (TP)

QCM

Pour chaque question, indiquer la (ou les) bonne(s) réponse(s).

Voir corrigés, p. 369.

1 Cohésion des solides ioniques

	A	B	C
1. La force qui s'exerce entre deux charges électriques distantes de *d* est :	proportionnelle à *d*.	inversement proportionnelle à d^2.	inversement proportionnelle à *d*.
2. Le schéma ci-dessous peut correspondre au cas où : 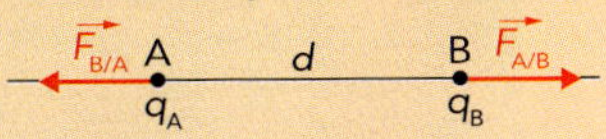	q_A et q_B sont toutes les deux positives.	q_A et q_B sont toutes les deux négatives.	q_A et q_B sont de signes opposés.
3. Un cristal ionique constitué d'ions Al^{3+} et O^{2-} a pour formule :	Al_3O_2	AlO	Al_2O_3
4. Dans un cristal ionique de fluorine CaF_2, chaque ion Ca^{2+} :	n'est entouré que d'ions Ca^{2+}.	n'est entouré que d'ions F^{2-}.	n'est entouré que d'ions F^-.

Si erreur, revoir § 1, p. 154.

2 Reconnaître une molécule polaire

	A	B	C
1. Une liaison covalente A – B :	est polarisée si B est plus électronégatif que A.	est polarisée si A est plus électronégatif que B.	est nécessairement polarisée.
2. Une molécule triatomique :	est nécessairement polaire.	peut être apolaire.	peut être polaire.
3. Le sulfure de carbone CS_2 dont le modèle est donné i-contre : 	est polaire.	est apolaire.	a un moment dipolaire non nul.

Si erreur, revoir § 2, p. 155.

3 Cohésion des solides moléculaires

	A	B	C
1. Les interactions de Van der Waals sont des interactions :	entre ions.	entre dipôles électriques.	entre molécules.
2. Le schéma d'une liaison hydrogène (représentée par ----) peut être :	C—H---------IN	O—H---------IN	F —H---------H
3. Dans le cyclohexane, solide de formule C_6H_{12}, la cohésion est assurée :	par des interactions de Van der Waals.	par des liaisons hydrogène.	par des liaisons hydrogène et des interactions de Van der Waals.
4. Dans le phénol, solide de formule C_6H_5 – OH, la cohésion est assurée :	uniquement par des liaisons hydrogène.	par des liaisons hydrogène et des interactions de Van der Waals.	uniquement par des interactions de Van der Waals.

Si erreur, revoir § 3, p. 157.

4 Effets thermiques à l'échelle microscopique

	A	B	C
1. Lorsque l'on chauffe un corps pur moléculaire solide :	sa température augmente nécessairement.	sa température peut rester constante.	il fond nécessairement.
2. Tout apport d'énergie thermique à un corps pur moléculaire solide :	augmente l'agitation des molécules.	rompt des liaisons hydrogène.	rompt des interactions intermoléculaires.

Si erreur, revoir § 4, p. 159.

Exercice résolu

COMPÉTENCES MISES EN ŒUVRE
- Trouver des informations et raisonner.
- Faire un schéma et l'exploiter.

I. Étudier la polarité des molécules

Les sources hydrothermales ou « fumeurs noirs », nombreuses sur la dorsale de l'est du Pacifique, rejettent des solutions riches en sulfure d'hydrogène H_2S. La formule de Lewis du sulfure d'hydrogène s'écrit :

H—S—H

1. Établir la géométrie de la molécule ?

2. La molécule de sulfure d'hydrogène est-elle polaire ?

Conseils

Comment procéder pour établir la géométrie d'une molécule ?

1. Utiliser le nombre de doublets entourant l'atome central et rechercher la disposition spatiale de ces doublets qui minimise leur répulsion.

Revoir, si nécessaire, le chapitre 6, § 2.2.

Comment déterminer si une molécule est polaire ?

2. À l'aide du document 9, p. 156, comparer l'électronégativité de l'hydrogène et du soufre, puis en déduire le caractère polaire ou non de la liaison S – H.
Faire géométriquement la somme vectorielle des moments dipolaires.

Solution rédigée

1. L'atome de soufre a 4 doublets sur sa couche externe.
Pour minimiser leurs répulsions, ces doublets adoptent une disposition tétraédrique.
En conséquence, la molécule de sulfure d'hydrogène est coudée.

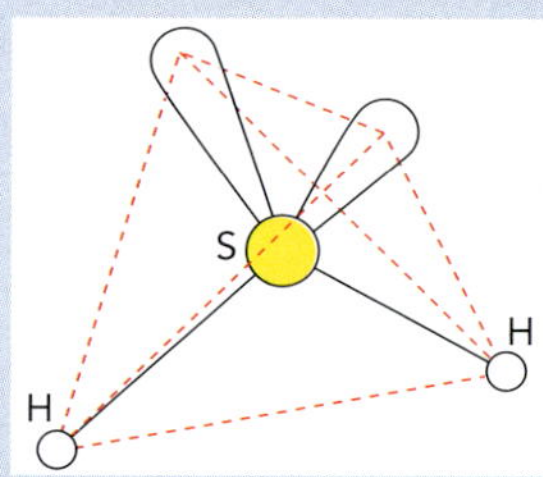

2. Le document 9, p. 156, montre que le soufre est plus électronégatif que l'hydrogène : la **liaison S – H** est donc **polarisée.**
Chaque atome d'hydrogène porte une charge $+q$; la molécule étant électriquement neutre, l'atome de soufre porte une charge $-2q$.

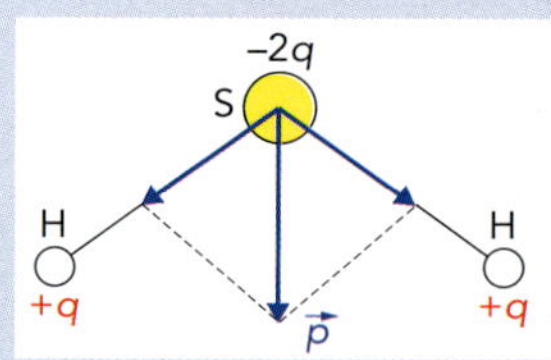

La somme géométrique des deux moments dipolaires n'est pas nulle : la molécule de **sulfure d'hydrogène** est **polaire.**

Application immédiate

5 La formule de Lewis et le modèle moléculaire de la molécule d'ammoniac NH_3 sont donnés ci-contre.

1. Justifier la géométrie de la molécule.

2. La molécule d'ammoniac est-elle polaire ?

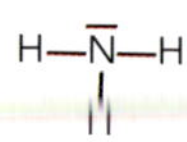

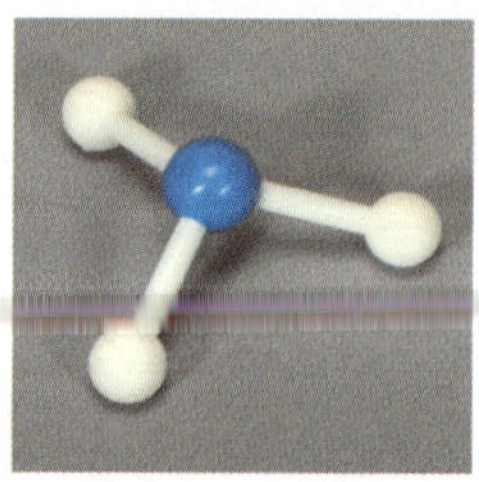

Voir corrigés, p. 369.

Exercice résolu

COMPÉTENCES MISES EN ŒUVRE
- Lire un graphique.
- Interpréter un résultat.

II. Interpréter des changements d'état

Le graphe ci-contre représente l'évolution de la température en fonction du temps lorsque l'on chauffe du cyclohexanol.
Le cyclohexanol, de formule $C_6H_{11}-OH$, est un alcool polaire.

1. Interpréter le graphique ci-contre, en précisant l'état physique de cet alcool sur chacune des portions du graphe.

2. Quelles interactions assurent la cohésion du cyclohexanol à 20 °C ?

3. Les propositions suivantes sont-elles exactes ?
a. À 25 °C, l'agitation des molécules de cyclohexanol croît.
b. À 170 °C, il n'y a plus de liaisons hydrogène entre les molécules.

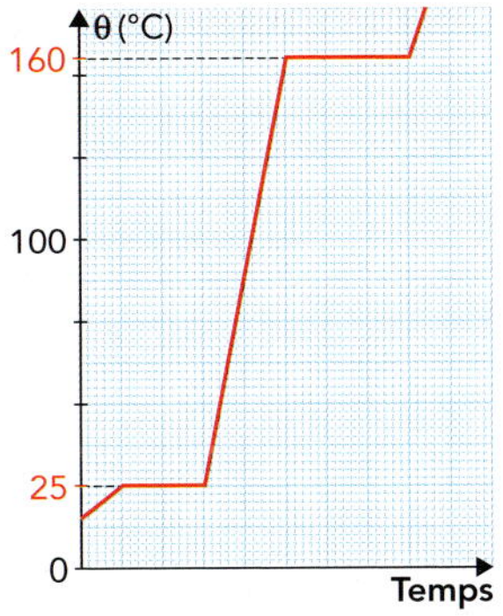

Conseils

Comment relier l'allure du graphe et l'état physique de l'alcool ?

1. Utiliser le fait qu'un changement d'état se fait à température constante.
Exploiter l'existence des deux paliers pour identifier les différents états.

Comment expliquer la cohésion de cet alcool ?

2. Utiliser les données de l'énoncé et la structure de la molécule.
Revoir, si nécessaire, le cours § 3.

Comment relier la température aux phénomènes existant à l'échelle microscopique ?

3. Exploiter l'état physique de l'alcool à cette température.
Revoir, si nécessaire, le cours § 4.

Solution rédigée

1. À 20 °C, le cyclohexanol est **solide.**
De 20 °C à 25 °C, sa température s'élève, mais il reste solide.
À 25 °C, le cyclohexanol fond. Étant un corps pur, sa **fusion** s'effectue à température constante : elle est **isotherme.**
De 25 °C à 160 °C, le cyclohexanol est **liquide**.
À 160 °C, il bout ; comme la fusion, l'**ébullition** d'un corps pur est **isotherme.**
Au-delà de 160 °C, le cyclohexanol est **gazeux**.

2. L'énoncé indique que le cyclohexanol est **polaire :** il existe donc à 20 °C, c'est-à-dire à l'état solide, des **interactions de Van der Waals** entre dipôles.
Par ailleurs, la présence du **groupe hydroxyle O – H** permet l'établissement de **liaisons hydrogène** entre les molécules ce qui renforce la cohésion du solide.

3. a. Cette première affirmation est **fausse**. En effet, lors de la fusion, l'énergie thermique apportée ne sert qu'à disloquer le cristal en rompant les interactions intermoléculaires, la température restant alors constante.
b. Cette seconde affirmation est **exacte.** En effet, à 170 °C, le cyclohexanol est gazeux, ses molécules sont alors très espacées les unes des autres. On admet qu'aucune interaction intermoléculaire n'existe.

Application immédiate

6 Sous la pression atmosphérique, l'eau fond à 0 °C et bout à 100 °C. La molécule d'eau est polaire.

1. Tracer, en le justifiant, le graphe donnant l'évolution de la température en fonction du temps lorsque l'on chauffe de l'eau de –10 °C à 105 °C.

2. Indiquer la nature des phénomènes microscopiques qui se déroulent sur chacune des parties du graphe.

Voir corrigés, p. 369.

Exercices

Pour commencer

Comment interpréter la cohésion des solides ioniques ?

7 Identifier la nature des charges électriques

Frottées avec de la laine, une tige de verre T_1 se charge positivement, alors qu'une tige de polystyrène T_2 se charge négativement.

1. Une tige T_3 de plexiglas frottée avec de la laine est repoussée par la tige de verre T_1.
a. Déterminer le signe des charges portées par la tige T_3.
b. Qu'observerait-on si on approchait, de la tige T_3, la tige de polystyrène T_2 ?

2. Une tige de polyéthylène T_4 frottée avec de la laine est attirée par la tige de verre T_1.
Qu'observerait-on si on approchait, de la tige T_4, la tige de polystyrène T_2 ?

8 Représenter des forces électriques

Représenter les forces électriques s'exerçant entre deux corps A et B, distants de d et portant respectivement les charges q_A et q_B dans les trois cas suivants :
a. $q_A > 0$ et $q_B > 0$;
b. $q_A > 0$ et $q_B < 0$;
c. $q_A < 0$ et $q_B < 0$.

9 Connaître la loi de Coulomb

Dans le système international d'unités, la valeur des forces électriques s'exerçant entre deux charges q_A et q_B distantes de d vaut $F_{A/B} = F_{B/A} = \dfrac{9{,}0 \times 10^9 \cdot |q_A \cdot q_B|}{d^2}$.

1. Rappeler les unités de F, q_A, q_B et d dans le système international d'unités.

2. Dans un atome d'hydrogène, $q_A = -q_B = 1{,}6 \times 10^{-19}$ C et $d = 53$ pm.
Calculer la valeur des forces $F_{A/B}$ et $F_{B/A}$ s'exerçant entre le noyau et l'électron de l'atome d'hydrogène.

10 Déterminer la formule de cristaux ioniques

Recopier et compléter le tableau ci-dessous en ajoutant soit la formule du solide ionique comportant ces ions, soit les formules de l'anion et du cation qui le composent.

Cation / Anion	Na^+		Al^{3+}
	NaF		
S^{2-}			
NO_3^-		$Mg(NO_3)_2$	
$C_2O_4^{2-}$			$Al_2(C_2O_4)_3$

11 Déterminer les ions constitutifs d'un cristal

On considère des cristaux de bromure de potassium KBr, d'iodure de cuivre (II) CuI_2, de fluorure de fer (III) FeF_3 et de chlorure de cérium (IV) $CeCl_4$.

1. Rappeler la formule des quatre ions halogénures considérés. En déduire la formule des cations qui leurs sont associés dans ces cristaux.

2. L'ion oxyde a pour formule O^{2-}. En déduire la formule de l'oxyde de potassium, de l'oxyde de cuivre (II), de l'oxyde de fer (III), ou « hématite », et de l'oxyde de cérium (IV).

Qu'est-ce qu'une molécule polaire ?

12 Utiliser le terme exact

Compléter les phrases suivantes à l'aide de termes pris dans l'énumération ci-après (un même terme peut être utilisé plusieurs fois) : *dipôle, pôle –, moment dipolaire, pôle +, électronégativité, polarisée, somme, somme géométrique, attraction, charge.*

1. Plus l'...(1)... d'un atome est élevée, plus celui-ci attire à lui les électrons.

2. Une liaison entre deux atomes A et B est ...(2)... si ces deux atomes ont des ...(3)... différentes.

3. Un ...(4)... électrique est caractérisé par son ...(5)... $\vec{p}$; il est représenté par un vecteur colinéaire à la liaison et orienté du ...(6)... vers le ...(7)... du ...(8)... électrique.

4. Pour une molécule polyatomique, le ...(9).... est la ...(10)... des ...(11)... associés à chacune des liaisons.

13 Rechercher des molécules polaires

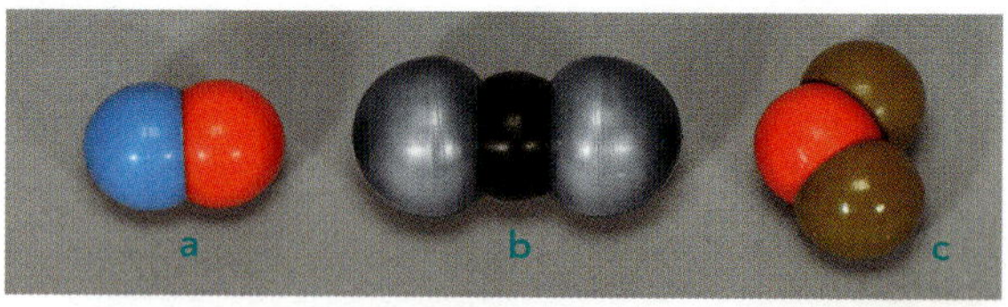

Dans une ligne ou période de la classification périodique, l'électronégativité des éléments croît de gauche à droite, hormis pour les gaz nobles.

1. En consultant la classification périodique, dire pourquoi chacune des liaisons présentes dans les molécules d'oxyde d'azote NO (a), de carbure de béryllium CBe_2 (b), de fluorure d'oxygène F_2O (c) est polarisée ?

2. En utilisant les modèles moléculaires ci-dessus prévoir si ces trois molécules sont polaires.

Voir, si nécessaire, l'exercice résolu I, p. 162.

14 Relier électronégativité et polarité

Des tables donnent l'électronégativité de la plupart des éléments. On y trouve les valeurs suivantes :

Élément	H	C	N	O	F	Cl	Br	P
Électronégativité	2,2	2,5	3,0	3,4	4,0	3,2	3,0	2,2

On considère les liaisons C – N, P – H, O – F, O – Cl, N – Br, et F – Br.

1. Indiquer les liaisons polarisées.

2. Pour les liaisons polarisées, préciser la charge, $+q$ ou $-q$, portée par chacun des atomes liés.

3. Représenter, sans souci d'échelle, le moment dipolaire associé à chaque liaison polarisée.

Comment interpréter la cohésion des solides moléculaires ?

15 Identifier des interactions de Van der Waals

1. Rappeler, en s'aidant d'exemples, ce qui distingue, dans une molécule diatomique, un dipôle électrique permanent d'un dipôle électrique instantané.

2. On considère les molécules des espèces suivantes :

N_2, Cl_2, H_2S, CBe_2, CS_2, Cl_2O, IBr et HI.

Les molécules H_2S et Cl_2O sont coudées, alors que les molécules CBe_2 et CS_2 sont linéaires.

a. Repérer celles dont le moment dipolaire est nul.

b. En déduire celles qui ont un dipôle électrique permanent et celles qui ne peuvent présenter qu'un dipôle électrique instantané.

16 Rechercher la présence de liaisons hydrogène

Les représentations de Lewis de l'iodure d'hydrogène HI, du sulfure d'hydrogène H_2S, du peroxyde d'hydrogène H_2O_2, du fluorure d'hydrogène HF, du méthane CH_4 et du chloroforme CH_3Cl sont les suivantes :

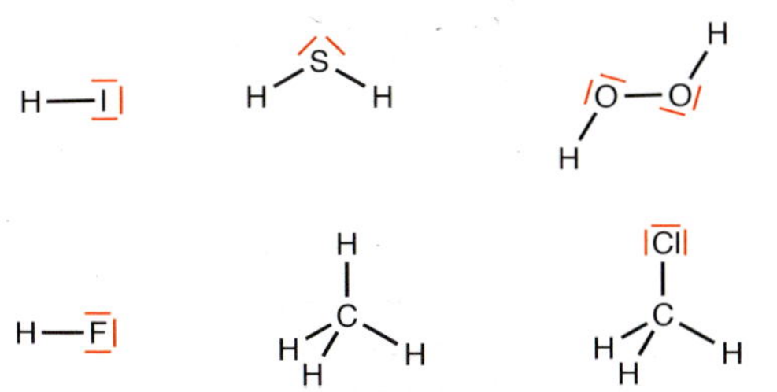

1. Parmi ces molécules, quelles sont celles qui peuvent participer à des liaisons hydrogène ?

2. Représenter quelques liaisons hydrogène pour chacune d'elles.

Que se passe-t-il lorsque l'on chauffe un solide ?

17 Décrire des interactions dans des espèces moléculaires

Le triiodométhane CHI_3 ou iodoforme fond à 6 °C et bout à 180 °C sous la pression atmosphérique. Son moment dipolaire vaut 1,2 D.

1. Décrire ce qui se produit à l'échelle macroscopique, lorsque l'on chauffe du triiodométhane de 0 °C à 10 °C.

2. La molécule de triiodométhane peut-elle participer à des liaisons hydrogène ?

3. En déduire les évolutions qui se produisent, à l'échelle microscopique, lorsque l'on chauffe du triiodométhane de 0 °C à 10 °C.

Voir, si nécessaire, l'exercice résolu II, p. 163.

18 Interpréter des effets thermiques

Le méthylpropan-2-ol, $(CH_3)_3C-OH$, ou alcool *tertiobutylique*, est un alcool de moment dipolaire 1,3 D. Il fond à 26 °C et bout à 83 °C sous la pression atmosphérique.

1. Décrire l'évolution de l'état physique de cet alcool lorsque l'on le chauffe de 20 °C à 90 °C.

2. Quelles interactions assurent la cohésion de cet alcool à l'état solide ou à l'état liquide ?

3. En déduire les évolutions qui se produisent à l'échelle microscopique lorsque l'on chauffe du méthylpropan-2-ol de 20 °C à 60 °C.

Voir, si nécessaire, l'exercice résolu II, p. 163.

Pour s'entraîner

19 Un œil de chat...

COMPÉTENCES **Trouver des informations ; raisonner.**

L'œil de chat, pierre utilisée en joaillerie, est un solide ionique naturel connu sous le nom de chrysobéryl. Il contient les éléments béryllium, aluminium et oxygène.

1. Rechercher dans la classification périodique le numéro atomique du béryllium, de l'oxygène et de l'aluminium. En déduire leurs formules électroniques.

2. En appliquant la règle du duet et de l'octet, établir la formule des ions béryllium, aluminium et oxyde.

3. Sachant que la formule du chrysobéryl comporte quatre ions oxyde, déterminer cette formule.

20 Proposer un énoncé à partir de son corrigé

COMPÉTENCES Raisonner ; formuler un problème ; rédiger.

Un professeur de Première S a donné à ses élèves un exercice de chimie dont la solution est fournie ci-après. Après avoir lu l'intégralité de la solution, construire l'énoncé correspondant. Les questions posées devront exactement avoir pour réponses celles qui sont données ci-dessous.

1. D'après la représentation de Lewis, la molécule de dichlorure d'oxygène Cl_2O est coudée.

2. L'atome d'oxygène porte la charge $-2q$.

3. Oui, car la somme des moments dipolaires est non nulle.

4. Non, car cette interaction nécessite la présence d'atome d'hydrogène.

Voir, si nécessaire, l'exercice résolu I, p. 162.

21 Géométrie des molécules et polarité

COMPÉTENCES Faire un schéma ; raisonner.

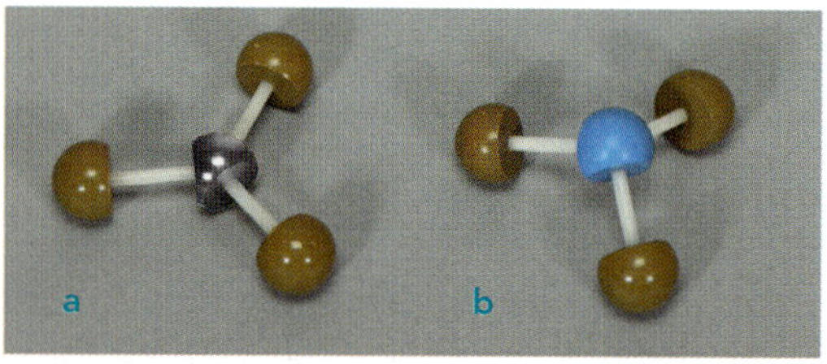

1. Repérer, dans la classification périodique, la place des éléments bore B, azote N et fluor F. En déduire que les liaisons B – F et N – F sont polarisées.

2. Situer les charges positive et négative des dipôles B – F et N – F et représenter, sans souci d'échelle, les vecteurs des moments dipolaires associés.

3. Justifier que le trifluorure de bore BF_3 (a) est apolaire, alors que le trifluorure d'azote NF_3 (b) est polaire.

Voir, si nécessaire, l'exercice résolu I, p. 162.

22 Moment dipolaire de la molécule d'eau

COMPÉTENCES Raisonner ; faire un schéma ; effectuer un calcul.

1. Établir la représentation de Lewis de la molécule d'eau H_2O et en déduire que la molécule d'eau est coudée.

2. Sachant que les électronégativités des éléments hydrogène et oxygène sont respectivement 2,2 et 3,4, justifier le fait que les liaisons O – H sont polarisées. Préciser les charges portées par chacun des atomes.

3. Le moment dipolaire de la liaison O – H vaut 1,5 debye (1,5 D).

a. Dessiner les liaisons H – O – H sachant que l'angle entre les deux liaisons O – H est égal à 104°.

b. En considérant qu'un moment dipolaire de 1,0 D correspond à un segment de 2,0 cm, représenter les deux vecteurs moments dipolaires associés aux liaisons O – H et déterminer géométriquement leur somme. Que représente cette somme ?

Voir, si nécessaire, l'exercice résolu I, p. 162.

23 Making snow, the artificial way

COMPÉTENCES Trouver des informations ; calculer ; raisonner.

On ski slopes, good snow cover is a must. When nature doesn't provide, machines and chemistry must *step in*.
Making snow on a cold day is relatively easy. Water freezes at temperature below 32 °F. So blowing small water droplets into cold air will get the job done.
Although some care must be taken that the water form *snowflakes* and not larger ice *pellets* that easily become *treacherous* for skiers.
What happens when the temperature doesn't cooperate? *Snow-Max*, a *freeze-dried* protein produced by bacteria, can be used to make water freeze at temperature above 32 °F.
This is possible because proteins contain sites that can hydrogen-*bond* with water molecules. The snow-making, bacteria-produced proteins are especially capable of forming hydrogen bonds with water molecules, which then become as extensively hydrogen bonded as they would if the temperature were at 32 °F or below. The result is a good artificial snow, produced at temperature above freezing.

Vocabulaire : *step in* : intervenir ; *snowflakes* : flocons (de neige) ; *pellets* : pastilles ; *treacherous* : traître, dangereux ; *freeze-dried* : lyophilisé ; *bond* : liaison.

1. @ Rechercher la relation existant entre une température en °F et la température exprimée en °C.
Quelle est la température d'ébullition de l'eau en °C et en °F ?

2. Dessiner la structure de la glace montrant les liaisons covalentes et les liaisons hydrogène pour quelques molécules d'eau.

3. Un extrait d'une protéine est fourni ci-dessous :

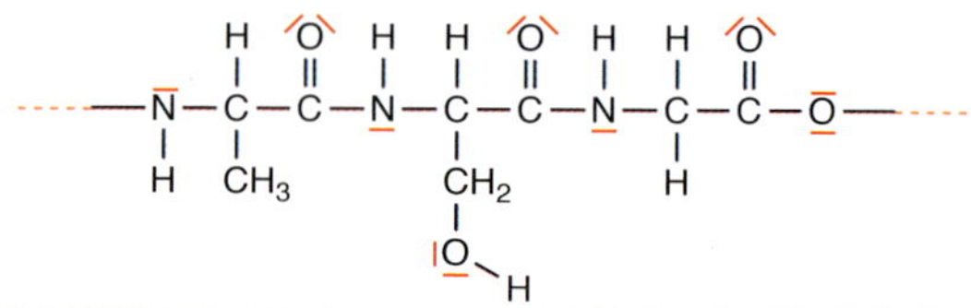

Copier cet extrait et repérer les sites où l'eau peut former des liaisons hydrogène avec la protéine.

4. Est-ce que la technique utilisée est bonne pour l'environnement ? Justifier la réponse.

24 À chacun son rythme

COMPÉTENCES **Faire un calcul ; raisonner.**

Cet exercice est proposé à deux niveaux de difficulté. Dans un premier temps, essayer de résoudre l'exercice de niveau 2. En cas de difficultés, passer au niveau 1.

Données :
Force gravitationnelle : $F_g = 6{,}67 \times 10^{-11} \dfrac{m_A \cdot m_B}{d^2}$ (en N).
Force électrique : $F_e = 9{,}0 \times 10^{9} \dfrac{|q_A \cdot q_B|}{d^2}$ (en N).
Masse d'un nucléon : $m_{nuc} = 1{,}67 \times 10^{-27}$ kg.
Charge électrique élémentaire : $e = 1{,}6 \times 10^{-19}$ C.
Distance moyenne entre deux ions sodium et chlorure voisins : $d = 282$ pm.

On souhaite déterminer et comparer les valeurs de la force électrique et de la force gravitationnelle qui s'exercent entre un ion sodium $^{23}Na^+$ et un ion chlorure $^{35}Cl^-$ voisins dans un cristal de chlorure de sodium.

Niveau 2

1. Calculer les valeurs, exprimées en newton (N), de ces deux forces.

2. Comparer les deux valeurs trouvées et conclure.

Niveau 1

1. a. Calculer la valeur de la force électrique F_e qui s'exerce entre ion sodium $^{23}Na^+$ et un ion chlorure $^{35}Cl^-$ voisins.
b. Déterminer la masse d'un ion sodium $^{23}Na^+$ et d'un ion chlorure $^{35}Cl^-$ en l'assimilant à la masse de leur noyau.
c. Calculer la valeur de la force gravitationnelle F_g qui s'exerce entre ces deux ions

2. a. Calculer le quotient $\dfrac{F_e}{F_g}$.
b. En déduire que la cohésion du cristal de chlorure de sodium est d'origine électrique.

Pour aller plus loin

25 Liaisons hydrogène intramoléculaires

COMPÉTENCES **Faire un schéma ; proposer une hypothèse.**

Dans certaines molécules, des groupes O – H ou N – H peuvent naturellement se lier par liaison hydrogène avec des atomes d'oxygène ou d'azote également présents dans cette molécule. Ces liaisons sont dites « liaisons hydrogène intramoléculaires ».

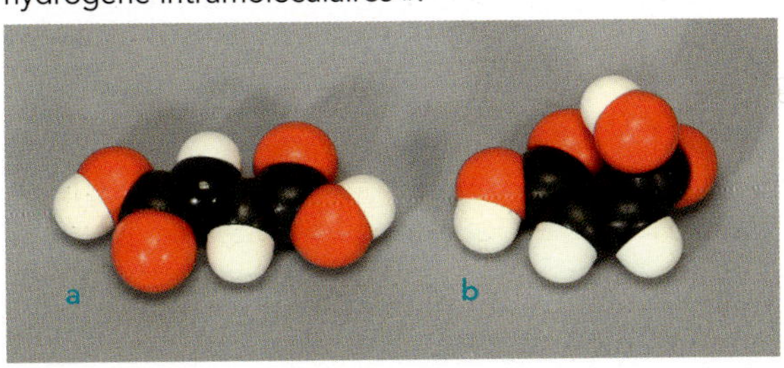

1. Le document ci-dessus présente les modèles moléculaires des acides fumarique (a) et maléique (b).
a. Repérer l'isomère *Z*.
b. Représenter les formules semi-développées de ces deux acides et montrer que l'un d'eux peut donner des liaisons hydrogène intramoléculaires.

2. Quel peut être l'effet de l'existence de liaisons hydrogène intramoléculaires sur la cohésion d'un cristal ?

3. L'un de ces acides fond à 131 °C et l'autre 287 °C. Attribuer ces températures de fusion à chacun des isomères.

Pour les curieux

26 Évolution de températures de fusion

COMPÉTENCES **Proposer une hypothèse ; lire un graphique ; faire un schéma.**

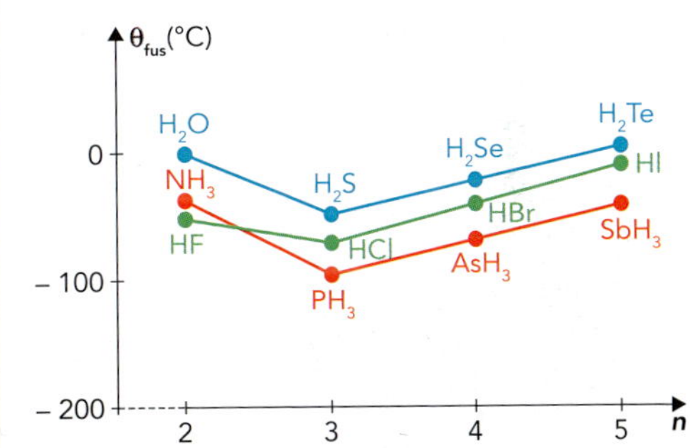

De nombreuses observations expérimentales permettent d'affirmer que :
– la taille des atomes croît en descendant dans une colonne de la classification périodique ;
– les interactions de Van der Waals sont d'autant plus fortes que le volume des molécules considérées est grand ;
– la température de fusion d'un solide moléculaire croît avec l'intensité des interactions liant les molécules constituant ce solide.

1. a. Quelles interactions assurent la cohésion des molécules de dihalogène (I_2, Br_2, Cl_2, F_2) à l'état liquide ou solide ?
b. Justifier, qu'à température ambiante, le diiode est solide, le dibrome est liquide, le dichlore et le difluor sont gazeux.

2. Le graphe ci-dessus donne l'évolution des températures de fusion de composés hydrogénés de formule AH_q pour les éléments des colonnes 15, 16 et 17 appartenant aux périodes $n = 2$, $n = 3$, $n = 4$ et $n = 5$ de la classification périodique.
a. Pour les composés d'une même ligne, justifier l'évolution des températures pour $n > 2$.
b. Comment justifier la discontinuité qui apparaît pour l'acide fluorhydrique HF, pour l'eau H_2O et pour l'ammoniac NH_3 ?
Illustrer la réponse avec des schémas judicieux.

Retour sur l'ouverture du chapitre

27 Quatre types de cristaux

COMPÉTENCES Trouver de l'information ; raisonner.

Les cristaux naturels peuvent être ioniques, moléculaires, métalliques ou covalents.
Dans un métal, les électrons externes sont peu liés au noyau, on peut donc considérer qu'un métal *M* est constitué de cations métalliques M^+ fixes, entourés d'une « mer » d'électrons mobiles.
La cohésion d'un *cristal métallique* est assurée par des interactions électriques entre les cations métalliques et les électrons mobiles.
Le diamant, le graphite, le silicium sont des *cristaux covalents* dans lesquels tous les atomes sont unis par des liaisons covalentes.

Suivant l'origine de leurs couleurs on distingue trois types de cristaux ioniques :
– les *cristaux idiochromatiques* qui ont une coloration propre due à un composant majeur : c'est le cas du cuivre (ion Cu^{2+}) dans l'azurite bleue ;
– les *cristaux allochromatiques* qui doivent leur coloration à la présence, à l'état de traces, de certains cations ou à l'existence d'imperfections dans les solides.
Ainsi le quartz, la calcite, le sel gemme ou le corindon, incolores lorsqu'ils sont purs, se teintent lorsqu'ils contiennent des impuretés.
De tels cristaux peuvent être d'un très bel éclat ; c'est le cas du rubis, de l'émeraude, du saphir, de l'améthyste ;
– les *cristaux pseudochromatiques*, dont les couleurs sont dues à des phénomènes optiques tels que la dispersion ou la diffusion de la lumière.
C'est le cas de la labradorite ou de l'opale.

La couleur des métaux résulte de phénomènes complexes liés à la présence des électrons libres. Beaucoup de métaux apparaissent « gris clair » (argent, zinc, etc.) car ils réfléchissent avec la même intensité toutes les radiations de la lumière blanche. Les couleurs de l'or et du cuivre résultent du fait que ces métaux ont une « réflexion sélective » de la lumière blanche, en réémettant principalement le jaune pour l'or et le rouge pour le cuivre.

Un crital pseudochromatique : la labradorite...

... tout comme l'opale.

1. Quel paramètre peut-on retenir pour distinguer les quatre types de cristaux ?

2. Citer une propriété caractéristique des métaux découlant de la mobilité des électrons de la couche externe.

3. @ Rechercher la formule chimique du quartz, du sel gemme, de la calcite et du corindon.
Les trois derniers cristaux sont ioniques. De quels ions chacun d'eux est-il constitué ?

4. @ Rechercher la couleur et l'élément responsable de cette couleur pour le rubis, l'émeraude, le saphir et l'améthyste.

5. Le silicium présente le même éclat « gris clair » que l'aluminium, mais ce n'est pas un métal.
Quelle mesure très simple pourrait-on faire, en travaux pratiques de physique, pour distinguer un fil de silicium d'un fil d'aluminium ?

6. Lorsque l'on regarde une lampe émettant de la lumière blanche *à travers* une feuille d'or très mince, celle-ci apparaît bleu.
Justifier cette observation.

Dissolution de composés ioniques ou moléculaires

Chapitre 10

Les noix de lavage sont une alternative aux lessives et autres détergents classiques.
Les noix proviennent d'arbres de la famille des *Sapindus*. La coquille de ses fruits est imprégnée de *saponine* qui se dissout dans l'eau et forme alors un savon naturel.
Les savons contiennent des molécules tensio-actives.
Quel est le mode d'action de ces molécules ? (voir l'exercice 26, p. 184.)

Comment interpréter la dissolution de composés ioniques ou moléculaires dans un solvant ?

OBJECTIFS

- ➜ Prévoir si un solvant est polaire.
- ➜ Comprendre la dissolution d'un composé ionique dans un solvant polaire.
- ➜ Comprendre la dissolution d'un composé moléculaire dans un solvant.
- ➜ Savoir distinguer concentrations molaires en soluté apporté et concentrations effectives.

1 Préparation d'une solution de concentration donnée en ions

La concentration molaire d'une solution ionique est souvent indiquée sur les étiquettes des flacons.
Quelle relation a-t-on entre la concentration de la solution et la concentration de ses ions ?

Situation problème

On souhaite préparer une solution aqueuse de chlorure de fer (III) de volume V_{sol} **= 100,0 mL** et de concentration molaire en ion Fe^{3+} égale à **0,040 mol · L⁻¹**. Comment préparer cette solution ?

A Observer et expliquer l'étiquette d'un flacon — EN AUTONOMIE

Le flacon contenant le chlorure de fer (III) hexahydraté solide présente l'étiquette reproduite ci-contre :
Par la suite ce solide est noté S.

1 Que signifie le terme « hexahydraté » ?
2 Retrouver, par le calcul, la masse molaire.
3 Rechercher la signification des pictogrammes dans les **rabats V** et **VI**.

Chlorure de fer (III) hexahydraté
Formule : $FeCl_3$, 6 H_2O
Masse molaire : 270,32 $g \cdot mol^{-1}$
Solubilité dans l'eau : 920 $g \cdot L^{-1}$ à 20 °C
Mentions de danger : H302 ; H315 ; H318
Conseils de prudence : P280 ; P302 + P352 ; P305 + P351 + P338 ; P313

SGH05

SGH07

B Comprendre les relations entre concentration en soluté apporté et concentrations des ions — EN AUTONOMIE

L'équation de la dissolution du chlorure de fer (III) hexahydraté dans l'eau peut s'écrire :

$$FeCl_3(s) \xrightarrow{\text{eau}} Fe^{3+}(aq) + 3\, Cl^-(aq)$$

4 Reproduire et compléter le tableau ci-dessous, en fonction, entre autres, de la quantité initiale de chlorure de fer (III) hexahydraté **apportée**, notée ***n*(S)**. La solution est supposée non saturée.
5 Exprimer la concentration molaire *C*(S) du soluté *S* apporté en fonction de *n*(S) et du volume V_{sol} de la solution à préparer.

Les concentrations molaires **effectives** des ions fer (III) et des ions chlorure présents dans la solution sont notées respectivement **[Fe^{3+}]** et **[Cl^-]**.

6 Exprimer les concentrations molaires [Fe^{3+}] et [Cl^-], en fonction de x_{max} et du volume V_{sol} de la solution, puis en fonction de *n*(S) et de V_{sol}.
7 Établir une relation entre les concentrations *C*(S) et [Fe^{3+}], puis une autre relation entre les concentrations *C*(S) et [Cl^-].
8 Calculer la concentration *C*(S) de la solution.

Équation de dissolution		$FeCl_3(s)$ $\xrightarrow{\text{eau}}$	$Fe^{3+}(aq)$ +	$3\, Cl^-(aq)$
État du système	Avancement	$n(FeCl_3)$	$n(Fe^{3+})$	$n(Cl^-)$
Quantités apportées dans l'état initial	$x = 0$	…	…	…
Quantités en solution dans l'état final	x_{max}	…	…	…

C Élaborer et mettre en œuvre un protocole expérimental — DÉMARCHE D'INVESTIGATION

- Rédiger un protocole détaillé permettant de préparer cette solution.
- Mettre en œuvre ce protocole après discussion de celui-ci avec le professeur.

Voir, si nécessaire, Révisions, p. 11.

Un pas vers le cours...

9 Proposer une définition de :
– la concentration molaire d'une solution en soluté apporté, notée *C*(S) ;
– la concentration molaire effective d'un ion M^{p+}, notée [M^{p+}], présent dans une solution.

2 Extraction d'une espèce chimique d'une solution

L'extraction d'une espèce chimique d'une solution dépend, entre autres, de la nature du solvant et de la structure de l'espèce chimique à extraire.
Comment extraire une espèce chimique d'une solution ?

Situation problème

À l'issue d'une séance de travaux pratiques, un technicien de laboratoire récupère une solution aqueuse S résultant d'un **mélange d'une solution bleue de sulfate de cuivre (II) et d'une solution rouge de rouge de méthyle**.
Ces deux espèces ne subissant pas les mêmes réactions pour leur recyclage, on peut les séparer avant de les expédier au centre de traitement des déchets. Comment aider le technicien dans cette tâche ?

A Élaborer et mettre en œuvre un protocole expérimental

DÉMARCHE D'INVESTIGATION

Solubilité	Sulfate de cuivre (II)	Rouge de méthyle	Eau	Cyclohexane	Éthanol
Dans l'eau	très grande	faible		nulle	très grande
Dans le cyclohexane	nulle	grande	nulle		très grande
Dans l'éthanol	faible	grande	très grande	très grande	

	Solution S	Eau	Éthanol	Cyclohexane
Densité	1,02	1,00	0,78	0,79

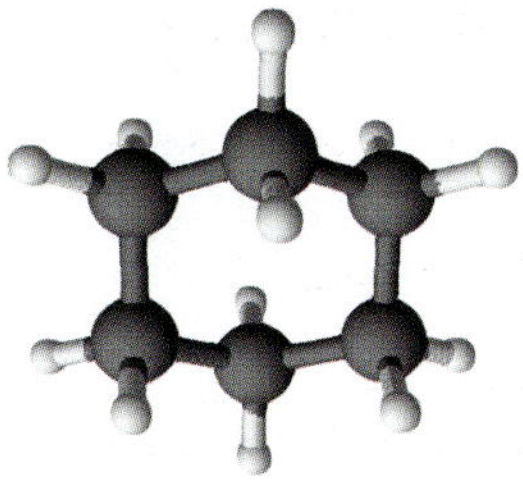

Cyclohexane

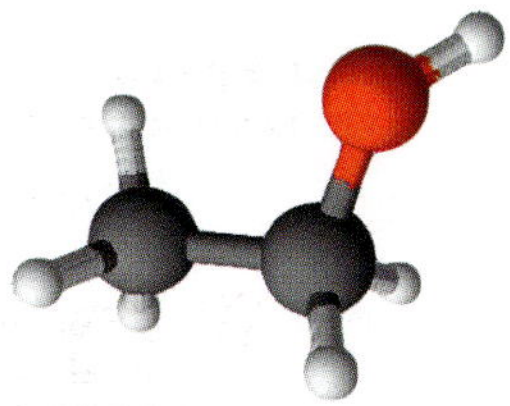

Éthanol

1 À l'aide des données fournies dans les deux tableaux ci-dessus, rédiger un protocole détaillé, assorti de schémas légendés, permettant d'obtenir, à partir de la solution *S*, deux solutions :
– l'une ne contenant quasiment que du sulfate de cuivre (II) ;
– l'autre ne contenant quasiment que du rouge de méthyle.

2 Mettre en œuvre ce protocole après discussion de celui-ci avec le professeur.

3 Quelle manipulation faudrait-il réaliser pour obtenir le sulfate de cuivre (II) et le rouge de méthyle à l'état solide ?

B Comprendre les séparations réalisées

4 À partir de leurs modèles moléculaires, justifier que l'eau et l'éthanol sont des molécules polaires, alors que le cyclohexane est apolaire.

5 Expliquer pourquoi l'eau et l'éthanol sont totalement miscibles, c'est-à-dire solubles l'un dans l'autre en toutes proportions.

6 Le rouge de méthyle est peu polaire. Il est soluble dans le cyclohexane, apolaire.
Quelle hypothèse peut-on formuler à partir de cette observation ?

7 Le sulfate de cuivre est un solide ionique.
Comment expliquer sa grande solubilité dans l'eau et son insolubilité dans le cyclohexane ?

8 Justifier le choix du solvant pour l'extraction du rouge de méthyle de la solution S.

Atome	H	C	O
Électronégativité	2,2	2,5	3,5

Un pas vers le cours…

9 Quelle propriété semble devoir présenter un solvant pour réaliser la dissolution :
– d'espèces polaires ;
– d'espèces non polaires ;
– d'espèces ioniques ?

Cours

1 Comment prévoir si un solvant est polaire ?

Une **solution** est obtenue par dissolution d'un **soluté**, ionique ou moléculaire, dans un **solvant**. Lorsque **le solvant est l'eau**, la solution obtenue est une **solution aqueuse**.

Une solution contenant **des ions** conduit le courant électrique : c'est une solution **électrolytique.** Elle est **électriquement neutre**.

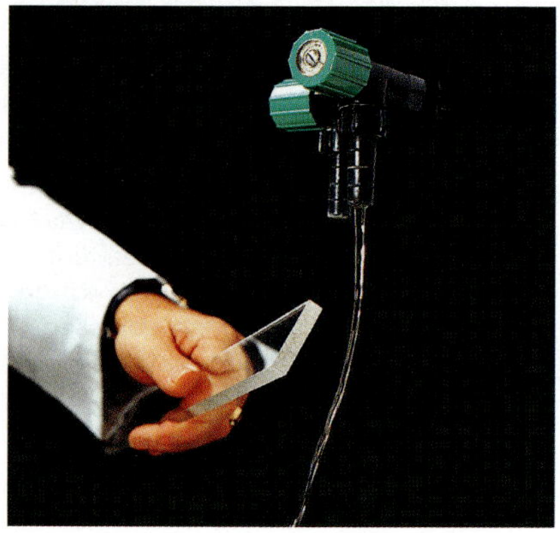

Doc. 2 La tige de plastique électrisée par frottement attire le filet d'eau. La déviation du filet d'eau est due à la polarité de la molécule d'eau.

1.1 Les solvants polaires

L'étude de la molécule d'eau H_2O **(chapitre 9)** a montré qu'elle possède un moment dipolaire non nul **(doc. 1a)**. La molécule d'eau est donc polaire **(doc. 2)**. L'**eau** est un **solvant polaire**.

L'éthanol, de formule semi-développée CH_3-CH_2-OH, comporte une chaine carbonée CH_3-CH_2- dans laquelle les liaisons C – H sont faiblement polarisées, et deux liaisons, C – O et O – H, nettement plus polarisées **(doc. 1b)**. La molécule d'éthanol est polaire. L'**éthanol** est un **solvant polaire**.

Un solvant constitué de molécules polaires est un **solvant polaire**.

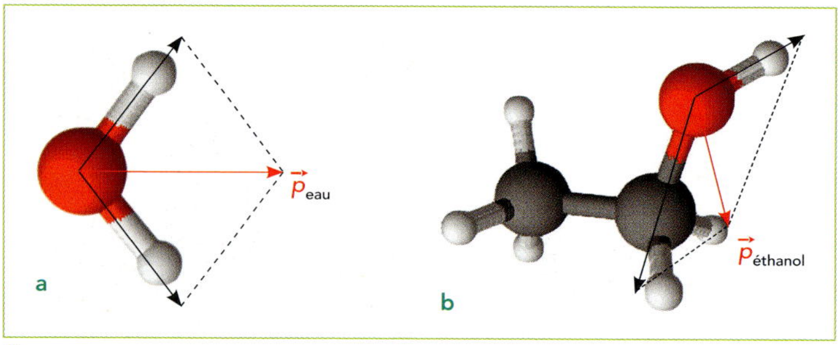

Doc. 1 :
a. La molécule d'eau est polaire : $p_{eau} = 1,8$ D.
b. La molécule d'éthanol est polaire : $p_{éthanol} = 1,7$ D.

1.2 Les solvants apolaires

La molécule de tétrachlorométhane CCl_4 comporte quatre liaisons C – Cl polarisées **(doc. 3a)**. Cependant, la structure tétraédrique régulière de la molécule autour de l'atome de carbone implique que la somme vectorielle de tous les moments dipolaires est nulle. Ainsi, le **tétrachlorométhane** est un **solvant apolaire**.

Un solvant, constitué de molécules apolaires, est un **solvant apolaire**.

Les liaisons C – H sont faiblement polarisées. Cependant la molécule de cyclohexane C_6H_{12}, rencontrée lors de l'**activité 2**, étant symétrique **(doc. 3b)**, la somme vectorielle de tous les moments dipolaires est nulle. Le **cyclohexane,** constitué de molécules apolaires, est un **solvant apolaire**.

Les liaisons C – H sont, en fait, très peu polarisées. Aussi, même en l'absence de symétrie de la molécule, on admettra que :

Les solvants dont les molécules ne comportent que des atomes de carbone et d'hydrogène sont **apolaires**.

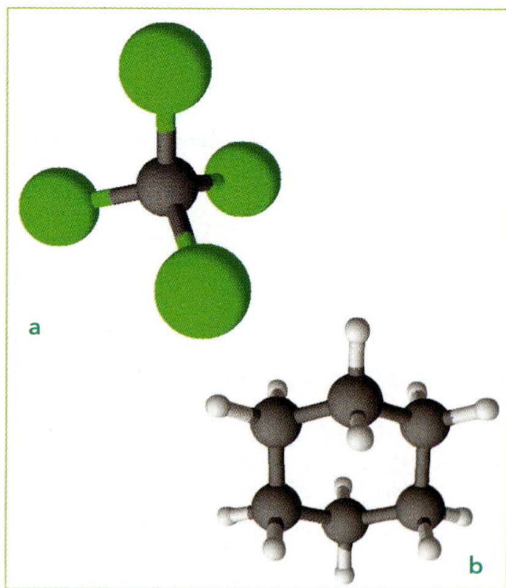

Doc. 3 Les molécules de tétrachlorométhane CCl_4 (a) et de cyclohexane C_6H_{12} (b) sont apolaires.

Voir exercices 1, p. 177, et 7 à 9, p. 180.

2 Comment expliquer la dissolution d'un solide ionique dans un solvant polaire ?

2.1 Dissolution d'un solide ionique dans l'eau

Étape 1 : la dissociation du solide ionique
Le chlorure de sodium NaCl(s) est un solide ionique. Lorsqu'il est placé dans l'eau, les molécules d'eau, polaires, entourent le solide. Les **cations** Na^+ sont attirés par les pôles négatifs des molécules d'eau tandis que les **anions** Cl^- sont attirés par les pôles positifs. Les interactions molécules d'eau-ions diminuent fortement les forces attractives entre cations et anions dans le solide : les ions Na^+ et Cl^- se **dissocient** du solide ionique.

Étape 2 : l'hydratation des ions
Les ions Na^+ et Cl^- passent en solution et s'entourent de molécules d'eau : ils sont **hydratés** (doc. 4 et 5).

Étape 3 : la dispersion des ions
Sous l'effet de l'agitation thermique, les ions hydratés s'éloignent peu à peu du cristal ionique : ils se **dispersent** dans l'eau.

> La dissolution d'un solide ionique dans l'eau se déroule schématiquement en trois étapes : la **dissociation** des ions du solide, l'**hydratation** des ions et la **dispersion** des ions dans la solution.

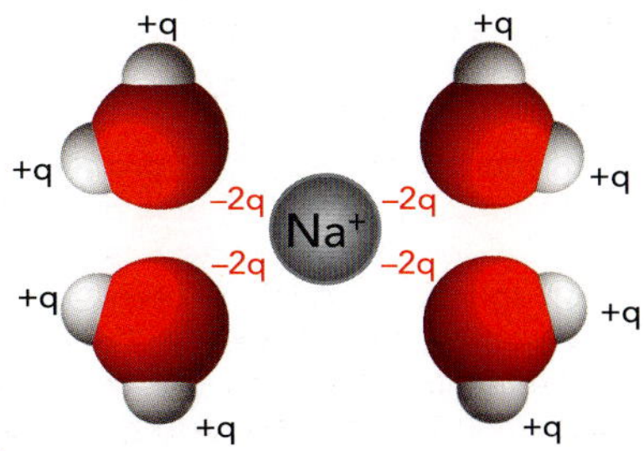

Doc. 4 Hydratation d'un cation.
Les molécules d'eau entourent le cation en s'orientant de sorte que l'atome d'oxygène soit au plus près du cation.

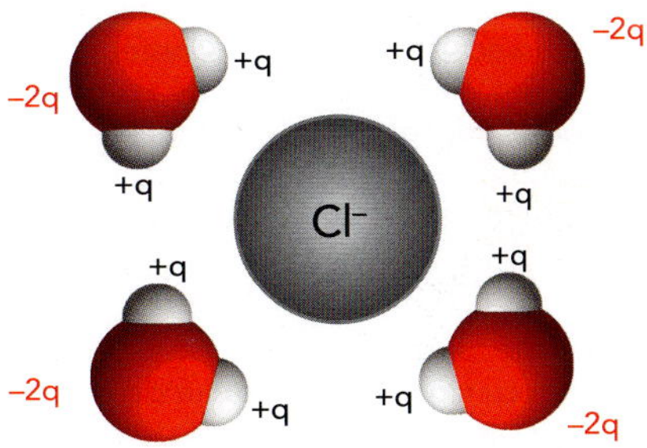

Doc. 5 Hydratation d'un anion.
Les molécules d'eau entourent l'anion en s'orientant de sorte que les atomes d'hydrogène soient au plus près de l'anion.

2.2 Équation d'une réaction de dissolution dans l'eau

Lors de l'étape d'hydratation en solutions aqueuse, les ions s'entourent de molécules d'eau. Pour indiquer que les ions sont hydratés, on ajoute l'indication (aq) à la suite de leurs symboles.
Par exemple, l'équation de la réaction de dissolution du chlorure de sodium NaCl(s) s'écrit :

$$NaCl(s) \xrightarrow{\text{eau}} Na^+(aq) + Cl^-(aq)$$

Celle du chlorure de cobalt $CoCl_2(s)$ s'écrit :

$$CoCl_2(s) \xrightarrow{\text{eau}} Co^{2+}(aq) + 2\,Cl^-(aq)$$

> L'équation de dissolution d'un solide ionique doit respecter la conservation des éléments chimiques et de la charge électrique.

2.3 Dissolution d'un solide ionique dans un solvant polaire

La dissolution d'un solide ionique, dans un solvant polaire quelconque, se déroule aussi en trois étapes : dissociation du solide ionique, solvatation des ions et dispersion de ceux-ci. Les ions s'entourent de plusieurs molécules de solvant : ils sont **solvatés**. Par exemple, le chlorure de cobalt $CoCl_2(s)$, peut être dissous dans l'eau (doc. 6a), mais aussi dans l'éthanol (doc. 6b) ou l'acétone.

> Les solides ioniques sont **très solubles** dans les solvants polaires. Les ions s'entourent des molécules du solvant : ils sont **solvatés**.

Voir exercices 2, p. 177, et 10 à 12, p 180.

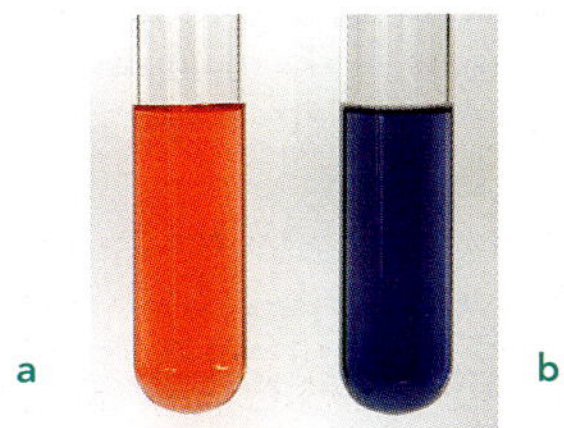

Doc. 6 Dissolution du chlorure de cobalt $CoCl_2(s)$.
a. La couleur rouge de la solution aqueuse est due aux ions cobalt hydratés, notés $Co^{2+}(aq)$.
b. La couleur bleu-foncé de la solution alcoolique est due aux ions cobalt solvatés par l'éthanol, notés $Co^{2+}(solv)$.

3 Comment expliquer la dissolution d'un composé moléculaire dans un solvant ?

3.1 Dissolution d'un soluté polaire dans un solvant polaire

Sans formation de liaisons hydrogène

▶ L'acétone (ou propanone) et la butanone sont deux molécules polaires (doc. 7). Si on ajoute goutte à goutte de la butanone à de l'acétone, tout en agitant, la solution obtenue est homogène. Ainsi, la butanone, **soluté polaire**, est soluble dans l'acétone, **solvant polaire**.

Cette solubilité s'explique par les interactions dipôle-dipôle de type **Van der Waals** qui s'établissent entre les molécules polaires du soluté et les molécules polaires du solvant.

Ce résultat est général :

> Les solutés moléculaires **polaires** sont solubles dans les solvants **polaires**.

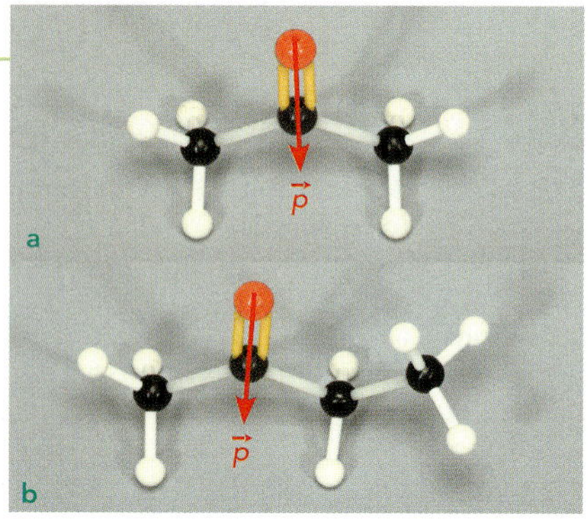

Doc. 7 a. La molécule d'acétone (ou propranone) est polaire : p = 2,9 D.
b. La molécule de butanone est polaire : p = 2,8 D.

Avec formation de liaisons hydrogène

▶ Le sucre, constitué de molécules de saccharose $C_{12}H_{22}O_{11}$(s) (doc. 8), est très soluble dans l'eau. Le saccharose est une molécule polaire car elle possède, entre autres, plusieurs liaisons C – O et O – H fortement polarisées. Les interactions de type **Van der Waals** et les nombreuses **liaisons hydrogène,** qui s'établissent entre les molécules d'eau et de saccharose, expliquent la grande solubilité du sucre dans l'eau.

L'équation de dissolution du saccharose dans l'eau s'écrit :

$$C_{12}H_{22}O_{11}(s) \xrightarrow{\text{eau}} C_{12}H_{22}O_{11}(aq)$$

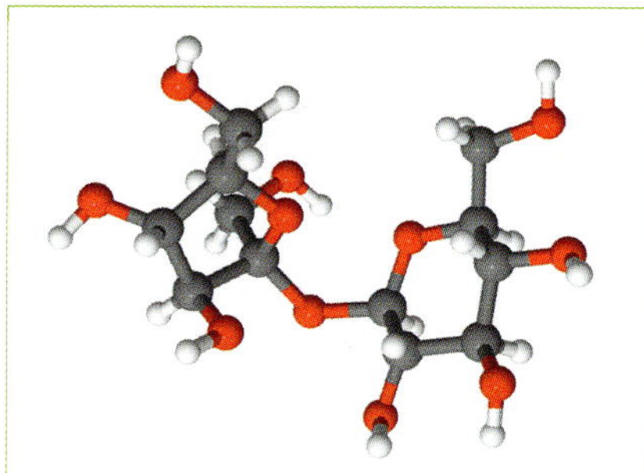

Doc. 8 Modèle moléculaire de la molécule de saccharose.

▶ Il arrive parfois que les interactions soluté-solvant soient si fortes qu'elles conduisent à la rupture de certaines liaisons covalentes du soluté. C'est le cas de la dissolution de l'acide sulfurique H_2SO_4 (ℓ) dans l'eau.

L'équation de dissolution de l'acide sulfurique dans l'eau s'écrit alors :

$$H_2SO_4(\ell) \xrightarrow{\text{eau}} 2\,H^+(aq) + SO_4^{2-}(aq)$$

> La solubilité d'un **soluté polaire** dans un **solvant polaire** est favorisée lorsque des **liaisons hydrogène** s'établissent entre les molécules de soluté et de solvant.

▶ Les structures de certaines molécules (super absorbants, alginates, tensio-actifs, etc.), qui présentent de très nombreuses interactions de Van der Waals et de multiples liaisons hydrogène, leur confèrent des propriétés particulières* (doc. 9).

Voir exercices 24, 25 et 26, p. 183-184.

*** Pour les curieux**

Les alginates sont aujourd'hui très utilisés en cuisine moléculaire, mais aussi dans la fabrication de pansements.
(Voir exercice 24, p. 183)

Doc. 9 Ce cuisinier prépare des perles d'alginates.

3.2 Dissolution d'un soluté apolaire dans un solvant apolaire

Lors de l'activité 2, l'extraction du rouge de méthyle, molécule **peu polaire**, a été réalisée avec un **solvant apolaire**, le cyclohexane. Cette manipulation illustre, en fait, une propriété très générale :

> Les solutés moléculaires **apolaires** ou **peu polaires** sont généralement solubles dans les **solvants apolaires.**

Voir exercices 3, p. 177, et 13 à 15, p. 180-181.

4 Comment déterminer la concentration d'un ion en solution ?

4.1 Concentration molaire en soluté apporté

Lors de l'**activité 1**, une solution aqueuse a été préparée par dissolution de chlorure de fer (III) hexahydraté. Ce solide ionique est noté S dans la suite. Une quantité $n(\mathrm{S})$ = 4,00 mmol de ce solide a été dissoute pour préparer une solution de volume V_{sol} = 100,0 mL **(doc. 10)**.
La concentration molaire $C(\mathrm{S})$ de la solution en **soluté apporté** est :

$$C(\mathrm{S}) = \frac{n(\mathrm{S})}{V_{sol}} = \frac{4{,}00 \times 10^{-3}}{100{,}0 \times 10^{-3}} = 4{,}00 \times 10^{-2}\ \mathrm{mol \cdot L^{-1}}.$$

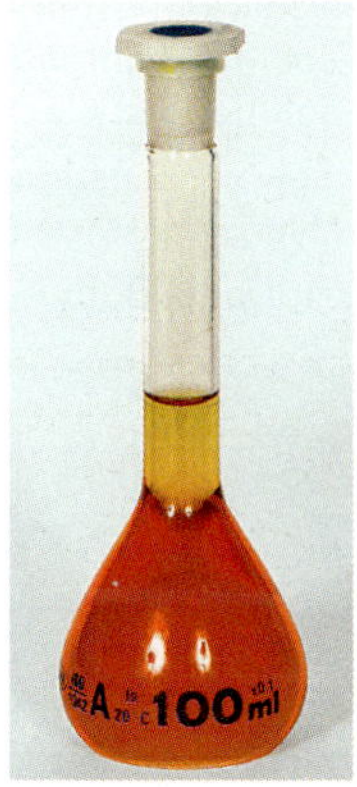

Doc. 10 Solution aqueuse de chlorure de fer (III).

La concentration molaire d'une solution en soluté apporté est notée $C(\mathrm{S})$. Elle est égale au quotient de la quantité de soluté $n(\mathrm{S})$ mise en solution par le volume V_{sol} de la solution :

$$\boldsymbol{C(\mathrm{S}) = \frac{n(\mathrm{S})}{V_{sol}}}$$

avec $n(\mathrm{S})$ en mol, V_{sol} en L et $C(\mathrm{S})$ en $\mathrm{mol \cdot L^{-1}}$.

4.2 Concentration molaire des ions en solution

La concentration molaire d'un ion M^{p+}, ou X^{n-}, en solution est notée $[M^{p+}]$ ou $[X^{n-}]$. Elle est égale au quotient de la quantité d'ions $n(M^{p+})$, ou $n(X^{n-})$, présente dans la solution par le volume V_{sol} de la solution :

$$\boldsymbol{[M^{p+}] = \frac{n(M^{p+})}{V_{sol}} \quad \text{ou} \quad [X^{n-}] = \frac{n(X^{n-})}{V_{sol}}}$$

avec $n(M^{p+})$ et $n(X^{n-})$ en mol, V_{sol} en L, $[M^{p+}]$ et $[X^{n-}]$ en $\mathrm{mol \cdot L^{-1}}$.

La notation $[FeCl_3]$ est incorrecte car le chlorure de fer (III) n'est pas **effectivement** présent dans la solution préparée.
La concentration en chlorure de fer (III) apporté dans la solution peut s'écrire $C(FeCl_3)$.

La dissolution complète du chlorure de fer (III) dans l'eau a permis de construire le tableau suivant :

Équation de dissolution		$FeCl_3(s) \xrightarrow{\text{eau}} Fe^{3+}(aq) + 3\ Cl^-(aq)$		
État du système	Avancement	$n(FeCl_3)$	$n(Fe^{3+})$	$n(Cl^-)$
Quantités apportées dans l'état initial	$x = 0$	$n(\mathrm{S})$	0	0
Quantités en solution dans l'état final	x_{max}	$n(\mathrm{S}) - x_{max} = 0$	$x_{max} = n(\mathrm{S})$	$3x_{max} = 3n(\mathrm{S})$

La **concentration molaire** de l'ion fer (III) **effectivement** présent en solution est notée :

$$[Fe^{3+}] = \frac{n(Fe^{3+})}{V_{sol}} = \frac{n(\mathrm{S})}{V_{sol}} = C(\mathrm{S}).$$

De même, la **concentration molaire** de l'ion chlorure **effectivement** présent en solution est :

$$[Cl^-] = \frac{n(Cl^-)}{V_{sol}} = \frac{3\,n(\mathrm{S})}{V_{sol}} = 3\,C(\mathrm{S}).$$

La concentration molaire des ions en solution est souvent différente de la concentration molaire de la solution en soluté apporté **(doc 11)**.
Ainsi :

$$[Fe^{3+}] = C(\mathrm{S}) = 4{,}00 \times 10^{-2}\ \mathrm{mol \cdot L^{-1}}\ ;$$
$$[Cl^-] = 3\,C(\mathrm{S}) = 1{,}20 \times 10^{-1}\ \mathrm{mol \cdot L^{-1}}.$$

Voir exercices 4, p. 177, et 16 et 17 p. 181.

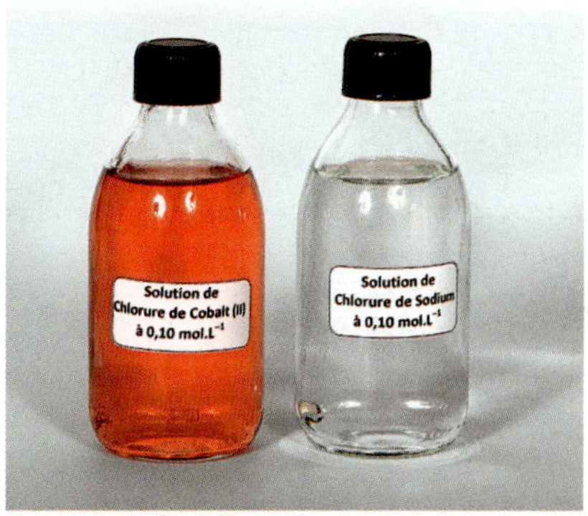

Doc. 11 Solutions de chlorure de cobalt et de chlorure de sodium de concentration en soluté apporté égale à 0,10 $\mathrm{mol \cdot L^{-1}}$.

$$CoCl_2(s) \xrightarrow{\text{eau}} Co^{2+}(aq) + 2\ Cl^-(aq)$$
$$[Co^{2+}] = 0{,}10\ \mathrm{mol \cdot L^{-1}}\ ;\ [Cl^-] = 0{,}20\ \mathrm{mol \cdot L^{-1}}$$

$$NaCl(s) \xrightarrow{\text{eau}} Na^+(aq) + Cl^-(aq)$$
$$[Na^+] = 0{,}10\ \mathrm{mol \cdot L^{-1}}\ ;\ [Cl^-] = 0{,}10\ \mathrm{mol \cdot L^{-1}}$$

Essentiel

Polarité d'un solvant

- Une solution est obtenue par dissolution d'un **soluté**, ionique ou moléculaire, dans un **solvant**.
Une solution contenant **des ions** conduit le courant électrique : c'est une solution **électrolytique.**
Une solution est **électriquement neutre**.
- Un solvant constitué de molécules **polaires** est un **solvant polaire.**
Un solvant constitué de molécules **apolaires** est un **solvant apolaire**.
- Les solvants dont les molécules ne comportent que des atomes de carbone et d'hydrogène sont apolaires.

Dissolution d'un solide ionique dans un solvant polaire

- La dissolution d'un solide ionique dans un solvant polaire se déroule en trois étapes :
  - la **dissociation** des ions du solide ;
  - la **solvatation** des ions (**hydratation** dans le cas de l'eau) ;
  - la **dispersion** des ions dans la solution.

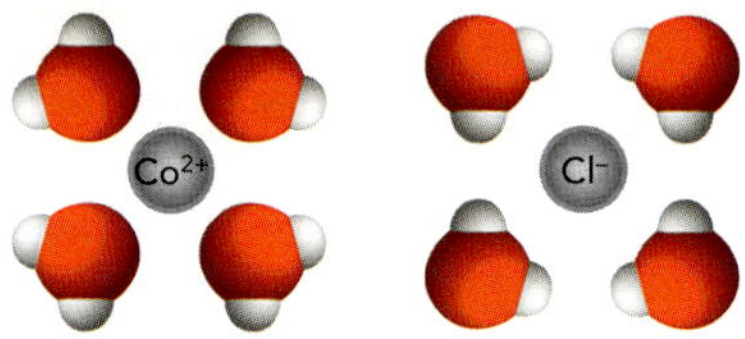

Solvation des ions

- L'équation de dissolution du chlorure de cobalt dans l'eau s'écrit :

$$CoCl_2(s) \xrightarrow{\text{eau}} Co^{2+}(aq) + 2\ Cl^-(aq)$$

L'équation de dissolution d'un solide ionique doit respecter la conservation des éléments chimiques et de la charge électrique.

Dissolution d'un composé moléculaire dans un solvant

- Les composés **moléculaires polaires** sont généralement **solubles** dans les **solvants polaires**.
- Les composés **moléculaires apolaires** sont généralement **solubles** dans les **solvants apolaires**.
- La solubilité d'un **soluté polaire** dans un **solvant polaire** est favorisée lorsque des **liaisons hydrogène** s'établissent entre les molécules de soluté et de solvant.

Concentrations

$$CoCl_2(s) \xrightarrow{\text{eau}} Co^{2+}(aq) + 2\ Cl^-(aq)$$

Concentration en soluté S apporté :

$$C(S) = \frac{n(S)}{V_{sol}} \qquad n(S) = \frac{m(S)}{M(S)}$$

$n(S)$ en mol, V_{sol} en L, $C(S)$ en mol·L^{-1}, $m(S)$ en g et $M(S)$ en g·mol^{-1}.

Concentrations des ions en solution :

$$[Co^{2+}] = \frac{n(Co^{2+})}{V_{sol}} = \frac{n(S)}{V_{sol}} = C(S)$$

$$[Cl^-] = \frac{n(Cl^-)}{V_{sol}} = \frac{2\ n(S)}{V_{sol}} = 2\ C(S)$$

avec $n(Co^{2+})$ et $n(Cl^-)$ en mol, V_{sol} en L, $[Co^{2+}]$ et $[Cl^-]$ en mol·L^{-1}.

LES COMPÉTENCES ATTENDUES

- ✔ Prévoir si un solvant est polaire.
- ✔ Écrire l'équation de la réaction associée à la dissolution dans l'eau d'un solide ionique.
- ✔ Savoir qu'une solution est électriquement neutre.
- ✔ Élaborer et réaliser un protocole de préparation d'une solution ionique de concentration donnée en ions. (TP)
- ✔ Mettre en œuvre un protocole pour extraire une espèce chimique d'un solvant. (TP)
- ✔ Recueillir et exploiter des informations sur les applications de la structure de certaines molécules (super absorbants, tensio-actifs, alginates, etc.).

QCM

Pour chaque question, indiquer la (ou les) bonne(s) réponse(s).

Voir corrigés, p. 369.

1 Polarité d'un solvant

	A	B	C
1. Une solution contenant des ions est :	une solution électrolytique.	toujours colorée.	électriquement neutre.
2. L'eau est un solvant :	apolaire.	polaire.	qui comporte des liaisons polarisées.
3. Le tétrachlorométhane est un solvant : 	apolaire.	polaire.	qui comporte des liaisons polarisées.

Si erreur, revoir § 1, p. 172.

2 Dissolution d'un solide ionique dans un solvant polaire

	A	B	C
1. Lors de la dissolution d'un solide ionique dans l'eau, les ions :	se dissocient du solide ionique.	sont hydratés.	se dispersent dans la solution.
2. L'ion hydraté ci-contre est : 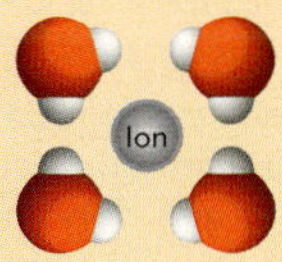	un anion.	un cation.	de charge positive.

Si erreur, revoir § 2, p. 173.

3 Dissolution d'un composé moléculaire dans un solvant

	A	B	C
1. L'éthanol est un composé moléculaire polaire. Il est :	soluble dans l'eau.	insoluble dans l'eau.	soluble dans un solvant polaire.
2. La formule semi-développée de la molécule d'hexane est : $CH_3-CH_2-CH_2-CH_2-CH_2-CH_3$ L'hexane est :	soluble dans l'eau.	insoluble dans l'eau.	soluble dans un solvant apolaire.

Si erreur, revoir § 3, p. 174.

4 Concentrations

	A	B	C
1. L'équation de dissolution du chlorure de cuivre (II) $CuCl_2$(s) dans l'eau s'écrit :	$CuCl_2(s) \xrightarrow{eau} Cu^{2+}(aq) + Cl^-(aq)$	$CuCl_2(s) \xrightarrow{eau} 2\,Cu^{2+}(aq) + Cl^-(aq)$	$CuCl_2(s) \xrightarrow{eau} Cu^{2+}(aq) + 2\,Cl^-(aq)$
2. Une solution aqueuse de chlorure de cuivre (II) :	est électrolytique.	contient deux fois plus d'ions cuivre (II) que d'ions chlorure.	contient deux fois plus d'ions chlorure que d'ions cuivre (II).
3. La concentration molaire de la solution précédente en soluté apporté est 0,40 $mol \cdot L^{-1}$. La concentration molaire en solution des ions chlorure est :	0,80 $mol \cdot L^{-1}$.	0,40 $mol \cdot L^{-1}$.	0,20 $mol \cdot L^{-1}$.
4. Pour la solution de chlorure de cuivre (II), la relation entre les concentrations molaires des ions dans la solution est :	$[Cu^{2+}] = [Cl^-]$	$[Cu^{2+}] = 2\,[Cl^-]$	$2\,[Cu^{2+}] = [Cl^-]$

Si erreur, revoir § 4, p. 175.

Exercice résolu

COMPÉTENCES MISES EN ŒUVRE
- Lire un schéma.
- Raisonner et argumenter.

I. Expliquer la dissolution d'un composé moléculaire dans l'eau

Le modèle moléculaire de la molécule de méthanol est donné ci-contre.

1. La molécule de méthanol est-elle polaire ?

2. Comment justifier la très grande solubilité du méthanol dans l'eau ?

Données : électronégativités : H : 2,2 ; C : 2,5 ; O : 3,5.

Conseils

Comment prévoir si la molécule de méthanol est polaire ?

1. À partir des électronégativités des éléments présents dans la molécule, déterminer si les liaisons interatomiques sont polarisées. Exploiter la géométrie de la molécule.

Comment justifier la grande solubilité du méthanol dans l'eau ?

2. Utiliser la polarité du solvant. Rechercher la nature des interactions susceptibles de s'établir entre les molécules de soluté et de solvant.

Solution rédigée

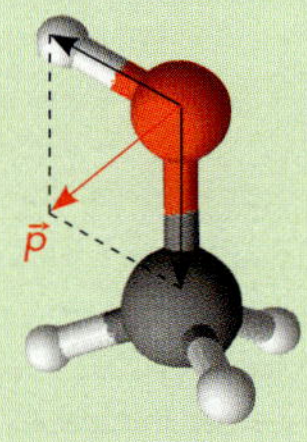

1. Les électronégativités des éléments hydrogène et carbone étant proches, les liaisons C – H sont peu polarisées.

En revanche, compte tenu des valeurs des électronégativités des éléments carbone, oxygène et hydrogène, les liaisons C – O et O – H sont nettement polarisées.

La géométrie de la molécule implique qu'elle possède un moment dipolaire non nul.
La molécule de méthanol est donc polaire.

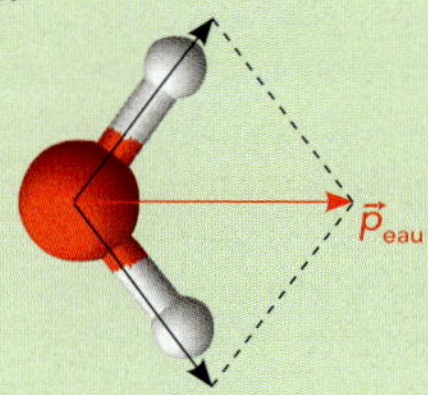

2. L'eau est un solvant polaire.
Des interactions attractives de type **Van der Waals** s'établissent entre les molécules polaires de méthanol et d'eau.

De plus, des **liaisons hydrogène** se forment entre les atomes d'oxygène et d'hydrogène des deux molécules favorisant ainsi la solubilité du méthanol dans l'eau.

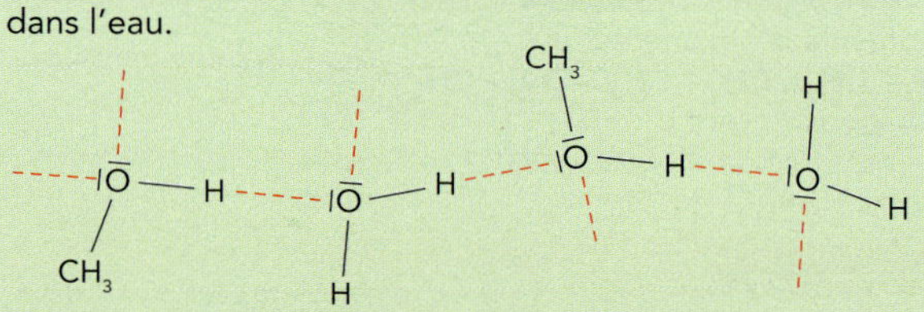

Ces deux types d'interactions attractives justifient la grande solubilité du méthanol dans l'eau.

Application immédiate

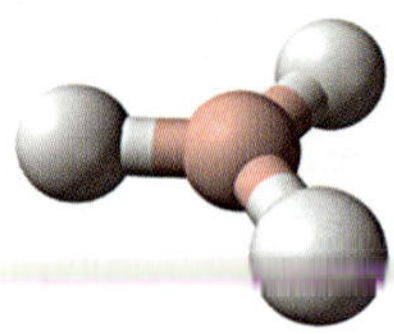

5 Le modèle moléculaire de la molécule de borane ou hydrure de bore, de formule BH_3, est donné ci-contre.

1. La molécule de borane est-elle polaire ?

2. Comment justifier la faible solubilité du borane dans l'eau ?

Données : électronégativités : H : 2,2 ; B : 2,0.

Voir corrigés, p. 369.

COMPÉTENCES MISES EN ŒUVRE
- Raisonner, argumenter.
- Effectuer des calculs.

II. Calculer des concentrations molaires effectives d'ions en solution

On souhaite préparer une solution aqueuse, de volume $V_{sol} = 100$ mL, par dissolution complète d'une masse $m = 6{,}84$ g de sulfate d'aluminium, solide ionique de formule $Al_2(SO_4)_3(s)$.

1. Écrire l'équation de dissolution du sulfate d'aluminium dans l'eau, sachant qu'il se forme des ions aluminium $Al^{3+}(aq)$ et des ions sulfate $SO_4^{2-}(aq)$.

2. Calculer la concentration molaire C de la solution en sulfate d'aluminium apporté.

3. En déduire les concentrations molaires effectives des ions présents dans la solution préparée.

Conseils

Comment écrire une équation de dissolution ?

1. L'équation de dissolution doit vérifier la conservation des éléments chimiques et de la charge électrique.

Comment calculer la concentration molaire *C* ?

2. Revoir la définition de la concentration molaire en soluté apporté.
Exprimer les grandeurs intervenant dans cette expression à partir des données.

Comment déterminer les concentrations molaires effectives des ions ?

3. Réaliser un tableau d'avancement. Tenir compte des nombres stœchiométriques de l'équation de dissolution.
Établir le lien entre concentration molaire en soluté apporté et concentration molaire effective des ions dans la solution.

Solution rédigée

1. L'équation de dissolution s'écrit :

$$Al_2(SO_4)_3(s) \xrightarrow{\text{eau}} 2\,Al^{3+}(aq) + 3\,SO_4^{2-}(aq).$$

2. La concentration molaire C de la solution en sulfate d'aluminium apporté est le quotient : $C = \dfrac{n(Al_2(SO_4)_3)}{V_{sol}} = \dfrac{n}{V_{sol}}$.

La quantité n de sulfate d'aluminium apporté est :

$$n = \frac{m}{M(Al_2(SO_4)_3)} = \frac{6{,}84}{342{,}1} = 2{,}00 \times 10^{-2}\ \text{mol};$$

d'où : $$C = \frac{2{,}00 \times 10^{-2}}{100 \times 10^{-3}} = \mathbf{2{,}00 \times 10^{-1}\ mol \cdot L^{-1}}.$$

3. Tableau d'avancement

Équation de dissolution		$Al_2(SO_4)_3(s) \xrightarrow{\text{eau}}$	$2\,Al^{3+}(aq)$ +	$3\,SO_4^{2-}(aq)$
État du système	Avancement	$n(Al_2(SO_4)_3)$	$n(Al^{3+})$	$n(SO_4^{2-})$
Quantités apportées dans l'état initial	$x = 0$	n	0	0
Quantités en solution dans l'état final	x_{max}	$n - x_{max} = 0$	$2x_{max}$	$3x_{max}$

Les concentrations molaires effectives des ions sont :

$[Al^{3+}] = \dfrac{2x_{max}}{V_{sol}} = \dfrac{2n}{V_{sol}} = 2C$ soit $[Al^{3+}] = \mathbf{4{,}00 \times 10^{-1}\ mol \cdot L^{-1}}$;

$[SO_4^{2-}] = \dfrac{3x_{max}}{V_{sol}} = \dfrac{3n}{V_{sol}} = 3C$ soit $[SO_4^{2-}] = \mathbf{6{,}00 \times 10^{-1}\ mol \cdot L^{-1}}$.

Application immédiate

6 On souhaite préparer une solution aqueuse S de volume $V_{sol} = 250$ mL, par dissolution, dans l'eau, d'une masse $m = 12{,}1$ g de nitrate de fer (III), solide ionique de formule $Fe(NO_3)_3(s)$.

1. Écrire l'équation de cette dissolution, sachant qu'il se forme des ions $Fe^{3+}(aq)$ et $NO_3^-(aq)$.

2. Calculer la concentration molaire, notée C, de la solution en nitrate de fer (III) apporté.

3. En déduire les concentrations molaires effectives des ions présents dans la solution préparée.

Voir corrigés, p. 369.

Exercices

Pour commencer

Données communes aux exercices :
Électronégativités de quelques éléments :
H : 2,2 ; C : 2,5 ; N : 3,0 ; Cl : 3,2 ; O : 3,5.

Comment prévoir si un solvant est polaire ?

7 Justifier la polarité d'un solvant

Le modèle moléculaire de la molécule d'ammoniac NH_3 est donné ci-contre. Expliquer pourquoi l'ammoniac liquide est un solvant polaire.

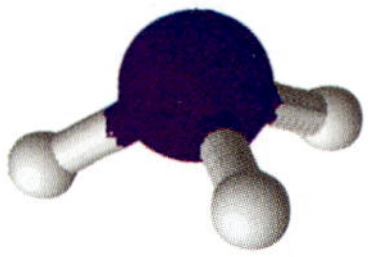

8 Prévoir si le solvant pentane est polaire

Le modèle moléculaire de la molécule de pentane de formule C_5H_{12} est donné ci-dessous :

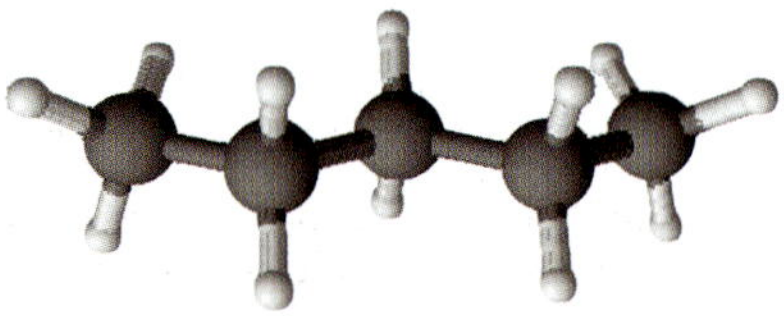

Le pentane liquide est-il un solvant polaire ?

9 Identifier un solvant polaire ou apolaire

Le toluène et le dichlorométhane sont deux solvants liquides à température ambiante. Leurs modèles moléculaires sont respectivement :

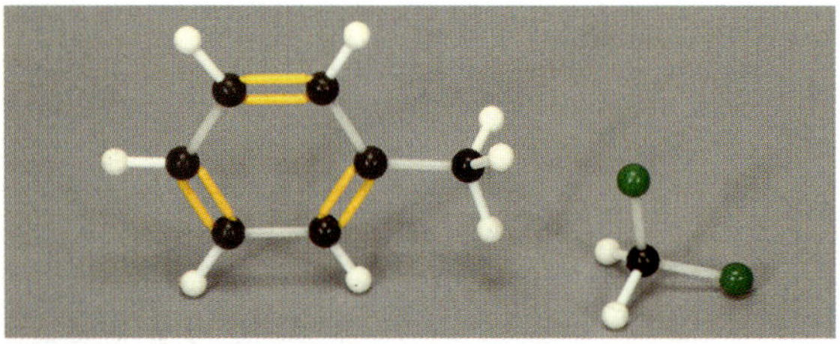

Identifier, en justifiant, le solvant polaire et le solvant apolaire. On pourra s'aider de schémas, si nécessaire.

Comment expliquer la dissolution d'un composé ionique dans un solvant polaire ?

10 Expliquer la dissolution d'un solide ionique dans l'eau

Le permanganate de potassium est un solide ionique violet de formule $KMnO_4$(s). Une paillette de permanganate de potassium est introduite dans un bécher rempli d'eau, sans agitation (photographie).

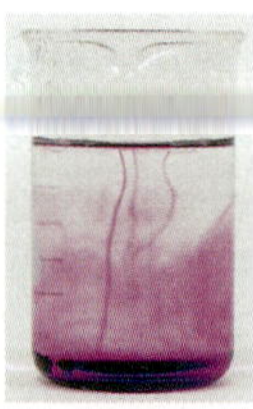

1. Quelles sont, schématiquement, les trois étapes de la dissolution d'un solide ionique dans l'eau ?

2. Lors de la dissolution, les ions potassium K^+(aq) et les ions permanganate MnO_4^-(aq) sont « hydratés ». Qu'est-ce que cela signifie ?

3. En représentant les ions par des sphères, schématiser l'hydratation de ces ions par les molécules d'eau.

4. Écrire l'équation de dissolution de ce solide.

11 Écrire des équations de dissolution

Recopier, puis compléter les équations de dissolution suivantes :

$$MgCl_2(s) \xrightarrow{\text{eau}} Mg^{2+}(aq) + \dots\dots\dots$$
$$\dots\dots\dots(s) \xrightarrow{\text{eau}} K^+(aq) + HO^-(aq)$$
$$K_2CO_3(s) \xrightarrow{\text{eau}} \dots\dots\dots + CO_3^{2-}(aq)$$
$$\dots\dots\dots(s) \xrightarrow{\text{eau}} Al^{3+}(aq) + \dots\ Cl^-(aq)$$
$$\dots\dots\dots(s) \xrightarrow{\text{eau}} 2\ Fe^{3+}(aq) + \dots\ SO_4^{2-}(aq)$$

12 Étudier des solutions ioniques

Le chlorure de calcium $CaCl_2$(s) et le sulfate de potassium K_2SO_4(s) sont des solides ioniques.

1. Préciser le nom et la formule des ions constituant ces solides.

2. Quelles sont les espèces chimiques présentes dans chacune des solutions, supposées non saturées ?

3. Pourquoi dit-on que les ions présents en solution sont « hydratés » ?

4. Écrire les équations des réactions associées aux dissolutions correspondantes.

Comment expliquer la dissolution d'un composé moléculaire dans un solvant ?

13 Expliquer la dissolution de l'acétone dans l'éther

L'acétone et l'éthoxyéthane (ou éther) sont deux solvants couramment utilisés en chimie.
Leurs modèles moléculaires sont respectivement :

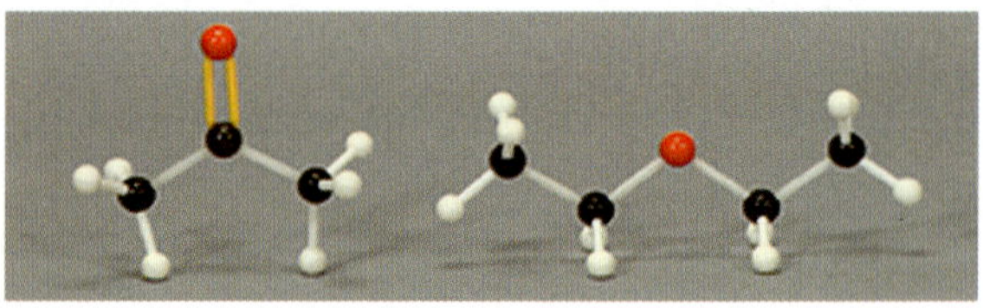

1. Ces deux solvants sont-ils polaires ?

2. Justifier que l'acétone et l'éthoxyéthane soient miscibles en toutes proportions.

3. Quelle interaction est responsable de cette miscibilité ?

Voir, si nécessaire, l'exercice resolu I, p. 178.

14 Comprendre la dissolution de l'acide méthanoïque dans l'eau

Le modèle moléculaire de la molécule d'acide méthanoïque est donné ci-contre.

1. Cette molécule est-elle polaire ?

2. Justifier que l'eau et l'acide méthanoïque sont miscibles en toutes proportions.

3. Quelles interactions sont responsables de cette miscibilité ?

Voir, si nécessaire, l'exercice résolu I, p. 178.

15 Étudier la solubilité du diiode

Des petits cristaux de diiode solide I_2(s) sont placés dans un tube à essais contenant 3 mL d'eau. Après une agitation vigoureuse, la solution prend une légère teinte orangée (a). La solution orangée est versée dans un autre tube à essais, en évitant de verser le diiode solide.

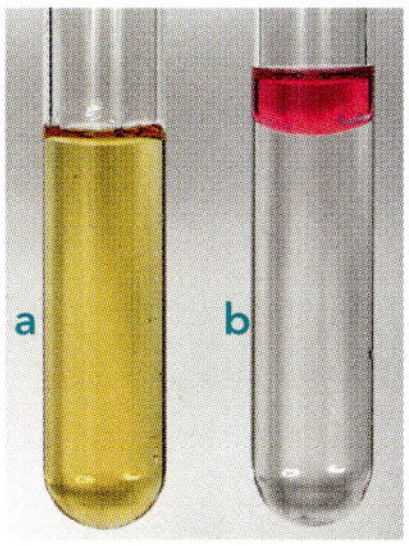

On ajoute 0,5 mL de cyclohexane incolore : deux phases apparaissent. Après agitation et décantation, le contenu du tube présente l'aspect b.

1. Expliquer pourquoi le diiode n'est que faiblement soluble dans l'eau.

2. Le cyclohexane C_6H_{12} est-il un solvant polaire ou apolaire ?

3. Quelle information peut-on tirer du contenu du tube b à propos de la solubilité du diiode ?
Était-ce prévisible ?

Comment déterminer la concentration d'un ion en solution ?

16 Calculer des concentrations molaires effectives

Une solution aqueuse de volume V_{sol} = 200 mL est préparée en dissolvant 5,00 mmol de chlorure d'aluminium $AlCl_3$(s) dans de l'eau.

1. Calculer la concentration molaire de la solution en soluté apporté.

2. Écrire l'équation de dissolution dans l'eau du chlorure d'aluminium $AlCl_3$(s).

3. En déduire les concentrations molaires effectives des ions aluminium Al^{3+}(aq) et des ions chlorure Cl^-(aq) dans la solution.

Voir, si nécessaire, l'exercice résolu II, p. 179.

17 Distinguer concentration molaire apportée et concentration effective

Le sulfate de sodium Na_2SO_4(s) est un solide ionique blanc, utilisé, entre autres, pour le traitement de la pâte à papier. La concentration molaire effective des ions sodium Na^+(aq) dans une solution aqueuse de sulfate de sodium est égale à 0,020 mol·L^{-1}.

1. Écrire l'équation de dissolution dans l'eau du sulfate de sodium.

2. Quelle est la concentration molaire effective des ions sulfate dans cette solution ?

3. Quelle est la concentration molaire de la solution en soluté apporté ?

Voir, si nécessaire, l'exercice résolu II, p. 179.

Pour s'entraîner

À partir de l'exercice 18, rechercher, si nécessaire, les masses molaires dans la Classification périodique, rabat IV.

18 Solubilité de molécules isomères

COMPÉTENCES Lire un schéma ; argumenter, raisonner.

• Le méthoxyméthane et l'éthanol sont deux molécules isomères dont les modèles moléculaires respectifs sont donnés ci-dessous :

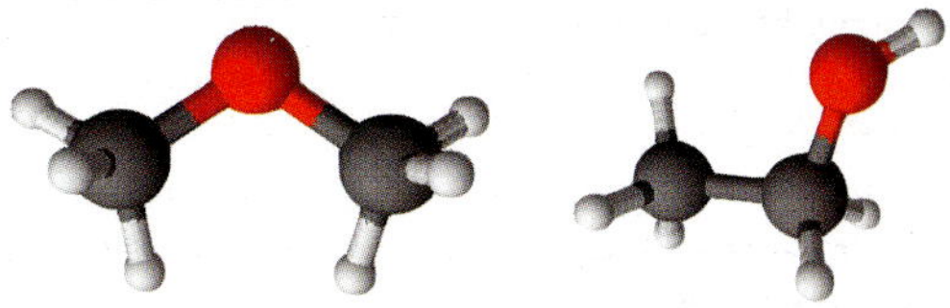

1. Qu'appelle-t-on molécules isomères ?

2. Comment expliquer que ces deux molécules sont solubles dans le solvant polaire bromoéthane CH_3-CH_2-Br ?

3. À 20 °C, la solubilité du méthoxyméthane dans l'eau est de 71 g·L^{-1} alors que l'éthanol et l'eau sont miscibles en toutes proportions. Interpréter cette différence de solubilité.

Voir, si nécessaire, l'exercice résolu I, p. 178.

19 Concentrations molaires effectives

COMPÉTENCES Raisonner ; effectuer des calculs.

On considère une solution aqueuse S_1 de sulfate de potassium K_2SO_4 et une solution aqueuse S_2 de phosphate de potassium K_3PO_4. Les deux solutions ont même concentration molaire effective en ion potassium K^+(aq) : $[K^+]$ = 0,60 mol·L^{-1}.

1. Écrire les équations de dissolution dans l'eau des deux composés ioniques K_2SO_4(s) et K_3PO_4(s).

2. Calculer les concentrations molaires des deux solutions en soluté apporté.

3. En déduire les concentrations molaires effectives des anions dans les deux solutions.

Voir, si nécessaire, l'exercice résolu II, p. 179.

Exercices

20 À chacun son rythme

COMPÉTENCES **Expliquer une démarche ; effectuer des calculs.**

Cet exercice est proposé à deux niveaux de difficulté. Dans un premier temps, essayer de résoudre l'exercice de niveau 2. En cas de difficultés, passer au niveau 1.

Le sel de Mohr est un solide ionique bleu-vert de formule $FeSO_4, (NH_4)_2SO_4, 6H_2O$.
Ce solide est utilisé pour préparer des solutions contenant des ions fer (II) $Fe^{2+}(aq)$.
On souhaite préparer, à partir du sel de Mohr, une solution aqueuse contenant des ions fer (II) de volume V_{sol} = 250 mL et de concentration molaire effective en ions $Fe^{2+}(aq)$ égale à 0,20 $mol \cdot L^{-1}$.

Niveau 2

Quelle masse de sel de Mohr faut-il dissoudre ?

Niveau 1

1. Le sel de Mohr contient aussi des ions sulfate SO_4^{2-} et ammonium NH_4^+.
Écrire l'équation de dissolution du sel de Mohr dans l'eau.

2. Déduire, de l'équation de dissolution, la concentration molaire de la solution en soluté apporté.

3. Calculer la quantité de sel de Mohr nécessaire pour préparer la solution.

4. En déduire la masse de sel de Mohr à peser.

21 Proposer un énoncé et son corrigé

COMPÉTENCES **Formuler un problème ; rédiger ; effectuer des calculs.**

Le sulfate de fer (III) est un solide ionique de formule $Fe_2(SO_4)_3(s)$.

1. Proposer un exercice dont l'énoncé portera sur la préparation d'une solution aqueuse de concentration molaire effective donnée en ion fer (III).
L'énoncé contiendra nécessairement les valeurs et expressions suivantes :
« V_{sol} = 200,0 mL » ; « concentration en solution » ;
« 0,050 $mol \cdot L^{-1}$ » ; « ions fer (III) $Fe^{3+}(aq)$ » ;
« équation de dissolution » ; « masse de soluté » ;
« protocole expérimental ».
Préciser les données nécessaires.

2. Rédiger son corrigé.

3. Demander à un(e) camarade de tester l'énoncé et comparer les corrigés.

Pour aller plus loin

22 Un médicament contre l'anémie

COMPÉTENCES **Trouver les informations ; lire un graphique ; expliquer une démarche ; effectuer des calculs.**

D'après Baccalauréat S, sujet national, 2003.

A. Un médicament, contenant des ions fer (II) Fe^{2+}, se présente sous forme de comprimés. On cherche à vérifier la teneur en ion fer (II) en effectuant un dosage spectrophotométrique.

En présence d'une solution incolore d'o-phénanthroline, les ions $Fe^{2+}(aq)$ réagissent avec apparition d'une coloration rouge.
La concentration effective des ions $Fe^{2+}(aq)$ de cette solution peut alors être déterminée par la mesure de l'absorbance de la solution pour une longueur d'onde de 500 nm.

1. Pourquoi choisir une longueur d'onde λ = 500 nm pour ces mesures d'absorbance au spectrophotomètre ?

2. Pourquoi la solution d'o-phénanthroline doit-elle être introduite en excès par rapport aux ions fer (II) ?

À partir d'une solution S de concentration massique $t = 20,0 \times 10^{-3}\ g \cdot L^{-1}$ en ions fer (II) et en présence d'o-phénanthroline, on réalise une échelle de teinte. Le graphe donnant l'évolution de l'absorbance A en fonction de la concentration massique t en ions $Fe^{2+}(aq)$ est donné ci-dessous :

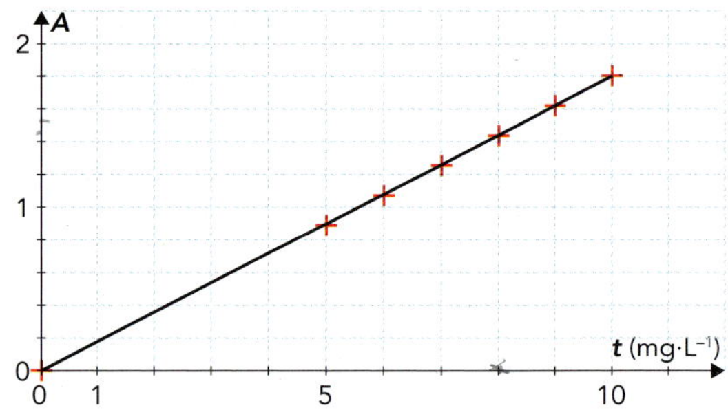

3. En exploitant ce graphe, établir la relation numérique entre les grandeurs A et t, en précisant les unités.

B. On écrase un comprimé du médicament dans un mortier. La totalité du comprimé écrasé est introduite dans une fiole jaugée de 1 000 mL.
On complète avec de l'eau distillée et on agite longuement la solution. La solution S_0 obtenue est incolore.
Dans une fiole de 50,0 mL, on verse 5,0 mL de S_0, puis on ajoute de l'o-phénantroline dans les mêmes proportions que celles utilisées pour préparer l'échelle de teinte.
La fiole est complétée avec de l'eau distillée : soit S_0' la solution obtenue.
L'absorbance de la solution S_0', pour λ = 500 nm, est égale à A' = 1,45.

4. Déterminer la concentration massique t_0' en ion $Fe^{2+}(aq)$ dans la solution S_0'.
En déduire la concentration massique t_0 en ion $Fe^{2+}(aq)$ dans la solution S_0.

5. Calculer la masse d'ions $Fe^{2+}(aq)$ contenue dans un comprimé.

6. D'après la notice, la masse de « sulfate ferreux sesquihydraté » dans un comprimé est de 256,30 mg alors que la masse d'ions Fe^{2+} est de 80 mg.
En notant $FeSO_4, nH_2O$ la formule du sulfate ferreux sesquihydraté, montrer que n = 1,5.

23 Analyse de l'étiquette d'une eau minérale

COMPÉTENCES Lire un tableau ; effectuer des calculs ; proposer une hypothèse.

L'étiquette ci-dessous indique les concentrations massiques exprimées en $mg \cdot L^{-1}$ des ions que contient une eau minérale.

Eau sulfatée calcique et magnésienne. Minéralisation en mg·L⁻¹ :

calcium : 486	magnésium : 84	sodium : 9,1	potassium : 3,2
sulfate : 1187	hydrogénocarbonate : 403	chlorure : 10	nitrate : 2,7

Source Contrex. Résidu sec à 180° C : 2125 mg·L⁻¹.

1. Rechercher les formules des ions apparaissant sur l'étiquette.

2. Calculer les concentrations molaires effectives de ces ions. En déduire leurs quantités respectives dans 1,0 L.

3. Exprimer, en fonction de la charge électrique élémentaire e, les charges Q^+ et Q^- respectivement portées par l'ensemble des cations et l'ensemble des anions.

4. Comparer les valeurs des charges Q^+ et Q^-.

5. Expliquer la présence d'un éventuel écart.

Pour les curieux

24 Les alginates : des épaississants aux absorbants SVT

COMPÉTENCES Trouver les informations ; argumenter.

Les alginates sont des polysaccharides extraits d'algues brunes, dont ils constituent l'essentiel de la paroi cellulaire. Six alginates sont utilisés comme additifs alimentaires. L'un d'eux est l'alginate de sodium. C'est un polymère formé de deux monomères (guluronate de sodium et mannuronate de sodium) comportant des groupes carboxylates (COO^-) et des ions sodium Na^+ **(doc. 1)**.

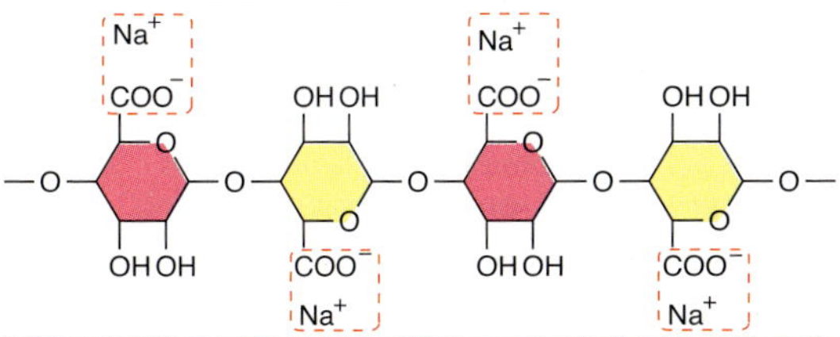

Doc. 1 Copolymère de mannuronate de sodium (en rose) et de guluronate de sodium (en jaune).

En présence d'ions calcium Ca^{2+}, les ions sodium Na^+ sont remplacés par les ions calcium Ca^{2+} qui permettent la formation de « ponts » entre deux chaînes **(doc. 2)**. Les chaînes d'alginates s'associent ainsi entre elles en formant de longs rubans. La solution devient plus visqueuse et peut même former un gel.

C'est la raison pour laquelle, dans l'industrie agro-alimentaire, les alginates sont utilisés comme épaississant ou gélifiant. Ils entrent dans la composition d'aliments « reconstitués » tels que le jambon ou le poisson pané. Comme le gel formé est stable à la chaleur, l'aliment peut être chauffé.

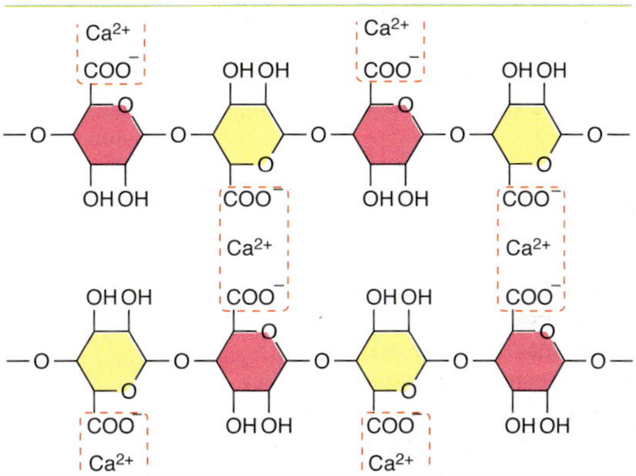

Doc. 2 Pont entre des chaînes de polymères, par l'intermédiaire des ions calcium Ca^{2+}.

1. @ Qu'est-ce qu'un polysaccharide ?

2. @ Rechercher les codes européens associés aux additifs alimentaires alginate de sodium et alginate de potassium.

Rechercher et nommer quelques aliments qui contiennent ces additifs.

3. Justifier la grande solubilité dans l'eau de l'alginate de sodium.

4. Pourquoi l'ion calcium Ca^{2+} permet-il la formation de ponts entre deux chaînes, alors que l'ion sodium Na^+ ne le permet pas ?

5. @ Que signifie « la solution devient plus visqueuse » ?

6. Comment interpréter, au niveau moléculaire, la formation d'un gel ?

Certains pansements sont constitués de fibres d'alginate de calcium. Ils sont utilisés sur des plaies exsudatives ou hémorragiques.

Les ions sodium Na^+ issus de la plaie viennent remplacer les ions calcium Ca^{2+} du pansement.

Les ions calcium Ca^{2+} libérés favorisent la coagulation. L'alginate de calcium est capable d'absorber 10 à 15 fois son propre poids d'exsudats et de sang. Il forme alors un gel qui piège les bactéries.

7. Qu'est-ce-qu'une plaie exsudative ?

8. Expliquer l'absorption des liquides par les fibres du pansement.

25 Food additives

COMPÉTENCES Trouver les informations ; argumenter ; raisonner.

Carrageenans are food additives : they have a range of gelling and emulsifying properties ranging from a soft *slime* to a *brittle* gel that one could nearly walk upon. [...] They also have a high reactivity with a range of materials including, most importantly, milk proteins, being widely used at low concentrations in *dairy* products to prevent fractionation of milk constituents. In fact, a major application is found in chocolate milk, a very popular daily drink in the USA, and now spreading elsewhere. Carrageenans are also very good at keeping chocolate in suspension. So *pervasive* are *seaweed* polysaccharides now that it is highly likely that you have eaten carrageenan or some other seaweed product in more than one product over the last 24 hours.

Extract from M. Guiry's seaweed site.

1. @ From what seaweed are extracted carrageenans?

2. @ Carrageenans are food additives. Search their european code number.

3. What is the role of carrageenans in dairy products?

4. Carrageenans need calcium to act, explain why they are used essentially with milk.

5. @ Carrageenan is a polysaccharide with a *backbone* of the sugar galactose. Find the chemical formula of galactose. What is a polysaccharide?

6. Are you surprised by the last sentence? Why?

Vocabulaire : *slime :* substance visqueuse ; *brittle :* friable ; *dairy :* laitier ; *pervasive :* envahissant ; *seaweed :* algue ; *backbone :* structure de base.

Retour sur l'ouverture du chapitre

26 Les molécules tensio-actives SVT

COMPÉTENCES Trouver les informations ; argumenter ; raisonner.

Les tensio-actifs sont des composés chimiques très répandus : on en trouve aussi bien dans les lessives que dans les organismes vivants.

Les tensio-actifs dans les lessives

Une tache de gras sur un tissu ne peut pas être enlevée en utilisant uniquement de l'eau. Une lessive ou un savon contenant des molécules tensio-actives est nécessaire. On peut aussi utiliser des noix de lavage, fruits de l'arbre Sapindus, qui contiennent des tensio-actifs naturels appelés saponines.

Un tensio-actif est généralement constitué de molécules de forme allongée comportant une tête polaire et une longue chaîne apolaire. Celle-ci ne comporte que des atomes de carbone et d'hydrogène. La tête polaire est *hydrophile* et la chaîne apolaire est *lipophile ou hydrophobe.*

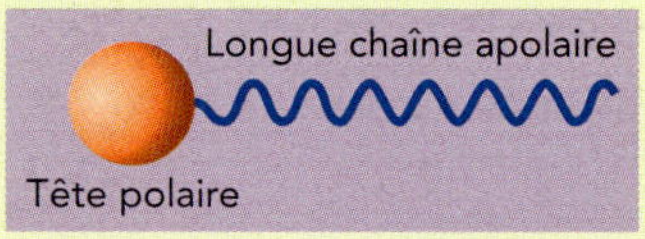

Schéma d'une molécule tension-active

Les tensio-actifs dans les produits alimentaires et les organismes vivants

Les lécithines, lipides aux propriétés tensio-actives, sont produites par la plupart des organismes vivants. Celles présentes dans le soja sont très utilisées dans l'industrie agro-alimentaire. Leur présence est mentionnée sur les étiquettes des aliments qui en contiennent sous le code européen E322.

1. @ Rechercher la définition des termes en *italique*.

2. Justifier le caractère apolaire de la chaîne.

3. Quelle partie de la molécule tensio-active s'entoure de molécules d'eau?

4. Les molécules tensio-actives forment un agrégat autour de la goutte de graisse appelé micelle.

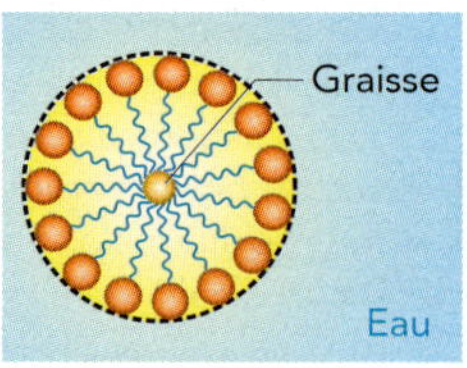

Quelle partie de la molécule tensio-active est en contact : **a.** avec la graisse ? **b.** avec l'eau ?

5. Expliquer le mode d'action des tensio-actifs pour le nettoyage des taches de gras.

6. @ Donner des exemples de produits alimentaires qui contiennent des lécithines de soja.

7. @ Quel est le rôle des lécithines dans les produits alimentaires ?

8. @ Rechercher la formule d'une lécithine et justifier son caractère tensio-actif.

Le surfactant des alvéoles pulmonaires contient majoritairement des molécules de DPPC (**D**i**P**almitoyl**P**hosphatidyl**C**holine) dont la formule topologique est donnée ci-dessous :

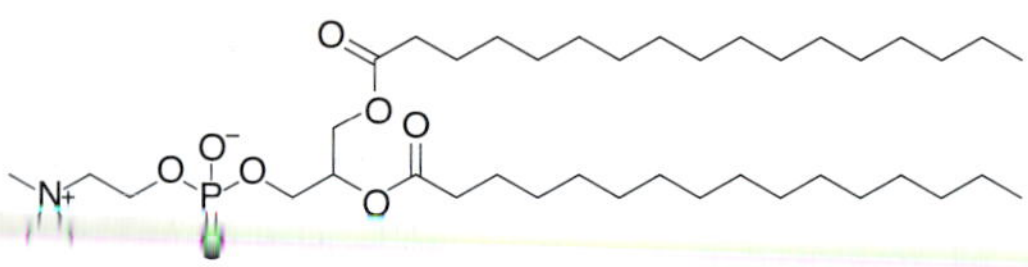

9. @ Quel est le rôle d'un surfactant pulmonaire ?

10. Justifier le caractère tensio-actif de la DPPC.

De la structure aux propriétés, cas des alcanes et des alcools

Chapitre 11

Les pétroles sont principalement constitués d'hydrocarbures qu'il est nécessaire de séparer pour pouvoir les utiliser.
Quels sont ces hydrocarbures et comment les sépare-t-on ?
Peut-on justifier simplement les procédés de séparation mis en œuvre ? (Voir exercice 31, p. 200.)

Peut-on relier les propriétés physiques d'une espèce à sa structure ?

OBJECTIFS

→ Identifier un alcane ou un alcool.
→ Relier l'évolution des températures de changement d'état des alcanes et des alcools à leurs structures.
→ Étudier la miscibilité des alcools avec l'eau.

Activités — Étude expérimentale

1 Structure des alcanes

Les alcanes sont des hydrocarbures constitués d'atomes d'hydrogène et d'atomes de carbone ne participant qu'à des liaisons simples. Quelles structures peuvent-ils présenter ?

- Préparer un tableau permettant de noter, pour chacun des huit modèles moléculaires à construire, la formule brute, la formule semi-développée, la formule topologique (voir **fiche n° 8**, p. 361) et, éventuellement, le nom. Remplir ce tableau au fur et à mesure des constructions.
- Repérer les atomes de carbone tétragonaux de la boîte de modèles moléculaires mise à disposition (doc. 1).
À l'aide de ces atomes de carbone et d'atomes d'hydrogène, construire les modèles moléculaires de molécules d'hydrocarbures possédant un, puis deux, puis trois atomes de carbone.
- Vérifier qu'avec quatre atomes de carbone il est possible de construire deux modèles moléculaires différents, correspondant à deux isomères.
- Montrer qu'avec cinq atomes de carbone trois isomères peuvent être construits.
Ces constructions peuvent aussi être réalisées en utilisant le logiciel ChemSketch *présenté au* **chapitre 6**, p. 97.

1 Une chaîne carbonée peut, entre autres, être **linéaire** ou **ramifiée**. Attribuer l'un de ces adjectifs à chacune des huit molécules représentées.

Info Le nom d'un alcane linéaire est constitué d'un **préfixe** qui indique le nombre d'atomes de carbone de la chaîne, soit dans l'ordre croissant de 1 à 6 méth-, éth-, prop-, but-, pent-, hex-, suivi de la **terminaison** -ane.

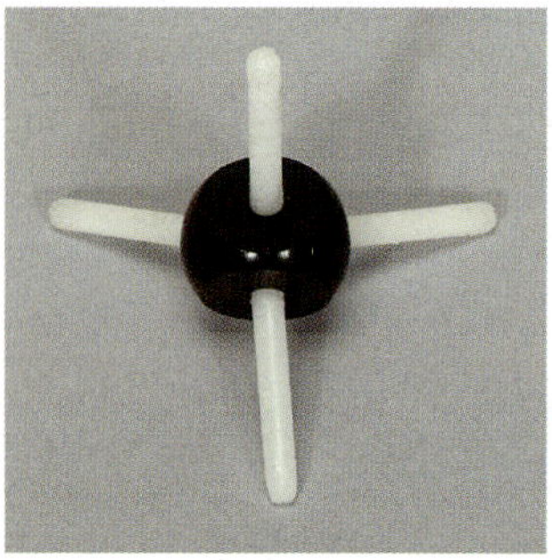

Doc. 1 Un atome de carbone tétragonal est lié à ses voisins par quatre liaisons simples.

Un pas vers le cours...

2 À l'aide de l'encadré ci-dessus nommer les alcanes linéaires.

3 En notant n le nombre d'atomes de carbone, établir la formule brute des alcanes.

2 Structure de quelques alcools

De nombreux alcools ont une structure qui dérive simplement de celle des alcanes. Quelle est alors cette structure ?

- Préparer un tableau comme celui proposé à l'**activité 1** et le remplir au fur et à mesure des constructions.
- Remplacer, par un groupe hydroxyle **OH**, l'un des atomes d'hydrogène **H**, dans les modèles moléculaires du méthane et de l'éthane : les modèles alors obtenus sont ceux d'**alcools** (doc. 2).
- Vérifier que les modèles de deux alcools isomères peuvent être construits à partir de celui du propane.
- À partir des modèles moléculaires des alcanes ayant quatre atomes de carbone, vérifier qu'il est possible de construire les modèles moléculaires de quatre alcools isomères.

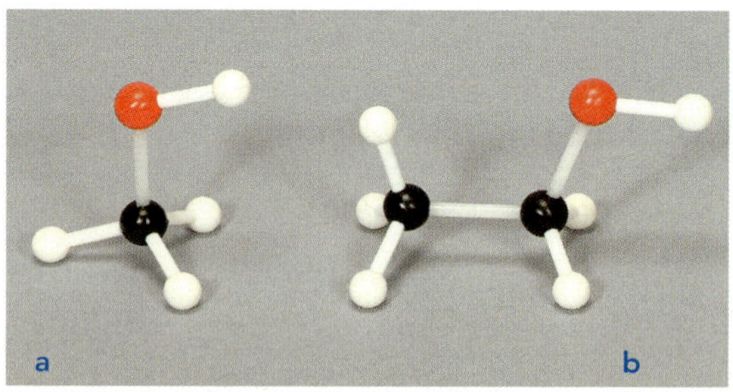

Doc. 2 Méthanol (a) et éthanol (b).

Un pas vers le cours...

4 Proposer une définition pour les alcools dont la structure dérive de celles des alcanes.
En notant n le nombre d'atomes de carbone, préciser leur formule brute.

3 Distillation des alcanes

La première étape du raffinage du pétrole est une distillation fractionnée. En quoi consiste cette technique ?

- Observer les pictogrammes des réactifs utilisés. Rechercher les risques que peut présenter leur utilisation et s'organiser en conséquence (voir **rabats V** et **VI**).
- Dans un ballon, introduire 20 mL de **pentane** C_5H_{12} et 40 mL d'**heptane** C_7H_{16} et réaliser un montage à distiller (doc. 3) (Voir **fiche n° 5**, p. 358).
- Chauffer progressivement le ballon et observer.
- Suivre l'évolution de la température indiquée par le thermomètre.
- Cesser le chauffage lorsque la température atteint environ 50 °C tout en laissant la circulation d'eau dans le réfrigérant.

1 Le pentane bout à 36 °C et l'heptane à 98 °C. Interpréter les observations faites.

Un pas vers le cours...

2 Faire un schéma légendé du montage expérimental.

3 Déduire, de cette manipulation, ce qu'est la distillation fractionnée d'un mélange de deux liquides miscibles.

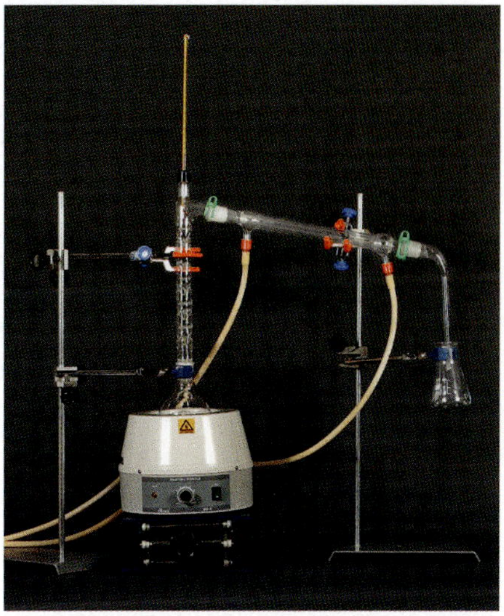

Doc. 3 Montage de distillation fractionnée.

4 Miscibilité des alcools avec l'eau

DÉMARCHE D'INVESTIGATION

L'alcool médicinal est un mélange homogène d'eau et d'éthanol (doc. 4).
Tout alcool est-il miscible à l'eau ?

- À l'aide du matériel et des produits disponibles (tubes à essais munis de bouchons dans leur portoir ; éprouvette graduée de 10 mL et pipette Pasteur de 1 mL ; éthanol, propan-1-ol, butan-1-ol, hexan-1-ol, eau distillée), proposer un protocole opératoire permettant d'étudier la miscibilité des alcools avec l'eau.
- Mettre en œuvre ce protocole après discussion de celui-ci avec le professeur.
Noter les observations.

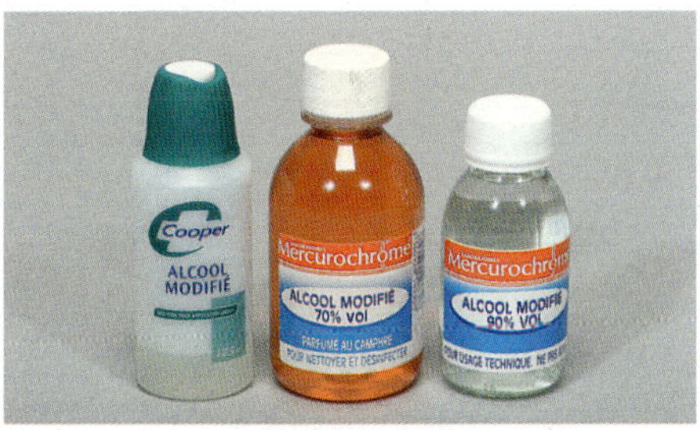

Doc. 4 Flacons d'alcool médicinal dénaturé. (Voir exercice 24, p. 198.)

1 Qu'est-ce qu'un mélange homogène ?

2 Écrire la formule semi-développée de ces quatre alcools.

3 **a.** Quelle peut-être la nature des principales interactions susceptibles de s'établir entre les molécules d'alcool et les molécules d'eau ?
b. Représenter ces interactions à l'aide de schémas dans le cas du méthanol.
c. Proposer une interprétation des résultats expérimentaux obtenus.

4 @ Il est souvent dit qu'un alcool, noté R – OH, présente une partie « hydrophile » et une partie « hydrophobe ». Rechercher le sens de ces deux adjectifs et identifier les deux parties dans une molécule d'alcool.

Un pas vers le cours...

5 Relier la structure d'une molécule d'alcool à la miscibilité de cet alcool dans l'eau.

Cours

1 Comment identifier un alcane et un alcool ?

1.1 Chaîne carbonée

La plupart des molécules organiques présentent un enchaînement d'atomes de carbone. Cet enchaînement constitue le squelette de la molécule ou **chaîne carbonée** (doc. 1).

Une chaîne carbonée peut être **linéaire, ramifiée ou cyclique**.

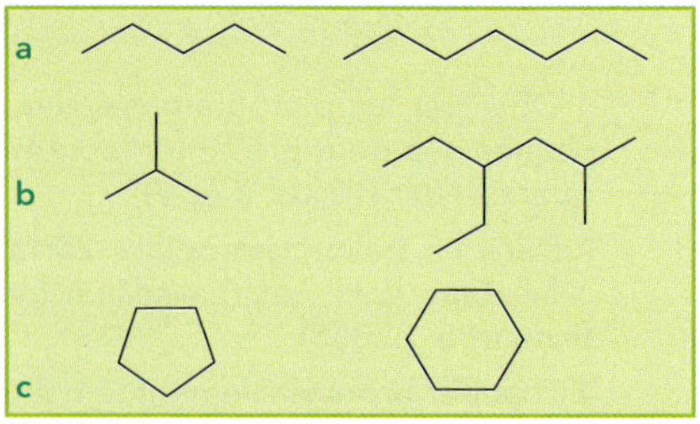

Doc. 1 Formules topologiques de chaînes carbonées (a) linéaires, (b) ramifiées ou (c) cycliques.

1.2 Les alcanes

Les molécules étudiées dans l'activité 1 ne sont constituées que d'atomes de carbone et d'hydrogène ; ce sont des **hydrocarbures.**
Leurs atomes de carbone sont **tétragonaux**, car ils sont liés à leurs voisins par **quatre** liaisons simples.

Les **alcanes** sont des hydrocarbures acycliques de formule brute C_nH_{2n+2}.

Les **cyclanes*** sont des hydrocarbures n'ayant que des atomes de carbone tétragonaux mais présentant au moins un cycle.

*** Pour les curieux**
Un cyclane n'est pas isomère d'un alcane mais d'un *alcène*. (Voir exercice 29, p. 199.)

1.3 Nomenclature des alcanes

Alcanes à chaîne carbonée linéaire

Le nom d'un **alcane linéaire** est constitué d'un **préfixe** qui indique le nombre d'atomes de carbone de la chaîne (méth-, éth-, prop-, but-, pent-, hex-) suivi de la **terminaison** -ane.

CH_4 est le méthane, C_2H_6 est l'éthane, C_3H_8 est le propane, etc. (doc. 2).

n	Formule	Nom de l'alcane
1	CH_4	Méthane
2	C_2H_6	Éthane
3	C_3H_8	Propane
4	C_4H_{10}	Butane
5	C_5H_{12}	Pentane
6	C_6H_{14}	Hexane
7	C_7H_{16}	Heptane
8	C_8H_{18}	Octane

Doc. 2 Formule et nom des premiers alcanes linéaires.

Groupes alkyles
En retirant un atome d'hydrogène à un alcane linéaire, on obtient un **groupe alkyle** dont le nom s'établit en remplaçant la terminaison **-ane** par la terminaison **-yle** : $-CH_3$ est le groupe **méthyle**, $-CH_2-CH_3$ ou $-C_2H_5$ est le groupe **éthyle**.

Alcanes à chaîne carbonée ramifiée
La chaîne carbonée **la plus longue** est appelée **chaîne principale**. Son nombre d'atomes de carbone détermine le nom de l'alcane.

On numérote la chaîne principale de façon à ce que le numéro du premier atome de carbone portant une ramification soit le plus petit possible.

Le nom d'un **alcane ramifié** est constitué des noms des groupes **alkyles,** pris dans l'ordre alphabétique et précédés de leur indice de position, suivis du nom de l'alcane linéaire de même chaîne principale.

Le « **e** » final des groupes alkyles est supprimé. Si plusieurs groupes alkyles sont identiques, leur nombre (2, 3, 4) est indiqué par les préfixes **di, tri, tétra** précédés de leur indice de position qui doit être le plus petit possible (doc. 3).

Exemples :

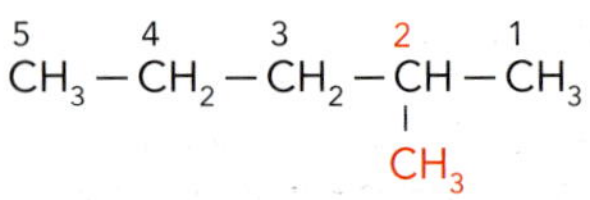

2-méthylpentane

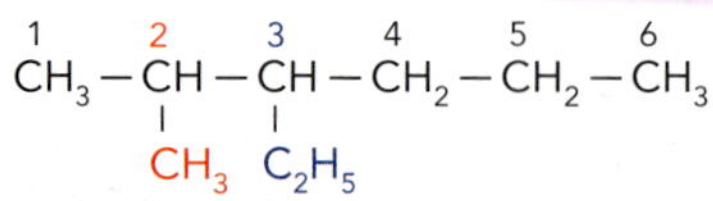

3-éthyl-2-méthylhexane

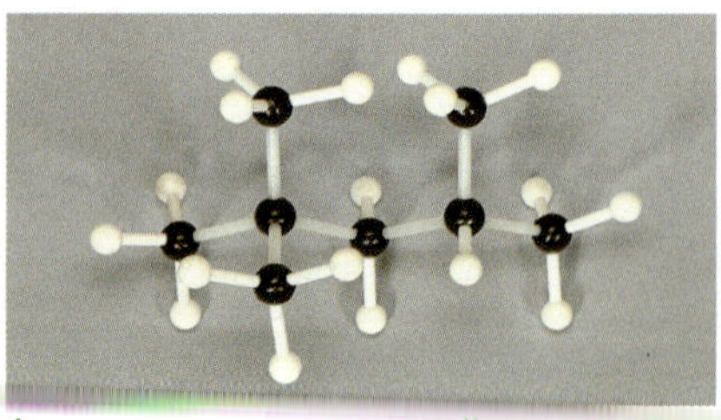

Doc. 3 L'indice d'octane d'une essence est défini en utilisant le 2, 2, 4 -triméthylpentane comme référence.
Cet alcane, à 8 atomes de carbone, est improprement appelé **isooctane**.

1.4 Formule et nomenclature des alcools

Dans l'**activité 2**, en remplaçant, dans un alcane, un atome quelconque d'hydrogène H par un **groupe hydroxyle**, **– OH** on a obtenu un **alcool** (**doc. 4 et 5** en bas de page).

> Un alcool est un composé organique dans lequel un **groupe hydroxyle** OH est fixé sur un **atome de carbone tétragonal**.

La formule d'un alcool à chaîne carbonée saturée acyclique est $C_nH_{2n+1}-OH$.

> Le nom d'**un alcool** dérive de celui de l'alcane de même chaîne carbonée en remplaçant le « **e** » final par la terminaison « **ol** », précédée, si nécessaire, de l'indice de position du groupe hydroxyle dans la chaîne carbonée principale.

CH_3-OH est le méthanol et C_2H_5-OH est l'éthanol. L'indice de position du groupe hydroxyle doit être le plus petit possible.

Exemples :

```
1     2     3     4
CH3 - CH - CH2 - CH3
      |
      OH
  butan-2-ol
```

```
6     5     4     3     2     1
CH3 - CH - CH2 - CH - CH2 - CH3
      |           |
      CH3         OH
    5-méthylhexan-3-ol
```

Voir exercices 1, p. 193, et 6, 9, 12 et 13, p. 196.

Doc. 4 Le menthol, présent dans le menthe, possède un groupe hydroxyle – OH porté par un atome de carbone tétragonal : c'est un alcool.

2 Comment interpréter l'évolution des températures de changement d'état ?

2.1 Températures de changement d'état des alcanes

Cas des alcanes linéaires

Le graphique du **document 6** présente l'évolution des températures de fusion θ_{fus} et d'ébullition $\theta_{éb}$ des alcanes linéaires en fonction du nombre n d'atomes de carbone.

L'analyse de ce graphe montre que :

> Les températures de fusion et d'ébullition des alcanes linéaires augmentent lorsque le nombre n d'atomes de carbone de la chaîne carbonée croît.

Doc. 5 Le thymol, présent dans le thym, possède un groupe hydroxyle – OH, mais il n'est pas porté par un atome de carbone tétragonal : le thymol n'est pas un alcool.

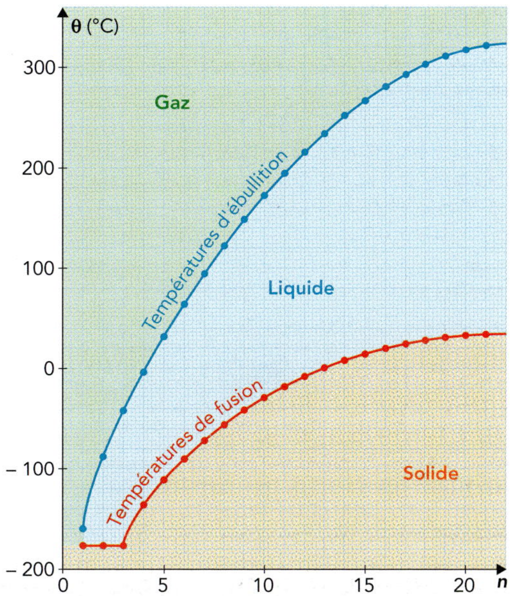

Doc. 6 Températures de fusion et d'ébullition des alcanes linéaires, sous la pression atmosphérique, en fonction du nombre n d'atomes de carbone.

Les alcanes n'étant constitués que des éléments carbone et hydrogène, il ne peut y avoir de liaisons hydrogène.

La cohésion des alcanes à l'état liquide et solide ne peut donc être assurée que par des interactions de Van der Waals entre dipôles (voir chapitre 9, § 3.2, p. 157).

Les molécules d'alcanes étant apolaires, les dipôles mis en jeu sont des **dipôles instantanés**.

Les interactions de Van der Waals sont d'autant plus intenses que le **moment dipolaire** des molécules interagissant est **élevé**.

Le moment dipolaire instantané augmente avec le nombre n d'atomes de carbone (doc. 7). Plus le moment dipolaire est grand, plus les interactions sont fortes et plus la rupture des liaisons intermoléculaires est difficile.

L'énergie thermique qu'il faut fournir pour atteindre la fusion et l'ébullition est alors plus grande et les températures de changement d'état plus élevées.

L'intensité des **interactions de Van der Waals** et donc les **températures** de fusion et d'ébullition des alcanes linéaires augmentent avec la **longueur de la chaîne carbonée** des molécules.

Cas des alcanes ramifiés

Pour des alcanes isomères, linéaires ou ramifiés, on constate (doc. 8) que :

Les températures d'ébullition d'alcanes isomères **sont d'autant plus basses** que ceux-ci **sont ramifiés.**

La distance qui sépare deux molécules voisines est plus grande pour des alcanes ramifiés que pour des alcanes linéaires (doc. 9).

Par ailleurs, les molécules ramifiées sont moins longues que leurs isomères linéaires, leurs moments dipolaires instantanés sont donc plus faibles.

Les interactions de Van der Waals sont d'autant plus intenses que les molécules interagissant sont proches et que leurs moments dipolaires sont importants.

Les molécules d'alcanes ramifiés sont donc moins fortement liées et sont plus faciles à séparer que les molécules d'alcanes isomères linéaires.

Les alcanes ramifiés sont, ainsi, plus **volatils*** que leur isomère linéaire.

2.2 Températures de changement d'état de l'eau

Sous la pression atmosphérique, les températures de changement d'état de l'eau $\mathbf{H_2O}$ (θ_{fus} = 0 °C et $\theta_{éb}$ = 100 °C) sont anormalement élevées par rapport à celles d'espèces de structure voisine.

Elles sont, par exemple, très supérieures à celle du sulfure d'hydrogène $\mathbf{H_2S}$ (θ_{fus} = –86 °C et $\theta_{éb}$ = –61 °C).

Le soufre étant trop peu électronégatif, les molécules de H_2S ne peuvent pas donner de liaison hydrogène et ne sont liées que par des interactions de Van der Waals.

Dans **l'eau**, des **liaisons hydrogène** entre les molécules d'eau augmentent la cohésion des états solide et liquide, ce qui **explique des températures de changement d'état élevées.**

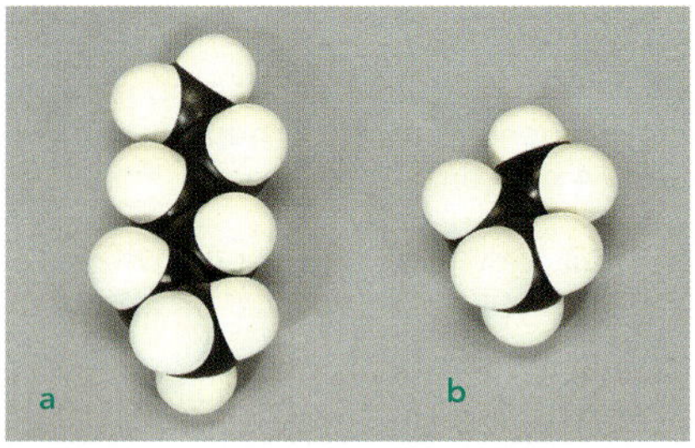

Doc. 7 La molécule d'hexane (a) étant plus longue que celle du propane (b), son moment dipolaire instantané est supérieur à celui du propane

Formule brute	Formule topologique	$\theta_{éb}$ (°C)
C_4H_{10}		–0,5
		–10
C_5H_{12}		36
	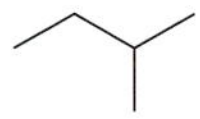	25
		9

Doc. 8 Températures d'ébullition d'alcanes isomères sous la pression atmosphérique.

* Une espèce est d'autant plus volatile que sa température d'ébullition est basse.

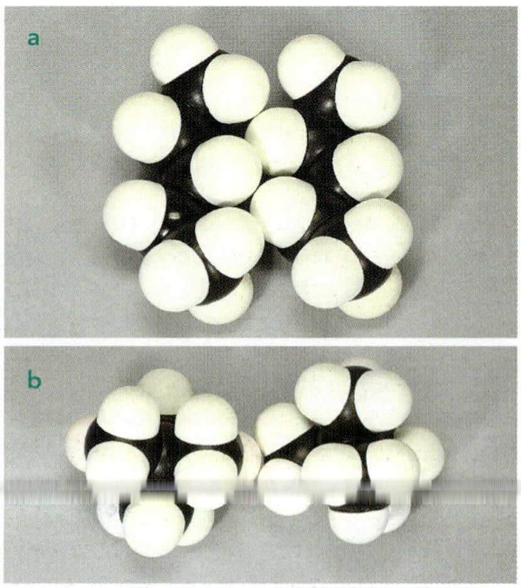

Doc. 9 Deux molécules de pentane (a) sont plus proches l'une de l'autre que deux molécules de diméthylpropane (b).

2.3 Températures de changement d'état des alcools

Le **document 10** montre, entre autres, que :

> La température d'ébullition des alcools croît avec la longueur de leur chaîne carbonée.

Ceci est dû au caractère polaire des molécules d'alcools dont le moment dipolaire croît avec la taille.

Le **document 10** montre également que :

> Les alcools ont des températures d'ébullition supérieures à celle des alcanes de même chaîne carbonée ; ils sont moins volatils.

Cette différence résulte de **l'existence de liaisons hydrogène**, dues au groupe hydroxyle –OH, entre les molécules d'alcool **(doc. 11)**.

2.4 La distillation fractionnée

L'ébullition du mélange pentane ($\theta_{éb}$ = 36 °C)-heptane ($\theta_{éb}$ = 98 °C), puis la condensation des vapeurs obtenues permettent de séparer ces deux alcanes **miscibles (activité 3)**.
Cette séparation constitue une **distillation fractionnée**.

> Une **distillation fractionnée** permet de **séparer** les **constituants** d'un mélange de **liquides miscibles** ayant des **températures d'ébullition nettement différentes.**

> Dans une **distillation fractionnée,** le liquide le plus volatil constitue le **distillat** et le liquide le moins volatil est le **résidu**.

L'enrichissement progressif des vapeurs en constituant le plus volatil se fait dans une colonne à distiller **(doc. 12)**.
Au laboratoire, la distillation fractionnée permet d'extraire ou de purifier un produit après une synthèse. Dans l'industrie pétrochimique, son utilisation permet, par exemple, de séparer les constituants du pétrole.

Voir exercices 2, p. 193, et 15 et 16, p. 197.

3 Les alcools et l'eau sont-ils miscibles ?

> La **miscibilité** de l'eau et des alcools à chaîne linéaire diminue lorsque la longueur de la chaîne croît.

Les alcools à chaîne courte (méthanol, éthanol) sont solubles dans l'eau contrairement aux alcools à chaîne longue **(activité 4)**.
Toute molécule d'alcool R–OH comporte deux groupes :
– un groupe **hydroxyle OH,** « hydrophile », qui peut se lier aux molécules d'eau par liaisons hydrogène ;
– un groupe **alkyle R**, « hydrophobe », qui ne peut pas se lier aux molécules d'eau.
Lorsque le groupe R a une chaîne carbonné courte, les molécules d'alcool peuvent s'entourer de molécules d'eau, il y a **miscibilité totale** de l'alcool avec l'eau.
En revanche, lorsque R a une chaîne carbonée longue, les interactions entre les molécules d'eau et celles d'alcool sont très limitées ; la miscibilité est alors **partielle**, voire **nulle**, si la chaîne est très longue.

Voir exercices 3, p. 193, et 19, p. 197.

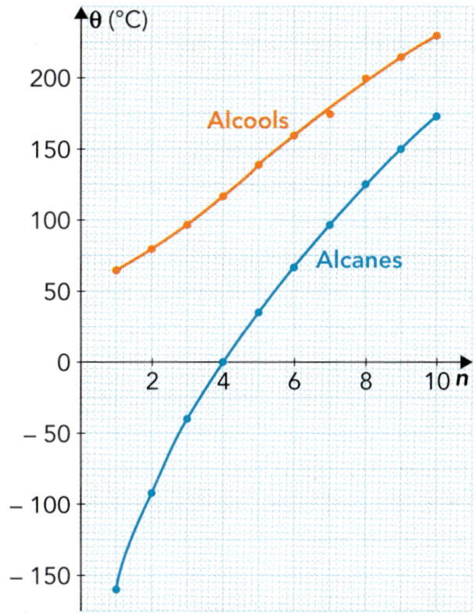

Doc. 10 Température d'ébullition des alcanes linéaires C_nH_{2n+2} et des alcools C_nH_{2n+1}–OH sous la pression atmosphérique.

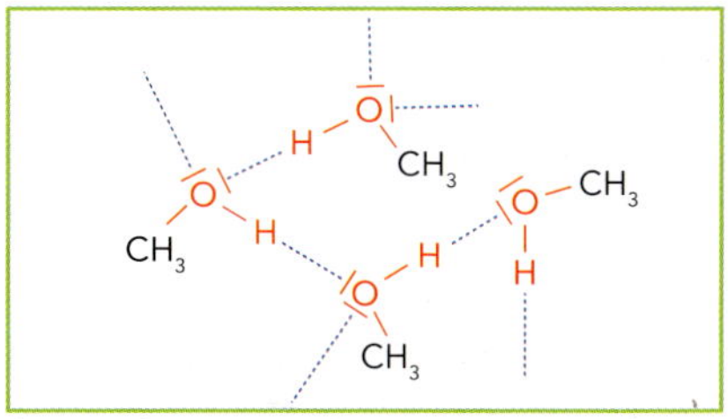

Doc. 11 Liaisons hydrogène entre molécules de méthanol.

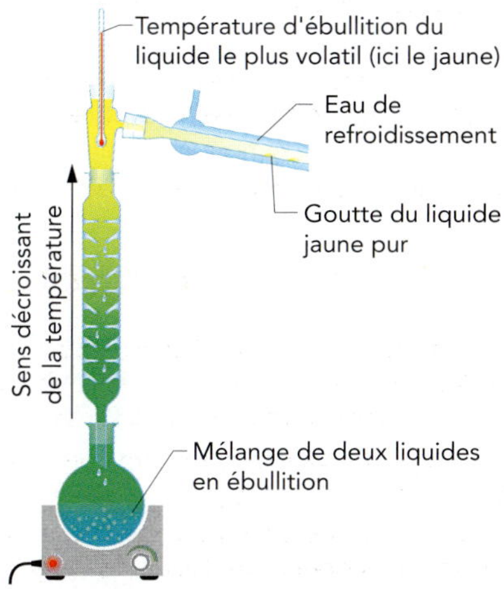

Doc. 12 Principe de la distillation fractionnée. En s'élevant dans la colonne à distiller, le mélange est de plus en plus riche en constituant le plus volatil (jaune). Le liquide dans le ballon s'enrichit en constituant le moins volatil (bleu).

Essentiel

Alcane ou alcool

- Une chaîne carbonée peut être **linéaire, ramifiée ou cyclique**.
- Les **alcanes** sont des hydrocarbures acycliques de formule brute C_nH_{2n+2}.
- Un **alcool** est un composé organique dans lequel un **groupe hydroxyle OH** est fixé sur un **atome de carbone tétragonal**.

Les alcanes et les alcools peuvent être identifiés par leur formule ou leur nom :

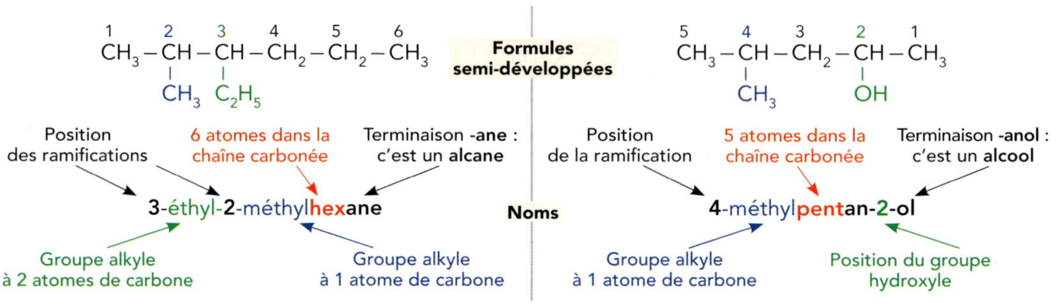

n	1	2	3	4	5	6	7	8
Nom des alcanes	Méthane	Éthane	Propane	Butane	Pentane	Hexane	Heptane	Octane
Formule	CH_4	C_2H_6	C_3H_8	C_4H_{10}	C_5H_{12}	C_6H_{14}	C_7H_{16}	C_8H_{18}

$-CH_3$, $-CH_2-CH_3$ (ou $-C_2H_5$) sont respectivement les radicaux méthyle et éthyle.

Températures de changement d'état et structure

- Les **interactions de Van der Waals** sont d'autant plus intenses que les molécules qui interagissent ont un moment dipolaire élevé et sont proches. C'est la raison pour laquelle les températures de fusion et d'ébullition :
  - des alcanes et des alcools linéaires augmentent avec la taille des molécules ;
  - d'alcanes isomères sont d'autant plus basses que ceux-ci sont ramifiés.
- L'existence **de liaisons hydrogène** explique :
  - les températures de fusion et d'ébullition anormalement élevées pour l'eau ;
  - la plus faible volatilité des alcools par rapport aux alcanes de même chaîne carbonée.
- Une **distillation fractionnée** permet de séparer les constituants d'un mélange de **liquides miscibles** ayant des températures d'ébullition nettement différentes.

Le liquide le plus volatil constitue le **distillat** et le liquide le moins volatil est le **résidu**.

Miscibilité des alcools avec l'eau

La **miscibilité** de l'eau et des alcools résulte de l'existence de **liaisons hydrogène**.
Pour les alcools à chaîne linéaire, cette miscibilité diminue lorsque la longueur de la chaîne croît.
Seuls les alcools à chaîne carbonée courte sont totalement solubles dans l'eau.

LES COMPÉTENCES ATTENDUES

- ✔ Reconnaître une chaîne carbonée linéaire, ramifiée ou cyclique.
- ✔ Nommer un alcane et un alcool.
- ✔ Donner les formules semi-développées correspondant à une formule brute donnée.
- ✔ Interpréter les évolutions des températures de changement d'état des alcanes, de l'eau et des alcools et la plus ou moins grande miscibilité des alcools avec l'eau.
- ✔ Réaliser une distillation fractionnée. (TP)

13 Nommer un alcool à partir de son modèle

1. Écrire la formule semi-développée de l'alcool dont le modèle moléculaire est fourni ci-contre.

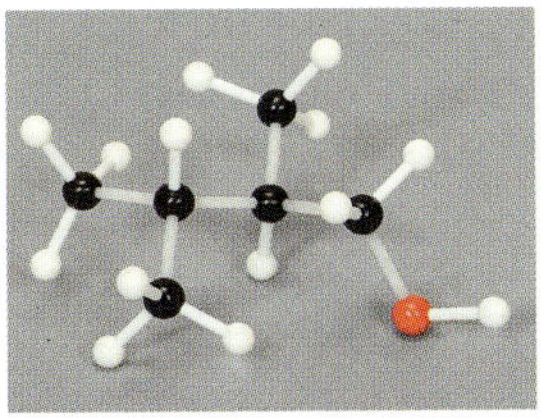

2. En déduire son nom.

Voir, si nécessaire, l'exercice résolu II, p. 195.

14 Écrire des formules d'alcools

Écrire les formules semi-développée et topologique des alcools suivants :
a : éthanol ; b : propan-1-ol ; c : butan-2-ol ;
d : 3-éthyl-2-méthylpentan-1-ol
e : 2,5-diméthylhexan-3-ol ;
f : 4-éthyl-2,5-diméthylhexan-2-ol.

Comment interpréter l'évolution des températures de changement d'état ?

15 Classer des alcanes en fonction de leur température d'ébullition

On considère les alcanes ayant les formules semi-développées suivantes :

a : $CH_3-CH(CH_3)-CH_2-CH_2-CH_3$ (groupe CH_3 porté par le deuxième carbone)

b : $CH_3-CH_2-C(CH_3)_2-CH_3$ (deux groupes CH_3 portés par le troisième carbone)

c : $CH_3-CH_2-CH_2-CH_2-CH_2-CH_3$

1. Classer ces trois alcanes par température d'ébullition croissante. Justifier l'ordre proposé.

2. Quel est l'alcane le plus volatil ?

3. Quel est l'alcane le moins volatil ?

16 Interpréter des températures d'ébullition

Le butan-1-ol, le 2-méthylpropan-1-ol et le 2-méthylpropan-2-ol sont trois alcools de températures d'ébullition respectives : 118 °C, 108 °C et 83 °C sous la pression atmosphérique.

1. Écrire la formule semi-développée, puis la formule brute de chacun de ces alcools.
Que peut-on en déduire ?

2. Rappeler la nature des interactions qui assurent la cohésion des alcools à l'état liquide.

3. Justifier alors l'ordre des températures d'ébullition de ces alcools.

17 Comparer des températures d'ébullition

Sous la pression atmosphérique, le pentane, $CH_3-CH_2-CH_2-CH_2-CH_3$ bout à 36,1 °C alors que le pentan-1-ol, $CH_3-CH_2-CH_2-CH_2-CH_2-OH$ bout à 138 °C.

1. Quelles interactions assurent la cohésion à l'état liquide :
a. du pentane ? b. du pentan-1-ol ?

2. Justifier le fait que le pentane est plus volatil que le pentan-1-ol.

18 Légender un schéma de distillation

Reproduire puis légender le schéma du montage de distillation ci-dessous en choisissant les termes exacts dans la liste suivante :
allonge coudée, ballon, chauffe-ballon, colonne à distiller, support élévateur, erlenmeyer, noix de serrage, pince, réfrigérant à eau, tête de colonne, support métallique, thermomètre.

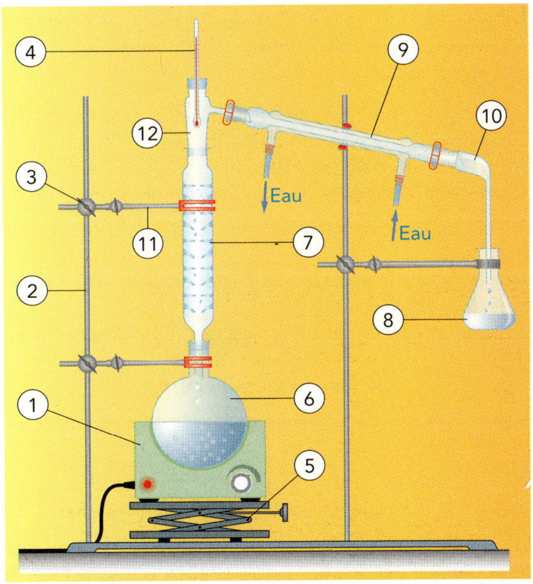

Les alcools et l'eau sont-ils miscibles ?

19 Comparer des solubilités d'alcools

On étudie la miscibilité avec l'eau de trois alcools :
- le méthanol : CH_3-OH
- le butan-1-ol : $CH_3-CH_2-CH_2-CH_2-OH$
- l'heptan-1-ol :
  $CH_3-CH_2-CH_2-CH_2-CH_2-CH_2-CH_2-OH$

Avec l'eau, l'un des alcools (noté A) est non miscible, un autre (noté B) est totalement miscible et le troisième (noté C) est partiellement miscible.

1. Rappeler, en s'aidant de schémas, la nature des interactions susceptibles de s'établir entre les molécules d'eau et les molécules d'alcool.
À quelle condition un alcool et l'eau peuvent-ils être miscibles ?

2. Attribuer à chacune des lettres A, B et C, l'alcool qui lui correspond en justifiant la réponse.

Exercices

Pour s'entraîner

Les masses molaires atomiques nécessaires seront prises dans la Classification périodique, rabat IV.

20 À chacun son rythme

COMPÉTENCES **Trouver des informations ; effectuer un calcul.**

Cet exercice est proposé à deux niveaux de difficulté. Dans un premier temps, essayer de résoudre l'exercice du niveau 2. En cas de difficultés, passer au niveau 1.

La masse molaire d'un alcane A vaut $M = 72,0\ \text{g} \cdot \text{mol}^{-1}$.

Niveau 2

1. Déterminer la formule brute de cet alcane.

2. Identifier A, sachant que, de tous les isomères possibles, c'est le plus volatil.

Niveau 1

1. a. Rappeler la formule générale d'un alcane.
b. Exprimer la masse molaire M(A) en fonction de son nombre n d'atomes de carbone.
c. En déduire la valeur de n et la formule brute de A.

2. L'alcane A recherché est, de tous les isomères possibles, le plus volatil.
a. Déterminer la formule semi-développée de tous les isomères possibles pour A.
b. En justifiant la réponse, classer ces différents isomères par ordre décroissant de leurs températures d'ébullition. En déduire le plus volatil.

Voir, si nécessaire, l'exercice résolu I, p. 194.

21 Pourcentage atomique et formule d'alcanes

COMPÉTENCES **Effectuer un calcul ; interpréter un résultat.**

On appelle pourcentage atomique P d'un élément dans une molécule, le quotient du nombre d'atomes de cet élément par le nombre d'atomes total de la molécule.

1. Déterminer le pourcentage atomique du carbone dans la molécule de méthane.

2. Les essences automobiles sont principalement constitués d'un mélange d'alcanes isomères dont le pourcentage atomique en carbone est $P(\text{C}) = 30,77\ \%$.
a. En notant C_nH_{2n+2} la formule brute d'un alcane, exprimer P(C) en fonction de n.
b. En déduire la valeur de n et la formule brute de ces alcanes.

Voir, si nécessaire, l'exercice résolu I, p. 194.

22 Séparation d'alcanes

COMPÉTENCES **Faire un schéma et un graphique ; raisonner.**

Les températures d'ébullition de l'hexane, de l'heptane et de l'octane sont respectivement 68,7 °C, 98,4 °C et 125,6 °C sous la pression atmosphérique.

On réalise la distillation fractionnée d'un mélange de ces trois alcanes en recueillant chacun des alcanes purs.
On arrête la distillation lorsque la température en tête de colonne atteint 110 °C.

1. Justifier l'ordre des températures d'ébullition.

2. Faire un schéma légendé du montage utilisé.

3. Quel alcane reste dans le ballon lors de l'arrêt de la distillation ?

4. Quelle grandeur caractéristique d'un corps pur pourrait-on mesurer pour vérifier que chaque alcane isolé est pur ?

5. Tracer l'allure de la courbe donnant l'évolution de la température en tête de colonne, en fonction du temps, en précisant la transformation qui se produit sur chaque portion de ce graphique.

23 Corps pur ou mélange

DÉMARCHE D'INVESTIGATION

COMPÉTENCE **Élaborer le protocole d'une expérience.**

Un flacon contient un alcane liquide et un autre contient un mélange de deux alcanes liquides.

1. Comment identifier expérimentalement le flacon contenant l'alcane pur ?

2. Faire la liste du matériel nécessaire.

24 Denatured alcohol

COMPÉTENCES **Trouver des informations ; raisonner.**

Ethanol is the « alcohol » of alcoholic beverages and is prepared for thus purpose by anaerobic fermentation of carbohydrates (glucose) from a wide variety of plant sources. Alcoholic beverages are taxed.
Ethanol, used in making commercial products such as perfume, antiseptic, hair spray, aftershave, *insect repellent* is not pure alcohol but a special mixture designed to make it *unfit* for use as a beverage.
It is referred to as denatured (or *adulterated*) alcohol.
Various denaturants are used to make it difficult to reverse the denaturation ; generally methanol, propan-2-ol, *dyes*, are used. Denatured alcohols are not taxed.

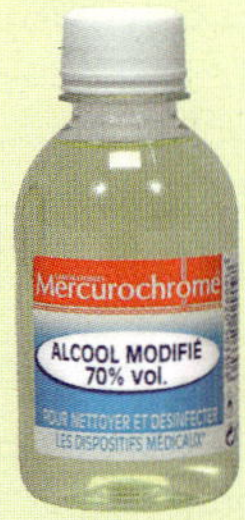

1. *Balance* the equation of the anaerobic fermentation of glucose $C_6H_{12}O_6$ (carbon dioxide is also formed).

2. Write the *dash formulas* and the *bond-line formulas* of all the alcohols cited in the text.

3. @ Why alcoholic beverages are taxed ?

4. Boiling points of methanol and ethanol are respectively 65 °C and 78 °C. Justify the use of methanol to denature ethanol.

Vocabulaire : *insect repellent* : produit répulsif pour insectes ; *unfit* : impropre ; *adulterated* : frelaté ; *dye* : colorant ; *balance* : ajuster ; *dash formula* : formule semi-développée ; *bond-line formula* : formule topologique.

25 Proposer un énoncé à partir de son corrigé

COMPÉTENCES Raisonner ; formuler un problème ; rédiger.

Un professeur de Première S a donné à ses élèves un exercice de chimie dont la solution est fournie ci-après.
Après avoir lu l'intégralité de la solution, construire l'énoncé correspondant.
Les questions posées devront exactement avoir pour réponses celles qui sont données ci-dessous.

1. A possède six atomes de carbone, c'est un isomère de l'hexane.

2. A est ramifié : il est plus volatil que l'hexane.

3. B, isomère de A, est nécessairement plus volatil que A, car il possède deux ramifications au lieu d'une.

Pour aller plus loin

26 Pourcentage massique et formule d'alcools

COMPÉTENCES Effectuer un calcul ; interpréter un résultat.

On appelle pourcentage massique P d'un élément dans une molécule, le quotient de la masse de cet élément dans une mole de molécules par la masse molaire de la molécule.

On considère un alcool A qui a la même chaîne carbonée qu'un alcane comportant n atomes de carbone.

1. Exprimer la formule brute de l'alcool en fonction de n.

2. En déduire l'expression de la masse molaire de A en fonction de n.

3. Le pourcentage massique de l'élément oxygène dans la molécule A est $P(O) = 26,7$ %.

a. En déduire la valeur de n et la formule brute de A.

b. Écrire les formules semi-développées possibles pour A.

c. Identifier A sachant que le groupe hydroxyle est en bout de chaîne.

27 Masse volumique des alcanes

COMPÉTENCES Raisonner ; argumenter.

Le tableau ci-dessous donne la masse volumique de deux séries d'alcanes isomères à 25 °C sous la pression atmosphérique.

Formule brute	Nom	Masse volumique ρ du liquide ($g \cdot mL^{-1}$)
C_5H_{12}	Pentane	0,626
	2-méthylbutane	0,615
	2,2-diméthylpropane	0,585
C_6H_{14}	Hexane	0,665
	2-méthylpentane	0,649
	2,2-diméthylbutane	0,644

1. Écrire les formules semi-développées de ces six alcanes.

2. Rappeler la nature des interactions qui assurent la cohésion des alcanes à l'état liquide et les deux principaux paramètres qui caractérisent l'intensité de ces interactions.

3. a. Proposer alors une interprétation au fait que la masse volumique de l'hexane est supérieure à celle du pentane.

b. Justifier l'évolution des masses volumiques pour chaque série d'isomères.

28 Marée noire

COMPÉTENCES Trouver des informations ; effectuer un calcul.

1. @ Rechercher ce qu'est une « marée noire » et quelles peuvent en être les origines.

2. Ce phénomène est la conséquence de deux propriétés caractéristiques des alcanes vis-à-vis de l'eau. Quelles sont ces propriétés ?

3. @ Rechercher et justifier les techniques mises en œuvre pour lutter contre la marée noire.

Pour les curieux

29 Cyclanes

COMPÉTENCES Raisonner ; faire des schémas.

Lorsqu'une chaîne carbonée comporte au moins cinq atomes de carbone **tétragonaux,** il est possible d'envisager des hydrocarbures cycliques relativement stables : les **cyclanes.**

1. Écrire les formules semi-développée et topologique du plus simple des cyclanes : le cyclopentane.

2. a. Vérifier qu'il existe deux cyclanes ayant six atomes de carbone, en écrivant leurs formules topologiques. Proposer un nom pour chacun d'eux.

b. Vérifier à présent qu'il existe cinq cyclanes ayant sept atomes de carbone en écrivant leurs formules topologiques. Proposer un nom pour chacun d'eux.

3. À partir des formules brutes de tous ces cyclanes, proposer une formule brute générale pour les cyclanes.

4. L'angle des liaisons carbone-carbone entre atomes de carbone tétragonaux est de l'ordre de 109°. Justifier que les cyclanes à trois et quatre atomes de carbone ne sont pas stables.

5. Les hydrocarbures acycliques isomères des cyclanes sont des alcènes qui présentent une double liaison C=C.

a. Donner la formule semi-développée des deux alcènes linéaires isomères du cyclopentane.

b. L'un d'eux présente l'isomérie *Z/E*.

Représenter la formule topologique de l'isomère *E* en la justifiant.

Exercices

30 Mélange hydro-alcoolique

DÉMARCHE D'INVESTIGATION

COMPÉTENCES **Argumenter; élaborer le protocole d'une expérience.**

Un mélange hétérogène contient de l'eau, du méthanol et du dodécan-1-ol $CH_3-(CH_2)_{10}-CH_2-OH$.
L'eau et le méthanol sont totalement miscibles alors que le dodécan-1-ol n'est miscible ni avec l'eau ni avec le méthanol. Les températures d'ébullition de ces trois espèces sont :
- 65 °C pour le méthanol;
- 100 °C pour l'eau;
- 256 °C pour le dodécan-1-ol.

1. a. Qu'est-ce qu'un mélange hétérogène?
b. Pourquoi le mélange étudié est-il hétérogène?

2. a. Écrire les formules semi-développées des deux alcools.
b. Justifier l'ordre des températures d'ébullition de ces alcools.

3. Proposer un protocole opératoire permettant d'extraire le dodécan-1-ol de ce mélange.
Le décrire en s'aidant de schémas si nécessaire.

4. Proposer un protocole opératoire permettant de séparer l'eau et le méthanol.
Le décrire en s'aidant de schémas si nécessaire.

5. Pour séparer l'eau et le méthanol, aurait-on pu utiliser un montage d'hydrodistillation?

Retour sur l'ouverture du chapitre

31 Distillation des pétroles

Les pétroles sont généralement des liquides noirâtres plus ou moins visqueux. Ils sont essentiellement constitués d'*hydrocarbures* :
- les *alcanes* sont les constituants les plus abondants. Ils peuvent être gazeux, comme le méthane, l'éthane, le propane et le butane, ou liquide, comme le pentane, l'hexane ou l'heptane, etc. et leurs isomères;
- les *cyclanes* tels que le cyclopentane, le cyclohexane, etc.;
- les hydrocarbures aromatiques tels que le benzène C_6H_6, le toluène $C_6H_5-CH_3$, etc.

Après quelques étapes de purification, le pétrole brut subit une *distillation fractionnée* afin d'en séparer les principaux constituants.
La distillation du pétrole s'effectue dans une tour contenant des plateaux où se condensent les vapeurs. Pendant la distillation, la température de chaque plateau est constante et d'autant plus basse que le plateau est proche de la tête de colonne.
Le pétrole brut est chauffé à 380 °C, il est alors partiellement vaporisé. Les diverses vapeurs émises au bas de la tour s'élèvent et chaque constituant se condense dans le plateau dont la température est inférieure ou égale à sa température d'ébullition. Il est ainsi possible de recueillir, à différents niveaux, des liquides appelés « coupes de distillation ». Chaque « coupe » correspond à un mélange d'hydrocarbures de *volatilités* voisines.
En montant dans la tour, on recueille ainsi le fioul, le gasoil, le kérosène et les essences. D'autres opérations (craquage, reformage, etc.) sont nécessaires pour

améliorer les performances de ces combustibles ou carburants; c'est le but du raffinage.
Le *résidu* de cette distillation est ensuite distillé sous pression réduite, ce qui permet alors de récupérer les lubrifiants, les fiouls lourds et les bitumes.
Les gaz qui accompagnent le pétrole sont séparés par distillation sous pression élevée.

1. @ Rechercher l'origine des pétroles.

2. Donner la définition de tous les mots en italiques dans le texte.

3. Donner la formule semi-développée de tous les hydrocarbures cités en notant que les hydrocarbures aromatiques présentent un cycle à six atomes de carbone avec trois doubles liaisons conjuguées.

4. En s'aidant, si nécessaire, du **document 12**, p. 191, préciser ce qui remplace les plateaux dans la colonne à distiller utilisée au laboratoire.

5. Comparer la taille des molécules des essences à celles du gasoil ou du fioul?

6. Comment évolue la température d'ébullition d'un corps pur :
a. lorsque l'on diminue la pression?
b. lorsque l'on augmente la pression?

7. Justifier alors les conditions de séparation :
a. des constituants du résidu;
b. des gaz accompagnant le pétrole.

Chapitre 12

Champs et forces

Aurore boréale observée en Laponie (parc national de Pallas-Yllastunturi, Finlande), en août 2007.

Aurore boréale observée depuis l'espace.

Les aurores boréales émerveillent et intriguent les hommes depuis les temps anciens. Si elles sont des « déchirures du ciel nocturne » pour Aristote, les progrès de la physique permettent aujourd'hui d'en comprendre l'origine.
Comment peut-on interpréter ce phénomène si particulier ? (Voir exercice 26, p. 218.)

Quelles sont les origines des champs qui nous entourent ?

OBJECTIFS

- ➜ Savoir ce qu'est un champ en physique.
- ➜ Savoir caractériser un champ.
- ➜ Connaître les caractéristiques de quelques champs.

Activités Étude documentaire

1 Exploitation de cartes météo

EN AUTONOMIE

Les météorologistes <u>observent</u> l'atmosphère et les océans pour <u>comprendre</u> l'évolution du temps.
Quelles sont les grandeurs utilisées ?

La météorologie scientifique débute à la fin du XVIIIe siècle, quand les Français Jean-Charles DE BORDA (1733-1799) et Antoine DE LAVOISIER (1743-1794) observent simultanément l'évolution de la pression en divers points de la France. Ils constatent que les valeurs obtenues dépendent du lieu. On parle alors de champ de pression.
Pour étudier le temps en Europe, l'Allemand Heinrich Wilhelm BRANDES (1777-1834) relie sur une carte les points d'égale pression (carte ci-contre). Il obtient des lignes appelées lignes isobares.
Aujourd'hui encore, pour analyser une situation météorologique, le champ de pression demeure un élément fondamental.
De nombreux autres champs sont également utilisés en météorologie et servent de support aux informations destinées au grand public : carte de champ de température **(doc. 2a)** ou carte de champ de vitesse du vent **(doc. 2b)** par exemple.

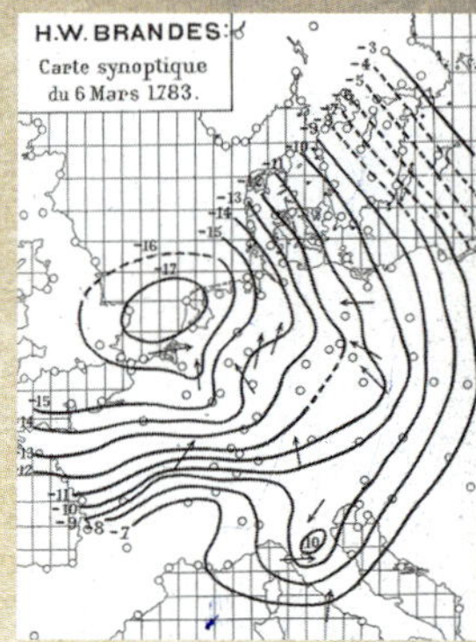

Carte de lignes isobares réalisée par H. W. BRANDES.

Doc. 1 Petite histoire des champs en météorologie.

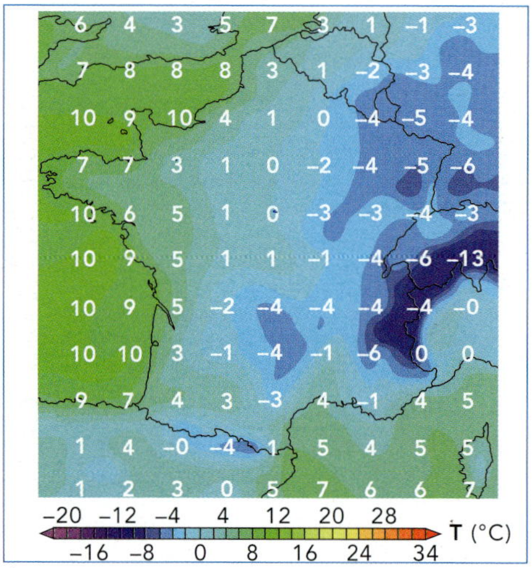

Doc. 2 a. Carte de la température.

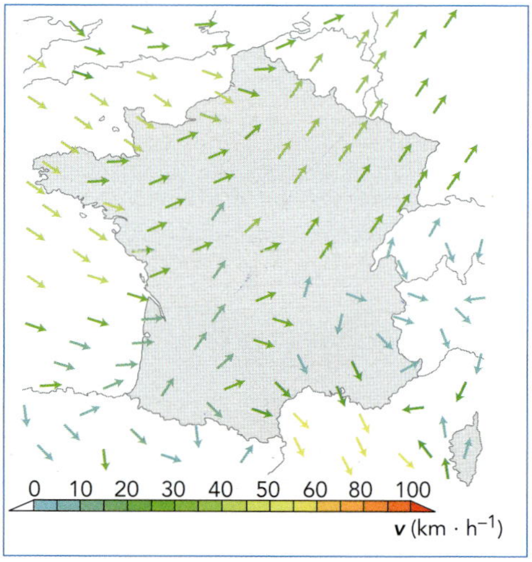

b. Carte de la vitesse du vent.

1 Que représentent les lignes tracées sur la carte du **document 1** ? Comment les nomme-t-on ?

2 Que représentent les différentes zones colorées de la carte du **document 2a** ?

3 Quelles informations peut-on tirer de la carte du **document 2b** ?

4 **a.** @ En physique, qu'appelle-t-on une « grandeur scalaire » ? Qu'appelle-t-on une « grandeur vectorielle » ?
b. Sachant que la température est un champ scalaire et la vitesse du vent un champ vectoriel, indiquer les différences entre ces deux types de champ.

Un pas vers le cours...

5 Proposer une définition de la notion de champ.

2 C'est l'histoire d'un champ

EN AUTONOMIE

La science est faite d'observations, de questionnements et de réponses qui évoluent et s'enrichissent avec le temps. Ce mode de pensée s'attache à comprendre et décrire la réalité du monde à l'aide de lois toujours plus universelles, par allers et retours entre modélisation théorique et vérification expérimentale.
Comment la notion de champ a-t-elle historiquement émergé d'observations expérimentales ?

Suite, entre autres, aux travaux de l'Italien GALILÉE (1564-1642) et de l'Anglais Newton (1643-1727), la mécanique constitue à la fin du XVIIIe siècle un ensemble théorique bien élaboré.
Au XIXe siècle, des tentatives pour unifier la physique sont mises en œuvre. Le concept de force utilisé en mécanique est alors appliqué à l'étude des phénomènes électrostatiques et magnétiques. La notion de force est progressivement remplacée par la notion de champ.

Leonhard EULER (1707-1783).

Le concept de champ avait déjà germé dans l'esprit du Suisse EULER au milieu du XVIIIe siècle. Dans ses travaux d'hydrodynamique, il attribue une vitesse en chaque point d'un fluide en mouvement et définit ainsi un champ vectoriel de vitesse.

Au XIXe siècle, l'Anglais FARADAY applique le concept de champ à la force électrostatique étudiée par le Français COULOMB (**chapitre 9**). Une charge électrique appelée charge-source S, de valeur q_S, est placée en un point fixe. La force électrostatique subie par une charge-test dépend de sa position.

Michael FARADAY (1791-1867).

Comme l'avait fait EULER avec le vecteur vitesse d'écoulement, FARADAY dresse une carte des vecteurs forces en tout point autour de S. Il définit les lignes de champ de forces comme des lignes continues, en tout point tangentes aux vecteurs forces.

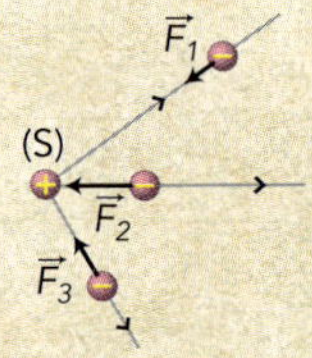

Lignes de champ électrostatique.

L'inconvénient reste que ce champ de force dépend de la valeur q de la charge-test choisie. Pour éviter cela, le champ électrostatique $\vec{E}$ est ensuite défini comme le rapport du vecteur force par la charge-test, $\vec{E} = \frac{\vec{F}}{q}$.
Ce champ ne dépend plus que de la charge-source et du point de l'espace considéré. Il permet de décrire les effets de la charge-source sur l'espace qui l'entoure.
La notion de champ magnétique, noté $\vec{B}$, apparaît ensuite. Elle permet de mieux distinguer les phénomènes électriques des phénomènes magnétiques.

James Clerk MAXWELL (1831-1879).

Dans la seconde moitié du XIXe siècle, l'Écossais MAXWELL développe la théorie de l'électromagnétisme en se basant sur ces notions de champ.

Doc. 3 L'émergence de la notion de champ.

1 Quels sont les différents champs évoqués (**doc. 3**) ?

2 **a.** En s'aidant du **chapitre 9**, p. 154, donner l'expression de la valeur de la force électrostatique s'exerçant entre deux charges q et q_S situées à la distance d l'une de l'autre.
b. Comment la force électrostatique est-elle représentée sur une ligne de champ de force ?

3 **a.** À partir du texte et de la relation précédente, donner l'expression de la valeur du champ électrostatique créé par la charge-source.
b. Pourquoi peut-on dire que cette grandeur « ne dépend que de la charge-source et du point de l'espace considéré » ?

Un pas vers le cours...

4 Proposer une définition des lignes de champ à partir des informations du texte.

3 Ces ondes qui nous entourent

EN AUTONOMIE

Les ondes électromagnétiques sont des champs électriques et magnétiques qui se propagent dans l'espace depuis la source d'émission. Elles sont omniprésentes dans notre environnement. Le mode de vie occidental, l'industrie, ainsi que de nombreuses techniques médicales en sont dépendants. Certains s'inquiètent de cette proximité entre l'homme et les champs.
Où peut-on observer ces ondes ? Présentent-elles de réels dangers ?

Les ondes électromagnétiques correspondent à des variations de champs électriques et magnétiques émis par de nombreux appareils qui nous entourent. Pour certains de ces appareils, les valeurs typiques du champ électrique ont été indiquées. La législation fixe les seuils à ne pas dépasser pour les différents types d'ondes.

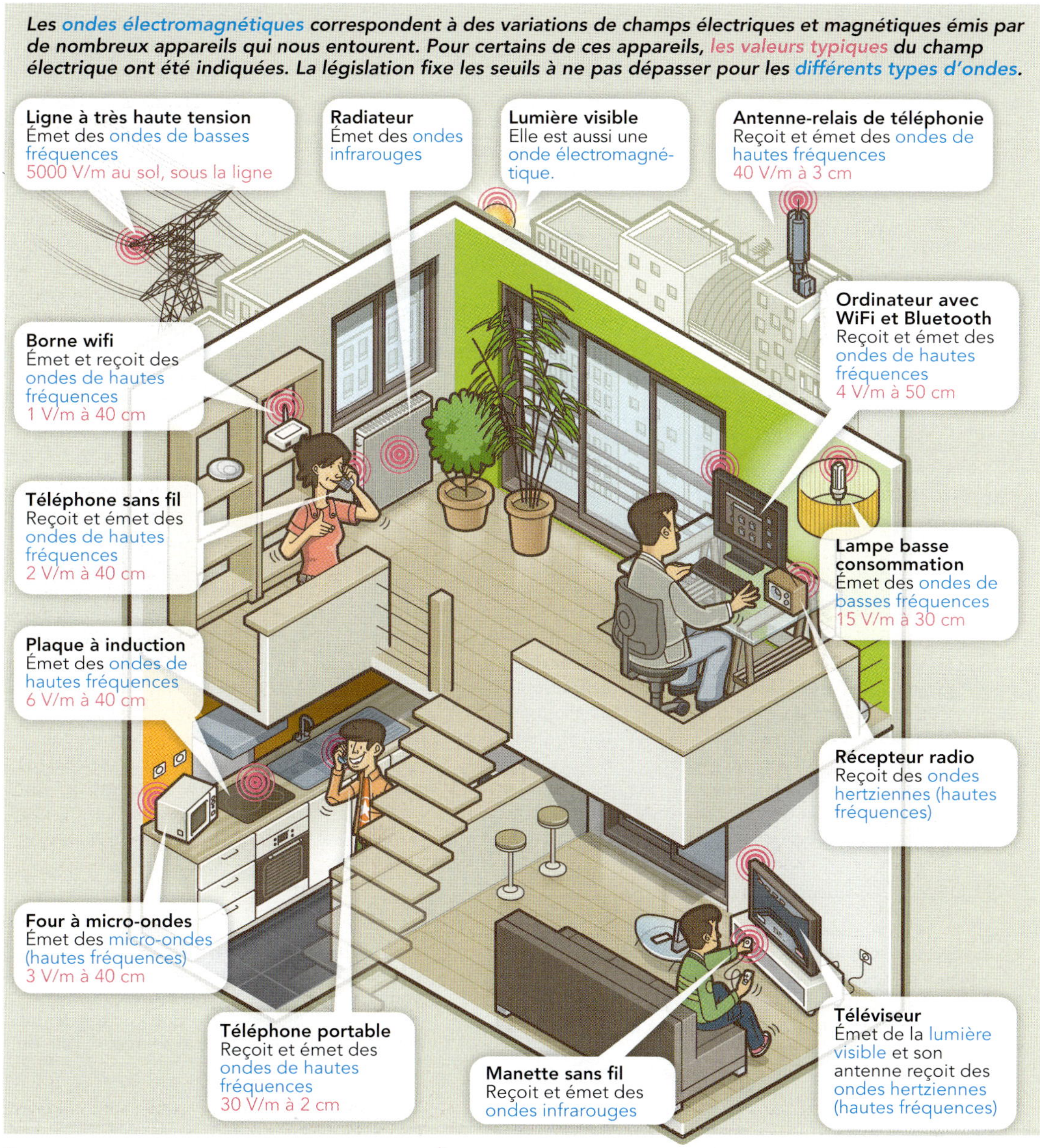

Doc. 4 De nombreuses sources de champs électromagnétiques nous entourent quotidiennement. La valeur du champ électrique s'exprime en volt par mètre (V/m ou $V \cdot m^{-1}$).

Quel est le principe d'un four à micro-ondes ?
Le **four à micro-ondes** est une cage métallique à l'intérieur de laquelle sont émises des ondes électromagnétiques.
Sous leur action, les molécules d'eau présentes dans les aliments s'agitent, entraînant ainsi une augmentation de la température. Un blindage efficace permet de limiter les fuites de ces ondes, les rendant ainsi pratiquement indécelables à l'extérieur de l'appareil.

Doc. 5 Les ondes électromagnétiques sont souvent subies par l'homme et perçues comme néfastes. Leurs effets sont pourtant recherchés dans certains dispositifs, comme le four à micro-ondes.

Le téléphone portable est-il dangereux ?
Les téléphones mobiles captent et émettent des ondes électromagnétiques. Un réseau important d'antennes-relais fixes assure la transmission de ces ondes (voir la carte ci-dessous). La valeur du champ électromagnétique émis est maximale à proximité de l'antenne-relais. Elle diminue rapidement dès que l'on s'en éloigne. C'est pour cette raison que l'accès aux antennes-relais est restreint.
De même, le champ électromagnétique émis par un téléphone mobile allumé décroît rapidement avec la distance.
L'effet sanitaire d'une exposition à des champs électromagnétiques très intenses se traduit par une augmentation de la température corporelle.
Mais de tels champs ne se rencontrent que dans l'industrie.
En 2010, l'aide mémoire n° 193 de l'OMS (Organisation mondiale de la santé) indiquait que les analyses n'apportaient, à cette date, aucun élément de preuve d'une relation de cause à effet entre l'exposition aux ondes utilisées dans la téléphonie mobile et un éventuel effet néfaste pour la santé.
Cette étude comportait cependant certaines limites empêchant d'écarter complètement tout lien entre l'exposition aux ondes électromagnétiques et les risques sanitaires. En revanche, la recherche établissait clairement une augmentation du risque d'accident lorsqu'on utilise un téléphone portable en conduisant un véhicule, que ce soit en tenant l'appareil à l'oreille ou en mode « mains libres ».
Cela justifiait l'interdiction de l'utilisation d'un téléphone portable au volant dans de nombreux pays.
En mai 2011, un communiqué de l'OMS a fait état de nouvelles recherches montrant un risque accru de cancers lié à l'utilisation des téléphones portables.

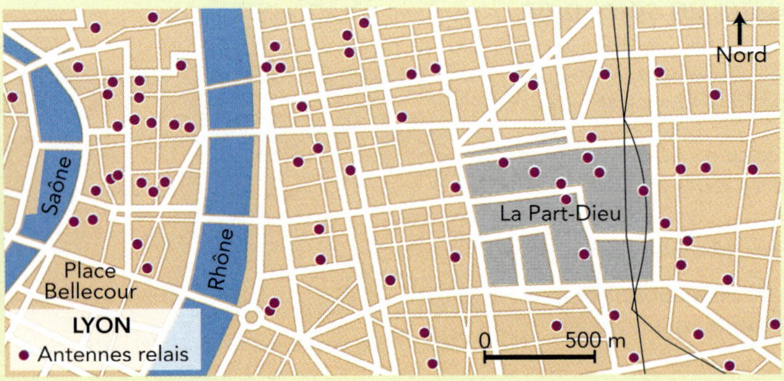

Localisation (en violet) des antennes dans un quartier de Lyon.

Doc. 6 Le développement de la téléphonie mobile a fait fortement augmenter l'exposition à certaines ondes électromagnétiques.

1 Citer quelques appareils émettant des ondes électromagnétiques lors de leur fonctionnement **(doc. 4)**.

2 Quelle est l'unité utilisée pour indiquer les valeurs des champs électriques ?

3 Quels dangers peut présenter un four à micro-ondes dont la porte ferme mal **(doc. 5)** ?

4 Pourquoi téléphoner en conduisant augmente-t-il les risques d'accidents ?

5 Pourquoi les recommandations de l'OMS sur l'utilisation de téléphones portables ont-elles évolué ?

4 Champ magnétique

L'imagerie par résonance magnétique (IRM) est une technique de diagnostic médical qui utilise notamment un champ magnétique uniforme. Quelles sont les caractéristiques d'un champ uniforme ?

A Le champ magnétique

▸ Observer une petite aiguille aimantée placée en différents points autour d'un aimant droit **(doc. 7a)**.

▸ Placer une plaque de verre sur l'aimant, puis la saupoudrer de limaille de fer ou placer l'aimant sur une plaquette contenant une grande quantité d'aiguilles aimantées **(doc. 7b)**. Représenter la figure obtenue. Les lignes observées se nomment « lignes de champ ». Par convention, à l'extérieur de l'aimant, elles sont orientées du pôle Nord vers le pôle Sud.

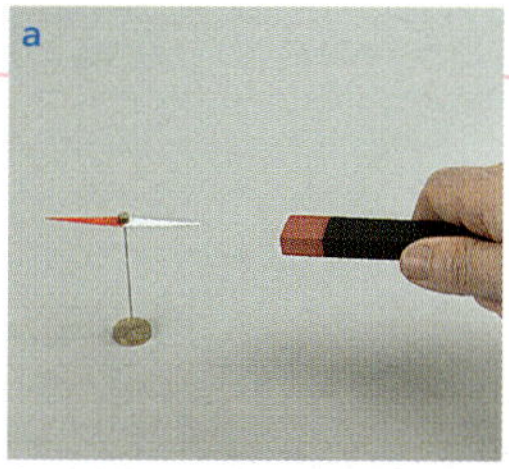
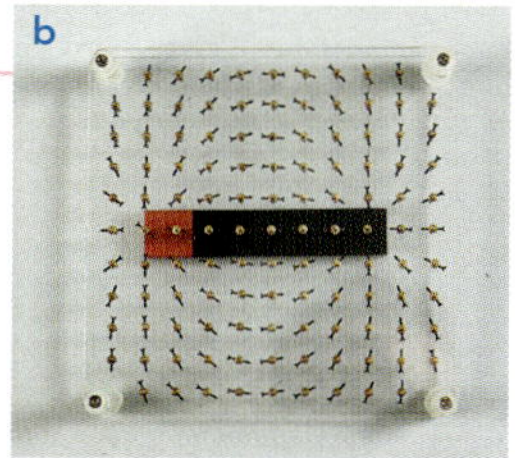

Doc. 7 a. Aiguille aimantée à proximité d'un aimant droit. **b.** Plaquette permettant d'observer les lignes de champ.

1 Que permet l'aiguille aimantée ?

2 Représenter les lignes de champ et les orienter.

▸ Déplacer l'aiguille aimantée autour d'une bobine parcourue par un courant électrique continu.

▸ Saupoudrer la plaque de limaille de fer **(doc. 8)**.

3 La bobine parcourue par un courant crée-t-elle un champ magnétique ?

4 Que peut-on dire des lignes de champ à l'intérieur d'une bobine **(doc. 8)** ?

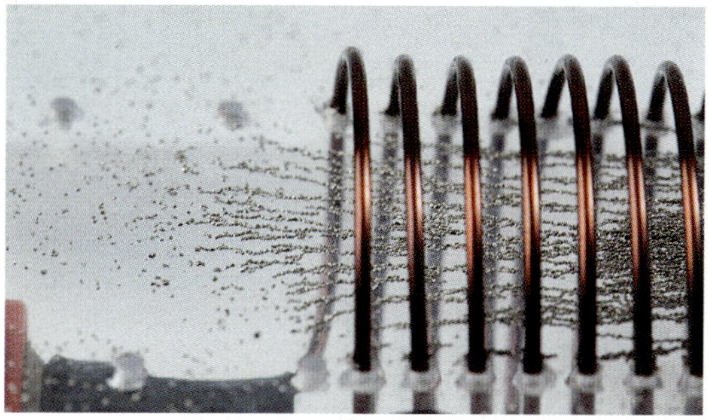

Doc. 8 Lignes de champ créées par une bobine.

B Champ magnétique dans un solénoïde

Info Un **solénoïde** est une bobine dont la longueur est grande devant le diamètre.
Un **teslamètre** permet de mesurer la valeur du champ magnétique en un point donné (**doc. 9**). Cette valeur s'exprime en tesla (T) ou en millitesla (mT).

▸ Déplacer la sonde du teslamètre à l'intérieur du solénoïde et relever les valeurs du champ magnétique en différents points de son axe.

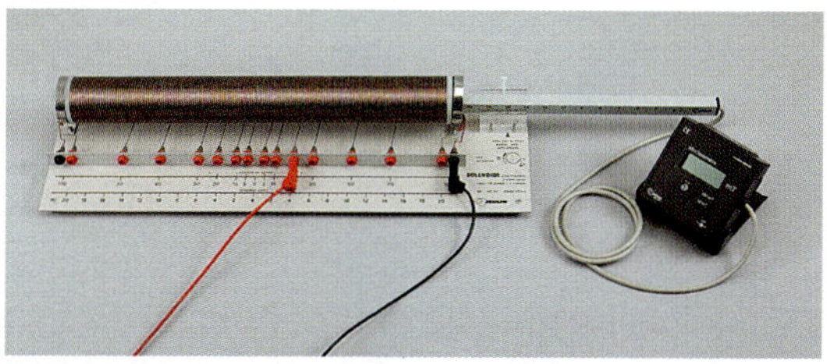

Doc. 9 Un solénoïde et un teslamètre.

5 Représenter les valeurs du champ magnétique en fonction de la position de la sonde.

6 Comment varie la valeur du champ magnétique à l'intérieur du solénoïde ?

Info **Cartographier un champ** consiste à représenter ce champ en différents points de l'espace.
Un **champ uniforme** est un champ dont la valeur, la direction et le sens sont constants dans une région de l'espace.

Un pas vers le cours...

7 **a.** Représenter le vecteur champ magnétique $\vec{B}$ en plusieurs points, à l'intérieur du solénoïde.
b. Le champ magnétique à l'intérieur du solénoïde est-il uniforme ?

1 Qu'est-ce qu'un champ en physique ?

Les cartes météorologiques nous fournissent de nombreuses informations comme la température **(doc. 1)**, la pression atmosphérique ou le vent **(doc. 2)**. Ces grandeurs physiques changent d'un lieu à un autre.

> Un **champ** est une grandeur physique associée à chaque point de l'espace considéré.

La température en un point de l'espace est définie par un nombre. Le champ de température est un **champ scalaire (activité 1)**.
Trois informations sont nécessaires pour définir la vitesse du vent : la direction, le sens et la valeur de sa vitesse. La vitesse du vent en un point de l'espace est donc définie par un vecteur.
Le champ de vitesse du vent est un **champ vectoriel (activité 1)**.

Voir exercices 1, p. 211, et 5 à 6, p. 213.

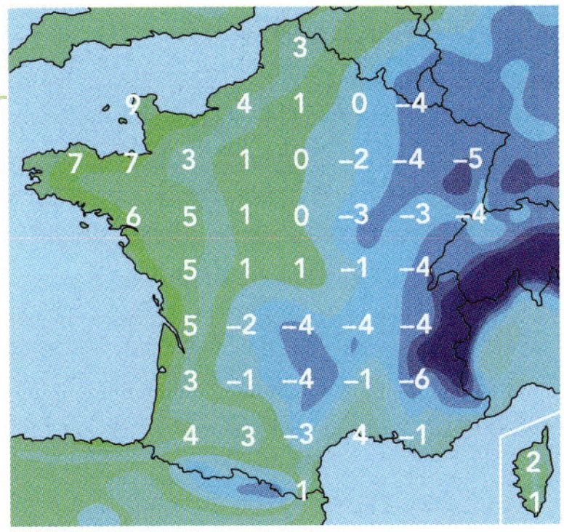

Doc. 1 Carte de la température (en °C). Sur cette carte, la température en un lieu donné est repérée par sa valeur et par une nuance de couleur.

2 Comment caractériser un champ ?

2.1 Cartographie d'un champ

Les **documents 1 et 2** sont des représentations de champs.

> **Cartographier un champ** consiste à déterminer les caractéristiques de ce champ en plusieurs points de l'espace et à en donner une représentation.

2.2 Ligne de champ vectoriel

Un champ vectoriel comme un champ de vitesse du vent **(doc. 2)** ou un champ magnétique créé par un aimant **(doc. 3)** est représenté par des vecteurs.

> Une **ligne de champ** vectoriel est une ligne tangente en chacun de ses points au vecteur champ. Elle est orientée par une flèche dans le même sens que celui du champ.

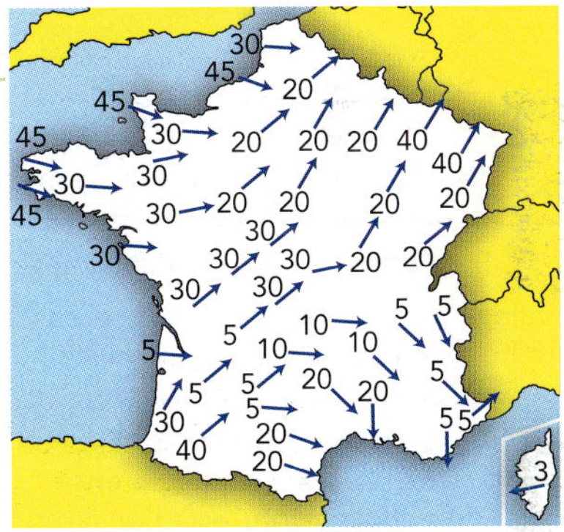

Doc. 2 Carte de la vitesse du vent (en km/h). Sur certaines cartes, la valeur de la vitesse du vent est proportionnelle à la longueur de la flèche ; sur d'autres, elle est indiquée à côté de la flèche.

→ Un aimant crée un **champ magnétique.**

> Les lignes de champ magnétique sont orientées du pôle Nord vers le pôle Sud à l'extérieur de l'aimant.

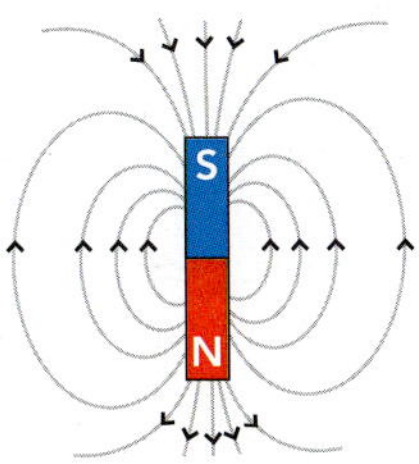

→ Une charge électrique crée un **champ électrostatique.**

> Les lignes de champ électrostatique sont orientées en fonction de la charge-source : si elle est positive, les lignes partent de la source ; sinon, elles se dirigent vers la source.

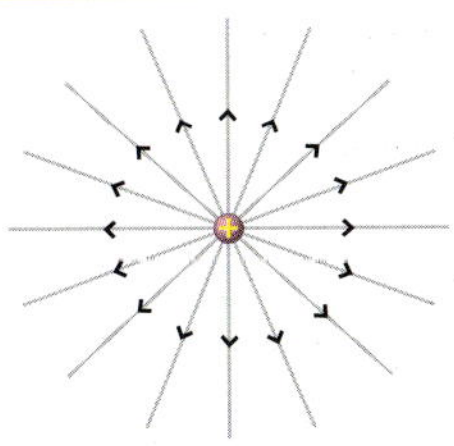

→ Une masse crée un **champ de gravitation.**

> Les lignes de champ de gravitation sont toujours orientées du point considéré vers la masse source.

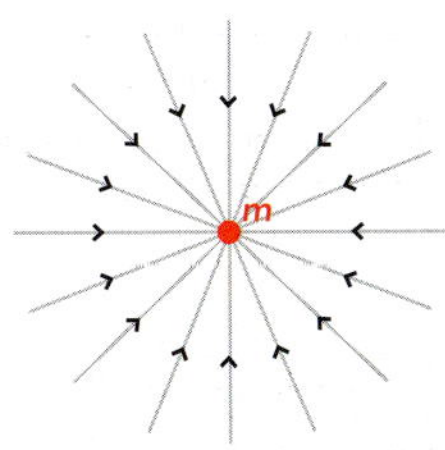

Doc. 3 Différentes lignes de champ.

2.3 Champ uniforme

Un solénoïde est une bobine dont la longueur est très supérieure au diamètre. À l'intérieur d'un solénoïde parcouru par un courant électrique continu, la valeur du champ magnétique est constante en tout point (sauf lorsque l'on est très proche des extrémités). Ce champ magnétique a aussi même direction et même sens en tout point (**activité 4**). On dit qu'il est uniforme.

> Un **champ uniforme** est un champ dont les caractéristiques (direction, sens et valeur) ne dépendent pas du point de l'espace considéré.

Les lignes de champ d'un champ uniforme sont parallèles (**doc. 4**).

Voir exercices 2, p. 211, et 7 à 11, p. 213.

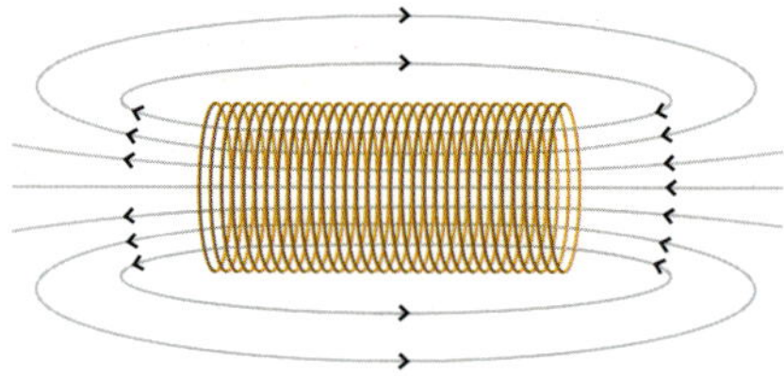

Doc. 4 Lignes de champ magnétique créées par un solénoïde parcouru par un courant électrique.

3 Quelles sont les caractéristiques de quelques champs vectoriels ?

3.1 Champ magnétique terrestre

- La Terre est une source de **champ magnétique** (**doc. 5**).

> Le champ magnétique terrestre peut être modélisé par le champ créé par un aimant droit placé à l'intérieur du globe.

La valeur d'un champ magnétique se mesure à l'aide d'un teslamètre (**activité 4**). Elle s'exprime en tesla (T).

- L'orientation des lignes du champ magnétique terrestre dépend de la position où l'on se trouve à la surface de la Terre.
Actuellement, en France, l'angle entre les lignes de champ et l'horizontale, appelé **inclinaison**, est d'environ 60°. Les deux points pour lesquels l'inclinaison est de 90° sont appelés les **pôles magnétiques** de la Terre (**doc. 5**). Ces pôles ne sont pas confondus avec les **pôles géographiques***.
- Actuellement, le pôle magnétique de l'hémisphère Nord, au sens géographique, est un pôle magnétique Sud (**doc. 5**). Inversement, celui de l'hémisphère Sud, au sens géographique, est un pôle magnétique Nord. Par abus de langage, les géographes nomment « pôle Nord magnétique » le pôle magnétique de l'hémisphère Nord.
- Les boussoles (**doc. 6**) s'orientent le long des lignes de champ magnétique terrestre. Le pôle Nord de leur aiguille aimantée est attiré par le pôle terrestre magnétique Sud. Elles n'indiquent pas le pôle Nord géographique.
- L'étude des roches de la croûte terrestre montre que l'orientation du champ magnétique terrestre varie en permanence et qu'il s'est inversé plusieurs fois au cours des temps.

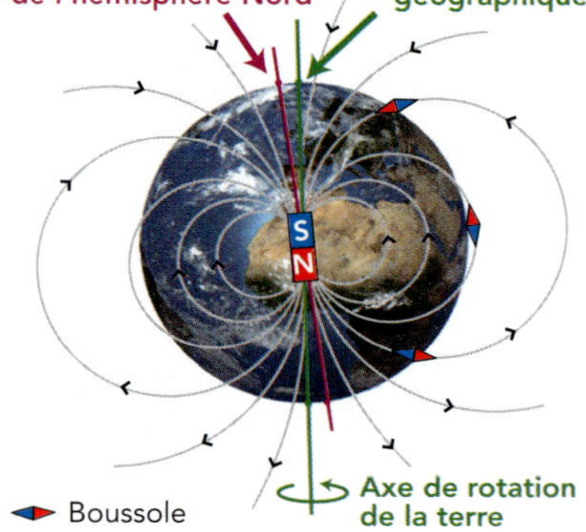

Doc. 5 Aimant fictif modélisant les propriétés magnétiques de la Terre et lignes de champ magnétique terrestre.

* Pour les curieux

Les pôles magnétiques ne coïncident pas avec les pôles géographiques terrestres. L'angle entre la direction du pôle géographique et celle du pôle magnétique est appelé la **déclinaison**. Sa valeur dépend du lieu où l'on se trouve ; elle est indiquée sur les cartes détaillées. (Voir exercice 25, p. 217.)

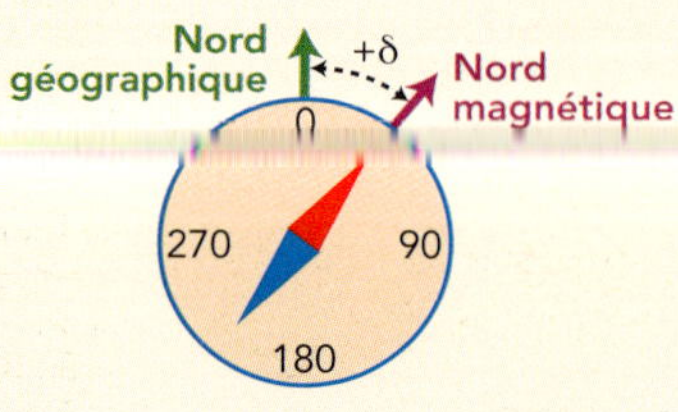

Doc. 6 Une boussole permet de s'orienter.

3.2 Champ électrostatique créé par un condensateur plan

Un **condensateur plan** est constitué de deux armatures conductrices planes, parallèles et face à face. Lorsqu'une tension continue est appliquée entre ces armatures, le condensateur crée un **champ électrostatique,** noté $\vec{E}$. En tout point de l'espace situé entre ces armatures (sauf à proximité des extrémités), les lignes de champ sont parallèles (doc. 7).

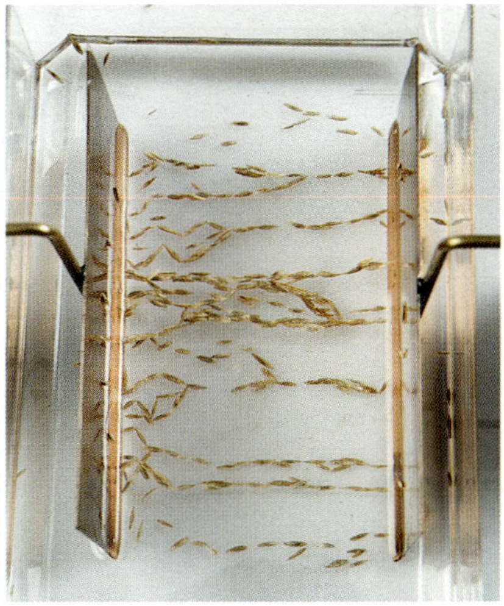

Doc. 7 Lignes de champ électrostatique dans un condensateur plan. Elles sont ici matérialisées à l'aide des graines allongées

> Le champ électrostatique $\vec{E}$ créé par un condensateur plan est uniforme entre ses armatures. Les lignes de champ sont orientées de l'armature positive vers l'armature négative.

La valeur du champ électrostatique créé par un condensateur plan dépend de la valeur absolue de la tension U (en volt) entre les armatures et de la distance d (en mètre) qui les sépare :

$$E = \frac{|U|}{d}$$

Le champ électrostatique s'exprime donc en $V \cdot m^{-1}$. C'est l'unité indiquée sur le document 4 de l'**activité 3**.

Une particule de charge q placée dans une région de l'espace où règne un champ électrostatique $\vec{E}$ est soumise à une force $\vec{F}$ **(activité 2)**.

La relation entre le champ $\vec{E}$ et la force $\vec{F}$ est $\vec{E} = \frac{\vec{F}}{q}$.

La valeur de la force F s'exprime newton (N), la charge q en coulomb (C) et le champ E en $N \cdot C^{-1}$ ou en $V \cdot m^{-1}$ ($1\ N \cdot C^{-1} = 1\ V \cdot m^{-1}$).

3.3 Champ de gravitation et champ de pesanteur

Le poids $\vec{P}$ d'un objet de masse m peut être assimilé à la force d'attraction gravitationnelle $\vec{F}$ exercée par la Terre sur cet objet : $\vec{P} = \vec{F}$.

On définit alors le champ de gravitation $\vec{\mathcal{G}}$ par :

$$\vec{\mathcal{G}} = \frac{\vec{F}}{m} \quad (1)$$

Sa valeur est $\mathcal{G} = \frac{G \cdot m_T}{R_T^2}$.

> Un corps de masse m, à la surface de la Terre, subit une force de gravitation dont la valeur est donnée par :
>
> $$F = \frac{G \cdot m \cdot m_T}{R_T^2}$$
>
> Dans cette expression, m_T est la masse de la Terre, R_T le rayon de la Terre et G la constante universelle de gravitation :
>
> $$G = 6{,}67 \times 10^{-11}\ N \cdot kg^{-2} \cdot m^2.$$

De même, le vecteur champ de pesanteur $\vec{g}$ est défini par :

$$\vec{g} = \frac{\vec{P}}{m} \quad (2)$$

Sa valeur est $g = \frac{P}{m}$ avec P exprimé en newton (N), m en kilogramme (kg) et g en $N \cdot kg^{-1}$.

L'intensité moyenne de la pesanteur à la surface de la Terre est $g = 9{,}8\ N \cdot kg^{-1}$.

En assimilant $\vec{P}$ à $\vec{F}$, les expressions (1) et (2) conduisent à $\vec{g} = \vec{\mathcal{G}}$.

Dans un domaine restreint au voisinage de la Terre, on peut considérer que le champ de pesanteur a la même direction (verticale), le même sens (vers le bas) et la même valeur en tout point. On parle de **champ de pesanteur local** (doc. 8).

Doc. 8 Le champ de pesanteur local.
– Sa valeur diminue d'environ 0,3 % si on s'élève de 10 km.
– Sa direction varie d'environ 1° entre deux points distants de 100 km.

> • Le champ de pesanteur local $\vec{g}$ est uniforme. Il est vertical, orienté vers le bas et sa valeur est g.
> • Le champ de pesanteur s'identifie au champ de gravitation si on néglige l'effet de la rotation de la Terre autour de l'axe des pôles.

Voir exercices 3, p. 211, et 12 à 14 p. 213-214.

Essentiel

Notion de champ

- Un champ est une grandeur physique associée à chaque point de l'espace considéré : champ de température, champ de vitesse du vent, etc.
- Si cette grandeur est décrite par un nombre, le champ est scalaire ; si elle est décrite par un vecteur, le champ est vectoriel.

Caractérisation des champs

- **Cartographier** un champ consiste à donner une représentation de ce champ en plusieurs points de l'espace.
- Une **ligne de champ vectoriel** est une ligne tangente en chacun de ses points au vecteur champ. Elle est orientée par une flèche dans le sens du champ.

- Les lignes de **champ magnétique** sont orientées du pôle Nord vers le pôle Sud à l'extérieur de l'aimant.

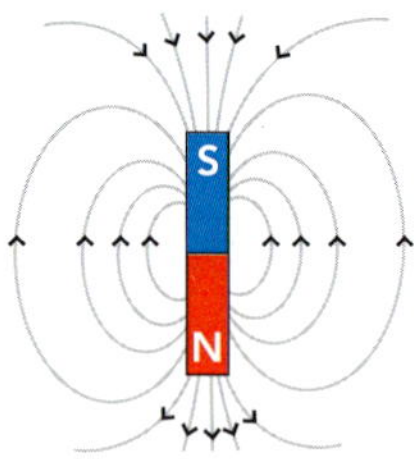

- Les lignes de **champ électrostatique** sont orientées vers la charge-source si celle-ci est négative et en partent si celle-ci est positive.

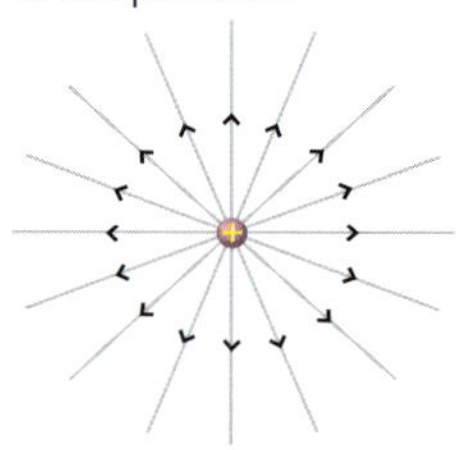

- Les lignes de **champ de gravitation** sont orientées du point considéré vers la masse source.

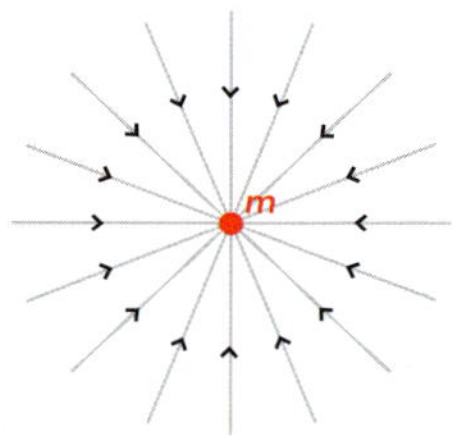

- Un champ scalaire **uniforme** est un champ dont la valeur ne dépend pas du point de l'espace considéré.
- Un champ vectoriel **uniforme** est un champ dont la direction, le sens et la valeur ne dépendent pas du point de l'espace considéré.

Caractéristiques de quelques champs vectoriels

- Le **champ magnétique terrestre** est proche de celui créé par un aimant placé à l'intérieur du globe.
- Entre les deux armatures d'un **condensateur plan**, le **champ électrostatique** est uniforme. Les lignes de champ sont parallèles entre elles, perpendiculaires aux armatures et dirigées de l'armature chargée positivement vers l'armature chargée négativement.
- En négligeant l'effet de la rotation de la Terre autour de l'axe des pôles, le **champ de pesanteur** $\vec{g}$ s'identifie au champ de gravitation $\vec{\mathcal{G}}$:

$$\vec{g} \approx \vec{\mathcal{G}}$$

Localement, le champ de pesanteur est uniforme.

LES COMPÉTENCES ATTENDUES

- ✔ Exploiter des informations en relation avec divers champs et décrire ces champs.
- ✔ Savoir cartographier un champ magnétique ou électrique.
- ✔ Connaître les caractéristiques de quelques champs.

Pour chaque question, indiquer la (ou les) bonne(s) réponse(s).

Voir corrigés, p. 369.

1 Notion de champ

	A	B	C
1. Dans un lac, on mesure la pression de l'eau en fonction de la profondeur.	On cartographie ainsi un champ vectoriel.	On cartographie ainsi un champ scalaire.	On cartographie ainsi un champ uniforme.
2. Une grandeur vectorielle est caractérisée par :	une direction et une valeur.	une valeur et un sens.	une direction, un sens et une valeur.
3. Un champ vectoriel uniforme est caractérisé par :	une direction constante.	une direction et un sens constants.	une direction, un sens et une valeur constants.

Si erreur, revoir § 1, p. 207.

La **figure 1** représente des lignes du champ électrostatique créé par trois charges. Le signe de la charge représentée en rouge est opposé à celui des deux charges représentées en vert.

La **figure 2** représente les lignes de champ créé par un aimant droit.

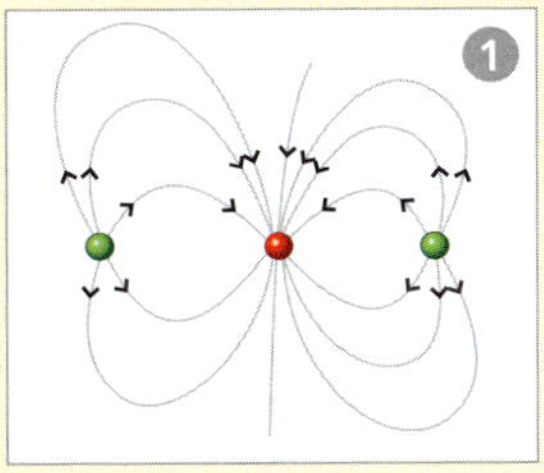

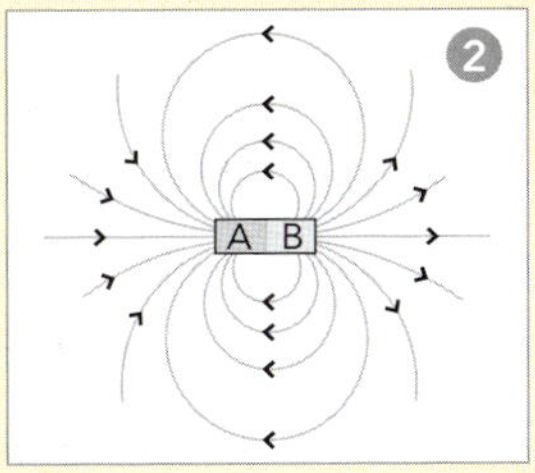

2 Caractérisation des champs

	A	B	C
1. Les lignes de champ électrostatique :	sont toujours orientées de la charge positive vers la charge négative.	sont toujours orientées de la charge négative vers la charge positive.	ne sont pas orientées.
2. La charge rouge de la **figure 1** est :	positive.	négative.	positive ou négative, on ne peut pas savoir.
3. Sur la **figure 2**, le côté de l'aimant repéré par la lettre A correspond au pôle :	Nord.	Sud.	Nord ou Sud, on ne peut pas savoir.

Si erreur, revoir § 2, p. 207.

3 Caractéristiques de quelques champs vectoriels

	A	B	C
1. Le champ créé par un condensateur plan :	est uniforme entre ses armatures.	a des lignes de champ orientées de l'armature positive vers l'armature négative.	a des lignes de champ orientées de l'armature négative vers l'armature positive.
2. 	Cet incident est dû à la gravitation terrestre.	Cet incident est dû à la pesanteur.	Cet incident est dû au magnétisme terrestre.
3. Le champ magnétique terrestre :	ressemble à celui créé par un aimant droit.	permet de s'orienter avec une boussole.	est dû à la masse de la Terre.

Si erreur, revoir § 3, p. 208.

Exercice résolu

COMPÉTENCES MISES EN ŒUVRE
- Faire un schéma.
- Utiliser des vecteurs.

Déterminer les lignes de champ d'un aimant en U

Le document ci-contre permet de cartographier le champ magnétique d'un aimant en U dont les pôles Nord et Sud ont été repérés.

1. Schématiser l'aimant et représenter les lignes de champ qui passent par les points *A*, *B* et *C*.

2. Le champ magnétique entre les deux branches de l'aimant en U a une valeur constante de $2{,}5 \times 10^{-2}$ T.
Peut-on dire que le champ magnétique entre les branches de l'aimant est uniforme ? Justifier.

3. Représenter le vecteur champ magnétique en *A* et *C* en utilisant l'échelle suivante : 1 cm représente 10 mT.

Conseils

Comment tracer des lignes de champ ?

1. Les lignes de champ vectoriel sont des lignes tangentes en chacun de leurs points au vecteur champ. Les aiguilles aimantées permettent de connaître la direction du champ.

Qu'est-ce qu'un champ uniforme ?

2. Un champ est uniforme si la valeur de la grandeur correspondante ne varie pas. Pour un champ vectoriel, il faut aussi que sa direction et son sens ne varient pas : le vecteur champ doit donc être le même en tout point.

Comment schématiser un champ vectoriel ?

3. L'énoncé donne l'échelle à utiliser. On a précisé la direction et le sens du champ magnétique dans la question précédente.

Solution rédigée

1. Les lignes de champ se tracent en partant du pôle Nord vers le pôle Sud. Elles suivent les directions des aiguilles aimantées du spectre.

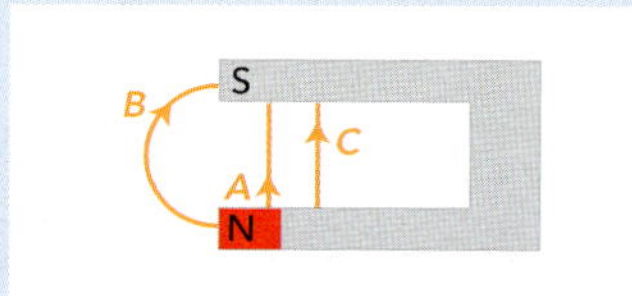

2. Entre les branches de l'aimant en U, on peut considérer que :
– la valeur du champ est constante ;
– les lignes de champ sont parallèles, donc la direction du champ est constante ;
– les lignes de champ sont toutes orientées du pôle Nord vers le pôle Sud de l'aimant, donc le sens du champ est constant.
Le vecteur champ magnétique est constant. Le champ magnétique entre les deux branches de l'aimant en U est donc uniforme.

3. Le champ a pour valeur $2{,}5 \times 10^{-2}$ T = 25 mT.
À partir de l'échelle indiquée, on représente le vecteur champ magnétique par un segment fléché de longueur $\frac{25}{10} = 2{,}5$ cm.

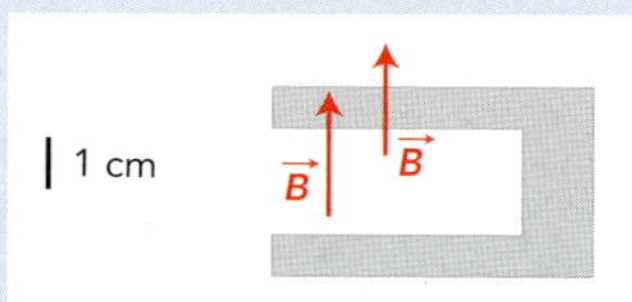

Le vecteur est orienté dans le sens des lignes de champ.

Application immédiate

4 Les plaques d'un condensateur chargé créent un champ électrostatique qui a pour valeur 1×10^{4} V·m^{-1}.

1. Représenter les lignes du champ électrostatique qui apparaît entre les plaques.

2. Représenter le vecteur champ électrostatique en un point situé entre les plaques.
Échelle : 1 cm représente 4×10^{3} V·m^{-1}.

Voir corrigés, p. 369.

Pour commencer

Qu'est-ce qu'un champ en physique ?

5 Connaître des champs scalaires

Donner deux exemples de champs scalaires dans des domaines différents.

6 Distinguer des champs

Classer les exemples de champs suivants selon leur nature (scalaire ou vectorielle) : *champ magnétique, champ de pression, champ de température, champ électrostatique, champ d'altitude, champ de pesanteur.*

Comment caractériser un champ ?

7 Cartographier un champ scalaire

Que faut-il mesurer pour cartographier un champ de température ?

8 Cartographier un champ vectoriel

Quelles sont les informations nécessaires pour cartographier un champ de vitesse du vent ?

9 Exploiter des lignes de champ vectoriel

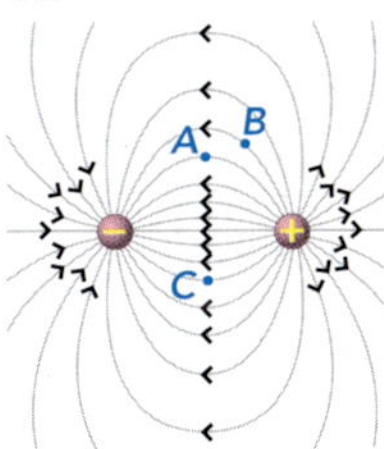

1. Qu'appelle-t-on ligne de champ vectoriel ?

2. Reproduire en partie la carte de champ électrostatique créé par les deux charges électriques et dessiner, sans souci d'échelle, le vecteur champ électrostatique en *A*, *B* et *C*.

10 Lire une carte de champ scalaire

Les lignes isobares de pression atmosphérique (exprimée en hectopascal) sur l'Australie le 18 octobre 2010 sont représentées ci-dessous.

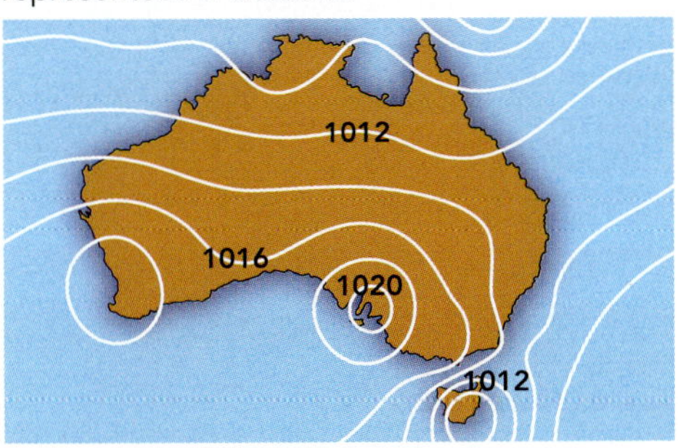

1. La pression atmosphérique est-elle la même le long d'une ligne isobare ?

2. Le champ de pression était-il uniforme sur l'Australie ce jour là ?

11 Lire une carte de vitesse des vents

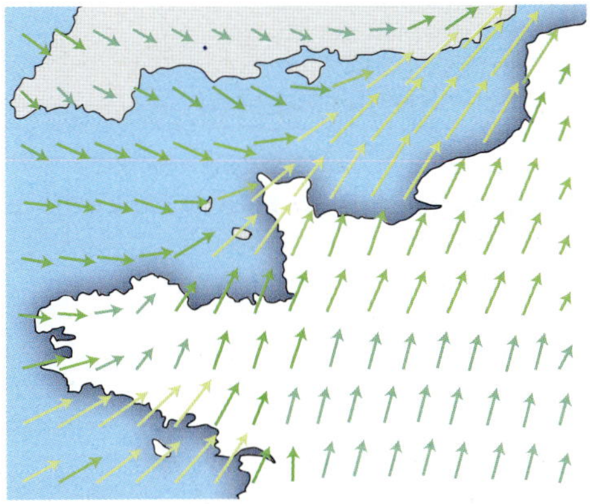

Sur cette carte, la longueur des flèches est proportionnelle à la valeur de la vitesse des vents.

1. Le champ cartographié est-il un champ vectoriel ou un champ scalaire ?

2. À quelles conditions un champ vectoriel est-il uniforme ?

3. Repérer une zone géographique dans laquelle le champ de vitesse du vent peut être considéré uniforme.

Quelles sont les caractéristiques de quelques champs vectoriels ?

12 Identifier les pôles magnétiques

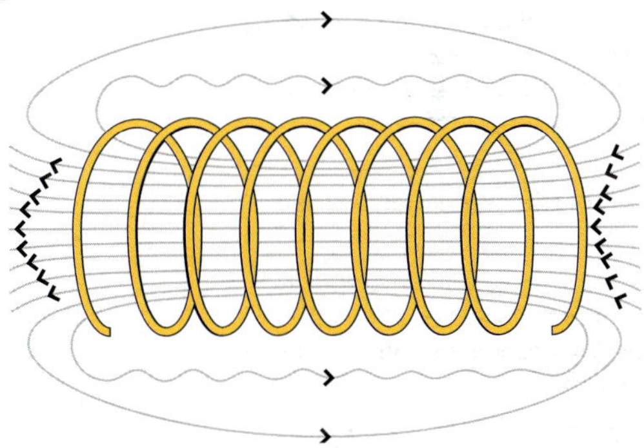

La figure ci-dessus représente une bobine de fil de cuivre parcourue par un courant électrique continu, ainsi que les lignes du champ magnétique créé par cette bobine.

1. À l'extérieur d'un aimant ou d'une bobine, comment sont orientées les lignes de champ magnétique créé par cet aimant ou cette bobine ?

2. Par analogie avec un aimant droit, en quelle extrémité de la bobine se trouve le pôle Nord magnétique ?

13 Connaître le champ de pesanteur

1. Le champ de pesanteur est-il scalaire ou vectoriel ?

2. À quel champ s'identifie le champ de pesanteur lorsqu'on se situe à la surface de la Terre ?

Exercices

14 Représenter un champ électrostatique

Un condensateur plan est chargé à l'aide d'un circuit électrique. Sur le schéma ci-contre est indiqué le signe de la charge de chaque armature.

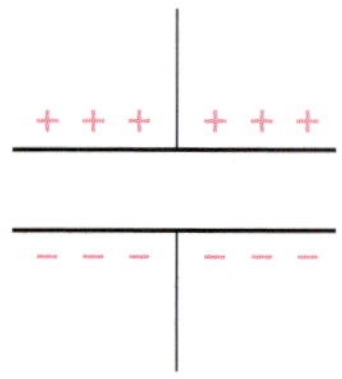

1. Recopier le schéma ci-contre et représenter le champ électrostatique créé par ce condensateur. Justifier.

2. Que peut-on dire du champ électrostatique entre les armatures ?

Pour s'entraîner

15 Température dans l'atmosphère

COMPÉTENCES **Lire un graphique ; effectuer un calcul.**

Le relevé de la température moyenne de l'atmosphère terrestre donne les résultats représentés ci-dessous.

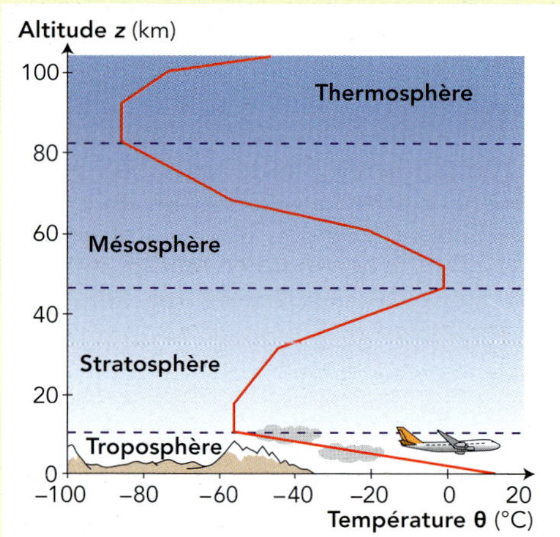

Dans la troposphère, première couche atmosphérique de 11 km d'épaisseur, *la température décroît en moyenne de 6 °C par kilomètre.*

À partir du document ci-dessus, répondre aux questions suivantes :

1. De quelle(s) coordonnée(s) d'espace le champ de température moyenne de l'atmosphère dépend-il ?

2. a. Repérer les couches atmosphériques isothermes.
b. Comment qualifier le champ de température moyenne dans de telles couches ?

3. Utiliser le graphique pour déterminer l'ordre de grandeur :
a. la température moyenne au niveau du sol ;
b. la température moyenne à la limite entre la troposphère et la stratosphère.

4. Retrouver par le calcul l'ordre de grandeur de la valeur citée dans la phrase en italique dans le texte.

16 Spectre d'un aimant droit

COMPÉTENCE **Faire un schéma.**

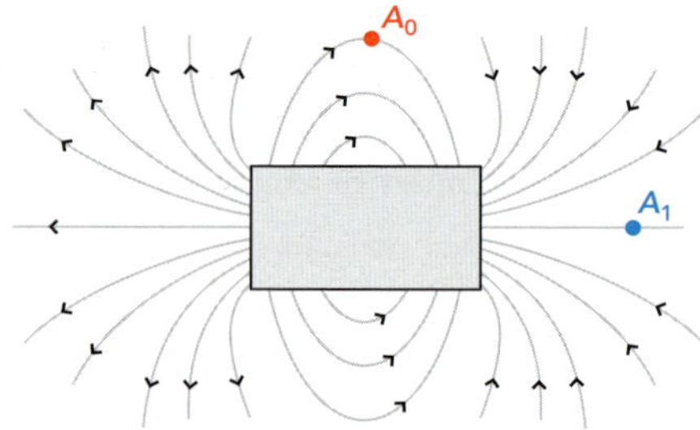

Le schéma ci-dessus représente quelques lignes de champ magnétique issues d'un aimant droit. Une telle figure est appelée un spectre magnétique.

1. Reproduire ce schéma et indiquer la nature de chaque pôle de l'aimant.

2. Représenter une aiguille aimantée placée en A_0.

3. Représenter (sans souci d'échelle) par un vecteur $\vec{B}_1$ la direction et le sens du champ magnétique en A_1.

17 Champs domestiques

COMPÉTENCES **Lire un tableau ; faire preuve d'esprit critique.**

Les lignes de transport et de distribution d'électricité, ainsi que les circuits et les appareils électriques des habitations génèrent des champs électromagnétiques.
Le site Internet de l'OMS indique les valeurs caractéristiques de l'intensité du champ électrique $\vec{E}$ et du champ magnétique $\vec{B}$ produits par quelques appareils. On y trouve aussi les recommandations de valeurs à ne pas dépasser.

Appareil	E ($V \cdot m^{-1}$) à 30 cm	B (µT) à 3 cm	B (µT) à 30 cm
Réfrigérateur	120	0,5-1,7	0,01-0,25
Sèche-cheveux	80	6-2 000	0,01-7
Aspirateur	50	200-800	2-20
Valeur limite recommandée	5 000	100	

1. Pourquoi le tableau précise-t-il la distance à laquelle est effectuée la mesure ?

2. L'utilisation dans des conditions normales des différents équipements cités présente-t-elle un risque ?

18 La Terre a rendez-vous avec la Lune

COMPÉTENCES **Effectuer un calcul; faire un schéma.**

Le centre de la Lune se situe en moyenne à une distance de $3,84 \times 10^8$ m de celui de la Terre. Située dans le champ de gravitation de la Terre, la Lune subit son attraction.

1. Schématiser la situation sans souci d'échelle.

2. Représenter des lignes du champ gravitationnel terrestre.

3. Exprimer puis calculer la valeur de la force d'attraction gravitationnelle exercée par la Terre sur la Lune.

Données :
- masse de la Terre : $M_T = 5,98 \times 10^{24}$ kg ;
- masse de la Lune : $M_L = 7,4 \times 10^{22}$ kg ;
- constante universelle de gravitation : $G = 6,67 \times 10^{-11}$ N·m²·kg⁻².

19 Le Soleil a rendez-vous avec la Lune

COMPÉTENCES **Effectuer un calcul; faire un schéma.**

Lors d'une éclipse de Soleil, la Lune se trouve entre la Terre et le Soleil.

1. Schématiser la situation sans souci d'échelle.

2. Représenter des lignes du champ gravitationnel solaire, dont celle qui passe par le centre de la Lune.

3. Exprimer puis calculer la valeur de la force d'attraction gravitationnelle exercée par le Soleil sur la Lune.

4. Représenter le vecteur force sur le schéma précédent.

Données :
- masse du Soleil : $M_S = 2,0 \times 10^{30}$ kg ;
- masse de la Lune : $M_L = 7,4 \times 10^{22}$ kg ;
- distance Terre-Soleil (entre les centres) : $d_{TS} = 1,50 \times 10^{11}$ m ;
- distance Terre-Lune (entre les centres) : $d_{TL} = 3,84 \times 10^8$ m ;
- constante universelle de gravitation : $G = 6,67 \times 10^{-11}$ N·m²·kg⁻².

Pour aller plus loin

20 Point d'équigravité

COMPÉTENCES **Effectuer un calcul; faire un schéma.**

1. Schématiser la Terre et représenter des lignes du champ gravitationnel terrestre.

2. Faire de même pour la Lune, sur un autre schéma.

3. La carte de champ gravitationnel ci-dessous représente quelques lignes de champ créées par la Terre et la Lune.

Quel astre déforme le plus les lignes du champ gravitationnel de l'autre astre? Justifier en comparant les valeurs des masses.

4. a. À quelles conditions, la somme $\vec{\mathcal{G}}_T + \vec{\mathcal{G}}_L$ des champs gravitationnels respectivement créés par la Terre et par la Lune est-elle nulle?

b. Identifier la ligne de champ sur laquelle se trouve le point d'équigravité, point où les vecteurs champs gravitationnels lunaire et terrestre se compensent.

Données :
- masse de la Terre : $M_T = 5,98 \times 10^{24}$ kg ;
- masse de la Lune : $M_L = 7,4 \times 10^{22}$ kg.

21 La boussole des oiseaux SVT

COMPÉTENCES **Trouver l'information; proposer une hypothèse.**

Les biologistes soupçonnent depuis longtemps les abeilles de naviguer en se repérant à l'aide des lignes de champ magnétique terrestre. Elles ont en effet dans leur abdomen de minuscules cristaux de magnétite, sensibles aux champs magnétiques. Cette magnétite serait l'aiguille d'une parfaite boussole biologique qui permettrait aux abeilles de s'orienter.

Des chercheurs ont montré que de nombreuses espèces d'oiseaux utilisent de préférence le Soleil pour s'orienter, mais que, par temps couvert, elles utilisent leur boussole interne, contenant des cristaux de magnétite.

1. Pourquoi la magnétite est-elle comparée à l'aiguille d'une boussole?

2. Lors de la migration des oiseaux, il arrive que l'on parle, dans le langage courant, d'oiseaux déboussolés. Expliquer.

22 A soda bottle magnetometer

COMPÉTENCES Mettre en œuvre un protocole ; analyser des résultats.

Solar storms can affect the Earth's magnetic field causing small changes in its direction at the surface which are called magnetic storms.
Here is an experiment to create an magnetometer to monitor changes in the Earth's magnetic field for signs of magnetic storms.

Materials :

- one clean 2-liter soda bottle ;
- 2 pounds of sand ;
- 2 feet of *thread* ;
- a small bar magnet ;
- a 3×5 *index card* ;
- a 2-inch *clear packing tape* ;
- a 1-inch piece of soda straw ;
- a *mirror* ;
- super glue (be careful !) ;
- a laser.

Vocabulaire : *thread* : fil ; *index card* : carte de visite ; *clear packing tape* : scotch transparent ; *mirror* : miroir.

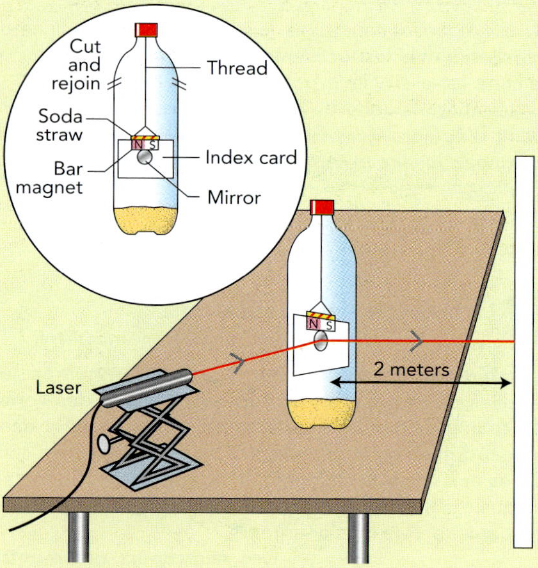

1. @ Rechercher la correspondance des unités *pounds*, *feet* et *inch* avec celles du système international utilisé en France.

2. Quel est l'effet sur Terre d'un orage solaire ?

3. Quel élément du dispositif expérimental permet de détecter cet effet ? Pourquoi réaliser cette expérience dans un récipient fermé ?

4. Que peut-on observer au cours du temps pour visualiser les variations du champ magnétique terrestre ? Comment peut-on détecter un orage solaire ?

23 À chacun son rythme

COMPÉTENCES Lire un graphique ; raisonner.

Cet exercice est proposé à deux niveaux de difficulté. Dans un premier temps, essayer de résoudre l'exercice de niveau 2. En cas de difficultés, passer au niveau 1.

Le document ci-dessous donne la prévision de l'évolution de deux paramètres utilisés en météorologie : la pression au sol et le géopotentiel à 500 hPa.
Le géopotentiel à 500 hPa est l'altitude, souvent exprimée en décamètre, pour laquelle la pression atmosphérique est de 500 hPa. Sa valeur normale est 5 520 m.
Les prévisions météorologiques parlent parfois d'anticyclone. Ce phénomène est en général associé à du beau temps. Il correspond à une pression au sol supérieure à la pression atmosphérique normale de 1 013 hPa. Le géopotentiel à 500 hPa d'un anticyclone est situé à une altitude supérieure à 5 520 m.

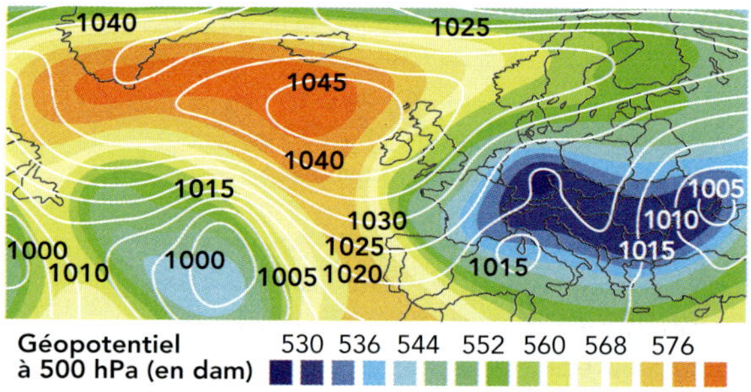

Les pressions au sol sont données en hectopascal.

Niveau 2

1. Que dire de la pression le long d'une ligne blanche sur cette carte ?

2. Utiliser le champ de pression pour situer une zone anticyclonique sur la carte.

3. Le géopotentiel à 500 hPa confirme-t-il cette zone anticyclonique ?

4. @ Rechercher les conditions, en termes de pression au sol et de géopotentiel, d'une dépression.
Localiser une zone dépressionnaire sur la carte.

Niveau 1

1. a. Que dire de la pression le long des lignes blanches sur cette carte ?
b. Comment sont appelées ces lignes ?

2. a. Quelles sont les conditions de pression au sol dans un anticyclone ?
b. Utiliser le champ de pression pour situer une zone anticyclonique sur la carte.

3. a. Que peut-on dire de la valeur du géopotentiel à 500 hPa dans une zone anticyclonique ?
b. Le géopotentiel à 500 hPa confirme-t-il la zone anticyclonique située à la question 2b ?

4. @ Rechercher les conditions, en termes de pression au sol et de géopotentiel, d'une dépression.
Localiser une zone dépressionnaire sur la carte.

24 Le temps est à l'orage

COMPÉTENCES Trouver l'information ; raisonner.

Par beau temps, le champ électrostatique au voisinage de la surface terrestre est quasiment uniforme. Sa valeur est de l'ordre de 150 V·m^{-1} et il est dirigé vers le sol.

Par temps d'orage, on observe la formation de cumulo-nimbus. Ces nuages ont une base quasiment horizontale, chargée négativement. Au voisinage de cette base, le sol se charge positivement. L'accumulation de charges électriques est telle que la valeur du champ électrostatique peut dépasser 20 kV·m^{-1}. Le champ est si intense que l'air est ionisé, ce qui le rend beaucoup plus conducteur qu'habituellement.

Une décharge électrique est donc possible ; c'est l'éclair.

1. Par beau temps, quel est le signe de la charge électrique de la surface du sol ?

2. Expliquer pourquoi la surface du sol se charge positivement sous un cumulo-nimbus.

3. En considérant un sol horizontal et plan, par quoi peut-on modéliser le système formé par le sol et la partie inférieure du cumulo-nimbus ?

4. a. Que peut-on dire du champ électrostatique entre le sol et la base du nuage ?

b. Reproduire le schéma ci-dessus et représenter quelques lignes de champ électrostatique.

Pour les curieux

25 Champ géomagnétique *Géo*

COMPÉTENCES Trouver l'information ; raisonner.

À en perdre le nord !

Les physiciens et les navigateurs savent depuis longtemps que la Terre possède deux pôles Nord distincts !

Le pôle Nord géographique, situé au milieu de l'océan Arctique, est le lieu où passe l'axe de rotation de la Terre ; c'est le Nord des cartes de géographie. Le pôle magnétique, qui attire l'aiguille d'une boussole, est le point de l'hémisphère géographique pour lequel la ligne de champ magnétique est verticale. Il n'est pas confondu avec le pôle géographique. Le pôle magnétique de l'hémisphère Nord, au sens géographique, est appelé par abus de langage pôle Nord magnétique par les géographes.

Les pôles géographiques sont fixes, alors que les pôles magnétiques se déplacent en permanence. L'origine de ces déplacements se trouve au cœur de notre planète, où des mouvements de matière modifient le champ magnétique terrestre.

En 1831, quand le navigateur anglais J. C. Ross l'a localisé pour la première fois, le pôle Nord magnétique se trouvait au Cap Adélaïde, dans le nord du Canada.

Jusqu'en 1980, il s'est déplacé de 10 km par an environ. Le mouvement s'est ensuite accéléré, pour se stabiliser à une vitesse d'environ 55 km par an. À ce rythme, il pourrait atteindre les côtes sibériennes en 2040.

Pendant longtemps, l'écart entre les directions du Nord magnétique et du Nord géographique, appelé « déclinaison magnétique » et noté δ, a joué un rôle essentiel dans le transport maritime. La déclinaison, qui se mesure localement, devait être régulièrement mise à jour sur les cartes, pour permettre de corriger les relevés magnétiques et positionner les navires sur les cartes.

De nos jours, les systèmes de positionnement par satellite (GPS) fournissent une localisation indépendante du champ magnétique terrestre.

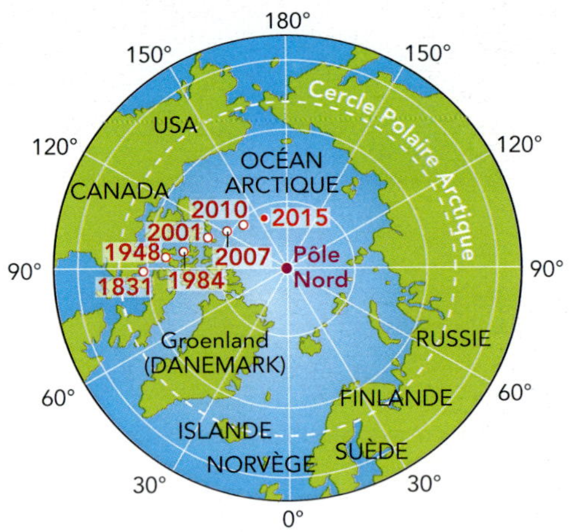

Déplacement du pôle magnétique de l'hémisphère Nord au cours du temps. La position 2015 est une prévision issue d'un modèle construit à partir de l'étude des déplacements précédents.

1. Expliquer pourquoi une boussole n'indique pas toujours le nord géographique.

2. a. En 2001, pour un explorateur au Groenland, le Nord géographique se trouvait-il à l'Est ou à l'Ouest de la direction indiquée par la boussole ?

b. Même question pour un explorateur en Sibérie.

3. @ Le champ magnétique terrestre s'est déjà inversé plusieurs fois. Ce phénomène a été découvert en France au début du XXe siècle par le géophysicien français Bernard BRUNHES.

Qu'a-t-il étudié pour montrer cette inversion ?

Retour sur l'ouverture du chapitre

26 Aurore polaire

COMPÉTENCES Trouver l'information ; raisonner.

Une aurore polaire (appelée aurore boréale dans l'hémisphère Nord et australe dans l'hémisphère Sud) est un phénomène lumineux extrêmement coloré dans le ciel nocturne, avec une dominance de vert. Ce phénomène a été interprété au XXe siècle, suite à la découverte du vent solaire constitué de particules chargées émises en permanence par le Soleil. Le champ magnétique terrestre nous protège de ces particules en les déviant.

Cependant, quelques-unes sont captées et canalisées le long des lignes de champ magnétique terrestre, elles s'accumulent dans des zones appelées « ceintures de Van Allen ».

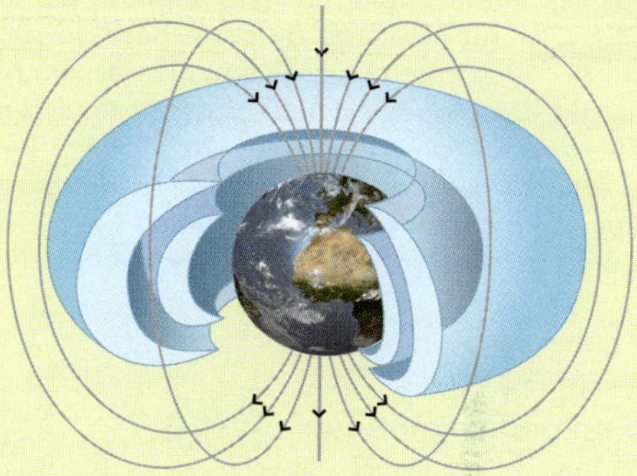

Ceintures de Van Allen.

À cause de la forme des ceintures de Van Allen, le risque de collision des particules avec les molécules de l'atmosphère est plus élevé dans les régions polaires que dans les autres régions à la surface de la Terre. Ces particules chargées peuvent exciter les molécules de la haute atmosphère. Ces molécules se désexcitent en émettant de la lumière (tout comme des atomes excités peuvent émettre de la lumière, voir **chapitre 3**). Les molécules de diazote donnent des colorations bleues et rouges tandis que celles de dioxygène conduisent à des colorations vertes ou rouges.

1. Que représentent les courbes en gris sur le schéma ci-dessus ?

2. En assimilant le noyau terrestre à un aimant droit, le représenter avec ses pôles.

3. À quel domaine de longueurs d'onde correspondent les lumières colorées des aurores polaires ?

4. Comment interpréter le phénomène d'aurores polaires ?

5. En absence de champ magnétique terrestre, pourrait-on observer des aurores ? Si oui, dans quelles zones ?

6. Expliquer comment l'homme utilise le principe de formation des aurores polaires pour s'éclairer.

Principe de conservation de l'énergie

Chapitre 13

Le glacier de Tête-Rousse est situé dans le massif du Mont-Blanc, en Haute-Savoie (74).

Pourquoi la poche d'eau liquide sous le glacier de Tête-Rousse est-elle devenue, durant l'été 2010, une menace pour la vallée de Saint-Gervais ? (Voir exercice 27, p. 235.)

Quelles sont les différentes formes d'énergie ? Comment l'énergie se conserve-t-elle ?

OBJECTIFS

- → Connaître diverses formes d'énergie, dont l'énergie cinétique et l'énergie potentielle de pesanteur d'un solide en translation dans le champ de pesanteur uniforme.
- → Exploiter le principe de la conservation de l'énergie dans des situations mettant en jeu différentes formes d'énergie.

1 Conservation de l'énergie

La loi de la conservation de l'énergie permet de <u>comprendre</u> et d'expliquer de nombreux phénomènes en physique. En quoi consiste cette loi ?

A Étude documentaire

EN AUTONOMIE

Dans un de ses célèbres cours de physique, Richard FEYNMAN utilise une analogie pour faire comprendre le « principe de conservation de l'énergie ». Le texte suivant en présente quelques extraits.

FEYNMAN commence par présenter la loi de conservation de l'énergie :
« C'est une loi, qui gouverne tous les phénomènes naturels connus à ce jour. Il n'y a pas d'exception à cette loi. »
Il expose alors l'analogie qu'il va utiliser : un garçon, qui reste dans sa chambre, possède 28 cubes indestructibles et parfaitement identiques. Tous les soirs, en rentrant, sa mère compte les cubes avec attention… « [Elle] découvre une loi phénoménale — quoiqu'il fasse avec ses cubes, il en reste toujours 28 ! Ceci se répète plusieurs jours durant, jusqu'au jour où il n'y a que 27 cubes, mais un peu de recherche montre qu'il y en a un sous le tapis — elle doit regarder partout pour s'assurer que le nombre de cubes n'a pas changé. »

FEYNMAN explique ensuite que s'il manque un cube, il aura pu être jeté à l'extérieur par la fenêtre ouverte. Si la mère du garçon trouve des cubes supplémentaires, c'est qu'un ami sera venu avec des cubes et les aura oubliés sur place. Elle ferme la fenêtre, ne laisse rentrer personne et tout se passe bien… « jusqu'au moment où, recomptant, elle ne trouve que 25 cubes. Néanmoins, il y a une boîte dans la chambre, une boîte de jouets, et la mère essaye d'ouvrir la boîte, mais le garçon dit : “Non, n'ouvre pas la boîte à jouets”, et se met à crier. La mère n'a pas le droit d'ouvrir la boîte à jouets. Étant extrêmement curieuse et quelque peu ingénieuse, elle invente un stratagème ! Elle sait qu'un cube pèse cent grammes, aussi pèse-t-elle la boîte au moment où elle voit 28 cubes, et elle trouve 500 grammes. À la vérification suivante, elle repèse la boîte, soustrait 500 grammes et divise par 100. » Elle découvre le résultat traduit par l'équation 1.
Ce raisonnement marche bien jusqu'au jour où le total ne tombe plus juste. Elle observe alors que « le niveau de l'eau sale de la baignoire s'est modifié. L'enfant jette les cubes dans l'eau, et elle ne peut les voir parce que cette eau est trop sale, mais elle peut savoir combien de cubes se trouvent dans l'eau, en ajoutant un autre terme à sa formule. Puisque la hauteur initiale de l'eau était de 15 centimètres, et que chaque cube élève le niveau d'un demi-centimètre, cette nouvelle formule sera modélisée par l'équation 2. »
FEYNMAN montre ainsi que, pour compter les cubes, plus la complexité augmente, plus le nombre de termes de l'équation augmente.
Il fait aussi remarquer que, pour l'énergie, le premier terme (nombre de cubes observés) des équations 1 et 2 n'existe pas puisque l'on ne mesure qu'indirectement l'énergie.
« Afin de vérifier la conservation de l'énergie, nous devons avoir soin de ne pas en ajouter ni en enlever. Ensuite, l'énergie apparaît sous un très grand nombre de *formes différentes*, et il existe une formule pour chacune. Ce sont : l'énergie potentielle, l'énergie cinétique, l'énergie thermique, l'énergie élastique, l'énergie électrique, l'énergie chimique, l'énergie de rayonnement, l'énergie nucléaire, l'énergie de masse. Si nous additionnons les formules pour chacune de ces contributions, il n'y aura pas de changement à l'exception de l'énergie qui rentre ou qui sort. »

$$\text{nombre de cubes observés} + \frac{(\text{masse de la boîte (en g)} - 500\text{ g})}{100\text{ g}} = \text{constante} \quad (1)$$

$$\text{nombre de cubes observés} + \frac{(\text{masse de la boîte (en g)} - 500\text{ g})}{100\text{ g}} + \frac{(\text{hauteur d'eau (en cm)} - 15\text{ cm})}{0{,}5\text{ cm}} = \text{constante} \quad (2)$$

1 À votre avis, à quoi correspondent en physique les éléments de l'analogie suivants :
a. la pièce où joue l'enfant ; **b.** les cubes ;
c. le cube envoyé par la fenêtre ;
d. les cubes apportés par un ami de l'enfant.

2 Quelle est la masse de la boîte lorsque la mère la pèse après n'avoir compté que 25 cubes ?

3 Quel est le terme de l'équation 2 correspondant au calcul du nombre de cubes que l'enfant a cachés dans l'eau de la baignoire ?

4 **a.** Relever les différentes formes d'énergie citées par R. Feynman.
b. Rappeler des exemples permettant de calculer « indirectement » différentes formes d'énergies.

Un pas vers le cours...

5 Énoncer la loi de conservation de l'énergie.

B Étude expérimentale

DÉMARCHE D'INVESTIGATION

On a vu au **chapitre 9** que tout système possède une énergie interne, due essentiellement aux interactions entre les particules qui le composent et à leurs mouvements. Lorsque la température d'un corps croît, l'agitation des particules augmente ; son énergie interne est donc plus élevée.

Situation problème

Dans un chauffe-eau solaire **(doc. 1)**, un fluide caloporteur, chauffé par le rayonnement du Soleil, échange de l'énergie thermique avec de l'eau stockée dans le ballon sanitaire (cumulus).
En appliquant le principe de conservation de l'énergie, peut-on prévoir la température de l'eau contenue dans ce ballon, connaissant la température initiale de cette eau et celle du fluide caloporteur ?

On se propose de modéliser les échanges d'énergie sous forme de transferts thermiques entre une masse m_1 d'eau chaude, représentant le fluide caloporteur, et une masse m_2 d'eau froide, représentant l'eau stockée dans le cumulus.

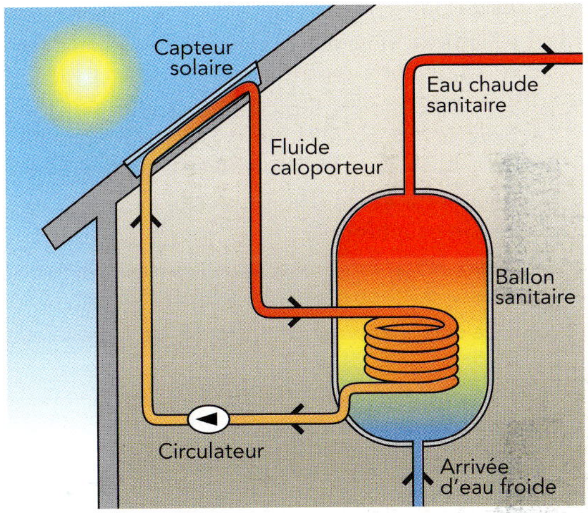

Doc. 1 Principe d'un chauffe-eau solaire.

6 À partir du **document 2**, proposer un protocole permettant de suivre l'évolution au cours du temps des températures de chaque masse d'eau.

7 Après accord du professeur, réaliser l'expérience, noter les observations et présenter les résultats des mesures dans un tableau.

8 Exploiter les mesures pour analyser les échanges d'énergie entre les deux systèmes.

9 **a.** Dans cette expérience, comment la conservation de l'énergie s'applique-t-elle ?
b. De quelle partie de l'étude documentaire de l'**activité 1A**, peut-on rapprocher l'utilisation d'un calorimètre ?
c. Proposer un protocole permettant de vérifier l'intérêt de l'utilisation du calorimètre.

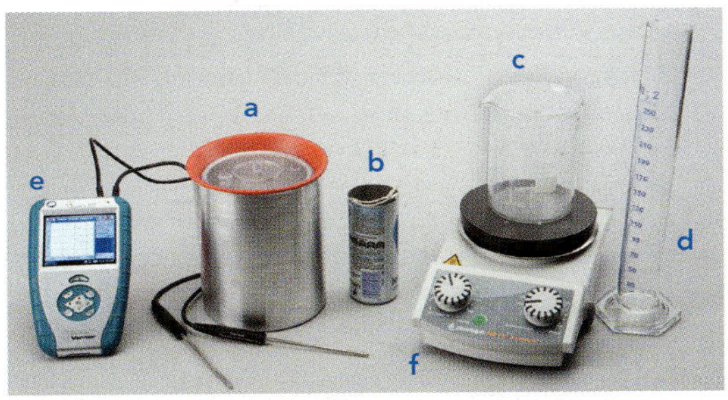

Doc. 2 **Matériel disponible :** un calorimètre (a), une canette (b), un grand bécher (c), une éprouvette graduée (d), un système d'acquisition numérique avec deux capteurs de température (e) et une plaque chauffante (f).

Info L'énergie mise en jeu lors d'un transfert thermique, sans changement d'état, est :

$$\mathscr{E}_{th} = m \cdot c \cdot \Delta\theta$$

avec $c_{eau} = 4{,}18 \text{ kJ} \cdot \text{kg}^{-1} \cdot {}^\circ\text{C}^{-1}$

Un pas vers le cours...

10 De quels paramètres dépend le transfert thermique ?

11 Dans quel sens ce transfert s'effectue-t-il ?

Activités Étude expérimentale

2 Énergies d'une balle qui chute

B2i

Lors d'un orage violent, on peut observer la formation de grêlons qui viennent frapper le sol en provoquant de nombreux dégâts (doc. 3). Pour comprendre ce phénomène, il faut savoir que les dégâts sont dus à l'énergie cinétique que possèdent ces grêlons.
Comment évolue l'énergie d'un objet en chute dans un fluide ?

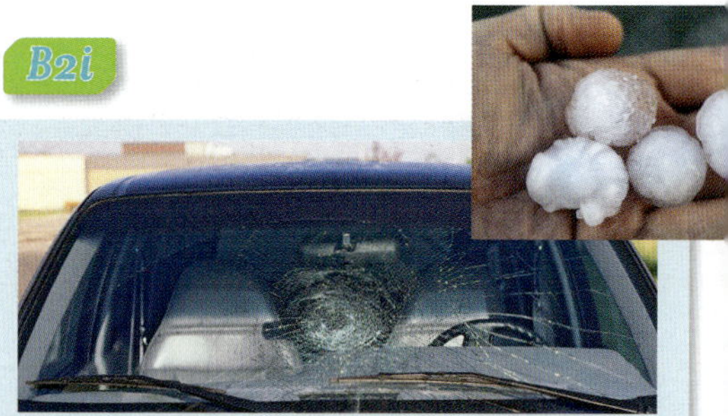

Doc. 3 Dégâts causés par une chute de grêle.

Expérience n° 1

Une balle de golf est lâchée dans l'air sans vitesse initiale.

- Filmer le mouvement de chute de la balle (voir **fiche n° 13**, p. 366).
- À l'aide d'un logiciel de pointage vidéo (voir **fiche n° 14**, p. 367) , relever les positions du centre de la balle au cours du mouvement.

Pour cette étude, choisir un axe vertical (*Oz*) orienté vers le haut (doc. 4).

- Aux différents instants, calculer les valeurs de la vitesse du centre de la balle (voir **fiche n° 15**, p. 368).
- Calculer l'énergie cinétique $\mathscr{E}_c$ de la balle aux différents instants.
- Représenter l'évolution de l'énergie cinétique de la balle en fonction du temps.
- Calculer l'énergie potentielle de pesanteur $\mathscr{E}_p$ de la balle aux différents instants et représenter sur le même graphique les évolutions de $\mathscr{E}_c$ et $\mathscr{E}_p$ en fonction du temps.
- Calculer l'énergie mécanique $\mathscr{E}_m = \mathscr{E}_c + \mathscr{E}_p$ de la balle aux différents instants.

Tracer l'évolution de $\mathscr{E}_m$ en fonction du temps sur le graphique précédent.

Expérience n° 2

- Reproduire les différentes étapes de l'expérience 1 pour une balle en chute dans un liquide visqueux.

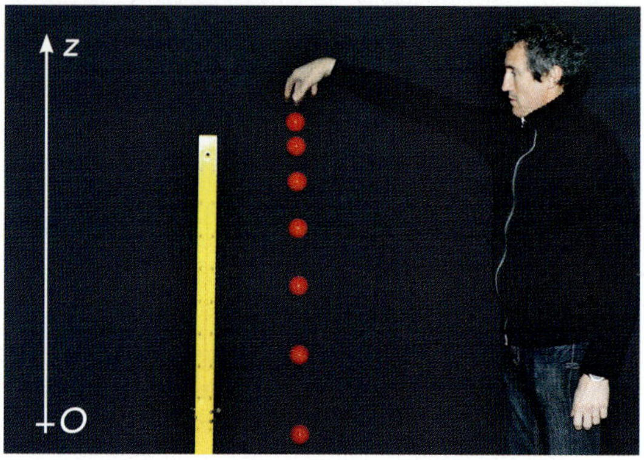

Doc. 4 Chronophotographie d'une balle en chute libre.

Info

L'**énergie cinétique** de la balle à l'instant *t*, notée $\mathscr{E}_c$, est définie par :

$$\mathscr{E}_c = \frac{1}{2} m \cdot v^2,$$

où *m* représente la masse de la balle et *v* la valeur de sa vitesse à l'instant *t*.

Info

L'**énergie potentielle de pesanteur** de la balle à l'instant *t*, notée $\mathscr{E}_p$, est définie par :

$$\mathscr{E}_p = m \cdot g \cdot z,$$

où *m* représente la masse de la balle,
z est l'ordonnée de son centre de gravité à l'instant *t* repérée sur un axe (*Oz*) orienté vers le haut et
g est l'intensité de la pesanteur terrestre ($g = 9{,}8\ N \cdot kg^{-1}$).
On choisit $\mathscr{E}_p = 0$ pour $z = 0$ (altitude de la référence des énergies potentielles de pesanteur).

1 Dans un tableau, indiquer comment évoluent l'énergie cinétique, l'énergie potentielle de pesanteur et l'énergie mécanique de la balle au cours de sa chute dans l'air et au cours de sa chute dans le liquide.

2 L'énergie mécanique de la balle en chute dans un liquide est-elle constante ? Proposer une explication.

3 **Retour sur la situation initiale**
S'appuyer sur ces expériences pour expliquer d'où provient l'énergie cinétique des grêlons ?

Un pas vers le cours...

4 Le mouvement d'un solide peut être modélisé par une chute libre quand il n'est soumis qu'à son poids ou quand les autres forces agissant sur le solide peuvent être négligées devant son poids. Ceci se traduit par la conservation de son énergie mécanique.
Dans quel cas peut-on utiliser le modèle de la chute libre pour étudier le mouvement de la balle ?

3 Le neutrino… une simple histoire de conservation d'énergie

EN AUTONOMIE

Observez autour de vous, les neutrinos sont partout… Pourtant, ils sont invisibles. Soixante milliards de neutrinos arrivent sur chaque centimètre carré de la Terre toutes les secondes, mais les scientifiques n'ont découvert cette particule que très récemment. Pour comprendre cette découverte, il faut s'intéresser à la désintégration des noyaux radioactifs.

Quelle observation a permis la découverte du neutrino ?

Wolfgang PAULI.

L'idée du neutrino est née en 1930, lorsque l'Autrichien Wolfgang PAULI (1900-1958) tenta une opération de sauvetage désespérée du principe de conservation de l'énergie lors d'une désintégration β^-. Revenons quelques années en arrière.

En 1914, le Britannique James CHADWICK (1891-1974) mesure l'énergie cinétique des électrons émis lors de la désintégration β^- de noyaux radioactifs. Il obtient un résultat contraire à toutes les attentes du moment. Si, comme on le pense à l'époque, seul un électron est produit lors de cette désintégration, la loi de conservation de l'énergie impose que l'énergie $\mathscr{E}$ de ce dernier soit fixée à une valeur bien précise, égale à la différence d'énergie entre le noyau père et le noyau fils. Surprise ! CHADWICK obtient des énergies variant de zéro à $\mathscr{E}$. Les électrons ont donc généralement moins d'énergie qu'ils ne devraient. Où part l'énergie manquante ?

Au début des années 1930, PAULI postule qu'une autre particule, difficilement décelable, est émise en même temps que l'électron. Cette particule hypothétique emporterait l'énergie manquante. En 1933, l'Italien Enrico FERMI (1901-1954) donne à cette particule le nom de neutrino (« petit neutron » en italien). L'existence du neutrino est confirmée expérimentalement en 1956.

Depuis, le LEP, prédécesseur du LHC au Cern (voir p. 119) a permis de démontrer qu'il existe trois familles de neutrinos.

La particule postulée par PAULI est aujourd'hui appelée un antineutrino. Elle est notée $\overline{\nu}$.

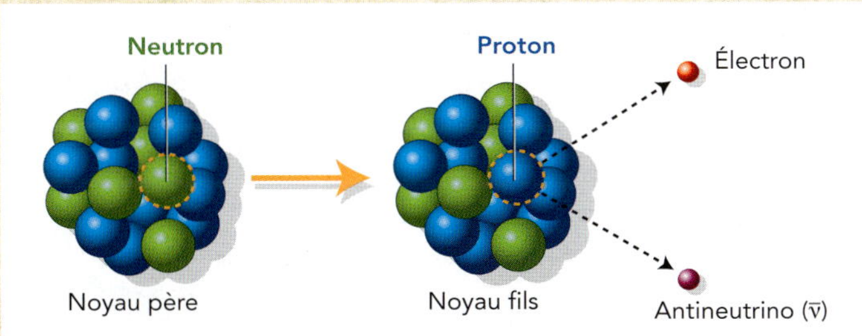

Désintégration β^- d'un noyau radioactif telle qu'on peut la symboliser aujourd'hui.

James CHADWICK.

Enrico FERMI.

1 Qu'a observé CHADWICK en analysant les résultats de désintégrations β^- ?
Quel principe fondamental de la physique ne semble pas respecté par cette observation ?

2 Quel a été l'apport de PAULI pour expliquer cette observation ?

3 Écrire l'équation de la désintégration β^- du cobalt 60, ${}^{60}_{27}Co$, en appliquant les lois de la conservation (**chapitre 8**).
Déterminer les nombres de charge et de masse de l'antineutrino $\overline{\nu}$ émis.

4 Pourquoi la découverte expérimentale du neutrino a-t-elle pris beaucoup de temps alors que l'on baigne dans un océan de neutrinos ?

Un pas vers le cours…

5 Qu'a apporté la découverte du neutrino pour la désintégration de type β ?

Cours

1 Sous quelles formes existe l'énergie ?

1.1 Diverses formes d'énergie

L'énergie décrit l'état d'un système sous l'action d'une ou plusieurs des quatre interactions fondamentales. Elle est une propriété de la matière et n'est observée qu'indirectement par des variations de vitesse, de position, de masse, de température, etc. Il n'existe pas de compteur capable de mesurer directement l'énergie **(activité 1)**.

Aux diverses interactions fondamentales, on peut associer des formes d'énergie :

Interaction fondamentale	Énergie associée
Interaction gravitationnelle	Énergie potentielle de pesanteur
Interaction électromagnétique	Énergie électrique, énergie chimique
Interaction forte ou faible	Énergie nucléaire **(doc. 1)**

Les interactions fondamentales peuvent mettre en mouvement un système matériel. Ce système possède alors une énergie cinétique.

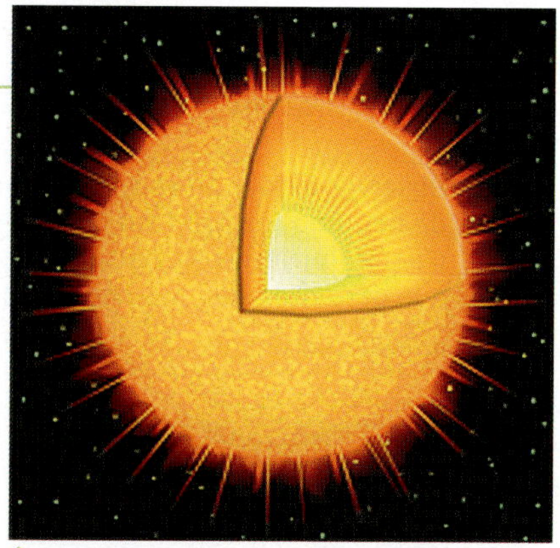

Doc. 1 L'énergie nucléaire est à l'origine de l'émission de lumière par une étoile.

1.2 L'énergie liée à la vitesse

Un solide est en **translation** si tous ses points ont, à chaque instant, la même vitesse **(doc. 2)**.

L'énergie cinétique $\mathscr{E}_c$ d'un solide est l'énergie qu'il possède du fait de son mouvement dans le référentiel d'étude **(activité 2)**. L'énergie cinétique est proportionnelle à la masse du solide et au carré de la valeur de sa vitesse.

L'énergie cinétique $\mathscr{E}_c$ d'un solide de masse m en mouvement de translation avec une vitesse de valeur v est définie par :

$$\mathscr{E}_c = \frac{1}{2} m \cdot v^2$$

avec $\mathscr{E}_c$ en joule (J), m en kilogramme (kg) et v en mètre par seconde ($m \cdot s^{-1}$).

L'énergie cinétique est donc supérieure ou égale à zéro.

Doc. 2 Le téléphérique a un mouvement de translation.

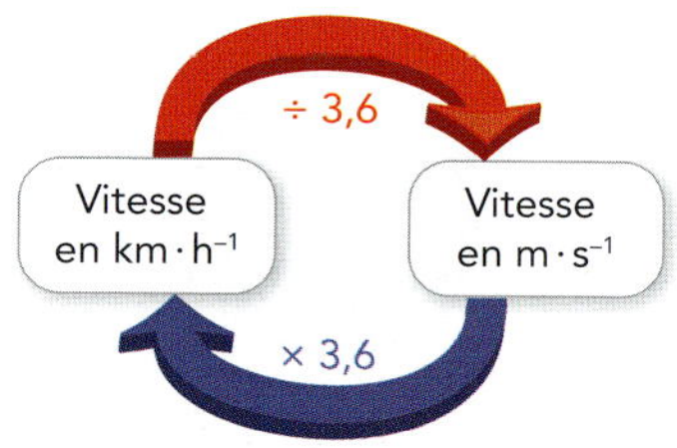

Exemple : $50{,}0\ km \cdot h^{-1} = 13{,}9\ m \cdot s^{-1}$

1.3 L'énergie liée à l'altitude

Un solide de masse m est attiré vers le sol par son poids de valeur :

$$P = m \cdot g$$

L'énergie potentielle de pesanteur $\mathscr{E}_p$ d'un solide est l'énergie qu'il possède du fait de son altitude par rapport à la Terre (**activité 2** et **doc. 3**).

L'axe (Oz) est orienté vers le haut et on choisit $\mathscr{E}_p = 0$ au niveau de l'origine : $z = 0$ est l'altitude de la référence des énergies potentielles de pesanteur.

L'énergie potentielle de pesanteur $\mathscr{E}_p$ d'un solide de masse m, dont le centre d'inertie est à l'altitude z par rapport à la référence des énergies potentielles de pesanteur, est définie par :

$$\mathscr{E}_p = m \cdot g \cdot z$$

avec $\mathscr{E}_p$ en joule (J), m en kilogramme (kg), g en $N \cdot kg^{-1}$ et z, repérée sur un axe (Oz) orienté vers le haut, en mètre (m).

Voir exercices 1, p. 227, et 4 à 10, p. 229-230.

Doc. 3 En haut du plongeoir, l'athlète possède plus d'énergie potentielle de pesanteur qu'au niveau de la piscine.

26 Freiner en scooter

COMPÉTENCES Trouver des informations ; argumenter.

Greg roule à 36 $km \cdot h^{-1}$, soit 10 $m \cdot s^{-1}$, sur une route horizontale. Voyant un obstacle, il freine brutalement. L'énergie cinétique du scooter et celle de Greg sont alors converties en énergie thermique qui provoque l'échauffement du système de freinage.
La masse totale du scooter additionnée à celle de Greg est M = 160 kg.

1. Calculer, en joule, l'énergie cinétique totale $\mathscr{E}_c$ du système {scooter + Greg} avant le freinage.

2. Au cours du freinage, on admet que toute l'énergie cinétique se transforme intégralement en énergie thermique. Le système de freinage, de masse totale m = 250 g, possède une capacité thermique massique c = 260 $J \cdot kg^{-1} \cdot °C^{-1}$.
On donne l'énergie thermique reçue par les plaquettes :
$\mathscr{E}_{th} = m \cdot c \cdot (\theta_f - \theta_i)$ (**chapitre 9**).
Calculer, en °C, l'augmentation de température $(\theta_f - \theta_i)$ des plaquettes.

3. Indiquer si chaque affirmation ci-dessous est vraie ou fausse :
a. Lors du freinage, l'énergie cinétique est conservée.
b. Lors du freinage, l'énergie cinétique est dissipée.
c. L'énergie thermique du système de freinage double si la valeur de la vitesse double, toutes choses égales par ailleurs.

Retour sur l'ouverture du chapitre

27 Le glacier de Tête-Rousse

COMPÉTENCES Trouver des informations ; faire preuve d'esprit critique.

Au cours de l'été 2010, des glaciologues du CNRS ont découvert une poche d'eau liquide de 65 000 m^3 sous le glacier de Tête-Rousse, situé à 3 200 m d'altitude sur la voie normale d'ascension du Mont-Blanc. Cette poche, située à 75 m de profondeur et ne possédant pas de purge naturelle, a menacé de s'écouler sur la vallée de Saint-Gervais située en contrebas, à 850 m d'altitude. L'origine de cette poche pourrait être la conséquence d'une diminution de l'épaisseur du manteau neigeux situé sur le glacier suite au réchauffement climatique. Pour des raisons de sécurité, elle a été pompée dans les mois suivant sa découverte. Une poche semblable s'était rompue en 1892, entraînant la mort de 175 personnes dans la vallée.

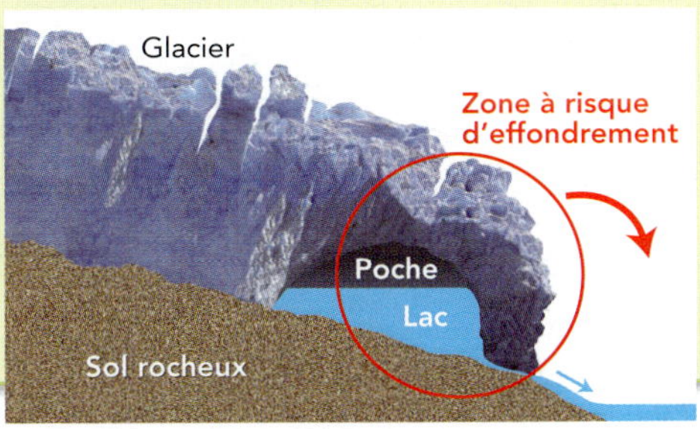

Schéma du glacier de Tête-Rousse.

1. La référence des énergies potentielles de pesanteur est choisie au niveau de la vallée de Saint-Gervais.
a. Quelle forme d'énergie possède la masse d'eau liquide accumulée dans la poche ?
b. Calculer cette énergie.

2. Si la poche s'était ouverte, quelle aurait été l'énergie cinétique de l'eau à cet instant ?

3. En négligeant les frottements, comment aurait évolué l'énergie mécanique de l'eau au cours de sa descente vers la vallée ?

4. En déduire la valeur de la vitesse qu'aurait atteinte cette eau dans la vallée dans le cadre de l'hypothèse faite à la question **3**.

5. Une simulation a montré que l'eau serait arrivée dans la vallée avec une vitesse de valeur v = 14 $m \cdot s^{-1}$. Comment expliquer la différence ?

6. Suite à cette découverte, certains journaux ont titré « Une épée de Damoclès ».
Cela vous semble-t-il justifié ?

Donnée :
masse volumique de l'eau ρ(eau)= 1 000 $kg \cdot m^{-3}$.

1 À propos du marquage isotopique

Le marquage isotopique consiste à remplacer dans une molécule, un atome ou un groupe d'atomes, par un atome radioactif qui servira de traceur.

Le marquage isotopique en physique : l'imagerie médicale

- En cancérologie, l'un des traceurs utilisés est le fluor 18, noté $^{18}_{9}F$. Le fluor 18, émetteur de positons, remplace l'un des groupes $-OH$ dans les molécules de glucose que l'on injecte au patient avant l'examen.

En absorbant le glucose modifié, les cellules cancéreuses concentrent le traceur.

La détection des positons issus de la désintégration du fluor 18 permet de localiser le lieu de leur émission.

Le marquage isotopique en chimie : mécanisme réactionnel

- Le salicylate de méthyle, principal composant de l'huile essentielle de Wintergreen, peut être synthétisé selon une réaction d'équation :

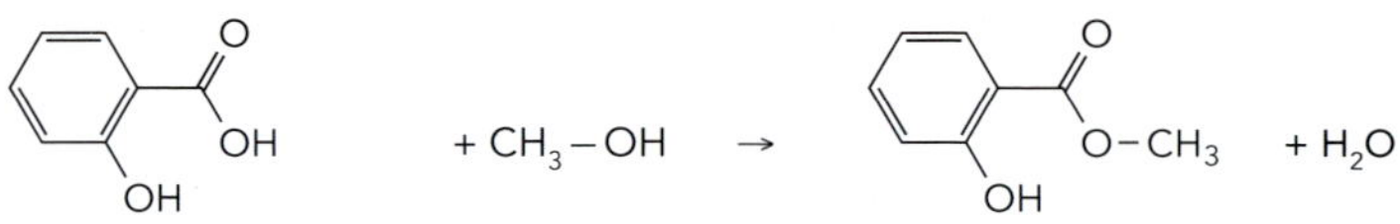

Acide salicylique — Méthanol — Salicylate de méthyle

La température de fusion de l'acide salicylique est 159 °C alors que celle du salicylate de méthyle est – 9 °C.

- On réalise la réaction avec le méthanol $CH_3 - O^* - H$ dans lequel l'atome d'oxygène est l'isotope ^{18}O, noté O^*. On constate expérimentalement que toutes les molécules de salicylate de méthyle contiennent un atome d'oxygène O^*.

On envisage les deux hypothèses suivantes, pour lesquelles une liaison rompue est symbolisée par des pointillés :

Hypothèse 1		Hypothèse 2	
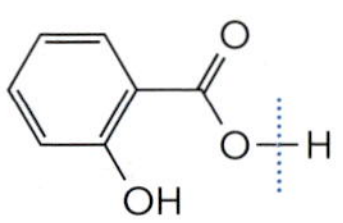	$CH_3 \vdots O^* - H$	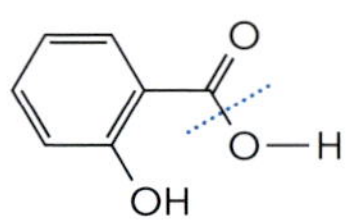	$CH_3 - O^* \vdots H$

Compétences	Questions
Rechercher, extraire et organiser l'information utile.	**1.** Donner la composition du noyau de l'isotope 18 du fluor. **2.** Quel est le symbole du positon émis par le fluor 18 lors de sa désintégration ? Préciser le nombre de charges et le nombre de masses. **3.** En précisant les lois utilisées, déduire les caractéristiques du noyau fils émis lors de la désintégration du fluor 18.
Raisonner, communiquer.	**4.** Expliquer les étapes qui conduisent à la localisation de cellules cancéreuses dans l'organisme d'un patient.
Rechercher, extraire et organiser l'information utile.	**5.** Identifier les groupes caractéristiques présents dans les molécules d'acide salicylique et de salicylate de méthyle.
Raisonner, argumenter, communiquer.	**6.** Comment expliquer la grande différence des températures de fusion entre l'acide salicylique et le salicylate de méthyle ?
Expliquer une démarche.	**7.** Parmi les deux hypothèses proposées, indiquer celle qui est en accord avec les observations expérimentales. Justifier la réponse.

2 L'iode et les maladies de la thyroïde

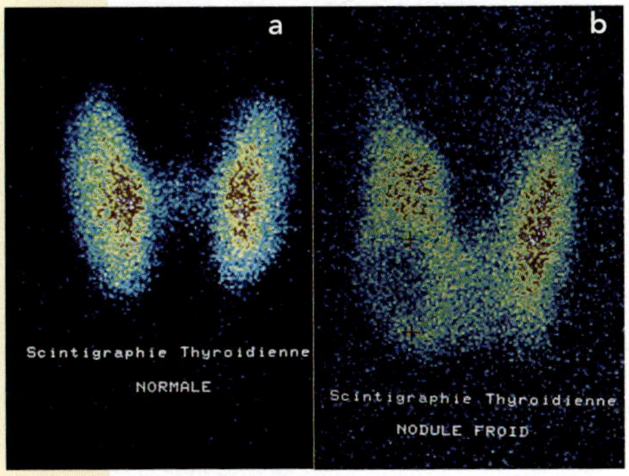

Fixé uniquement par la glande thyroïde, l'iode est fréquemment utilisé dans le diagnostic ou le traitement des maladies thyroïdiennes **(doc. 1)**.
Si un dysfonctionnement de la thyroïde est suspecté, une scintigraphie permet d'établir un diagnostic et de guider le médecin dans le choix du traitement à mettre en œuvre.
Pour réaliser une scintigraphie de la thyroïde, une solution contenant l'isotope $^{123}_{53}I$ est injectée dans l'organisme.
L'iode rejoint rapidement la glande thyroïde où, dans les heures qui suivent, il se transforme en capturant un électron et en émettant un rayonnement gamma de $2{,}54 \times 10^{-14}$ J.

Scintigraphie de la thyroïde. Une glande thyroïde normale (**a**) est caractérisée par une répartition homogène du traceur (iode 123). Les anomalies sont décelées par une répartition inhomogène (**b**).

Si la scintigraphie montre que des cellules cancéreuses sont présentes dans la thyroïde, il est souvent nécessaire de la retirer. L'intervention chirurgicale est précédée d'une injection de solution d'eau iodée, appelée solution de Lugol® à 5 %, qui durcit la glande et rend son ablation plus facile.

Le diiode est peu soluble dans l'eau, mais très soluble dans une solution aqueuse de iodure de potassium, $K^+(aq) + I^-(aq)$. En effet, en présence d'ion iodure, une partie du diiode forme l'ion triiodure I_3^- selon la réaction d'équation : $I_2(s) + I^-(aq) \rightarrow I_3^-(aq)$. Ainsi, un volume V = 100 mL de solution de Lugol® à 5 %, est préparé par dissolution de 5,0 g de diiode I_2 et de 17,0 g d'iodure de potassium dans le volume nécessaire d'eau.

Après l'intervention, il est parfois nécessaire de détruire des tissus thyroïdiens résiduels dans lesquels pourraient se développer à nouveau des cellules cancéreuses. L'isotope radioactif $^{131}_{53}I$ permet une radiothérapie interne ; injecté dans l'organisme, il vient rapidement se fixer sur les cellules thyroïdiennes puis se désintègre. Sa désintégration, de type β^-, s'accompagne de l'émission d'un électron et d'un rayonnement gamma de $5{,}83 \times 10^{-14}$ J, ce qui provoque la destruction de ces cellules.

Donnée : solubilité du diiode dans l'eau à 25 °C : $0{,}34\ g \cdot L^{-1}$.

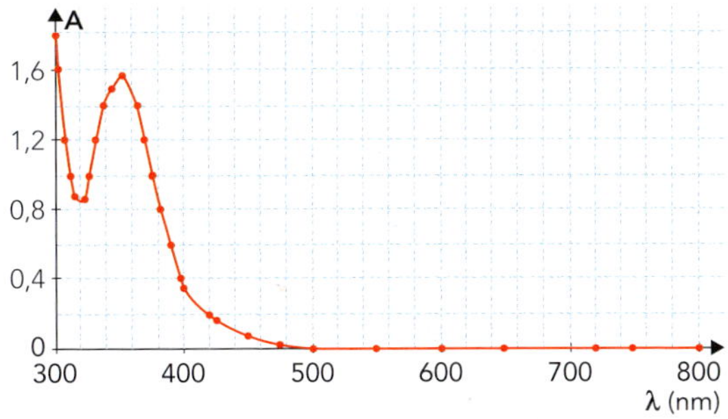

Spectre d'absorption d'une solution de Lugol.

Compétences	Questions
Rechercher une information.	**1.** @ Qu'est-ce qu'une scintigraphie ? Pourquoi est-il nécessaire d'utiliser un isotope radioactif pour la réaliser.
Rechercher, extraire et utiliser l'information.	**2.** Écrire l'équation de désintégration de l'isotope $^{131}_{53}I$ en identifiant le noyau formé grâce à la classification périodique des éléments (voir **rabat IV**).
Rechercher, extraire l'information, formuler une hypothèse.	**3.** L'iode $^{131}_{53}I$ peut-il être utilisé pour réaliser une scintigraphie ? Pourquoi est-il préférable d'utiliser l'isotope $^{123}_{53}I$ plutôt que l'isotope $^{131}_{53}I$?
Rechercher, extraire et utiliser l'information.	**4.** Est-il possible de dissoudre 5,0 g de diiode dans le volume nécessaire d'eau pour obtenir 100 mL de solution à 25 °C ?
Raisonner, effectuer un calcul.	**5.** Les masses de diiode et d'iodure de potassium utilisées pour préparer la solution de Lugol® à 5 % correspondent-elles à un mélange stœchiométrique ?
Utiliser un graphe, raisonner, argumenter, rédiger.	**6.** La molécule de diiode I_2 est-elle polaire ou apolaire ? Justifier sa faible solubilité dans l'eau et sa grande solubilité dans une solution d'iodure de potassium.
	7. En utilisant le spectre d'absorption d'une solution de Lugol® et le cercle chromatique du **chapitre 4**, expliquer la couleur jaune-orangé de cette solution.

3 Disque dur

Le développement des applications informatiques exige des capacités de stockage d'information de plus en plus grandes et des dispositifs toujours plus rapides. Cela nécessite une évolution permanente des disques durs.

Un disque dur d'ordinateur est une mémoire magnétique. Il est constitué de plateaux métalliques rigides recouverts d'un matériau magnétique qui se comporte comme une multitude de petits aimants.

Un bras mobile déplace une tête de lecture-écriture à 0,2 micromètre au-dessus de chaque face des plateaux. Il y a donc autant de bras et de têtes que de faces de plateaux. De ce nombre dépend la capacité de stockage du disque.

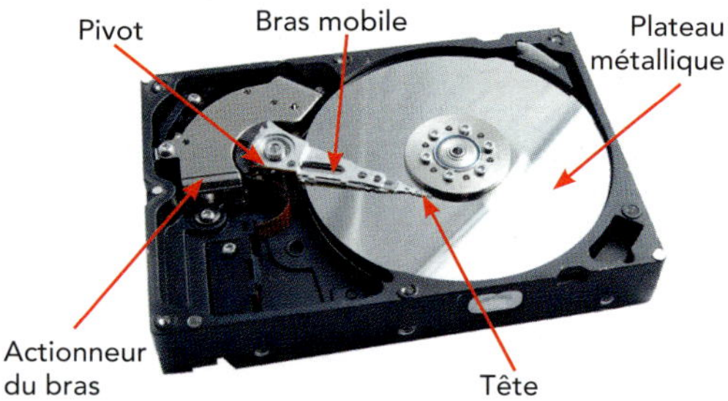

Constitution d'un disque dur.

Les informations à enregistrer sur un disque dur sont converties en signaux électriques par l'ordinateur. Ces signaux sont ensuite transmis à la tête qui se comporte alors comme un électro-aimant. Le champ magnétique créé dépend de l'information électrique reçue.

Ce champ modifie très localement l'orientation des petits aimants du revêtement des plateaux. C'est la phase d'écriture des données sur le disque dur.

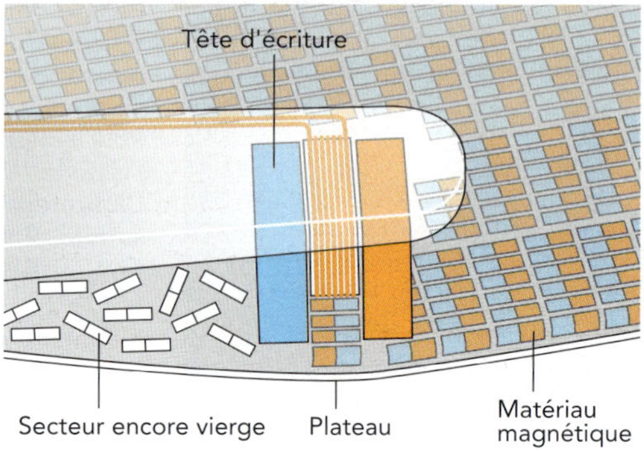

Phase d'écriture des données.

Un des avantages de cette technologie est son caractère réversible. Il est possible de modifier à plusieurs reprises l'orientation des petits aimants du revêtement des plateaux, soit pour effacer les données, soit pour en écrire de nouvelles sur le même secteur du disque.

Réciproquement, en lecture, les petits aimants du revêtement du plateau induisent des signaux électriques au niveau de la tête, dite magnétorésistive, ce qui permet de lire les données préalablement enregistrées.

L'étude des matériaux magnétorésistifs a valu en 2007 le prix Nobel de physique au scientifique français Albert Fert. Ces matériaux sont à base d'alumine, de cobalt, de fer, etc. Les travaux de ce chercheur et de son équipe ont permis de fabriquer des disques durs de grande capacité de stockage.

Compétences	Questions
Mobiliser ses connaissances.	**1. a.** Quelle est l'interaction fondamentale mise en jeu dans l'enregistrement ou la lecture sur un disque dur ? **b.** @ Comparer la distance entre la tête et le plateau avec le diamètre d'un cheveu.
Rechercher l'information.	**2. a.** Rechercher la formule chimique de l'alumine. Quels sont les éléments chimiques qui la constituent ? **b.** @ Quel est le principal minerai contenant de l'alumine ? Quel en est le principal pays producteur ? **c.** @ Quelles pierres précieuses sont essentiellement constituées d'alumine ? **3.** Un électro-aimant crée un champ magnétique lorsqu'il est parcouru par un courant électrique. Citer un autre exemple d'électro-aimant.
Raisonner, argumenter.	**4.** En quoi l'orientation des petits aimants du revêtement modifie-t-elle le champ qu'ils créent ?
Rechercher l'information.	**5.** @ Rechercher des informations sur les travaux d'Albert Fert et les matériaux magnétorésistifs. Citer quelques applications de ces matériaux.
Raisonner.	**6.** Pourquoi ne faut il pas approcher un aimant d'un disque dur ?

4 LA RMN : une technique physique d'analyse chimique

La RMN (résonance magnétique nucléaire) est une technique spectroscopique, très utilisée dans les laboratoires scientifiques, qui permet une analyse fine des molécules. Elle utilise des champs magnétiques. On s'intéresse ici à la RMN ^{1}H qui étudie les noyaux d'hydrogène 1.

Le noyau atomique modélisé par un aimant

Pour donner une explication simplifiée du principe de la RMN, on peut modéliser le noyau de chaque atome d'hydrogène par un petit aimant droit.

Comme l'atome, le noyau a une énergie quantifiée. Dans l'état le plus stable d'un échantillon, les noyaux des atomes d'hydrogène sont tous dans un même niveau d'énergie, sans orientation précise **(doc. 1.a)**.

Si on place cet échantillon dans un champ magnétique $\vec{B}_0$ uniforme, les noyaux s'orientent parallèlement à ce champ :
– soit dans le même sens (**doc. 1.b**, noyaux α), leur niveau d'énergie est alors noté $\mathscr{E}_1$. C'est le niveau d'énergie le plus bas ;
– soit dans le sens opposé (**doc. 1.b**, noyaux β), leur niveau d'énergie est alors noté $\mathscr{E}_2$. C'est le niveau d'énergie le plus haut.

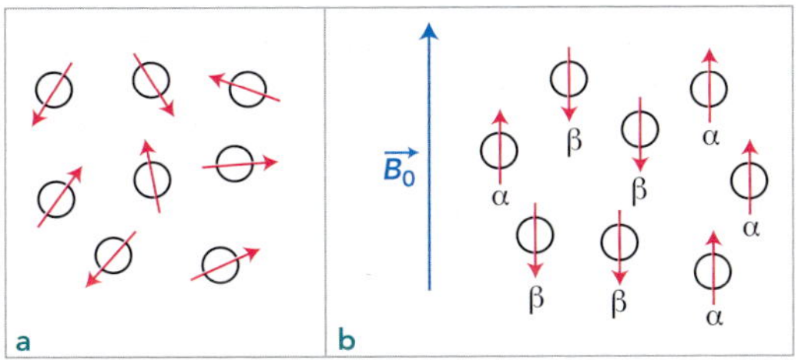

Doc. 1 Noyaux des atomes d'hydrogène sans **(a)** et avec **(b)** un champ magnétique $\vec{B}_0$.

Dans cet état orienté, les noyaux d'énergie $\mathscr{E}_1$ peuvent absorber un photon de longueur d'onde convenable pour passer dans l'état d'énergie supérieure $\mathscr{E}_2$. Lorsque la transition a lieu, on dit qu'il y a résonance du noyau.

Un dispositif électronique permet de mesurer l'énergie libérée par le noyau lors de sa désexcitation de l'état $\mathscr{E}_2$ vers l'état $\mathscr{E}_1$.

L'influence des atomes environnants

Cette énergie libérée dépend, entre autres, du nombre et de la nature des atomes voisins dans la molécule analysée.

À chaque valeur d'énergie libérée est associé un paramètre, nommé « déplacement chimique », que l'on représente sur un axe horizontal orienté de droite à gauche.

Ainsi, en repérant les énergies libérées, donc les valeurs de déplacements chimiques, on peut déduire l'environnement atomique des différents atomes d'hydrogène et ainsi déterminer la structure de la molécule analysée **(doc. 2)**.

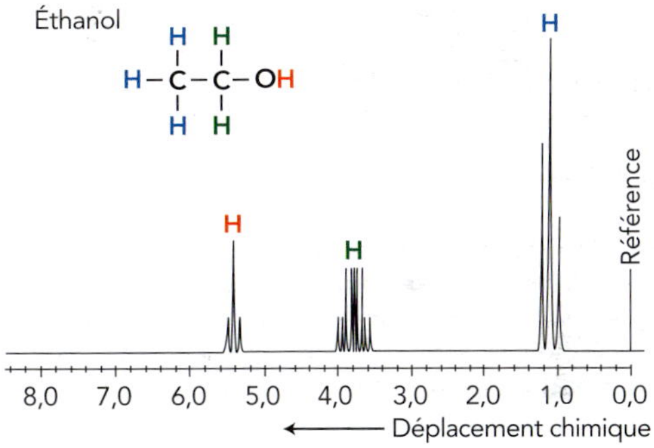

Doc. 2 Spectre RMN de la molécule d'éthanol.

Données : $h = 6{,}63 \times 10^{-34}$ J·s ; $c = 3{,}00 \times 10^{8}$ m·s^{-1}.

Compétences	Questions
Raisonner.	**1.** Donner la composition du noyau de l'atome d'hydrogène $^1_1$H. **2.** Définir le mot « uniforme » dans l'expression « champ magnétique uniforme ». **3. a.** À quelle famille de molécules appartient l'éthanol ? **b.** Quel est le groupe caractéristique de cette famille ?
Effectuer un calcul.	**4.** Calculer la longueur d'onde de la radiation émise par un noyau d'hydrogène si l'écart d'énergie entre les deux niveaux $\mathscr{E}_1$ et $\mathscr{E}_2$ est de $1{,}2 \times 10^{-25}$ J. **5.**@ À quelle gamme du spectre électromagnétique cette radiation appartient-elle ?
Raisonner.	**6.** La présence d'un atome plus électronégatif que le carbone dans la molécule a pour effet d'augmenter le déplacement chimique d'un noyau d'hydrogène, et ce d'autant plus qu'il en est proche. **a.** Quel atome de la molécule d'éthanol est le plus électronégatif ? **b.** Justifier l'identification des groupes de noyaux d'hydrogène sur le spectre RMN de l'éthanol **(doc. 2)**.

Agir : défis du

La science développe des concepts permettant d'interpréter les propriétés de la matière initialement expliquées de façon empirique.
Les théories ainsi formalisées peuvent être réinvesties de façon efficace, pour tenter de répondre aux défis posés à l'homme tels que la transformation de l'énergie, l'économie des ressources, la synthèse de molécules et l'élaboration de nouveaux matériaux.

→ ***En quoi la science permet-elle de répondre aux défis rencontrés par l'homme dans sa volonté de développement tout en préservant la planète ?***

XXIe siècle

Sommaire

Les notions vues au Collège et en Seconde

Combustion

- Une **combustion** est une réaction chimique entre un **comburant,** le dioxygène, et un **combustible** (carbone, méthane, butane, etc.). Elle s'accompagne d'un dégagement d'**énergie thermique**.
- Lors d'une **combustion complète** d'un composé de formule $C_xH_yO_z$, il ne se forme que de l'**eau** H_2O et du **dioxyde de carbone** CO_2. Si le dioxygène est en défaut, la **combustion** est **incomplète** : il peut se former également du **monoxyde de carbone** CO et du **carbone** C.

Courant électrique, tension électrique

- Dans un circuit électrique, à l'extérieur du générateur, le courant circule de la borne + vers la borne – du générateur. C'est le **sens conventionnel** du courant.
- Dans un conducteur métallique, le **courant électrique** est dû à une **circulation d'électrons** qui se déplacent dans le **sens opposé** au **sens conventionnel** du courant électrique.

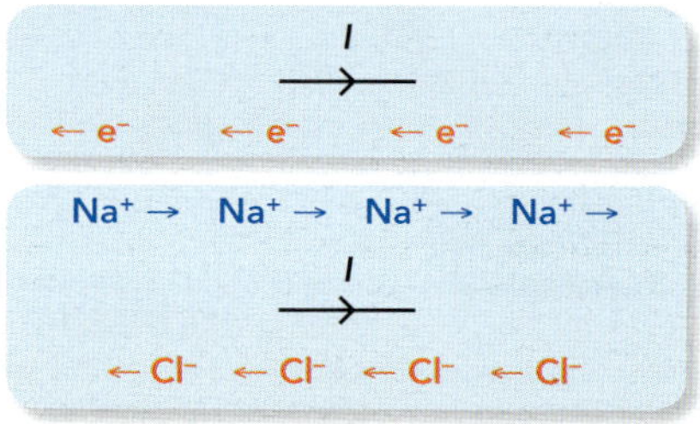

- Dans les **solutions aqueuses ioniques**, le courant électrique est dû à un double déplacement d'**ions**.

Les **cations** se déplacent dans le **sens conventionnel du courant électrique** et les **anions** en **sens opposé.**

- L'**intensité,** notée ***I*****, d'un courant électrique** se mesure avec un **ampèremètre** branché **en série.** Elle s'exprime en **ampère (A).**
- La **tension,** notée ***U*****,** entre les bornes d'un dipôle se mesure avec un **voltmètre monté en dérivation** aux bornes de ce dipôle. Elle s'exprime en **volt (V).**

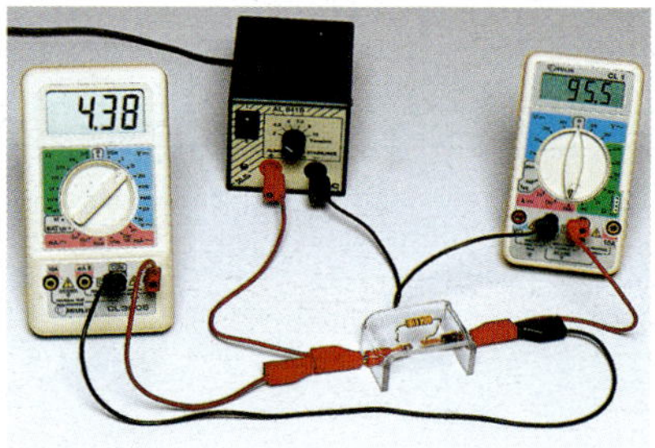

Loi d'Ohm

- Lorsqu'un **conducteur ohmique** de **résistance *R*** est traversé par un courant d'intensité *I*, il existe une tension *U* à ses bornes.

La **loi d'Ohm** relie *U* à *R* et *I* :

$$U = R \cdot I$$

U en volt (V) — *R* en ohm (Ω) — *I* en ampère (A)

Puissance et énergie électrique

- Lorsqu'une **pile débite,** elle fournit de **l'énergie électrique**.
- La **puissance électrique** $\mathcal{P}$, reçue par un dipôle soumis à une **tension** ***U*** et traversée par un courant électrique continu d'**intensité *I*,** vaut :

$$\mathcal{P} = U \cdot I$$

$\mathcal{P}$ en watt (W) — *U* en volt (V) — *I* en ampère (A)

- L'**énergie électrique** $\mathcal{E}$, alors reçue par ce dipôle pendant une **durée** Δt, vaut :

$$\mathcal{E} = \mathcal{P} \cdot \Delta t$$

$\mathcal{E}$ en joule (J) — $\mathcal{P}$ en watt (W) — Δt en seconde

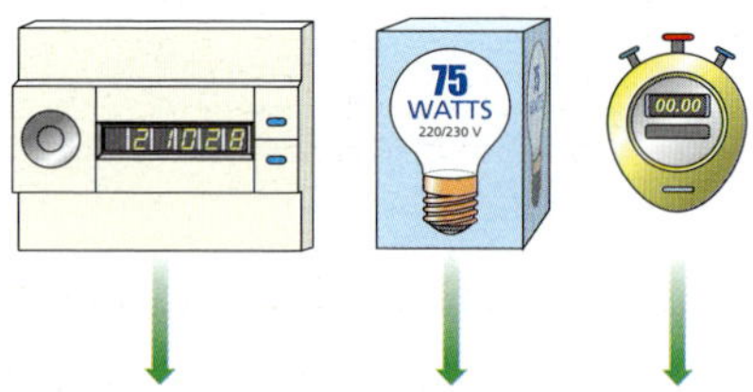

$$\mathcal{E} = \mathcal{P} \cdot \Delta t$$

(J) (W) (s)

(W · h) (W) (h)

$\mathcal{E}$ peut aussi s'exprimer en **watt-heure (W·h) : 1,0 W·h = 3,6 × 10^3 J.**

Production d'énergie électrique

- Un alternateur convertit de l'énergie mécanique en énergie électrique.

Ressources énergétiques

Chapitre 14

Champ d'éoliennes, Californie (USA).

Au cours de l'histoire, l'homme a amélioré son mode de vie en utilisant différentes ressources énergétiques. Aujourd'hui, face à l'épuisement de certaines de ces ressources, il est nécessaire d'en exploiter de nouvelles, comme l'énergie éolienne.
Quel est l'impact sur l'environnement du développement des éoliennes ?
(Voir exercice 5, p. 252.)

Quelles sont les ressources énergétiques utilisées par l'homme ? Quelles sont les problématiques associées à leur utilisation ?

OBJECTIF → Analyser des documents scientifiques portant sur l'utilisation des ressources énergétiques, le transport et le stockage de l'énergie.

Activités — Étude documentaire

Nos principales ressources énergétiques

EN AUTONOMIE

Les besoins mondiaux en énergie sont de plus en plus importants.
Quelles sont les ressources en énergie dont l'homme dispose ?

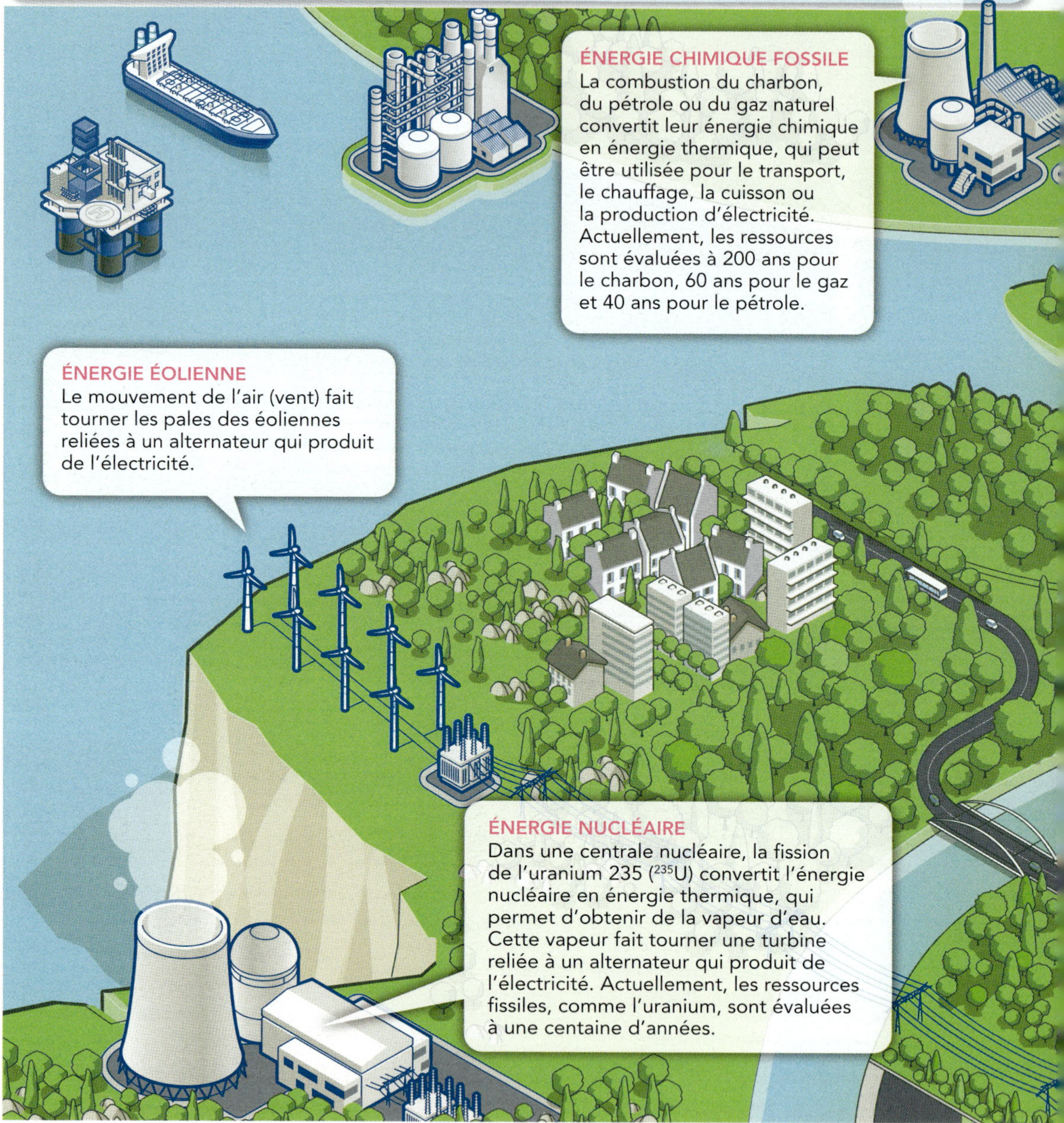

1. Rechercher la définition de « ressource énergétique renouvelable » et de « ressource énergétique non renouvelable ».
2. Classer les différentes énergies présentées dans le document selon qu'elles utilisent des ressources renouvelables ou non renouvelables.
3. Comment l'énergie peut-elle être transportée des sites de production aux lieux de consommation ?
4. Comment peut-on convertir l'énergie solaire en électricité ? en énergie thermique ?

BIOMASSE
La combustion des végétaux convertit leur énergie chimique en énergie thermique, essentiellement utilisée pour le chauffage (bois de chauffage). La durée de renouvellement de la biomasse correspond à la durée de croissance du végétal.

ÉNERGIE HYDRAULIQUE
Dans une centrale hydraulique, le mouvement de chute de l'eau fait tourner une turbine. Celle-ci entraîne un alternateur qui produit de l'électricité.

ÉNERGIE SOLAIRE
L'énergie du rayonnement solaire peut être convertie en électricité grâce à des panneaux photovoltaïques ou en énergie thermique grâce à des capteurs solaires.

GÉOTHERMIE
Plus on descend vers le centre de la Terre, plus la température augmente. L'énergie thermique du sous-sol est utilisée essentiellement pour le chauffage.

Essentiel

Les ressources énergétiques

- Les **ressources renouvelables** sont exploitables sans limite de durée à l'échelle humaine.
- Toutes les autres ressources sont des **ressources non renouvelables**.
- Au rythme actuel de la consommation, les ressources non renouvelables connues seront épuisées en quelques dizaines d'années.

Ressources énergétiques non renouvelables

Le pétrole, le gaz et le charbon sont des **ressources fossiles** qui renferment de l'énergie chimique.

L'uranium 235 est une **ressource fissile** qui renferme de l'énergie nucléaire.

Ressources énergétiques renouvelables

L'air en mouvement (vent) possède de l'énergie mécanique qui permet de faire tourner les pales de l'éolienne. On parle d'**énergie éolienne**.

Le Soleil renferme de l'énergie nucléaire transformée en énergie thermique par des réactions de fusion. Une partie de cette énergie est transférée sur Terre par rayonnement. On parle d'**énergie solaire**.

L'eau en mouvement possède de l'énergie mécanique. On parle d'**énergie hydraulique**.

Le monde vivant, végétal et animal, possède de l'énergie chimique. On parle de **biomasse**.

Le sol renferme de l'énergie thermique. On parle de **géothermie**.

Voir exercice 1, p. 248.

Transport et stockage

- L'électricité n'est pas une ressource énergétique : c'est un mode de transport de l'énergie, du lieu de production au lieu de consommation.
- L'électricité est très souple d'utilisation et possède de nombreuses applications. Cependant, son inconvénient majeur est l'absence de possibilité de stockage à grande échelle.

Voir exercice 3, p. 250.

LES COMPÉTENCES ATTENDUES

- ✔ Recueillir et exploiter des informations pour identifier des problématiques relatives à l'utilisation des ressources énergétiques ainsi qu'au stockage et au transport de l'énergie.
- ✔ Argumenter en utilisant le vocabulaire scientifique adéquat.

COMPÉTENCES MISES EN ŒUVRE
- Rechercher des informations.
- Classer des informations.

Comprendre l'évolution de l'utilisation des ressources énergétiques

De tout temps, l'humanité a été animée par la volonté d'utiliser les ressources énergétiques naturelles pour rendre sa vie plus facile. L'énergie chimique de la biomasse a été utilisée par les hommes préhistoriques qui brûlaient le bois pour se chauffer et faire cuire leurs aliments. L'utilisation de l'énergie éolienne est née avec les premiers bateaux à voile 3 000 ans av. J.-C. Les premiers moulins à vent ont fait leur apparition chez les Perses, environ 200 ans av. J.-C. L'utilisation des moulins à eau date également de l'Antiquité. Ils sont les premiers représentants de la domestication de l'énergie hydraulique.

Plus tard, l'utilisation des combustibles fossiles comme le charbon, au XIXe siècle, puis le pétrole et le gaz, au XXe siècle, permet aux pays riches de mettre de grandes quantités d'énergie à disposition des habitants.
En 1896, la découverte de la radioactivité naturelle ouvre la voie à l'énergie nucléaire de fission.
Depuis les années 1970, les industriels s'intéressent à l'utilisation de l'énergie solaire et plus récemment à la géothermie.
Et l'histoire continue…

1. Résumer le texte en 60 mots maximum.
2. Identifier les différentes ressources énergétiques évoquées par les dessins.
3. Classer ces ressources énergétiques en ressources renouvelables ou non renouvelables.

Conseils

Comment résumer un texte ?

1. Commencer par identifier les différents paragraphes.
Pour chaque paragraphe :
- bien lire le texte et noter les mots qui semblent importants ;
- extraire une idée-clé, sans tenir compte des exemples ;
- rédiger une phrase résumant le paragraphe, sans avoir le texte sous les yeux.

2. Observer les deux dessins et mettre en relation les observations avec le texte.

3. Pour effectuer un classement, il est souvent pratique de faire un tableau.

Solution rédigée

1. De tous temps, l'homme a cherché à utiliser des ressources énergétiques. Les hommes préhistoriques brûlaient du bois. Les énergies éoliennes et hydrauliques furent ensuite maitrisées, puis l'homme a exploité les énergies fossiles, comme le charbon et le pétrole. Enfin, plus récemment, on s'est intéressé aux énergies nucléaire, solaire et à la géothermie.

2. Le dessin du haut évoque l'énergie solaire (utilisée par les plantes), l'énergie éolienne (utilisée par le bateau à voile et le moulin), la biomasse (force musculaire du cheval et combustion du bois).
Le dessin du bas évoque le pétrole (utilisé pour produire les carburants des voitures et des avions) et l'uranium (utilisé pour la production d'électricité dans la centrale nucléaire).

3.

Renouvelable	Non renouvelable
Solaire, éolien, biomasse.	Pétrole (fossile), uranium (fissile).

Application immédiate

Voir exercice 1, p. 248.

Voir corrigés, p. 369.

Exercices

1 La géothermie

COMPÉTENCES **Trouver les informations ; exploiter un schéma ; argumenter ; résumer un texte.**

Plus on creuse le sol de la Terre, plus la température augmente. Les profondeurs de la Terre renferment donc une formidable réserve d'énergie thermique.
Les 30 premiers kilomètres contiennent moins de un pour cent de cette énergie, mais cette faible portion représente une énergie considérable : elle suffirait aux besoins de l'humanité pendant plus de 100 000 ans !
Avec les technologies actuelles, deux éléments doivent être réunis pour pouvoir récupérer cette énergie :
– Les roches chaudes doivent être accessibles, donc peu profondes, à quelques kilomètres au plus. Ce n'est pas le cas partout, car *la distribution verticale de températures est très différente d'un point à un autre à la surface de la Terre.*
– Un fluide caloporteur, capable de transporter cette énergie, doit s'infiltrer dans la roche et s'échauffer à son contact avant d'être pompé. Ce fluide peut être l'eau de pluie ou de mer qui s'infiltre naturellement, ou un fluide injecté artificiellement par l'homme.

Il existe plusieurs types d'exploitations géothermiques qui diffèrent selon la température des fluides prélevés (les fluides prélevés sont représentés en rouge sur le schéma ci-dessous).
On peut citer :
– la géothermie de très basse énergie (**1** sur le schéma), utilisée pour le chauffage individuel ;
– la géothermie de basse énergie (**2** sur le schéma), utilisée pour le chauffage collectif ou urbain ;
– la géothermie de haute énergie (**3** sur le schéma), utilisée simultanément pour le chauffage et la production d'électricité.
Le fluide pompé, « débarrassé » d'une partie de son énergie thermique, est ensuite soit rejeté dans les cours d'eau ou les mers (non représentés sur le schéma ci-dessous), soit réinjecté dans le réservoir dont il est issu (en bleu sur le schéma ci-dessous).

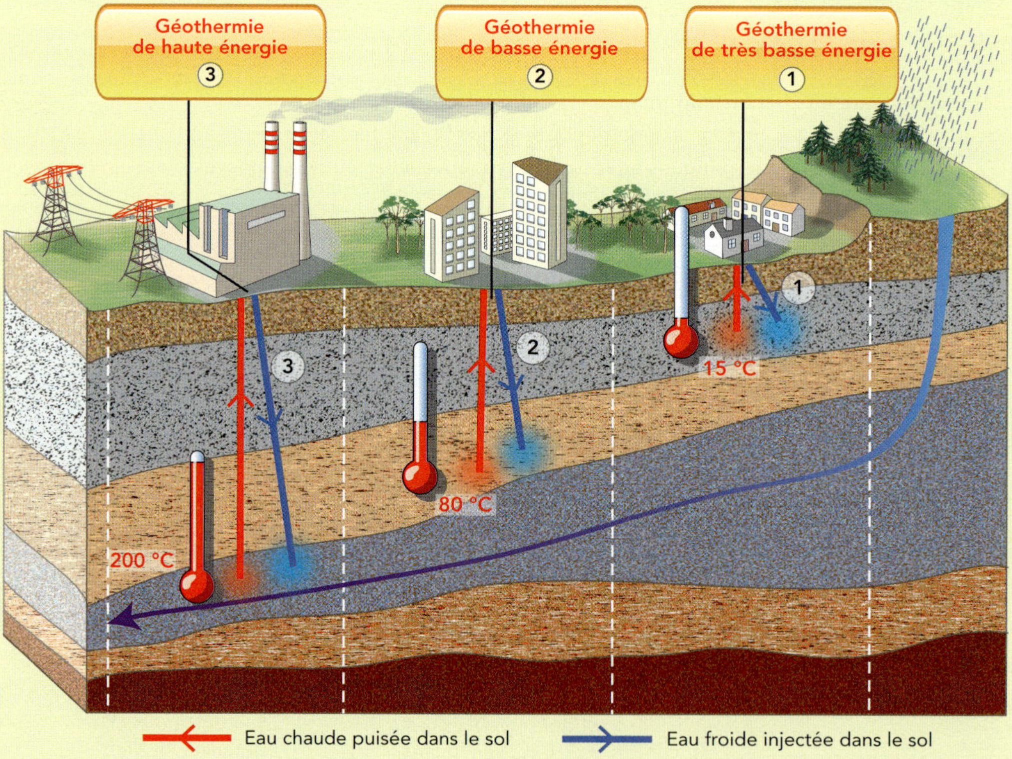

1. Résumer le texte en 60 mots maximum.
2. Quelle est la finalité de la géothermie ?
3. Expliquer la phrase écrite en italique dans le texte.
4. Qu'est-ce qu'un fluide caloporteur ?
5. Peut-on implanter une installation géothermique en n'importe quel lieu ?
6. Pourquoi la géothermie est-elle considérée comme une ressource énergétique renouvelable ?
7. Pourquoi la géothermie peut-elle être une partie de la réponse au défi énergétique du XXIe siècle ?

2 Nord ou Sud Géo

COMPÉTENCES Lire une carte et un tableau ; formuler une hypothèse.

Dis-moi combien tu consommes, je te dirai où tu vis !

Un Américain consomme environ deux fois plus d'électricité qu'un Européen, huit fois plus qu'un Chinois et quatorze fois plus qu'un Africain.

La carte ci-dessous, qui présente la consommation d'énergie par habitant ou pour l'ensemble du pays, permet de voir les différences entre les pays du monde.

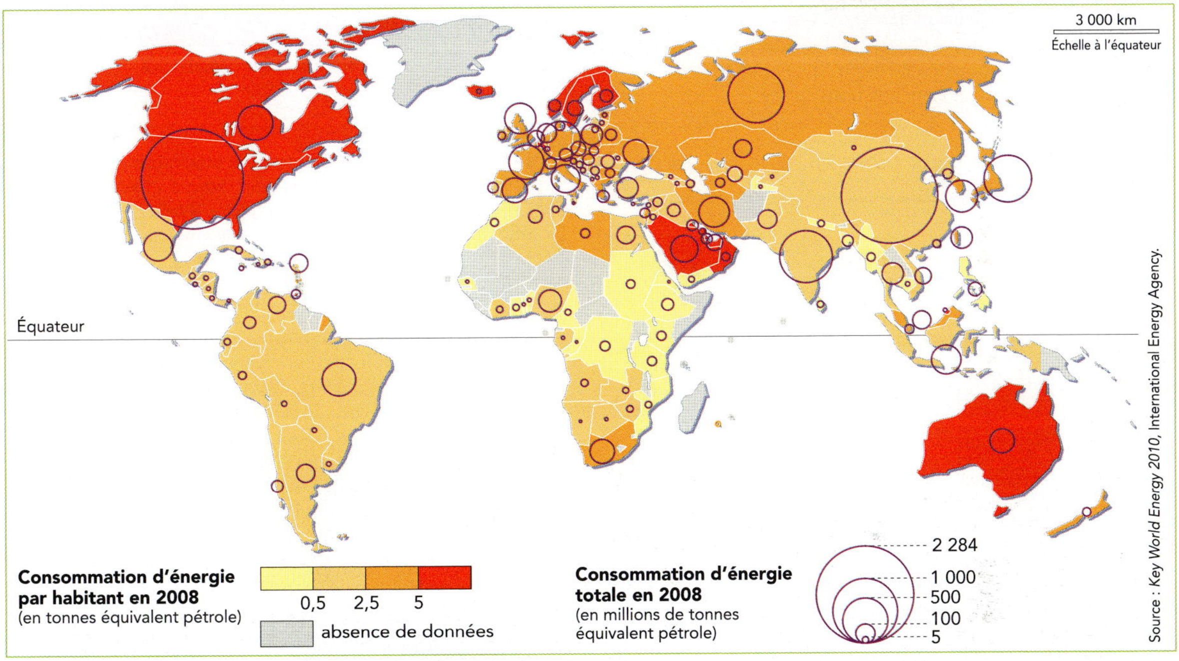

1. Quels sont les cinq pays les plus consommateurs d'énergie ?

2. Quelles sont les populations consommant :
a. le plus d'énergie ?
b. le moins d'énergie ?

3. Expliquer le titre de l'exercice.

4. @ Rechercher la signification de la tonne équivalent pétrole, notée tep.

5. Quelle serait la consommation mondiale d'énergie si chacun des sept milliards d'habitants de la Terre en consommait autant qu'un Américain ?

6. @ Quels sont les pays dont la consommation énergétique augmente le plus ? Pourquoi ?

7. Quel problème va se poser de manière aiguë dans un avenir proche ?

8. Quelles solutions doit-on envisager ?

	Population (millions d'habitants)	Consommation par habitant (tep)	Consommation totale (Mtep)
États-Unis	305	7,50	2 284
Chine	1326	1,60	2 116
Russie	142	4,84	687
Inde	1140	0,54	621
France	64	4,16	266
Arabie saoudite	25	6,56	162
Qatar	1,3	18,83	24
Monde	6688	1,83	12267

Données énergétiques pour quelques pays en 2008 (sources : IEA 2010).

3 L'électricité : un transporteur d'énergie ?

COMPÉTENCES **Rechercher des informations ; construire et exploiter un graphique ; argumenter.**

L'électricité, un mode de transport de l'énergie
L'électricité n'est pas vraiment une source d'énergie. Il s'agit plutôt d'un vecteur énergétique, c'est-à-dire d'un mode de transport de l'énergie. Elle ne se trouve pas dans la nature – du moins pas sous une forme utilisable par l'homme. Au départ, il faut donc la fabriquer à partir d'une source d'énergie primaire, fossile, nucléaire ou renouvelable. Et à l'arrivée, pour s'en servir, il faut la retransformer : en travail (moteur électrique), en chaleur (radiateur, réchaud), en froid (réfrigérateur, climatiseur), en lumière (lampe) ou en information (ordinateur, télévision…). On peut définir l'électricité comme de l'énergie transportée.

Extrait de *Quelles énergies pour demain ? 94 questions à Christian Ngô*, de Christian Ngô, Spécifique Éditions, 2007.

Lignes à haute tension transportant l'électricité.

Sources de production	Dans le monde	En France
Charbon	8 262 523	27 231
Pétrole	1 111 311	5 825
Gaz	4 300 963	21 884
Biomasse	197 756	2 116
Ordures	69 327	3 776
Nucléaire	2 730 823	439 468
Hydro-électrique	3 287 554	68 325
Géothermique	64 608	0
Solaire	12 914	41
Éolien	218 504	5 689
Marée	546	513
Autres sources	4 009	0
Production totale	**20 260 838**	**574 868**

Production d'électricité dans le monde et en France en 2008 (unité : GW·h).

D'après l'Agence internationale de l'énergie (IEA), 2008 (http://www.iea.org/stats/).

L'électricité n'est pas directement stockable
L'électricité ne se stocke pas directement : pour stocker l'énergie transportée par l'électricité, il faut la transformer en une forme d'énergie stockable (mécanique, chimique ou thermique). On parle alors de stockage indirect.
Par exemple, une batterie de téléphone portable stocke, sous forme d'énergie chimique, quelques watt-heures (symbole : W·h), alors qu'un barrage de montagne stocke, sous forme d'énergie mécanique, plusieurs gigawatt-heures (symbole : GW·h).
Aux heures de forte consommation d'électricité, les barrages transforment l'énergie mécanique de l'eau en électricité. Aux heures de faible consommation, certains barrages utilisent l'excédent d'électricité produite par les centrales nucléaires pour pomper l'eau dans la vallée et remplir à nouveau le barrage (par exemple, au barrage de Grand Maison dans l'Oisans).

Barrage de Grand Maison.

1. L'électricité est-elle une ressource énergétique ? Pourquoi ?

2. Pourquoi parle-t-on de stockage indirect de l'électricité ?

3. Que signifie l'unité GW·h ? Convertir cette unité en joule.

4. Représenter, sous forme de diagrammes circulaires, les proportions des différents modes de production d'électricité dans le monde et en France en 2008.

5. Quelles informations peut-on obtenir de ces deux diagrammes ?

6. Comparer les pourcentages d'électricité produite par le nucléaire en France et dans le monde.

2 Générateur et récepteur d'énergie électrique

Dans les circuits électriques, les générateurs fournissent l'énergie nécessaire au fonctionnement des récepteurs. Quelles sont les relations entre la tension aux bornes d'un générateur ou d'un récepteur électriques et l'intensité du courant qui les traverse ?

A Caractéristique d'un générateur

Le générateur étudié est une pile plate de 4,5 V.

- Réaliser le circuit schématisé au **document 8**.
- Faire contrôler les branchements par le professeur avant de fermer l'interrupteur.
- Pour différentes valeurs de résistance R', mesurer la tension U_G aux bornes de la pile et l'intensité du courant I qui la traverse.

Ne fermer l'interrupteur que le temps de chaque mesure afin d'éviter de décharger la pile.

La résistance R_p permet de limiter la valeur de l'intensité du courant dans le circuit. Ne pas dépasser I_{max} = 200 mA.

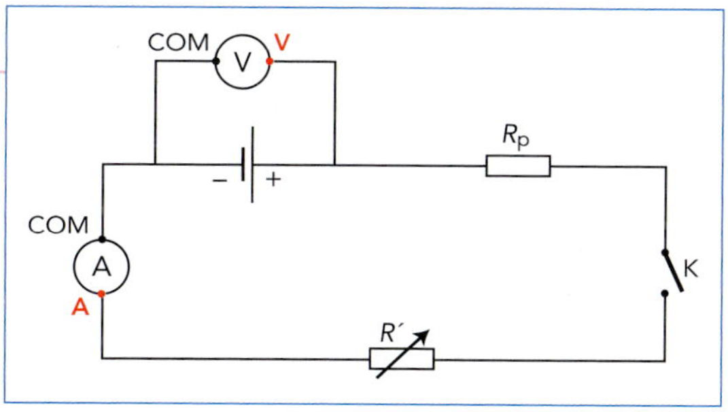

Doc. 8 Schéma du montage permettant de tracer la caractéristique d'une pile plate. R' est un conducteur dont on peut faire varier la résistance.

1 Comment est branché l'ampèremètre ? Comment est branché le voltmètre ?

2 La représentation graphique de la tension aux bornes d'un dipôle en fonction de l'intensité du courant qui le traverse est appelée la « **caractéristique du dipôle** ».
Représenter la caractéristique du générateur.

3 Déterminer la valeur de l'ordonnée à l'origine, appelée « **force électromotrice *E*** » du générateur. La comparer à l'indication de l'étiquette de la pile.

4 Le coefficient directeur de la caractéristique est l'opposé de la « **résistance interne *r*** » du générateur. Déterminer la résistance interne r de la pile utilisée.

B Caractéristique d'un récepteur et mise en évidence de l'effet Joule

- Réaliser le circuit schématisé sur le **document 9**. Le générateur utilisé est un générateur de tension continue ajustable. Le conducteur ohmique plonge dans de l'eau contenue dans un calorimètre (**chapitre 9**).
- Faire contrôler les branchements par le professeur.
- Pour différentes valeurs de la tension aux bornes du générateur, mesurer la tension U aux bornes du conducteur ohmique et l'intensité I du courant qui le traverse.
- Agiter régulièrement l'eau pour homogénéiser le système et observer l'évolution de sa température.

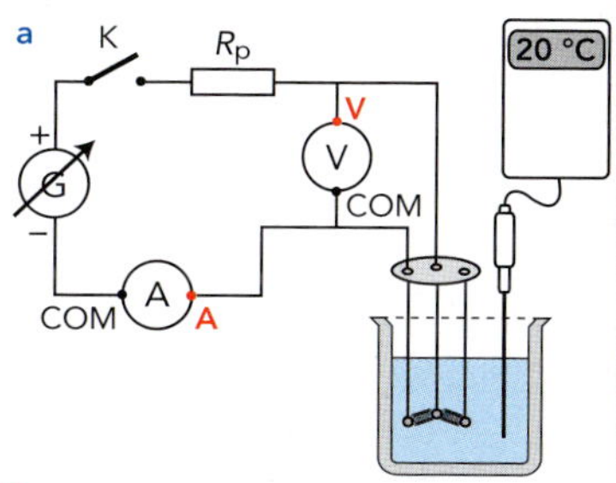

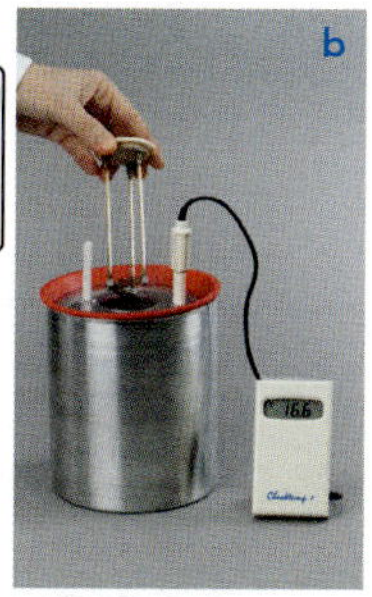

Doc. 9 Schéma du montage permettant de tracer la caractéristique d'un conducteur ohmique (**a**) et photographie d'une partie du matériel (**b**).

5 Tracer la caractéristique du conducteur ohmique. Déterminer le coefficient directeur de la droite.

6 Comparer cette valeur à celle de la résistance lue sur le dipôle ou à sa mesure à l'ohmmètre.

7 Comment varie la température de l'eau au contact du conducteur ohmique ?

8 Quel type de transfert d'énergie est réalisé entre le générateur et le conducteur ohmique ? entre le conducteur ohmique et l'eau ?

Un pas vers le cours...

9 Pour chaque dipôle étudié, déduire de sa caractéristique la relation entre la tension à ses bornes et l'intensité du courant qui le traverse.

B Puissance fournie à l'utilisateur

EN AUTONOMIE

votre facture en détail — *document à conserver 5 ans*

Votre référence client : XXXXX XXX XXX XXX XXX	relevé ou estimation en kWh ancien	nouveau	différence	consomm. (en kWh)	prix kWh (en euros)	montant HT (en euros)	total TTC (en euros)
électricité compteur n° XXX						**614,28**	**793,17**
abonnement							
4,86 €/mois du 07/01/10 au 07/09/10						38,88	
5,27 €/mois du 07/09/10 au 07/01/11						21,08	
contribution tarifaire d'acheminement (CTA)						10,92	
consommation du 11/11/09 au 15/11/10	07866	14762	6896	**6896**	0,07880	543,40	

Caractéristiques de votre tarif : Électricité, tarif règlement domestique option base, puissance 6 kW, compteur électro-mécanique.

Doc. 5 Extrait d'une facture d'électricité.

Pour savoir ce que l'on peut faire avec la puissance électrique choisie lors de l'abonnement, il faut additionner les puissances des appareils que l'on souhaite faire fonctionner en même temps.

Doc. 6 La puissance d'un abonnement limite les usages possibles des appareils électriques.

5 À partir du **document 5**, retrouver la puissance maximale qui peut être fournie au consommateur. Quelle est l'unité utilisée pour la consommation électrique ? À quelle grandeur est-elle associée ?

6 À partir du **document 6**, rechercher les appareils demandeurs de fortes puissances électriques.

C Mesurer l'énergie consommée par un appareil

- Un dispositif comme celui du **document 7** permet de mesurer la puissance ou l'énergie consommée par un appareil électrique en fonction de la durée d'utilisation.
- Mesurer la puissance $\mathcal{P}$ d'un appareil mis à disposition.
- Mesurer l'énergie $\mathcal{E}$ consommée par cet appareil pendant une durée Δt = 30 s, puis pour des durées croissantes.

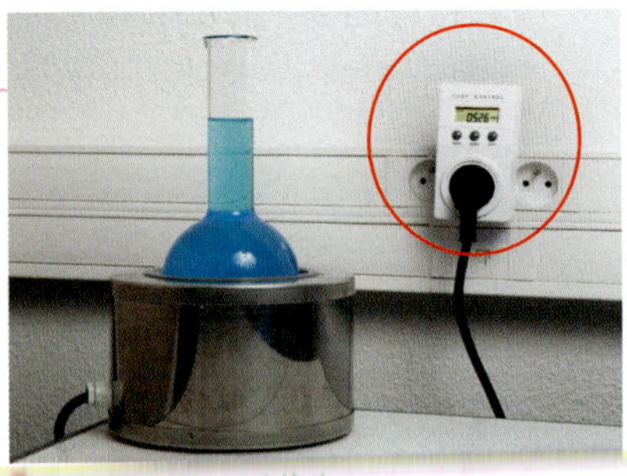

Doc. 7 Dispositif de mesure (entouré en rouge).

7 Représenter l'énergie $\mathcal{E}$ consommée par l'appareil en fonction de la durée Δt d'utilisation. Vérifier que $\mathcal{E}$ est proportionnelle à Δt.

8 Quelles sont la valeur et l'unité du coefficient de proportionnalité ? Comparer cette valeur à la puissance électrique $\mathcal{P}$ de l'appareil.

Un pas vers le cours...

9 Donner la relation entre $\mathcal{E}$, Δt et $\mathcal{P}$.

Pour les curieux

4 Déchets radioactifs

COMPÉTENCES **Trouver les informations; formuler une hypothèse.**

Les démographes prévoient près de 10 milliards d'êtres humains sur Terre en 2050. Nous ne sommes aujourd'hui qu'environ 7 milliards, et près de 2 milliards d'êtres humains n'ont pas accès à l'électricité. Cette croissance de la population, couplée à l'évolution des modes de vies, fait augmenter considérablement les besoins en énergie au niveau mondial.
Ces besoins ne pourront être comblés par la combustion de ressources fossiles, car leurs réserves sont limitées. De plus, leur consommation accroît le réchauffement climatique. L'énergie nucléaire pourrait alors jouer un rôle important dans les décennies à venir, aux côtés des énergies renouvelables, pour produire l'électricité nécessaire.
Actuellement, en France, plus des trois quarts de l'électricité produite sont d'origine nucléaire. La plupart des centrales nucléaires françaises fonctionnent avec des réacteurs qui utilisent la fission contrôlée de l'uranium 235. On estime actuellement que les ressources en uranium seront épuisées dans une centaine d'années.
Les déchets provenant du combustible des centrales nucléaires contiennent de nombreux noyaux radioactifs qui se désintègrent plus ou moins rapidement.
La demi-vie, notée $t_{1/2}$, est la durée au bout de laquelle la moitié d'une population de noyaux radioactifs s'est désintégrée.
Des lieux sécurisés sont indispensables au stockage de ces déchets, car leur désintégration libère des particules et des rayonnements ionisants très néfastes pour la santé des personnes exposées.

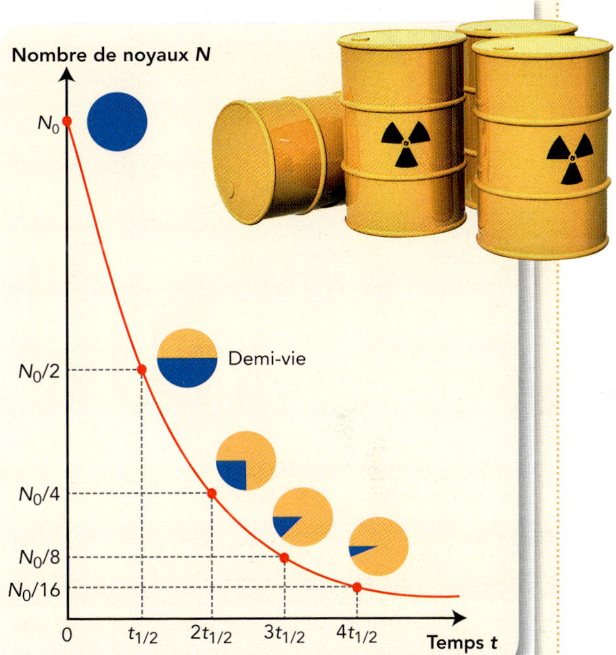

Courbe de décroissance d'une population de noyaux radioactifs en fonction du temps. N_0 représente le nombre initial de noyaux radioactifs (à $t = 0$).

Dans un conteneur de 100 kg de déchets, on a trouvé :
- 11 kg de neptunium 237 (Np);
- 32 kg de plutonium 241 (Pu);
- 2 kg d'américium 241 (Am);
- 0,1 kg de césium 135 (Cs).

Le tableau ci-contre indique la demi-vie de ces noyaux radioactifs.

Déchets	Demi-vie (années)
$^{237}_{93}Np$	$2{,}1 \times 10^6$
$^{241}_{94}Pu$	14
$^{241}_{95}Am$	432
$^{135}_{55}Cs$	$2{,}3 \times 10^6$

1. Quelles sont les énergies fossiles actuellement utilisées pour la production d'électricité?

2. Quel est leur impact majeur sur l'environnement?

3. Qu'est-ce que la fission nucléaire? (Si nécessaire, revoir le **chapitre 8**.)

4. @ Qu'est-ce qu'un rayonnement ionisant?

5. On considère que 99 % d'une population de noyaux radioactifs est désintégrée après sept demi-vies.
Au bout de combien de temps peut-on considérer que chaque type de noyaux radioactifs initialement présents dans le conteneur est pratiquement désintégré?

6. Quel problème pose l'accumulation des déchets radioactifs pour les générations futures?

7. Même si une technique d'élimination des déchets était mise au point, pourquoi la fission ne peut-elle pas être une solution à long terme pour la production d'électricité?

8. @ Quel type de production d'énergie nucléaire est envisagé pour l'avenir?

Exercices

Retour sur l'ouverture du chapitre

5 Les critiques face à l'éolien

COMPÉTENCES trouver les informations ; formuler une hypothèse ; effectuer un calcul.

La production d'électricité à partir de l'énergie éolienne est un secteur économique en forte croissance. Au niveau mondial, elle a augmenté, en moyenne, de 25 % par an entre 2000 et 2010.

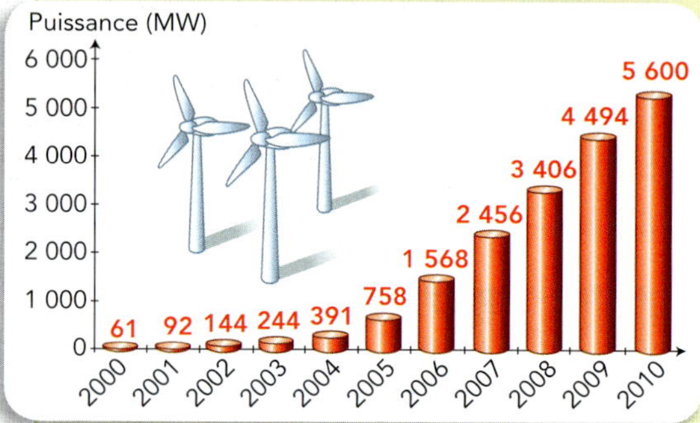

Évolution de la production d'électricité des éoliennes en France.

En janvier 2011, un appel d'offre a été lancé pour la construction de plusieurs parcs éoliens au large des côtes bretonnes et normandes. Ces parcs permettraient d'obtenir une capacité de production de 3 000 MW d'ici 2015, grâce à 600 éoliennes implantées en mer.
Face au rapide développement de l'énergie éolienne, de nombreuses critiques apparaissent. En France, où la production annuelle totale d'électricité s'élevait à 550 TW·h en 2010, dont 75 % d'origine nucléaire, les « anti-éolien » se sont élevés contre la défiguration des paysages. Ils s'appuient notamment sur la comparaison des surfaces nécessaires pour produire un térawatt-heure d'électricité par an : il faut une surface au sol de près de 15 km² avec des éoliennes, 5 km² avec des panneaux photovoltaïques et moins de 1 km² avec une centrale nucléaire.
Les combustibles fossiles massivement utilisés actuellement dégagent beaucoup de gaz à effet de serre impliqués dans le réchauffement climatique. On peut se demander si l'utilisation massive des éoliennes réduirait réellement les émissions de ces gaz.
La réponse semble évidente, puisque l'énergie cinétique du vent ne génère pas de gaz à effet de serre. Cependant, pour évaluer l'impact d'une éolienne sur le réchauffement climatique, il faut prendre en compte toute la « vie » de l'éolienne, de sa fabrication jusqu'à son démantèlement, sans oublier sa maintenance.
On constate alors que la fabrication de l'acier et du béton avec lesquels une éolienne est construite produit beaucoup de gaz à effet de serre.
En prenant cela en compte, on estime que la production d'un kilowatt-heure d'électricité à partir d'une éolienne s'accompagne d'un dégagement de 3 à 22 g de CO_2.
L'écart entre ces valeurs est principalement dû à la force moyenne du vent sur le lieu d'implantation, à la taille de l'éolienne et aux matériaux mis en œuvre. De plus, il n'y a pas toujours du vent.
Il est donc nécessaire de prévoir des moyens de production de remplacement. Cela peut être assuré par des centrales hydrauliques (comme au Danemark), thermiques à combustibles fossiles (comme en Allemagne) ou nucléaires (comme en France).

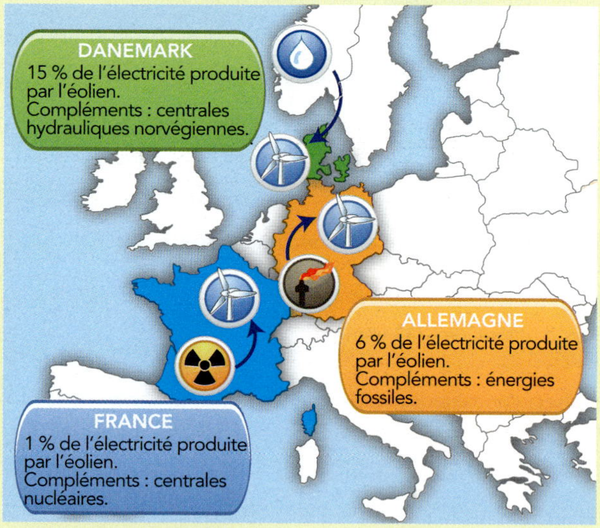

1. Pourquoi les installations d'éoliennes se développent-elles ?

2. Pourquoi certaines personnes s'opposent à l'installation d'éoliennes ?

3. Une centrale nucléaire possède en moyenne 4 réacteurs de 900 MW chacun. À combien de centrales de ce type serait équivalente la production d'électricité par le projet d'éoliennes en mer ?

4. Qu'appelle-t-on gaz à effet de serre ?

5. Pourquoi parle-t-on d'émission de gaz à effet de serre pour les éoliennes ?

6. @ Qu'appelle-t-on un « bilan carbone » ?

7. Quelle surface faudrait-il recouvrir d'éoliennes pour remplacer les centrales nucléaires en France ? La comparer avec la surface de votre département.

Conversions d'énergie

Chapitre 15

Près de Séville (Espagne), cette tour solaire fournit une puissance de 20 mégawatts.

Pour produire de l'électricité avec des ressources énergétiques renouvelables, des tours solaires gigantesques sont actuellement en projet.
En quoi ces tours solaires sont-elles une solution au défi énergétique ? (Voir exercice 28, p. 268.)

Comment l'homme utilise-t-il les ressources énergétiques ?

OBJECTIFS

- ➜ Faire la différence entre puissance et énergie et savoir relier ces grandeurs.
- ➜ Comprendre les conversions d'énergie dans un générateur et dans un récepteur électriques.
- ➜ Savoir schématiser une chaîne énergétique pour interpréter les conversions en termes de conservation et de dégradation.

Activités Étude documentaire et expérimentale

1 Attention ça chauffe !

La puissance figure dans les caractéristiques d'un appareil électrique. Comment la puissance est-elle un critère de choix pour limiter la consommation électrique ?

Doc. 1 Depuis 2007, le Grenelle de l'environnement fait des propositions pour limiter les gaspillages d'énergie.

A Les lampes basse consommation

EN AUTONOMIE

Il est impossible de se passer de la lumière des lampes électriques. En moyenne, chaque ménage français possède 22 lampes.

Il existe trois grands types de lampes : les lampes à incandescence, les lampes fluocompactes et les lampes à DEL (**doc. 4** et **chapitre 3**).

> *Une lampe fluocompacte de 15 W équivaut à une lampe à incandescence classique de 60 W* et elle dure 6 à 10 fois plus longtemps. Elle est recyclable en quasi-totalité, ce qui permet d'économiser les matières premières et de préserver l'environnement.
> Les nouvelles générations de lampes basse consommation ont fait de gros progrès :
> – leur éclairage est quasi optimal dès l'allumage ;
> – elles ne craignent plus des allumages répétés ;
> – elles s'adaptent à tous les luminaires ;
> – leur prix a diminué.

Doc. 2 Intérêts des lampes fluocompactes.

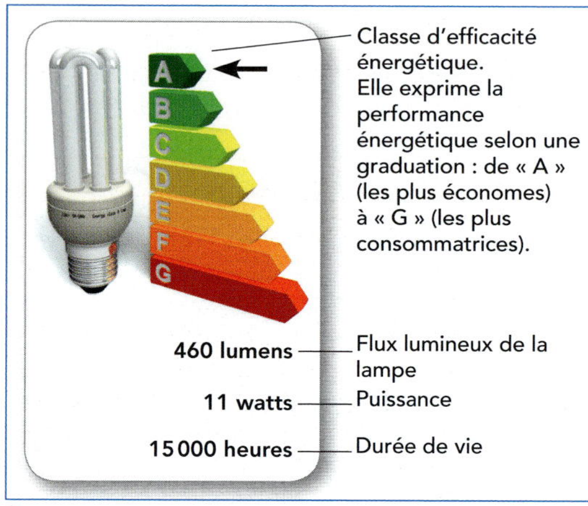

Doc. 3 Fiche de renseignements sur la consommation énergétique d'une lampe.

Lampe à DEL	Lampe fluocompacte	Lampe à incandescence

A	A	C
345 lumens 8 W 25000 h	346 lumens 8 W 6000 h	370 lumens 40 W 1000 h

Doc. 4 Indications données sur des fiches de renseignements de lampes à DEL, fluocompacte et à incandescence.

1 Rappeler l'unité de la puissance électrique. Donner son symbole.

2 Expliciter l'ambiguïté du mot « équivaut » de la phrase en italique dans le **document 2**.

3 Quels sont les intérêts des lampes fluocompactes ou à DEL par rapport aux lampes à incandescence ?

4 Quelle démarche citoyenne un acheteur est-il incité à avoir lors de l'achat d'une lampe (**doc. 1 et 3**) ?

3 Une chaîne énergétique

EN AUTONOMIE

Les ressources énergétiques disponibles dans la nature (chapitre 14) ne sont pas toujours utilisables directement. L'homme doit agir en convertissant l'énergie et en la transférant. Comment, à l'aide du principe de conservation de l'énergie, peut-on interpréter les conversions et les transferts d'énergie ?

En France, la production d'électricité est réalisée à environ 75% par des centrales nucléaires. Ces centrales utilisent comme ressource l'uranium 235. Elles convertissent en énergie électrique l'énergie libérée par la fission de noyaux atomiques. Une chaîne énergétique permet d'interpréter les différents transferts et conversions.

1/. L'eau pressurisée du circuit primaire s'échauffe fortement au contact du cœur du réacteur.

2/. Cette eau circule jusqu'au générateur de vapeur où, par transfert thermique, l'eau du circuit secondaire est vaporisée.

3/. Le mouvement de la vapeur d'eau actionne ensuite une turbine solidaire d'un alternateur, ce qui permet la production d'électricité.

4/. L'eau du circuit secondaire est ensuite refroidie au contact de celle du circuit tertiaire afin qu'un nouveau cycle puisse commencer.

5/. Il ne reste plus qu'à acheminer l'électricité vers les consommateurs.

Toute l'énergie issue de la fission de l'uranium n'est pas convertie en électricité, il y a des pertes. Le « rendement » de conversion d'une centrale, ou plus généralement d'une machine, est défini comme le rapport de l'énergie exploitable en sortie sur l'énergie utilisée en entrée.

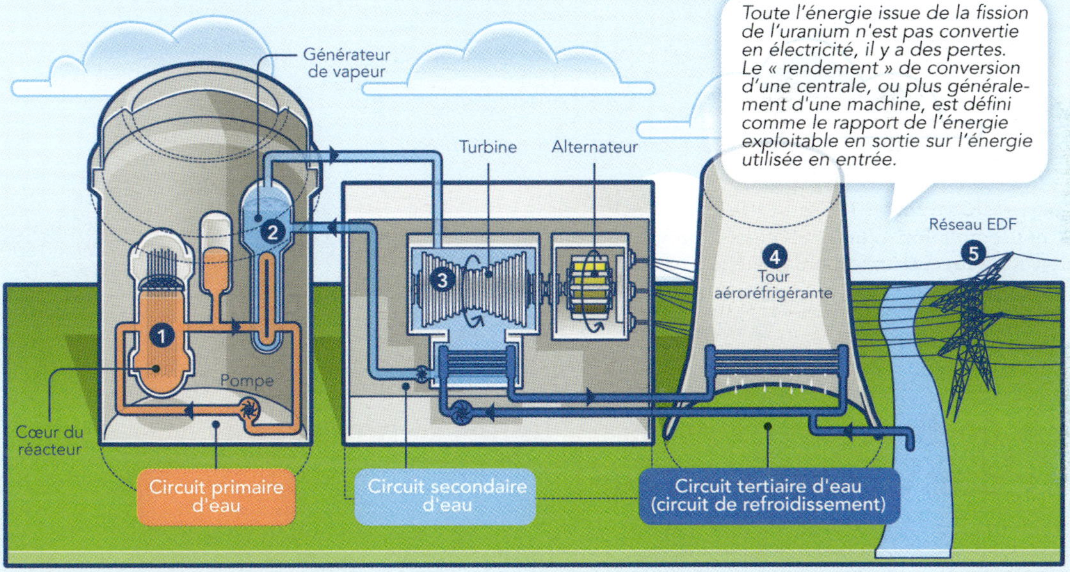

Doc. 10 Principe d'une centrale nucléaire.

1 Dans une centrale nucléaire, quelle forme d'énergie, stockée dans l'uranium, est exploitée ?

2 Exprimer puis calculer le rendement de conversion d'une centrale utilisant une énergie de 2 800 MW·h libérée par la fission nucléaire et produisant une énergie électrique de 900 MW·h.

3 @ En utilisant le principe de conservation de l'énergie (chapitre 13), rechercher ce qu'est devenue l'énergie manquante.

4 Pourquoi le rendement est-il obligatoirement un nombre sans dimension compris entre 0 et 1 ?

Un pas vers le cours...

5 Recopier le schéma de la chaîne énergétique associée à cette centrale (ci-contre) et le compléter en y faisant figurer les termes suivants : *énergie électrique, énergie nucléaire, énergie thermique de dégradation.*

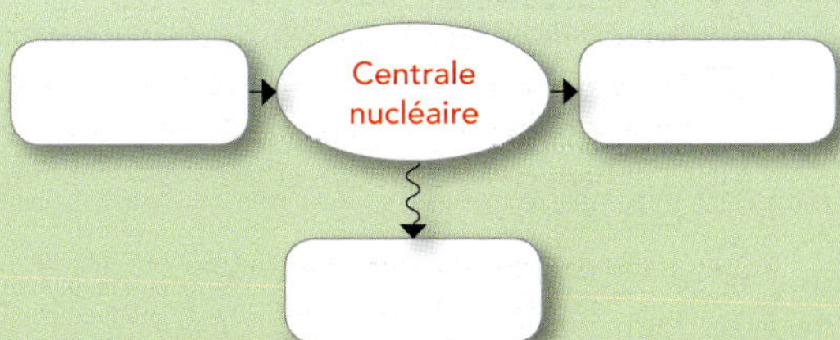

Cours

1 Quelle est la relation entre la puissance et l'énergie ?

La puissance est une caractéristique des dispositifs (doc. 1).

10^{-3} W	1 W	10^1 W	10^2 W	10^3 W	10^9 W
Calculatrice	Lecteur MP3	Lampe fluocompacte	Ordinateur portable	Radiateur	Centrale nucléaire
				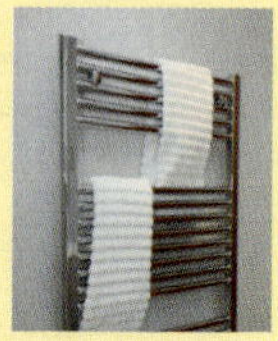	

Doc. 1 Ordres de grandeur de puissances.

L'énergie électrique consommée ou produite par un appareil est liée à la durée de fonctionnement et à la puissance de cet appareil (activité 1C).

L'énergie $\mathcal{E}$ consommée ou produite par un appareil de puissance $\mathcal{P}$ est liée à sa durée de fonctionnement Δt par la relation :

$$\mathcal{E} = \mathcal{P} \cdot \Delta t$$

L'énergie $\mathcal{E}$ s'exprime en joule (J), la puissance $\mathcal{P}$ en watt (W) et la durée Δt en seconde (s).

La consommation d'énergie électrique domestique est donnée en kilowatt-heure (kW·h). Une démarche citoyenne responsable consiste à limiter sa consommation d'énergie électrique (activité 1).

Voir exercices 1, p. 261, et 6 à 9, p. 264.

Conversion d'unités
1 kW·h = 1 kW × 1 h
= 1 000 W × 3 600 s
= $3{,}6 \times 10^6$ J

2 Quelles conversions énergétiques se produisent dans un circuit électrique ?

En courant continu, la puissance électrique $\mathcal{P}$ d'un appareil électrique est égale au produit de la tension U à ses bornes par l'intensité I du courant qui le traverse :

$$\mathcal{P} = U \cdot I$$

$\mathcal{P} = U \cdot I$
$\mathcal{P}$ est exprimé en watt (W) si U est exprimé en volt (V) et I en ampère (A).

2.1 Le conducteur ohmique, un exemple de récepteur électrique

La caractéristique d'un dipôle est la représentation graphique de la tension U à ses bornes en fonction de l'intensité I du courant qui le traverse.
La caractéristique d'un **conducteur ohmique** de résistance R est une droite d'équation $U = R \cdot I$ (activité 2 et doc. 2). C'est la **loi d'Ohm**.
Comme $\mathcal{E} = \mathcal{P} \cdot \Delta t$ et $\mathcal{P} = U \cdot I$, l'énergie consommée par un conducteur ohmique vaut $\mathcal{E} = U \cdot I \cdot \Delta t = R \cdot I^2 \cdot \Delta t$.
Cette énergie consommée entraîne un échauffement du conducteur ohmique. Il y a dissipation d'énergie vers le milieu environnant.

Un conducteur ohmique, alimenté par un générateur, réalise un transfert thermique vers le milieu environnant : c'est l'**effet Joule**.

L'effet Joule est parfois recherché, comme dans les systèmes de chauffage électrique. Souvent, il est non désiré ; c'est pour cela que l'on refroidit de nombreux appareils comme, par exemple, les ordinateurs.

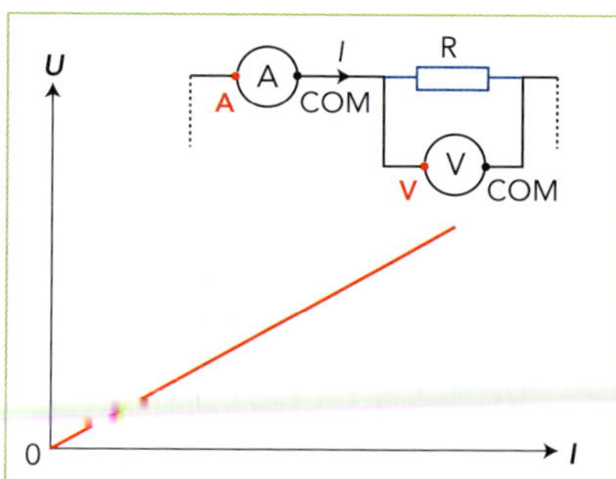

Doc. 2 Caractéristique d'un conducteur ohmique. Le voltmètre mesure la tension U à ses bornes ; l'ampèremètre mesure l'intensité I du courant électrique qui le traverse.

COMPÉTENCES MISES EN ŒUVRE
- Élaborer un protocole expérimental.
- Réaliser un graphique.

II. Tracer une caractéristique

On cherche à tracer la caractéristique d'un électrolyseur.
Le matériel disponible est le suivant : générateur de tension réglable, multimètres, électrolyseur, fils de connexion, interrupteur.

1. Rédiger un protocole comportant le schéma du montage et indiquant les manipulations à effectuer afin de tracer la caractéristique de l'électrolyseur.

2. Représenter la caractéristique de l'électrolyseur à l'aide des mesures données ci-dessous.

I (mA)	0	2	5	20	40	60	80	100
U (V)	0,00	1,57	1,93	2,02	2,06	2,10	2,14	2,18

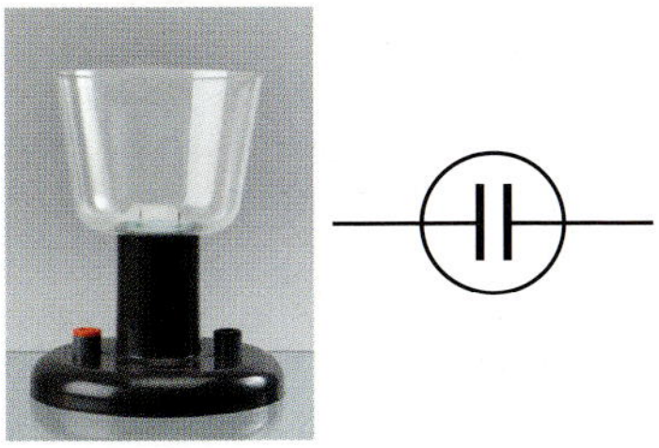

Un électrolyseur et son symbole.

Conseils

Comment rédiger un protocole ?

1. En lisant le protocole, on doit comprendre les mesures à réaliser.
Pour le montage, il faut veiller aux branchements en série ou en dérivation des multimètres suivant la mesure recherchée.

Comment effectuer une représentation graphique ?

2. Pour graduer les axes, il faut repérer les valeurs extrêmes des grandeurs mesurées et déduire ensuite l'échelle pour que le graphe s'étale sur une dizaine de centimètres.
Les valeurs d'intensité varient entre 0 et 100 mA ; on peut donc prendre une échelle sur l'axe des abscisses telle que 1 cm représente 10 mA.
Les valeurs de la tension varient entre 0 et 2,18 V ; on peut donc prendre une échelle sur l'axe des ordonnées telle que 1 cm représente 0,2 V.
Il ne faut pas oublier les noms des grandeurs et les unités sur les axes.
Les points correspondants aux mesures doivent être visibles. Il faut ensuite les relier par une courbe lissée.

Solution rédigée

1. Pour différentes valeurs de la tension délivrée par le générateur, on mesure la tension *U* aux bornes de l'électrolyseur et l'intensité *I* du courant qui le traverse.

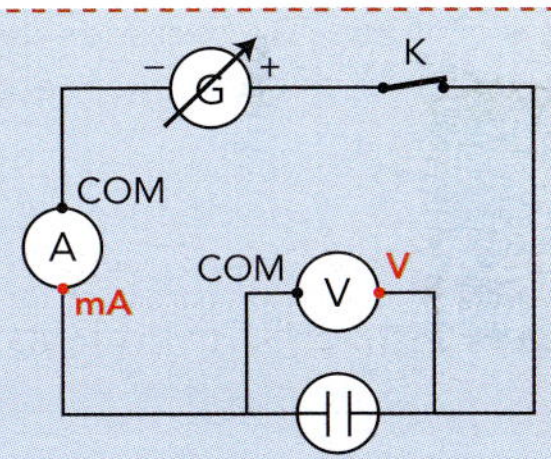

2. Les mesures permettent d'obtenir la courbe suivante :

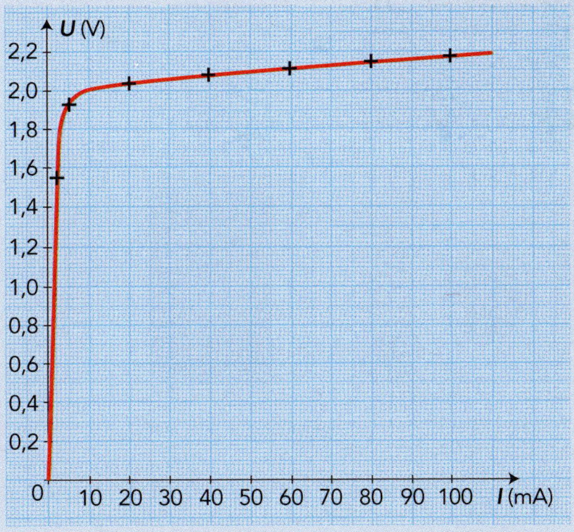

Application immédiate

5 **1.** Rédiger un protocole permettant d'obtenir la caractéristique d'une lampe à incandescence.
2. Représenter cette caractéristique à partir des valeurs du tableau ci-dessous.

I (mA)	0	18	35	51	58	66	80	89	95	103	108
U (V)	0,00	0,25	0,88	1,72	2,16	2,72	3,76	4,72	5,28	6,08	6,84

Voir corrigés, p. 369.

Pour commencer

Quelle est la relation entre la puissance et l'énergie ?

6 **Convertir des puissances et des énergies**

Effectuer les conversions d'unités suivantes :
a. 2,6 MW = ... W; b. 8 500 W = ... kW;
c. 200 kW·h = ... J; d. 1 800 J = ... W·h;

7 **Distinguer puissance et énergie**

Parle-t-on de puissance ou d'énergie dans chacune des phrases suivantes ?
a. Les petites voitures électriques sans permis ont des moteurs de 3,5 à 4 kW.
b. Un constructeur franco-japonais équipera ses véhicules électriques de batteries de 24 kW·h.
c. Vaporiser un kilogramme d'eau requiert environ 340 kJ.

8 **Connaître des ordres de grandeur**

Attribuer à chaque appareil sa puissance de fonctionnement.
a. 1,0 W; b. 2 600 W; c. 10 W; d. 8,8 MW.

9 **Utiliser la relation liant puissance et énergie**

Un écran d'ordinateur LCD-LED de 24 pouces a consommé 72,5 W·h en 2 h 30 min de fonctionnement.

1. Rappeler l'expression de l'énergie $\mathcal{E}$ consommée par un appareil de puissance $\mathcal{P}$ pendant une durée d'utilisation Δt ?
2. Calculer la puissance de cet écran.
3. Le constructeur indique une puissance de 1,3 W en veille. Calculer l'énergie consommée par cet écran laissé en veille pendant 21 h 30 min. Conclure.

Voir, si nécessaire, l'exercice résolu I, p. 262.

Quelles conversions énergétiques se produisent dans un circuit électrique ?

10 **Mesurer une intensité**

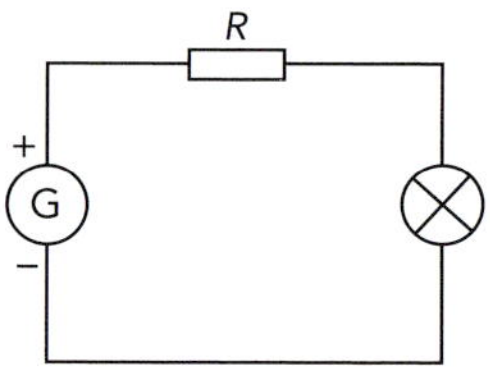

On désire mesurer l'intensité *I* du courant qui traverse la lampe du montage schématisé ci-contre.
Recopier le schéma et représenter l'appareil de mesure nécessaire en précisant le sens de branchement permettant d'obtenir une valeur positive de l'intensité du courant.

11 **Mesurer une tension**

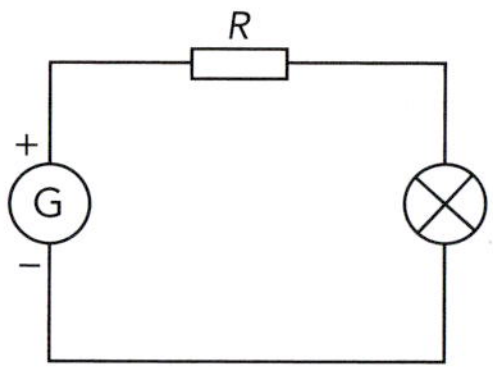

On souhaite mesurer la tension *U* aux bornes de la lampe du montage schématisé ci-contre.
Recopier le schéma et représenter l'appareil de mesure nécessaire en précisant le sens de branchement permettant d'obtenir une valeur positive.

12 **Exploiter une caractéristique**

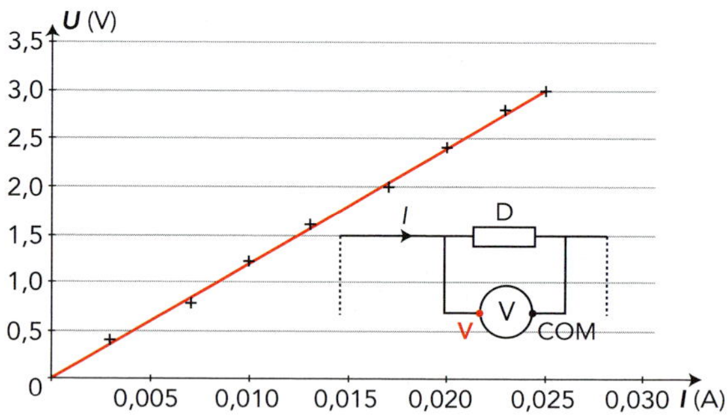

On donne la caractéristique d'un dipôle D.
1. Montrer que ce dipôle suit la loi d'Ohm.
2. Déterminer la valeur de la résistance de ce dipôle.

13 **Interpréter le fonctionnement d'un grille-pain**

1. Établir la liste des conversions d'énergie mises en jeu dans un grille-pain.
2. Quel phénomène est utilisé pour griller ses tartines ?

Qu'est-ce qu'une chaîne énergétique ?

14 Illustrer la conservation de l'énergie dans une chaîne énergétique

1. Recopier et compléter la chaîne énergétique ci-dessous, en utilisant les termes *centrale thermique*, *énergie thermique*, *énergie électrique* et *énergie chimique*.

2. Donner la relation entre les différentes énergies mises en jeu.

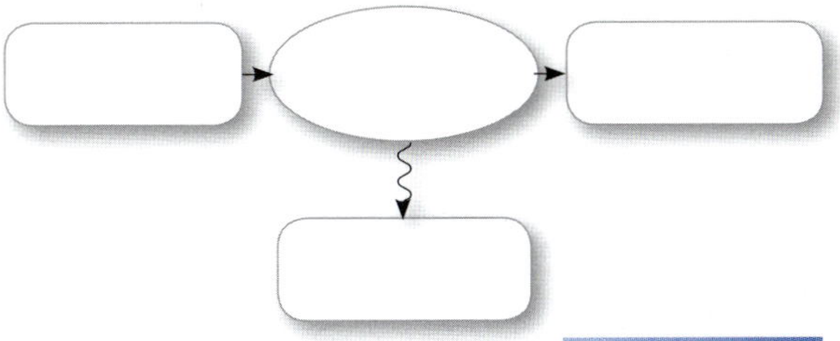

15 Schématiser une chaîne énergétique

Une éolienne utilise l'énergie mécanique du vent afin de produire de l'électricité.
Schématiser la chaîne énergétique mise en œuvre dans une éolienne.

16 Calculer un rendement

La turbine d'une centrale thermique reçoit en une heure une énergie de 270 GJ et l'alternateur fournit au réseau électrique une énergie de 208 GJ.

1. Calculer la puissance reçue par la turbine et la puissance transmise au réseau par l'alternateur.

2. Calculer le rendement de conversion ρ de cette centrale.

Pour s'entraîner

17 Notice d'utilisation

COMPÉTENCES **Trouver des informations ; raisonner.**

On trouve dans la notice d'utilisation d'un hachoir électrique les informations suivantes.

CARACTÉRISTIQUES TECHNIQUES
Hachoir électrique à viande à usage domestique.
Tension : 220-240 AC
Fréquence : 50 Hz
Puissance : 200 W
Cycle d'intermittence :
15 minutes d'utilisation/30 minutes de repos
Dimensions en cm (H × L × P) : 38 × 18 × 35
Poids net : 3,2 kg

1. Cet appareil s'utilise-t-il avec une tension électrique continue ou alternative ?

2. Quel est l'ordre de grandeur de la puissance de cet appareil ?

3. Pour quelle raison est-il recommandé de ne pas utiliser pendant plus de 15 minutes ce hachoir ? À quoi servent les 30 minutes de repos ?

4. Calculer l'énergie consommée par le hachoir en 15 minutes d'utilisation.

18 Centrale thermique

COMPÉTENCE **Effectuer un calcul.**

En une année, une centrale thermique a consommé $1{,}2 \times 10^6$ t de charbon et produit $2{,}4 \times 10^9$ kW·h d'électricité.
Donnée : 1 t de charbon libère une énergie chimique égale à $2{,}9 \times 10^{10}$ J.

1. Calculer l'énergie chimique consommée annuellement par cette centrale thermique ?

2. Définir puis calculer le rendement de conversion de cette centrale. On exprimera toutes les énergies dans la même unité.

19 Rendement de conversion d'une centrale hydraulique

COMPÉTENCES **Effectuer un calcul ; interpréter un résultat.**

Une centrale hydraulique utilise l'énergie cinétique d'une chute d'eau pour faire tourner une turbine. Un alternateur utilise l'énergie mécanique fournie par la turbine pour produire de l'énergie électrique. L'électricité produite est alors acheminée, vers les consommateurs.

1. a. Schématiser la chaîne énergétique au niveau de la turbine.
b. Exprimer le rendement de conversion de la turbine.

2. a. Schématiser la chaîne énergétique au niveau de l'alternateur.
b. Exprimer le rendement de conversion de l'alternateur.

3. Le rendement de la turbine est de 60 %, celui de l'alternateur de 80 %. Calculer le rendement global de conversion de la centrale hydraulique.

4. Quel est l'intérêt écologique de ces centrales ?

Exercices

20 Rédiger correctement une solution

COMPÉTENCES Raisonner ; effectuer un calcul.

La solution de l'exercice suivant a été rédigée par un élève, puis annotée par un professeur. Lire l'énoncé, les réponses de l'élève et les corrections suggérées, puis rédiger une solution détaillée.

On estime que le rayonnement solaire qui atteint l'atmosphère terrestre a une puissance de 1,4 kW par unité de surface perpendiculaire aux rayons solaires. Après traversée de l'atmosphère, cette puissance est de 0,7 kW pour une journée de fort ensoleillement.

1. Comment expliquer la différence observée ?

2. Une installation domestique de 20 m^2 de panneaux photovoltaïques orientés perpendiculairement aux rayons solaires a un rendement de conversion de 15 %.

a. Calculer la puissance électrique de cette installation.

b. Calculer, en W·h, la quantité d'énergie électrique produite pour 1 500 h d'ensoleillement (valeur moyenne annuelle).

1. Il y a moins de puissance donc d'énergie au sol qu'en haut de l'atmosphère.

Ceci n'est pas une explication mais une paraphrase de l'énoncé.

2. a. $\rho = \dfrac{\mathcal{P}_{sortie}}{\mathcal{P}_{entrée}}$

donc $\mathcal{P}_{sortie} = \rho \times \mathcal{P}_{entrée} = 15 \times 0,7 = 11$ kW.

Attention, le rendement est donné en pourcentage. La puissance (ou l'énergie) en sortie ne peut être supérieure à la puissance (ou à l'énergie) en entrée.

b. $\mathcal{E} = \mathcal{P} \times \Delta t = 11 \times 1500 = 16500$ kW·h.

Il y a l'erreur précédente, mais aussi la consigne pour l'unité n'est pas respectée.

21 Caractéristique d'un conducteur ohmique

COMPÉTENCES Lire un graphique ; effectuer un calcul ; argumenter.

À l'aide d'un générateur réglable et de multimètres, on réalise les mesures permettant de tracer la caractéristique d'un conducteur ohmique de résistance R.

1. Représenter le schéma du circuit électrique utilisé pour ces mesures en précisant les branchements des multimètres utilisés.

2. Tracer la caractéristique de ce dipôle à partir des mesures suivantes :

U (V)	0,0	1,0	2,0	4,0	6,0	8,0	10
I (mA)	0,0	39	79	160	238	316	395

Commenter l'allure du graphique obtenu.

3. En déduire la valeur de la résistance de ce conducteur ohmique.

4. Si on impose une tension de 5,0 V aux bornes de ce dipôle, déterminer la valeur de l'intensité du courant qui le traverse.

5. Quelle(s) conversion(s) d'énergie réalise ce récepteur ?

Voir, si nécessaire, l'exercice résolu II, p. 263.

22 Étude d'une caractéristique

COMPÉTENCE Lire un graphique.

Le schéma suivant représente une partie du circuit électrique qui a permis de tracer la caractéristique d'une lampe à incandescence.

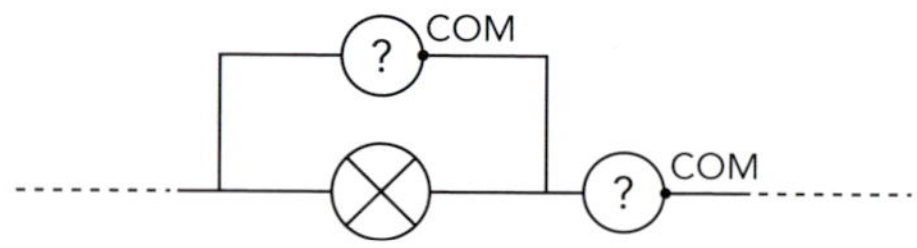

On obtient la caractéristique suivante :

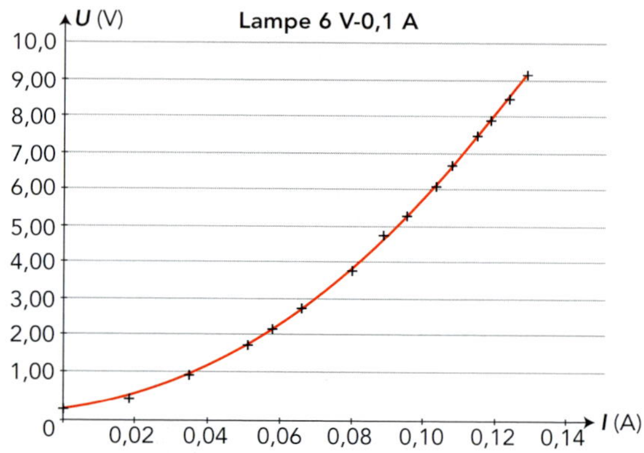

1. Reproduire le schéma électrique et compléter les symboles des multimètres en précisant leurs bornes de façon à mesurer U et I.

2. La lampe obéit-elle à la loi d'Ohm ? Justifier.

3. Quelle sera la tension mesurée aux bornes de la lampe si elle est parcourue par un courant d'intensité 68 mA ?

23 Geothermic central

COMPÉTENCES Trouver des informations ; raisonner.

Projects in the geothermal science were born in the United States. For example, the geothermal power plant of the county of Beaver is based in Utah. Such a power plant cost 33 million dollars and it began to generate its first megawatts of electricity for the city of Anaheim, in California.

It is equipped with electric generators capable of producing 11 MW of power. 1.0 MW are used by pumps, the remaining 10 MW give electricity to approximately 7,000 housing.

Two other power plants of this type are under construction in Nevada and New Mexico.

L'homme a, par la suite, inventé de nombreux convertisseurs, le premier étant tout simplement le feu qui convertit de l'*énergie chimique* en lumière et chaleur au moyen d'une *réaction de combustion* à partir de *combustibles* (bois, charbon, etc.).

4 **a.** Qu'est ce que la photosynthèse ?
Pourquoi qualifie-t-on la plante de réacteur photochimique ?
b. Écrire l'équation de la réaction se produisant dans une feuille.

5 **a.** @ SVT Rechercher la signification des initiales ATP.
b. @ SVT Nommer le cycle traduisant la dégradation des glucides dans l'organisme et la production d'ATP.
c. @ SVT Dans quel organite est-il réalisé ?
d. Identifier les groupes caractéristiques représentés en rouge dans le **document 2**.

B Stocker l'énergie chimique

L'énergie peut rarement être consommée au fur et à mesure et sur le lieu même de sa production : il est donc nécessaire de la stocker et de la transporter.
L'énergie peut être stockée sous forme mécanique (retenue d'eau d'un barrage hydroélectrique, etc.), sous forme de chaleur (géothermie, ballon d'eau chaude, etc.), sous forme nucléaire (uranium fissile, etc.) et surtout sous forme d'*énergie chimique*.
Les accumulateurs, par exemple, permettent de stocker de l'énergie chimique qui pourra être convertie en énergie électrique à l'endroit et au moment où le consommateur en aura besoin (**chapitre 17**).

Il existe des réservoirs naturels d'énergie chimique : le charbon, le pétrole, le gaz et la *biomasse* **(doc. 3)** ; d'autres ont été inventés par l'homme : les accumulateurs, les piles à combustibles avec leur réservoir de dihydrogène, les réservoirs d'essences, etc.

6 Pourquoi est-il nécessaire de stocker l'énergie ?

7 @ Qu'est ce que la biomasse ?

8 L'énergie des réservoirs naturels d'énergie chimique est essentiellement récupérée au moyen de combustions.
a. Qu'est ce qu'une combustion ?
b. Dans quel domaine de l'activité humaine utilise-t-on principalement ces combustions ?

9 Écrire l'équation de la combustion complète du méthane, principal constituant du gaz naturel.

Un pas vers le cours...

10 Qu'est-ce que l'énergie chimique ?

Doc. 3 Exemples de ressources énergétiques naturelles.

2 La dépendance aux énergies : impact environnemental

EN AUTONOMIE

La connaissance précise des dommages environnementaux est indispensable pour progresser vers un usage raisonné de l'énergie. Quel est l'impact environnemental de la consommation d'énergie ?

L'ÉPUISEMENT DES RESSOURCES

La demande mondiale en énergies primaires sera en forte augmentation d'ici à 2030 : des scénarii d'épuisement de certaines ressources fossiles sont envisagés à plus ou moins long terme. Le passage à des énergies alternatives est recommandé. Cependant, leur développement a aussi un impact, tant environnemental que social et sociétal (voir activité 3).

LA POLLUTION DE L'AIR

L'air est plus ou moins contaminé par des polluants d'origine naturelle ou produits par les activités humaines. Parmi ceux-là, on peut citer les composés organiques volatils (COV) ou le monoxyde de carbone CO qui proviennent en grande partie des combustions, les oxydes d'azote NO_x qui sont principalement dus au transport routier, et l'ozone qui résulte de réactions chimiques, sous l'effet de la lumière solaire.

LA CONSOMMATION D'ÉNERGIE

Consommation en France d'énergie primaire en Mtep (2009)

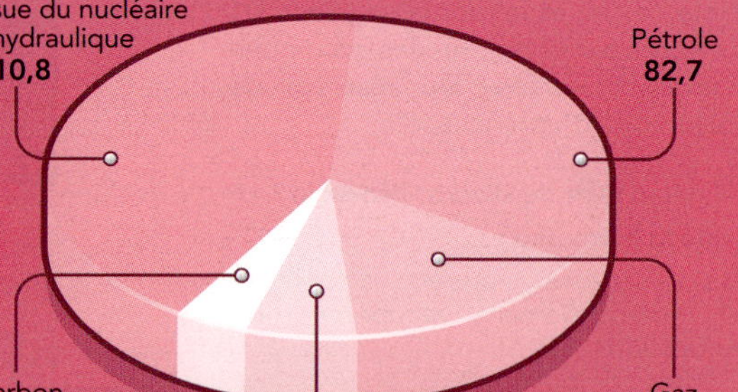

Les énergies fossiles et certaines énergies renouvelables permettent, grâce à des réactions de combustions, de convertir l'énergie chimique en une autre forme d'énergie : les ressources sont consommées et des [illegible] chimiques, ayant un impact sur l'environnement, sont produites.

* Énergies renouvelables thermiques (bois, déchets de bois, solaire thermique, etc.), pompes à chaleurs et biocarburants.

Source : Ministère de l'écologie, de l'énergie, du développement durable et de la mer, 2009.

L'EFFET DE SERRE ET LES CHANGEMENTS CLIMATIQUES

L'effet de serre est un phénomène naturel qui permet d'avoir une température moyenne sur Terre de 15 °C contre – 18 °C s'il n'existait pas. Naturellement peu abondants dans l'atmosphère, les gaz à effet de serre dus à l'activité humaine sont en augmentation (la concentration de CO_2 a augmenté de 30 % depuis une centaine d'années).

LE SAVIEZ-VOUS ?
Dans le protocole de Kyoto, sont reconnus les gaz à effet de serre direct (CO_2, CH_4, N_2O, HFC, PFC, SF_6) et les quatre gaz à effet de serre indirect (SO_2, NO_x, COVNM, CO).

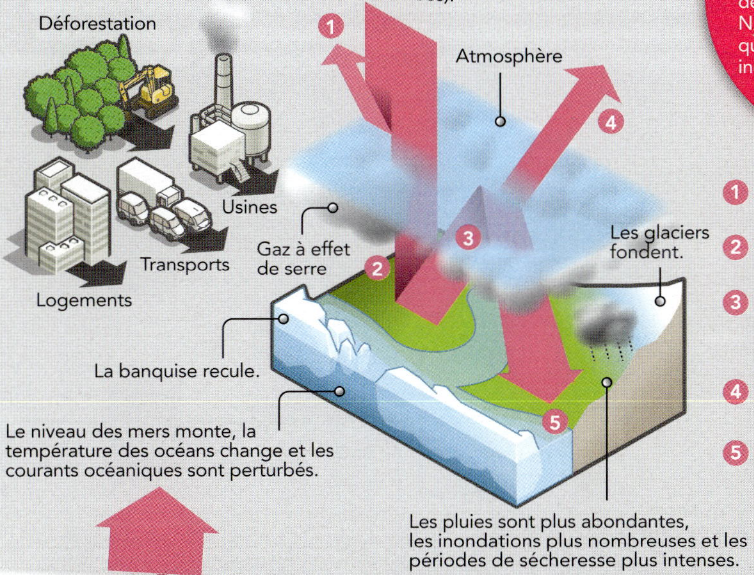

1. Une partie des rayons solaires est renvoyée dans l'espace.
2. Une partie de l'énergie solaire réchauffe la Terre.
3. Une partie de l'énergie solaire absorbée par la Terre est réémise puis retenue par les gaz à effet de serre.
4. Une partie est renvoyée dans l'espace.
5. Les activités humaines rejettent de plus en plus de gaz à effet de serre : plus d'énergie est retenue.

Source : www.cea.fr

LES ÉMISSIONS DE CO_2

La connaissance de la répartition des émissions en CO_2 en fonction des secteurs d'activité peut permettre d'agir : le Grenelle de l'environnement a rappelé l'objectif de diviser par quatre les émissions de gaz à effet de serre, d'ici 2050.

Émission de CO_2 dans l'air par secteur en France (2009)

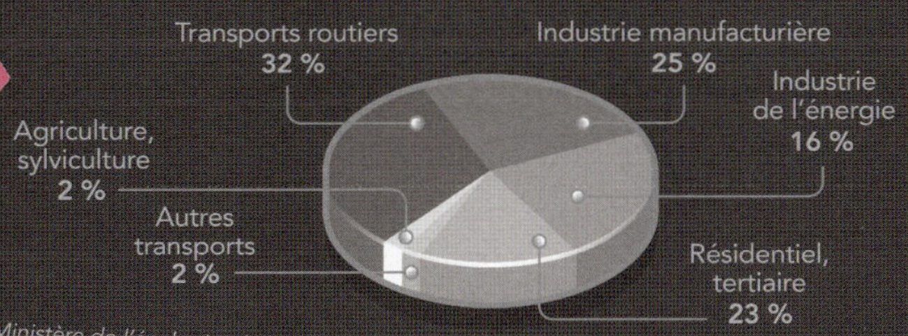

Source : Ministère de l'écologie, de l'énergie, du développement durable et de la mer, 2009.

LE SAVIEZ-VOUS ?
Avec un total de 365 Mt en 2009, les émissions de dioxyde de carbone CO_2 diminuent en France. Cette baisse (– 6,5 % depuis 1990) touche l'ensemble des secteurs et particulièrement celui de l'industrie (– 9 %).

1 Rechercher la signification de l'unité tep. Qu'est-ce que 1 Mtep ?

2 **a.** @ Rechercher le nom et, quand c'est possible, la formule des principaux gaz responsables de la pollution de l'air.
b. @ Quels sont leurs effets sur la santé ?

3 **a.** Quel est le premier secteur responsable de l'émission de CO_2 dans l'air ?
b. Pourquoi ce secteur produit-il du dioxyde de carbone ?

4 **a.** Expliquer, en quelques phrases, le phénomène de l'effet de serre.
b. En s'aidant de la loi vue au chapitre 2, justifier qu'une partie de l'énergie solaire reçue par la Terre est réémise.
c. Pourquoi est-il nécessaire de limiter l'effet de serre dû à l'activité humaine ?

5 @ Rechercher le nom et, quand c'est possible, la formule des principaux gaz responsables de l'effet de serre cités dans le texte.

6 **a.** @ Citer des énergies alternatives.
b. Pourquoi l'utilisation d'énergies alternatives est-elle envisagée ?
c. Émettre des hypothèses sur l'impact parfois néfaste de cette utilisation.

Activités Étude documentaire

3 Les biocarburants : solution écologique ou problème éthique ?

EN AUTONOMIE

Les biocarburants sont mélangés à certains combustibles comme l'essence ou le gazole. Envisagés un temps comme la meilleure solution pour répondre au défi des émissions de CO_2, générées par les carburants fossiles, ainsi qu'aux problèmes liés à l'épuisement des ressources, ils suscitent aujourd'hui bien des débats. Peut-on facilement évaluer le bilan environnemental des biocarburants ?

Les biocarburants sont des carburants obtenus à partir d'une matière première végétale (**biomasse**). Il existe deux grandes filières de production :
– **la filière des huiles végétales** avec l'EMHV (**e**sters **m**éthyliques d'**h**uiles **v**égétales) pour les véhicules diesel ;
– **la filière éthanol** qui comprend l'éthanol et l'ETBE (**é**thyl-**t**ertio**b**utyl-**é**ther) pour les véhicules essence.
En France, l'incorporation d'éthanol dans l'essence est possible à 10 % en volume (E10) et jusqu'à 15 % pour l'ETBE. L'EMHV est mélangé au gazole entre 5 % et 30 %.

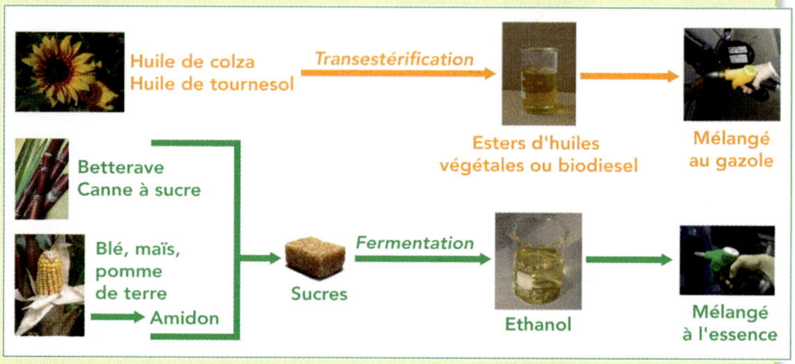

La production mondiale d'huile végétale est de l'ordre de 80 Mt par an, dont 30 % pour une utilisation alimentaire. En France, la betterave à sucre et les céréales sont les principales ressources utilisées pour la production de l'éthanol.

Pour la filière éthanol, le **rendement énergétique** (rapport entre l'énergie restituée et l'énergie non renouvelable mobilisée) est plus du double de celui de la filière essence.
Pour la filière tournesol et colza, le rendement énergétique est plus du triple de celui de la filière diesel.
L'**impact sur l'effet de serre** de la filière éthanol est entre deux et quatre fois plus faible que celui des filières essence ou diesel. Mais, la production de biocarburants pourrait poser des problèmes :
– en France, il faudrait cultiver près de 120 % de la surface agricole avec du colza ;
– la production de biocarburants entrerait en concurrence avec les cultures de denrées alimentaires ;
– une production intensive (engrais, irrigation, etc.) pourrait causer des atteintes à l'environnement. Néanmoins, il convient de distinguer les biocarburants de première et de deuxième génération.
Les premiers, issus de ressources alimentaires, sont contestés.
Les seconds, issus de la valorisation de la plante entière (bois, feuilles, paille, etc.), sont mieux acceptés. Des recherches actuelles tendent vers les biocarburants de troisième génération (algocarburant), produits à partir de micro-algues, mais leur rendement énergétique (production de lipides et de dihydrogène) est encore faible. La filière gaz est également une piste de recherche prometteuse.

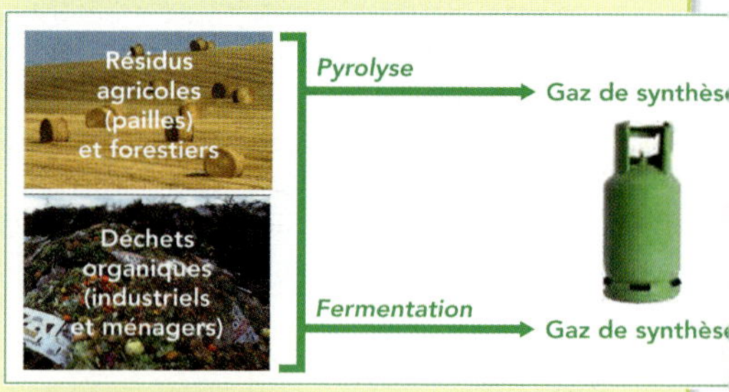

Le gaz de synthèse, constitué essentiellement de monoxyde de carbone CO et de dihydrogène H_2, peut permettre la fabrication de biocarburants.

1 Pourquoi la filière biocarburants permet-elle de rejeter moins de CO_2 dans l'atmosphère que celles des carburants fossiles ?

2 Quels sont les principaux inconvénients des biocarburants de première génération ?

3 Pourquoi les biocarburants de deuxième et troisième générations sont-ils mieux acceptés ?

4 Pour quelle(s) utilisation(s) cherche-t-on à produire du dihydrogène ?

Exercice résolu

COMPÉTENCES MISES EN ŒUVRE
- Raisonner.
- Argumenter.

II. Déterminer une masse de combustible

Pour faire une fondue, on souhaite chauffer un volume $V = 0{,}75$ L de vin blanc dans un caquelon en fonte.
L'éthanol est le combustible utilisé. L'énergie thermique, libérée par la combustion d'une masse m_{ol} d'éthanol, sert à chauffer le vin et le caquelon en fonte, ainsi qu'à vaporiser l'éthanol, qui doit être gazeux pour pouvoir brûler. On a donc la relation :

$$m_{ol} \cdot \mathscr{E}_{th} = (m_{vin} \cdot c_{vin} + C_{caquelon}) \cdot (\theta_f - \theta_i) + m_{ol} \cdot L_{éb}$$

1. Déterminer la masse m_{vin} de vin blanc à chauffer.

2. Déterminer la masse minimale m_{ol} d'éthanol nécessaire, lorsque l'on porte le vin de la température $\theta_i = 20$ °C à la température $\theta_f = 90$ °C.

3. Pourquoi parle-t-on de masse minimale ?

Données : $\rho_{vin} = 1{,}088$ kg·L^{-1} ; $\mathscr{E}_{th} = 29{,}7$ kJ·g^{-1} ; $L_{éb} = 926$ J·g^{-1} ; $c_{vin} = 4{,}18$ J·g^{-1}·°C^{-1} ; $C_{caquelon} = 2{,}0$ kJ·°C^{-1}.

Conseils

Comment déterminer la masse de vin ?

1. Voir le **diagramme**, p. 12.

Comment déterminer la masse d'alcool ?

2. Utiliser la formule donnée en prenant garde aux unités.

Pourquoi la masse calculée est-elle minimale ?

3. Penser aux pertes thermiques.

Solution rédigée

1. La masse est donnée par :

$$m_{vin} = \rho_{vin} \times V = 1{,}088 \times 0{,}75 = \mathbf{0{,}82\ kg}.$$

2. On sait que $m_{ol} \cdot \mathscr{E}_{th} = (m_{vin} \cdot c_{vin} + C_{caquelon}) \cdot (\theta_f - \theta_i) + m_{ol} \cdot L_{éb}$

soit : $m_{ol} \cdot \mathscr{E}_{th} - m_{ol} \cdot L_{éb} = (m_{vin} \cdot c_{vin} + C_{caquelon}) \cdot (\theta_f - \theta_i)$

$m_{ol} \cdot (\mathscr{E}_{th} - L_{éb}) = (m_{vin} \cdot c_{vin} + C_{caquelon}) \cdot (\theta_f - \theta_i)$.

d'où : $$m_{ol} = \frac{(m_{vin} \cdot c_{vin} + C_{caquelon}) \cdot (\theta_f - \theta_i)}{(\mathscr{E}_{th} - L_{éb})} = \frac{(0{,}82 \times 10^3 \times 4{,}18 + 2{,}0 \times 10^3) \times (90 - 20)}{(29{,}7 \times 10^3 - 926)}$$

soit : $$m_{ol} = \mathbf{13\ g}.$$

3. La combustion de l'éthanol sert également à chauffer le récipient dans lequel il est contenu ainsi que l'air environnant. La masse d'éthanol brûlée est donc supérieure à celle calculée.

Application immédiate

5 Pour préparer un thé vert à la menthe, on souhaite faire chauffer un volume $V = 0{,}25$ L d'eau dans une théière en fonte.
Le gaz de ville, principalement constitué de méthane, est le combustible utilisé. L'énergie thermique libérée par la combustion d'une masse m_{gaz} de gaz sert à chauffer l'eau et la théière. On a donc la relation :

$$m_{gaz} \cdot \mathscr{E}_{th} = (m_{eau} \cdot c_{eau} + C_{théière}) \cdot (\theta_f - \theta_i).$$

1. Déterminer la masse m_{eau} d'eau à chauffer.

2. Déterminer la masse minimale m_{gaz} de gaz nécessaire, lorsque l'on porte l'eau de la température $\theta_i = 20$ °C à la température $\theta_f = 85$ °C.

Données : $\rho_{eau} = 1{,}0$ kg·L^{-1} ; $\mathscr{E}_{th} = 55{,}6$ kJ·g^{-1} ; $c_{eau} = 4{,}18$ J·g^{-1}·°C^{-1} ; $C_{théière} = 750$ J·°C^{-1}.

Voir corrigés, p. 369.

Exercices

Pour commencer

Qu'est-ce que l'énergie chimique ?

6 Reconnaître l'énergie chimique

Parmi les réservoirs d'énergie suivants, indiquer ceux qui permettent de stocker l'énergie chimique :
a. une retenue d'eau ;
b. des noyaux fissiles de plutonium ;
c. une batterie d'accumulateurs électriques ;
d. le pétrole ;
e. du glucose.

7 Reconnaître les convertisseurs d'énergie chimique

Parmi les systèmes suivants, quels sont ceux qui permettent de convertir de l'énergie chimique en une autre forme d'énergie, qu'il faudra préciser :
a. une réaction chimique photo-luminescente (illustration ci-contre) ;
b. une réaction nucléaire ;
c. un barrage ;
d. une lampe à incandescence ;
e. les muscles.

8 Nommer des convertisseurs d'énergie chimique

Pour chacun des convertisseurs suivants, citer un exemple :
a. un réacteur photochimique ;
b. un convertisseur énergie chimique-énergie thermique ;
c. un convertisseur énergie chimique-énergie électrique ;
d. un convertisseur énergie chimique-énergie mécanique.

Comment écrire l'équation d'une réaction de combustion ?

9 Écrire l'équation de la combustion complète

Recopier les équations suivantes et les ajuster. Pour les équations c et f, déterminer les valeurs de *n* avant de procéder à l'ajustement.

a. ... CH_4 + ... O_2 → ... CO_2 + ... H_2O
b. ... $C_{10}H_{22}$ + ... O_2 → ... CO_2 + ... H_2O
c. ... C_nH_{2n+2} + ... O_2 → 9 CO_2 + 10 H_2O
d. ... C_2H_5OH + ... O_2 → ... CO_2 + ... H_2O
e. ... C_3H_7OH + ... O_2 → ... CO_2 + ... H_2O
f. ... $C_nH_{2n+1}OH$ + ... O_2 → 4 CO_2 + 5 H_2O

10 Écrire les équations d'une combustion incomplète

Le propane, gaz combustible, peut conduire à une combustion incomplète si le brûleur de la chaudière n'a pas été contrôlé régulièrement.

1. Nommer les trois espèces carbonées qui peuvent être formées lors d'une combustion incomplète.

2. Écrire les équations traduisant la formation de chacune d'entre elles.

Quel est l'ordre de grandeur de l'énergie libérée lors d'une combustion ?

11 Comparer des énergies de combustion et de vaporisation

On donne le tableau suivant :

	Énergie de combustion ($kJ \cdot mol^{-1}$)	Énergie de vaporisation ($kJ \cdot mol^{-1}$)
Méthanol	$0,7 \times 10^3$	37,4
Éthanol	$1,4 \times 10^3$	42,6
Octane	$5,5 \times 10^3$	35,0
Dodécane	$7,5 \times 10^3$	44,0

1. Comparer, pour chacune des espèces ci-dessus, leur énergie de combustion et celle de vaporisation en faisant le quotient de ces deux grandeurs pour chaque combustible.

2. Ce résultat était-il attendu ? Proposer une explication à la différence constatée.

12 Déterminer la chaleur de combustion de la paraffine

À l'aide d'une bougie en paraffine, alcane comportant 25 atomes de carbone, on chauffe dans une boîte en acier une masse m_1 = 148 g d'eau.

L'énergie libérée par la combustion d'une masse m = 0,44 g de bougie permet de liquéfier et de vaporiser la paraffine, puis d'élever la température de l'eau et de la boîte de $\Delta\theta$ = 25,4 °C.

Données : $m_{boîte}$ = 26,6 g ; $c_{eau} = 4,18\ J \cdot g^{-1} \cdot °C^{-1}$;
$c_{acier} = 0,470\ J \cdot g^{-1} \cdot °C^{-1}$; $Q_{éb(paraffine)} = 1420\ J \cdot g^{-1}$;

$$\mathscr{E}_{th} = \frac{1}{m} \cdot (m_1 \cdot c_{eau} + m_{boîte} \cdot c_{acier}) \cdot \Delta\theta + Q_{éb(paraffine)}$$

Exercice résolu

COMPÉTENCES MISES EN ŒUVRE
- Raisonner.
- Effectuer un calcul.

I. Déterminer la masse de dioxyde de carbone produite par une voiture

L'essence utilisée comme carburant dans les voitures est essentiellement constituée d'alcanes de formule brute C_8H_{18}.

1. En supposant que la combustion des alcanes dans le moteur est complète, écrire son équation.

2. Un véhicule consomme en moyenne $V = 7{,}0$ L d'essence au 100 km. Sachant que le dioxygène est en excès, déterminer, pour 1 km parcouru, la masse de dioxyde de carbone rejetée dans l'atmosphère.

Donnée : $\rho_{essence} = 750\ \text{g}\cdot\text{L}^{-1}$.

Conseils

Comment écrire l'équation de la combustion ?

1. • Exploiter le fait que cette combustion est complète.

• Ajuster les nombres stœchiométriques.

Comment déterminer la masse de CO_2 ?

2. • Déterminer la quantité d'alcane brûlée pour un parcours de 1 km.

• Pour les relations à utiliser, voir le **diagramme**, p. 12.

• Utiliser un tableau d'avancement pour déterminer la quantité, puis la masse de CO_2 produite.

Solution rédigée

1. Cette combustion met en jeu un alcane et le dioxygène. L'équation s'écrit :

$$2\ C_8H_{18} + 25\ O_2 \rightarrow 16\ CO_2 + 18\ H_2O$$

2. Masse d'alcane consommée pour parcourir 1 km :

$$m = \frac{\rho_{essence} \times V}{100}$$

Quantité de matière correspondante :

$$n = \frac{m}{M(C_8H_{18})} = \frac{\rho_{essence} \times V}{100 \times M(C_8H_{18})} = \frac{750 \times 7{,}0}{100 \times 114} = 0{,}46 \text{ mol.}$$

Équation		$2\ C_8H_{18}$	$+\ 25\ O_2$	$\rightarrow\ 16\ CO_2$	$+\ 18\ H_2O$
État initial	$x = 0$	0,46	excès	0	0
État final	x_{max}	$0{,}46 - 2\ x_{max}$	excès	$16\ x_{max}$	$18\ x_{max}$

D'après le tableau, dans l'état final : $0{,}46 - 2\ x_{max} = 0$.

Donc : $$x_{max} = \frac{0{,}46}{2} = 0{,}23 \text{ mol.}$$

La quantité de dioxyde de carbone produite est donc :

$$n(CO_2) = 16\ x_{max} = 16 \times 0{,}23 = 3{,}68 \approx 3{,}7 \text{ mol.}$$

La masse de dioxyde de carbone correspondante est :

$$\mathbf{m(CO_2)} = n(CO_2) \times M(CO_2) = 3{,}68 \times 44{,}0 = \mathbf{1{,}6 \times 10^2\ g.}$$

Application immédiate

4 Les moteurs *flexifuel* peuvent utiliser comme carburant un mélange constitué, en volume, de 85 % d'éthanol et 15 % d'essence. Au Brésil, l'éthanol est produit à partir de la canne à sucre (photographie).

1. Écrire l'équation de la combustion complète de l'éthanol C_2H_6O.

2. Un véhicule consomme en moyenne $V = 8{,}2$ L de mélange éthanol-essence au 100 km.

a. Déterminer la consommation d'éthanol au 100 km.

b. Déterminer, pour 1 km parcouru, la masse de dioxyde de carbone, due à la combustion de l'éthanol, rejetée dans l'atmosphère.

Donnée : $\rho_{éthanol} = 789\ \text{g}\cdot\text{L}^{-1}$.

Voir corrigés, p. 369.

QCM

Pour chaque question, indiquer la (ou les) bonne(s) réponse(s).

Voir corrigés, p. 369.

1 Définition de l'énergie chimique

	A	B	C
1. L'énergie chimique :	peut être stockée dans la biomasse.	peut être stockée dans un noyau fissile d'uranium.	dépend des liaisons rompues et formées lors d'une réaction chimique.
2. L'énergie chimique peut être :	transformée en énergie électrique.	stockée dans une pile.	libérée lors d'un changement d'état.
 **3.** Ces feuilles :	utilisent l'énergie rayonnante de la lumière.	sont le siège d'une production d'énergie chimique.	réalisent la photosynthèse en rejetant du dioxyde de carbone.

Si erreur, revoir § 1, p. 276.

2 Équation de combustion

	A	B	C
1. Une combustion complète peut libérer :	du dioxyde de carbone.	du carbone.	de l'eau.
2. Une combustion incomplète peut libérer :	du dioxyde de carbone.	du carbone.	de l'eau.
3. La combustion incomplète d'un hydrocarbure :	peut libérer un gaz toxique.	est traduite par l'écriture d'une seule équation chimique.	est traduite par l'écriture de plusieurs équations chimiques.
 **4.** La combustion complète du propane C_3H_8 admet pour équation :	$C_3H_8(g) + O_2(g) \rightarrow 3\ CO_2(g) + 4\ H_2O(g)$	$C_3H_8(g) + 5\ O_2(g) \rightarrow 3\ CO_2(g) + 4\ H_2O(g)$	$C_3H_8(g) + 5\ O_2(g) \rightarrow 3\ CO_2(g) + H_2O(g)$
5. L'une des équations de la combustion incomplète de l'« alcool de bois » ou méthanol, CH_3OH, peut s'écrire :	$CH_3OH(\ell) + O_2(g) \rightarrow CO(g) + 2\ H_2O(g)$	$2\ CH_3OH(\ell) + O_2(g) \rightarrow 2\ C(s) + 4\ H_2O(g)$	$3\ CH_3OH(\ell) + 2\ O_2(g) \rightarrow CO(g) + 2\ C(s) + 6\ H_2O(g)$

Si erreur, revoir § 2, p. 276.

3 Ordre de grandeur de l'énergie libérée lors d'une combustion

	A	B	C
1. L'énergie thermique libérée lors de la combustion du butane est égale à :	$2{,}877 \times 10^3\ J \cdot mol^{-1}$	$2{,}877 \times 10^6\ J \cdot mol^{-1}$	$2{,}877 \times 10^9\ J \cdot mol^{-1}$
2. L'énergie libérée lors d'une combustion dépend :	de l'espèce chimique.	du caractère, complet ou non, de celle-ci.	de la masse de combustible.
3. Par rapport à l'énergie dégagée lors d'une combustion une énergie de changement d'état est : 	moins grande	égale	plus grande

Si erreur, revoir § 3, p. 276.

Essentiel

Définition de l'énergie chimique

- **L'énergie chimique** constitue un réservoir d'énergie qu'il est possible de libérer lors d'une réaction chimique. Elle est liée à la rupture et à la formation des liaisons covalentes qui se produisent alors.
- L'énergie chimique peut être convertie en énergie rayonnante, en énergie électrique, en énergie mécanique ou en énergie thermique.
- Le pétrole, le gaz naturel, le charbon et la biomasse sont des réservoirs naturels d'énergie chimique.

Voir exercices 1, p. 277, et 6 à 8, p. 280.

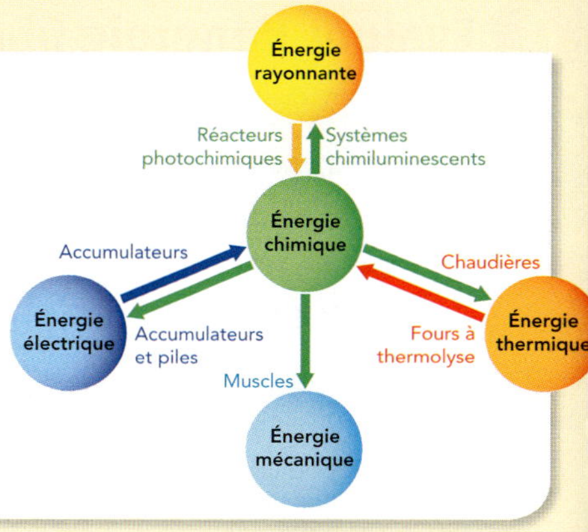

Équation d'une combustion

- La combustion complète d'une espèce organique conduit à la formation de dioxyde de carbone et d'eau.
L'équation de la combustion complète d'un alcane, telle que la paraffine, s'écrit :

$$C_{25}H_{52}(s) + 38\ O_2(g) \rightarrow 25\ CO_2(g) + 26\ H_2O(g)$$

L'équation de la combustion complète d'un alcool, tel que l'éthanol, s'écrit :

$$C_2H_5OH(\ell) + 3\ O_2(g) \rightarrow 2\ CO_2(g) + 3\ H_2O(g)$$

- Lorsque l'apport en dioxygène est insuffisant, la combustion devient incomplète et d'autres espèces chimiques peuvent se former : le carbone C (fine poudre noire) ou le monoxyde de carbone CO (gaz toxique). Il convient alors d'écrire une équation de réaction pour chaque espèce carbonée formée.

Voir exercices 2, p. 277 et 9 et 10, p. 280.

Combustion complète (a) et incomplète (b) du méthane.

Ordre de grandeur de l'énergie libérée lors d'une combustion

- Une combustion fournit de l'énergie thermique (ou chaleur).
- Les énergies thermiques molaires de combustion sont 10^2 à 10^3 fois plus grandes que celles de changement d'état. Ceci est dû à la nature des liaisons qui se rompent et se forment :
– lors des changements d'états, il s'agit de liaisons intermoléculaires (Van der Waals ou hydrogène) ;
– lors des réactions chimiques, il s'agit de liaisons covalentes.

	Ordre de grandeur (kJ·mol^{-1})
Énergie de combustion	10^3–10^4
Énergie de changement d'état	10^1–10^2

- Le pouvoir calorifique $\mathcal{P}$ d'un combustible est l'énergie thermique libérée lors de la combustion complète d'un kilogramme de ce combustible. Il s'exprime en kJ·kg^{-1}.

Voir exercices 3, p. 277, et 11 et 12, p. 280.

LES COMPÉTENCES ATTENDUES

- ✔ Recueillir et exploiter des informations sur le stockage et la conversion de l'énergie chimique.
- ✔ Écrire une équation de combustion.
- ✔ Mettre en œuvre un protocole permettant d'estimer la valeur de l'énergie libérée lors d'une combustion. (TP)
- ✔ Déterminer l'ordre de grandeur de la masse de dioxyde de carbone produite lors du déplacement d'un véhicule.
- ✔ Argumenter sur l'impact environnemental des transformations chimiques mises en jeu.

4 Évaluer l'énergie libérée lors d'une combustion

Les combustions que nous utilisons tous les jours dans notre vie quotidienne dégagent de la chaleur et produisent du dioxyde de carbone. Comment évaluer l'énergie fournie par ces combustions ? Comment déterminer la masse de dioxyde de carbone libérée ?

A Principe

L'énergie libérée par la combustion d'une bougie **(doc. 4)** est utilisée pour chauffer, de la température θ_i à la température θ_f, une boîte métallique, de masse m_b, contenant une masse m_1 d'eau. L'énergie thermique reçue $\mathscr{E}_{th1}$ vaut (**chapitre 9**, p. 153) :

$$\mathscr{E}_{th1} = (m_1 \cdot c_{eau} + m_b \cdot c_{métal}) \cdot (\theta_f - \theta_i)$$

L'énergie libérée par la combustion permet également de faire fondre, puis de vaporiser, la masse m_2 de paraffine de la bougie qui aura brûlé. L'énergie thermique nécessaire $\mathscr{E}_{th2}$ vaut :

$$\mathscr{E}_{th2} = m_2 \cdot L$$

où L est l'énergie nécessaire à la fusion, puis à la vaporisation de 1,0 g de paraffine.
Comme on admet que l'ensemble est thermiquement isolé, l'énergie $\mathscr{E}_{th3}$ libérée par la combustion s'exprime par :

$$\mathscr{E}_{th3} = \mathscr{E}_{th1} + \mathscr{E}_{th2}$$

Données : $L = 1{,}42 \times 10^3\ J \cdot g^{-1}$; $c_{eau} = 4{,}18\ J \cdot g^{-1} \cdot °C^{-1}$; $c_{Al} = 0{,}90\ J \cdot g^{-1} \cdot °C^{-1}$; $c_{acier} = 0{,}47\ J \cdot g^{-1} \cdot °C^{-1}$.

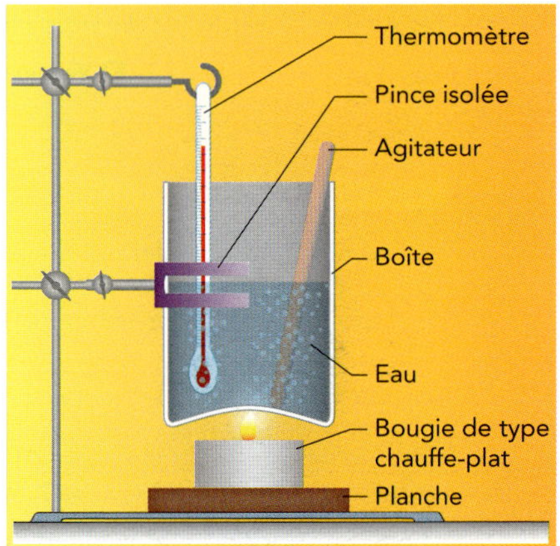

Doc. 4 Dispositif expérimental.

B Réalisation expérimentale

- Déterminer précisément la masse m_a de la bougie.
- Déterminer la masse m_b de la boîte métallique.
- Introduire dans la boîte approximativement 150 mL d'eau froide à environ 6 °C, puis déterminer précisément la masse d'eau introduite.
- Réaliser le montage du **document 4**.
- Relever la température θ_i et allumer la bougie.
- Agiter régulièrement l'eau. Continuer à chauffer jusqu'à ce que la température atteigne environ 35 °C.
- Éteindre la bougie. Continuer à agiter l'eau en repérant sa température. Relever sa valeur maximale θ_f.
- Déterminer à nouveau la masse m_c de la bougie.

1 Déterminer la masse m_2 de paraffine ayant brulé.

2 En déduire l'énergie $\mathscr{E}_{th3}$ libérée par cette combustion.

3 **a.** En déduire l'énergie thermique libérée par la combustion de 1,0 g de paraffine.
b. Exprimer cette grandeur en $kJ \cdot kg^{-1}$. Cela définit le pouvoir calorifique $\mathscr{P}$ de la paraffine.

Un pas vers le cours...

4 La paraffine est essentiellement constituée d'un alcane de formule brute $C_{25}H_{52}$.
Calculer l'énergie $\mathscr{E}$, exprimée en $kJ \cdot mol^{-1}$, libérée par la combustion d'une mole de paraffine.

5 Les énergies de changement d'état sont, pour la paraffine, d'environ 100 $kJ \cdot mol^{-1}$.
Comparer cette valeur à celle libérée lors de la combustion. Proposer une explication à la différence constatée.

6 Écrire l'équation de la combustion complète de la paraffine.

7 **a.** Établir, puis compléter le tableau d'avancement, relatif à la combustion d'une mole de paraffine.
b. En déduire la masse m de dioxyde de carbone produite par la combustion complète d'une mole de paraffine.

8 Compléter le schéma ci-dessous :

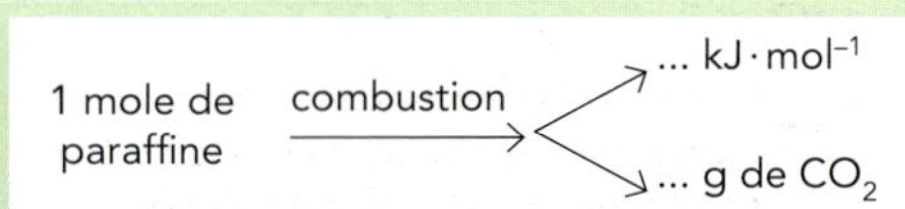

1. Donner la formule brute de la paraffine.

2. Écrire l'équation de la combustion complète de la paraffine.

3. Déterminer l'énergie massique $\mathscr{E}_{th}$ de combustion de la paraffine, exprimée en $kJ \cdot g^{-1}$, puis son pouvoir calorifique $\mathscr{P}$.

4. En déduire son énergie molaire de combustion $\mathscr{E}$, exprimée en $kJ \cdot mol^{-1}$.

5. Les énergies de changement d'état sont, pour la paraffine, d'environ $100\ kJ \cdot mol^{-1}$.
Comparer cette valeur à celle libérée lors de la combustion. Proposer une explication à la différence constatée.

Voir, si nécessaire, exercice résolu II, p. 279.

Pour s'entraîner

13 Déterminer la masse d'eau chauffée par la combustion d'un gaz

COMPÉTENCES Calculer ; raisonner.

Les bouteilles de gaz peuvent contenir du propane ou du butane.

1. Écrire les formules semi-développées du propane et du butane.

2. Déterminer les pouvoirs calorifiques de chacun de ces gaz.

3. 80 % de l'énergie libérée lors de cette combustion sont utilisés pour chauffer de l'eau de la température $\theta_i = 20\ °C$ à la température $\theta_f = 80\ °C$.
a. Déterminer la masse maximale d'eau m_{eau} que l'on peut chauffer avec une bouteille, contenant une masse $m_{gaz} = 13,0\ kg$, de chacun de ces gaz.
b. Pourquoi cette masse est-elle maximale ?

4. Conclure.

Données : énergies de combustion :
$\mathscr{E}_{butane} = 2\,880\ kJ \cdot mol^{-1}$; $\mathscr{E}_{propane} = 2\,220\ kJ \cdot mol^{-1}$;
$m_{gaz} \cdot \mathscr{E}_{th} = (m_{eau} \cdot c_{eau}) \cdot (\theta_f - \theta_i)$; $c_{eau} = 4,18\ J \cdot g^{-1} \cdot °C^{-1}$.

Voir, si nécessaire, l'exercice résolu II, p. 279.

14 À chacun son rythme

COMPÉTENCES Raisonner ; calculer.

Cet exercice est proposé à deux niveaux de difficulté. Dans un premier temps, essayer de résoudre l'exercice de niveau 2. En cas de difficultés, passer au niveau 1.

Dans les fiches techniques consacrées aux carburants, on trouve que l'essence a pour formule moyenne $C_{7,9}H_{14,8}$ et le gazole $C_{12,3}H_{22,2}$. Il est également écrit que si l'on désire connaître la masse de dioxyde de carbone produite par un véhicule, il suffit d'utiliser les formules suivantes :
– s'il s'agit d'un véhicule essence :

$$\frac{m_{CO_2}}{m_{essence\ consommée}} = 3,17$$

– s'il s'agit d'un véhicule diesel :

$$\frac{m_{CO_2}}{m_{gazole\ consommé}} = 3,18$$

Niveau 2

1. Écrire les équations des combustions complètes de l'essence et du gazole (les nombres stœchiométriques pourront ne pas être entiers).

2. Retrouver les deux formules proposées.

Niveau 1

Les équations des combustions complètes, respectivement de l'essence et du gazole, peuvent s'écrire :

$$C_{7,9}H_{14,8} + 11,6\ O_2 \rightarrow 7,9\ CO_2 + 7,4\ H_2O$$
$$C_{12,3}H_{22,2} + 17,85\ O_2 \rightarrow 12,3\ CO_2 + 11,1\ H_2O$$

1. Vérifier que ces équations sont ajustées.

2. a. Déterminer, dans chaque cas, la quantité de dioxyde de carbone produite par la combustion :
– d'une mole de carburant ;
– d'un gramme de carburant.
b. Faire de même pour la masse de dioxyde de carbone produite par la combustion d'un gramme de carburant.
c. Retrouver les deux formules proposées.

15 Émissions de CO_2 d'un véhicule diesel

COMPÉTENCES Calculer ; raisonner ; argumenter.

Un véhicule diesel consomme en moyenne 6,0 L de carburant au 100 km.
Le gazole utilisé est essentiellement composé d'hydrocarbures contenant 12 atomes de carbone.

1. Écrire l'équation de la combustion complète des alcanes comportant 12 atomes de carbone.

2. On suppose que le gazole est essentiellement constitué de ces alcanes et que la combustion dans le moteur est complète. Déterminer, pour 1 km parcouru, la masse de dioxyde de carbone rejetée dans l'atmosphère.

Donnée : $\rho_{alcane} = 746\ g \cdot L^{-1}$.

Voir, si nécessaire, l'exercice résolu I, p. 278.

16 Émissions de CO_2 d'un véhicule GPL

COMPÉTENCES Rechercher de l'information ; calculer ; raisonner.

Un véhicule fonctionnant au GPL consomme en moyenne 10 L de carburant au 100 km.
Le GPL utilisé est constitué, en volume, d'un mélange de 50 % de butane et 50 % de propane.

1. @ Que signifie l'acronyme GPL ?

2. Écrire les équations des combustions complètes du butane et du propane.

3. a. Déterminer, pour 1,0 km parcouru, la masse de dioxyde de carbone rejetée dans l'atmosphère par la combustion du butane consommé.
b. Déterminer, pour la même distance, la masse de dioxyde de carbone rejetée dans l'atmosphère par la combustion du propane consommé.
c. Déduire de ces deux résultats la masse de dioxyde de carbone rejetée par le véhicule sur un parcours de 1,0 km.

Données : $\rho_{butane\ liq} = 585\ g \cdot L^{-1}$; $\rho_{propane\ liq} = 515\ g \cdot L^{-1}$.

Voir, si nécessaire, l'exercice résolu I, p. 278.

17 Combustible propre

COMPÉTENCES **Calculer ; raisonner ; argumenter.**

La combustion complète d'hydrocarbures ou d'alcools a pour inconvénient la production de dioxyde de carbone, responsable de l'effet de serre.

1. Écrire et ajuster les équations des combustions complètes :
a. du méthane ; b. de l'octane ; c. de l'éthanol.

2. a. Déterminer la quantité de dioxyde de carbone dégagée par la combustion d'une mole de chacun de ces combustibles.
b. En déduire, pour chacune des combustions précédentes, l'énergie thermique libérée pour chaque mole de dioxyde de carbone produite. Conclure.

Données : énergies de combustion :
$\mathcal{E}_{\text{méthane}} = 890\ \text{kJ}\cdot\text{mol}^{-1}$; $\mathcal{E}_{\text{octane}} = 5512\ \text{kJ}\cdot\text{mol}^{-1}$;
$\mathcal{E}_{\text{éthanol}} = 1371\ \text{kJ}\cdot\text{mol}^{-1}$.

Pour aller plus loin

18 Consommation d'un véhicule diesel

COMPÉTENCES **Raisonner ; argumenter.**

Le carburant utilisé dans certains véhicules diesel peut être assimilé à un alcane comportant 12 atomes de carbone. L'énergie thermique de combustion $\mathcal{E}_{th}$ de cet alcane est égale à $7{,}5 \times 10^3\ \text{kJ}\cdot\text{mol}^{-1}$.

1. Sachant que le rendement d'un moteur thermique diesel est de 42 %, déterminer, en $\text{kJ}\cdot\text{mol}^{-1}$, l'énergie mécanique utilisable.

La puissance développée par ce moteur est respectivement 44,0 ch, 29,0 ch et 21,0 ch selon que le véhicule roule à 130 $\text{km}\cdot\text{h}^{-1}$, à 110 $\text{km}\cdot\text{h}^{-1}$ ou à 90 $\text{km}\cdot\text{h}^{-1}$.

2. Déterminer, pour chacune des vitesses, la consommation en gazole de ce véhicule pour 100 km parcourus.

3. Quel est l'intérêt de diminuer sa vitesse, notamment en cas de pollution excessive de l'air ?

Données : 1,00 ch = 736 W ; $\rho_{\text{alcane}} = 746\ \text{g}\cdot\text{L}^{-1}$.

19 Ester méthylique

COMPÉTENCES **Rechercher l'information utile ; raisonner.**

L'huile de colza est utilisée comme matière première dans la fabrication de biocarburant : l'EMHV (**e**ster **m**éthylique d'**h**uile **v**égétale).
L'huile de colza est essentiellement constituée d'acide oléique qui conduit à la synthèse de l'oléate de méthyle, dont la formule topologique est donnée ci-après.

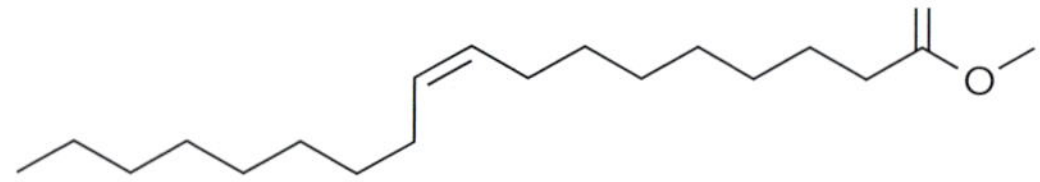

1. Identifier le groupe caractéristique présent dans cette molécule.

2. L'oléate de méthyle présente-t-il une isomérie *Z*/*E* ? Si oui, de quel isomère s'agit-il ?

3. a. Vérifier que la formule brute de l'oléate de méthyle est $C_{19}H_{36}O_2$.
b. Déterminer la masse molaire de cette molécule.

4. Déterminer la masse de dioxyde de carbone libérée par la combustion complète d'un volume *V* = 1,0 L d'oléate de méthyle.

Donnée : $\rho_{\text{oléate de méthyle}} = 874\ \text{g}\cdot\text{L}^{-1}$.

20 World-first biofuel test flight

COMPÉTENCES **Rechercher de l'information.**

Jatropha Curcas is a plant that produces *seeds* that contain *inedible* lipid oil that is used to produce fuel. Each seed produces 30-40 % of its mass in oil. It can be grown in a range of difficult conditions, including arid and otherwise non-arable areas, leaving prime areas available for food *crops*.
One Air New Zealand Boeing 747-400 powered one of its four Rolls-Royce engines with a biofuel blend derived from this oil : the world's first commercial aviation test flight took place on Tuesday 30 December 2008.
Air New Zealand and its partners have been non-negotiable about the three criteria any environmentally *sustainable* fuel must meet for the test flight programme. These are social, technical and commercial. Firstly, the fuel source must be environmentally sustainable and not compete with existing food resources. Secondly, the fuel must be a *drop-in* replacement for traditional jet fuel and technically be at least as good as the product used today. Finally, it should be cost competitive with existing fuel supplies and be readily available.
The criteria for sourcing the jatropha oil required that the land was neither forest land nor virgin grassland within the previous two decades. The quality of the soil and climate is such that the land is not suitable for the vast majority of food crops. Furthermore, the farms are *rain-fed* and not mechanically irrigated.

D'après http://www.airnewzealand.co.nz/biofuel-test

Vocabulaire : *seed* : graine ; *inedible* : non comestible ; *crop* : culture ; *sustainable* : durable ; *drop-in* : prêt à l'emploi ; *rain-fed* : arrosé par la pluie.

1 Quelles sont les caractéristiques des piles et des accumulateurs ?

- Piles et accumulateurs alimentent de nombreux appareils mobiles tels que téléphones, ordinateurs, appareils photos, etc. Ce sont des **générateurs électrochimiques** comportant deux conducteurs, les **électrodes,** au contact d'un milieu conducteur, l'**électrolyte**. Les électrodes permettent d'assurer la jonction électrique avec le circuit d'utilisation (activité 1).

- Les **piles classiques, salines ou alcalines,** ont une durée d'utilisation limitée. Elles doivent être recyclées car elles peuvent contenir des métaux toxiques et des produits corrosifs (doc. 1).

- Les **piles à combustible** sont alimentées continûment en réactifs.

- Les **accumulateurs, ou « piles rechargeables »**, peuvent être rechargés électriquement lorsqu'ils sont usés. Leur nombre de recharges étant limité, ils doivent être recyclés.

- Les piles à combustibles et les accumulateurs font l'objet de nombreuses recherches pour améliorer leurs performances.

En effet, l'augmentation de leur force électromotrice (f.é.m.) et de leurs énergies volumique et massique*, l'optimisation des électrodes et de l'électrolyte, etc. permettront de relever une partie du défi énergétique à venir.

Voir exercices 1, p. 295, et 7 et 8, p. 298.

Doc. 1 Le recyclage des piles et des accumulateurs permet de protéger l'environnement et de récupérer des espèces valorisables (métaux, etc.).

* L'énergie volumique d'une pile est l'énergie que cette pile peut fournir par unité de volume. Elle s'exprime, par exemple, en $kW \cdot h \cdot dm^{-3}$.
L'énergie massique est l'énergie qu'une pile peut fournir par unité de masse. Elle s'exprime, par exemple, en $kW \cdot h \cdot kg^{-1}$.

2 Comment fonctionne une pile ?

2.1 Réactions aux électrodes

Une électrode de fer et une électrode de cuivre plongées dans une solution ionique de chlorure de sodium constituent une pile (activité 2) dont l'électrode de fer est la borne négative (doc. 2).

Le courant généré par cette pile circule donc de l'électrode de cuivre vers l'électrode de fer à l'extérieur de la pile.

Les électrons, responsables du passage de ce courant, circulent en sens inverse vers l'électrode de cuivre.

La présence d'ions fer (II) a été mise en évidence au voisinage de l'électrode de fer ; des atomes de fer de l'électrode métallique ont donc libéré des électrons (doc. 3) pour donner des ions fer (II) $Fe^{2+}(aq)$ selon l'équation :

$$Fe\,(s) \rightarrow Fe^{2+}(aq) + 2\,e^-$$

Dans le circuit extérieur à la pile, ce sont les électrons ainsi libérés qui circulent de l'électrode de fer vers l'électrode de cuivre.

À l'électrode de cuivre, une réaction (non étudiée ici) consommant des électrons se produit.

Ce résultat est général :

> Lorsqu'une pile débite un courant, des réactions se produisent aux électrodes.

Doc. 2 L'électrode de fer constitue la borne négative de cette pile.

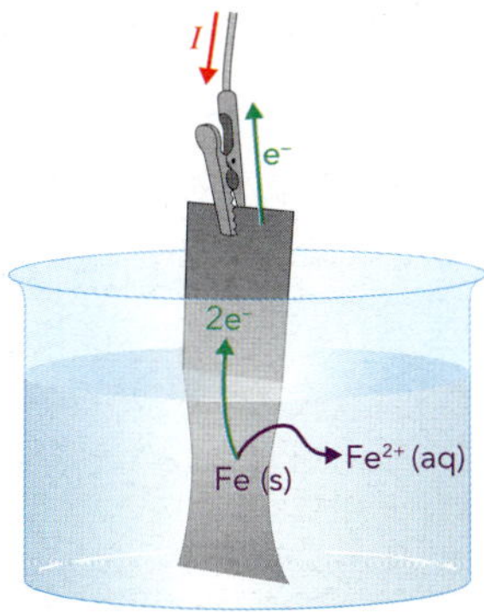

Doc. 3 Les atomes de fer situés à la surface de l'électrode perdent des électrons. Des ions fer (II) Fe^{2+} passent en solution.

2.2 Fonctionnement d'une pile

À l'extérieur de la pile

- La pile cuivre-fer, réalisée lors de l'**activité 3**, débite un courant qui circule, à l'extérieur de celle-ci, de son pôle positif, constitué par l'électrode de cuivre, à son pôle négatif, constitué par l'électrode de fer.
- À l'extérieur de la pile, les électrons se déplacent donc de l'électrode de fer vers celle de cuivre.

Réaction aux électrodes

Les réactions qui se produisent aux électrodes se déduisent du sens de déplacement des électrons :
– à l'électrode de fer, **pôle négatif** de la pile, le fer **libère des électrons** selon :

$$Fe(s) \rightarrow Fe^{2+}(aq) + 2\,e^-$$

Le métal fer est consommé et des ions fer (II) $Fe^{2+}(aq)$ sont formés.
– à l'électrode de cuivre, **pôle positif** de la pile, **les électrons** qui arrivent sont **captés** par les ions cuivre (II) $Cu^{2+}(aq)$ selon :

$$Cu^{2+}(aq) + 2\,e^- \rightarrow Cu(s)$$

Des ions cuivre (II) $Cu^{2+}(aq)$ sont consommés et du cuivre métallique est formé **(doc. 4)**.

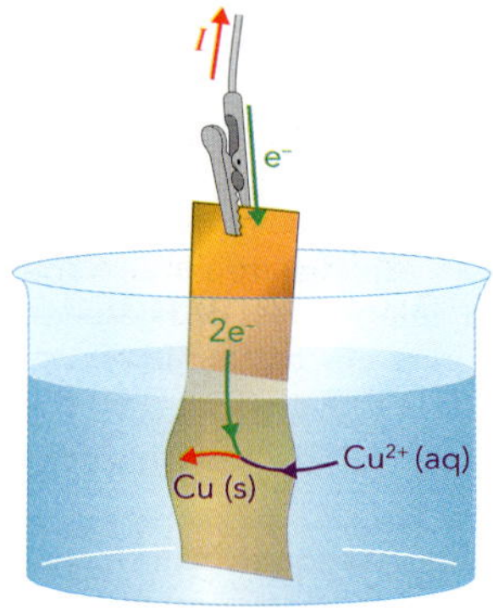

Doc. 4 Le gain d'électrons par les ions cuivre (II) s'effectue à la surface de l'électrode de cuivre.

À l'intérieur de la pile

À l'intérieur de la pile, le passage du courant est assuré par les ions : les cations se déplacent dans le sens du courant et les anions en sens inverse.
Le tube en U rempli de solution ionique gélifiée de nitrate d'ammonium, $NH_4^+(aq) + NO_3^-(aq)$, permet le passage du courant entre les deux compartiments de la pile **(activité 3)**. Il constitue **une jonction électrolytique** et est appelé **pont salin**.

Réaction de fonctionnement

Lorsque la pile fonctionne, une **réaction chimique** a lieu. L'équation de cette réaction correspond **au bilan** des réactions, appelées **réactions électrochimiques**, qui se produisent à chacune des électrodes de la pile :

$$Cu^{2+}(aq) + Fe(s) \rightarrow Cu(s) + Fe^{2+}(aq)$$

Cette pile transforme donc de l'énergie chimique en énergie électrique qu'elle transfère au circuit extérieur* : c'est un **générateur électrochimique**.
Le **document 5** ci-dessous résume ces différents résultats :

* La transformation d'énergie chimique en énergie électrique n'est que partielle car, comme dans tout générateur, une partie de l'énergie libérée est dissipée sous forme thermique par **effet Joule** (voir **chapitre 15**).

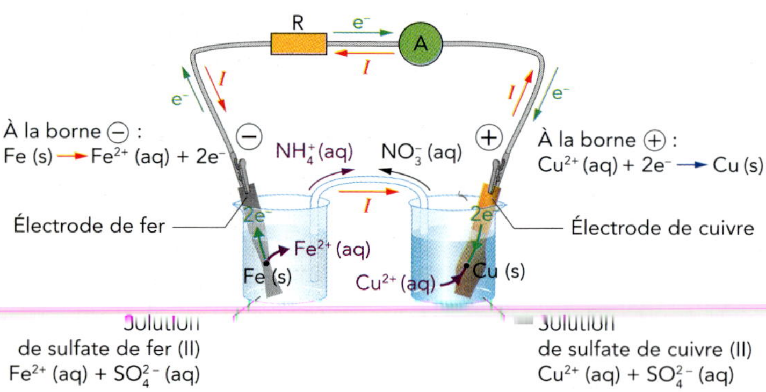

Doc. 5 Fonctionnement de la pile fer-cuivre.

2.3 Polarité d'une pile et réactions aux électrodes

L'étude de la pile argent-cuivre, réalisée lors de l'**activité 3**, montre que l'électrode d'argent en constitue la borne positive **(doc. 6)**. L'électrode de cuivre constitue la borne négative de cette pile, contrairement à la pile cuivre-fer étudiée précédemment.
Les électrons, issus de l'électrode de cuivre (pôle –), sont libérés par le cuivre métallique selon :

$$Cu(s) \rightarrow Cu^{2+}(aq) + 2\,e^-$$

Les électrons arrivant à l'électrode d'argent (pôle +) sont captés par les ions argent $Ag^+(aq)$ pour donner de l'argent métallique $Ag(s)$ selon :

$$Ag^+(aq) + e^- \rightarrow Ag(s)$$

Le nombre des électrons captés par les ions argent étant nécessairement le même que celui des électrons cédés par les atomes de cuivre, la réaction de fonctionnement de la pile a pour équation :

$$\begin{array}{rcl} Cu(s) & \rightarrow & Cu^{2+}(aq) + 2\,e^- \\ 2 \times (Ag^+(aq) + e^- & \rightarrow & Ag(s)\,) \\ \hline 2\,Ag^+(aq) + Cu(s) & \rightarrow & 2\,Ag(s) + Cu^{2+}(aq) \end{array}$$

L'étude des piles cuivre-argent et fer-cuivre montre que :
– dans la pile **cuivre-argent**, l'**électrode de cuivre** constitue la **borne négative** et du cuivre métallique est consommé ;
– dans la pile **fer-cuivre**, l'**électrode de cuivre** constitue la **borne positive** et du cuivre métallique est formé.
Ce résultat est général :

Les réactions qui se produisent aux électrodes sont liées à la polarité de la pile.

Voir exercices 2, p. 295, et 9 et 10, p. 298.

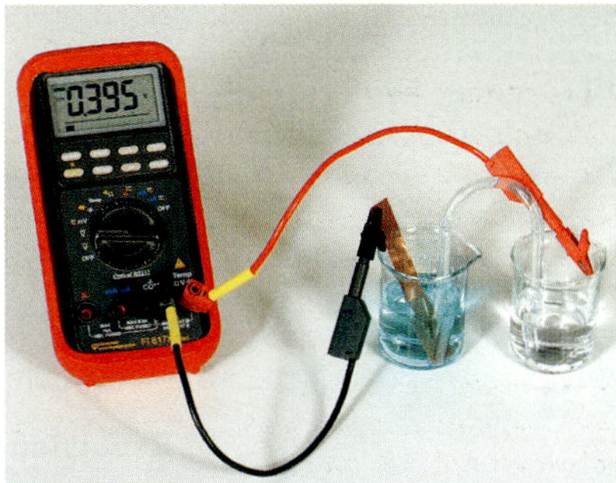

Doc. 6 L'électrode de cuivre constitue la borne négative de cette pile.

3 Qu'est-ce qu'un couple oxydant / réducteur ?

3.1 Oxydants et réducteurs

Par définition :

Un **oxydant** est une espèce chimique capable de **capter** un ou plusieurs électrons.
Un **réducteur** est une espèce chimique capable de **céder** un ou plusieurs électrons.

D'après les résultats de l'**activité 3 (doc. 7)** :
– les ions $Ag^+(aq)$, $Cu^{2+}(aq)$ et $Fe^{2+}(aq)$ sont des oxydants ;
– l'argent $Ag(s)$, le cuivre $Cu(s)$ et le fer $Fe(s)$ sont des réducteurs.

Doc. 7 Les ions $Ag^+(aq)$, $Cu^{2+}(aq)$ et $Fe^{2+}(aq)$ sont des oxydants. Les métaux $Ag(s)$, $Cu(s)$ et $Fe(s)$ sont des réducteurs.

3.2 Couple oxydant / réducteur

Selon la pile réalisée, il peut se produire à l'électrode de cuivre :
– une libération d'électrons, selon : $Cu(s) \rightarrow Cu^{2+}(aq) + 2\,e^-$
– une capture d'électrons, selon : $Cu^{2+}(aq) + 2\,e^- \rightarrow Cu(s)$

Les deux espèces $Cu(s)$ et $Cu^{2+}(aq)$ sont dites **conjuguées** et forment un **couple oxydant / réducteur**, ou couple redox, noté $\mathbf{Cu^{2+}(aq) / Cu(s)}$.

Le passage, par transfert d'électrons, de l'oxydant à son réducteur conjugué ou du réducteur à son oxydant conjugué est décrit par une **demi-équation d'oxydoréduction** ou **demi-équation redox** :

$$Cu^{2+}(aq) + 2\,e^- \leftrightarrows Cu(s)$$

Doc. 8 À l'abandon, la carcasse de cette voiture abandonnée est corrodée : des ions $Fe^{3+}(aq)$ se forment.

Ces résultats sont généraux **(doc. 8 et 9)** :

Deux espèces Ox et Red sont dites conjuguées et forment un couple oxydant/réducteur, noté Ox / Red, si elles peuvent être reliées par la **demi-équation d'oxydoréduction** ou **demi-équation redox** :

$$\text{Ox} + n\,e^- \leftrightharpoons \text{Red}$$

Le passage de l'oxydant à son réducteur conjugué est une **réduction** et le passage du réducteur à son oxydant conjugué une **oxydation**.

Réduction →

$$\text{Ox} + n\,e^- \leftrightharpoons \text{Red}$$

← Oxydation

$$Fe^{3+}(aq) + e^- \leftrightharpoons Fe^{2+}(aq)$$

$Fe^{3+}(aq)$ est l'oxydant conjugué de $Fe^{2+}(aq)$ dans le couple $Fe^{3+}(aq) / Fe^{2+}(aq)$

$$I_2(aq) + 2\,e^- \leftrightharpoons 2\,I^-(aq)$$

$I_2(aq)$ est l'oxydant conjugué de $I^-(aq)$ dans le couple $I_2(aq) / I^-(aq)$

$$2\,H^+(aq) + 2\,e^- \leftrightharpoons H_2(g)$$

$H^+(aq)$ est l'oxydant conjugué de $H_2(g)$ dans le couple $H^+(aq) / H_2(g)$

Doc. 9 Couples oxydant / réducteur $Fe^{3+}(aq) / Fe^{2+}(aq)$, $I_2(aq) / I^-(aq)$ et $H^+(aq) / H_2(g)$.

3.3 Constitution d'une pile

Une pile est constituée de deux demi-piles reliées par une jonction électrolytique ; chacune de ces demi-piles contient un couple oxydant / réducteur Ox / Red.

Voir exercices 3, p. 295, et 11 à 14, p. 298.

4 Qu'est-ce qu'une réaction d'oxydoréduction ?

4.1 Définition

Une réaction d'oxydoréduction est une réaction au cours de laquelle des électrons sont transférés entre les réactifs.

Lorsque la pile cuivre-fer de l'**activité 3** alimente un circuit, il se produit la réaction d'équation suivante :

$$Cu^{2+}(aq) + Fe(s) \rightarrow Cu(s) + Fe^{2+}(aq)$$

Des électrons sont transférés du métal fer Fe (s) vers les ions cuivre (II) $Cu^{2+}(aq)$ **par l'intermédiaire du circuit extérieur** : la réaction de fonctionnement de la pile est une réaction d'oxydoréduction*.

* L'électrode à laquelle se produit une OXYDATION est appelée ANODE.
L'électrode à laquelle se produit une RÉDUCTION est appelée CATHODE.

OXYDATION — ANODE
RÉDUCTION — CATHODE

La réaction de fonctionnement d'une pile est une réaction d'oxydoréduction : l'oxydant du couple de la borne positive est réduit et le réducteur du couple de la borne négative est oxydé.

Que se passe-t-il lorsque l'on met en contact les réactifs d'une pile ?
Lorsqu'une plaque de fer est plongée dans une solution de sulfate de cuivre (II) **(doc. 10)**. On observe :
– que la plaque de fer se recouvre d'un dépôt de cuivre Cu (s) et que la teinte de la solution s'atténue progressivement ;
– que des ions $Fe^{2+}(aq)$ peuvent être mis en évidence.

Lors de cette réaction, les ions cuivre (II) $Cu^{2+}(aq)$ sont réduits en métal cuivre Cu (s), alors que le métal fer Fe (s) est oxydé en ions fer (II) $Fe^{2+}(aq)$.
L'équation de la réaction s'écrit :

$$Cu^{2+}(aq) + Fe(s) \rightarrow Cu(s) + Fe^{2+}(aq)$$

Les électrons n'existant pas en solution aqueuse, le transfert d'électrons se fait directement entre le fer et les ions cuivre (II).

Lors d'une réaction d'oxydoréduction, **le transfert d'électrons peut se faire directement** par contact entre les réactifs.

Doc. 10 Réaction entre le métal fer et les ions cuivre (II) en solution.

4.2 Comment écrire l'équation d'une réaction d'oxydoréduction ?

L'équation d'une réaction d'oxydoréduction peut être établie en combinant les demi-équations redox des couples mis en jeu de façon à ce que les électrons n'apparaissent pas dans le bilan**.

Ainsi, la réaction entre l'aluminium métallique Al(s) et les ions cuivre (II) Cu^{2+}(aq) conduit à la formation d'ions aluminium (III) Al^{3+}(aq) et de cuivre métallique Cu(s).

Elle met donc en jeu les couples oxydant / réducteur Al^{3+}(aq) / Al(s) et Cu^{2+}(aq) / Cu(s).

Les demi-équations redox sont écrites de façon à ce que l'aluminium Al(s) et les ions cuivre (II) Cu^{2+}(aq) soient les réactifs :

$$2 \times (\text{Al(s)} \leftrightharpoons \text{Al}^{3+}\text{(aq)} + 3\ \text{e}^-)$$
$$3 \times (\text{Cu}^{2+}\text{(aq)} + 2\ \text{e}^- \leftrightharpoons \text{Cu(s)})$$
$$3\ \text{Cu}^{2+}\text{(aq)} + 2\ \text{Al(s)} \rightarrow 3\ \text{Cu(s)} + 2\ \text{Al}^{3+}\text{(aq)}$$

Cette méthode est générale ; elle nécessite la connaissance des demi-équations redox des couples mis en jeu **(doc. 11)**.

** Pour montrer qu'une réaction chimique est une réaction d'oxydoréduction, il suffit d'identifier l'un des couples oxydant / réducteur mis en jeu dans cette réaction.

$$n_2 \times (\text{Ox}_1 + n_1\,\text{e}^- \leftrightharpoons \text{Red}_1)$$
$$n_1 \times (\text{Red}_2 \leftrightharpoons \text{Ox}_2 + n_2\,\text{e}^-)$$
$$n_2\,\text{Ox}_1 + n_1\,\text{Red}_2 \rightarrow n_2\,\text{Red}_1 + n_1\,\text{Ox}_2$$

Doc. 11 L'équation d'une réaction d'oxydoréduction s'établit en combinant les demi-équations d'oxydoréduction des couples mis en jeu pour que les électrons n'apparaissent plus.

4.3 Comment établir une demi-équation redox ?

Certaines demi-équations redox ne peuvent pas être établies simplement ; c'est le cas de la demi-équation relative au couple ion dichromate/ion chrome (III), $Cr_2O_7^{2-}$(aq)/Cr^{3+}(aq) en présence d'ions hydrogène H^+(aq) **(doc. 12)**. Comment procéder ?

La demi-équation redox d'un couple doit respecter la **conservation des éléments et des charges** ; la méthode à suivre s'en déduit :

Méthode générale

1. Débuter l'écriture de la demi-équation redox par l'oxydant qui doit gagner un ou plusieurs électrons pour être réduit en son réducteur conjugué :

$$\text{Ox} + n\ \text{e}^- \leftrightharpoons \text{Red}$$
$$\text{Cr}_2\text{O}_7^{2-}\text{(aq)} + n\ \text{e}^- \leftrightharpoons \text{Cr}^{3+}\text{(aq)}$$

2. Assurer, ou vérifier, la conservation des éléments autres que hydrogène et oxygène, ici l'élément chrome :

$$\text{Cr}_2\text{O}_7^{2-}\text{(aq)} + n\ \text{e}^- \leftrightharpoons 2\ \text{Cr}^{3+}\text{(aq)}$$

3. Assurer la conservation de l'élément oxygène avec des molécules d'eau H_2O (molécules constituant le solvant) : H_2O (ℓ)

$$\text{Cr}_2\text{O}_7^{2-}\text{(aq)} + n\ \text{e}^- \leftrightharpoons 2\ \text{Cr}^{3+}\text{(aq)} + 7\ \text{H}_2\text{O}\ (\ell)$$

4. Assurer la conservation de l'élément hydrogène avec des ions hydrogène H^+(aq) :

$$\text{Cr}_2\text{O}_7^{2-}\text{(aq)} + n\ \text{e}^- + 14\ \text{H}^+\text{(aq)} \leftrightharpoons 2\ \text{Cr}^{3+}\text{(aq)} + 7\ \text{H}_2\text{O}\ (\ell)$$

5. Assurer la conservation de la charge avec des électrons :

$$\text{Cr}_2\text{O}_7^{2-}\text{(aq)} + n\ \text{e}^- + 14\ \text{H}^+\text{(aq)} \leftrightharpoons 2\ \text{Cr}^{3+}\text{(aq)} + 7\ \text{H}_2\text{O}(\ell)$$
$$-2 - n + 14 = +2 \times 3 \text{ soit } n = 6.$$

On obtient ainsi :

$$\mathbf{Cr_2O_7^{2-}(aq) + 6\ e^- + 14\ H^+(aq) \leftrightharpoons 2\ Cr^{3+}(aq) + 7\ H_2O\ (\ell)}$$

Lorsque la solution est basique, des ions hydroxyde HO^-(aq) participent à la réaction. Ce cas sera étudié au **chapitre 19**.

Voir exercices 4, p. 295, et 15 à 18, p. 299.

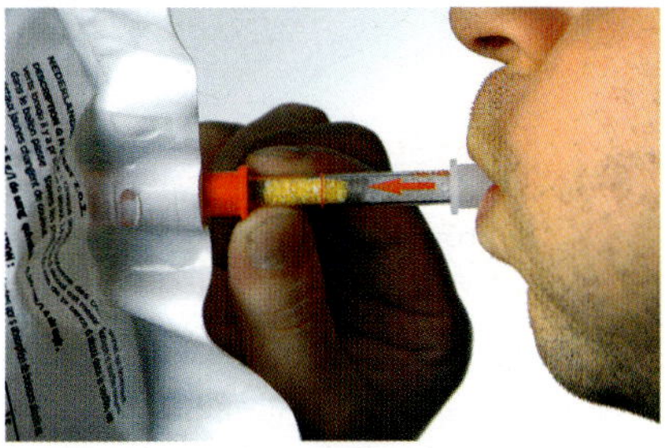

Doc. 12 Le couple $Cr_2O_7^{2-}$(aq)/Cr^{3+} (aq) est utilisé dans certains alcootests.
Plus le taux d'éthanol dans le sang est élevé, plus la teneur en éthanol de l'air expiré est grande et plus l'ion dichromate $Cr_2O_7^{2-}$ (jaune) est réduit par l'éthanol en ion chrome (III) Cr^{3+}(aq) (vert).

Pour les curieux

La production d'énergie dans les muscles résultent de réactions d'oxydoréduction. (Voir exercice 25, p. 301.)

Essentiel

Piles et accumulateurs

Les piles et les accumulateurs sont des générateurs électrochimiques qui comportent deux conducteurs, les électrodes, au contact d'un milieu conducteur, l'électrolyte.

Fonctionnement d'une pile

La nature des réactions se produisant aux électrodes d'une pile qui débite est liée à leur polarité.
Un générateur électrochimique transforme de l'énergie chimique en énergie électrique qu'il transfère au circuit extérieur.

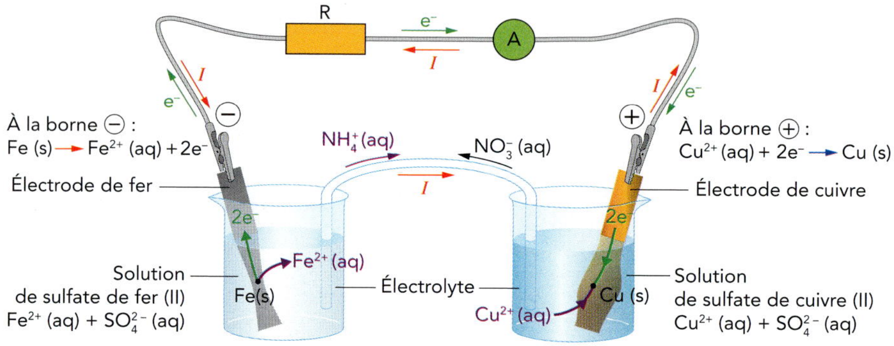

Couple oxydant / réducteur

Un **réducteur** est une espèce chimique capable de **céder** un ou plusieurs électrons. Un **oxydant** est une espèce chimique capable de **capter** un ou plusieurs électrons.

Deux espèces Ox et Red sont dites **conjuguées** et forment un **couple oxydant / réducteur**, noté Ox / Red, si elles peuvent être reliées par une demi-équation d'oxydoréduction :

Réduction →
$$\text{Ox} + n\,e^- \leftrightharpoons \text{Red}$$
← Oxydation

Réaction d'oxydoréduction

- Au cours d'une réaction d'oxydoréduction, des électrons sont transférés entre les réactifs.
La réaction de fonctionnement d'une pile est une réaction d'oxydoréduction, il se fait une oxydation à l'anode et une réduction à la cathode.

- L'équation d'une réaction d'oxydoréduction est établie en combinant les demi-équations redox mettant en jeu les réactifs de façon à ce que les électrons n'apparaissent pas dans le bilan.

$$n_2 \times (\text{Ox}_1 + n_1\,e^- \leftrightharpoons \text{Red}_1)$$
$$n_1 \times (\text{Red}_2 \leftrightharpoons \text{Ox}_2 + n_2\,e^-)$$
$$n_2\text{Ox}_1 + n_1\text{Red}_2 \rightarrow n_2\text{Red}_1 + n_1\text{Ox}_2$$

- Pour établir la demi-équation d'un couple Ox / Red, il faut :

1. Débuter l'écriture de la demi-équation avec l'oxydant du couple : Ox + n e⁻ ⇋ Red.
2. Assurer, ou vérifier, la conservation des éléments autres qu'hydrogène et oxygène.
3. Assurer la conservation de l'élément oxygène avec des molécules d'eau H_2O (ℓ).
4. Assurer la conservation de l'élément hydrogène avec des ions hydrogène H^+(aq).
5. Assurer la conservation de la charge avec des électrons.

LES COMPÉTENCES ATTENDUES

- ✔ Pratiquer une démarche expérimentale pour réaliser une pile et modéliser son fonctionnement. (TP) Relier la polarité de la pile aux réactions mises en jeu aux électrodes. (TP)
- ✔ Reconnaître l'oxydant et le réducteur dans un couple.
- ✔ Écrire l'équation d'une réaction d'oxydoréduction en utilisant les demi-équations redox.

Pour chaque question, indiquer la (ou les) bonne(s) réponse(s).

Voir corrigés, p. 369.

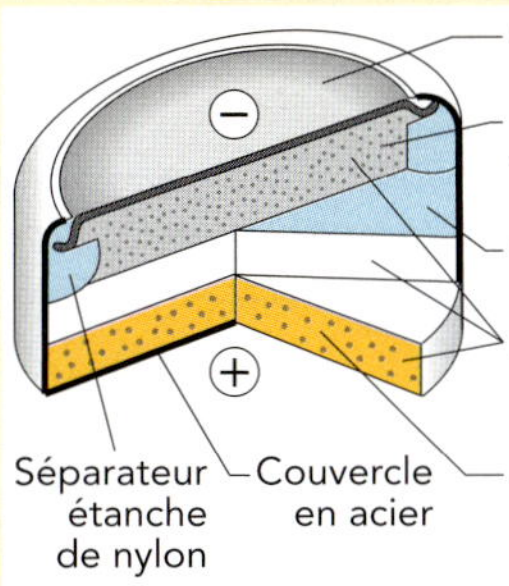

Doc. 1 Pile bouton oxyde de mercure-zinc.

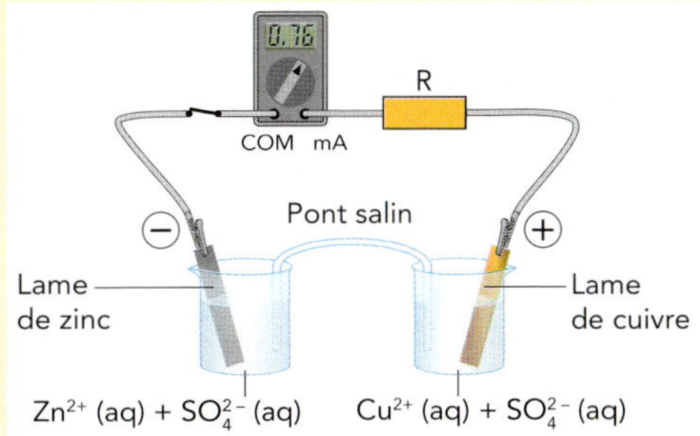

Doc. 2 Schéma de la pile zinc-cuivre.

1 Piles et accumulateurs

	A	B	C
1. Dans la pile bouton (doc. 1), l'électrolyte est :	l'acier.	la potasse, $K^+ + HO^-$	le graphite C.
2. Dans la pile bouton (doc. 1), l'oxyde de mercure HgO (s) :	constitue l'électrolyte.	est une des électrodes.	est l'un des réactifs.

Si erreur, revoir § 1, p. 289.

2 Fonctionnement d'une pile

	A	B	C
1. Dans la pile zinc-cuivre (doc. 2), le courant :	sort de l'électrode de cuivre.	traverse la pile de l'électrode de zinc vers celle de cuivre.	rentre par l'électrode de cuivre.
2. Dans la pile zinc-cuivre (doc. 2), les électrons arrivant à l'électrode de cuivre :	passent en solution.	sont captés par les ions $Cu^{2+}(aq)$.	s'accumulent dans l'électrode.
3. Dans la pile zinc-cuivre (doc. 2), des ions zinc (II) $Zn^{2+}(aq)$:	captent des électrons.	sont formés au niveau de l'électrode de zinc.	se déplacent dans la solution.
4. Dans la pile zinc-cuivre (doc. 2), le pont salin :	assure le passage du courant.	contient des ions	est constitué par un métal.
5. La polarité d'une électrode peut dépendre :	seulement de cette électrode.	des deux couples constituant la pile.	de la nature du pont salin

Si erreur, revoir § 2, p. 290.

3 Couple oxydant / réducteur

	A	B	C
1. Pour le couple $Ag^+(aq) / Ag(s)$:	l'oxydant est Ag (s).	l'oxydant est $Ag^+(aq)$.	le réducteur est Ag (s).
2. Pour la demi-équation redox : $Cl_2(g) + 2\,e^- \leftrightharpoons 2\,Cl^-(aq)$	$Cl_2(g)$ est l'oxydant.	$Cl^-(aq)$ est le réducteur.	le couple mis en jeu s'écrit $Cl_2(g) / Cl^-(aq)$.

Si erreur, revoir § 3, p. 291.

4 Réaction d'oxydoréduction

	A	B	C
1. Une réaction d'oxydoréduction :	a lieu lorsqu'une pile fonctionne.	met toujours en jeu un transfert d'ions $H^+(aq)$.	met en jeu un transfert d'électrons.
2. La réaction d'équation : $Fe^{2+}(aq) + Zn(s) \rightarrow Fe(s) + Zn^{2+}(aq)$:	met en jeu les couples $Fe(s) / Fe^{2+}(aq)$ et $Zn(s) / Zn^{2+}(aq)$.	est une réaction d'oxydoréduction.	correspond à la réduction des ions $Fe^{2+}(aq)$ par Zn (s).
3. Lorsqu'une pile fait circuler un courant électrique :	ce courant sort de la borne ⊕.	les électrons qui circulent sortent par la borne ⊕.	l'oxydant du couple correspondant à la borne ⊕ est réduit.

Si erreur, revoir § 3, p. 292.

Exercice résolu

COMPÉTENCES MISES EN ŒUVRE
- Trouver les informations.
- Lire un schéma.
- Raisonner, argumenter.

I. Analyser la constitution et le fonctionnement d'une pile

Soit la pile dont le schéma est donné ci-contre.
L'électrode de platine, pôle positif de la pile, ne subit aucune modification lorsque la pile fonctionne.

1. Quels sont les couples oxydant / réducteur mis en jeu ? Écrire leurs demi-équations d'oxydoréduction.

2. Quel est le sens de déplacement des électrons dans les parties métalliques du circuit ?

3. À quelle électrode se produit :
a. l'oxydation ? b. la réduction ?
Écrire les équations correspondantes.

4. Quel est le rôle de l'électrode en platine ?

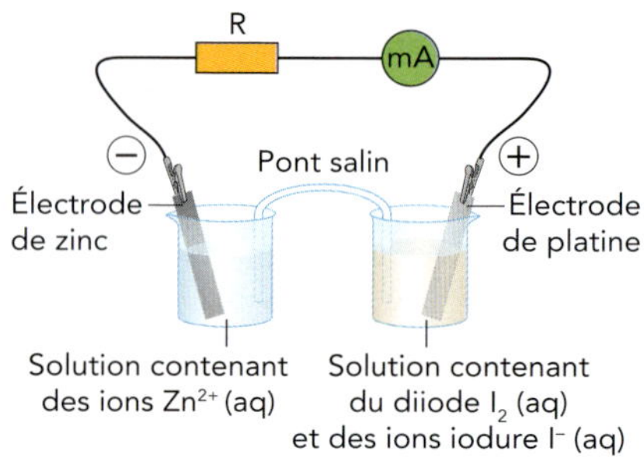

Conseils

Comment identifier les couples présents ?

1. Rechercher, dans chaque demi-pile, les espèces présentes ayant un élément en commun.
Les relier par une équation du type Ox + n e⁻ ⇆ Red.

Comment trouver le sens des électrons ?

2. Exploiter la polarité de la pile.
Bien repérer ce qui constitue la pile dans le circuit proposé.

Comment identifier les réactions aux électrodes ?

3. À partir du sens des électrons, repérer le couple associée à une perte d'électrons et celui associé à un gain d'électrons (voir § 3.2, p. 291 du cours).

Comment interpréter la présence d'une électrode inattaquable ?

4. Revoir la définition d'une électrode (§1, p. 289 du cours).

Solution rédigée

1. Le zinc métallique Zn (s) et les ions zinc (II) Zn^{2+}(aq) forment le couple oxydant / réducteur Zn^{2+}(aq) / Zn (s) de demi-équation : $Zn^{2+}(aq) + 2\,e^- \leftrightarrows Zn(s)$.
Le diiode I_2(aq) et les ions iodure I^-(aq) forment un couple oxydant / réducteur I_2(aq) / I^-(aq) caractérisé par la demi-équation : $I_2(aq) + 2\,e^- \leftrightarrows 2\,I^-(aq)$.

2. Dans les parties métalliques du circuit, constituant l'extérieur de la pile, les électrons se déplacent de la borne négative, l'électrode de zinc, vers la borne positive, l'électrode de platine.

3. a. Les électrons qui partent de l'**électrode de zinc** sont libérés par l'**oxydation** du zinc métallique en ions Zn^{2+}(aq) selon l'équation :

$$Zn(s) \rightarrow Zn^{2+}(aq) + 2\,e^-$$

b. Les électrons qui arrivent **à l'électrode de platine** permettent la **réduction** du diiode en son réducteur conjugué l'ion iodure I^- (aq) selon l'équation :

$$I_2(aq) + 2\,e^- \rightarrow 2\,I^-(aq).$$

4. L'électrode de platine assure la jonction électrique entre le circuit extérieur et la demi-pile correspondant au couple I_2(aq) / I^-(aq).

Application immédiate

5 L'électrode d'argent est la borne positive de la pile dont le schéma est donné ci-contre.

1. Quels sont les couples oxydant / réducteur mis en jeu ?

2. Quel est le sens du courant dans la résistance ?

3. À quelle électrode se produit :
a. l'oxydation ? b. la réduction ?
Écrire les équations correspondantes.

4. Quel est le rôle de l'électrode en graphite ?

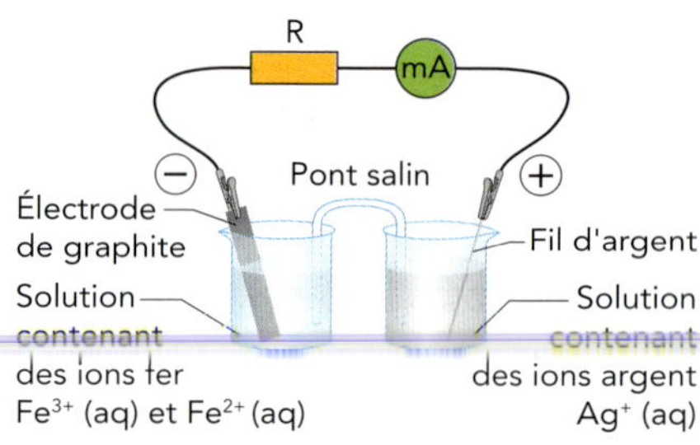

Voir corrigés, p. 369.

Exercice résolu

COMPÉTENCES MISES EN ŒUVRE
- Trouver les informations.
- Raisonner, argumenter.
- Effectuer un calcul.

II. Étudier quantitativement l'évolution d'une réaction d'oxydoréduction

La réaction entre les ions fer (III) $Fe^{3+}(aq)$ et le cuivre Cu(s) est utilisée pour graver des circuits imprimés.
Des ions $Fe^{2+}(aq)$ et $Cu^{2+}(aq)$ sont alors formés selon l'équation :

$$2\,Fe^{3+}(aq) + Cu(s) \rightarrow 2\,Fe^{2+}(aq) + Cu^{2+}(aq)$$

Déterminer la masse m de cuivre que peut oxyder une solution de chlorure de fer (III), $Fe^{3+}(aq) + 3\,Cl^{-}(aq)$, de volume $V = 100$ mL et de concentration $C = 3{,}0\ mol \cdot L^{-1}$?

Donnée : masse molaire atomique du cuivre : $M(Cu) = 63{,}5\ g \cdot mol^{-1}$.

Conseils

Comment relier les données de l'énoncé à la masse cherchée ?

- Le calcul de cette masse nécessite la connaissance de la quantité de matière correspondante.
- Cette quantité se calcule à l'aide de celle d'ion $Fe^{3+}(aq)$ en utilisant un tableau d'avancement.
- Revoir les calculs de quantité de matière, p. 11.
- Établir un tableau d'avancement (revoir, si nécessaire, l'essentiel du chapitre 5).
- Exploiter le fait que, lorsque la réaction cesse, les deux réactifs ont été entièrement consommés.

Solution rédigée

La quantité initiale d'ions fer (III) est égale à :

$$n_0(Fe^{3+}) = C \cdot V = 3{,}0 \times 100 \times 10^{-3} = 0{,}30\ mol.$$

Le tableau d'avancement relatif à cette réaction s'écrit, en notant x l'avancement :

Équation		$2\,Fe^{3+}(aq)$ +	$Cu(s)$	$\rightarrow 2\,Fe^{2+}(aq)$ +	$Cu^{2+}(aq)$
Quantités (mol)	Avancement	$n(Fe^{3+})$	$n(Cu)$	$n(Fe^{2+})$	$n(Cu^{2+})$
initiales	0	0,30	$n_0(Cu)$	0	0
intermédiaires	x	$0{,}30 - 2x$	$n_0(Cu) - x$	$2x$	x
finales	x_{max}	$0{,}30 - 2x_{max}$	$n_0(Cu) - x_{max}$	$2x_{max}$	x_{max}

Lorsque tous les ions fer (III) introduits ont réagi, le cuivre ne peut plus être oxydé : $n(Fe^{3+}) = 0{,}30 - 2x_{max} = 0$.

D'où l'avancement final de la réaction : $x_{max} = \frac{0{,}30}{2} = 0{,}15$ mol.

La quantité maximale de cuivre oxydé s'en déduit :

$$n(Cu) = n_0(Cu) - x_{max} = 0 \quad \text{soit} \quad n_0(Cu) = x_{max} = 0{,}15\ mol.$$

D'où la masse m de cuivre oxydé :

$$m = n_0(Cu) \cdot M(Cu) \quad \text{soit} \quad \boldsymbol{m} = 0{,}15 \times 63{,}5 = 9{,}5\ g.$$

Application immédiate

6 De la grenaille d'aluminium est introduite dans une solution d'acide chlorhydrique, $H^{+}(aq) + Cl^{-}(aq)$, de volume $V = 25{,}0$ mL et de concentration $C = 1{,}0\ mol \cdot L^{-1}$.
Des ions aluminium (III) $Al^{3+}(aq)$ se forment et du dihydrogène $H_2(g)$ se dégage selon la réaction d'équation :

$$6\,H^{+}(aq) + 2\,Al(s) \rightarrow 3\,H_2(g) + 2\,Al^{3+}(aq)$$

1. Déterminer la masse m d'aluminium que la solution peut oxyder.

2. Quel est le volume de dihydrogène $H_2(g)$ alors dégagé ?

Données : masse molaire atomique de l'aluminium : $M(Al) = 27{,}0\ g \cdot mol^{-1}$;
volume occupé par une mole de gaz dans les conditions de l'expérience : $V_m = 24$ L.

Voir corrigés, p. 369.

Exercices

Pour commencer

Quelles sont les caractéristiques des piles et accumulateurs ?

7 Étudier la constitution d'une pile

Les piles zinc-air sont actuellement utilisées pour alimenter les systèmes auditifs ou les clôtures électriques. Le schéma d'une telle pile est donné ci-dessous :

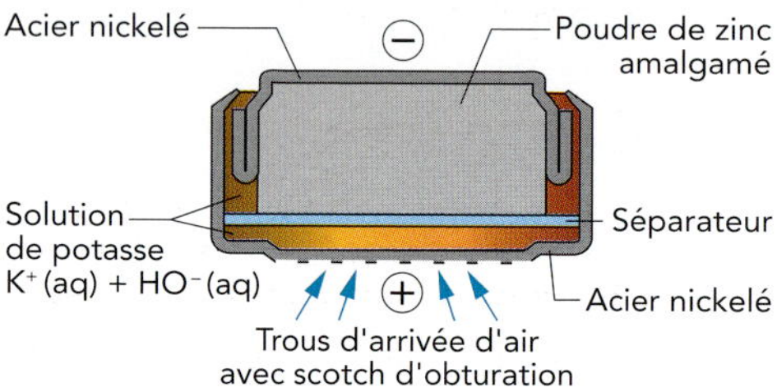

1. Quelles sont les électrodes de cette pile ?

2. Quel est son électrolyte ?

3. Le dioxygène est un des réactifs de la pile. Quel est l'intérêt d'une telle pile ?
Pourquoi les trous d'aération sont-ils obturés jusqu'à la mise en service ?

8 Étudier la constitution d'une batterie

Le schéma de principe d'une batterie d'accumulateurs de voiture est donné ci-dessous :

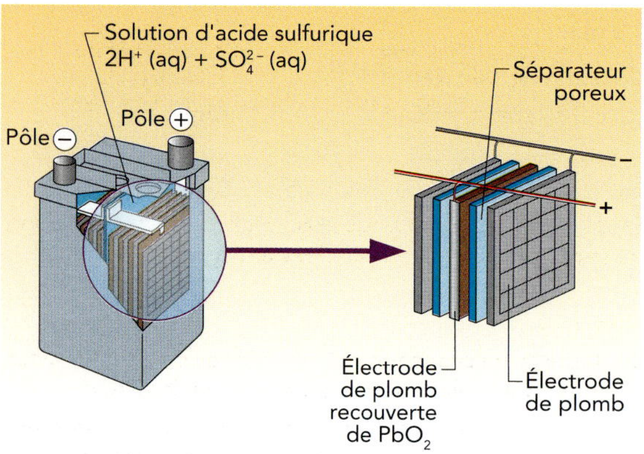

1. Quelles sont les électrodes d'un élément de cette batterie ?

2. La f.é.m. d'un élément de cette batterie vaut 2,0 V. Les éléments sont montés en série dans les batteries de voiture. Pourquoi ?

3. Quel est l'électrolyte ?

4. Pourquoi est-il nécessaire de recycler les batteries de voiture ?

Comment fonctionne une pile ?

9 Utiliser la polarité d'une pile

On considère la pile argent-zinc, représentée ci-dessous :

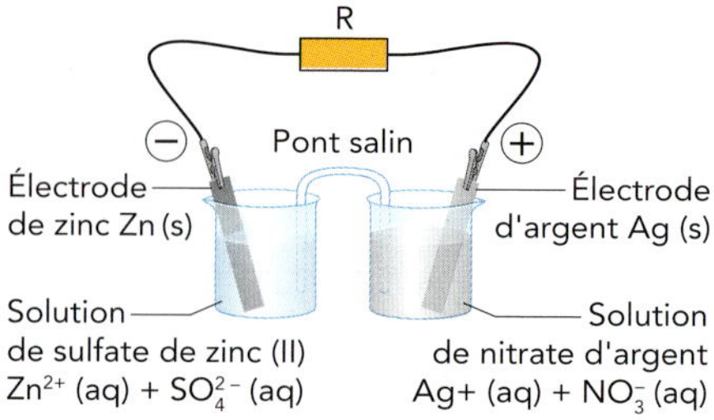

1. À l'extérieur de la pile :
a. Quel est le sens du courant ?
b. Quels sont les porteurs de charge et dans quel sens se déplacent-ils ?

2. À l'intérieur de la pile :
a. Quel est le sens du courant ?
b. Quels sont les porteurs de charge et dans quel sens se déplacent-ils ?

3. Écrire l'équation de la réaction se produisant au niveau de chacune des électrodes.

10 Déterminer la polarité d'une pile

Lorsque la pile, schématisée ci-dessous, fonctionne, des réactions se produisent aux électrodes :

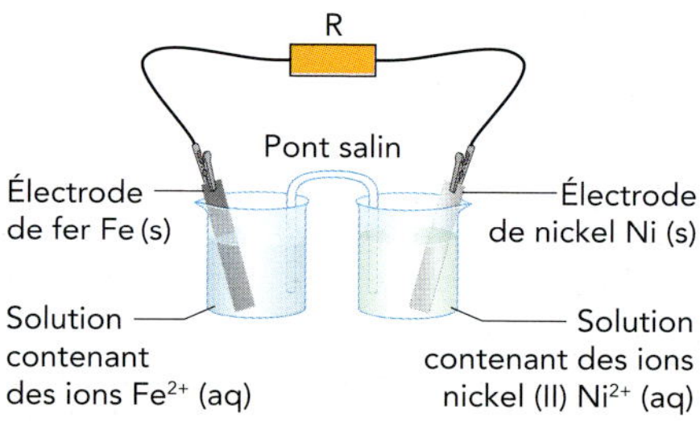

À l'électrode de fer : $Fe(s) \rightarrow Fe^{2+}(aq) + 2\,e^-$
À l'électrode de nickel : $Ni^{2+}(aq) + 2\,e^- \rightarrow Ni(s)$

1. Quel est le sens de déplacement des électrons à l'extérieur de la pile ?

2. Quel est le sens du courant à l'extérieur de cette pile ?

3. Quelle est la borne positive de cette pile ?

Qu'est-ce qu'un couple oxydant / réducteur ?

11 Étudier des couples oxydant / réducteur

Compléter les demi-équations données ci-dessous et préciser le couple oxydant / réducteur correspondant :
a. $Cr^{3+}(aq) + ... \leftrightharpoons Cr(s)$ b. $Hg_2^{2+}(aq) + ... \leftrightharpoons 2\,Hg(\ell)$
c. $Ce^{4+}(aq) + ... \leftrightharpoons Ce^{3+}(aq)$

12 Reconnaître un oxydant et un réducteur

Des piles au magnésium équipent certains gilets de sauvetage, mais aussi des torpilles. Le magnésium métallique Mg (s) réagit avec les ions hydrogène H^+(aq) d'une solution d'acide chlorhydrique selon la réaction d'équation :

$$2\,H^+(aq) + Mg(s) \rightarrow H_2(g) + Mg^{2+}(aq)$$

1. Le magnésium est-il oxydé ou réduit ?

2. Les ions hydrogène ont-ils été oxydés ou réduits ?

3. Identifier l'oxydant et le réducteur qui réagissent.

4. Quels sont les couples oxydant / réducteur mis en jeu ?

13 Réaliser une pile

Matériel et réactifs chimiques disponibles :
– plaques de nickel Ni (s), de fer Fe (s) ;
– tube en U rempli de solution gélifiée de nitrate d'ammonium NH_4^+(aq) + NO_3^-(aq).
– béchers ;
– sulfate de zinc (II) Zn^{2+}(aq) + SO_4^{2-}(aq) ;
– sulfate de fer (II) Fe^{2+}(aq) + SO_4^{2-}(aq) ;
– nitrate de nickel Ni^{2+}(aq) + 2 NO_3^-(aq).

1. Reconnaître les couples oxydant / réducteur présents.

2. Comment construire une pile en utilisant les espèces proposées ? Faire le schéma de cette pile.

Qu'est-ce qu'une réaction d'oxydoréduction ?

14 Étudier une réaction

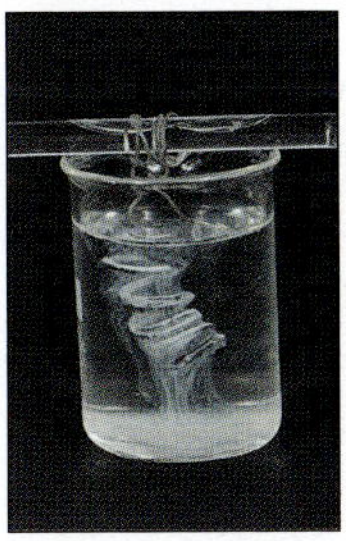

Les ions argent Ag^+(aq) réagissent avec le plomb métallique Pb (s) pour donner un dépôt d'argent métallique Ag (s) et des ions plomb (II) Pb^{2+}(aq).

1. Cette réaction est-elle une réaction d'oxydoréduction ? Justifier.

2. Quels sont les couples oxydant / réducteur mis en jeu ? Écrire leurs demi-équations redox.

3. Établir l'équation de la réaction étudiée

15 Écrire l'équation de réactions d'oxydoréduction

On donne les couples oxydant / réducteur :

Cl_2(g) / Cl^-(aq) ; Sn^{2+}(aq) / Sn (s) ; Al^{3+}(aq) / Al (s).

1. Écrire les demi-équations redox correspondantes.

2. En déduire l'équation de la réaction qui se produit entre :

a. Cl_2(g) et Sn (s) ;

b. Al (s) et Sn^{2+}(aq).

3. Peut-il se produire une réaction d'oxydoréduction entre Cl^-(aq) et Al (s) ? Pourquoi ?

16 Établir des demi-équations redox

Établir les demi-équations redox des couples suivants en présence d'ions hydrogène H^+(aq) :

a. IO_3^-(aq) / I_2(aq) ;

b. H_2O_2(aq) / H_2O(ℓ) ;

c. O_2(g) / H_2O(ℓ) ;

d. HOCl (aq) / Cl_2(g).

Pour s'entraîner

17 À chacun son rythme

COMPÉTENCES **Lire un schéma ; raisonner.**

Cet exercice est proposé à deux niveaux de difficulté. Dans un premier temps, essayer de résoudre l'exercice de niveau 2. En cas de difficulté, passer au niveau 1.

On considère la pile représentée ci-dessous ; le millivoltmètre indique +0,47 V.

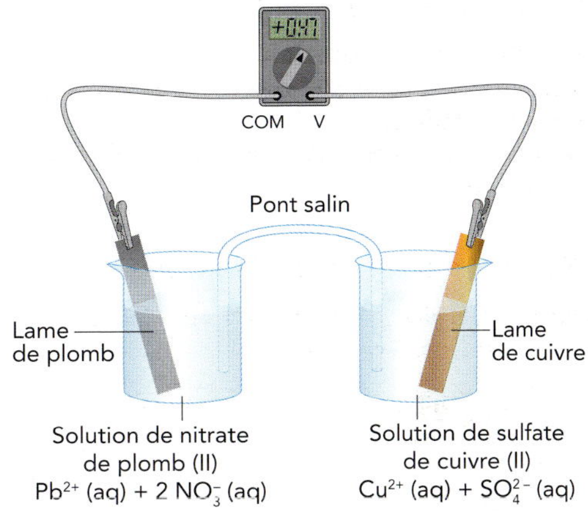

Niveau 2

Étudier le document ci-dessus et en déduire l'équation de la réaction se produisant lorsque la pile fonctionne.

Niveau 1

1. À partir du branchement du voltmètre et de la valeur affichée, déterminer la borne positive de la pile.

2. Quel est le sens du courant à l'extérieur de la pile ? Quels sont les porteurs de charge correspondants ? Dans quel sens se déplacent-ils ?

3. En déduire l'équation de la réaction qui se produit à l'électrode :

a. de plomb ;

b. de cuivre.

4. Établir l'équation de la réaction qui se produit lorsque la pile fonctionne.

Voir, si nécessaire, l'exercice resolu I, p. 296.

18 Usure d'une pile

COMPÉTENCES **Raisonner ; effectuer un calcul.**

La réaction se produisant dans une pile a pour équation :

$$Cu^{2+}(aq) + Pb(s) \rightarrow Cu(s) + Pb^{2+}(aq)$$

1. Quels sont les couples redox mis en jeu ?

2. Quelle est la borne positive de cette pile ?

3. Pour chacune des demi-piles, on utilise un volume $V = 50{,}0$ mL d'une solution dont la concentration initiale en cation métallique vaut $C = 0{,}50\ mol \cdot L^{-1}$.
L'électrode de cuivre a une masse $m_1 = 4{,}2$ g et celle de plomb a une masse $m_2 = 9{,}7$ g.
a. Déterminer l'avancement maximal de cette réaction.
b. Lorsque l'avancement maximal est atteint, cette pile peut-elle encore fonctionner ?

Voir, si nécessaire, l'exercice résolu II, p. 297.

19 Stimulateur cardiaque

COMPÉTENCES **Argumenter ; lire un tableau.**

Plus de 40 000 stimulateurs cardiaques, alimentés par des piles au lithium, sont implantés chaque année en France. Les différents types de pile au lithium ont toutes une électrode en lithium et un électrolyte constitué d'un solvant organique contenant, entre autres, des ions lithium Li^+. L'équation de la réaction qui se produit à cette électrode est : $Li \rightarrow Li^+ + e^-$

1. Les affirmations suivantes sont-elles vraies ?
a. L'électrode de lithium est le pôle négatif de la pile.
b. La pile est usée quand tous les ions Li^+ sont consommés.

2. Le tableau suivant donne les énergies massiques de plusieurs éléments entrant dans la composition de piles. Cette énergie massique est l'énergie que peut restituer la pile par kilogramme d'élément constituant.

Élément	Cadmium	Zinc	Argent	Lithium
Énergie massique $W \cdot h \cdot kg^{-1}$	80	80	130	660

Pourquoi utilise-t-on des piles au lithium pour alimenter les stimulateurs cardiaques ?

20 Radiocommunication

COMPÉTENCES **Lire un schéma ; argumenter.**

L'armée utilise des piles au lithium et au dioxyde de soufre pour alimenter ses systèmes de radiocommunication. Leur schéma est donné ci-dessous :

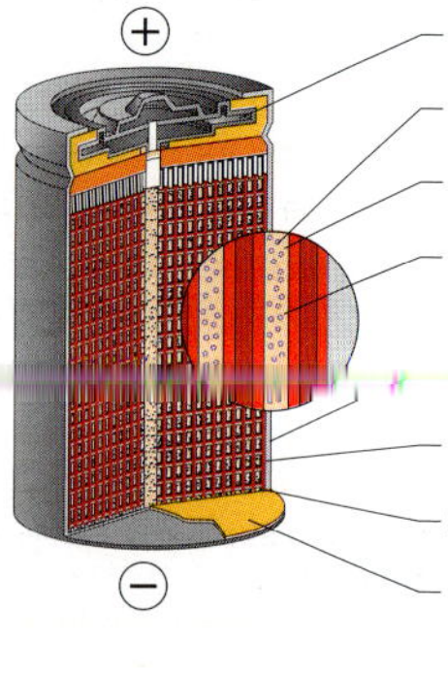

Les couples mis en jeu sont $SO_2(\ell) / S_2O_4^{2-}(solv)$ et $Li^+(solv) / Li(s)$.

1. Écrire les demi-équations d'oxydoréduction correspondantes.

2. Le lithium constitue le pôle négatif de cette pile.
a. En déduire l'équation de fonctionnement.
b. Identifier l'anode et la cathode de cette pile.

3. Le lithium métallique réagit violemment avec l'eau selon la réaction d'équation :

$$Li(s) + H_2O(\ell) \rightarrow Li^+(aq) + \frac{1}{2} H_2(g) + HO^-(aq)$$

a. Est-ce une réaction d'oxydoréduction ?
Justifier la réponse.
b. Pourquoi ces piles doivent-elles être recyclées et ne doivent jamais être ouvertes ?

21 Fuel cell in the shuttle

COMPÉTENCES **Trouver des informations ; argumenter.**

On July 4th 2002, the NASA published an article which describes the energetic fuelling of the shuttle.
The *fuel cell* consists of a *power section*, where the chemical reaction occurs, and an accessory section that controls and monitors the power section's performance. The power section, where hydrogen and oxygen are transformed into electrical power, water and heat, consists of 96 cells. The cells contain electrolyte consisting of potassium *hydroxide* and water, an oxygen electrode (cathode) and a hydrogen electrode (anode). Oxygen is routed to the fuel cell's oxygen electrode, where it reacts with the water and returning electrons to produce hydroxide ions. The hydroxyde ions then migrate to the hydrogen electrode, where they enter into the hydrogen reaction. Hydrogen is routed to the fuel cell's hydrogen electrode, where it reacts with the hydroxide ions from the electrolyte. This electrochemical reaction produces electrons (electrical power), water and heat. [...] The water is directed to the *storage subsystem*.

> Vocabulaire : *fuel cell* : pile à combustible ; *power section* : secteur du générateur ; *hydroxide* : hydroxyde ; *storage subsystem* : sous système de stockage.

1. Write the equation of the reaction which occurs at :
a. the hydrogen electrode ; **b.** the oxygen electrode.

2. How define the words anode and cathode ? Are these words adequately used in this text ?

3. Write the reaction equation that describes the functioning of the cell.

4. What is the electrolyte's role ? Why potassium hydroxide was chosen ?

5. What is the origin of the heat ? Is this typical of the fuel cell ?

Voir, si nécessaire, l'exercice resolu I, p. 296.

22 Proposer un énoncé à partir de son corrigé

COMPÉTENCES **Raisonner ; formuler un problème ; rédiger.**

Un professeur de Première S a donné à ses élèves un exercice de chimie dont la solution est fournie ci-après. Après avoir lu l'intégralité de la solution, construire l'énoncé correspondant.
Les questions posées devront exactement avoir pour réponses celles qui sont données ci-dessous. Fournir toutes les données nécessaires.

1. Le peroxyde d'hydrogène H_2O_2(aq) constitue à la fois l'oxydant et le réducteur de cette réaction.

2. Le dioxygène constitue l'oxydant du premier couple et l'eau constitue le réducteur du second couple.

3. L'équation de la réaction montre que le peroxyde d'hydrogène peut se décomposer ; cela explique la diminution de la concentration des solutions commerciales d'eau oxygénée.

23 Pile SR à l'oxyde d'argent

COMPÉTENCES **Raisonner ; argumenter.**

Les piles boutons SR 44 à oxyde d'argent alimentent les calculatrices, les montres, etc. Leur électrolyte est constitué de potasse K^+(aq) + HO^-(aq).
Lorsque ces piles fonctionnent, les réactions aux électrodes ont pour équation :

$$Ag_2O(s) + H_2O(\ell) + 2\,e^- \rightarrow 2\,Ag(s) + 2\,HO^-(aq)$$

$$Zn(s) + 2\,HO^-(aq) \rightarrow ZnO(s) + H_2O(\ell) + 2\,e^-$$

1. L'électrode de zinc est-elle la borne positive de ces piles ?

2. Quels sont les couples oxydant / réducteur mis en jeu ?

3. Écrire l'équation de la réaction de fonctionnement de ces piles.

Pour aller plus loin

24 Accumulateur lithium-ion

COMPÉTENCES **Raisonner ; lire un schéma ; argumenter.**

Les accumulateurs lithium-ion alimentent des téléphones et ordinateurs portables, des voitures électriques, etc., car ils ont des caractéristiques très intéressantes.
Lorsqu'un accumulateur lithium-ion débite un courant, l'électrode de graphite est le lieu de la réaction d'équation :

$$Li\,(graphite) \rightarrow (graphite) + Li^+ + e^-$$

À l'autre électrode a lieu la réaction d'équation :

$$CoO_2 + Li^+ + e^- \rightarrow CoLiO_2$$

1. Le lithium est-il oxydé ou réduit à l'électrode de graphite ?

2. Cette électrode constitue-t-elle le pôle positif de l'accumulateur ? Justifier la réponse.

3. Écrire l'équation de la réaction de fonctionnement en générateur de l'accumulateur.

Le fonctionnement en générateur de l'accumulateur est schématisé ci-contre :

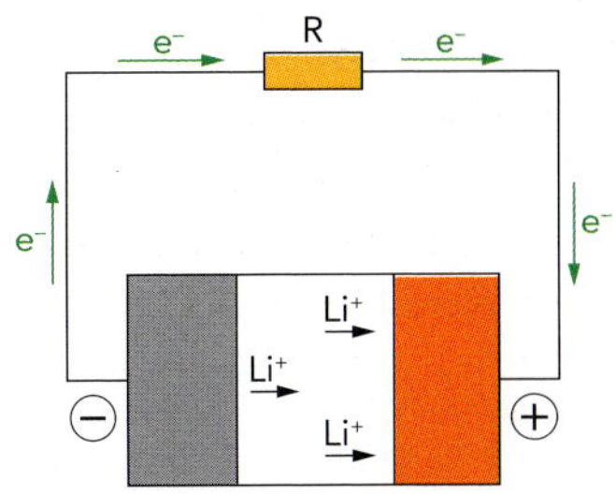

4. Quels sont les porteurs de charge responsables du passage du courant dans les différentes parties du circuit ?

5. Quel est le réactif qui limite la durée de fonctionnement de l'accumulateur en générateur ?

6. Lorsque l'accumulateur est déchargé, on le recharge en le reliant à un générateur électrique. La réaction traduisant la charge est l'inverse de celle qui se produit lors de la décharge.
a. Quel doit être alors le sens des électrons dans le circuit extérieur à l'accumulateur ?
b. Pour cela, à quelle électrode doit-on relier la borne positive du générateur électrique ?
c. Quelle est la transformation d'énergie qui a lieu dans l'accumulateur lors de sa charge ?

Pour les curieux

25 L'énergie musculaire SVT

COMPÉTENCES **Trouver des informations ; raisonner.**

La production d'énergie dans les muscles se fait en deux étapes à partir du glucose présent dans le sang.

1. a. Citer des aliments contenant du glucose.
b. Établir l'équation de la réaction d'oxydation du glucose $C_6H_{12}O_6$ en ions pyruvate $C_3H_3O_3^-$(aq) par le coenzyme* NAD^+.

2. La seconde étape diffère selon l'apport en dioxygène. Si cet apport est insuffisant, les ions pyruvate réagissent avec le NADH pour donner des ions lactate $C_3H_5O_3^-$(aq).
a. Dans quelles conditions l'apport en dioxygène peut-il être insuffisant ?
b. @ La réaction alors mise en jeu est une fermentation anaérobie. Qu'est ce qu'une fermentation ? Que signifie anaérobie ?
c. Établir l'équation de la réaction.
d. Les ions pyruvate ont-ils été oxydés ou réduits ?

3. Quelle est la conversion d'énergie qui se produit globalement dans les muscles ?

- *Données* : couples Ox / Red :

NAD^+(aq) / NADH(aq) ; $C_3H_3O_3^-$(aq) / $C_6H_{12}O_6$(aq) et $C_3H_3O_3^-$(aq) / $C_5H_5O_3^-$(aq).

* Coenzyme : espèce chimique associée à une enzyme et indispensable à l'activité de celle-ci.

Exercices

26 Gravure à l'eau forte Art

COMPÉTENCES **Raisonner ; argumenter.**

La gravure à l'eau forte est une méthode de reproduction ancienne. L'artiste dessine à l'aide d'une pointe en métal sur une plaque de cuivre recouverte de vernis. Lorsque la gravure est terminée, la plaque est plongée dans une solution d'acide nitrique, $H^+(aq) + NO_3^-(aq)$, anciennement appelée *eau forte* : les parties de cuivre non protégées par le vernis sont attaquées par les ions nitrate $NO_3^-(aq)$ et la solution utilisée devient bleue.

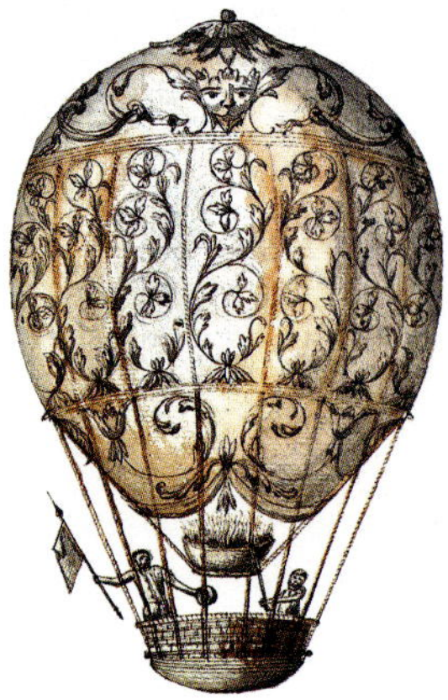

La plaque est ensuite rincée à l'eau et le vernis restant est enlevé : la gravure est terminée. Le dessin peut être reproduit sur des feuilles de papier en remplissant d'encre les sillons creusés par l'acide.

1. a. Quel ion est responsable du bleuissement de la solution ?

b. Le métal cuivre est-il l'oxydant ou le réducteur ? Écrire la demi-équation d'oxydoréduction du couple oxydant / réducteur mis en jeu.

2. a. Les ions nitrate $NO_3^-(aq)$ constituent-ils l'oxydant ou le réducteur ?

b. L'espèce conjuguée de l'ion nitrate est le monoxyde d'azote gazeux NO.
Écrire la demi-équation d'oxydoréduction correspondante en présence d'ions hydrogène $H^+(aq)$.

3. En déduire l'équation de la réaction.

4. Pourquoi doit-on utiliser une solution d'acide nitrique et non une solution de nitrate de potassium, $K^+(aq) + NO_3^-(aq)$?

Retour sur l'ouverture du chapitre

27 Des taxis écologiques

COMPÉTENCES **Trouver des informations ; faire un calcul ; raisonner ; argumenter.**

En juin 2010, un prototype de taxi a été présenté à Londres. Il fonctionne grâce à un système de piles à combustible à hydrogène associée à des accumulateurs lithium-polymère. Sa vitesse maximale atteint 125 km/h et son autonomie est voisine de 400 km. Cette technologie sera généralisée progressivement à l'ensemble des taxis de la capitale anglaise.
« Le *black cab* est une figure emblématique particulièrement appréciée à Londres, mais c'est également une source de pollution considérable, notamment dans le centre-ville. Ce prototype à pile combustible, dont le pot d'échappement n'émet que de l'eau, nous permet d'illustrer, de manière tout à fait passionnante, la façon dont la technologie à hydrogène pourrait rapidement jouer un rôle essentiel dans l'amélioration de la qualité de l'air respiré par les citadins » a déclaré Kit Malthouse, maire-adjoint de Londres.

1. L'équation de la réaction de fonctionnement de la pile à combustible à hydrogène s'écrit :

$$2\ H_2\ (g) + O_2\ (g) \rightarrow 2\ H_2O\ (\ell)$$

Pourquoi de tels véhicules vont améliorer « la qualité de l'air respiré par les citadins » ?

2. @ Qu'est-ce qu'un combustible ?
Justifier l'appellation « pile à combustible ».

3. Dans un véhicule motorisé fonctionnant grâce à une pile à combustible, on estime à 2 kg la masse de dihydrogène nécessaire pour parcourir 250 km.

a. Calculer le volume de dihydrogène $V\ (H_2)$ correspondant, dans les conditions où une mole de gaz occupe un volume $V_m = 24$ L. Commenter ce résultat.

b. @ Quelles sont les solutions utilisées actuellement pour stocker le dihydrogène ?

c. @ Quelles sont les filières de production du dihydrogène ?
Peut-on dire que les véhicules fonctionnant avec des piles à hydrogène sont écologiques ?

4. a. Pourquoi ces piles à combustibles sont-elles associées à des accumulateurs lithium-polymère ?

b. @ Rechercher les caractéristiques de ces accumulateurs.

c. @ Quelles sont les ressources mondiales en lithium ? Sous quelle forme trouve-t-on principalement l'élément lithium et dans quels pays ?

Voir, si nécessaire, l'exercice résolu II, p. 297.

Composés organiques oxygénés

Chapitre 18

Le tissage des fils de nylon a donné tous ces objets.

L'acide adipique, obtenu par oxydation d'un mélange de cyclohexanol et de cyclohexanone, est l'un des réactifs de la synthèse du nylon, à la base de nombreux produits manufacturés.
À quelles familles chimiques appartiennent les espèces chimiques nécessaires à la synthèse du nylon ? (Voir exercice 21, p. 316.)

Quels composés organiques oxygénés rencontre-t-on dans les synthèses organiques ?

OBJECTIFS

- ➜ Définir et reconnaître la classe d'un alcool.
- ➜ Identifier des aldéhydes et des cétones.
- ➜ Identifier des acides carboxyliques ; connaître et exploiter certaines de leurs propriétés.

Activités Étude documentaire

1 Étude des composés oxygénés

EN AUTONOMIE

Dans les composés organiques, de nombreux groupes caractéristiques contiennent l'élément oxygène.
Quelles familles chimiques correspondent à ces groupes caractéristiques ?

On considère les composés organiques oxygénés de formules brutes :

a. C_2H_6O **b.** C_2H_4O **c.** C_3H_8O
d. C_3H_6O **e.** CH_2O_2 **f.** $C_2H_4O_2$

Doc. 1 L'arôme de tomate est dû à un aldéhyde :

$CH_3-CH_2-CH_2-CH=CH-C(H)=O$

1 Écrire la formule semi-développée de tous les composés organiques correspondants sans envisager de liaison C – O – C :

2 Quels groupes caractéristiques oxygénés peut-on reconnaître dans ces formules (voir p. 11) ?
Classer ces différentes espèces par groupes caractéristiques oxygénés présents.

3 **a.** Pour chacune des molécules contenant un groupe hydroxyle, déterminer la géométrie de l'édifice au niveau de l'atome de carbone lié au groupe hydroxyle.
b. En déduire que l'on peut distinguer deux types de composés oxygénés dans l'ensemble considéré.
c. Reconnaître la famille des alcools. Nommer les alcools correspondants.

4 **a.** Pour chacune des molécules contenant seulement un groupe carbonyle, peut-on distinguer deux sous-ensembles ?
Quel critère peut-on proposer pour les distinguer ?
b. @ Rechercher une définition des termes « aldéhyde » **(doc. 1)** et « cétone ». Parmi les espèces rencontrées à la question 1, repérer les aldéhydes, puis les cétones.

5 **a.** @ Rechercher une définition de l'appellation « acide carboxylique ».
b. Repérer les acides carboxyliques présents parmi les espèces vues à la question **1**.

Les modèles moléculaires de quelques composés oxygénés sont représentés au **document 2**.

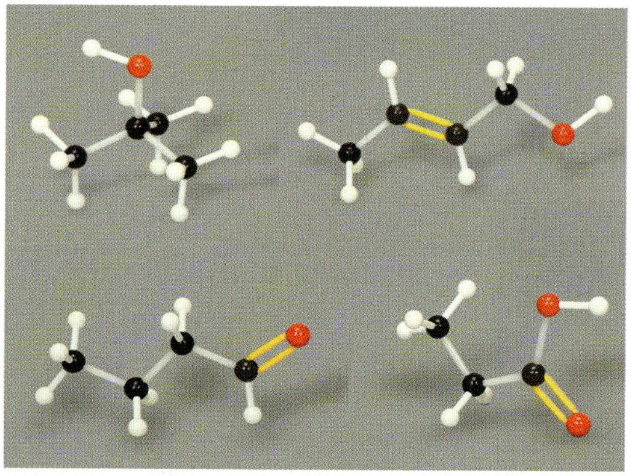

Doc. 2 Modèles moléculaires éclatés de molécules oxygénées.

6 Auquel des sous-ensembles mis en évidence à la question **2** appartient chacune de ces espèces chimiques ?

7 Écrire les formules semi-développées de chacun des alcools repérés aux questions **3** et **6**.

On peut classer ces alcools selon trois groupes, appelés **classes**, en considérant l'environnement de l'atome de carbone lié au groupe hydroxyle.
Quel critère peut-on proposer pour réaliser ce classement ?

Un pas vers le cours...

8 Rédiger une synthèse proposant une définition d'un alcool, d'un aldéhyde, d'une cétone et d'un acide carboxylique. Illustrer chacun de ces cas par un exemple.

2 Étude de quelques propriétés des acides carboxyliques

Le groupement carboxyle est le groupe caractéristique des acides carboxyliques.
Pourquoi parle-t-on d'acides ? Quelles propriétés découlent de cette acidité ?

A Solubilité dans l'eau et pH

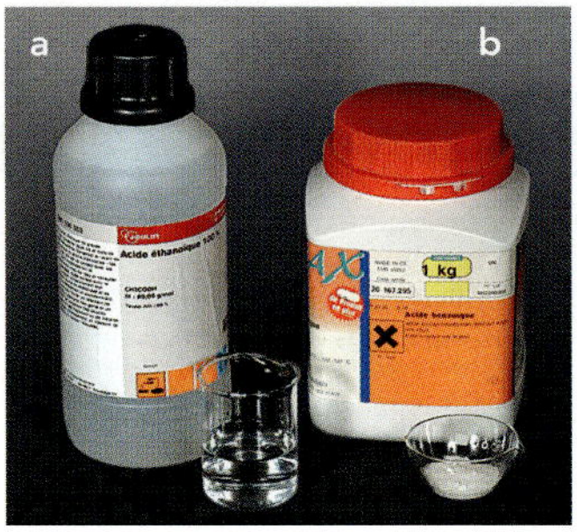

Doc. 3 **a.** L'acide éthanoïque est un liquide corrosif.
b. L'acide benzoïque est un solide blanc.

- Prélever cette quantité n d'acide éthanoïque, l'introduire dans un erlenmeyer contenant 50 mL d'eau distillée.
Boucher, agiter, observer et noter les observations.
- Procéder de même avec l'acide benzoïque.
- Recommencer, pour chaque acide, en remplaçant l'eau distillée par une solution aqueuse :
a. de pH = 2 ; **b.** de pH = 8,5.

Doc. 4 **a.** Acide éthanoïque. **b.** Acide benzoïque.

1 Quelles règles de sécurité doivent être respectées pour manipuler les acides présentés au **document 3** ?

2 Pour prélever une quantité n = 2,0 mmol, quelle masse respective d'acide éthanoïque et d'acide benzoïque doit-on peser **(doc. 4)** ?

Un pas vers le cours...

3 **a.** Quelles interactions peuvent s'établir entre les molécules d'acide éthanoïque et d'eau ?
b. Justifier pourquoi l'acide éthanoïque est très soluble dans l'eau.

4 Comparer la solubilité dans l'eau de l'acide éthanoïque et de l'acide benzoïque. Proposer une interprétation.

5 Comment varie la solubilité de ces acides carboxyliques avec le pH ?

B Caractère acide

On dispose de trois solutions de concentration $C = 1{,}0 \times 10^{-2}$ mol·L^{-1} :
- une solution d'acide méthanoïque HCO_2H(aq) ;
- une solution d'acide éthanoïque CH_3CO_2H(aq) ;
- une solution d'acide benzoïque $C_6H_5CO_2H$(aq).

Mesurer le pH de chacune des solutions **(doc. 5)**.

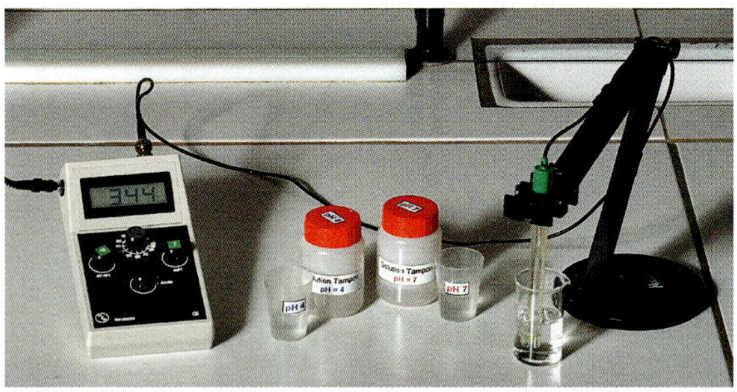

Doc. 5 Un pH-mètre permet de mesurer un pH après étalonnage à l'aide de solutions tampons.

6 **a.** À 25 °C, quel est le pH d'une solution aqueuse neutre ? Quels sont les domaines d'acidité et de basicité d'une solution aqueuse ?
b. Les solutions étudiées sont-elles acides, neutres ou basiques ?

Un pas vers le cours...

7 Justifier que les solutés de ces solutions soient appelés « acide ».

8 Les acides carboxyliques peuvent libérer l'hydrogène du groupe carboxyle sous forme d'ion hydrogène H^+(aq). Écrire l'équation correspondant à chaque acide étudié.

3 Extraction de l'acide benzoïque

L'acide benzoïque est un acide carboxylique.
Comment procéder pour l'extraire d'un mélange d'éthanoate d'éthyle et d'acide benzoïque ?

Doc. 6 L'acide benzoïque est présent dans des végétaux tels que la canneberge (photographie), le benjoin, etc. Il est utilisé comme conservateur (code E210) dans de nombreuses boissons.

A Extraction

- Prélever 50 mL du mélange d'éthanoate d'éthyle et d'acide benzoïque à l'aide d'une éprouvette graduée et l'introduire dans une ampoule à décanter.
- Ajouter 20 mL d'une solution concentrée d'hydrogénocarbonate de sodium.
- Après dégazage, boucher l'ampoule et la retourner. Ouvrir son robinet en dirigeant l'orifice de l'ampoule vers un mur ou une fenêtre et agiter.
- Refermer le robinet de l'ampoule à décanter, la retourner et la placer sur son support.
Enlever son bouchon et laisser décanter.

1 L'eau et l'éthanoate d'éthyle sont-ils miscibles ?

- Repérer la phase aqueuse en ajoutant un peu d'eau à l'aide de la pissette d'eau distillée et en suivant le trajet des gouttes d'eau dans l'ampoule.

2 Quel est le liquide de densité la plus élevée ? Faire le schéma de l'ampoule à décanter en précisant la position des deux phases.

- Recueillir la phase aqueuse dans un erlenmeyer.
- Ajouter de nouveau 20 mL de la solution d'hydrogénocarbonate de sodium dans l'ampoule à décanter. Procéder comme précédemment en recueillant la phase aqueuse dans le même erlenmeyer.

L'acide benzoïque est très soluble dans l'éthanoate d'éthyle et peu soluble dans l'eau. La solution d'hydrogénocarbonate de sodium est basique (pH = 8,4).

3 À l'aide des résultats de l'activité 2, justifier le choix de cette solution pour l'extraction réalisée.

B Obtention de l'acide benzoïque

DÉMARCHE D'INVESTIGATION

4 En s'aidant des résultats de l'activité 2 et de la **fiche n° 6**, p. 359, proposer un protocole permettant de récupérer de l'acide benzoïque solide (doc. 7).

- Mettre en œuvre ce protocole après discussion de celui-ci avec le professeur. Respecter les consignes de manipulation des solutions concentrées.

Doc. 7 **Matériel et produits disponibles :** filtre Büchner avec trompe à eau, papier-filtre, baguette de verre, coupelles de verre, flacon d'acide chlorhydrique 5 mol·L^{-1}, flacon de soude 5 mol·L^{-1}, pissette d'eau distillée, rouleau de papier-pH, spatule.

C Identification de l'acide benzoïque

- Réaliser une chromatographie sur couche mince, en utilisant comme éluant un mélange de 6 mL de cyclohexane et 3 mL d'acétone, pour vérifier que les cristaux obtenus sont constitués d'acide benzoïque.

5 Proposer un autre moyen de vérification.

1 Comment définir la classe d'un alcool ?

1.1 Carbone fonctionnel

Un alcool est un composé oxygéné qui contient un groupe hydroxyle $-OH$ lié à un atome de carbone tétragonal **(chapitre 11)**.

> **L'atome de carbone lié au groupe hydroxyle est dit « atome de carbone fonctionnel ».**

L'éthanol CH_3-CH_2-OH, le propan-1-ol $CH_3-CH_2-CH_2-OH$ et le prop-2-én-1-ol $CH_2=CH-CH_2-OH$ sont des alcools **(activité 1)**.

En revanche, le prop-1-én-1-ol $CH_3-CH=CH-OH$, dans lequel le groupement hydroxyle n'est pas lié à un atome de carbone tétraédrique, n'est pas un alcool **(doc. 1)**.

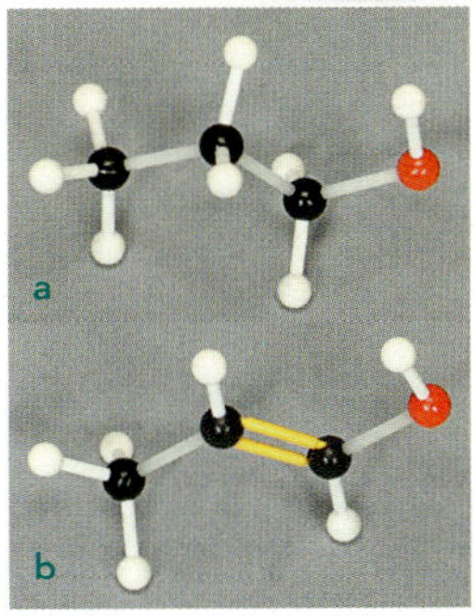

Doc. 1 L'atome de carbone fonctionnel est :
a. tétragonal (lié à 4 atomes) dans le propan-1-ol ;
b. trigonal (lié à 3 atomes) dans le prop-1-én-1-ol.

1.2 Comment reconnaître la classe d'un alcool ?

Les alcools peuvent être classés selon le nombre d'atomes de carbone directement liés à l'atome de carbone fonctionnel. Cela permet de définir la classe d'un alcool (**activité 1** et **doc. 2**).

> Un alcool est dit **primaire,** si l'**atome de carbone fonctionnel** n'est lié qu'à des atomes d'hydrogène ou à **un seul atome de carbone.**
>
> Un alcool est dit **secondaire,** si l'**atome de carbone fonctionnel** est lié à **deux atomes de carbone.**
>
> Un alcool est dit **tertiaire,** si l'**atome de carbone fonctionnel** est lié **à trois atomes de carbone.**

Certaines propriétés des alcools dépendent de leur classe, comme cela sera vu au chapitre suivant.

Voir exercices 1, p. 311, et 5 et 6, p. 313.

- **Alcool primaire :** $R-CH_2-OH$
  Méthanol CH_3OH
  Éthanol CH_3-CH_2-OH
- **Alcool secondaire :** $R-CH(R')-OH$
  Propan-2-ol $CH_3-CH(CH_3)-OH$
- **Alcool tertiaire :** $R-C(R')(R'')-OH$
  Méthylpropan-2-ol $CH_3-C(CH_3)_2-OH$

Doc. 2 Les trois classes d'alcools.
La notation « R » désigne un groupement hydrocarboné constitué des éléments carbone et hydrogène.

2 Comment identifier des aldéhydes ou des cétones ?

2.1 Qu'est-ce qu'un aldéhyde ou une cétone ?

> Les **aldéhydes** et les **cétones** sont des composés oxygénés qui contiennent le **groupe carbonyle** $>C=O$ directement lié à des atomes de carbone ou d'hydrogène.

Ils sont appelés, pour cela, **composés carbonylés (doc. 3)**.
L'atome de carbone fonctionnel est celui **du groupe carbonyle**.

> Un composé carbonylé, dont l'**atome de carbone fonctionnel** est **lié à au moins un atome d'hydrogène**, est un **aldéhyde** de formule générale :
>
> $$R-C(H)=O$$

Doc. 3 Les laques glycérophtaliques sont des peintures obtenues à partir des composés carbonylés méthanal et éthanal, intermédiaires de synthèse très importants dans l'industrie chimique.

Un composé carbonylé, dont l'**atome de carbone fonctionnel** n'est **lié qu'à des atomes de carbone**, est une **cétone** de formule générale :

$$R-\underset{\underset{R'}{|}}{C}=O$$

L'éthanal $CH_3-\overset{\overset{H}{|}}{C}=O$ est un aldéhyde et la propanone $CH_3-\underset{\underset{CH_3}{|}}{C}=O$ une cétone (**activité 1** et **doc. 4 et 5**).

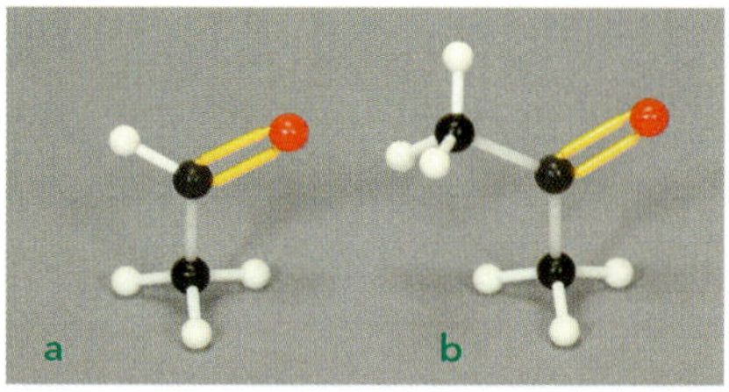

Doc. 4 Les atomes de carbone fonctionnels de l'éthanal (**a**) et de la propanone (**b**) sont trigonaux, car ils ne sont liés qu'à 3 atomes.

2.2 Comment nommer un aldéhyde ou une cétone ?

Pour établir le nom d'un aldéhyde ou d'une cétone :

– on recherche la chaîne carbonée la plus longue comportant l'atome de carbone fonctionnel ;

– on numérote les atomes de carbone de cette chaîne afin que l'atome de carbone fonctionnel ait le numéro x le plus petit possible (1 dans le cas d'un aldéhyde) ;

– on remplace le e final du nom de l'alcane correspondant (en tenant compte des ramifications éventuelles) à cette chaîne par :

– la terminaison **-al** dans le cas d'un aldéhyde ;

Exemple :

$$\underset{4}{CH_3}-\underset{3}{\overset{\overset{CH_3}{|}}{CH}}-\underset{2}{CH_2}-\underset{1}{\overset{\overset{H}{|}}{C}}=O$$ est le 3-méthylbutan**al** ;

– la terminaison **-x-one** dans le cas d'une cétone.

Exemple :

$$\underset{1}{CH_3}-\underset{2}{\overset{\overset{O}{||}}{C}}-\underset{3}{CH_2}-\underset{4}{\overset{\overset{CH_3}{|}}{CH}}-\underset{5}{CH_3}$$ est la 4-méthylpentan-2-**one**.

Voir exercices 2, p. 311, et 7, 8 et 9, p. 313.

Doc. 5 Les aldéhydes de synthèse sont importants pour la conception de nombreux parfums. En 1921, Chanel lance avec succès le N° 5, un des premiers parfums à contenir un aldéhyde de synthèse.

3 Qu'est-ce qu'un acide carboxylique ?

3.1 Comment reconnaître un acide carboxylique ?

Un **acide carboxylique** est un composé oxygéné qui **contient le groupe carboxyle** $-\underset{\underset{O}{||}}{C}-OH$

Sa formule générale s'écrit : $R-\underset{\underset{O}{||}}{C}-OH$

L'atome de **carbone fonctionnel** est celui du **groupe carboxyle**.

- L'acide méthanoïque $H-\underset{\underset{O}{||}}{C}-OH$
- l'acide benzoïque $C_6H_5-\underset{\underset{O}{||}}{C}-OH$
- l'acide téréphtalique $HO-\underset{\underset{O}{||}}{C}-C_6H_4-\underset{\underset{O}{||}}{C}-OH$

sont des acides carboxyliques (**doc. 6**).

Doc. 6 L'acide téréphtalique est l'un des réactifs de la synthèse du polyéthylène-téréphtalate (PET). Ce polyester permet d'élaborer des vêtements comme le Tergal apparu en France, en 1954, mais aussi des bouteilles.

3.2 Comment nommer un acide carboxylique ?

Pour établir le nom d'un acide carboxylique :

– on recherche la chaîne carbonée la plus longue comportant l'atome de carbone fonctionnel ;

– on numérote les atomes de carbone de cette chaîne pour que l'atome de carbone fonctionnel ait le numéro 1 ;

– on remplace le e final du nom de l'alcane correspondant (en tenant compte des ramifications éventuelles) par la terminaison **oïque** et on le fait précéder par le mot **acide**.

Exemple :

$$\overset{4}{CH_3}-\overset{3}{\underset{\displaystyle CH_3}{\underset{|}{CH}}}-\overset{2}{CH_2}-\overset{1}{\underset{\displaystyle O}{\underset{\|}{C}}}-OH$$ est l'acide 3-méthylbutanoïque

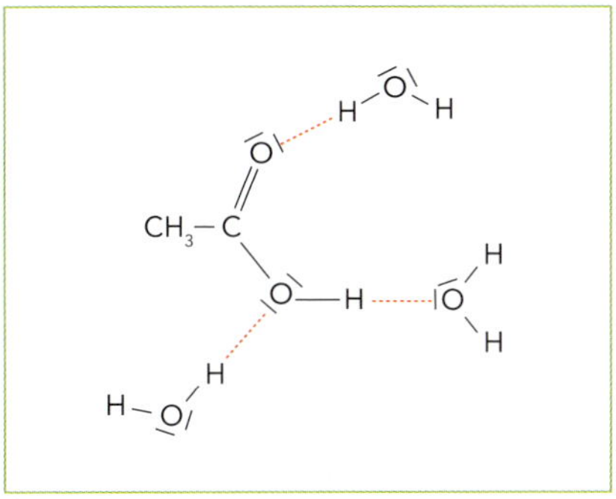

Doc. 7 Le groupe carboxyle de l'acide éthanoïque peut établir de nombreuses liaisons hydrogène avec des molécules d'eau.

3.3 Quelles sont les propriétés d'un acide carboxylique ?

- L'acide éthanoïque (ou acide acétique) CH_3-CO_2H est soluble dans l'eau (**activité 2**).

Cette solubilité est due à l'établissement de liaisons entre les molécules d'acide éthanoïque et les molécules d'eau. En effet, le **groupe carboxyle** peut **établir des liaisons hydrogène** avec les molécules d'eau **(doc. 7)** : c'est un groupe **hydrophile**.

- L'acide benzoïque $C_6H_5-CO_2H$ est moins soluble dans l'eau que l'acide éthanoïque CH_3-CO_2H **(activité 2)**. Cette différence de solubilité peut être reliée à la différence de taille entre les groupes phényle C_6H_5 et méthyle CH_3 **(doc. 8)**.

- Lorsque le groupe hydrocarboné R devient volumineux, les interactions entre les molécules d'eau et le groupe carboxyle ne sont plus suffisantes pour permettre la dissolution de la totalité de l'acide.

Doc. 8 La solubilité dans l'eau de l'acide éthanoïque (a) est plus grande que celle de l'acide benzoïque (b).

> La solubilité dans l'eau d'un acide carboxylique est due au **groupe carboxyle** de cet acide, **groupe hydrophile** qui peut établir des liaisons hydrogène avec les molécules d'eau.
> La **solubilité** des acides carboxyliques RCO_2H dans l'eau **diminue** lorsque **la taille du groupe hydrocarboné R, groupe hydrophobe, augmente**.
> La solubilité d'un acide carboxylique augmente lorsque le pH croît.

Cette propriété est exploitée pour extraire l'acide benzoïque d'un mélange d'acide benzoïque et d'éthanoate d'éthyle dans l'**activité 3**.

Les interactions entre molécules d'acide éthanoïque et molécules d'eau entraînent l'ionisation de molécules d'acide selon l'équation :

$$CH_3-CO_2H(aq) \longrightarrow CH_3-CO_2^-(aq) + H^+(aq)$$

La solution obtenue est acide **(doc. 9)**. Ce résultat est général.

> Le **caractère acide** d'une solution aqueuse d'acide carboxylique est dû à l'**ionisation de molécules d'acide** qui libèrent des ions hydrogène $H^+(aq)$ selon l'équation :
> $$R-\underset{\displaystyle O}{\underset{\|}{C}}-OH(aq) \longrightarrow R-\underset{\displaystyle O}{\underset{\|}{C}}-O^-(aq) + H^+(aq)$$

Voir exercices 3, p. 311, et 10, 11 et 12, p. 313.

Doc. 9 L'acidité du vinaigre est due à l'ionisation de molécules d'acide éthanoïque.

Essentiel

Définir et reconnaître la classe d'un alcool

La classe d'un alcool est définie par le nombre d'atomes de carbone liés à l'atome de carbone fonctionnel.

Classe de l'alcool	Alcool primaire	Alcool secondaire	Alcool tertiaire
Formule générale	$R-CH_2-OH$	$R-CH(R')-OH$	$R-C(R')(R'')-OH$
Exemple	méthanol CH_3OH éthanol CH_3-CH_2-OH	propan-2-ol $CH_3-CH(CH_3)-OH$	2-méthylpropan-2-ol $CH_3-C(CH_3)_2-OH$

Identifier des aldéhydes et des cétones

Un composé carbonylé contient le groupe carbonyle $>C=O$. On distingue deux sortes de composés carbonylés :

Composé carbonylé	Aldéhyde	Cétone
Formule générale	$R-C(H)=O$	$R-C(R')=O$
Exemple	2-méthylpropanal $\overset{3}{CH_3}-\overset{2}{CH}(CH_3)-\overset{1}{C}(H)=O$	3,4-diméthylpentan-2-one $\overset{5}{CH_3}-\overset{4}{CH}(CH_3)-\overset{3}{CH}(CH_3)-\overset{2}{C}(=O)-\overset{1}{CH_3}$

Identifier un acide carboxylique

Un acide carboxylique contient le groupe carboxyle $-C(OH)=O$ et a pour formule générale $R-C(OH)=O$.

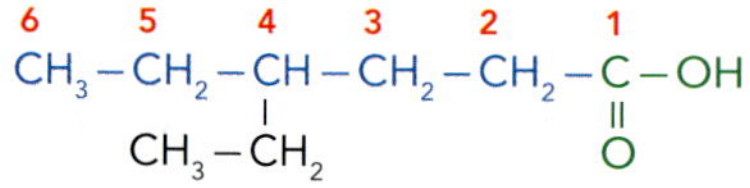

acide 4-éthylhexanoïque

- La solubilité des acides carboxyliques RCO_2H dans l'eau diminue lorsque la taille du groupe hydrocarboné R augmente. Elle augmente, lorsque le pH de la solution croît.
- Le caractère acide d'une solution aqueuse d'acide carboxylique est dû à l'ionisation de molécules d'acide qui libèrent des ions hydrogène $H^+(aq)$ selon :

$$R-C(=O)-O-H(aq) \longrightarrow R-C(=O)-O^-(aq) + H^+(aq)$$

LES COMPÉTENCES ATTENDUES

- ✔ Reconnaître la classe d'un alcool.
- ✔ Nommer des aldéhydes, cétones et acides carboxyliques.
- ✔ Pratiquer une démarche expérimentale pour extraire un acide carboxylique d'un mélange. (TP)
- ✔ Réaliser une extraction par solvant, une filtration sous vide, une CCM. (TP)

QCM

Pour chaque question, indiquer la (ou les) bonne(s) réponse(s).

Voir corrigés, p. 369.

1 Définir et reconnaître la classe d'un alcool

	A	B	C
1. La classe d'un alcool dépend uniquement :	de la position du groupe hydroxyle.	de son nombre d'atomes de carbone.	du nombre d'atomes de carbone liés à l'atome de carbone fonctionnel.
2. $CH_3-CH_2-CH_2-CH_2-OH$ **est un alcool :**	primaire.	secondaire.	tertiaire.
3. $CH_3-CH_2-C(CH_3)_2-OH$ (C portant deux groupes CH_3) **est un alcool :**	primaire.	secondaire.	tertiaire.

Si erreur, revoir § 1, p. 307.

2 Identifier des aldéhydes et des cétones

	A	B	C
1. $CH_3-CH_2-CH-C=O$ **est :** (avec CH_3 sous CH et H sous C)	un aldéhyde.	une cétone.	un composé carbonylé.
2. Une cétone comporte :	un atome de carbone fonctionnel relié à un atome d'hydrogène.	un groupe carbonyle.	un atome de carbone fonctionnel relié à deux atomes de carbone.
3. Ce modèle moléculaire est celui d'une molécule : 	de pentanal.	de pentan-3-one.	de pentan-3-ol.
4. Le 2-éthylbutanal a pour formule semi-développée :	$CH_3-CH_2-CH-C=O$ (CH_3-CH_2 sous CH ; H sous C)	$CH_3-CH_2-CH_2-C=O$ (CH_3-CH_2 sous C)	$CH_3-CH_2-CH_2-CH-OH$ (CH_3-CH_2 sous CH)

Si erreur, revoir § 2, p. 307.

3 Identifier un acide carboxylique

	A	B	C
1. Ce modèle moléculaire est celui d'une molécule : 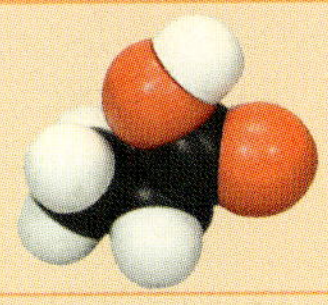	de propanal.	d'acide éthanoïque.	d'acide propanoïque.
2. L'acide 2-méthylbutanoïque a pour formule semi-développée :	$CH_3-CH_2-CH-C=O$ (CH_3 sous CH ; H sous C)	$CH_3-CH_2-CH-C=O$ (CH_3 sous CH ; OH sous C)	$CH_3-CH-CH_2-C=O$ (CH_3 sous CH ; OH sous C)
3. L'acide butanoïque $C_3H_7-CO_2H$ **est plus soluble dans l'eau que :**	l'acide éthanoïque CH_3-CO_2H	l'acide 2-méthylbutanoïque.	l'acide hexanoïque $C_5H_{11}-CO_2H$
4. Le groupe carboxyle est un groupe :	hydrophile.	hydrophobe.	caractéristique des acides carboxyliques.
5. Le caractère acide de l'acide pentanoïque ou valérique, est dû : 	à la libération d'ions hydrogène par les molécules d'acide.	au groupe carboxyle.	à l'ionisation des molécules d'acide.

Si erreur, revoir § 3, p. 308.

Exercice résolu

COMPÉTENCES MISES EN ŒUVRE
- Extraire l'information utile.
- Raisonner et expliquer une démarche.

Identifier un composé oxygéné

1. Le composé oxygéné, dont le modèle moléculaire est donné ci-contre, est-il un alcool, un aldéhyde, une cétone ou un acide carboxylique ? Justifier.

2. Écrire ses formules semi-développée et topologique.

3. Nommer ce composé en justifiant.

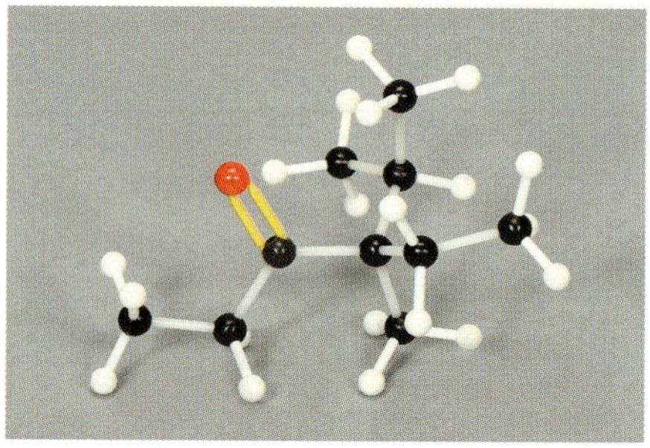

Conseils

Comment reconnaître un composé ?

1. Identifier le groupe caractéristique (voir le cours si nécessaire). Dans le cas d'un groupement carbonyle, considérer les atomes liés à l'atome de carbone fonctionnel pour distinguer aldéhyde et cétone.

Comment établir les formules semi-développée et topologique ?

2. Rechercher la chaîne carbonée la plus longue, repérer la position du groupe carbonyle ainsi que la nature et la position des groupes alkyles portés par cette chaîne.
Pour la formule topologique voir, si nécessaire, la **fiche n° 8**, p. 361.

Comment nommer le composé ?

3. Numéroter correctement les atomes de la chaîne carbonée la plus longue.
Rechercher (si nécessaire au **chapitre 11**) le nom de l'alcane dont dérive la cétone et le nom des substituants présents.
Veiller à l'ordre des substituants (voir p. 308).

Solution rédigée

1. Ce composé oxygéné présente un seul groupe caractéristique oxygéné : le groupe carbonyle $>C=O$.
C'est donc un aldéhyde ou une cétone.
Comme l'atome de carbone fonctionnel est lié à deux atomes de carbone, il s'agit d'une cétone.

2. D'après le modèle moléculaire, la chaîne carbonée la plus longue a six atomes de carbone et présente trois ramifications, un groupe éthyle C_2H_5 et deux groupes méthyle CH_3.

Les formules semi-développée et topologique de cette cétone s'écrivent :

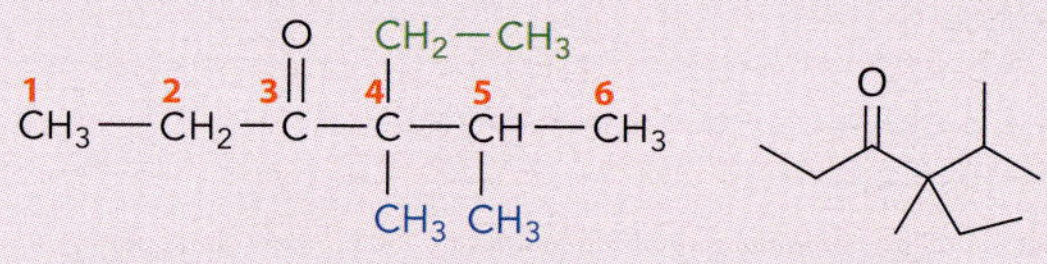

3. Cette cétone dérive de l'hexane. Sa chaîne est numérotée de façon à ce que l'atome de carbone fonctionnel porte le numéro le plus petit possible : 3.
Cette cétone se nomme donc :

4-éthyl-4,5-diméthylhexan-3-one

Application immédiate

4 **1.** Le composé oxygéné, dont le modèle moléculaire est donné ci-contre, est-il un alcool, un aldéhyde, une cétone ou un acide carboxylique ? Justifier.

2. Écrire ses formules semi-développée et topologique.

3. Nommer ce composé en justifiant.

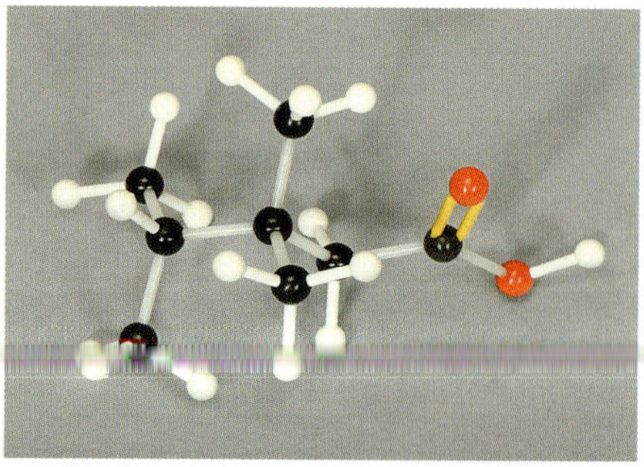

Voir corrigés, p. 369.

Pour commencer

Comment définir la classe d'un alcool ?

5 Reconnaître la classe d'alcools

Déterminer la classe des alcools dont la formule semi-développée est donnée ci-dessous :

a. $CH_3-CH_2-CH_2-OH$

b. 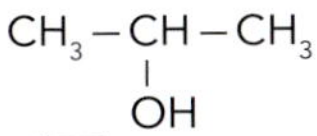

c. 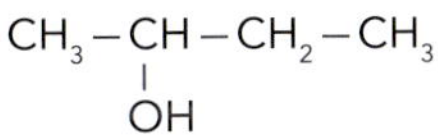

d. 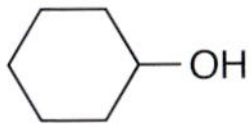

e. 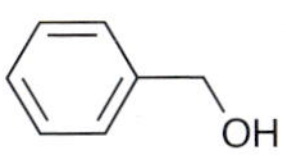

f. 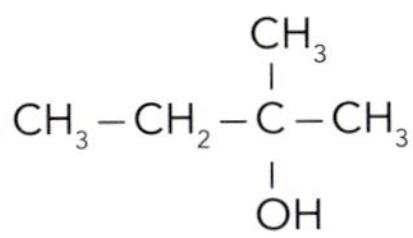

6 Classer des alcools

1. Déterminer la classe des alcools dont les modèles moléculaires sont donnés ci-dessous :

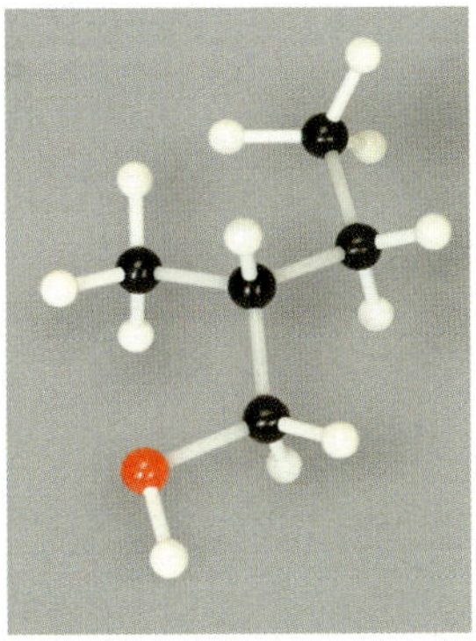

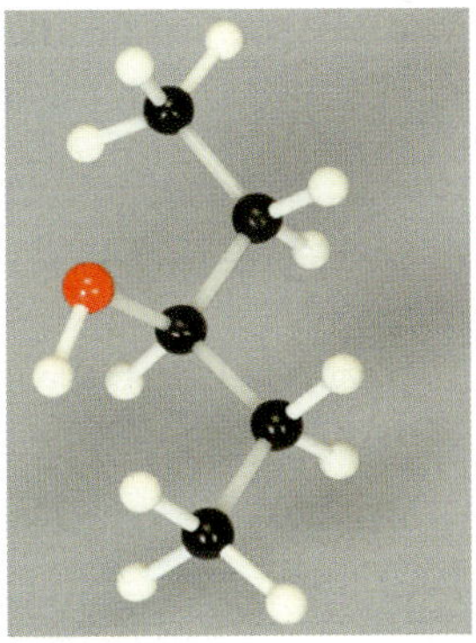

2. L'une des trois classes d'alcools n'est pas représentée ci-dessus. Laquelle ?
Donner un exemple d'alcool de cette classe.

Comment identifier des aldéhydes et des cétones ?

7 Reconnaître des aldéhydes ou des cétones

Identifier les aldéhydes et les cétones parmi les composés oxygénés dont les formules sont données ci-dessous :

a. 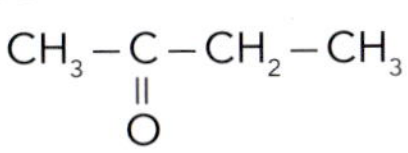

b. 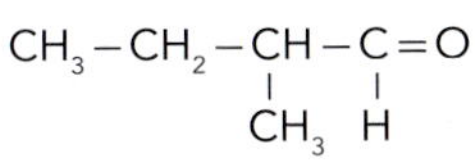

c. 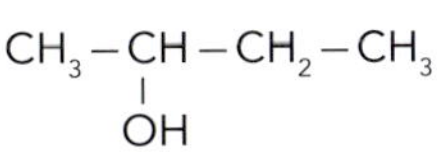

d. 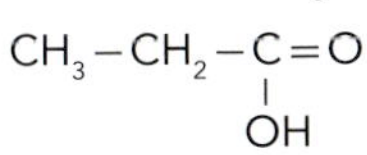

e. 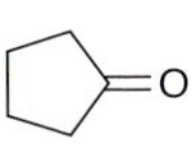

f. 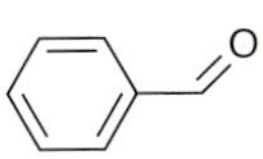

8 Identifier des aldéhydes ou des cétones

1. Reconnaître les aldéhydes et les cétones parmi les composés oxygénés dont les formules sont données ci-dessous :

a. 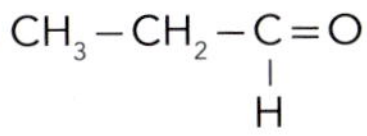

b. 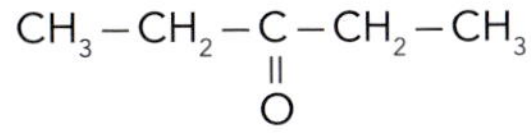

c. 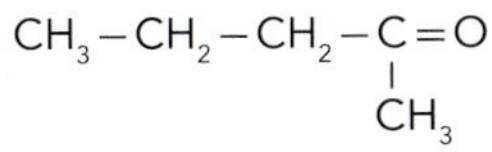

d. 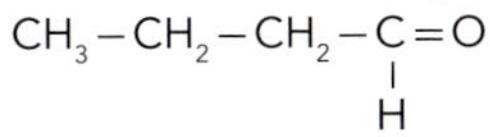

2. Les nommer.

Voir, si nécessaire, l'exercice résolu, p. 312.

9 Passer du nom à la formule

Établir la formule semi-développée des composés carbonylés dont les noms sont donnés ci-dessous :

a. 3-méthylbutanal ; b. hexan-2-one ;
c. 2,3-diméthylbutanal ;
d. 3-éthyl-3,5-diméthylheptan-2-one.

Qu'est ce qu'un acide carboxylique ?

10 Identifier des acides carboxyliques

1. Reconnaître les acides carboxyliques parmi les composés oxygénés dont les formules sont données ci-dessous :

a. 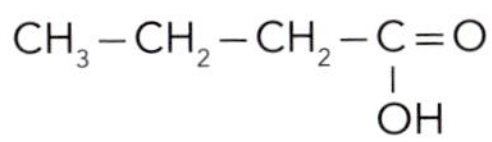

b. 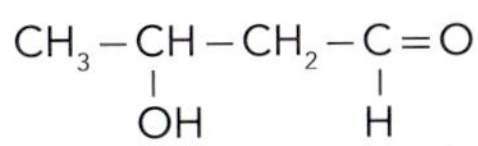

c. 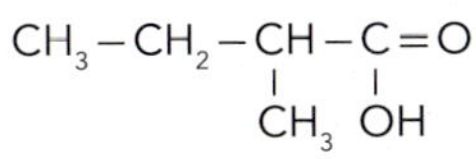

d. 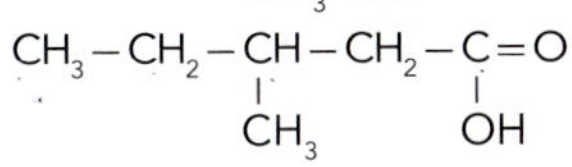

2. Nommer les acides carboxyliques.

11 Comparer la solubilité dans l'eau de deux acides carboxyliques

1. Écrire les formules semi-développées de l'acide éthanoïque et de l'acide pentanoïque.

2. Quelles interactions peuvent établir une molécule de chacun de ces acides avec des molécules d'eau ?

3. Lequel de ces deux acides est le plus soluble dans l'eau ? Justifier.

4. Les solutions obtenues par dissolution dans l'eau de ces composés sont acides.
a. Justifier le caractère acide de ces solutions.
b. Comment le mettre en évidence expérimentalement ?

12 Passer du nom à la formule

Établir la formule semi-développée des acides carboxyliques nommés ci-dessous :
a. acide 2-méthylpropanoïque ;
b. acide butanoïque ;
c. acide 2-éthyl-3,4-diméthylpentanoïque.

Pour s'entraîner

13 Un peu de vitamine ?

COMPÉTENCES Extraire l'information ; raisonner.

Les formules topologiques de différentes vitamines sont données ci-dessous :

a. Vitamine C

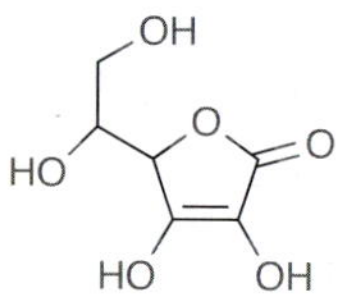

b. Vitamine B6

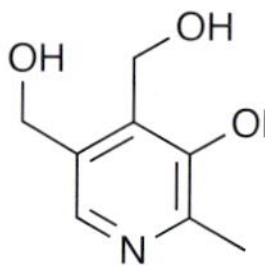

c. Vitamine A

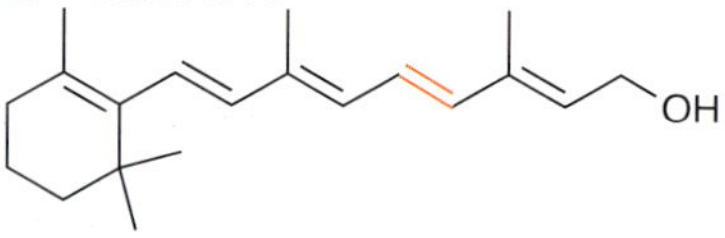

1. Tous les groupes hydroxyles présents correspondent-ils à des alcools ? Justifier.

2. Pour les groupes hydroxyles correspondant à des alcools, déterminer la classe de ces alcools.

3. Reconnaître les doubles liaisons conjuguées dans chacune de ces molécules.

4. Déterminer le caractère *Z* ou *E* de la double liaison repérée en rouge dans la vitamine A.

14 À chacun son rythme

COMPÉTENCES Formuler un problème ; raisonner.

Cet exercice est proposé à deux niveaux de difficulté. Dans un premier temps, essayer de résoudre l'exercice de niveau 2. En cas de difficultés, passer au niveau 1.

Une cétone A, dont la chaîne carbonée ne présente ni cycle, ni double liaison C=C, a une masse molaire moléculaire $M = 72\ g \cdot mol^{-1}$.

Niveau 2

1. Déterminer la formule brute de cette molécule.

2. En déduire sa formule semi-développée.

Niveau 1

1. a. Écrire la formule brute d'un alcane possédant *n* atomes de carbone.

b. En déduire la formule brute d'une molécule qui possède la même chaîne carbonée que cet alcane et un groupe carbonyle.

c. Exprimer la masse molaire de cette molécule en fonction de *n*.

d. En déduire la valeur de *n* et la formule brute de A.

2. Établir la formule semi-développée de A.

15 L'acide lactique

COMPÉTENCES Organiser l'information ; réaliser des schémas.

L'acide lactique, présent dans le lait, le vin et certains fruits et légumes, peut être produit industriellement à partir du maïs ou de la canne à sucre. Il permet la synthèse du PLA (acide polylactique), polymère biodégradable et recyclable utilisé comme emballage, textiles non tissés (vêtements jetables, couches, voiles d'hivernage, etc.). Sa formule brute est $C_3H_6O_3$.

1. Quelles sont les formules semi-développées possibles pour l'acide lactique, sachant qu'il possède un groupe carboxyle et un groupe hydroxyle ?

2. L'acide lactique est l'acide 2-hydroxypropanoïque. Quelle est la formule semi-développée de cet acide ?

3. Quelles interactions peuvent s'établir entre une molécule d'acide lactique et des molécules d'eau ? Illustrer la réponse par des schémas.

4. Pourquoi l'acide lactique est-il très soluble dans l'eau ?

16 Study of some active principles

COMPÉTENCES Trouver les informations ; rédiger.

The topological formulas of some active principles of *drugs* are given below :

a. Acetylsalicylic acid

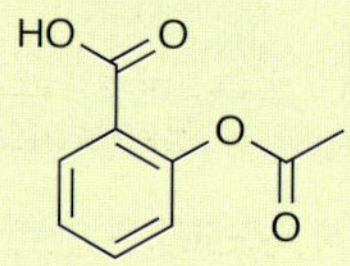

b. Ibuprofen

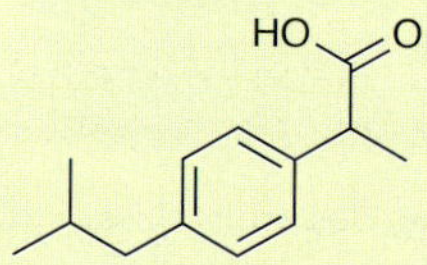

c. Trimoprostil

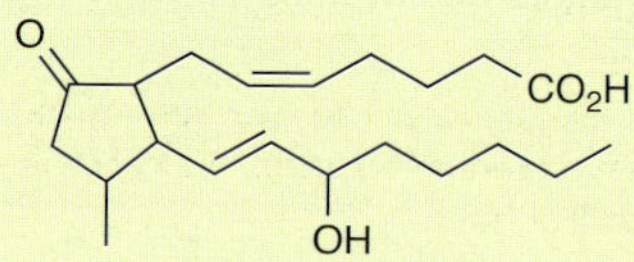

Vocabulaire : *drugs* : médicaments.

1. What are the characteristic groups present in each of these active principles ?

2. When the hydroxyl groups are alcohols, give these alcohols' class.

3. a. Explain why the solubility of acetylsalicylic acid is low in the water.
b. The resulting aqueous solution is acidic. Justify the acidic nature.

4. Identify conjugated double bonds in each molecule.

17 Proposer un énoncé à partir de son corrigé

COMPÉTENCES **Raisonner ; rédiger.**

Un professeur de Première S a donné à ses élèves un exercice de chimie dont la solution est fournie ci-après. Après avoir lu l'intégralité de la solution, construire l'énoncé correspondant.
Les questions posées devront exactement avoir pour réponses celles qui sont données ci-dessous.

1. Parmi les molécules dont les formules semi-développées sont données, on reconnaît le pentanal.

2. a. Parmi les molécules dont les formules semi-développées sont données, on en reconnaît deux : B et E. B est la pentan-3-one et E la 3-méthylbutan-2-one.
b. Elles le sont, car elles ont la même formule brute.

3. a. C est l'acide propanoïque et D l'acide 3-méthylhexanoïque.
b. Il est moins soluble dans l'eau, car sa chaîne carbonée est plus longue.

18 Extraction de l'acide propanoïque

COMPÉTENCES **Trouver des informations et les présenter ; faire un schéma.**

D'après Baccalauréat S France métropolitaine, septembre 2001

	Densité à 20 °C	Solubilité	Pictogrammes de sécurité
Acide propanoïque	0,99	soluble dans l'eau et l'éthoxyéthane	
Éthoxy-éthane	0,71	très peu soluble dans l'eau	 

Un protocole expérimental propose d'extraire l'acide propanoïque d'une solution aqueuse par de l'éthoxyéthane.
Dans une ampoule à décanter, on introduit un volume V = 50 mL d'une solution aqueuse d'acide propanoïque de concentration C = 1,0 mol·L^{-1} et un même volume V d'éthoxyéthane.
On agite pendant au moins cinq minutes en dégazant régulièrement. On laisse décanter, puis on recueille la phase aqueuse dans un bécher.

1. Quelles précautions doit-on prendre lors de la manipulation ?

2. Pourquoi faut-il agiter le mélange dans l'ampoule à décanter ?

3. Faire le schéma légendé de l'ampoule à décanter après la décantation, en indiquant le contenu de chaque phase et en justifiant sa position.

4. On considère que le volume de la solution aqueuse traitée est toujours égal à 50 mL après l'extraction.
On détermine sa concentration C' = 0,40 mol·L^{-1}. En déduire le rendement ρ de l'extraction :

$$\rho = \frac{\text{quantité d'acide extrait}}{\text{quantité d'acide initial}}$$

Pour aller plus loin

19 Édulcorants

COMPÉTENCES **Trouver des informations et les présenter.**

Le xylitol (désigné par le code E967) et le sorbitol (désigné par le code E420) sont des édulcorants de la famille des polyols dont les formules semi-développées sont données ci-dessous.

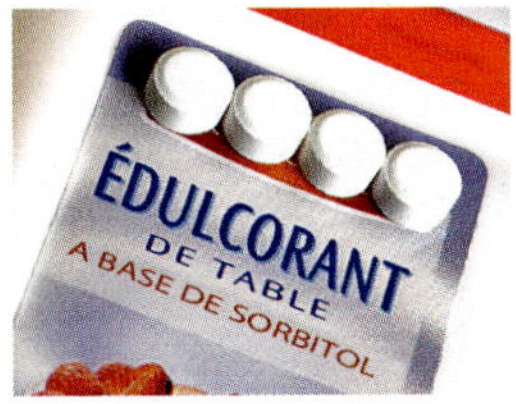

a. Xylitol : $HO-CH_2-\underset{OH}{CH}-\underset{OH}{CH}-\underset{OH}{CH}-CH_2-OH$

b. Sorbitol : $HO-CH_2-\underset{OH}{CH}-\underset{OH}{CH}-\underset{OH}{CH}-\underset{OH}{CH}-CH_2-OH$

Présents dans de nombreux produits dits « sans sucres », ces polyols ont un apport calorique non négligeable mais peuvent être consommés par des diabétiques et sont non cariogènes.

1. a. @ Rechercher la signification des termes *édulcolorants*, *calorique* et *cariogène*.
b. Quel est l'intérêt de consommer ces édulcorants pour des personnes non diabétiques ?

2. Pourquoi ces composés sont-ils appelés « polyols » ?

3. Déterminer la classe des alcools correspondant aux différents groupes hydroxyles présents dans ces composés.

20 Solution d'acide méthanoïque

COMPÉTENCES **Raisonner ; calculer ; faire des schémas.**

On dispose d'une solution aqueuse commerciale d'acide méthanoïque de densité d par rapport à l'eau (d = 1,18) et contenant P = 80,0 % en masse d'acide méthanoïque pur.

On veut préparer une solution S de volume V = 250 mL et de concentration C = 1,00 mol·L^{-1} en acide méthanoïque.

1. Écrire la formule semi-développée de cet acide.

2. a. À l'aide de schémas légendés, expliquer la grande solubilité de l'acide méthanoïque dans l'eau.
b. Comment justifier le caractère acide de la solution obtenue ?
c. Comment mettre en évidence ce caractère acide ?

3. a. Déterminer la masse d'acide méthanoïque présent dans 1,00 L de solution du commerce.
b. En déduire la concentration massique t_{com}, puis la concentration molaire C_{com} de l'acide méthanoïque dans la solution commerciale.

4. Déterminer le volume V_{com} de solution commerciale nécessaire à la préparation de la solution S.

5. Décrire la préparation de la solution S.

Retour sur l'ouverture du chapitre

21 Le nylon 6-6

COMPÉTENCES Trouver des informations et les présenter.

Le nylon 6-6 a été créé en 1935 par le chimiste américain Wallace Carothers et son équipe. Les brevets ont été déposés par la firme américaine Dupont de Nemours en 1938. Le premier objet manufacturé fut une brosse aux poils en nylon.

En 1940, les bas en nylon sont mis sur le marché et ont beaucoup de succès. Un autre usage va se révéler déterminant en 1941 : les parachutes (toiles et cordes). Au XXIe siècle, le nylon 6-6 est toujours d'actualité et se retrouve dans de nombreux produits textiles, mais aussi dans des pièces mécaniques industrielles.

Le nylon 6-6 est constitué de macromolécules dont une partie de la formule semi-développée est donnée ci-dessous :

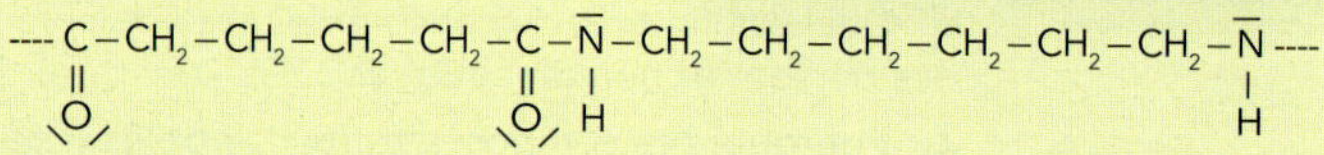

Un des réactifs utilisé pour sa synthèse est l'acide adipique, ou acide hexanedioïque, qui possède deux groupes carboxyle. L'acide adipique est obtenu par réaction avec l'acide nitrique d'un mélange de cyclohexanol et de cyclohexanone issu de l'oxydation du cyclohexane par le dioxygène.

1. a. @ Qu'est ce qu'une macromolécule ? À quelle famille appartient le nylon ?

b. @ Pourquoi parle-t-on de nylon 6-6 ? Existe-t-il d'autres nylons ?

c. @ Rechercher des exemples d'utilisations du nylon 6-6.

2. a. @ Le chimiste Carothers est à l'origine de la découverte d'autres matières synthétiques. En citer une et donner une de ses utilisations actuelles.

b. @ Quelle matière le nylon a-t-il supplanté dans la fabrication des bas ? Proposer une explication.

c. @ Pourquoi la fabrication de parachutes en nylon devient très importante, en 1941, aux USA ?

3. Les propriétés des fibres de nylon sont dues à la structure des macromolécules de nylon.

a. Quelles sont les interactions responsables de la cohésion du nylon 6-6 ?

b. Montrer que des liaisons hydrogène peuvent s'établir entre certains atomes de deux macromolécules voisines. Nommer les atomes mis en jeu et proposer un schéma illustrant de telles interactions.

4. a. Écrire la formule semi-développée de l'acide adipique.

b. Pourquoi l'acide adipique est-il plus soluble dans l'eau que l'acide hexanoïque ?

5. Le cyclohexane est un cyclane de formule topologique :

a. Écrire la formule semi-développée du cyclohexane. En déduire sa formule brute.

b. Le cyclohexanol a pour formule brute $C_6H_{12}O$. Proposer une formule semi-développée pour le cyclohexanol. Quelle est la classe de cet alcool ?

c. Proposer une formule semi-développée pour la cyclohexanone. Pourquoi n'a-t-on pas précisé la position de l'atome de carbone fonctionnel de la cyclohexanone ?

Synthèses organiques

Chapitre 19

L'industrie alimentaire utilise des arômes naturels ou synthétiques. Un grand nombre de ces arômes sont des composés oxygénés : alcools, aldéhydes, cétones, etc.
Comment les arômes sont-ils obtenus dans l'industrie ? (Voir exercice 22, p. 332.)

Comment synthétiser des aldéhydes, des cétones ou des acides carboxyliques à partir des alcools ?

OBJECTIFS

- → Connaître les tests caractéristiques des dérivés carbonylés.
- → Réaliser les oxydations des alcools et des aldéhydes.
- → Déterminer la valeur du rendement d'une synthèse.

Activités Étude documentaire

1 Écrire des demi-équations d'oxydoréduction en chimie organique

EN AUTONOMIE

L'obtention d'aldéhydes, de cétones et d'acides carboxyliques à partir d'alcools résulte de réactions d'oxydoréduction soit en milieu acide, soit en milieu basique.
Comment écrire les équations de ces réactions ?

A Un oxydant efficace : l'ion permanganate $MnO_4^-(aq)$

▸ L'ion permanganate $MnO_4^-(aq)$, violet, est un oxydant qui est réduit, en milieu acide, en ion manganèse $Mn^{2+}(aq)$ incolore et, en milieu basique, en dioxyde de manganèse $MnO_2(s)$, marron, **(doc. 1)**.

▸ Les réactions d'oxydoréduction font intervenir les ions hydrogène $H^+(aq)$ en milieu acide et les ions hydroxyde $HO^-(aq)$ en milieu basique.

▸ Si l'on met en présence des ions $H^+(aq)$ et des ions $HO^-(aq)$, ils réagissent pour donner de l'eau $H_2O\,(\ell)$.

▸ Pour obtenir la demi-équation d'oxydoréduction (ou demi-équation redox) du couple $MnO_4^-(aq) / MnO_2(s)$ en milieu basique :
– on écrit cette demi-équation en milieu acide ;
– on ajoute dans chacun des deux membres de cette demi-équation autant d'ions $HO^-(aq)$ qu'il y a d'ions $H^+(aq)$ dans le membre qui les contient ;
– on réécrit la demi-équation en remplaçant chaque ensemble $[HO^-(aq) + H^+(aq)]$ par $H_2O\,(\ell)$:
– on termine l'écriture en ne gardant l'eau $H_2O\,(\ell)$ que dans un seul des deux membres.

a

b

Doc. 1 **a.** Couple $MnO_4^-(aq) / Mn^{2+}(aq)$.
b. Couple $MnO_4^-(aq) / MnO_2(s)$.

1 Écrire la demi-équation redox relative au couple $MnO_4^-(aq) / Mn^{2+}(aq)$, en milieu acide.

2 Écrire la demi-équation redox relative au couple $MnO_4^-(aq) / MnO_2(s)$, en milieu basique.

B Des alcools aux aldéhydes, aux cétones et aux acides carboxyliques

▸ L'oxydation des alcools primaires fait intervenir les couples $R-CHO / R-CH_2-OH$ et $R-CO_2H / R-CHO$ en milieu acide **(doc. 2)**, et en milieu basique les couples $R-CHO / R-CH_2-OH$ et $R-CO_2^- / R-CHO$.

3 Écrire la demi-équation redox de chaque couple mis en jeu en milieu acide.

4 Écrire la demi-équation redox de chaque couple mis en jeu en milieu basique, en utilisant la méthode exposée en **A**.

▸ L'oxydation des alcools secondaires fait intervenir le couple $RR'CO / RR'CH-OH$ quel que soit le pH.

5 Écrire la demi-équation d'oxydoréduction correspondant à ce couple, en milieu acide.

Doc. 2 L'aldéhyde cinnamique, principal constituant de la cannelle, peut être synthétisé par oxydation de l'alcool cinnamique $C_6H_5-CH=CH-CH_2OH$.

Un pas vers le cours...

6 À l'aide des demi-équations redox, écrire l'équation de la réaction des ions $MnO_4^-(aq)$ avec :
a. l'alcool $RR'CH-OH$ en milieu acide (couples $MnO_4^-(aq) / Mn^{2+}(aq)$ et $RR'CO / RR'CH-OH$) ;
b. l'aldéhyde $R-CHO$ en milieu basique (couples $MnO_4^-(aq) / MnO_2(s)$ et $R-CO_2^- / R-CHO$).

2 Tests d'identification des aldéhydes et des cétones

La présence d'aldéhydes ou de cétones en solution peut être mise en évidence à l'aide de tests simples, reposant sur l'apparition d'espèces solides colorées. Quels sont ces tests ?

A Test à la DNPH

- Dans un tube à essais, introduire environ 1 mL d'une solution orangée de 2,4-**di**nitro**p**hényl**h**ydrazine, ou **DNPH**, puis quelques gouttes d'éthanal. Observer.
- Recommencer cette manipulation en remplaçant l'éthanal par la propanone, le benzaldéhyde (doc. 3), la butanone, puis par l'éthanol et de l'acide éthanoïque.

Observer et conclure.

Un pas vers le cours…

1 Quel groupe caractéristique est mis en évidence par ce test ?

2 Rédiger un texte décrivant la réalisation du test à la DNPH et le résultat obtenu.

Doc. 3 Le benzaldéhyde C_6H_5-CHO participe à l'arôme des amandes.

B Test à la liqueur de Fehling

La liqueur de Fehling est une solution basique qui contient des ions $[CuT_2]^{2-}(aq)$, constitués d'ions cuivre (II) Cu^{2+} et d'ions tartrate, notés T^{2-} pour simplifier. La solution est bleue.

- Dans un tube à essais, introduire environ 2 mL de liqueur de Fehling, puis quelques gouttes d'éthanal. Placer le tube à essais dans un bain-marie à environ 60 °C. Observer.
- Recommencer le test en remplaçant l'éthanal par la propanone, puis par l'éthanol et l'acide éthanoïque. Observer et conclure.

Un pas vers le cours…

3 Quel composé est caractérisé par ce test ? À quelle famille appartient-il ?

4 Rédiger un texte décrivant la réalisation du test à la liqueur de Fehling et le résultat obtenu.

C Identifications de composés oxygénés

DÉMARCHE D'INVESTIGATION

5 Rédiger, puis mettre en œuvre, un protocole opératoire permettant de vérifier la présence d'aldéhydes dans les fruits et les liquides du document 4.

- Rangeant des réactifs, un préparateur constate que trois flacons ont perdu leurs étiquettes. L'un d'entre eux contient du butan-2-ol, un autre du butanal et le troisième de la butanone.

6 Rédiger, puis mettre en œuvre, un protocole opératoire permettant d'identifier, en premier, le flacon de butan-2-ol, puis les deux autres flacons.

Doc. 4 Ces fruits et ces liquides contiennent des aldéhydes.

Activités Étude expérimentale

3 Oxydation des alcools

Le produit obtenu lors de l'oxydation d'un alcool dépend de la classe de celui-ci.
Quels produits peut-on obtenir par oxydation d'un alcool ?

- Le réactif oxydant utilisé est une solution acidifiée de permanganate de potassium, $K^+(aq) + MnO_4^-(aq)$, de concentration 0,1 $mol \cdot L^{-1}$. Cette solution sera notée S par la suite. Les ions manganèse (II) $Mn^{2+}(aq)$ qui apparaissent dans ces réactions sont incolores.
- Les réactions mises en jeu n'affectent pas la chaîne carbonée mais uniquement le groupe caractéristique.
- Pour écrire les équations de ces réactions, on se reportera à l'**activité 1** et au **chapitre 17**.
- Observer les pictogrammes des réactifs utilisés. Rechercher les risques que peut présenter leur utilisation et s'organiser en conséquence (voir **rabats V** et **VI**).

Réactifs / Pictogrammes	Permanganate de potassium	Alcools $C_4H_{10}O$		Butanal
Anciens	 N	 F	 Xn	 F
Nouveaux	 SG09	 SG02	 SG07	 SG02

Doc. 5 Pictogrammes de sécurité des réactifs utilisés.

A Étude des alcools primaires

- Dans un tube à essais, introduire environ 0,5 mL de butan-1-ol, puis, tout en agitant, ajouter environ 3 mL de la solution S.
Faire tiédir si nécessaire et observer.
- Laisser reposer. Deux phases apparaissent, la phase organique est la phase supérieure.
- Récupérer la phase organique et la répartir équitablement dans deux tubes à essais.
- Tester la phase organique avec la DNPH, puis avec la liqueur de Fehling (**activité 2**).

1 Interpréter l'évolution de teinte observée lors de l'ajout de la solution S.

2 À quelle famille appartient l'espèce organique formée ? Donner sa formule et son nom.

3 Établir l'équation de la réaction qui s'est produite entre le butan-1-ol et l'ion permanganate.

- Dans un tube à essais introduire 0,3 mL de butanal, puis quelques gouttes de la solution S. Observer.

4 Qu'advient-il des ions permanganate $MnO_4^-(aq)$? Que peut-on en déduire pour le butanal ?

5 En écrivant une demi-équation redox, vérifier que l'acide butanoïque peut être l'oxydant conjugué du butanal.
En déduire l'équation de la réaction qui s'est produite.

Un pas vers le cours...

6 En s'appuyant sur les résultats de ces deux manipulations, préciser ce que donne l'oxydation en milieu acide :
a. d'un alcool primaire ;
b. d'un aldéhyde.

B Étude des alcools secondaires et tertiaires

- Reprendre l'expérience réalisée ci-dessus en remplaçant le butan-1-ol par le butan-2-ol.
- Vérifier qu'en remplaçant le butan-2-ol par le méthylpropan-2-ol aucune réaction n'est observée.

7 Déduire, des tests effectués, la famille de l'espèce organique formée à partir du butan-2-ol. Donner sa formule et son nom.

8 Établir l'équation de la réaction qui s'est produite entre le butan-2-ol et l'ion permanganate.

Un pas vers le cours...

9 En s'appuyant sur les résultats de cette manipulation, préciser ce que donne l'oxydation, en milieu acide :
a. d'un alcool secondaire ;
b. d'un alcool tertiaire.

4 Synthèse d'une cétone

L'acétone, ou propanone, CH_3-CO-CH_3 est un solvant très utilisé aussi bien dans l'industrie que dans la vie courante. Au laboratoire, comment préparer cette cétone à partir du propan-2-ol CH_3-CH(OH)-CH_3 ?

A Principe de la synthèse

Le propan-2-ol est un alcool secondaire qui peut être oxydé en propanone par l'ion permanganate MnO_4^-(aq) en milieu acide.

▸ Observer les pictogrammes des réactifs utilisés. Rechercher les risques que peut présenter leur utilisation et s'organiser en conséquence (voir **rabats V** et **VI**).

B Manipulation

▸ Dans un ballon bicol, introduire un volume V = 10,0 mL de propan-2-ol (d = 0,785).
Ajouter quelques grains de pierre ponce.

▸ Réaliser le montage à distiller du **document 6**.

▸ Dans l'ampoule de coulée, introduire, en une ou deux fois, 140 mL d'une solution à 0,40 mol·L^{-1} de permanganate de potassium et à 2 mol·L^{-1} d'acide sulfurique.

▸ Alimenter le réfrigérant en eau. Porter le mélange à ébullition douce, de telle sorte que la condensation se fasse sur le tiers inférieur de la colonne à distiller.

▸ Introduire, goutte à goutte, la solution oxydante tout en maintenant l'ébullition.

▸ Une fois l'addition terminée, laisser se poursuivre l'ébullition douce pendant 10 minutes environ.

▸ Augmenter le chauffage. Les vapeurs doivent alors atteindre le haut de la colonne et se condenser dans le réfrigérant.

▸ Recueillir, dans un erlenmeyer préalablement pesé, le distillat passant entre 54 °C et 58 °C.

▸ Dès que la température s'élève à nouveau, arrêter le chauffage tout en maintenant la circulation d'eau dans le réfrigérant.

▸ Peser de nouveau l'erlenmeyer et en déduire la masse m du distillat.

▸ Vérifier, par un test caractéristique, que le produit synthétisé est une cétone.

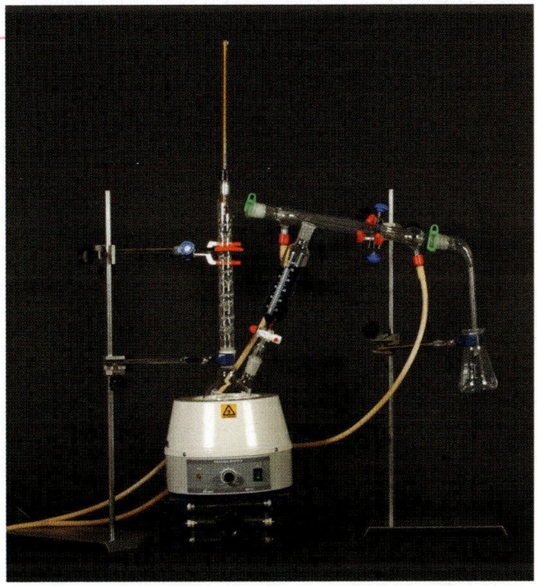

Doc. 6 Montage à distiller.

Info
Le rendement d'une synthèse, noté ρ, est égal au quotient de la quantité de produit obtenu, n_{exp}, par la quantité maximale de produit attendu n_{max} :

$$\rho = \frac{n_{exp}}{n_{max}}$$

1 Faire un schéma légendé du montage utilisé.

2 L'eau ($\theta_{éb}$ = 100 °C), le propan-2-ol ($\theta_{éb}$ = 82 °C) et la propanone ($\theta_{éb}$ = 56 °C) sont tous les trois miscibles. Justifier l'utilisation de la distillation fractionnée pour récupérer la cétone formée.

3 **a.** Écrire l'équation de la réaction entre l'ion permanganate (couple MnO_4^-(aq) / Mn^{2+}(aq)) et le propan-2-ol (couple $(CH_3)_2CO(\ell)$ / $(CH_3)_2CHOH(\ell)$).
b. En déduire, en utilisant un tableau d'avancement, que le propan-2-ol est le réactif limitant.
c. Déterminer la quantité maximale n_{max} de propanone attendue.

4 À l'aide de la valeur de m, déterminer la quantité de propanone n_{exp} effectivement obtenue. Calculer le rendement ρ de cette synthèse.

5 Décrire le test caractéristique effectué.

6 Quelle grandeur physique pourrait-on mesurer pour vérifier que le produit obtenu est la propanone ?

7 **a.** Dans l'industrie, la propanone est obtenue par oxydation du cumène $C_6H_5-CH(CH_3)_2$ par le dioxygène, avec formation de phénol C_6H_5-OH. Écrire l'équation de la réaction.
b. @ Pourquoi ne réalise-t-on pas cette synthèse au laboratoire ?

Activités *Étude expérimentale*

5 Synthèse d'un acide carboxylique

L'acide benzoïque C_6H_5-CO_2H est utilisé comme conservateur dans l'industrie agro-alimentaire (doc 7).
Au laboratoire, comment préparer cet acide à partir de l'alcool benzylique C_6H_5-CH_2-OH ?

A Principe de la synthèse

L'alcool benzylique est un alcool primaire qui peut être oxydé en acide benzoïque par l'ion permanganate MnO_4^-(aq). Cet ion est principalement réduit en ion manganèse (II) Mn^{2+}(aq) mais également en dioxyde de manganèse solide MnO_2(s).
En milieu acide, l'acide benzoïque formé est peu soluble (voir **chapitre 18**). Il apparaît alors essentiellement à l'état solide.
La séparation de deux solides n'étant pas facile, l'oxydation de l'alcool benzylique est effectuée en milieu basique (pH ≈ 12), milieu dans lequel l'acide benzoïque est très soluble. Il est alors présent sous forme d'ions benzoate $C_6H_5-CO_2^-$(aq).
Après séparation des phases solide et liquide, la phase liquide est acidifiée. L'acide benzoïque précipite, il est récupéré par filtration.

- Observer les pictogrammes des réactifs utilisés (doc. 8). Rechercher les risques que peut présenter leur utilisation et s'organiser en conséquence pour exécuter la manipulation dans une totale sécurité (voir **rabats V et VI**).

Doc. 7 Boissons et aliments contenant de l'acide benzoïque (E 210).

Réactifs / Pictogrammes	Permanganate de potassium	Alcool benzylique	Hydroxyde de sodium	Acide chlorhydrique
Anciens	 N	 Xi	 C	 C
Nouveaux	 SG07	 SG09	 SG05	 SG05

Doc. 8 Pictogrammes de sécurité des réactifs utilisés.

B Manipulation

- Dans un ballon bicol de 250 mL, introduire, un volume V = 2,0 mL d'alcool benzylique (d = 1,042), puis 20 mL d'une solution de soude à 2 mol·L^{-1}. Ajouter quelques grains de pierre ponce.
- Réaliser le montage à reflux du **document 9**.
- Dans l'ampoule de coulée, introduire 120 mL d'une solution de permanganate de potassium à 0,25 mol·L^{-1}.
- Alimenter en eau le réfrigérant. Porter le mélange à ébullition douce.
- Introduire, goutte à goutte, la solution oxydante tout en maintenant l'ébullition.
- Une fois l'addition terminée, laisser se poursuivre l'ébullition [illegible] pendant [illegible] minutes environ. Arrêter le chauffage tout en maintenant la circulation d'eau dans le réfrigérant.
- Observer le contenu du ballon. Pour réduire les ions permanganate en excès, ajouter par l'ampoule de coulée quelques millilitres d'éthanol, jusqu'à disparition de la teinte violacée de la phase liquide.

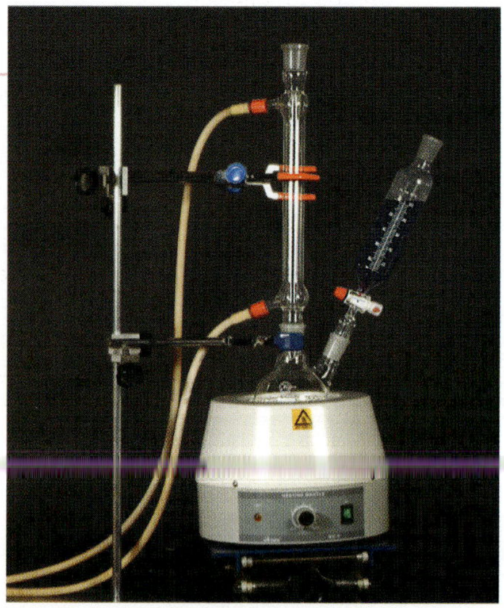

Doc. 9 Montage de chauffage à reflux.

- Refroidir le ballon, tout d'abord à l'air, puis dans un bain d'eau froide.
- Sous vide, à l'aide d'un filtre Büchner, filtrer le mélange obtenu.
- Verser le filtrat dans un erlenmeyer placé dans de la glace pilée. Ajouter prudemment une solution d'acide chlorhydrique à 2 $mol \cdot L^{-1}$ jusqu'à ce que le pH soit voisin de 1 : un précipité blanc se forme.
- Bien refroidir le mélange, le filtrer sur Büchner. Rincer le solide avec de l'eau glacée.
- Essorer les cristaux entre deux feuilles de papier-filtre. Les recueillir dans un verre de montre de masse connue et les mettre à sécher à l'étuve **(doc. 10)**. Une fois secs, déterminer leur masse *m*.

Doc. 10 Cristaux d'acide benzoïque

C Caractérisation du produit obtenu

- Dans un bécher, préparer un éluant en introduisant 6 mL de cyclohexane et 3 mL de propanone.
- Verser 1 mL de ce mélange dans trois tubes à essais notés de T_1 à T_3. Introduire :
  – dans T_1, un petite goutte d'alcool benzylique ;
  – dans T_2, une petite pointe de spatule du solide obtenu ;
  – dans T_3, une petite pointe de spatule d'acide benzoïque commercial.
- Réaliser une chromatographie sur couche mince des contenus des trois tubes avec l'éluant et révéler sous UV. Conclure.

Info

Le rendement d'une synthèse, noté ρ, est égal au quotient de la quantité de produit obtenu, n_{exp}, par la quantité maximale de produit attendu n_{max} :

$$\rho = \frac{n_{exp}}{n_{max}}$$

1 Faire un schéma légendé du montage utilisé pour cette synthèse.

2 Écrire l'équation de la réaction entre l'ion permanganate (couple $MnO_4^-(aq) / MnO_2(s)$) et l'alcool benzylique (couple $C_6H_5-CO_2^-(aq) / C_6H_5-CH_2-OH(\ell)$) en milieu basique.

3 Écrire l'équation de la réaction qui se produit entre les ions benzoate $C_6H_5-CO_2^-(aq)$ et les ions hydrogène $H^+(aq)$, lors de l'acidification due à l'ajout de la solution d'acide chlorhydrique.

4 Comment s'assurer expérimentalement que les cristaux obtenus sont secs après leur passage à l'étuve ?

5 **a.** Interpréter le chromatogramme obtenu.
b. Quelle autre technique permettrait de vérifier que le produit obtenu est de l'acide benzoïque ?

6 **a.** En utilisant un tableau d'avancement, montrer que l'alcool benzylique est le réactif limitant de la synthèse effectuée.
b. En déduire la quantité maximale d'ions benzoate attendue, puis la quantité maximale n_{max} d'acide benzoïque susceptible de se former.
c. À l'aide de la valeur de *m*, déterminer la quantité d'acide benzoïque n_{exp} effectivement obtenue.
Calculer le rendement ρ de cette synthèse.

7 **a.** Dans l'industrie, l'acide benzoïque est obtenu par oxydation du toluène $C_6H_5CH_3$ par le dioxygène, avec formation d'eau.
Écrire l'équation de cette réaction.
b. @ Pourquoi ne réalise-t-on pas cette synthèse au laboratoire ?

Essentiel

1. Tests des composés carbonylés

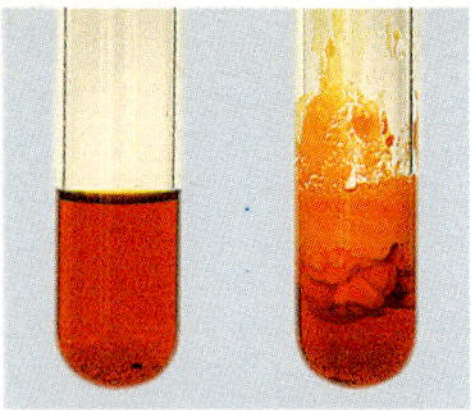

a b

L'ajout de quelques gouttes d'un composé carbonylé (aldéhyde ou cétone) à une solution de DNPH (**a**) provoque la formation d'un précipité jaune orangé (**b**).

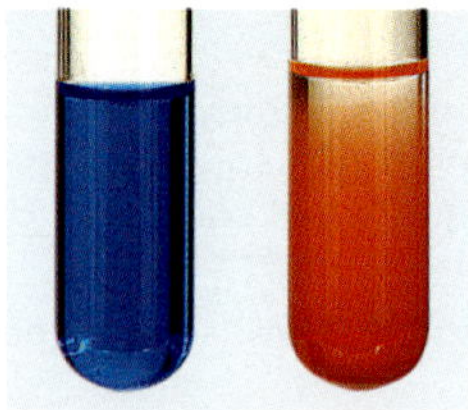

a b

Le chauffage d'un mélange de liqueur de Fehling (**a**) et d'un aldéhyde donne un précipité rouge brique (**b**) d'oxyde de cuivre Cu_2O(s).

➲ **Voir exercices 1, p. 325, et 6 et 7, p. 328.**

2. Oxydations des alcools et des aldéhydes

L'oxydation d'un **alcool primaire** donne un **aldéhyde** puis, lorsque l'oxydant est en excès, un a**cide carboxylique**.

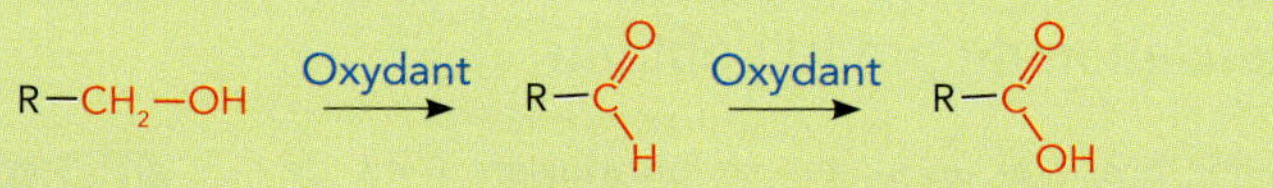

Alcool primaire **Aldéhyde** **Acide carboxylique**

L'oxydation d'un **alcool secondaire** donne une **cétone**.

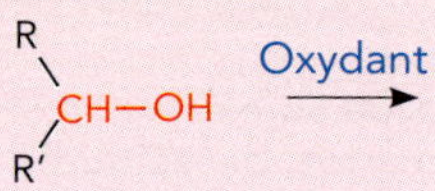

Alcool secondaire **Cétone**

Un alcool tertiaire n'est pas oxydable.

Les demi-équations redox mises en jeu par les espèces organiques ont pour équation en milieu acide :

$$R-CH_2-OH \leftrightharpoons R-CHO + 2\,e^- + 2\,H^+(aq)$$
$$R-CHO + H_2O \leftrightharpoons R-CO_2H + 2\,e^- + 2\,H^+(aq)$$
$$RR'CH(OH) \leftrightharpoons R-CO-R' + 2\,e^- + 2\,H^+(aq)$$

➲ **Voir exercices 2, p. 325, et 8, 9 et 10, p. 328.**

3. Rendement d'une synthèse

Le rendement d'une synthèse, noté ρ, est égal au quotient de la quantité de produit obtenu, n_{exp}, par la quantité maximale de produit attendu n_{max} :

$$\rho = \frac{n_{exp}}{n_{max}}$$

Le rendement est une grandeur sans unité ; il est compris entre 0 et 1.

➲ **Voir exercices 3, p. 325, et 11 et 12, p. 328.**

LES COMPÉTENCES ATTENDUES

- ✔ Écrire l'équation de la réaction d'oxydation d'un alcool et d'un aldéhyde.
- ✔ Pratiquer une démarche expérimentale pour :
  - – oxyder un alcool ou un aldéhyde ;
  - – mettre en évidence, par des tests ou une CCM, un ou des produits issus de l'oxydation d'un alcool ;
  - – réaliser un chauffage à reflux, une filtration sous vide et une distillation. (TP)
- ✔ Argumenter à propos d'une synthèse en utilisant des données physico-chimiques et de sécurité.

QCM

Pour chaque question, indiquer la (ou les) bonne(s) réponse(s).

Voir corrigés, p. 369.

1 Tests des composés carbonylés

	A	B	C
1. Une espèce organique qui donne un précipité jaune avec la DNPH peut être :	un aldéhyde.	un acide carboxylique.	une cétone.
2. Une espèce organique qui donne un précipité rouge brique avec la liqueur de Fehling peut être :	un aldéhyde.	une cétone.	un acide carboxylique.
3. L'espèce dont le modèle moléculaire est donné ci-contre : 	donne un précipité avec la liqueur de Fehling.	ne donne pas de précipité avec la DNPH.	est une cétone.

Si erreur, revoir § 1, p. 324.

2 Oxydations des alcools et des aldéhydes

	A	B	C
1. L'oxydation d'un alcool secondaire peut donner :	un aldéhyde.	une cétone.	un acide carboxylique.
2. L'oxydation d'un alcool primaire peut donner :	un aldéhyde.	un acide carboxylique.	une cétone.
3. L'oxydation de l'alcool de formule : $CH_3-CH(OH)-CH_3$	n'est pas possible.	donne de la propanone.	donne un produit qui conduit à un précipité rouge brique avec la liqueur de Fehling.
4. L'oxydation de l'alcool dont le modèle moléculaire est donné ci-contre : 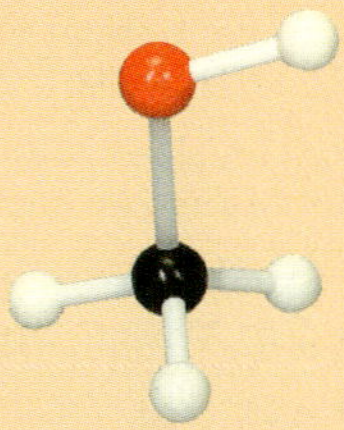	peut donner de l'acide méthanoïque.	peut donner du méthanal.	n'est pas possible.
5. Lors de l'oxydation d'un alcool par l'ion permanganate $MnO_4^-(aq)$:	l'ion $MnO_4^-(aq)$ est oxydé.	l'ion $MnO_4^-(aq)$ est réduit.	l'alcool est un réducteur.
6. L'oxydation de l'alcool de formule : $(CH_3)_3C-OH$	donne une cétone.	peut donner un aldéhyde.	n'est pas possible.

Si erreur, revoir § 2, p. 324.

3 Rendement d'une synthèse

	A	B	C
1. Si n_{exp} est la quantité de produit obtenu et n_{max} la quantité maximale attendue, le rendement d'une synthèse vaut :	$\rho = n_{exp} \times n_{max}$	$\rho = \frac{n_{exp}}{n_{max}}$	$\rho = \frac{n_{max}}{n_{exp}}$
2. Le calcul du rendement d'une synthèse :	peut conduire à une valeur supérieure à 100 %.	nécessite de connaître le réactif limitant.	donne un nombre compris entre 0 et 1.

Si erreur, revoir § 3, p. 324.

Exercice résolu

COMPÉTENCES MISES EN ŒUVRE
- Interpréter un résultat.
- Raisonner et argumenter.

I. Déterminer la structure d'un alcool

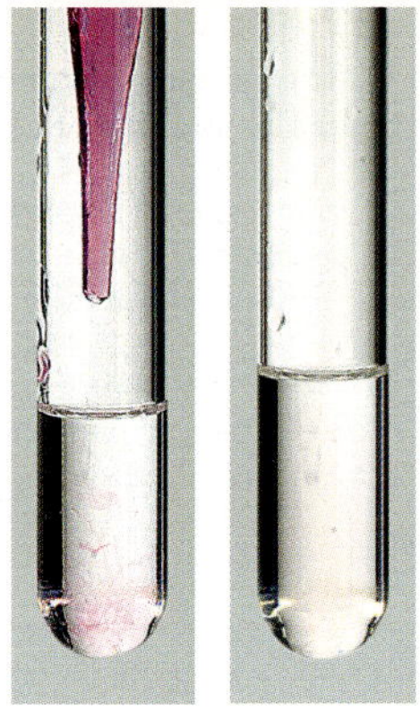

A. Lorsqu'on introduit quelques gouttes de solution acidifiée de permanganate de potassium, $K^+(aq) + MnO_4^-(aq)$, notée S, dans 1 mL d'un alcool de formule brute C_3H_8O, la coloration violette de S disparaît (**document** ci-contre). La phase organique obtenue, testée à la DNPH, donne un précipité jaune.

B. Lorsqu'on introduit quelques gouttes de cet alcool dans 1 mL de solution S, la coloration violette persiste.
La phase organique obtenue ne donne pas de précipité avec la DNPH.

1. Quel est le réactif en excès dans chacune des deux expériences ?

2. Quelle est la classe de cet alcool ? Peut-on en déduire sa structure sans équivoque ?

3. Écrire l'équation de la réaction correspondant à l'expérience **A**, sachant que les ions permanganate sont réduits en ions manganèse (II) $Mn^{2+}(aq)$.

Conseils

Comment trouver la nature du réactif en excès ?

1. Utiliser la couleur des solutions en fin de réaction.

Comment déterminer la classe de l'alcool ?

2. Considérer la nature du produit d'oxydation de l'alcool lorsque l'oxydant est en défaut et lorsqu'il est en excès.

Comment établir l'équation de la réaction ?

3. Identifier les couples mis en jeu et écrire leur demi-équation redox.

Revoir, si nécessaire, la méthode exposée au chapitre 17, p. 293.

Solution rédigée

1. En A, la coloration de la solution S a disparu, les ions permanganate ont été totalement consommés : l'alcool est en excès.
En B, la coloration de la solution S de permanganate de potassium persiste : **les ions permanganate sont en excès.**

2. Avec $MnO_4^-(aq)$ en défaut, un composé carbonylé, donnant un test positif à la DNPH, est obtenu : l'alcool est primaire ou secondaire.
Avec $MnO_4^-(aq)$ en excès, le test à la DNPH est négatif : le composé carbonylé obtenu en A a donc été oxydé ; ce composé carbonylé est un aldéhyde.
L'alcool de départ est **primaire.**
On peut envisager un seul alcool primaire de formule brute C_3H_8O :

le propan-1-ol $CH_3-CH_2-CH_2-OH$.

3. L'alcool $C_2H_5-CH_2-OH(\ell)$ est oxydé en aldéhyde $C_2H_5-CHO(\ell)$ et les ions permanganate $MnO_4^-(aq)$ sont réduits en ions $Mn^{2+}(aq)$:

$$5 \times (C_2H_5-CH_2-OH\ (\ell) \leftrightarrows C_2H_5-CHO\ (\ell) + 2\ H^+(aq) + 2\ e^-)$$

$$2 \times (MnO_4^-(aq) + 8\ H^+(aq) + 5\ e^- \leftrightarrows Mn^{2+}(aq) + 4\ H_2O\ (\ell))$$

$$\mathbf{5\ C_2H_5-CH_2-OH\ (\ell) + 2\ MnO_4^-(aq) + 6\ H^+(aq) \rightarrow 5\ C_2H_5-CHO\ (\ell) + 2\ Mn^{2+}(aq) + 8\ H_2O\ (\ell)}$$

Application immédiate

4 **A.** Lorsqu'on introduit quelques gouttes d'une solution acidifiée de permanganate de potassium, $K^+(aq) + MnO_4^-(aq)$, notée S, dans 1 mL d'un alcool liquide de formule brute $C_4H_{10}O$, la coloration violette de S disparaît.
La phase organique obtenue, testée à la DNPH, donne un précipité jaune.

B. Lorsqu'on utilise un excès de solution S, la coloration violette persiste et la phase organique obtenue donne encore un précipité jaune avec la DNPH.

1. Quelle est la classe de cet alcool ? Peut-on en déduire sa structure sans équivoque ?

2. Écrire l'équation de la réaction correspondant à la première expérience, sachant que les ions permanganate sont réduits en ions manganèse (II) $Mn^{2+}(aq)$.

Voir corrigés, p. 369.

COMPÉTENCES MISES EN ŒUVRE
- Raisonner et argumenter.
- Effectuer un calcul.

II. Déterminer le rendement d'une synthèse

On fait réagir une masse $m = 1{,}53$ g de cyclopentanol, $C_5H_{10}O$, avec un volume $V = 50$ mL d'une solution acidifiée de permanganate de potassium, $K^+(aq) + MnO_4^-(aq)$, de concentration $C = 0{,}40 \text{ mol} \cdot L^{-1}$.
La réaction qui se produit a pour équation :
$5\ C_5H_{10}O(\ell) + 2MnO_4^-(aq) + 6H^+(aq) \rightarrow 5C_5H_8O(\ell) + 2\ Mn^{2+}(aq) + 8\ H_2O(\ell)$
À la fin de la synthèse, on obtient une masse $m' = 1{,}24$ g de cyclopentanone, C_5H_8O (**document** ci-contre).

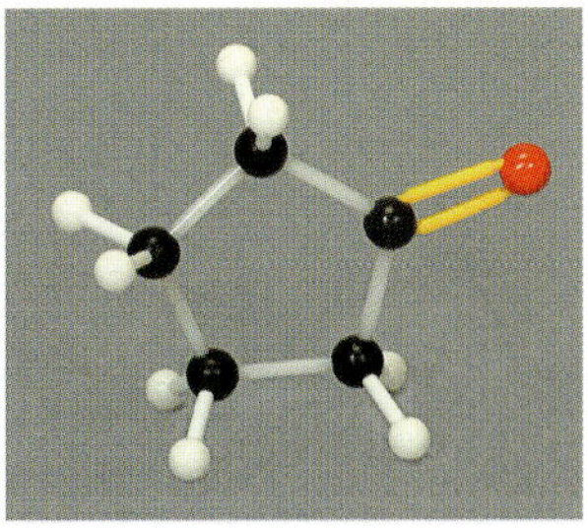

1. Les ions hydrogène ont été introduits en excès. Quel est le réactif limitant de cette synthèse ?

2. Déterminer le rendement de cette synthèse.

Conseils

Comment trouver le réactif limitant ?

1. Revoir, si nécessaire, le **diagramme**, p. 12 pour déterminer les quantités de réactifs à partir des données.
Utiliser un tableau d'avancement et déterminer la valeur de l'avancement maximal.
Revoir, si nécessaire, le **chapitre 5**, p. 82.

Comment déterminer le rendement de la synthèse ?

2. Revoir la définition, p. 324.

Solution rédigée

1. Les quantités initiales des réactifs mises en jeu valent :
– pour l'alcool : $n_1 = \dfrac{m}{M(C_5H_{10}O)} = \dfrac{1{,}53}{86{,}0} = 1{,}78 \times 10^{-2}$ mol;
– pour l'ion permanganate : $n_2 = C \cdot V = 50 \times 10^{-3} \times 0{,}40 = 2{,}0 \times 10^{-2}$ mol.

Équation	$5\ C_5H_{10}O +$	$2\ MnO_4^- +$	$6\ H^+$	$\rightarrow 5\ C_5H_8O\ +$	$2\ Mn^{2+}\ +$	$8\ H_2O$
État initial	n_1	n_2	excès	0	0	excès
État final	$n_1 - 5\ x_{max}$	$n_2 - 2\ x_{max}$	excès	$5\ x_{max}$	$2\ x_{max}$	excès

Les quantités de réactifs s'annulent pour :
$n_1 - 5\ x_{1max} = 0$, soit : $x_{1max} = \dfrac{n_1}{5} = 3{,}56 \times 10^{-3}$ mol;
$n_2 - 2\ x_{2max} = 0$, soit : $x_{2max} = \dfrac{n_2}{2} = 1{,}0 \times 10^{-2}$ mol.
Comme x_{1max} est inférieur à x_{2max}, l'avancement maximal de la réaction x_{max} est égal à x_{1max} : **le cyclopentanol est le réactif limitant.**

2. Le rendement ρ de cette synthèse est égal à $\rho = \dfrac{n_{exp}(C_5H_8O)}{n_{max}(C_5H_8O)}$

$n_{exp}(C_5H_8O) = \dfrac{m'}{M(C_5H_8O)} = \dfrac{1{,}24}{84{,}0} = 1{,}48 \times 10^{-2}$ mol.

La quantité maximale de cyclopentanone se déduit de l'avancement maximal de la réaction : $n_{max}(C_5H_8O) = 5\ x_{max} = 1{,}78 \times 10^{-2}$ mol.

D'où $\rho = \dfrac{n_{exp}(C_5H_8O)}{n_{max}(C_5H_8O)} = \dfrac{1{,}48 \times 10^{-2}}{1{,}78 \times 10^{-2}} = $ **0,83 soit 83 %.**

Application immédiate

5 On fait réagir une masse $m = 1{,}33$ g de butan-1-ol, $C_4H_{10}O$, avec un volume $V = 50$ mL d'une solution acidifiée de permanganate de potassium, $K^+(aq) + MnO_4^-(aq)$, de concentration $C = 0{,}40 \text{ mol} \cdot L^{-1}$. La réaction qui se produit a pour équation :

$$5\ C_4H_{10}O(\ell) + 4\ MnO_4^-(aq) + 12\ H^+(aq) = 5\ C_4H_8O_2(\ell) + 4\ Mn^{2+}(aq) + 11\ H_2O(\ell).$$

La masse m' d'acide butanoïque, $C_4H_8O_2$, obtenu, vaut $m' = 1{,}24$ g.
Les ions hydrogène ont été introduits en excès.
Déterminer le rendement de cette synthèse.

Voir corrigés, p. 369.

Exercices

Pour commencer

Comment caractériser des dérivés carbonylés ?

6 **Caractériser des aldéhydes et des cétones**

Recopier et compléter le tableau ci-dessous en précisant si le test proposé donne un résultat positif ou non.

Dérivés carbonylés	Liqueur de Fehling	DNPH
$H_3C-\overset{\overset{O}{\parallel}}{C}-CH_3$		
$H_3C-\overset{\overset{O}{\parallel}}{C}-H$		
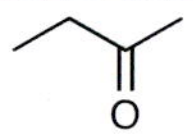		
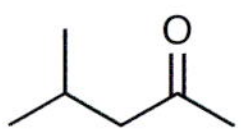		
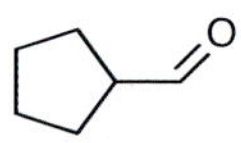		

7 **Identifier un composé carbonylé**

On donne ci-dessous les modèles moléculaires de composés carbonylés. Préciser ce que donne chacun d'eux lors d'un test avec :

a. la 2,4-dinitrophénylhydrazine (DNPH) ;

b. la liqueur de Fehling.

Modèles moléculaires compacts :
a. benzaldéhyde ;
b. méthanal ;
c. pentan-3-one.

Que donne l'oxydation des alcools et des aldéhydes ?

8 **Prévoir le produit d'oxydation d'un alcool**

1. Écrire les formules semi-développées de tous les produits pouvant être obtenus lors de l'oxydation en milieu acide des alcools ci-dessous par l'ion permanganate en excès ou en défaut lorsque cette oxydation est possible :

a. méthanol : CH_3-OH

b. propan-2-ol : $CH_3-CH(OH)-CH_3$

c. méthylpropan-2-ol : $CH_3-\underset{\underset{CH_3}{|}}{C}(OH)-CH_3$

d. 2-méthylbutan-1-ol : 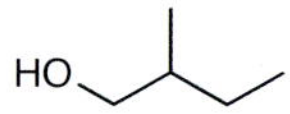

e. 3- méthylbutan-2-ol : 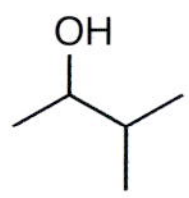

9 **Trouver l'alcool qui a été oxydé**

Écrire la formule semi-développée des alcools qui ont donné, par oxydation, les produits ci-dessous :

a. éthanal : $CH_3-\overset{\overset{O}{\parallel}}{C}-H$

b. acide propanoïque : $CH_3-CH_2-CO_2H$

c. butanone : $CH_3-\overset{\overset{O}{\parallel}}{C}-CH_2-CH_3$

d. cyclohexanone : 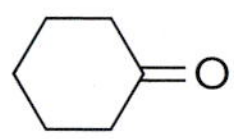

e. acide méthanoïque : $H-CO_2H$

10 **Écrire des équations d'oxydoréduction**

Établir l'équation de la réaction qui a lieu, en milieu acide, entre les ions permanganate MnO_4^-(aq) et :

1. le butan-1-ol, $C_3H_7-CH_2-OH$, pour donner :
a. du butanal : C_3H_7-CHO
b. de l'acide butanoïque : $C_3H_7-CO_2H$

2. le butan-2-ol pour donner de la butanone.

Donnée : couple oxydant / réducteur :
MnO_4^-(aq) / Mn^{2+}(aq).

Comment déterminer un rendement ?

11 **Calculer un rendement**

Une quantité $n_0 = 2,21 \times 10$[illegible] mol de pentan-1-ol $C_5H_{12}O$ est oxydée par les ions permanganate en milieu acide selon la réaction d'équation :

$$5\ C_5H_{12}O\ (\ell) + 4\ MnO_4^-(aq) + 12\ H^+(aq) \rightarrow 5\ C_5H_{10}O_2\ (\ell) + 4\ Mn^{2+}(aq) + 11\ H_2O\ (\ell)$$

On obtient une quantité n = 1,9 x 10^{-2} mol d'acide pentanoïque, $C_5H_{10}O_2$.
Quel est le rendement de cette synthèse, sachant que les ions hydrogène et permanganate sont en excès ?

12 Déterminer un rendement

La butanone est utilisée comme solvant dans des peintures, encres d'imprimerie, colles, etc. Une quantité n' = 0,151 mol de butanone, C_4H_8O, a été obtenue lors de la réaction, en présence d'ions H^+ (aq) en excès, mettant en jeu des quantités :
– n_1 = 0,177 mol de butan-2-ol, $C_4H_{10}O$;
– n_2 = 0,177 mol d'ions permanganate, MnO_4^- (aq), selon :

$$5\ C_4H_{10}O(\ell) + 2\ MnO_4^-(aq) + 6\ H^+(aq) \rightarrow 5\ C_4H_8O(\ell) + 2\ Mn^{2+}(aq) + 8\ H_2O(\ell)$$

1. Quel est le réactif limitant ?
2. Déterminer le rendement de cette synthèse.

Voir, si nécessaire, l'exercice résolu II, p. 327.

Pour s'entraîner

À partir de l'exercice 13, rechercher, si nécessaire, les masses molaires dans la classification périodique, ***rabat IV***.

13 Éthylotest

COMPÉTENCE Raisonner.

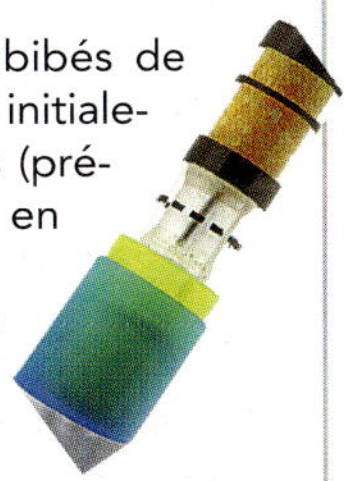

Dans certains éthylotest, des cristaux, imbibés de solution de dichromate de potassium, sont initialement jaunes. Ces cristaux deviennent verts (présence d'ions Cr^{3+}(aq)) lorsque la teneur en éthanol de l'air expiré augmente.
Écrire l'équation de la réaction entre l'éthanol et les ions dichromate $Cr_2O_7^{2-}$ (aq) en milieu acide.
Données : couples oxydant / réducteur :
$Cr_2O_7^{2-}$ (aq) / Cr^{3+} (aq) ; $C_2H_4O_2$ / C_2H_6O.

14 Oxydation du cyclohexanol

COMPÉTENCES Raisonner ; calculer et interpréter un résultat.

Une masse m = 10,0 g de cyclohexanol, $C_6H_{12}O(\ell)$, modélisé ci-dessous, est oxydée par une quantité n = 0,12 mol d'acide hypochloreux HClO (aq).

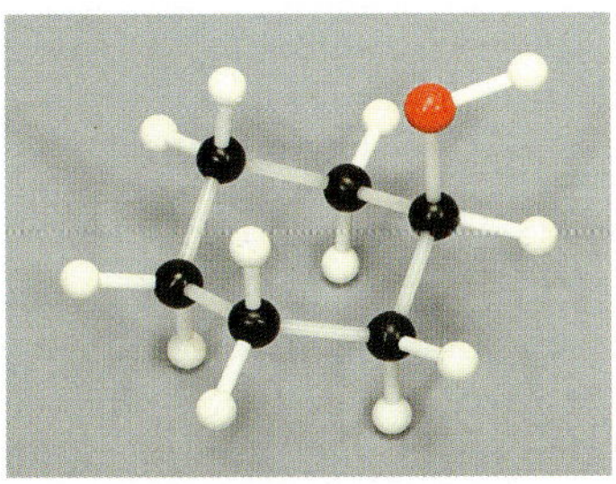

1. La réaction qui se produit libère de l'énergie thermique.
a. Justifier l'emploi d'un montage à reflux, sans dispositif de chauffage, lors de la synthèse.
b. Faire un schéma légendé de ce montage.
2. a. Quel est le produit d'oxydation du cyclohexanol ?
b. L'acide hypochloreux est réduit en ions chlorure Cl^-(aq). Établir l'équation de la réaction.
c. Vérifier que la quantité d'acide hypochloreux utilisée est suffisante pour oxyder la totalité du cyclohexanol.
3. En fin de synthèse, une masse m' = 7,8 g de liquide est obtenue. Déterminer le rendement de la synthèse.
4. a. On réalise une chromatographie sur couche mince en déposant une goutte de solution de cyclohexanol en A, une goutte de solution de cyclohexanone en B et une goutte d'une solution du liquide obtenu en C.
Le chromatogramme obtenu est donné ci-contre. Conclure.

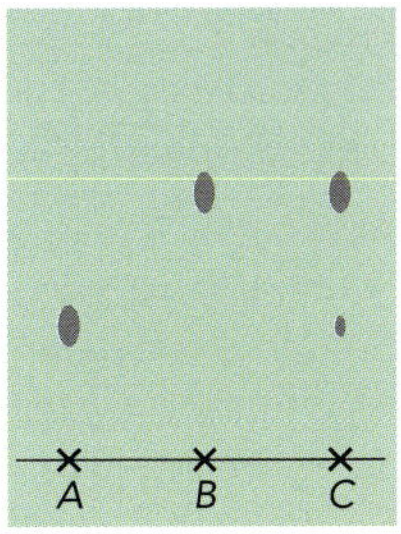

b. Quels tests simples permettraient de vérifier à quelle famille appartient le produit obtenu ?

Voir, si nécessaire, l'exercice résolu II, p. 327.

15 Identification d'alcools isomères

DÉMARCHE D'INVESTIGATION

COMPÉTENCES Élaborer un protocole ; interpréter un résultat.

On dispose de deux alcools isomères A et B.
A est un alcool primaire et B est un alcool secondaire.
On dispose également d'une solution acidifiée de permanganate de potassium, d'une solution de DNPH et de liqueur de Fehling.
1. Décrire les expériences à réaliser pour identifier A et B.
2. A et B possèdent cinq atomes de carbone. Quelles pourraient être les formules topologiques de A et B ?

16 Identification de composés oxygénés

COMPÉTENCES Raisonner ; argumenter.

On dispose de cinq flacons contenant des liquides inconnus A, B, C, D et E, tous différents mais de formule brute $C_3H_xO_y$.
Chaque composé ne présente qu'un seul groupe caractéristique oxygéné.
Les chaînes carbonées de ces composés ne contiennent ni double liaison C=C, ni cycle.
Parmi les cinq composés, deux sont des alcools.
L'oxydation de A conduit à C ou à D ; celle de B conduit à E.
1. Ces données sont-elles suffisantes pour identifier les cinq composés ?
2. Le composé C réagit avec la liqueur de Fehling, contrairement à D. En déduire la formule topologique et le nom de ces cinq composés.

Exercices

17 À chacun son rythme

COMPÉTENCES **Raisonner ; calculer ; argumenter.**

Cet exercice est proposé à deux niveaux de difficulté. Dans un premier temps, essayer de résoudre l'exercice au niveau 2. En cas de difficultés, passer au niveau 1.

On réalise l'oxydation, en milieu acide, d'une masse m = 1,00 g de propan-1-ol par une solution acidifiée de dichromate de potassium, $2K^+(aq) + Cr_2O_7^{2-}(aq)$, de volume V = 50 mL et de concentration C = 0,25 mol · L^{-1}. Les ions hydrogène $H^+(aq)$ sont en excès et les ions dichromate $Cr_2O_7^{2-}(aq)$ sont réduits en ions chrome (III) $Cr^{3+}(aq)$.

Niveau 2

Quel est le produit organique oxygéné obtenu lors de cette oxydation ? Justifier.

Niveau 1

1. Quelle est la classe du propan-1-ol ?
En déduire la nature du (des) produit(s) susceptible(s) de se former lors de son oxydation.

2. a. Écrire l'équation de la réaction qui se produit si l'oxydant dichromate est en défaut.
b. Identifier le réactif limitant dans ces conditions. Conclure.

3. a. Écrire l'équation de la réaction qui se produit si l'oxydant dichromate est en excès.
b. Vérifier que la quantité d'ions dichromate utilisée est suffisante pour réaliser l'oxydation considérée.

Voir, si nécessaire, les exercices résolus I et II, p. 326 et 327.

18 A laboratory survey

COMPÉTENCES **Trouver les informations ; raisonner ; argumenter.**

Two organic compounds X and Y, which have the same molecular formula C_4H_8O, are obtained by oxidation of the isomers butan-x-ol of the butanol by a defect of oxidant. The tests with the DNPH reactive of X and Y are positive. The test with Fehling's solution is positive for X and negative for Y.

1. Propose an oxidant *to achieve* these oxidations.

2. Write the *bond-line* formula of X and Y and give their name.

3. Write the bond-line formula and name the alcohol which was oxidized to give : a. X ; b. Y.

Vocabulaire : *achieve* : réaliser ; *bond-line* : topologique.

Voir, si nécessaire, l'exercice résolu I, p. 326.

19 Un arôme : la menthone

COMPÉTENCES **Lire un tableau ; raisonner ; calculer.**

D'après Baccalauréat S, Amérique du Nord, juin 2001.

La menthone est un des constituants de certaines espèces de menthe.

Son odeur et sa saveur, analogues à celles de la menthe, en font un arôme très utilisé dans les produits alimentaires.
Elle peut être synthétisée à partir du menthol.

Nom	Menthol	Menthone
Formule brute	$C_9H_{18}CHOH$	$C_9H_{18}CO$
Formule topologique	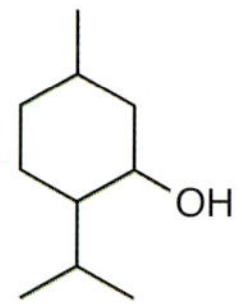	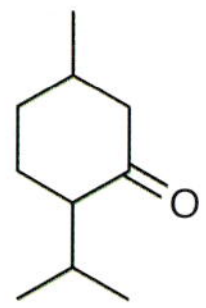
Température d'ébullition	215 °C	209 °C
Température de fusion	43 °C	−6,5 °C

1. a. Quelle est la classe du menthol ?
b. Quel est le groupe caractéristique de la menthone ?

2. Sous quel état physique se présente, à 20 °C :
a. le menthol ? b. la menthone ?

3. L'oxydation du menthol est réalisée en milieu acide par l'ion permanganate $MnO_4^-(aq)$ (couple oxydo-réducteur $MnO_4^-(aq) / Mn^{2+}(aq)$).
Cette oxydation se traduit par l'équation :

$$2\,MnO_4^-(aq) + 5\,C_9H_{18}CHOH(\ell) + 6\,H^+(aq) \rightarrow 2\,Mn^{2+}(aq) + 5\,C_9H_{18}CO(\ell) + 8\,H_2O(\ell)$$

On traite une masse m_1 = 15,6 g de menthol par un volume V = 100 mL de solution oxydante de concentration C = 0,8 mol · L^{-1} acidifiée avec de l'acide sulfurique concentré.
Le dispositif expérimental utilisé est celui du chauffage à reflux.
a. Quel est l'intérêt du chauffage à reflux ?
b. Quel est le réactif en excès ?
c. L'oxydation du menthol se déroule à une température voisine de 55 °C.
Justifier la nécessité d'atteindre cette température.

4. Le cyclohexane est un solvant organique de densité d = 0,78 et de température d'ébullition 81 °C.
Parmi les espèces chimiques présentes dans le ballon, seule la menthone est soluble dans le cyclohexane.
Le contenu du ballon est transvasé dans une ampoule à décanter et du cyclohexane y est ajouté.
Après agitation et décantation, deux phases se séparent.
a. Quelle est la phase surnageante dans l'ampoule à décanter ? Justifier.
b. Quel est l'intérêt de cette opération ?

5. La séparation de la menthone du cyclohexane se fait par distillation.
On obtient une masse m' = 11,2 g de menthone.
a. Le procédé de séparation est-il adapté ?
b. Calculer le rendement de cette synthèse.

Voir, si nécessaire, l'exercice résolu II, p. 327.

20 Synthèse du propanal

COMPÉTENCES **Trouver les informations ; raisonner.**

Le propanal peut être obtenu par oxydation du propan-1-ol par les ions dichromate en milieu acide. L'alcool, introduit dans un ballon, est chauffé.
La solution acidifiée de dichromate de potassium, $2\ K^{+}(aq) + Cr_2O_7^{2-}(aq)$, est ajoutée très lentement dans le ballon à l'aide d'une ampoule de coulée. Le propanal est distillé au fur et à mesure de sa formation.

1. Faire un schéma légendé du montage utilisé.

2. Comment prélever une quantité $n = 0,833$ mol de propan-1-ol ?

3. Établir l'équation de la réaction, sachant que les ions dichromate sont réduits en ions chrome (III) $Cr^{3+}(aq)$.

4. a. Pourquoi la solution oxydante est-elle ajoutée très lentement ?
b. Pourquoi le propanal doit-il être distillé dès qu'il est formé ?

5. Pourquoi l'aldéhyde peut-il être extrait du mélange réactionnel dès sa formation ?

6. L'utilisation des ions dichromate est-elle judicieuse ? Pourquoi leur préfère-t-on les ions permanganate ?

Donnée :
masse volumique du propan-1-ol : $\rho = 0,80\ g \cdot mL^{-1}$.

Nom	Propan-1-ol	Propanal	Eau
Température d'ébullition	97 °C	49 °C	100 °C

Pictogrammes de sécurité :

Dichromate de potassium

Permanganate de potassium

21 Oxydation de l'alcool benzylique

COMPÉTENCES **Raisonner ; argumenter ; effectuer des calculs.**

D'après Baccalauréat S, France métropolitaine, juin 2007.

Un volume $V = 2,0$ mL d'alcool benzylique $C_6H_5CH_2OH$ est oxydé, en milieu basique et à chaud, par des ions permanganate MnO_4^- en excès. À la fin de la synthèse, une masse $m = 1,4$ g de cristaux d'acide benzoïque est obtenue.

Données :

Nom	Alcool benzylique	Permanganate de potassium	Acide benzoïque
Formule	$C_6H_5CH_2OH$	$KMnO_4$	$C_6H_5CO_2H$
Masse molaire	$108\ g \cdot mol^{-1}$	$158\ g \cdot mol^{-1}$	$122\ g \cdot mol^{-1}$
Masse volumique	$1,0\ g \cdot mL^{-1}$		$1,3\ g \cdot mL^{-1}$

Répondre aux questions ci-dessous en justifiant soigneusement les réponses faites.

1. L'équation chimique de la réaction qui se produit, en milieu basique, entre l'alcool benzylique et les ions permanganate, s'écrit :

$$3\ C_6H_5CH_2OH(\ell) + 4\ MnO_4^-(aq) \rightarrow 3\ C_6H_5CO_2^-(aq) + 4\ MnO_2(s) + 4\ H_2O(\ell) + HO^-(aq)$$

Les couples oxydant / réducteur mis en jeu sont :
$C_6H_5CO_2^-(aq) / C_6H_5CH_2OH(\ell)$ et $MnO_4^-(aq) / MnO_2(s)$.
Choisir les deux demi-équations associées à la transformation considérée :

a. $C_6H_5CO_2^-(aq) + 4\ H_2O + 4\ e^- \leftrightharpoons C_6H_5CH_2OH(\ell) + 5\ HO^-(aq)$

b. $C_6H_5CO_2^-(aq) + 4\ e^- + 5\ H^+(aq) \leftrightharpoons C_6H_5CH_2OH(\ell) + H_2O(\ell)$

c. $MnO_4^-(aq) + 8\ H^+(aq) + 5\ e^- \leftrightharpoons Mn^{2+}(aq) + 4\ H_2O(\ell)$

d. $MnO_4^-(aq) + 2\ H_2O(\ell) + 3\ e^- \leftrightharpoons MnO_2(s) + 4\ HO^-(aq)$

e. $MnO_4^-(aq) + 4\ H^+(aq) + 3\ e^- \leftrightharpoons MnO_2(s) + 2\ H_2O(\ell)$

2. La quantité n_1 d'alcool benzylique contenue dans la prise d'essai de 2,0 mL vaut :
a. $1,9 \times 10^{-2}$ mol ; **b.** $5,4 \times 10^{-2}$ mol ; **c.** $1,9 \times 10^{-5}$ mol.

Aide au calcul		
$\frac{2,0}{108} = 1,9 \times 10^{-2}$	$\frac{108}{2} = 54$	$\frac{2,0}{108} \times 10^{-3} = 1,9 \times 10^{-5}$

La quantité d'ions permanganate apportée vaut $n_2 = 3,0 \times 10^{-2}$ mol.

3. Lors de cette synthèse, les ions permanganate ont-ils été introduits en excès ? Justifier.

Aide au calcul	
$\frac{1,9}{3} = 0,63$	$1,9 \times 3 = 5,7$

4. L'acide benzoïque est obtenu à partir des ions benzoate selon l'équation :

$$C_6H_5CO_2^-(aq) + H^+(aq) \leftrightharpoons C_6H_5CO_2H(s)$$

La masse maximale m_{max} d'acide benzoïque qu'il aurait été possible d'obtenir vaut :
a. $1,6 \times 10^{-2}$ g ; **b.** 6,6 g ; **c.** 2,3 g.

Aide au calcul		
$\frac{1,9}{122} = 1,6 \times 10^{-2}$	$5,4 \times 122 = 6,6 \times 10^{2}$	$1,9 \times 12,2 = 2,3 \times 10^{2}$

5. Le rendement r de la synthèse vaut :
a. 21 % ; **b.** 61 % ; **c.** 88 %.

Aide au calcul		
$\frac{1,44}{6,6} = 0,21$	$\frac{1,4}{2,3} = 0,61$	$\frac{1,4}{1,6} = 0,88$

Exercices

Retour sur l'ouverture du chapitre

22 Les arômes

COMPÉTENCES **Trouver les informations ; raisonner.**

Le mot « arôme » désigne la perception de l'odeur par voie rétro-nasale lors de la mise en bouche d'un aliment et l'ensemble des composés volatils de cet aliment responsables de cette perception. Les fruits, les légumes, les fromages, etc. ont des arômes que l'industrie alimentaire cherche à reproduire, voire rehausser, si nécessaire.
De nombreux aliments et boissons sont ainsi enrichis en arômes chaque année.
L'Europe autorise l'emploi de près de 400 arômes naturels et de 14 artificiels.
Leur caractère naturel ou artificiel doit être indiqué sur les étiquettes des produits, mais ces arômes ne sont pas désignés par un code particulier.

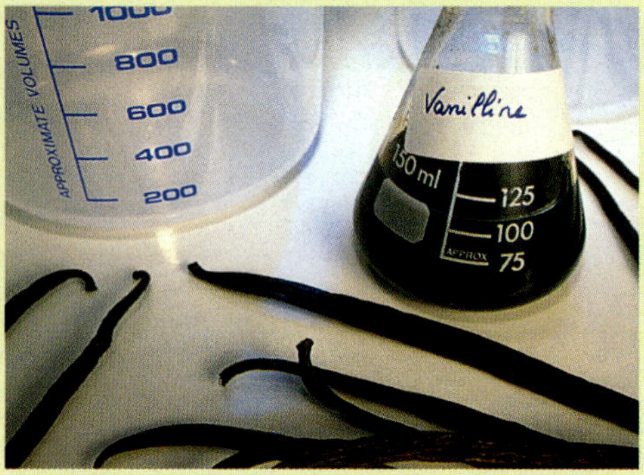

D'après le *Codex Alimentarius*, les substances aromatisantes naturelles sont obtenues par des procédés physiques, par des procédés enzymatiques ou microbiologiques à partir de matières premières végétales ou animales.

La vanilline est le composé responsable de la note intense mais fugace de l'arôme de la vanille.
Lorsqu'elle est extraite des gousses de vanille, c'est un arôme coûteux.
Elle peut être synthétisée par réaction entre le gaïacol et le chloroforme en présence d'hydroxyde de sodium, ce qui diminue de façon très importante son prix de revient.
Elle peut aussi être synthétisée par fermentation de résidus de betteraves sucrières (bioconversion), processus plus coûteux mais encore très compétitif par rapport à l'extraction du produit naturel.

L'α-ionone est présente dans l'essence de violette et contribue notablement à son odeur. Lorsqu'elle est utilisée dans l'industrie alimentaire comme arôme de violette, elle est d'origine synthétique.

Arôme	Vanilline	α-ionone
Formule topologique	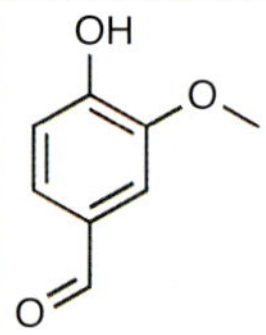	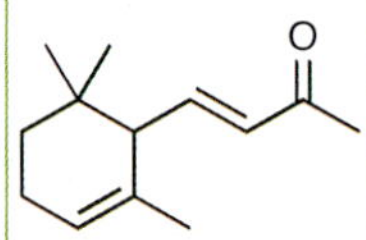

1. a. @ Définir le système olfactif.
b. @ Le prix Nobel 2004 de médecine et physiologie a récompensé des travaux sur le système olfactif. À qui a-t-il été attribué ? Ces travaux ont permis des progrès importants dans la conception d'arômes. Pourquoi ?

2. Reconnaître les groupes hydroxyle et carbonyle dans les molécules dont les formules topologiques sont données ci-dessus.

3. a. @ Qu'est-ce que le *Codex Alimentarius* ? Quel est son rôle ?
b. Citer et décrire deux procédés physiques permettant d'obtenir des arômes naturels à partir d'espèces naturelles.

4. La vanilline est-elle considérée comme naturelle, d'après la définition du *Codex Alimentarius*, lorsqu'elle est synthétisée à partir :
a. du gaïacol ?
b. des résidus de betteraves sucrières ?

5. a. @ Pourquoi l'α-ionone est-elle principalement obtenue par synthèse chimique ?
b. Écrire la formule topologique de l'alcool qui permettrait de l'obtenir par oxydation. Quelle est sa classe ?
c. Établir l'équation de la réaction d'oxydation de cet alcool si l'oxydant utilisé est l'ion dichromate $Cr_2O_7^{2-}$(aq) en milieu acide :
Donnée : $Cr_2O_7^{2-}$(aq) / Cr^{3+}(aq)

Synthèse de nouveaux matériaux et de molécules biologiquement actives

Chapitre **20**

Aérogel de silice

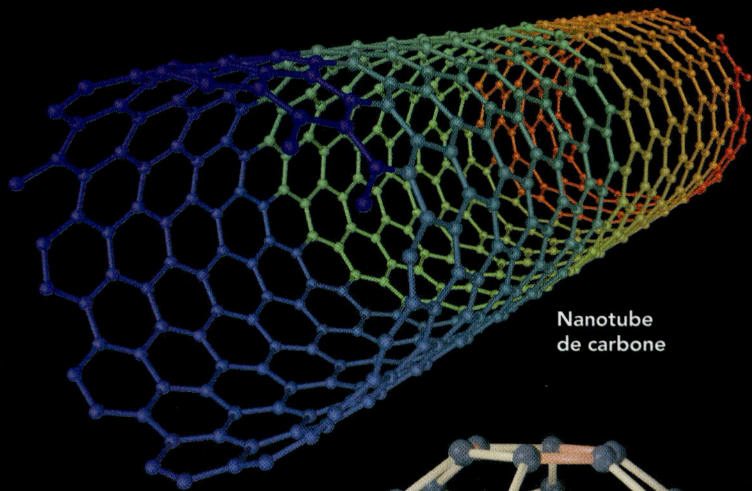

Nanotube de carbone

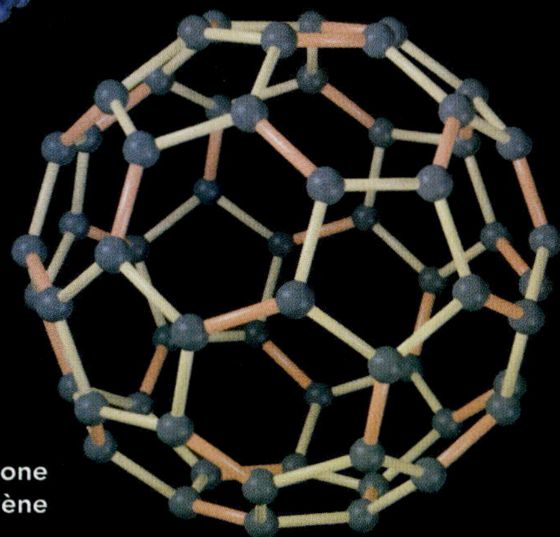

« Nanoballon » de carbone ou footballène

Les nouveaux matériaux issus de la nanochimie ont des propriétés extraordinaires. Par exemple, les nanotubes de carbone sont près de 100 fois plus solides que l'acier tout en restant très flexibles. Les aérogels de silice sont des matériaux extrêmement légers qui présentent des propriétés d'isolation thermique exceptionnelles.
Quelle est la structure d'un aérogel ? Comment peut-il être utilisé ? (Voir exercice 13, p. 347.)

Comment et pourquoi fabriquer de nouveaux matériaux et de nouvelles molécules ?

OBJECTIFS

- Connaître les nouveaux matériaux de la nanochimie et leurs applications.
- Distinguer « synthèse » et « hémisynthèse » de molécules complexes biologiquement actives.
- Relier les propriétés physiques d'un matériau à sa structure microscopique.

Activités Étude documentaire

1 Ces nanomatériaux qui nous entourent...

EN AUTONOMIE

Les nanomatériaux commencent à envahir notre quotidien. Qu'est-ce qu'un nanomatériau ? Comment peut-on l'obtenir ?

Nanosciences, nanotechnologies et nanomatériaux

Les **nanosciences** étudient la composition, l'organisation et les propriétés des nano-objets et des nanomatériaux.

Les **nanotechnologies** sont les techniques utilisées pour étudier les propriétés des nano-objets et des nanomatériaux, les tester, les manipuler et les fabriquer.

Un **nano-objet** est un objet dont la taille est comprise entre 0,1 et 100 nm ; il peut être naturel ou synthétique. Sa taille lui confère des propriétés particulières.

Un **nanomatériau** est un matériau qui contient des nano-objets.

Comment obtenir des nano-objets ?

Parmi les nano-objets artificiels, on distingue deux voies de production :

– la voie descendante ou ***top-down*** : les nano-objets sont obtenus par miniaturisations progressives d'objets micrométriques. C'est le cas, par exemple, des transistors composant les microprocesseurs ;

– la voie ascendante ou ***bottom-up*** : les nano-objets sont obtenus par assemblages d'atomes ou de molécules pour former la structure souhaitée. C'est le domaine de la **nanochimie**.

Différentes familles de nanomatériaux

Les nano-objets peuvent être **incorporés à un matériau** ou **déposés à sa surface** pour en modifier les propriétés physiques ou lui apporter de nouvelles fonctionnalités. Par exemple :

– des « fumées de silice » sont incorporées au béton pour augmenter sa densité ;

– des nanoparticules de dioxyde de titane TiO_2 sont utilisées comme filtres UV dans certaines crèmes solaires dites *bio* à la place des filtres chimiques, etc. ;

– des nanotubes de carbone peuvent être greffés à la surface d'un matériau pour le rendre « super-hydrophobe ».

Des tissus « antitaches » utilisent ce procédé.

Nanotubes de carbones greffés

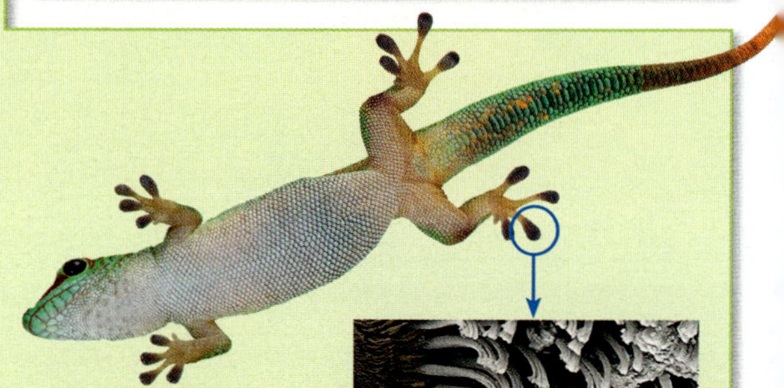

Les extrémités des pattes d'un gecko se divisent en spatules. Un gecko peut se déplacer sur n'importe quelle surface quelle que soit son inclinaison.

Une surface peut également être rendue **extrêmement adhésive** en imitant les spatules situées à l'extrémité des pattes du gecko.

Pour cela, la surface est recouverte d'un tapis de poils nanométriques en poly-imide dont l'extrémité est évasée.

Certains matériaux ont une **structure poreuse** dont les pores ont quelques nanomètres de diamètre. Par exemple, les aérogels sont des matériaux de très faible densité dont la structure alvéolaire est nanométrique. L'aérogel de silice est, à ce jour, le meilleur isolant thermique. Des granulés de quelques millimètres de diamètre d'aérogel de silice sont injectés entre des parois en polycarbonate pour réaliser des vitrages très isolants utilisés par exemple pour des verrières.

1 @ Rechercher ce que sont les « fumées de silice ».

2 @ Déterminer comment agit le dioxyde de titane dans une crème solaire. Le terme « filtre » est-il adapté ? Pourquoi les fabricants préfèrent-ils les nanoparticules de TiO_2 aux microparticules ?

3 Expliquer comment le traitement « super-hydro- [illegible]

4 Justifier les appellations *top-down* et *bottom-up* des deux voies de production des nano-objets.

5 Quelle voie emprunte la Nature pour produire des nano-objets ?

2 Deux prix Nobel pour le carbone !

EN AUTONOMIE

Le carbone est connu depuis très longtemps sous forme de diamant ou de graphite. Récemment, de nouvelles formes de carbone ont été découvertes. Quelles sont ces nouvelles formes ? À quoi peuvent-elles servir ?

Les fullerènes :
prix Nobel de chimie en 1996

Les atomes de carbone peuvent se lier en formant des structures nanométriques : ce sont des fullerènes. Il en existe différents types.

Des « nanoballons » de carbone

En 1996, le britannique H. Kroto et les américains R. Curl et R. Smalley reçurent le prix Nobel de chimie pour la découverte, en 1985, d'une molécule comportant 60 atomes de carbone. De forme polyédrique, son rayon est voisin de 0,6 nm. Cette molécule, nommée C_{60} ou « footballène », est synthétisée en grande quantité depuis 1990. Sa forme permet, par exemple, d'y enfermer une molécule de médicament afin de l'amener directement au contact de la cellule à traiter. Depuis, d'autres fullerènes, ressemblant à des ballons de rugby, à des anneaux ou à des cônes ont été découverts et synthétisés.

Des nanotubes de carbone

Un nanotube de carbone est un feuillet d'atomes de carbone assemblés selon un réseau d'hexagones et roulé sur lui-même. Un nanotube de carbone peut mesurer jusqu'à plusieurs millimètres de longueur. Il existe différents types de nanotubes qui diffèrent selon la façon dont sont alignés les hexagones de carbone.

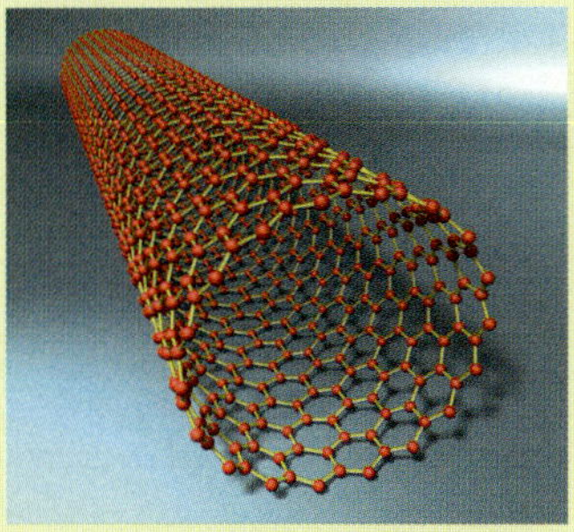

Nanotube de carbone

Ces nanotubes, très flexibles, sont 100 fois plus solides et ont une densité 6 fois plus faible que l'acier. Ils peuvent être insérés dans des fibres textiles pour rendre les tissus plus résistants. Ils renforcent certains matériaux, en remplacement de la fibre de carbone, comme dans les raquettes de tennis, les cadres de vélos, etc. ou les pales d'éoliennes qu'ils rendent à la fois plus souples et plus solides.

Le fullerène C_{60} a une structure qui ressemble à un ballon de football.

Le graphène :
prix Nobel de physique en 2010

Le graphite est constitué d'un empilement de feuillets-plans, parallèles entre eux, distants de 0,336 nm, dans lesquels les atomes de carbone forment des structures hexagonales. Chaque feuillet est un graphène.
Les liaisons entre les atomes de carbone à l'intérieur d'un feuillet sont 50 fois plus fortes que les interactions entre les feuillets.
Le graphène, 200 fois plus solide que l'acier, est un excellent conducteur électrique. Il pourrait remplacer le silicium en électronique.
En 2004, les Russes A. Geim et K. Novoselov réussirent, pour la première fois, à isoler un graphène et reçurent, pour cela, le prix Nobel de physique, en 2010.

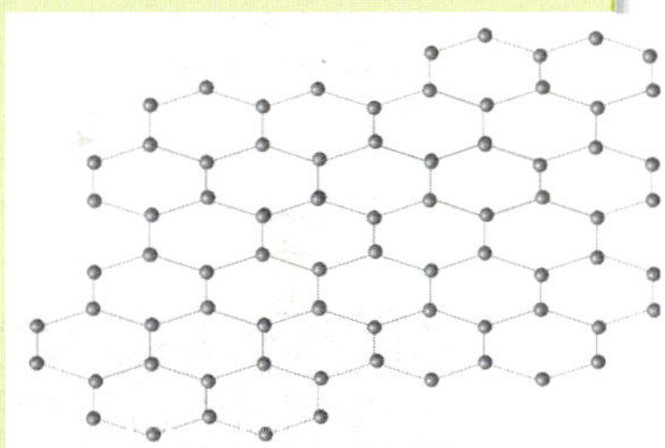

Feuillet de graphène.

1 L'atome de carbone des fullerènes et du graphène est-il tétragonal ou trigonal ?

2 @ Pourquoi les découvreurs du fullerène C_{60} l'ont-ils baptisé initialement *buckminsterfullerène* ?

3 @ Que sont les fibres de carbone ? Les comparer aux nanotubes de carbone.

4 Quel est le type de liaison qui s'établit entre les atomes de carbone d'un fullerène ou d'un graphène ?

5 Quelle interaction existe entre deux graphènes dans le graphite ? Justifier la friabilité du graphite.

3 Hémisynthèses de molécules biologiquement actives

EN AUTONOMIE

Le Taxotère® est une molécule anticancéreuse obtenue par hémisynthèse. Qu'est-ce qu'une hémisynthèse ?

Le Taxol® issu de l'if

Dans les années 1960, des chercheurs du *National Cancer Institute* (*NCI*) isolent, de l'écorce d'if, une espèce chimique à l'activité anticancéreuse. Ils la nomment Taxol® (nom issu de l'appellation latine de l'if de la côte ouest des États-Unis, *Taxus brevifolia*).

Malheureusement, l'écorce d'if a une très faible teneur en Taxol® : il faut environ 10 kg d'écorces sèches pour recueillir seulement 1,0 g de Taxol®.

Feuilles et fruits de l'if

Synthèse du Taxol® et du Taxotère®

En 1980, des chercheurs français du CNRS isolent, des feuilles de l'if européen, une molécule proche de celle du Taxol® : la 10-**d**ésacét**a**tyl**b**accatine III ou DAB III. La molécule DAB III n'a pas d'activité anticancéreuse, mais elle peut servir de réactif pour l'**hémisynthèse** du taxol. Il suffit, dans un premier temps, de remplacer l'atome d'hydrogène de la molécule DAB III (encadré en rouge sur le schéma ci-dessous) par une molécule d'acide cinnamique. Quelques modifications sur la molécule obtenue permettent, dans un second temps, d'accéder soit au Taxol® lui-même, identique en tout point au taxol trouvé dans les écorces du tronc de l'if, soit au Taxotère®. Les principes actifs des médicaments Taxol® et Taxotère® sont nommés respectivement *paclitaxel* et *docétaxel*.

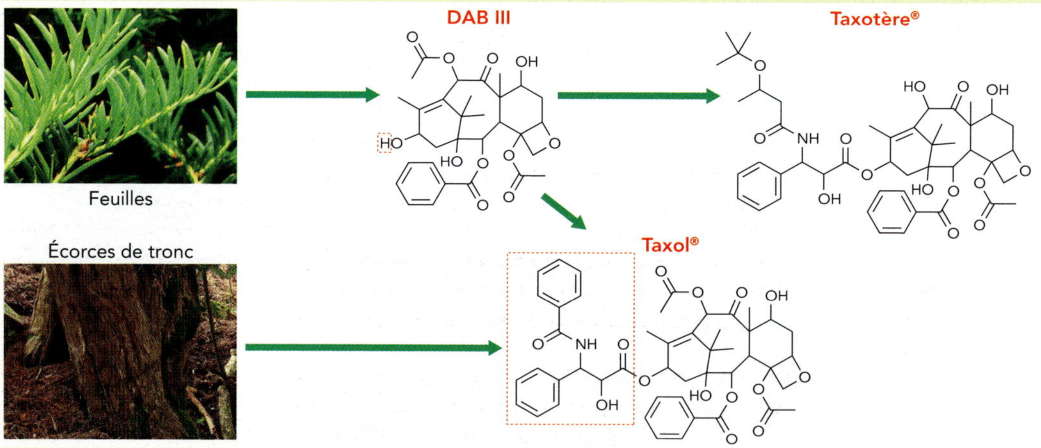

1 Pour quelle raison est-il préférable d'utiliser les feuilles de l'if plutôt que l'écorce du tronc, pour la synthèse du Taxol® ?

2 Pourquoi dit-on que les synthèses du Taxol® et du Taxotère®, à partir de la molécule DAB III, sont des hémisynthèses ?
Quel est l'intérêt d'une hémisynthèse par rapport à une synthèse totale ?

3 Identifier quelques groupes caractéristiques dans la molécule de DAB III en s'aidant, si nécessaire, du **tableau**, p. 11.

4 Rechercher les différences entre les molécules de Taxol® et de Taxotère®.

5 @ Sur quels types de cancers le Taxol® et le Taxotère® ont-ils une action thérapeutique ?

4 Comment amener une molécule thérapeutique jusqu'à l'organe malade ?

EN AUTONOMIE

Pour accroître l'efficacité des molécules thérapeutiques, il faut les amener au plus près des cellules à atteindre. Cette méthode est appelée vectorisation. Comment vectoriser un médicament ?

La **vectorisation** des médicaments est l'un des domaines les plus innovants en pharmacologie.

Les liposomes

Les liposomes sont des sphères de rayon variant entre 100 et 300 nm, constituées d'une bicouche de *phospholipides* entourant un cœur aqueux. Les liposomes peuvent servir de vecteurs de médicaments, par inclusion de molécules thérapeutiques.
Dans la circulation sanguine, la surface des liposomes se couvre d'opsonines. Les opsonines sont des anticorps reconnus par les *macrophages*. Arrivés dans le foie, les liposomes opsonisés sont détruits par les macrophages. Les molécules thérapeutiques, ainsi libérées, peuvent atteindre les cellules du foie.

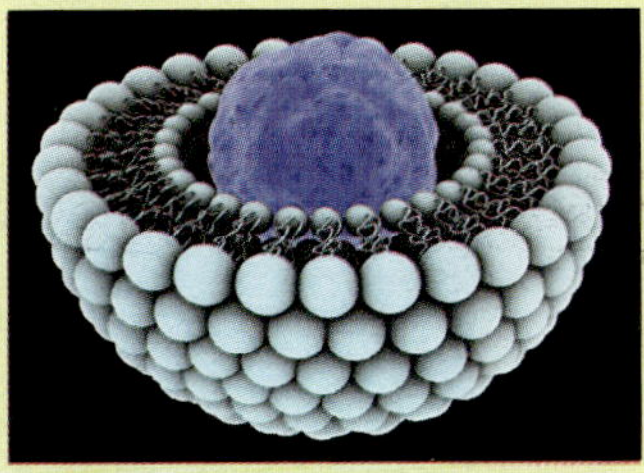

Liposome.

Les liposomes greffés

Pour soigner d'autres organes que le foie, il faut modifier la surface du liposome pour qu'elle ne soit pas reconnue par les macrophages. Pour cela, des molécules de **poly**é**thylène** **glycol** (PEG) sont greffées à la surface du liposome : il est alors appelé **liposome pégylé**. Les opsonines ne peuvent plus se greffer sur le liposome. Il n'est pas détruit par les macrophages du foie et continue sa route dans la circulation sanguine.
Pour atteindre sélectivement les cellules tumorales, il faut greffer, à la surface du liposome pégylé, des molécules qui vont lui permettre d'être reconnu par ces cellules.
Or, la surface des cellules tumorales contient un très grand nombre de récepteurs de l'acide folique.
Cet acide est donc greffé à la surface du liposome pégylé, qui devient alors un **liposome pégylé décoré**. La molécule thérapeutique est ainsi libérée uniquement dans les cellules tumorales.

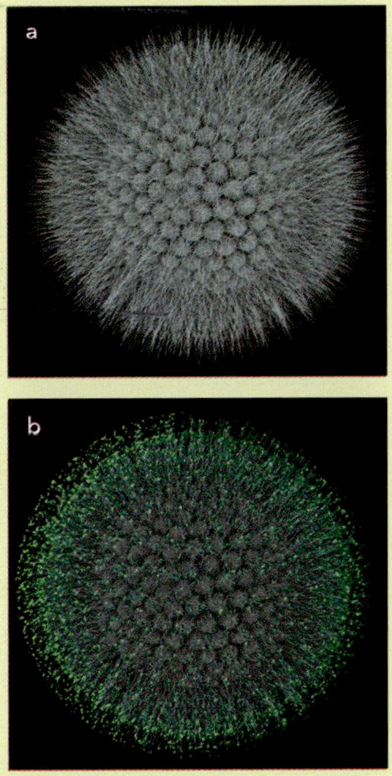

Liposome pégylé (a) ; Liposome pégylé décoré (b).

Autres vecteurs : nanosphères et nanocapsules

Une **nanosphère** est une pelote de polymère *biodégradable* dans laquelle est dispersée la molécule thérapeutique.
Une **nanocapsule** est constituée d'une enveloppe sphérique en polymère biodégradable à l'intérieur de laquelle la molécule thérapeutique est enfermée.
Ces deux vecteurs libèrent la molécule thérapeutique lors de la destruction du polymère.

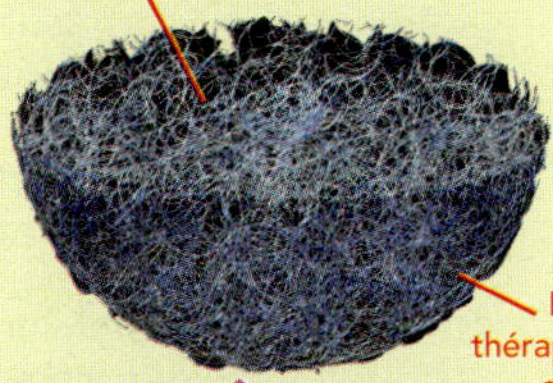

Nanosphère.

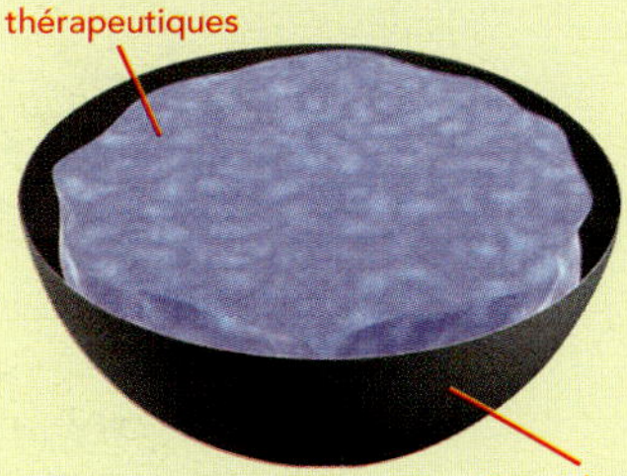

Nanocapsule.

1 Pourquoi vectoriser un médicament ?

2 @ Rechercher la définition des mots en *italique*.

3 Dans un liposome, une molécule thérapeutique hydrophile est-elle transportée par le cœur ou par la bicouche ? Même question pour une molécule thérapeutique lipophile.

4 **a.** @ Quel est le nom courant de l'acide folique ? Rechercher sa formule développée.
b. Quels groupes caractéristiques contient-il ?

Activités — Étude documentaire

5 Le verre, matériau solide ou liquide figé ?

EN AUTONOMIE

Le verre est une matière transparente, dure et cassante.
Comment fabrique-t-on le verre ? Quelle est sa structure microscopique ?

État vitreux

Un verre est formé à partir de silice SiO_2 à laquelle le verrier ajoute, entre autres, des *fondants* (comme l'oxyde de sodium Na_2O) et des stabilisants (comme l'oxyde de calcium CaO). Le mélange est chauffé jusqu'à obtenir une pâte de verre que le verrier peut façonner par soufflage avant que sa température diminue.
Lors du refroidissement, la pâte de verre devient de plus en plus visqueuse, puis se solidifie dans un état appelé état vitreux.

Structure microscopique de l'état vitreux

D'un point de vue microscopique, un verre est un réseau tridimensionnel, dans lequel chaque atome de silicium Si est lié à quatre atomes d'oxygène O.
Le tétraèdre SiO_4 constitue une « brique » de l'édifice final. Les schémas ci-dessous montrent, respectivement, les représentations schématiques bidimensionnelles simplifiées de la silice cristalline et de la silice vitreuse (verre). Seules trois des quatre liaisons des tétraèdres SiO_4 sont représentées.

Dans un solide cristallin, les atomes sont organisés selon une structure régulière à grande distance : cet agencement est responsable, entre autres, de sa solidité. Mais, dans un verre, les atomes sont positionnés sans ordre particulier : le verre est un matériau *amorphe*.
Dans un liquide, les molécules peuvent se déplacer les unes par rapport aux autres sans se disperser : l'état liquide est un état *condensé*, mais *désordonné* de la matière.
À haute température, les constituants du verre ont une énergie suffisamment importante pour pouvoir se déplacer les uns par rapport aux autres. Le verre fondu est donc dans un état désordonné proche de l'état liquide. Si on abaisse rapidement la température, les constituants du verre se déplacent de moins en moins facilement. Le verre fondu devient de plus en plus visqueux et se fige finalement dans un état désordonné : l'état vitreux. Cette parenté de structure entre liquide et verre permet d'assimiler un verre à un *liquide figé*.

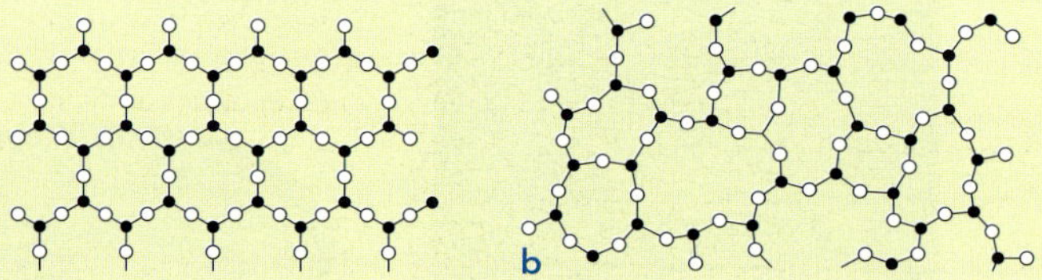

a b

Silice cristalline (a) et silice vitreuse (b)
● : Atome de silicium   o : Atome d'oxygène

Pâte de verre

L'avenir du verre est dans ses fibres

Les fibres optiques sont constituées de fils de verre très fins, obtenus par étirage de verre fondu. Elles ont la propriété de conduire la lumière et sont utilisées dans le domaine médical (*fibroscopie* et *endoscopie*) ou pour le transfert d'informations à haut débit (données informatiques, télévision, téléphone, etc.).

Fibres optiques.

1 @ Qu'est-ce qu'un *fondant* ? Quel est son rôle dans la fabrication d'un verre ?

2 Qu'appelle-t-on état vitreux ?

3 Quelle différence fondamentale existe-t-il entre un matériau *amorphe* et un matériau *cristallin* ?

4 À partir des structures de la silice, justifier le caractère *amorphe* du verre.

5 Pourquoi le verre est-il qualifié de *liquide figé* ?

6 @ Le verre *cristal* est-il un solide cristallin ? Rechercher sa composition et son usage.

7 @ Rechercher la composition et l'usage des verres sodocalciques et borosilicatés.

8 @ Que sont la *fibroscopie* et *l'endoscopie* ?

6 Les céramiques, matériaux amorphes ou organisés ? EN AUTONOMIE

Traditionnellement, une céramique est un objet fabriqué à partir de terre cuite. Mais, au cours du XXe siècle, des céramiques « techniques » sont apparues. Que sont les céramiques aujourd'hui ? Quelles sont leurs propriétés ?

Les poteries en céramique

Pour fabriquer une poterie en céramique, de la terre argileuse est broyée, humidifiée, mise en forme par des techniques diverses comme le modelage, le colombin, le tournage, etc., puis placée dans un four à haute température. Sous l'effet de la chaleur, des transformations *irréversibles* se produisent dans le matériau : il perd de sa *plasticité* et ne peut plus se réhydrater.

Microstructure et propriétés des céramiques

Actuellement, on appelle céramique tout matériau solide ne présentant pas de caractère organique ou métallique.

On distingue deux types de céramiques :
- les **céramiques ioniques** : alumine (Al_2O_3), oxyde de titane (T_iO_2), oxyde de zirconium (ZrO_2). Leur cohésion est due aux interactions entre les ions ;
- les **céramiques covalentes** : diamant (C), carbure de silicium (SiC), nitrure de bore (BN). Leur cohésion est due aux liaisons covalentes entre atomes voisins.

Certaines céramiques sont fabriquées par *frittage* de poudres sèches à haute température. Au cours d'un frittage, les grains sont fortement liés les uns aux autres. Chaque grain est un monocristal, plus ou moins parfait, accolé à ses voisins. Les céramiques ont ainsi une structure polycristalline.

Les céramiques sont résistantes à l'usure et ont une dureté élevée. En revanche, elles sont fragiles, non *ductiles* et présentent une grande sensibilité aux chocs thermiques.

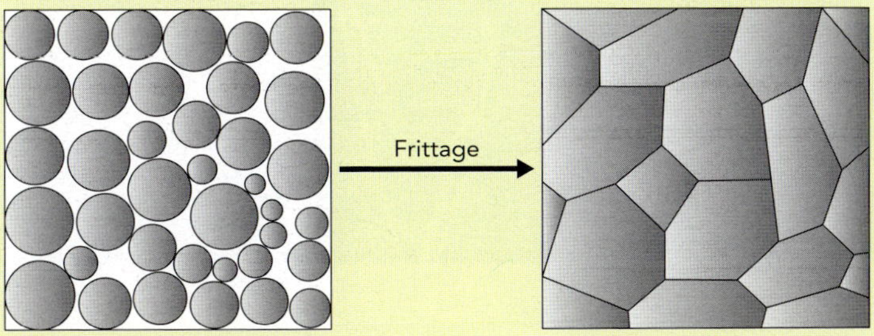

Frittage d'une poudre.

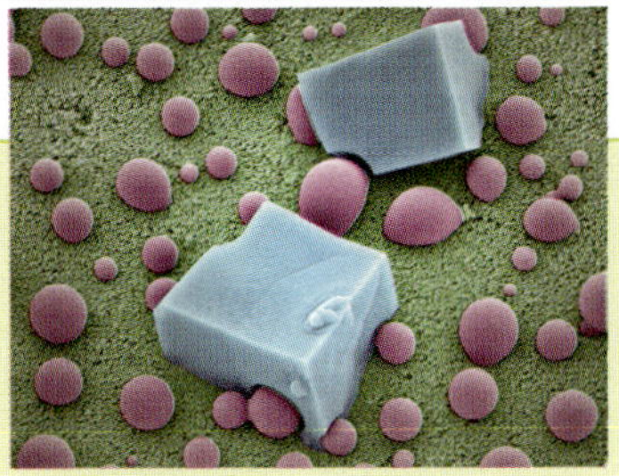

Croissance de silice sur alumine Al_2O_3 frittée.

Les céramiques techniques

Les vitrocéramiques sont des céramiques techniques obtenues par un traitement thermique de verres amorphes, qui provoque la formation de microcristaux dispersés dans une phase vitreuse. Cette structure particulière améliore la résistance aux chocs thermiques, et permet leur utilisation, par exemple, comme plaque de cuisson.

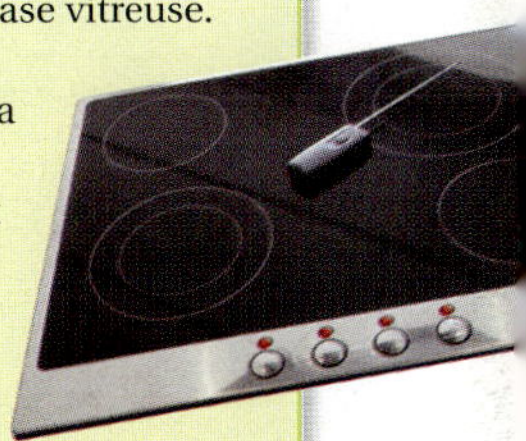

Les céramiques techniques englobent une vaste gamme de matériaux dans de nombreux domaines :
- habitat : *faïence*, carrelage ;
- biomédical : couronne dentaire, prothèse ;
- aéronautique, spatial : volet de tuyère, *bouclier thermique* ;
- militaire : blindage de tanks et d'hélicoptères,

etc.

1 @ Rechercher la signification des termes en *italique*.

2 Quels sont les principaux avantages et inconvénients des céramiques ?

3 @ Quel est le « matériau » de base des céramiques domestiques utilisées, notamment en poterie ? Quels matériaux sont utilisés pour les céramiques techniques ?

4 Les céramiques sont-elles des matériaux à structure amorphe ou cristalline ?

5 Quel est l'avantage d'une vitrocéramique par rapport à une céramique classique ?

7 Les bioplastiques, c'est fantastique ?

Actuellement, les plastiques sont essentiellement obtenus à partir du pétrole. Or, les réserves de pétrole diminuent et les plastiques issus de la pétrochimie sont très polluants. À l'avenir, ils pourraient être remplacés par les bioplastiques. Que sont les bioplastiques ?

Les bioplastiques

Le terme « bioplastique » désigne à la fois les plastiques fabriqués à partir de matières premières renouvelables et les plastiques biodégradables, qu'ils soient fabriqués à partir de matières premières renouvelables ou fossiles.
Un plastique est considéré comme biodégradable si, en conditions de compostage, sa fragmentation en résidus de taille inférieure à 2 mm se fait en moins de trois mois et si sa biodégradation atteint 90 % en six mois.
Un agroplastique est un bioplastique dont la matière première est végétale. La plupart des agroplastiques sont biodégradables.
Les bioplastiques permettent de fabriquer une multitude d'objets : sacs poubelles, emballages et couverts jetables, etc.

Un exemple d'agroplastique : le PLA

La matière première principalement utilisée est l'amidon issu du maïs, du blé ou de la fécule de pomme de terre.
Comme le PVC, l'amidon est un *polymère*, c'est-à-dire un ensemble de molécules à longues chaînes formées à partir de molécules élémentaires : les *monomères*.
Toutefois, les propriétés de l'amidon ne lui permettent pas d'être utilisé tel quel.
Cette macromolécule doit être destructurée afin d'en isoler le glucose. Celui-ci est ensuite transformé en acide lactique par fermentation alcoolique.
Après purification, il est chauffé pour obtenir un polymère, l'acide polylactique (PLA).
Le PLA se file comme du nylon, se moule et permet même de réparer des fractures via des vis se dégradant à mesure que l'os se régénère.

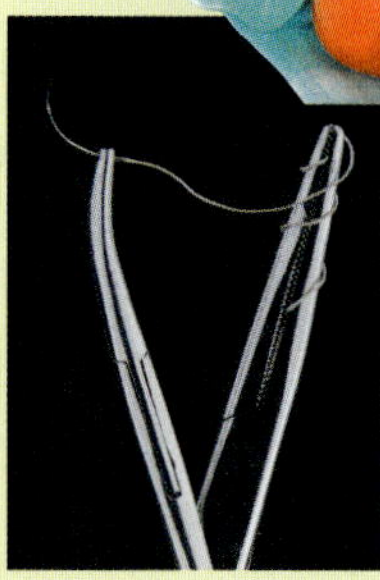

Quelques exemples d'objets en PLA. Sa souplesse permet de multiplier les contenants à l'infini. On l'utilise même pour réaliser des sutures.

1. @ Rechercher la signification des termes en *italique*.
2. Quelle est la matière première entrant dans la fabrication du bioplastique PLA ?
3. @ Quels sont les monomères associés aux polymères PLA, PVC et PE ?
   Écrire les formules semi-développées correspondantes.
4. Identifier les deux groupes caractéristiques oxygénés présents dans la molécule d'acide lactique.
5. Quels sont les avantages des bioplastiques sur leurs équivalents pétrochimiques ?
6. @ Quels seraient les risques d'une utilisation massive des bioplastiques ?
   À quels usages spécifiques devrait-on les limiter ?

Essentiel

Connaître les nouveaux matériaux de la nanochimie et leurs applications

- Un **nano-objet** a une taille comprise entre 10^{-10} et 10^{-7} m : il est généralement constitué de quelques dizaines à quelques centaines d'atomes, ions ou molécules. Sa taille lui confère des propriétés particulières.
Un nano-objet peut être naturel ou synthétique.
- La **nanochimie** est la branche de la chimie qui étudie et synthétise des nano-objets en assemblant des atomes, ions, ou molécules de sorte que le nano-objet ait les propriétés voulues.

Les fullerènes sont des exemples de nano-objets.

Synthèse ou hémisynthèse de molécules complexes, biologiquement actives

- De nombreuses molécules naturelles sont **biologiquement actives**. L'extraction de ces molécules naturelles a généralement un rendement faible et un coût élevé. Les chercheurs tentent donc de les **synthétiser**.
- Une **hémisynthèse** est la synthèse d'une molécule réalisée à partir d'une molécule extraite de composés naturels possédant déjà une partie de la structure de la molécule souhaitée.

L'extrait de pervenche de Madagascar a une activité antitumorale.

Synthèses et propriétés de matériaux amorphes ou organisés et de matières plastiques

- Le **verre** est un matériau **amorphe** issu de la silice fondue. Le verre ne présente **pas de structure cristalline organisée à grande échelle**.
- Une céramique est un matériau solide ne présentant pas de caractère organique ou métallique. Les céramiques sont des **matériaux organisés** présentant une **structure polycristalline**.
- Les **matières plastiques**, et notamment les bioplastiques, sont des **polymères** constituées de molécules à longues chaînes, obtenues à partir d'un grand nombre de molécules élémentaires appelées **monomères**.

LES COMPÉTENCES ATTENDUES

✔ Recueillir et exploiter des informations sur un aspect de la nanochimie.

✔ Recueillir et exploiter des informations sur la synthèse d'une molécule biologiquement active en identifiant les groupes caractéristiques.

✔ Recueillir et exploiter des informations pour relier les propriétés physiques d'un matériau à sa structure microscopique.

Connaître les nouveaux matériaux de la nanochimie et leurs applications

1 Pourquoi réduire un solide en poudre ?

COMPÉTENCE Effectuer un calcul.

Les réactions chimiques se produisent toujours à la surface des réactifs. Plus la surface de contact est grande, plus la réaction est rapide.
Comment évolue la surface d'un matériau quand on le divise ?

1. Soit un cube d'arête a. Exprimer, en fonction de a, la surface totale S de ce cube.

2. Ce cube est divisé en cubes, d'arête $a' = \frac{a}{1\,000}$.
Quelle est la surface de contact S' de l'ensemble des cubes ainsi obtenus ? Comparer S et S'.

3. Pourquoi réduit-on en poudre un solide avant de le faire réagir avec un autre solide, un liquide ou un gaz ?

2 La taille a-t-elle une influence sur les propriétés d'un objet ?

COMPÉTENCES Effectuer un calcul ; rechercher des informations.

L'or est, dans sa forme habituelle, un métal jaune qui fond à 1 063 °C.
Les nanoparticules d'or ont une température de fusion qui dépend de leur taille.
Ainsi, la température de fusion de particules d'or sphériques de 2,5 nm de diamètre n'est que de 300 °C.
Leur couleur dépend de leur taille et de leur forme. Les nanoparticules d'or peuvent prendre des couleurs allant du rouge au violet, si elles sont sphériques, et passer du bleu au vert, si elles sont en forme de bâtonnets plus ou moins allongés.
Des particules d'or sphériques, de taille comprise entre 5 et 80 nm, absorbent très fortement la lumière dans un domaine de longueur d'onde centré sur 520 nm.
En 1857, le Britannique M. Faraday réalise la première synthèse de colloïdes d'or en solution.
Deux préparations, toujours stables, sont exposées au *Museum of the Royal Institut in Great Britain* à Londres.

1. a. Le rayon d'un atome d'or, est voisin de 0,122 nm. Combien y-a-t-il d'atomes d'or dans une nanoparticule sphérique de rayon 2,5 nm en supposant que 75 % de la nanoparticule sont occupés ?
b. En déduire la quantité d'or contenue dans la nanoparticule d'or. Conclure.

2. Justifier la couleur prise par des nanoparticules d'or de quelques dizaines de nanomètres de diamètre.

3. @ Rechercher ce qu'est un colloïde. Donner quelques exemples de colloïdes courants.

4. Dans une nanoparticule d'or, les atomes d'or interagissent moins entre eux que ceux qui appartiennent à des structures plus grandes. Comment expliquer alors la « faible » température de fusion des nanoparticules d'or ?

3 Comment obtenir des nanogouttes d'anéthole ?

COMPÉTENCES Raisonner ; argumenter.

Le pastis a une concentration importante en anéthole, molécule soluble dans l'alcool, mais insoluble dans l'eau. Le pastis est translucide (bécher 1) mais, lorsque l'on y verse de l'eau, le mélange devient blanchâtre et opaque.

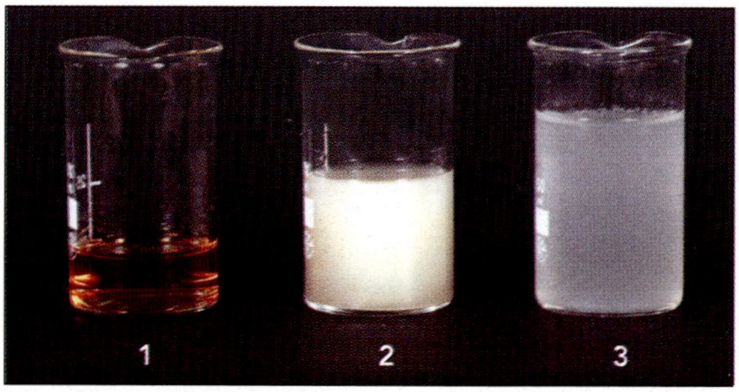

La couleur blanchâtre du bécher 2 est due à la diffusion de Mie. Celle-ci se produit lorsqu'un faisceau lumineux traverse un milieu contenant des particules dont la taille est de l'ordre de quelques centaines de nanomètres. Pour des particules de taille inférieure à une centaine de nanomètres, la diffusion de Mie ne se produit plus et le liquide est transparent.

1. Qu'apparaît-il dans le bécher quand on ajoute un peu d'eau au pastis ?

2. a. Compléter la réponse à la question précédente en utilisant le caractère hydrophobe de l'anéthole.
b. @ Comment se nomme le mélange obtenu ?

3. Comment interpréter ce qui est observé dans le becher 3 ?

4. Quel est l'effet d'une modification du rapport des volumes d'eau et d'alcool ?

5. Déduire de cet exemple une méthode générale d'obtention de micro- ou de nanogouttelettes.

4 Comment se protéger des nano-objets en suspension dans l'air ?

COMPÉTENCES Rechercher des informations ; raisonner.

Les dangers que pourraient représenter les nano-objets pour les êtres vivants et pour l'environnement ne sont pas encore connus. Par précaution, il est recommandé d'éviter d'inhaler des nano-objets disséminés dans l'air en utilisant des filtres.

Or, il semble logique de penser que les particules plus petites que le maillage du filtre puissent passer entre les « mailles du filet ». Pourtant, des études ont montré qu'un filtre est d'autant plus efficace que les particules sont petites. Ceci est dû au *mouvement brownien*.

Cependant, le filtre laisse passer l'air et donc des molécules de petite dimension (dioxygène O_2, diazote N_2). Il y aurait donc une limite inférieure au diamètre des particules arrêtées par le filtre.

Actuellement, des recherches sont menées afin de déterminer la taille minimale des nano-objets arrêtés par les filtres en fonction de leur nature et de leur structure.

1. @ Rechercher ce qu'est le *mouvement brownien* d'une particule.

2. Expliquer le fait que l'efficacité d'un filtre est d'autant plus grande que la particule est de petite dimension.

3. @ Rechercher l'ordre de grandeur de la taille d'une molécule de diazote N_2 ou de dioxygène O_2. Estimer l'ordre de grandeur de la taille des plus petites particules arrêtées par le filtre.

5 Des fullerènes de carbone dans l'encre de Chine

COMPÉTENCES Rechercher des informations ; raisonner.

Utilisée depuis environ 2000 ans av. J.-C., l'encre de Chine contient un pigment noir (le noir de carbone) et un liant. Le noir de carbone était généralement obtenu par la combustion des troncs de pins sylvestres, il était ensuite lié avec une colle animale.

L'encre Impériale *Yu me* contenait un noir de carbone très fin obtenu par combustion, dans des lampes à huile, d'un mélange d'huiles et d'ivoires broyés.

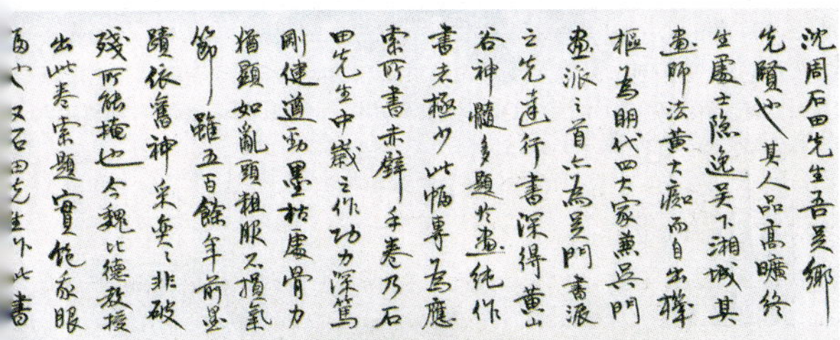

Rouleau horizontal calligraphié à l'encre de Chine « Première Ode à la Falaise Rouge » (1468), Shen Zhou (1427-1509), Musée Guimet, Paris.

Le noir de carbone est constitué essentiellement d'atomes de carbone associés de façon irrégulière, formant des particules de diamètre compris entre 50 et 100 nm.

Mais, en analysant très précisément les constituants du noir de carbone, les chercheurs y ont trouvé aussi des fullerènes en petite quantité.

1. @ Rechercher une définition du noir de carbone, son mode de production actuel et quelques unes de ces applications.

2. Justifier l'utilisation des pins sylvestres ou des huiles pour la fabrication des noirs de carbone des encres de Chine.

3. Décrire une expérience simple permettant de recueillir du noir de carbone.

4. Pourquoi peut-on dire que l'encre de Chine est un nanomatériau ?

5. @ Rechercher ce que sont les fullerènes. Pourquoi en trouve-t-on dans l'encre de Chine ?

6 « There's plenty of room at the bottom »

COMPÉTENCES Rechercher des informations ; rédiger.

This is an extract from the transcript of the talk that Richard FEYNMAN gave on December 29th 1959 at the annual meeting of the *American Physical Society at the California Institute of Technology* (*Caltech*).

« What would happen if we could arrange the atoms one by one the way we want them [...]. Up to now, we have been content *to dig* in the ground to find minerals. We heat them and we do things on a large scale with them, and we hope to get a pure substance with just so much impurity, and so on. But we must always accept some atomic arrangement that nature gives us. [...]

What could we do with layered structures with just the right layers? What would the properties of materials be if we could really arrange the atoms the way we want them? They would be very interesting to investigate theoretically. I can't see exactly what would happen, but I can hardly doubt that when we have some *control* of the arrangement of things on a small scale we will get an enormously greater range of possible properties that substances can have, and of different things that we can do. »

R. FEYNMAN (1918-1988). With two other physicists, he received the Nobel prize in physics in 1965 for his contributions to the development of quantum electrodynamics.

1. Sum up the text.

2. @ Write a short summary of R. FEYNMAN's biography.

3. Explain the last sentence and make a *link* with nano-chemistry.

Vocabulaire : *to dig* : creuser ; *link* : lien.

7 Des nanocapsules dans les cosmétiques

COMPÉTENCES Faire un schéma ; rechercher des informations ; raisonner.

« [...] la vitamine A, comme d'autres vitamines, est très sensible à l'oxydation et à la lumière mais cette molécule a d'excellentes propriétés dans le domaine de la lutte contre le vieillissement de la peau.
Le rêve des chimistes cosméticiens était de pouvoir appliquer de la vitamine A pure sur la peau pour lutter contre les signes du vieillissement, mais comment protéger la molécule ?
C'est ainsi que sont nés les nanovecteurs et en particulier les nanocapsules qui, comme leur nom l'indique, sont de petites vésicules de la taille de la centaine de nanomètres capables de renfermer la vitamine A et ainsi la protéger.
La composition type d'une nanocapsule est un cœur à base d'une substance *lipophile* car la vitamine A est soluble dans l'huile. À l'extérieur de ce cœur se trouve une enveloppe rigide à base de polymère biodégradable. [...]
Lorsque la nano-capsule de vitamine A est appliquée à la surface de la peau, [...] elle y pénètre grâce à la couche polymère rigide et sous l'effet [d'] enzymes, la vitamine A à l'état pur peut être libérée dans les couches de l'épiderme où elle pourra jouer pleinement son rôle de stimulateur du renouvellement cellulaire. »

Extrait d'une conférence de Patricia Pineau, « Chimie de la beauté ». Olympiades de la Chimie, 2003.

1. Faire un schéma en coupe d'une nanocapsule de vitamine A en précisant les caractéristiques des différents composants.

2. @ Donner la définition du terme *lipophile*.

3. @ Rechercher la formule de la vitamine A et justifier son caractère lipophile.

4. Justifier le fait que la substance au cœur de la nanocapsule doit être lipophile.

5. Comment la vitamine A parvient-elle habituellement aux cellules. Quel est donc l'intérêt des nanocapsules ?

8 Des médicaments en or

COMPÉTENCES Rechercher des informations ; raisonner.

L'ADN des cellules pathogènes (tumorales ou infectées par des virus) comporte des altérations qui peuvent se traduire par la *surexpression* de certains *antigènes*. Des *anticorps* spécifiques peuvent reconnaître ces antigènes et donc venir au plus près des cellules malades. C'est là qu'interviennent les nanoparticules d'or sur lesquelles ont été greffées des anticorps et des molécules thérapeutiques.
Les anticorps vont amener la nanoparticule dans la zone où se trouvent les cellules malades. Les molécules thérapeutiques sont alors libérées par la nanoparticule et agissent ainsi uniquement sur les cellules à traiter.
Une autre technique utilise des nanosphères de silice recouvertes d'une coquille d'or. Ces nano-objets ont la particularité d'absorber très fortement certains rayonnements infrarouges : leur température s'élève alors de plusieurs degrés. Là aussi, des anticorps spécifiques greffés à la surface de la coquille amènent les nanoparticules au plus près des cellules à détruire. Un rayonnement infrarouge est alors appliqué au patient et l'augmentation locale de température détruit les cellules ciblées par les nanoparticules.

1. Rechercher la définition des termes en *italique*.

2. Quels sont les avantages de l'injection de nanoparticules greffées par rapport aux traitements classiques ?

3. Où se situent les rayonnements infrarouges par rapport aux rayonnements visibles ?

4. @ Quel est le phénomène physique responsable de l'élévation de température des nanoparticules sous l'effet d'un rayonnement ?

Synthèse ou hémisynthèse de molécules complexes, biologiquement actives

9 Des plantes pour lutter contre le paludisme

COMPÉTENCES Rechercher des informations ; exploiter un schéma.

Le paludisme, ou malaria, est une maladie infectieuse transmise à l'homme par un parasite, le *Plasmodium*, par le biais de moustiques. Ce fléau touche chaque année entre 400 et 600 millions de personnes et plus de 3 millions en meurent, principalement en Afrique. Les plantes ont joué un rôle déterminant dans la lutte contre le paludisme.
Au XVe siècle, lors de la conquête espagnole de l'Amérique du Sud, des missionnaires constatent que la poudre de l'écorce d'arbres appelés les *quinquinas*, peut guérir la fièvre. À la fin du XVIe siècle, les Jésuites ramènent ce médicament en Europe où est il est connu sous le nom de « poudre des Jésuites ».
En 1820, deux pharmaciens français, P.-J. PELLETIER et C. CAVENTOU, isolent la *quinine* du quinquina rouge.

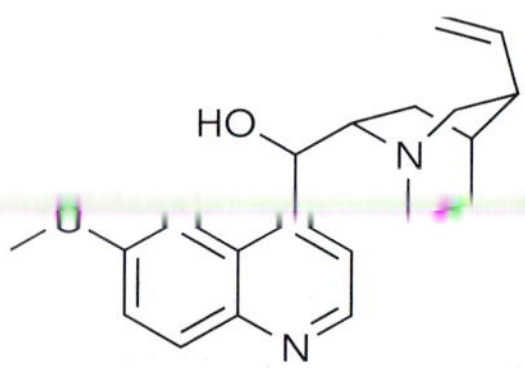

Formule topologique de la molécule de quinine

Quinine rouge

L'exploitation excessive des écorces a provoqué la raréfaction des quinquinas. Des antipaludéens de synthèse sont alors mis au point dans les années 1950-1960 et remplacent la quinine dans les années 1970. L'un des analogues de synthèse de la quinine est, par exemple, la chloroquine (Nivaquine®, Aralen®, Resochin®) dont la formule topologique est donnée ci-dessous :

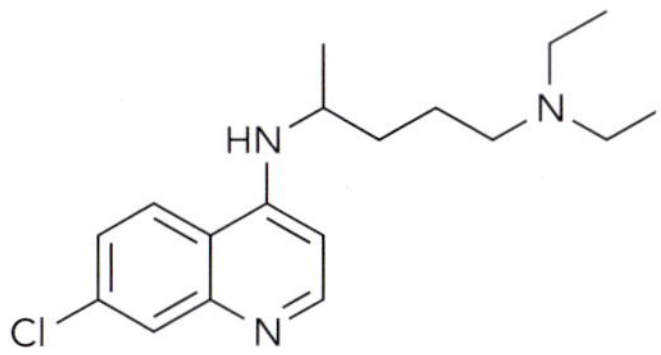

Des souches de *Plasmodium* résistantes aux antipaludéens de synthèse, mais encore sensibles à la quinine, se sont développées.
Dans les années 1990, une nouvelle molécule, l'artémisinine, isolée d'une plante chinoise, est venue renforcer l'arsenal des antipaludéens. Cette molécule est sélectivement toxique pour les *Plasmodium*.

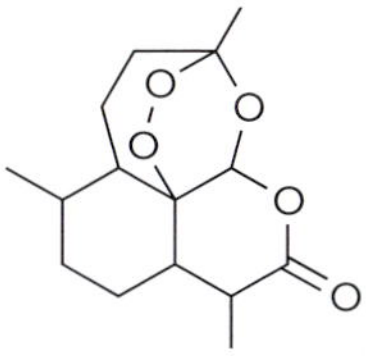

Formule topologique de la molécule d'artémisinine.

L'artémisinine peut être extraite des feuilles et des fleurs de l'*Artemisia Annua* par le dichlorométhane. Cependant, peu soluble dans l'eau et les graisses, elle est difficilement utilisable. En revanche, elle permet de synthétiser des molécules dérivées comme l'artéméther (Riamet®) et l'arté-éther.
En 2001, l'OMS déclare l'artémisinine « le plus grand espoir mondial contre le paludisme ». En 2006, elle recommandait toutefois d'arrêter la monothérapie avec l'artémisinine et de privilégier une bithérapie avec la méfloquine (Lariam®).

1. @ Rechercher l'étymologie du mot « malaria ».

2. @ Quels sont les principaux symptômes du paludisme ?

3. Rechercher et nommer les groupes caractéristiques présents dans la quinine et dans la chloroquine, en s'aidant, si nécessaire, du tableau, p 11.

4. Quelle est la structure commune à ces deux molécules ?

5. Quels groupes caractéristiques oxygénés reconnaît-on dans la molécule d'artémisinine ?

6. Pourquoi la synthèse de l'artéméther et l'arté-éther à partir de l'artémisinine est-elle une hémisynthèse ?

7. Pour quelle raison, l'OMS recommande-t-elle d'arrêter la seule utilisation de l'artémisinine pour lutter contre le paludisme ?

Synthèses et propriétés de matériaux amorphes ou organisés

10 Les verres autonettoyants

COMPÉTENCES **Rechercher des informations ; raisonner.**

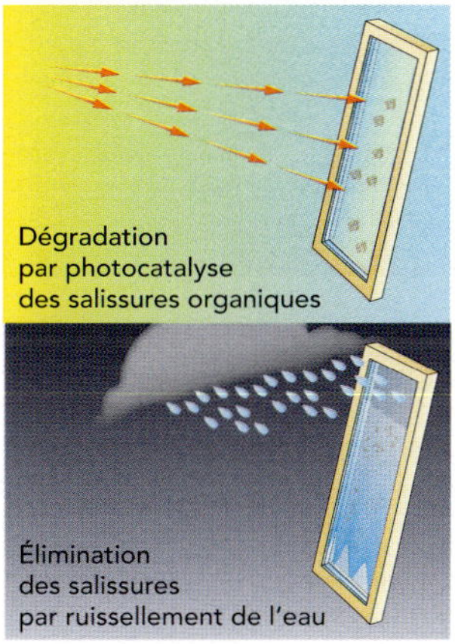

La société Saint-Gobain commercialise, depuis 2004, un verre autonettoyant, le SGG Bioclean®. Le caractère autonettoyant est apporté par une mince couche de dioxyde de titane déposée à la surface d'un verre classique pendant la fabrication de ce verre, elle est donc totalement intégrée à la surface.
L'oxyde de titane absorbe les rayonnements UV ce qui permet, par photocatalyse, de dégrader les hydrocarbures et des polluants atmosphériques organiques responsables des salissures déposées sur le verre.
La surface du verre étant hydrophile, les résidus de dégradation et les poussières sont éliminées par la pluie ou à l'aide d'un jet d'eau.

1. @ Le verre est-il un matériau amorphe ou cristallin ? Justifier la réponse.

2. @ Qu'est-ce qu'une photocatalyse ?

3. @ Rechercher les origines des principaux polluants atmosphériques.

4. Expliquer la présence d'hydrocarbures dans ces polluants.

11 Les surfaces superhydrophobes

COMPÉTENCES **Rechercher des informations ; exploiter un schéma.**

Les feuilles de certaines plantes, comme le lotus ou la capucine, sont toujours propres. Les gouttes d'eau roulent sur la feuille sans adhérer à sa surface.

Cette propriété est due aux nanocristaux de cire qui recouvrent la surface des feuilles. Ces nanocristaux ont deux effets complémentaires :
– ils minimisent la surface de contact entre les salissures et la feuille ;
– les gouttes d'eau roulent sur les nanocristaux sans adhérer à la surface de la feuille.

Les gouttes d'eau roulent donc sur les feuilles en entraînant les salissures; les feuilles sont lavées à l'eau! C'est « l'effet lotus ». La cire, elle-même, est hydrophobe, mais la structure nanocristalline rend la surface **super**hydrophobe.

Les applications sont nombreuses, par exemple :
– des peintures extérieures, des verres et des céramiques qui se nettoient à la pluie ou au jet d'eau;
– des revêtements en nanotubes de carbone mis à l'intérieur des micro-tubes d'analyses biologiques pour que les échantillons n'adhèrent pas aux parois.

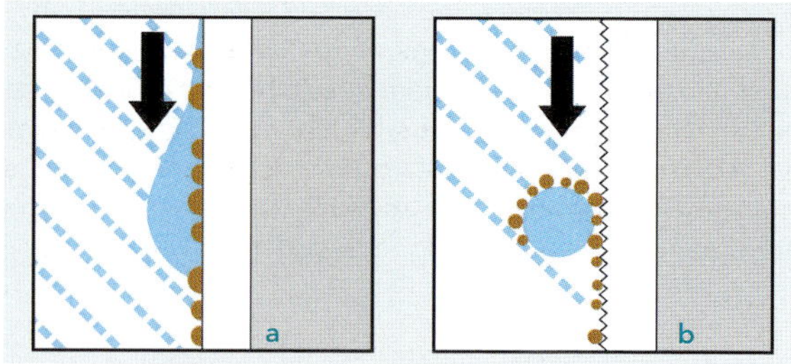

Sur une peinture classique (a), l'eau coule sans entraîner les salissures trop fortement retenues par la surface.
Sur une peinture superhydrophobe (b), les gouttes d'eau roulent en entraînant les salissures.

1. @ Rechercher ce qu'est le mouillage en physique. Que signifient *mouillage total* et *mouillage partiel*?

2. Quel est l'effet du caractère hydrophobe de la cire sur la forme d'une goutte d'eau?

3. Pourquoi la nanostructure de la surface accentue-t-elle l'effet hydrophobe de la cire?

4. Le document publicitaire ci-dessus expose le principe de fonctionnement d'une peinture superhydrophobe. Comment le caractère superhydrophobe est-il schématisé?

Pour les curieux

12 Nanoparticules... giga-dangers?

COMPÉTENCES **Rechercher des informations ; raisonner.**

Des nanoparticules naturelles et *anthropiques*

Des nanoparticules sont présentes depuis toujours dans l'atmosphère. En effet, les irruptions volcaniques, les incendies de forêts ou de savanes, l'érosion des roches produisent des particules dont certaines sont de taille nanométrique.
Par ailleurs, les activités industrielles et les transports s'accompagnent de rejet dans l'atmosphère de quantités de plus en plus importantes de particules de différentes tailles, dont des nanoparticules.
Enfin, depuis les années 2000, de nombreuses nanoparticules sont produites volontairement afin d'en exploiter les propriétés spécifiques (noir de carbone, fullerènes, nanotubes de carbone, nanoparticules d'argent ou de dioxyde de titane, etc.).

Les dangers des nanoparticules

Les nanoparticules présentes dans l'atmosphère peuvent être inhalées; leur petite taille leur permet d'atteindre les alvéoles pulmonaires. D'autres

peuvent être ingérées et se retrouvent alors dans le système digestif. Enfin, des nanoparticules peuvent être déposées à la surface de la peau.
Or, la taille de ces particules les rend susceptibles de traverser les barrières pulmonaire, gastrique ou cutanée et de se retrouver dans le système sanguin ou dans le *système lymphatique*. Il est même envisagé qu'une nanoparticule puisse pénétrer dans le noyau des cellules et provoquer des lésions de l'ADN.
La très grande réactivité des nanoparticules peut leur conférer une toxicité plus importante que celle d'une particule non nanométrique de même composition. Pour une même nanoparticule, la toxicité varie en fonction de nombreux facteurs :
– des facteurs propres à chaque nanoparticule : composition physico-chimique, forme, taille, structure, capacité à s'agréger à d'autres, etc.;
– des facteurs externes : mode d'exposition, présence ou non d'autres substances chimiques pouvant interagir avec les nanoparticules, nature du milieu où se trouvent les nanoparticules, etc.
Ces différents facteurs sont difficiles à contrôler ce qui explique que les connaissances sur les nanoparticules, leurs propriétés, leur comportement dans le corps humain et plus généralement dans l'environnement sont encore très limitées.
La prolifération des nanoparticules dans l'environnement représente donc un danger potentiel qu'il faut impérativement prendre en compte afin d'éviter que n'apparaissent des maladies spécifiques à ces nanoparticules, comme sont apparus la *silicose* et le cancer de la plèvre.

Voir les questions page suivante.

1. @ Rechercher la signification des termes ou expressions *anthropique, système lymphatique, silicose*.

2. Quelles activités industrielles et quels transports s'accompagnent-ils plus particulièrement de rejets atmosphériques de particules ?

3. @ Donner quelques exemples de nanoparticules produites par l'homme en précisant leurs domaines d'utilisation.

4. Comment expliquer que les nanoparticules intégrées à des matériaux présentent moins de risques que les nanoparticules atmosphériques ou en poudre.

5. À quel(s) stade(s) de la vie du nanomatériau faut-il prendre le plus de précautions ?

6. @ Rechercher à quelles particules sont associés la silicose et le cancer de la plèvre. Donner la taille de ces particules. Peuvent-elles être considérées comme des nanoparticules ?

Retour sur l'ouverture du chapitre

13 Les aérogels de silice

COMPÉTENCES **Rechercher des informations ; effectuer un calcul.**

Wild 2 est une comète primitive : sa composition témoigne de la composition du système solaire lors de sa formation.
En 1999, la sonde *Stardust* a été envoyée à la rencontre de *Wild 2* afin de récolter des poussières de la comète et de les ramener sur Terre.

La rencontre a eu lieu en 2004 et les échantillons sont revenus sur Terre en 2006.
Le collecteur de poussière devait être capable de ralentir suffisamment les poussières pour les arrêter et les piéger tout en évitant leur échauffement.
Le seul matériau capable d'un tel exploit est un aérogel de silice : une structure poreuse composée à 99,8 % d'air, de densité voisine de 3 mg/cm^3 et dont les pores mesurent quelques centaines de nanomètres.
Les aérogels sont capables de supporter 2 000 fois leur propre masse sans s'écraser et sont d'excellents isolants thermiques et phoniques.

Les collecteurs de poussière de la sonde *Stardust* sont constitués d'aérogel de silice.

La fleur est protégée de la chaleur par une plaque d'aérogel de silice d'environ 1 cm d'épaisseur.

Spaceloft® est un matériau isolant thermique flexible contenant un aérogel inclu dans un support fibreux.

1. @ Chercher qui a créé le premier aérogel, et en quelle année.

2. @ Trouver une valeur approchée de la densité d'un verre. La comparer à celle d'un aérogel de silice.

3. @ Comment la structure de l'aérogel permet d'expliquer :
a. qu'il piège les poussières en évitant leur échauffement ;
b. qu'il est un excellent isolant thermique et phonique ?

4. @ Rechercher des matériaux dans lesquels les propriétés des aérogels pourraient être utilisées.

5. La résistance thermique R d'un matériau caractérise son pouvoir isolant. Elle est fournie pour une épaisseur donnée du matériau considérée. Pour le matériau isolant Spaceloft®, $R = 0,69$ pour une épaisseur de 1,0 cm. Pour la laine de verre, un fabriquant indique $R = 2,50$ pour 10 cm d'épaisseur. La réglementation thermique en vigueur ou RT 2005 impose une résistance thermique de 5 pour les combles. À quelle épaisseur de chacun des matériaux cela correspond-il ?

6. @ Par analogie avec les roches poreuses, expliquer pourquoi il est envisagé d'utiliser un aérogel pour fabriquer des filtres permettant de purifier les eaux polluées.

1 Piles à combustible

Les piles à combustibles utilisent généralement du dihydrogène comme combustible, mais ce dernier est difficile à stocker et couteux à obtenir. Il peut être remplacé par le méthanol dans les DMFC (*Direct Méthanol Fuel Cell*) commercialisées depuis 2004, ou l'éthanol dans les DEFC (*Direct Ethanol Fuel Cell*).

Des DMFC sont utilisées dans des voiliers, des camping-cars, etc. En courant continu, ces piles délivrent une puissance variant de 25 à 65 W sous une tension de 12 V.

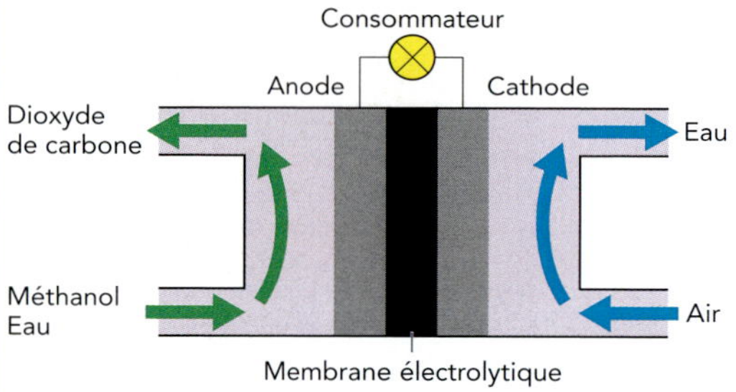

Schéma d'une pile à combustible au méthanol direct.

Les DEFC sont actuellement en plein développement.

En 2009, l'institut Fraunhofer a développé une membrane composite, enrichie en nanoparticules de silice, presque imperméable à l'éthanol, qui permet de séparer les deux chambres d'alimentation de la pile et de ne laisser passer que les ions hydrogène. De nouveaux catalyseurs, nanostructurés, sont développés.

Données : température d'ébullition (P = 1,0 bar) : dihydrogène : –253 °C ; méthanol : 65 °C ; éthanol : 79 °C.

Compétences	Questions
Trouver les informations, raisonner, communiquer, rédiger.	**1. a.** Pourquoi est-il intéressant d'utiliser une pile à combustible ? **b.** Quel est l'intérêt d'utiliser du méthanol ou de l'éthanol, plutôt que du dihydrogène comme combustible ? **c.** @ Rechercher les pictogrammes de sécurité associés au méthanol et à l'éthanol. Pourquoi l'éthanol est-il préférable au méthanol ? **d.** Quelle est la source de dioxygène dans ces piles ?
Raisonner, calculer.	**2. a.** Quelle est l'intensité du courant continu qu'une DMFC peut délivrer lorsqu'elle fournit une puissance P = 50 W sous 12 V ? **b.** Quelle énergie fournit-elle alors en deux heures ? **c.** Le constructeur précise qu'un réservoir de 10 L de méthanol correspond à une capacité Q = 925 A·h, sous une tension U = 12 V. En raisonnant sur les unités de ces grandeurs, exprimer l'énergie que peut fournir le réservoir en fonction de Q et U. En déduire l'énergie qu'un litre de méthanol peut fournir.
Trouver les informations, raisonner.	**3. a.** @ Qu'est-ce qu'une fermentation ? Écrire l'équation de la réaction de synthèse de l'éthanol à partir du glucose $C_6H_{12}O_6$ par fermentation. **b.** @ À partir de quelles ressources renouvelables l'éthanol peut-il être obtenu ? Pourquoi ce mode d'obtention peut-il être critiqué ? Quelles solutions sont proposées actuellement ?
Raisonner. Trouver les informations, argumenter.	**4. a.** Les couples oxydant/réducteur mis en jeu dans une DEFC sont : $O_2(g) / H_2O(\ell)$ et $CO_2(g) / CH_3-CH_2OH(\ell)$. Établir l'équation de fonctionnement de cette pile. **b.** Pourquoi doit-on apporter de l'eau à l'anode ? **c.** Quels sont les porteurs de charge assurant le passage du courant dans la DEFC ? **d.** Pourquoi dit-on que l'éthanol issu de la biomasse est un combustible qui ne modifie pas le taux de dioxyde de carbone atmosphérique ?
Trouver les informations, communiquer.	**5. a.** @ Qu'est-ce qu'une nanoparticule de silice ? **b.** @ Qu'est-ce qu'un catalyseur nanostructuré ? Quel est son intérêt ?

2 Des clous de girofle à l'arôme de vanille...

L'arôme de vanille est présent dans de nombreuses préparations alimentaires et dans divers médicaments. Cet arôme est principalement dû à la vanilline (3), espèce chimique qu'il est possible d'extraire des gousses de vanille.

Les extraits de vanille naturelle étant très chers, on utilise essentiellement de la vanilline de synthèse. Celle-ci peut-être réalisée à partir de l'isoeugénol (2), espèce dérivée de l'eugénol (1).

L'eugénol peut-être extrait des clous de girofle ou des feuilles de laurier de Californie par hydrodistillation.

La synthèse de la vanilline à partir de l'eugénol est schématisée ci-dessous : par chauffage en milieu basique l'eugénol est transformé en isoeugénol qui est ensuite oxydé en vanilline (θ_{fus} = 82 °C).

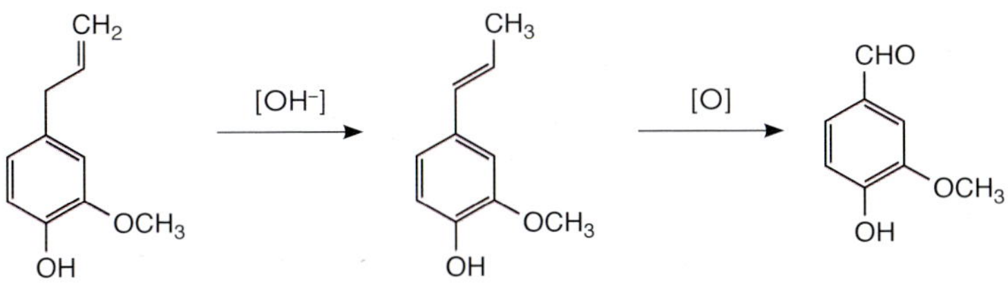

1 2 3

Compétences	Questions
S'exprimer clairement, faire un schéma.	**1. a.** Rappeler ce qu'est une hydrodistillation. **b.** Faire un schéma légendé d'un montage d'hydrodistillation.
Raisonner, argumenter.	**2. a.** L'eugénol (1) et l'isoeugénol (2) sont-ils isomères ? **b.** L'isoeugénol présente-t-il l'isomérie *Z* / *E* ? Si oui, l'isomère représenté est-il l'isomère *E* ou l'isomère *Z* ? **c.** L'eugénol a-t-il plus ou moins de liaisons conjuguées que l'isoeugénol ?
Raisonner, argumenter.	**3.** La synthèse de la vanilline à partir de l'eugénol est une hémisynthèse. Justifier.
Élaborer le protocole d'une expérience.	**4.** Lors de l'oxydation de l'isoeugénol, effectuée à 15°C, il se forme également de l'éthanal ($\theta_{éb}$ = 20 °C). **a.** Quelle est la formule semi-développée de l'éthanal ? **b.** Comment séparer la vanilline de l'éthanal en fin de synthèse ? **c.** Faire un schéma légendé du dispositif utilisé.
Trouver les informations.	**5.** Quels groupes caractéristiques sont présents dans la vanilline ?
Élaborer le protocole d'une expérience.	**6. a.** Comment vérifier que la vanilline est un aldéhyde ? **b.** Proposer deux techniques permettant de vérifier que le produit formé est la vanilline.
Effectuer un calcul.	**7.** Dans une synthèse, on a obtenu une masse m = 100 g de vanilline. Sachant que le rendement global de la synthèse a été de 72 %, quelle masse minimale d'eugénol a-t-on utilisé ?

3 Véhicule électrique

L'épuisement des ressources pétrolières et les conséquences environnementales de leurs combustions amènent à une prise de conscience de la nécessité de remplacer le moteur thermique dans le domaine des transports. De nombreuses recherchent sont actuellement menées pour équiper les véhicules de tourisme de moteurs électriques.

Un moteur électrique comporte deux parties principales :
– le stator, immobile, est un aimant ou un électroaimant ;
– le rotor, pouvant tourner autour d'un axe central, est constitué d'un enroulement de fil conducteur (bobine).

L'énergie électrique fournie par les batteries du véhicule met en mouvement le rotor. Ce mouvement est transmis au dispositif qui entraîne les roues.

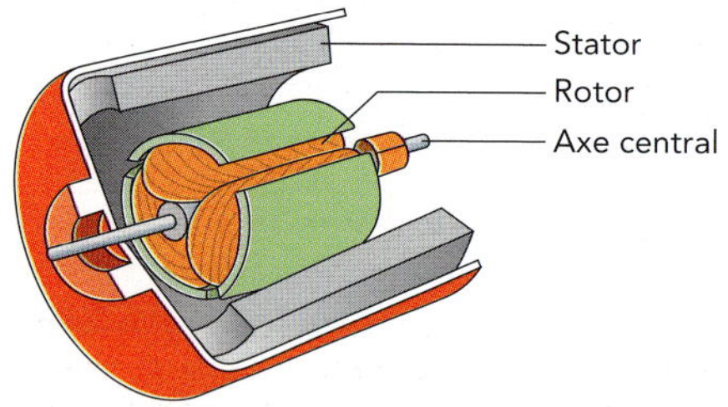

Doc. 1 Principe du moteur électrique.

Alors que le rendement d'un moteur thermique, essence ou diesel, est de l'ordre de 30 à 40 %, celui du moteur électrique peut dépasser 90 %. Cependant l'empreinte écologique de la solution électrique n'est pas nulle. Il faut aussi tenir compte des coûts liés à la fabrication des matériaux utilisés, notamment dans les batteries. On estime en outre qu'il faudrait augmenter d'au moins 25 % le parc actuel de centrales électriques pour alimenter 30 millions de véhicules électriques en France.

Enfin, la recharge et l'échange des batteries demandent la mise en place d'infrastructures adaptées.

Doc. 2 Une voiture électrique.

Compétences	Questions
Trouver l'information, se documenter.	**1.** Quels sont les différents types de moteur cités dans le texte ? **2.** @ Rechercher et décrire brièvement le principe du moteur thermique en nommant les différents types d'énergies mises en jeu. **3.** @ Quels types de réactions chimiques permettent le fonctionnement d'une batterie d'accumulateurs ? Rechercher la constitution des batteries actuelles des véhicules thermiques. Quel est l'inconvénient écologique majeur de ce type de batteries ?
Trouver l'information, raisonner.	**4.** La combustion des hydrocarbures utilisés dans le moteur thermique, assimilée à celle de l'octane, est supposée complète. **a.** Quelle est la formule brute de l'octane ? **b.** Écrire l'équation de cette combustion.
Schématiser.	**5.** Représenter les chaînes énergétiques du moteur thermique et du moteur électrique.
Trouver l'information, raisonner.	**6.** Indiquer des causes de dégradation d'énergie dans les deux types de moteurs. **7. a.** Définir le rendement d'un moteur. **b.** Pourquoi dit-on que le moteur électrique est très efficace d'un point de vue énergétique ?
Trouver l'information, rédiger.	**8.** Quels sont les avantages et les inconvénients d'une utilisation massive du véhicule électrique ? Cette mutation serait-elle sans impact écologique ?
Exercer son sens critique.	**9.** Proposer une critique au slogan « zéro émission » indiqué sur la voiture.

4 Maison passive

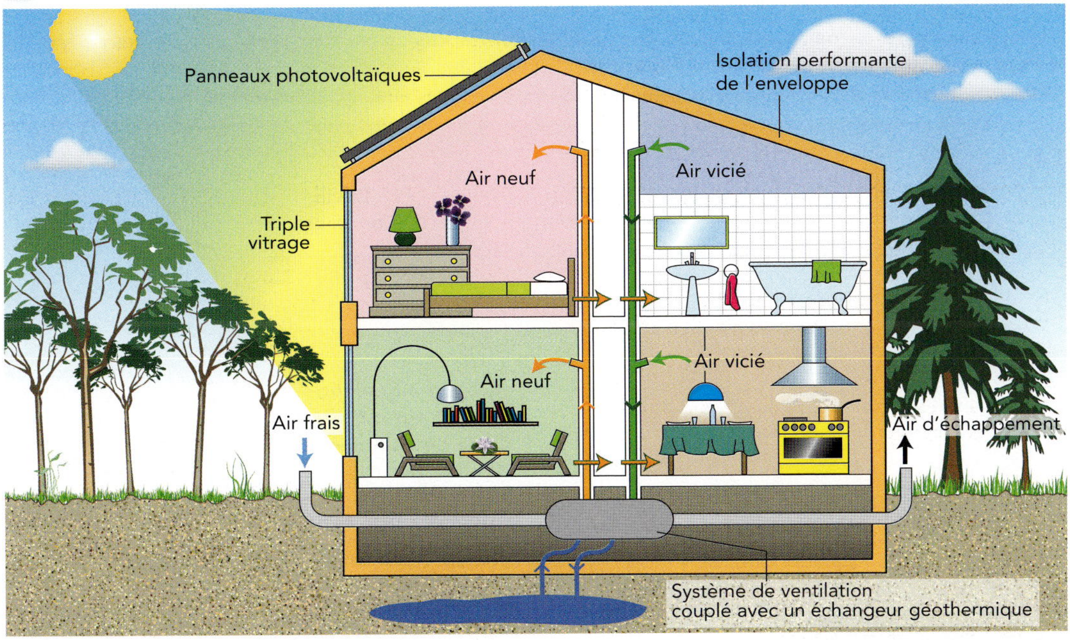

Une « maison passive » consomme 75 % d'énergie de moins qu'une maison traditionnelle de même taille. Son mode de construction permet de limiter les besoins de chauffage à environ 15 kW · h par mètre carré de surface habitable et par an (15 $kW \cdot h \cdot m^{-2} \cdot an^{-1}$).

En pratique, les énergies dissipées par les habitants et par les appareils domestiques suffisent à la chauffer une majeure partie de l'année. Un chauffage d'appoint est prévu pour les périodes très froides.

Le besoin annuel en électricité correspondant à la ventilation, à l'eau chaude sanitaire, à l'éclairage et aux appareils électroménagers peut être inférieur à 120 $kW \cdot h \cdot m^{-2} \cdot an^{-1}$.

La maison passive est orientée au sud pour maximiser les apports thermiques par rayonnement solaire. Son isolation thermique est excellente, avec un coefficient de transmission thermique des parois extérieures, noté U, proche de 0,15 $W \cdot m^{-2} \cdot °C^{-1}$. Ses fenêtres sont très hermétiques et sont équipées de triple vitrage. Un système de ventilation, couplé à un échangeur géothermique de chaleur, assure l'alimentation en air frais, qui vient remplacer l'air vicié.

Remarque :
Une valeur du coefficient U de 1 $W \cdot m^{-2} \cdot °C^{-1}$ signifie que la puissance thermique dissipée vers l'extérieur est de 1 watt par mètre carré et par degré Celsius d'écart entre l'intérieur et l'extérieur.

Compétences	Questions
S'informer, rédiger.	**1.** Pourquoi les « maisons passives » sont-elles aussi appelées les « maisons sans chauffage ni climatisation » ? **2.** Quels sont les modes de transferts thermiques dans une maison ? Comment sont-ils optimisés dans une maison passive ?
S'informer, effectuer un calcul.	**3.** Quelle est, en 24 h, l'énergie thermique perdue par le toit, si celui-ci à une surface de 100 m² et que la température est de –5 °C à l'extérieur et de 20 °C à l'intérieur ? L'exprimer en joule.
Raisonner, effectuer un calcul.	**4. a.** La valeur 120 $kW \cdot h \cdot m^{-2} \cdot an^{-1}$ représente-t-elle une puissance annuelle par unité de surface ou une énergie annuelle par unité de surface ? **b.** Si la maison a une surface de 200 m² et que tous les besoins en électricité sont assurés par le réseau électrique, quelle doit être la puissance minimale de l'abonnement souscrit ?
Exercer son esprit critique.	**5.** Comment une maison passive peut-elle apporter une réponse au défi énergétique de demain?

Un bac S : et après ?

Je choisis des études courtes ou longues ? → Je peux choisir entre 2 et 11 ans.

Je peux choisir de me former en alternance, c'est-à-dire alterner, lors de ma formation, les périodes de formation théorique avec les périodes de travail en entreprise.

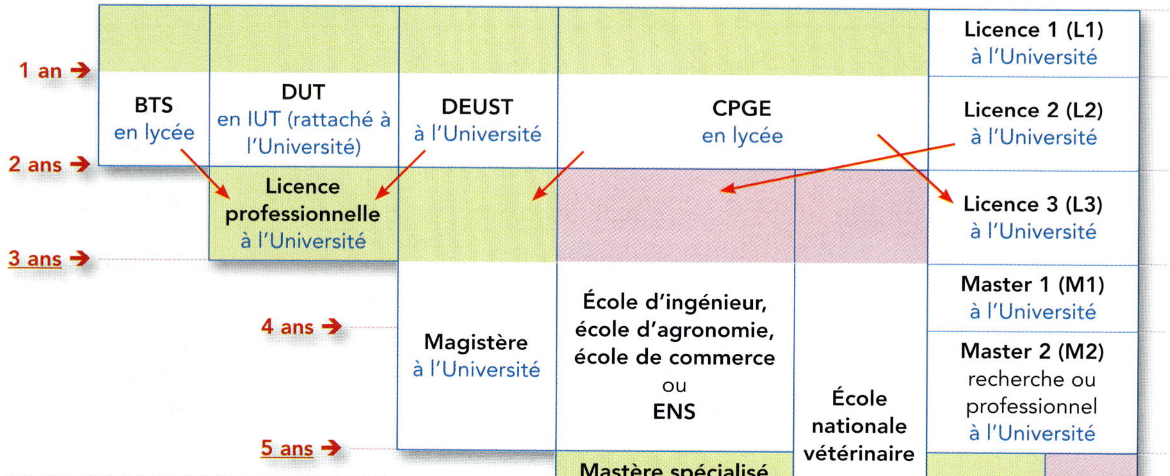

Légende des sigles

- **BTS :** Brevet de technicien supérieur
- **DUT :** Diplôme universitaire technologique
- **CPGE :** Classes préparatoires aux grandes écoles scientifiques ou économiques
- **DEUST :** Diplôme d'études universitaires scientifiques et techniques
- **ENS :** École normale supérieure
- **IUFM :** Institut universitaire de formation des maîtres (formation des professeurs et professeurs des écoles après réussite aux concours)
- **PACES :** Première année commune des études de santé
- **ENC :** Examen national classant
- **DCEM/DCEO :** Deuxième cycle en médecine/odontologie
- **AEA :** Attestation d'études approfondies
- **DES :** Diplôme d'études spécialisées
- **IFSI :** Institut de formation en soins infirmiers

Dans quel domaine aimerais-je travailler ?

→ **Agroalimentaire :** technicien de maintenance, diététicien, œnologue, ingénieur forestier, responsable qualité, manager d'exploitation agricole, etc.

→ **Arts et audiovisuel :** concepteur d'animations numériques, chef monteur, ingénieur du son, restaurateur d'œuvres d'art, créateur de parfum, etc.

→ **Aéronautique :** contrôleur aérien, ingénieur aéronautique, pilote de ligne, etc.

→ **Chimie :** ingénieur chimiste, technicien d'analyses, technicien chimiste, etc.

→ **Environnement :** agent de développement des énergies renouvelables, hydrobiologiste, géologue, technicien de mesure de pollution, technicien de traitement des déchets, ingénieur en analyses de l'air, acousticien, ingénieur des travaux à la météorologie, etc.

Persévérant, minutieux et rigoureux, le restaurateur d'œuvres d'art doit posséder des notions de physique et de chimie. Il n'est pas nécessaire de savoir dessiner car les techniques sont travaillées en formation.

Le technicien chimiste doit avoir des compétences techniques, de la rigueur, être organisé et méthodique.

L'agent de développement des énergies renouvelables doit avoir des compétences techniques, des qualités relationnelles et être un bon gestionnaire.

▸ Les inscriptions en première année se font au deuxième trimestre de l'année de terminale, sur le site http://www.admission-postbac.fr , exception faite des écoles spécialisées paramédicales.

▸ **Et si je change d'avis ?** ➔ Des passerelles de plus en plus nombreuses sont possibles (les flèches rouges ➔ sur le diagramme ci-dessous en présentent quelques exemples).

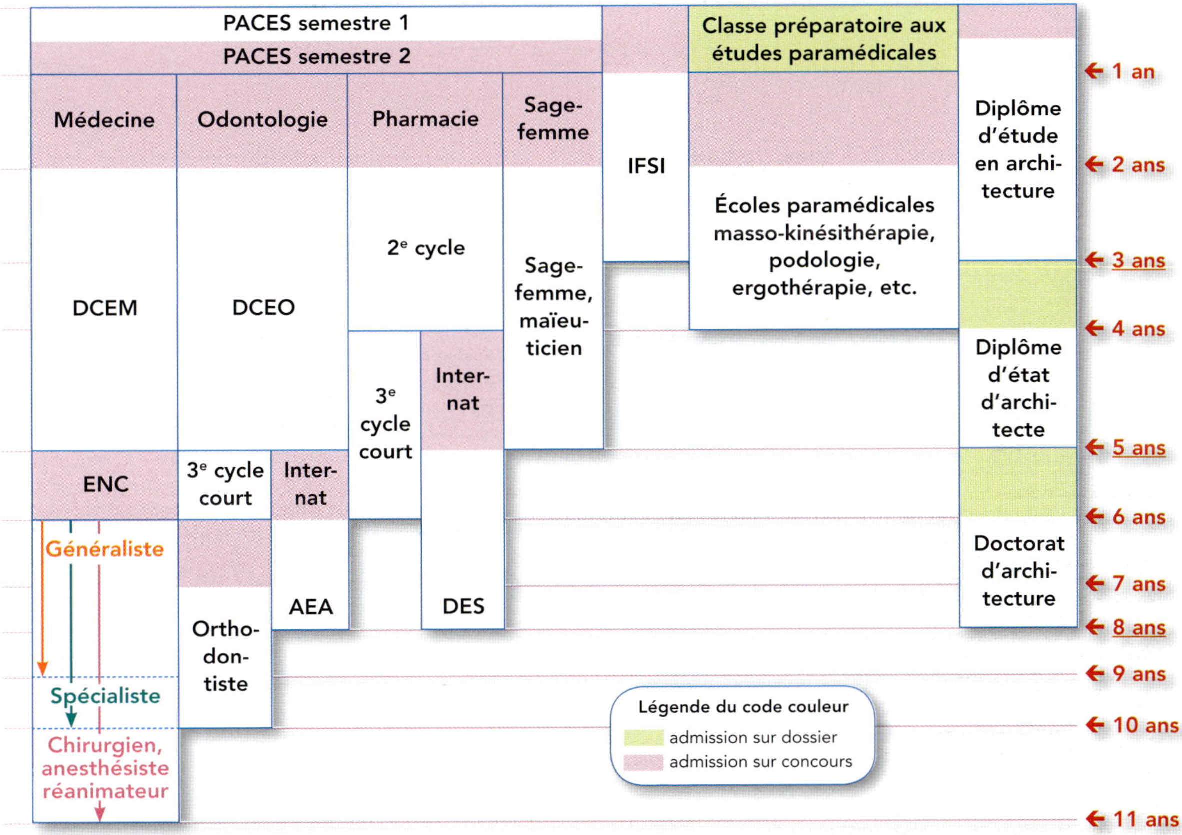

Informatique : administrateur de réseau, :hitecte de réseau, testeur, programmeur, :.

Santé : opticien lunetier, infirmier, kinési- érapeute, ostéopathe, orthodontiste, ·decin, etc.

Transports : Officier de la marine mar- ande, responsable logistique, responsable exploitation, etc.

Télécommunications : consultant, techni- ·n télécom, ingénieur d'études, etc.

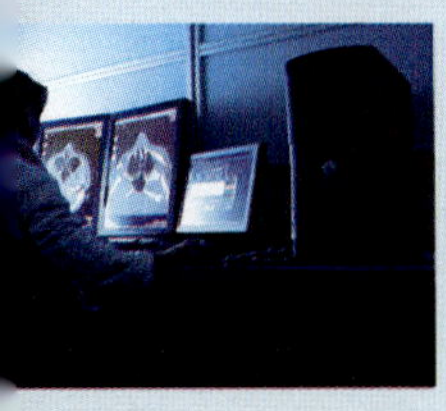

◀ Le radiologue doit être rigoureux et se former régulièrement aux évolutions scientifiques et techniques des différentes possibilités d'observation du corps humain.

▸ **Où puis-je trouver des informations ?**

▸ **Visites**

➔ Les lycées organisent des journées d'information sur les différents métiers et secteurs d'activités.

➔ Les centres d'information et d'orientation (CIO) donnent des informations sur les études, les formations professionnelles, les qualifications et les professions et dispensent des conseils individuels.

➔ Les journées portes ouvertes donnent de nombreuses informations et permettent de trouver des réponses à de nombreuses questions.

➔ Il existe également différents salons d'information : *Métierama, salon de l'Étudiant, salon de l'éducation, salon des métiers, salon Studyrama*, etc.

▸ **Internet**

Quelques adresses utiles :

www.onisep.fr
www.euro-france.net/info_metiers
www.letudiant.fr
www.metiers.info
www.phosphore.com
www.studyrama.com

▸ **Magazines et publications**

➔ *Onisep : Après le bac*, distribué aux lycéens en terminale
➔ *L'étudiant*
➔ *Phosphore*
➔ Hors Série *La Recherche* février 2011 : Guide de l'emploi scientifique

Fiches

1 La sécurité au laboratoire de chimie

1. Avant la séance de travaux pratiques

- Porter des chaussures fermées et un vêtement couvrant les jambes.
- Maintenir les cheveux attachés lorsqu'ils sont longs.

2. Avant la manipulation

- Se munir d'une blouse et de lunettes de protection. Le port de lentilles est déconseillé.
- Lire entièrement l'étiquette des flacons et respecter les consignes de sécurité correspondantes.
- Lire les fiches de données de sécurité fournies.
- Porter des gants lorsque le risque chimique l'impose.

ACÉTONE

DANGER

Liquide et vapeurs très inflammables.
Provoque une sévère irritation des yeux.
Peut provoquer somnolence ou vertiges.
Tenir hors de portée des enfants.
Tenir à l'écart de la chaleur/des étincelles/des flammes nues/des surfaces chaudes.
Ne pas fumer.
En cas de contact avec les yeux : rincer avec précaution à l'eau pendant plusieurs minutes. Enlever les lentilles de contact si la victime en porte et si elles peuvent être facilement enlevées. Continuer à rincer.
Stocker dans un endroit bien ventilé.
Maintenir le récipient fermé de manière étanche.
L'exposition répétée peut provoquer dessèchement ou gerçures de la peau.

3. Pendant la manipulation

- Manipuler la verrerie avec précaution.
- Ne jamais pipeter un liquide avec la bouche, mais employer une propipette ou une poire d'aspiration.
- Ne pas trop enfoncer une pipette dans la poire à pipeter pour éviter de la casser au montage ou au démontage.
- Utiliser des spatules pour prélever des solides.
- Toujours reboucher un flacon après usage.
- Manipuler sous la hotte lorsque le produit utilisé présente des risques par inhalation.
- Assurer la stabilité des montages avec des pinces et des noix.
- Chauffer un tube en l'agitant et en évitant de diriger son extrémité vers une autre personne.
- Plonger progressivement les récipients dans les bains chauds ou froids.
- Laisser refroidir un récipient avant de le poser sur la paillasse.
- Ne jamais sentir un produit quel qu'il soit.
- Ne pas boire, ne pas manger et ne jamais rien porter à la bouche.
- Garder un plan de travail propre et dégagé.

4. Après la manipulation

- Verser les résidus dans les bacs de récupération prévus à cet effet.
- Toujours diluer les solutions rejetées à l'évier en laissant couler l'eau quelques instants (attendre l'accord du professeur pour ces rejets).
- Se laver les mains en fin de séance.

2 Matériel de laboratoire de chimie

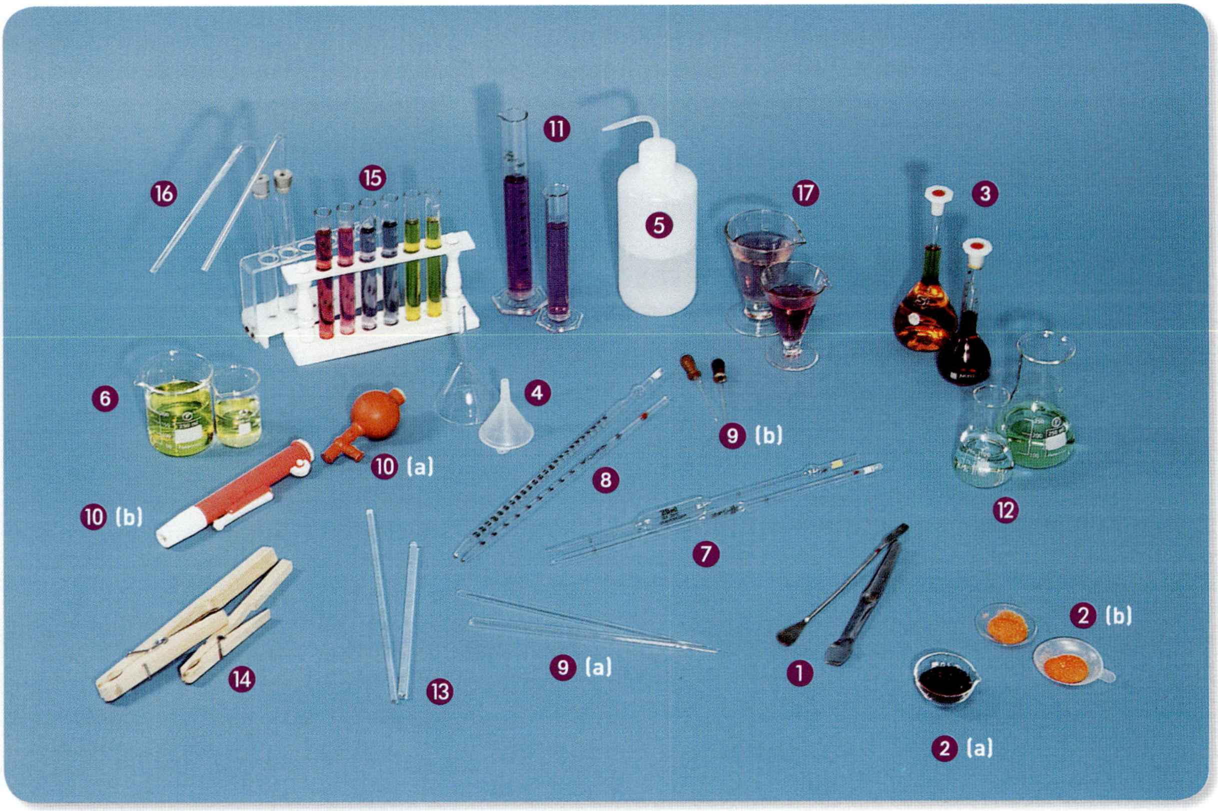

❶ **Spatules :** pour prendre un solide dans un flacon.

❷ **Capsule (a) et verres de montre (b) :** pour contenir les solides à peser.

❸ **Fioles jaugées avec bouchons :** pour préparer un volume bien déterminé (25,0 mL, 50,0 mL, 100,0 mL, 200,0 mL, 250,0 mL, 500,0 mL, 1,00 L, etc.) de solution.

❹ **Entonnoirs à solide et à liquide :** Pour transvaser un solide ou un liquide.

❺ **Pissette d'eau distillée :** pour dissoudre les solides, diluer les liquides, rincer les capsules et les entonnoirs, etc.

❻ **Béchers :** pour placer le liquide à pipeter pour un prélèvement.

❼ **Pipettes jaugées à un trait ou à deux traits :** pour prélever un volume précis (1,00 mL, 2,00 mL, 10,0 mL, 20,0 mL, 25,0 mL, 50,0 mL, etc.) de solution.

❽ **Pipettes graduées :** pour prélever des volumes précis qui ne peuvent l'être avec des pipettes jaugées (6,7 mL par exemple).

❾ **Pipettes simples (a) et pipettes Pasteur (b) :** pour finir de compléter une fiole jaugée jusqu'au trait de jauge.

❿ **Propipette (a) ou pipeteur (b) :** pour pipeter un liquide en toute sécurité.

⓫ **Éprouvettes graduées :** pour mesurer approximativement un volume de liquide.

⓬ **Erlenmeyers :** pour placer les solutions à doser ou agiter pour une dissolution.

⓭ **Agitateurs en verre :** pour agiter des solutions contenues dans des béchers ou des tubes à essais.

⓮ **Pinces en bois :** pour tenir un tube à essais lors de son chauffage.

⓯ **Tubes à essais :** pour réaliser des tests.

⓰ **Tubes à dégagement :** pour faire barboter un gaz dans une solution.

⓱ **Verres à pied :** pour réaliser des expériences sur des volumes plus importants qu'avec des tubes à essais.

3 Préparer une solution par dissolution d'un solide

Comment préparer une solution de volume V_{sol}, de concentration molaire C, par dissolution d'un solide de masse m ?

La masse m de solide à peser est : $m = C \times V_{sol} \times M$

avec m en g ; C en $mol \cdot L^{-1}$; V_{sol} en L ; M en $g \cdot mol^{-1}$.

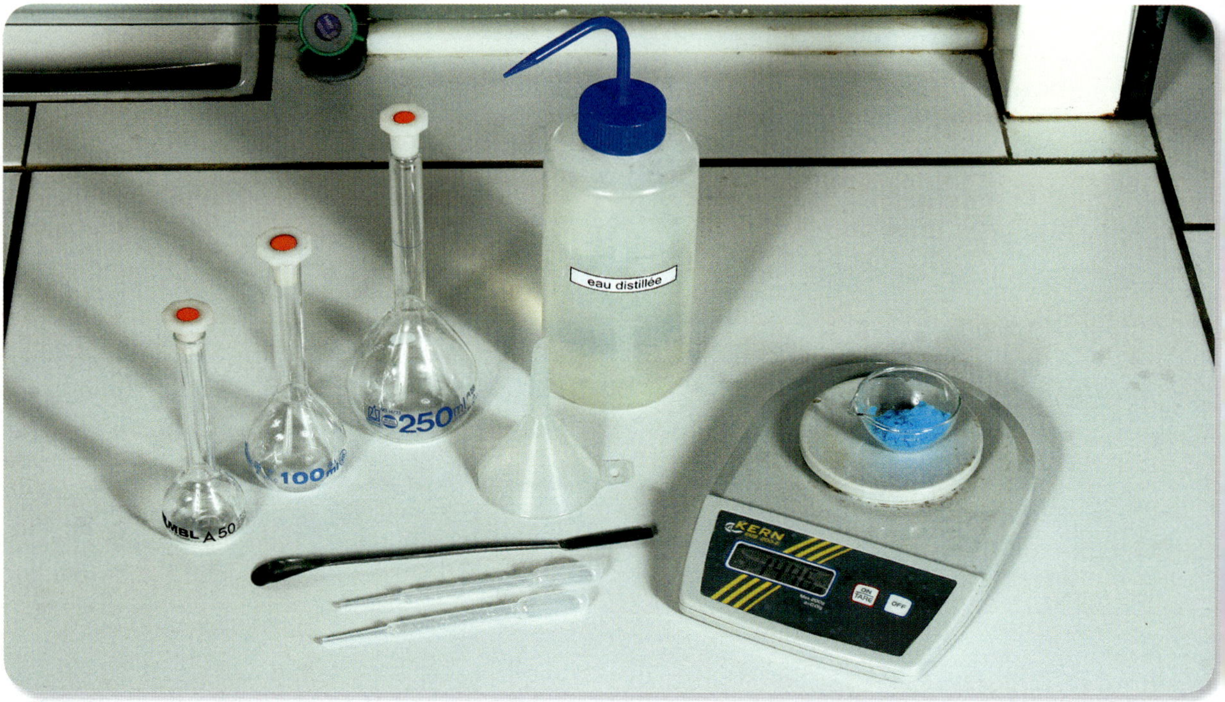

Doc. 1 Matériel à utiliser pour la préparation d'une solution par dissolution.

En utilisant le matériel du **document 1**, il faut suivre dans l'ordre les quatre étapes schématisées ci-dessous.

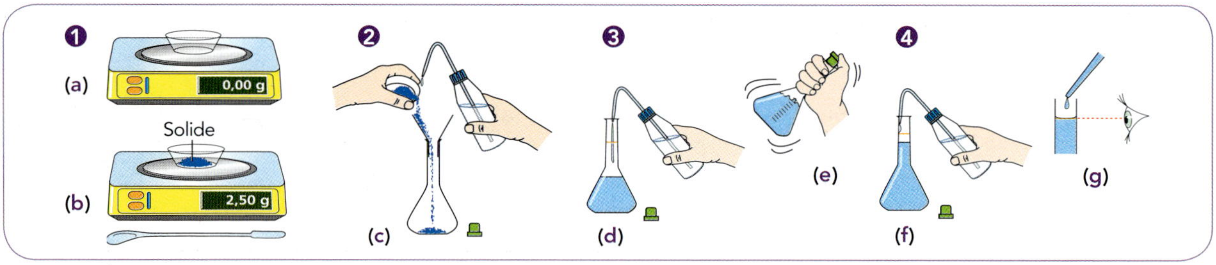

Doc. 2 Étapes à suivre pour la dissolution.

❶ On place une capsule de pesée sur une balance électronique précise à 0,01 g près, puis on tare la balance (a). On pèse ensuite précisément la masse de solide m (b) prélevé à l'aide d'une spatule propre et sèche.

❷ On introduit le solide dans une fiole jaugée de volume V_{sol} à l'aide d'un entonnoir à solide (c). (Attention à bien rincer la capsule de pesée avec de l'eau distillée en versant l'eau de rinçage dans la fiole jaugée.)

❸ On remplit la fiole jaugée aux trois quarts avec de l'eau distillée (d). Après l'avoir bouchée, on agite la fiole jaugée pour bien dissoudre le solide (e).

❹ Une fois la dissolution terminée, on ajoute de l'eau distillée d'abord à la pissette (f) puis au compte-goutte (g) jusqu'au trait de jauge. Le bas du ménisque doit être au niveau du trait de jauge. On rebouche la fiole jaugée et on agite pour homogénéiser la solution.

4 Préparer une solution par dilution d'une solution mère

Comment diluer précisément une solution mère S_0 de concentration molaire C_0 pour préparer une solution fille S_f de volume V_f et de concentration molaire $C_f = \frac{C_0}{F}$ (où F est le facteur de dilution) ?

Le volume V_0 de solution mère à prélever se déduit du facteur de dilution : $F = \frac{V_f}{V_0}$, soit : $V_0 = \frac{V_f}{F}$ ou $V_0 = \frac{V_f \times C_f}{C_0}$.

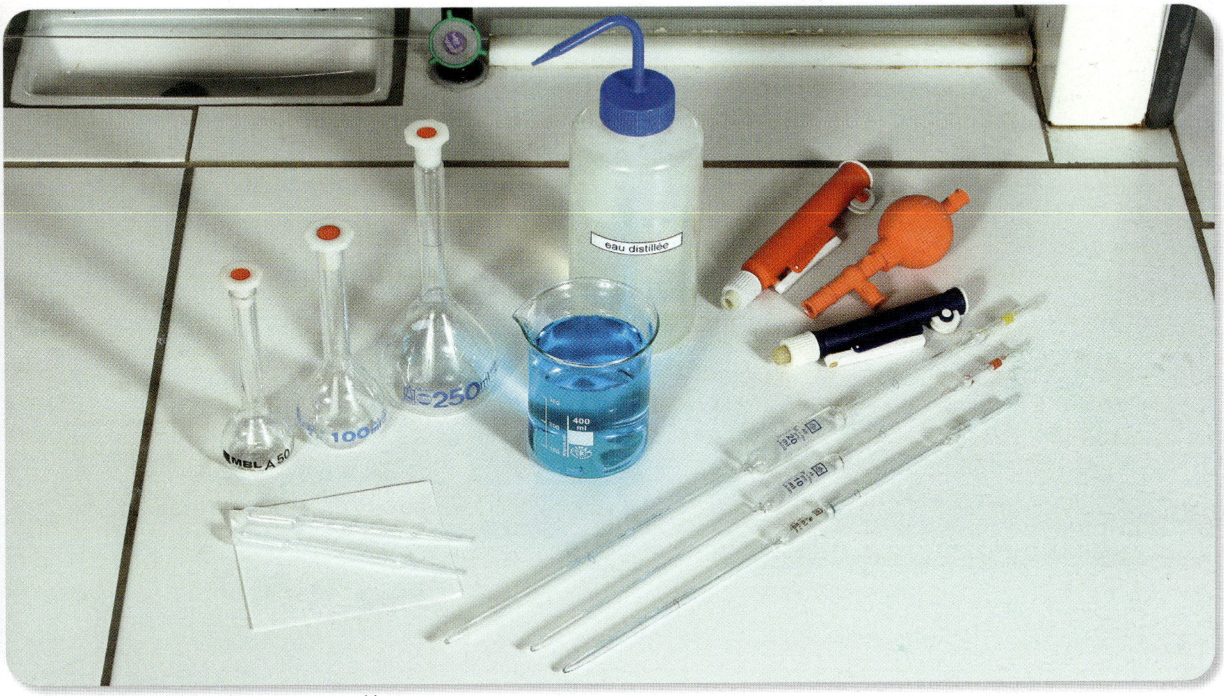

Doc. 1 Matériel à utiliser pour une dilution.

En utilisant le matériel du **document 1**, il faut suivre dans l'ordre les quatre étapes schématisées ci-dessous.

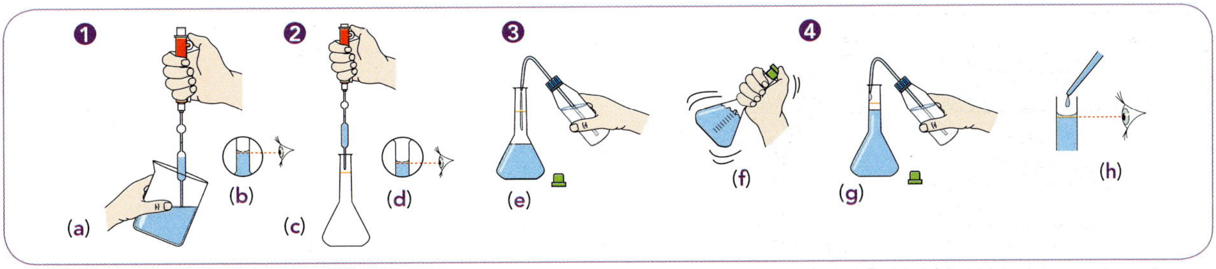

Doc. 2 Étapes à suivre pour la dilution.

❶ Dans un bécher, on verse suffisamment de la solution mère S_0 pour en prélever le volume V_0. En tenant le bécher incliné, on prélève un volume V_0 de solution mère à l'aide d'une pipette jaugée munie d'une pipeteur (**a**). Le bas du ménisque doit être au niveau du trait de jauge du haut de la pipette jaugée (**b**).

❷ On verse le prélèvement dans une fiole jaugée de volume V_f (**c**) jusqu'à ce que le bas du ménisque soit au niveau du trait de jauge du bas de la pipette jaugée (lorsqu'il existe) (**d**).

❸ On remplit la fiole jaugée aux trois-quarts avec de l'eau distillée (**e**). Après l'avoir bouchée, on agite la fiole jaugée (**f**).

❹ On débouche la fiole, puis on la complète avec de l'eau distillée d'abord à la pissette (**g**) puis au compte-goutte (**h**) jusqu'au trait de jauge. On rebouche la fiole jaugée, puis on agite pour homogénéiser la solution fille S_f.

5 Montages de chimie organique

A Chauffage à reflux

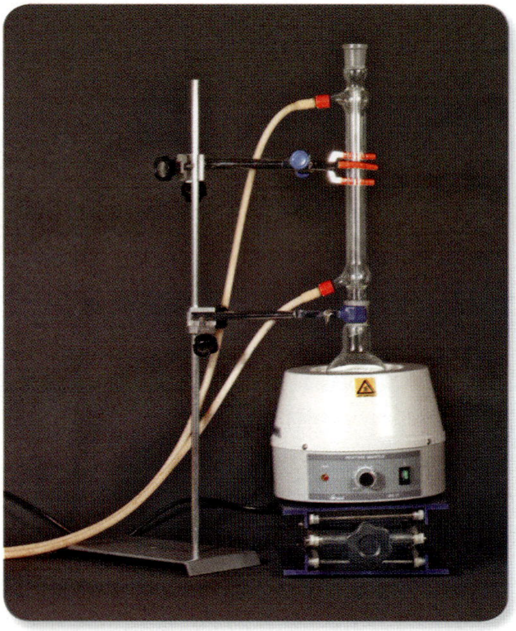

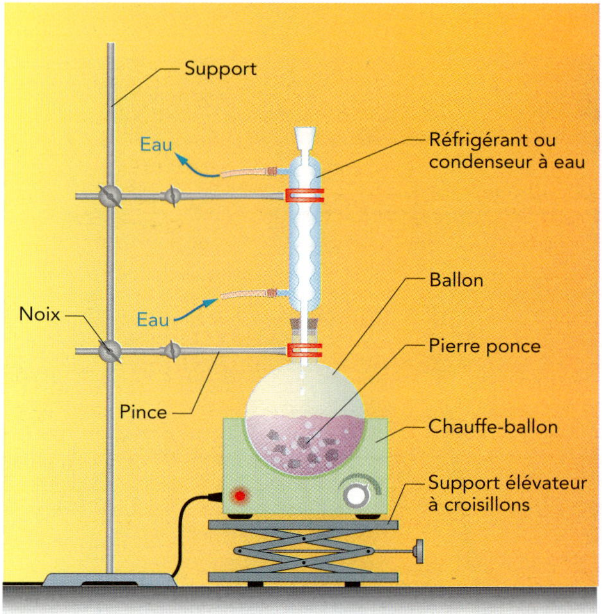

B Distillation fractionnée

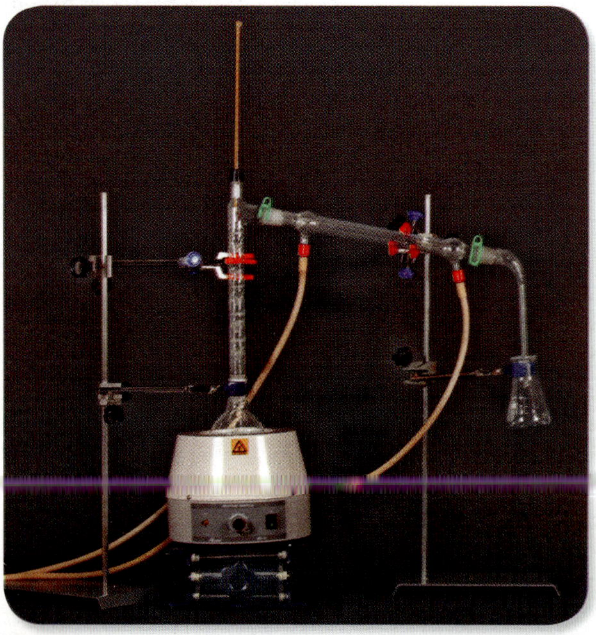

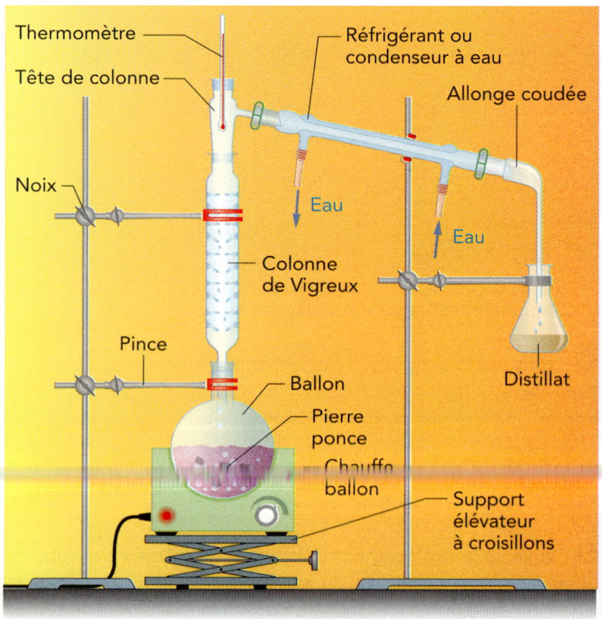

6 Séparation et identification d'espèces chimiques

A Filtration sous pression réduite avec entonnoir Büchner

La filtration sous pression réduite permet de séparer rapidement un solide et un liquide ; de plus, elle essore le solide, le séchant partiellement.
Elle s'effectue sur Büchner, entonnoir à fond plat perforé que l'on recouvre d'un filtre en papier.
Le protocole est le suivant :

1. On réalise le montage représenté ci-contre.
2. On humidifie le filtre en papier avec le solvant du mélange.
3. On verse le mélange à filtrer dans l'entonnoir Büchner en le faisant couler le long d'un agitateur en verre.
4. On ouvre le robinet de sécurité R, puis le robinet d'eau ; l'eau, en coulant, crée un vide partiel dans la fiole, ce qui accélère le passage du liquide.
5. Une fois le liquide écoulé, on ferme le robinet R, puis le robinet d'eau.
6. On ouvre le robinet R, puis on recueille le solide à l'aide d'une spatule.

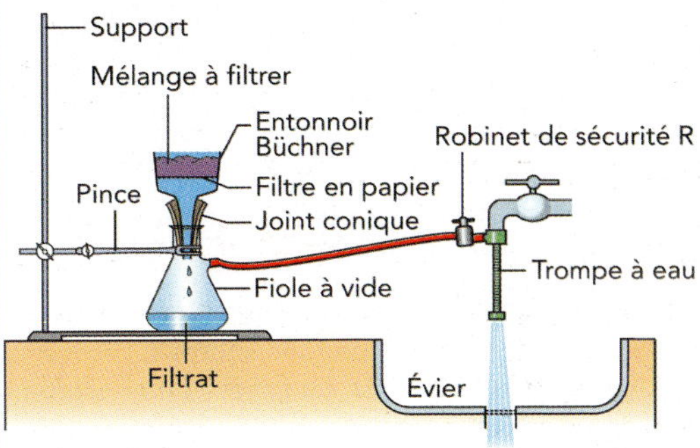

B Chromatographie sur couche mince

1

On prépare la cuve à chromatographie en introduisant l'éluant dans un bécher jusqu'à une hauteur de 0,5 cm et en le couvrant avec une boîte de Pétri.

2

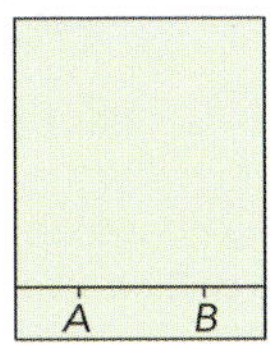

On prépare la plaque à chromatographie en traçant au crayon à papier, à 1 cm du bas, un trait horizontal et en y repérant les points de dépôt.

3

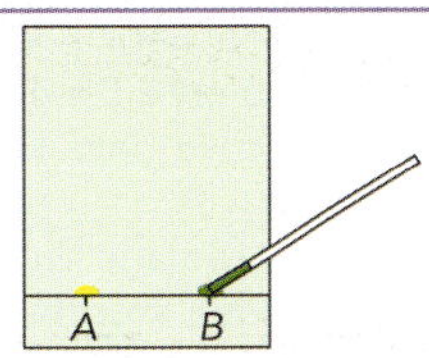

À l'aide d'un tube capillaire, on dépose une petite goutte de chacune des solutions contenant les substances étudiées, puis on laisse sécher.

4

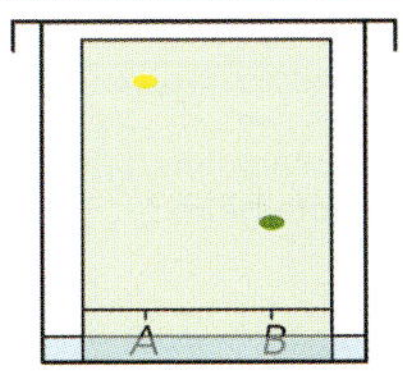

On introduit très rapidement la plaque dans le bécher sans que celle-ci ne touche les bords, puis on laisser migrer l'éluant jusqu'à 0,5 cm du bord supérieur.

5

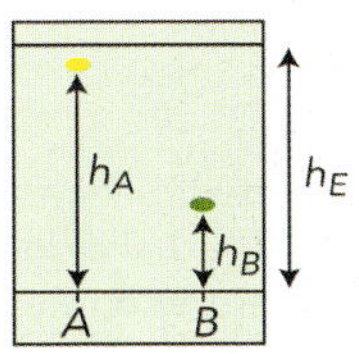

On sort la plaque, puis on repère au crayon à papier le front de l'éluant et on détermine les rapports frontaux R_f :

$$R_f(A) = \frac{h_A}{h_E} \quad \text{et} \quad R_f(B) = \frac{h_B}{h_E}.$$

6

En cas d'espèces chimiques incolores, on révèle le chromatogramme en :
– exposant la plaque au rayonnement d'une lampe à UV et en repérant les taches qui apparaissent à l'aide d'un crayon à papier ;
– introduisant la plaque soit dans un flacon fermé contenant des cristaux de diiode dispersés dans du sable et en l'agitant, soit dans une solution acidifiée de permanganate de potassium ; les taches apparaissent alors après séchage de la plaque.

7 Utiliser un spectrophotomètre

A Schéma de principe

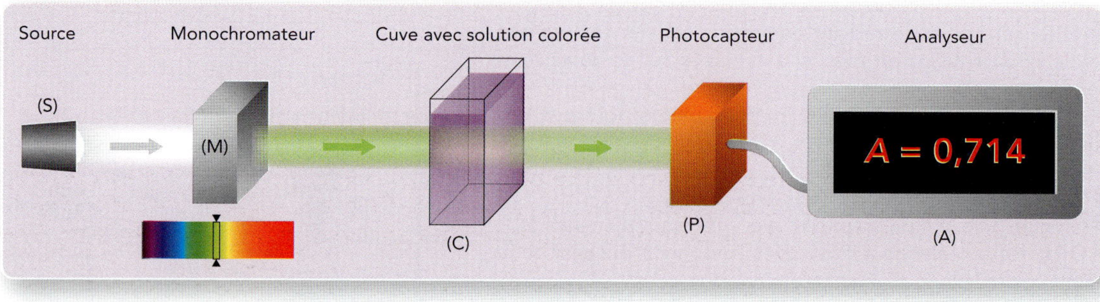

La lumière blanche émise par une source (S) arrive sur un monochromateur (M) qui réalise un faisceau monochromatique de longueur d'onde λ réglable. Le faisceau monochromatique traverse une cuve (C) contenant la solution colorée à étudier. Un photocapteur (P) mesure l'intensité du faisceau transmis et la convertit en signal électrique. Après traitement de ce signal par un analyseur (A), le spectrophotomètre affiche la valeur de l'absorbance.

B Tracé du spectre d'absorption d'une solution colorée

❶ Régler le monochromateur sur la longueur d'onde λ = 400 nm.
❷ Remplir une cuve avec le solvant, puis la placer dans le logement du spectrophotomètre **(doc. 1)**. Régler l'**absorbance sur zéro**.
❸ Dans une nouvelle cuve, introduire la solution colorée contenant le solvant et l'espèce colorée E à étudier.
❹ Placer la cuve dans le spectrophotomètre. Mesurer la valeur de l'absorbance *A*.
❺ Répéter le réglage du zéro d'absorbance avec la cuve contenant le solvant et la mesure de l'absorbance avec la cuve contenant la solution colorée pour des longueurs d'onde comprises entre 400 nm et 800 nm.
❻ Tracer le graphe $A = f(\lambda)$. Celui-ci constitue le **spectre d'absorption** de la solution colorée **(doc. 2)**. Repérer la longueur d'onde λ_{max} correspondant à l'absorbance maximale.

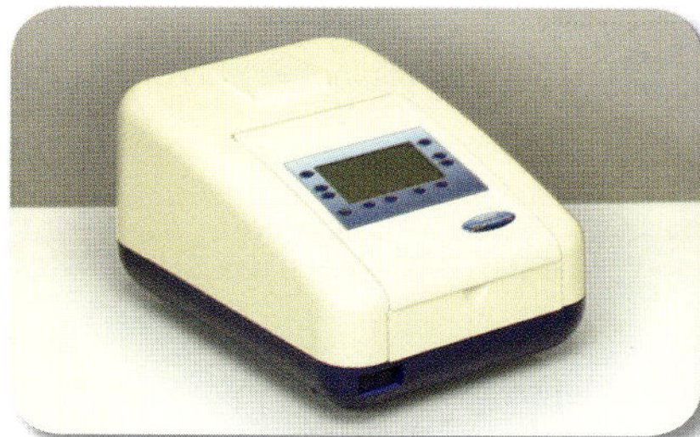

Doc. 1 Spectrophotomètre.

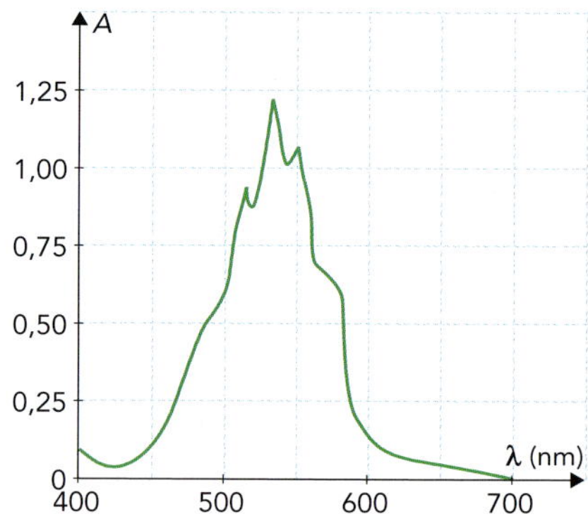

Doc. 2 Spectre d'absorption d'une solution de permanganate de potassium : λ_{max} = 540 nm.

C Courbe d'étalonnage – détermination d'une concentration inconnue

❶ Préparer une échelle de teinte de l'espèce colorée étudiée.
❷ Régler le spectrophotomètre sur la longueur d'onde λ_{max}.
❸ Remplir une cuve avec le solvant et régler le zéro d'absorbance.
❹ Dans une autre cuve, introduire la solution colorée de l'échelle de teinte de plus petite concentration *C*. La placer dans le spectrophotomètre et mesurer la valeur de l'absorbance *A*.
❺ Répéter l'étape ❹ pour les autres solutions de l'échelle de teinte.
❻ Tracer le graphe $A = f(C)$ représentant la **courbe d'étalonnage** de la solution colorée **(doc. 3)**. Si le graphe est une droite passant par l'origine, alors la **loi de Beer-Lambert : $A = k.C$** est vérifiée.
❼ Avec les mêmes réglages du spectrophotomètre, remplir la cuve avec la solution colorée de concentration inconnue C_i. Relever la valeur de l'absorbance A_i correspondante.
❽ Chercher sur la courbe d'étalonnage, le point d'ordonnée A_i. L'abscisse de ce point fournit la concentration C_i cherchée **(doc. 3)**.

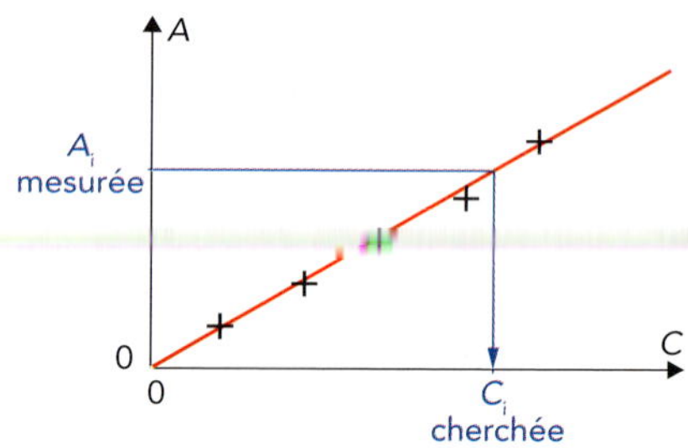

Doc. 3 Courbe d'étalonnage.

8 Écriture simplifiée des molécules organiques

L'écriture des formules semi-développées des molécules organiques peut être simplifiée en utilisant des **formules topologiques**.

A Règles d'écriture

L'utilisation de l'écriture topologique nécessite le respect des règles suivantes :
– la chaîne carbonée, disposée en zigzag, est représentée par une ligne brisée portant éventuellement des ramifications. Ni les atomes de carbone, ni les atomes d'hydrogène liés aux atomes de carbone ne sont représentés par leurs symboles ;
– un atome de carbone se trouve à chaque sommet de cette ligne brisée : chaque segment de cette ligne représente donc une liaison CC ;
– les liaisons simples, doubles ou triples sont représentées par un, deux ou trois tirets (– ; = ; ≡) ;
– l'isomérie *Z* ou *E* est précisée ;
– les atomes, autres que C et H, sont figurés par leur symbole, ainsi que les atomes d'hydrogène qu'ils portent.

B Exemples

$CH_3-CH_2-CH_3$

propane

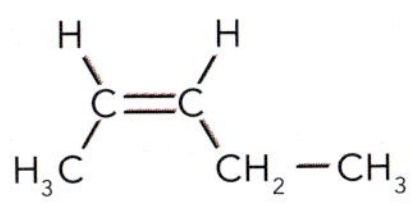

(*Z*)-pent-2-ène

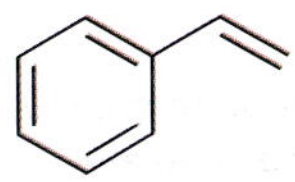

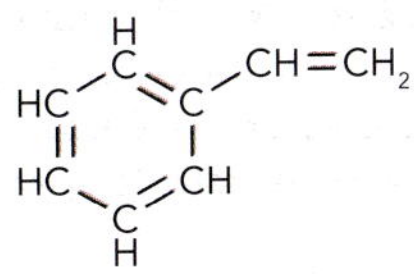

styrène

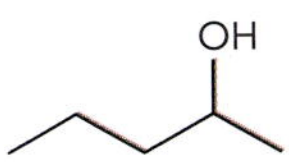

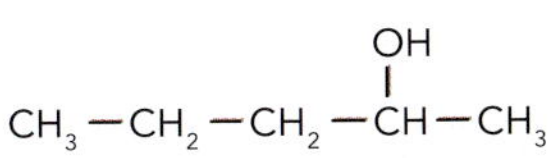

pentan-2-ol

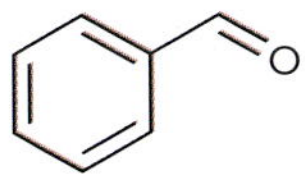

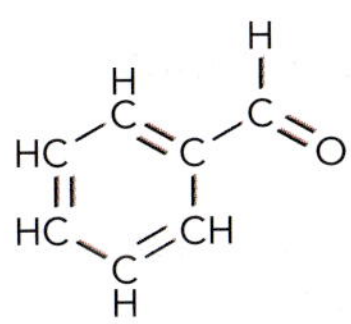

benzaldéhyde

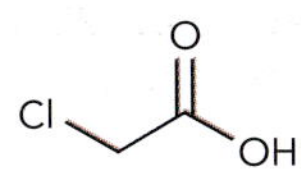

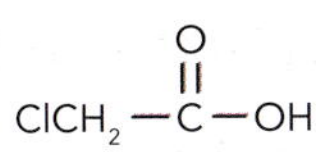

acide chloroéthanoïque

$CH_3-CH_2-CH_2-NH_2$

propan-1-amine

9 Utiliser le logiciel *Algobox*®

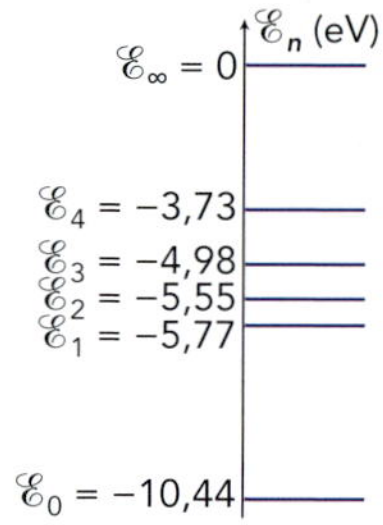

Le logiciel gratuit *Algobox*® est téléchargeable à l'adresse :

http://www.xm1math.net/algobox/index.html

Il peut être utilisé pour effectuer des calculs répétitifs comme celui des longueurs d'onde λ (en nm) associées aux n transitions électroniques depuis un niveau d'énergie $\mathscr{E}_i$ (i variant de 1 à n) vers un niveau d'énergie $\mathscr{E}_f$.

Avec des énergies exprimées en eV, cette longueur d'onde est donnée par la relation :

$$\lambda = \frac{1240}{|\mathscr{E}_i - \mathscr{E}_f|}$$

Algorithme commenté	Commandes utilisées

Algorithme commenté

Déclaration des variables (symboles auxquels on affectera des valeurs calculées ou entrées par l'opérateur)

```
▼ VARIABLES
  ├lambda EST_DU_TYPE NOMBRE
  ├Ef EST_DU_TYPE NOMBRE
  ├Ei EST_DU_TYPE NOMBRE
  ├i EST_DU_TYPE NOMBRE
  └n EST_DU_TYPE NOMBRE
```

Ici les variables sont λ (noté lambda), $\mathscr{E}_f$ (notée Ef), $\mathscr{E}_i$ (notée Ei), i et n.
Ce sont des variables de type « NOMBRE ».

Commandes utilisées : Déclarer nouvelle variable

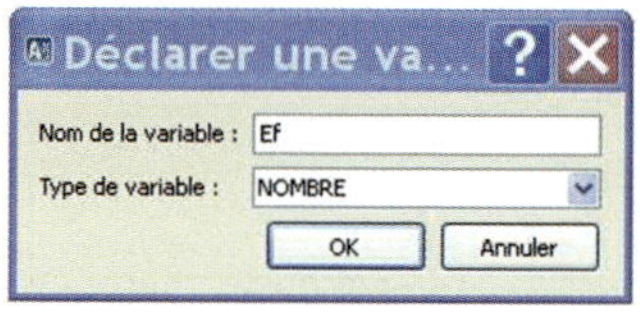

Pour chaque étape de l'algorithme, il est nécessaire d'ajouter une ligne.

Commande utilisée : Nouvelle Ligne

```
▼ DEBUT_ALGORITHME
  ├AFFICHER "Entrer l'énergie du niveau d'arrivée : Ef (en eV)"
  ├LIRE Ef
  ├AFFICHER " "
  ├AFFICHER "Combien de transitions vers ce niveau voulez-vous étudier ?"
  ├LIRE n
  ├AFFICHER " "
  ▼ POUR i ALLANT_DE 1 A n
    ├DEBUT_POUR
    ├AFFICHER "Entrer l'énergie (en eV) du niveau de départ : E"
    ├AFFICHER i
    ├LIRE Ei
    ├lambda PREND_LA_VALEUR 1240/abs(Ef-Ei)
    ├AFFICHER "La longueur d'onde associée à la transition du niveau E"
    ├AFFICHER i
    ├AFFICHER " (d'énergie "
    ├AFFICHER Ei
    ├AFFICHER " eV)"
    ├AFFICHER "vers le niveau Ef (d'énergie "
    ├AFFICHER Ef
    ├AFFICHER " eV) vaut : lambda"
    ├AFFICHER i
    ├AFFICHER " = "
    ├AFFICHER lambda
    ├AFFICHER " nm"
    ├AFFICHER " "
    └FIN_POUR
└FIN_ALGORITHME
```

Commandes utilisées :
- Ajouter AFFICHER Message (pour AFFICHER "Entrer l'énergie du niveau d'arrivée : Ef (en eV)")
- Ajouter LIRE variable (pour LIRE Ef)
- Ajouter POUR...DE...A (pour DEBUT_POUR)
- Ajouter AFFICHER Variable (pour AFFICHER i)
- AFFECTER valeur à variable (pour lambda PREND_LA_VALEUR 1240/abs(Ef-Ei))

Pour le calcul :
Utiliser le point (.) comme séparateur décimal.
La notation « × 10^k » s'écrit Ek (si k est négatif, utiliser l'opérateur –),
la valeur absolue se note abs( ).

Pour chaque boucle, $\mathscr{E}_i$ est demandée et la longueur d'onde associée est calculée et affichée.

Lancer l'algorithme

Commandes utilisées : Tester Algorithme ; Lancer Algorithme

```
***Algorithme lancé***
Entrer l'énergie du niveau d'arrivée : Ef (en eV)
[illegible]
Entrer l'énergie (en eV) du niveau de départ : E1
La longueur d'onde associée à la transition du niveau E1 (d'énergie -5.77 eV)
vers le niveau Ef (d'énergie -10.44 eV) vaut : lambda1 = 265.52463 nm
Entrer l'énergie (en eV) du niveau de départ : E2
La longueur d'onde associée à la transition du niveau E2 (d'énergie -5.55 eV)
vers le niveau Ef (d'énergie -10.44 eV) vaut : lambda2 = 253.57873 nm
***Algorithme terminé***
```

10 Écriture du résultat d'un calcul

A Comment écrire correctement le résultat d'une multiplication ou d'une division ?

Pour calculer la longueur d'onde associée à l'émission d'un photon, un élève a posé le calcul suivant :

$$\lambda = \frac{h \cdot c}{\Delta \mathscr{E}} = \frac{6{,}63 \times 10^{-34} \times 3{,}00 \times 10^{8}}{(10{,}44 - 5{,}54) \times 1{,}60 \times 10^{-19}}$$

```
6.63E-34*3.00E8/
(10.44-5.54)/1.6
0E-19
  2.536989796E-7
```

La calculatrice affiche le résultat ci-contre. Comment doit-il l'écrire ?

Méthode

1. Repérer le nombre de chiffres significatifs de chaque donnée.
2. Effectuer le calcul.
3. Le résultat d'une multiplication ou d'une division ne doit pas avoir plus de chiffres significatifs que le nombre qui en comporte le moins.

Il faut arrondir convenablement le résultat final.

La donnée 10,44 possède quatre chiffres significatifs. Les autres données en comportent trois.
Le résultat arrondi doit être donné avec trois chiffres significatifs soit : $\lambda = 2{,}54 \times 10^{-7}$ m.

B Comment écrire correctement le résultat d'une addition ou d'une soustraction ?

Un élève doit déterminer le volume total contenu dans une ampoule à décanter dans laquelle il a introduit un volume $V_1 = 50$ mL d'une solution aqueuse d'acide propanoïque de concentration $C = 1{,}0$ mol.L^{-1} et une masse $m = 32{,}0$ g d'éthoxyéthane de masse volumique $\rho = 0{,}714$ g/mL.

Méthode

1. Écrire les données dans la même unité si ce n'est pas déjà fait.
2. Repérer le nombre de décimales de chaque donnée.
3. Le résultat d'une addition ou d'une soustraction ne doit pas avoir plus de décimales que le nombre qui en comporte le moins.

Il faut arrondir convenablement le résultat final.

L'élève calcule en premier le volume V_2 d'éthoxyéthane : $V_2 = \frac{m}{\rho} = \frac{32{,}0}{0{,}714}$.
Il ajoute ensuite à ce volume V_2 le volume V_1.
La calculatrice affiche le résultat ci-contre.
La donnée de l'addition qui comprend le moins de décimales est $V_1 = 50$ mL.
Le résultat arrondi doit donc être écrit avec zéro décimale : $V_{total} = 95$ mL.

```
32.0/0.714
     44.81792717
Ans+50
     94.81792717
```

Remarque :
Lorsque l'on effectue un calcul en plusieurs étapes, les résultats des étapes intermédiaires ne doivent pas être arrondis.
En revanche, le résultat final doit comporter le bon nombre de chiffres significatifs.

11 Utiliser le tableur *Excel 2007*® pour tracer un graphique

Comment utiliser le tableur *Excel 2007*® pour entrer des données et tracer un graphique de la forme $Y = f(X)$?

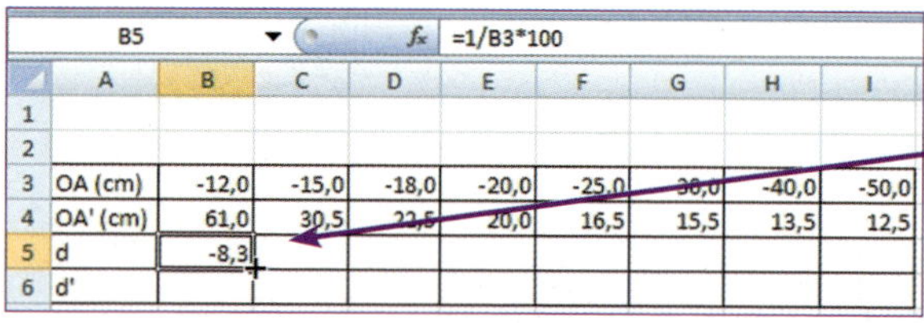

	A	B	C	D	E	F	G	H	I
1									
2									
3	OA (cm)	-12,0	-15,0	-18,0	-20,0	-25,0	-30,0	-40,0	-50,0
4	OA' (cm)	61,0	30,5	22,5	20,0	16,5	15,5	13,5	12,5
5	d	-8,3							
6	d'								

1 Entrer les données au clavier ou en tapant une formule. Une formule commence par le signe « = ».
Exemple : pour la cellule B5, la formule est :
=1/B3*100
Étendre la formule à d'autres cellules grâce à un « copier-glisser » (sélectionner la cellule, cliquer sur la croix (+) en bas à droite et déplacer la souris en maintenant le clic gauche).

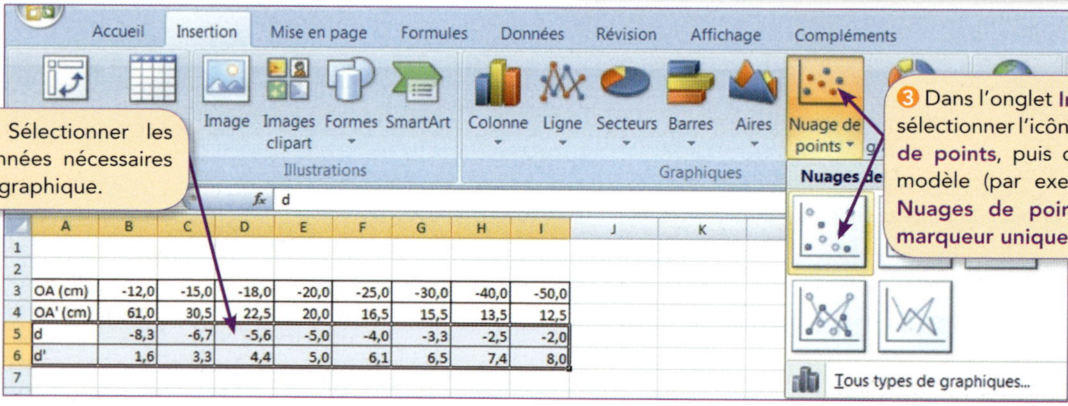

	A	B	C	D	E	F	G	H	I
1									
2									
3	OA (cm)	-12,0	-15,0	-18,0	-20,0	-25,0	-30,0	-40,0	-50,0
4	OA' (cm)	61,0	30,5	22,5	20,0	16,5	15,5	13,5	12,5
5	d	-8,3	-6,7	-5,6	-5,0	-4,0	-3,3	-2,5	-2,0
6	d'	1,6	3,3	4,4	5,0	6,1	6,5	7,4	8,0
7									

2 Sélectionner les données nécessaires au graphique.

3 Dans l'onglet **Insertion**, sélectionner l'icône **Nuage de points**, puis choisir le modèle (par exemple ici **Nuages de points avec marqueur uniquement**).

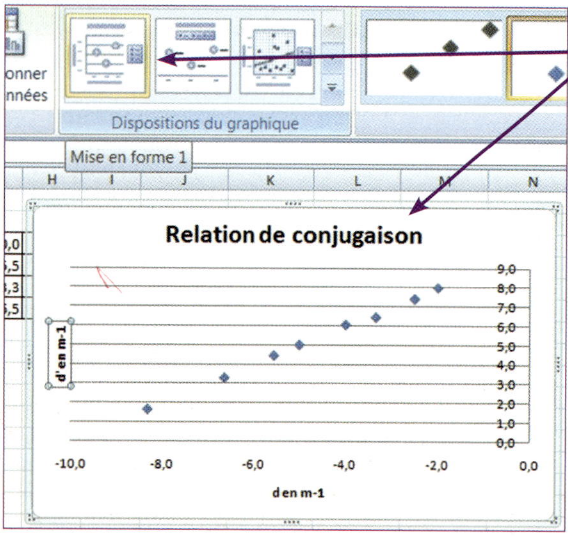

4 Pour donner un titre au graphique et aux axes, choisir **Mise en forme 1** et entrer les informations.

5 Changer, si nécessaire, les séries de données par un clic gauche sur un point du graphique, puis sur **Sélectionner des données**.

6 On peut aussi changer les graduations des axes, la couleur du fond, le quadrillage, etc. par un clic droit sur la partie à modifier.

7 Pour ajouter une courbe de tendance, sélectionner un des points du graphique.
Un clic droit fait apparaître un menu contextuel. Choisir **Ajouter une courbe de tendance**. Choisir le **Type** (ici linéaire), puis cocher l'option **Afficher l'équation sur le graphique**.
L'équation retenue ici est **$d' = 1{,}0 \times d + 10$** en tenant compte des chiffres significatifs.

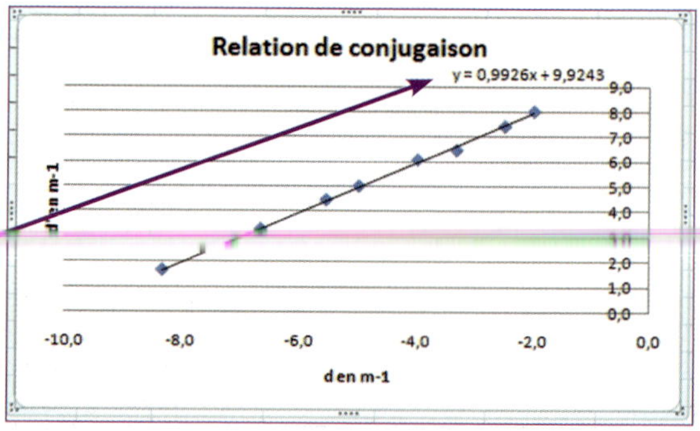

12 Utiliser le tableur *Open Calc 3.3*® pour tracer un graphique

Comment utiliser le tableur *Open Calc 3.3*® pour entrer des données et tracer un graphique de la forme $Y = f(X)$?

B3 | =20*B2/100

	A	B	C	D	E	F
1	solution	1	2	3	4	5
2	Voi en mL	10	20	30	40	50
3	Cfille en mmol.L⁻¹	2				
4	A	0,26	0,54	0,82	1,08	1,34

	A	B	C	D	E	F
1	solution	1	2	3	4	5
2	Voi en mL	10	20	30	40	50
3	Cfille en mmol.L⁻¹	2	4	6	8	10
4	A	0,26	0,54	0,82	1,08	1,34

❶ Entrer les données au clavier ou en tapant une formule. Une formule commence par le signe « = ».
Exemple : pour la cellule B5, la formule est :
=20/B2*100
Étendre la formule à d'autres cellules grâce à un « copier-glisser » (sélectionner la cellule, cliquer sur la croix (+) en bas à droite et déplacer la souris en maintenant le clic gauche).

❷ Sélectionner les données nécessaires au graphique.

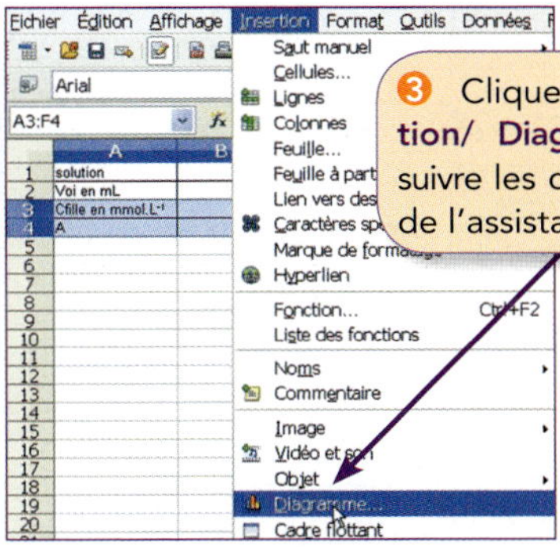

❸ Cliquer sur **Insertion/ Diagramme**, puis suivre les quatre étapes de l'assistant.

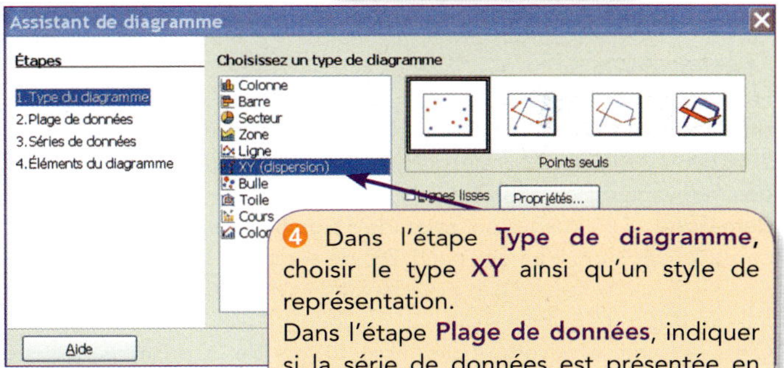

❹ Dans l'étape **Type de diagramme**, choisir le type **XY** ainsi qu'un style de représentation.
Dans l'étape **Plage de données**, indiquer si la série de données est présentée en lignes ou en colonnes.

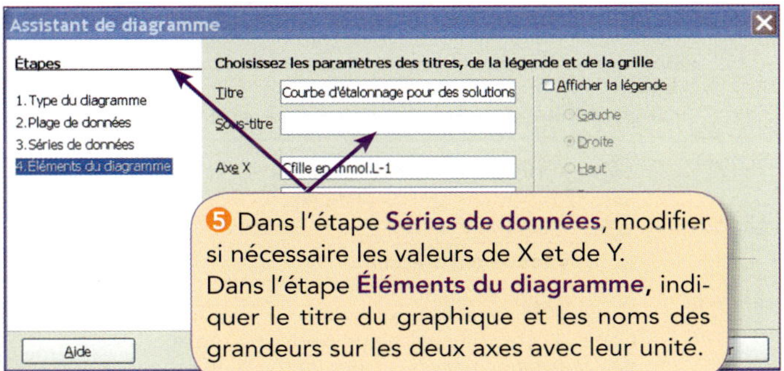

❺ Dans l'étape **Séries de données**, modifier si nécessaire les valeurs de X et de Y.
Dans l'étape **Éléments du diagramme**, indiquer le titre du graphique et les noms des grandeurs sur les deux axes avec leur unité.

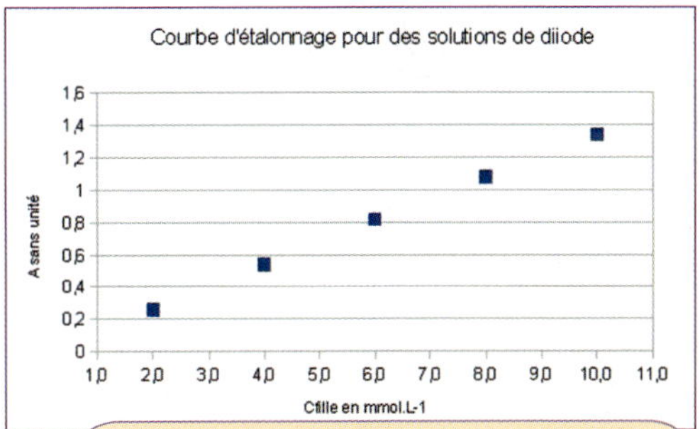

❻ On peut aussi changer les graduations des axes, la couleur du fond, le quadrillage, etc. en sélectionnant le graphique par un double clic (le bord devient gris), puis par un clic droit sur la partie à modifier.

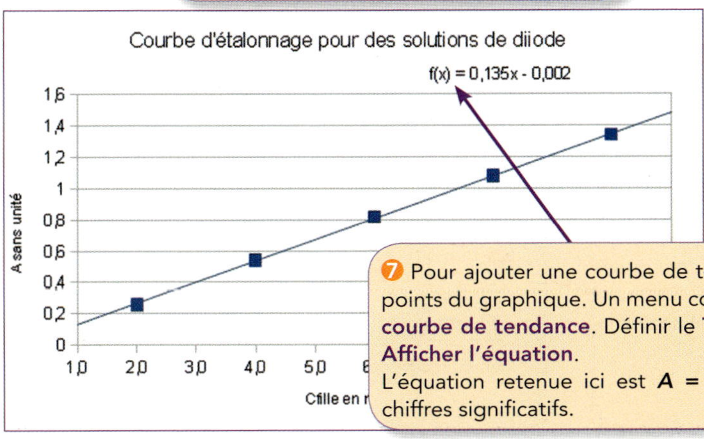

❼ Pour ajouter une courbe de tendance, faire un clic droit sur un des points du graphique. Un menu contextuel apparaît. Choisir **Insérer une courbe de tendance**. Définir le **Type** (ici linéaire), puis cocher l'option **Afficher l'équation**.
L'équation retenue ici est $A = 0{,}14 \times C_{\text{fille}}$ en tenant compte des chiffres significatifs.

13 Filmer un mouvement avec une webcam

Un logiciel de capture relié à une webcam permet de faire une acquisition vidéo. Il est possible d'utiliser directement celui livré avec la webcam ou un logiciel plus sophistiqué de montage vidéo comme le logiciel gratuit *Virtualdub*® : http://sourceforge.net/projects/virtualdub/files/virtualdub-win/1.9.9.32817/VirtualDub-1.9.9.zip/download.
Les réglages techniques de la webcam sont effectués à l'aide d'un logiciel qui lui est propre : son **pilote ou driver.**

A Réglages principaux de la webcam

Pour l'étude des mouvements en sciences physiques, le driver doit comporter, entre autres, deux fonctions indispensables :

Le réglage du nombre d'images par seconde

Le nombre d'images par seconde permet d'avoir un repère de temps lors de l'étude d'un mouvement.
20, 25 ou 30 images par seconde sont des valeurs adaptées à des mouvements de chutes ou de lancers.
Remarque : « 20 images par seconde » signifie que deux images consécutives sont séparées par 1/20ᵉ de seconde, soit 50 ms.

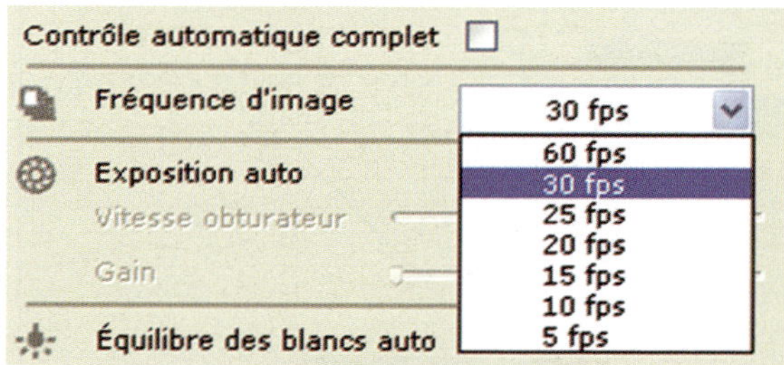

Copie d'écran d'un pilote de webcam : réglage du nombre d'images par seconde.

Le réglage de l'obturation

C'est la durée d'ouverture de l'objectif lors de la prise d'une image.
Si cette durée est trop faible, il n'y a pas assez de lumière qui entre dans la webcam, l'image est sombre.
Si cette durée est trop grande, l'objet filmé est vu flou.

– Certains pilotes indiquent des valeurs d'obturation ; par exemple 1/100ᵉ ou 1/250ᵉ de seconde sont des valeurs acceptables pour des mouvements de chutes ou de lancers.
Remarque : 1/100ᵉ de seconde signifie que la durée de chaque image est 0,01 s.

– D'autres pilotes ont seulement un curseur pour modifier la durée d'obturation. Le réglage se fait alors en observant l'écran vidéo.

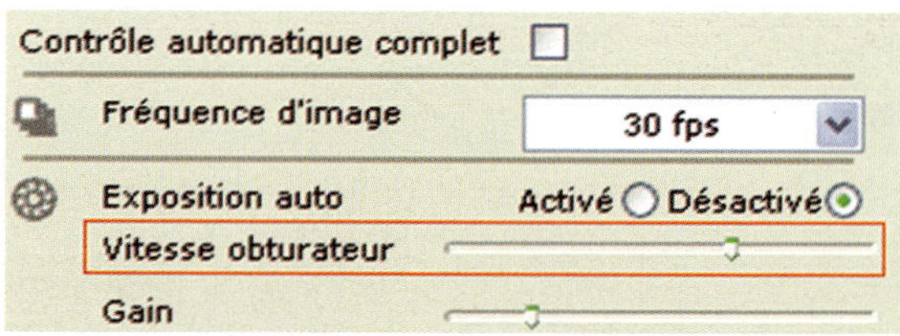

Copie d'écran d'un pilote de webcam : réglage de l'obturation par un curseur (entouré en rouge).

B Réaliser le film d'une chute ou d'un lancer en vue de le traiter avec un logiciel de pointage

– Orienter la webcam perpendiculairement au plan du mouvement à quelques mètres de la scène à filmer pour éviter des erreurs de parallaxe.
– Placer un étalon de longueur (une règle graduée par exemple) dans le plan du mouvement, pour connaître l'échelle.
– La scène doit être suffisamment éclairée en lumière naturelle ou à l'aide d'un projecteur.

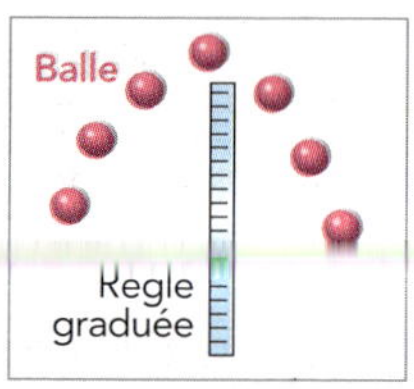

Plan du mouvement

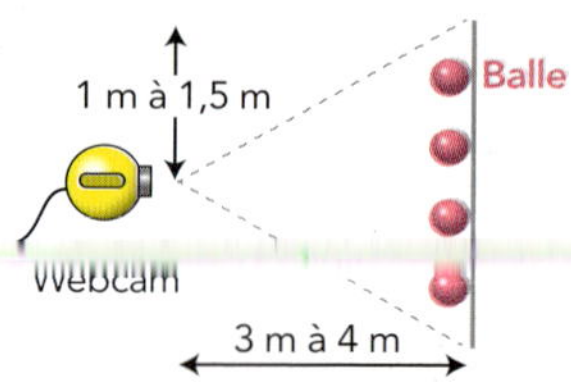

Vue de dessus

14 Utiliser le logiciel de pointage vidéo *Aviméca 2.7*®

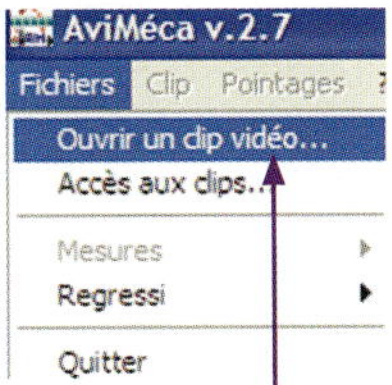

❶ Ouvrir un clip vidéo au format Avi.

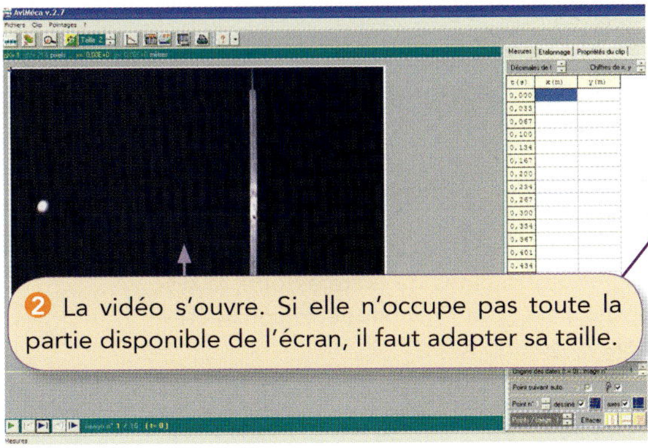

❷ La vidéo s'ouvre. Si elle n'occupe pas toute la partie disponible de l'écran, il faut adapter sa taille.

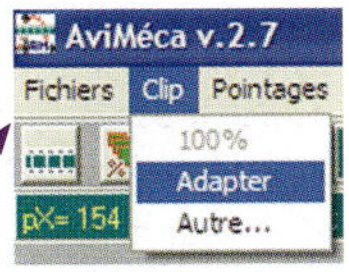

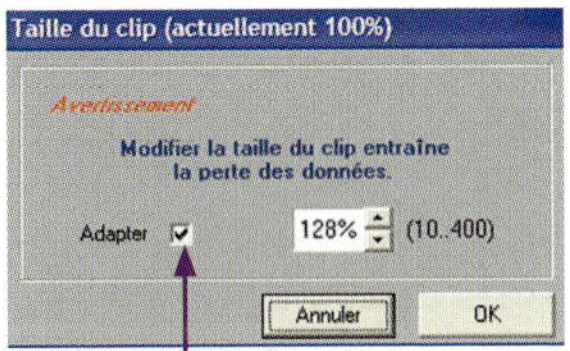

❸ Sélectionner **Adapter**, puis cliquer sur OK. La vidéo a la taille maximale, pour une meilleure précision du pointage.

❹ Sélectionner l'onglet **Étalonnage**.

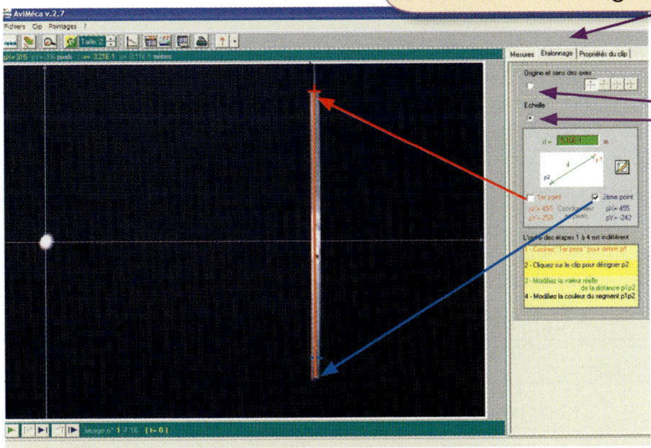

❺ **Origine et sens des axes :**
– sélectionner le bouton radio correspondant ;
– choisir le système d'axes ;
– cliquer sur l'image au point choisi comme origine du repère.

❻ **Échelle :**
– sélectionner le bouton radio correspondant
– cocher la case « **1er point** » ;
– cliquer sur le haut de la règle (**+**) ;
– cocher la case « **2e point** » ;
– cliquer sur le bas de la règle (**+**) ;
– entrer la longueur réelle (en m) dans la fenêtre verte *d* = ▭ m.

❼ Basculer sur l'onglet **Mesures** : le curseur devient une cible ⌖ dont la taille et la couleur peuvent être adaptées.

❽ Procéder au **pointage** en repérant, grâce à la cible, un point de l'objet mobile. Chaque clic permet :
– de marquer la position du point ;
– de passer à l'image suivante ;
– d'indiquer dans le tableau de droite la position (*x* ; *y*) de l'objet à la date *t* de l'image, dans le repère défini et en tenant compte de l'échelle.

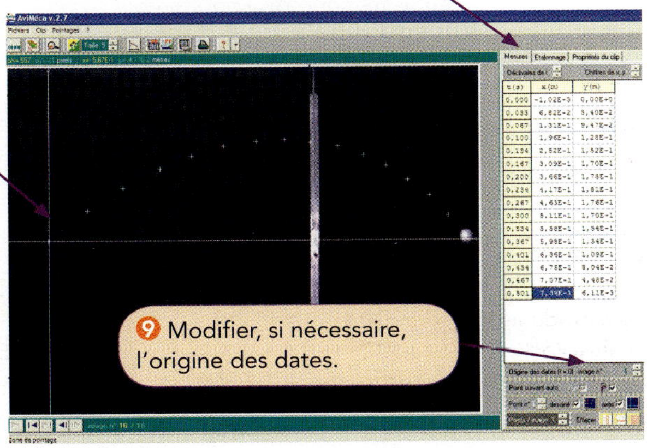

❾ Modifier, si nécessaire, l'origine des dates.

❿ **Exportation des mesures :**
Le tableau des mesures peut être collé dans un tableur (*Excel*®, *Open Office Calc*®), ou directement exporté dans *Regressi*®.

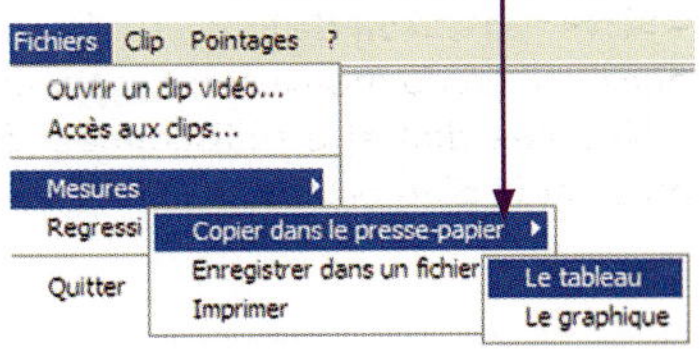

15 Calcul de la valeur de la vitesse à l'aide d'un tableur

Ce calcul s'effectue après avoir transféré dans un tableur les coordonnées au cours du temps d'un point P d'un solide en mouvement, obtenues à partir d'un pointage vidéo. Pour déterminer la vitesse en un point P_i à la date t_i, il faut utiliser les positions P_{i-1} et P_{i+1} occupées par le point P aux dates t_{i-1} et t_{i+1} (doc. 1).

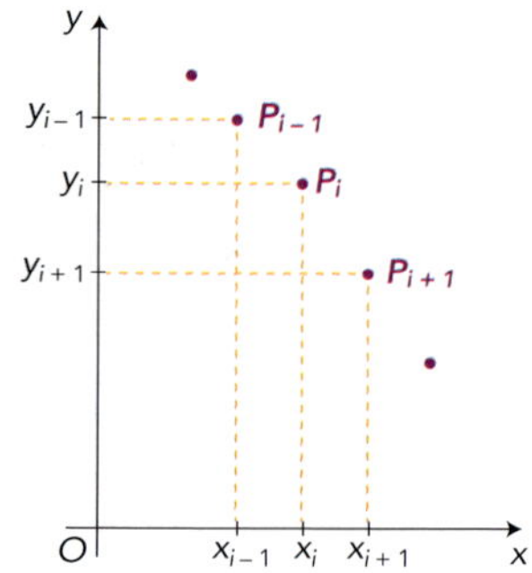

Doc. 1 Positions du point P.

A Détermination de la valeur de la vitesse

Dans le cas de faibles courbures entre trois points consécutifs de la trajectoire, la distance parcourue sur la trajectoire entre les positions P_{i-1} et P_{i+1} peut être considérée égale à la distance $d(P_{i-1}P_{i+1})$ séparant ces deux points, soit :

$$d(P_{i-1}P_{i+1}) = \sqrt{(x_{i+1} - x_{i-1})^2 + (y_{i+1} - y_{i-1})^2}$$

La vitesse v_i se calcule alors en divisant cette distance par l'intervalle de temps séparant le passage par ces deux positions, soit :

$$v_i = \frac{d(P_{i-1}P_{i+1})}{(t_{i+1} - t_{i-1})} = \frac{\sqrt{(x_{i+1} - x_{i-1})^2 + (y_{i+1} - y_{i-1})^2}}{(t_{i+1} - t_{i-1})}$$

B Introduction de la relation dans le tableur

À partir de la feuille de tableur ci-dessous, dans laquelle les dates t sont dans la colonne A et les coordonnées x et y sont dans les colonnes B et C, il est possible de calculer la vitesse dans la colonne D. Pour cela à partir de la cellule D3, écrire la relation en commençant par un signe « = » et en cliquant sur les cellules intervenant dans le calcul (doc. 2) :

(B4-B2) ⇔ $(x_{i+1} - x_{i-1})$ (C4-C2) ⇔ $(y_{i+1} - y_{i-1})$ (A4-A2) ⇔ $(t_{i+1} - t_{i-1})$

SOMME =Racine((B4-B2)^2+(C4-C2)^2)/(A4-A2)

	A	B	C	D	E	F
1	t(s)	x(m)	y(m)	v(m.s-1)		
2	0,20	0,31	0,53			
3	0,24	0,39	0,67	=Racine((B4-B2)^2+(C4-C2)^2)/(A4-A2)		
4	0,28	0,47	0,79			
5	0,32	0,55	0,91			

Doc. 2 Écriture de la relation dans la cellule D3.

Ainsi, dans l'exemple ci-contre, la relation permettant le calcul de la valeur de la vitesse à $t = 0{,}24$ s a été écrite.

Remarque : Attention aux priorités opératoires, les parenthèses sont très importantes.

C Calcul de la valeur de la vitesse v_i pour chaque point de la trajectoire

Il suffit de « copier-glisser » le contenu de la cellule contenant la formule pour l'étendre à toute la colonne (doc. 3).

	A	B	C	D
1	t(s)	x(m)	y(m)	v(m.s-1)
2	0,20	0,31	0,53	
3	0,24	0,39	0,67	3,82
4	0,28	0,47	0,79	3,61
5	0,32	0,55	0,91	

Doc. 3 Calcul des autres valeurs de la vitesse.

La valeur de la vitesse à $t = 0{,}28$ s est égale à $3{,}61\ \text{m}\cdot\text{s}^{-1}$.

Remarque : La première (croix rouge) et la dernière valeur de la vitesse ne peuvent pas être calculées, car il manque des données pour effectuer le calcul.

Corrigés

QCM

Chapitre 1
1. A ; **2.1.** B ; **2.2.** B et C ; **2.3.** A ; **3.1.** A ; **3.2.** A et C ; **3.3.** B ; **3.4.** B et C ; **3.5.** B ; **3.6.** C ; **3.7.** C ; **4.1.** B ; **4.2.** B ; **4.3.** C.

Chapitre 2
1. B ; **2.1.** C ; **2.2.** A ; **2.3.** B ; **2.4.** A ; **2.5.** C ; **2.6.** A ; **3.1.** A ; **3.2.** C ; **3.3.** B.

Chapitre 3
1.1. B et C ; **1.2.** B ; **1.3.** A et C ; **2.1.** C ; **2.2.** A ; **3.1.** C ; **3.2.** A ; **3.3.** A ; **3.4.** B et C ; **4.1.** A ; **4.2.** B et C.

Chapitre 4
1.1. A et C ; **1.2.** B et C ; **1.3.** A et C ; **2.1.** A ; **2.2.** A et B ; **2.3.** A et C ; **2.4.** A et B ; **3.1.** A et B ; **3.2.** C ; **3.3.** A et C ; **3.4.** B.

Chapitre 5
1.1. A et C ; **1.2.** B ; **1.3.** B et C ; **1.4.** A et C ; **1.5.** A et C ; **1.6.** A et B ; **1.7.** C ; **2.1.** B ; **2.2.** A ; **2.3.** A et C ; **2.4.** C.

Chapitre 6
1.1. A ; **1.2.** B ; **1.3.** C ; **1.4.** B ; **1.5.** A ; **1.6.** B et C ; **2.1.** C ; **2.2.** C ; **3.1.** C ; **3.2.** B.

Chapitre 7
1.1. A et C ; **1.2.** A et B ; **1.3.** C ; **1.4.** B ; **1.5.** A ; **2.1.** A ; **2.2.** B ; **2.3.** B ; **2.4.** C ; **2.5.** C ; **2.6.** B et C.

Chapitre 8
1.1. A et B ; **1.2.** A et C ; **1.3.** B ; **1.4.** A et C ; **1.5.** B et C ; **2.1.** B ; **2.2.** A ; **2.3.** B ; **2.4.** A ; **3.1.** C ; **3.2.** A.

Chapitre 9
1.1. B ; **1.2.** A et B ; **1.3.** C ; **1.4.** C ; **2.1.** A et B ; **2.2.** B et C ; **2.3.** B ; **3.1.** B et C ; **3.2.** B ; **3.3.** A ; **3.4.** B ; **4.1.** B ; **4.2.** C.

Chapitre 10
1.1. A et C ; **1.2.** B et C ; **1.3.** A et C ; **2.1.** A, B et C ; **2.2.** A ; **3.1.** A et C ; **3.2.** B et C ; **4.1.** C ; **4.2.** A et C ; **4.3.** A ; **4.4.** C.

Chapitre 11
1.1. A et C ; **1.2.** A ; **1.3.** A, B et C ; **1.4.** A et C ; **1.5.** C ; **2.1.** B ; **2.2.** A ; **2.3.** B ; **2.4.** A et C ; **2.5.** A et C ; **2.6.** A et B ; **3.1.** A et C ; **3.2.** B et C.

Chapitre 12
1.1. B ; **1.2.** C ; **1.3.** C ; **2.1.** A ; **2.2.** B ; **2.3.** B ; **3.1.** A et B ; **3.2.** A et B ; **3.3.** A et B.

Chapitre 13
1.1. B ; **1.2.** C ; **1.3.** B et C ; **1.4.** B ; **1.5.** A ; **2.1.a.** C ; **2.1.b.** A et C ; **2.1.c.** B et C ; **2.1.d.** C ; **2.2.** A.

Chapitre 15
1.1. A ; **1.2.** A et B ; **1.3.** B ; **2.1.** C, **2.2.** A ; **2.3.** B ; **2.4.** A et B ; **3.1.** B ; **3.2.** A et B ; **3.3.** C ; **3.4.** B.

Chapitre 16
1.1. A et C ; **1.2.** A et B ; **1.3.** A et B ; **2.1.** A et C ; **2.2.** A, B et C ; **2.3.** A et C ; **2.4.** B ; **2.5.** A et B ; **3.1.** B ; **3.2.** A, B et C ; **3.3.** A.

Chapitre 17
1.1. B ; **1.2.** C ; **2.1.** A et B ; **2.2.** B ; **2.3.** B et C ; **2.4.** A et B ; **2.5.** B ; **3.1.** B et C ; **3.2.** A, B et C ; **4.1.** A et C ; **4.2.** B et C ; **4.3.** A et C.

Chapitre 18
1.1. C ; **1.2.** A ; **1.3.** C ; **2.1.** A et C ; **2.2.** B et C ; **2.3.** B ; **2.4.** A ; **3.1.** C ; **3.2.** B ; **3.3.** B et C ; **3.4.** A et C ; **3.5.** A, B et C.

Chapitre 19
1.1. A et C ; **1.2.** A ; **1.3.** A ; **2.1.** B ; **2.2.** A et B ; **2.3.** B ; **2.4.** A et B ; **2.5.** B et C ; **2.6.** C ; **3.1.** B ; **3.2.** B et C.

Chapitre 1

5 Avec $\overline{OA'}$ = 16,7 mm = 1,67 cm et $\overline{OA}$ = –60,0 cm, on trouve :

$$\frac{1}{f'} = \frac{1}{1,67} - \frac{1}{-60,0} = \frac{1}{1,67} + \frac{1}{60,0}$$

soit f' = 1,62 cm, soit $1,62 \times 10^{-2}$ m.
Cela correspond à une vergence :

$$V = \frac{1}{f'} = 61,5\ \delta.$$

6 Le lézard est représenté par un segment fléché AB. En prenant une échelle verticale de 1 cm pour 10 cm, le segment mesure 1,6 cm.

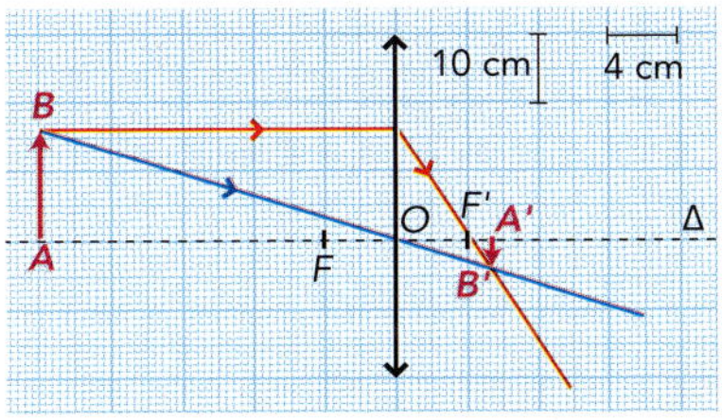

D'après le schéma : l'image est située 5 cm derrière la lentille, sa taille est de 4 cm et elle est renversée par rapport à l'objet.

7 **1.** 1 ↔ b (iris) ; 2 ↔ a (cristallin) ;
3 ↔ c (rétine).

2. a.

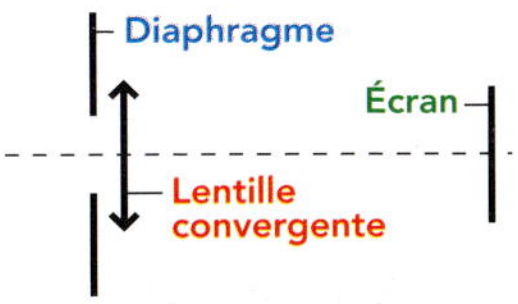

b. Le diaphragme correspond à l'iris, la lentille convergente au cristallin et l'écran à la rétine.

9 **1.** Il s'agit d'une lentille convergente.
2. Sa distance focale est 4,0 cm soit 0,040 m.
3. Sa vergence est donc :

$$V = \frac{1}{f'} = \frac{1}{0,040} = 25\ \delta.$$

10 **1.** $V = \frac{1}{f'} = \frac{1}{5,0 \times 10^{-2}} = 20\ \delta.$

2. $f' = \frac{1}{V} = \frac{1}{5,0} = 0,20$ m = 20 cm.

3. La lentille la plus convergente est celle dont vergence est la plus grande donc la première (20 δ > 5 δ).

14 **1.** $\frac{1}{\overline{OA'}} - \frac{1}{\overline{OA}} = \frac{1}{f'}$

soit $\frac{1}{\overline{OA'}} = \frac{1}{f'} + \frac{1}{\overline{OA}} = 8,0 + \frac{1}{-0,25}$.

Il vient donc $\overline{OA'}$ = 0,25 m, soit 25 cm.

2. $\frac{1}{\overline{OA_1}} = \frac{1}{\overline{OA_1'}} - \frac{1}{f'} = \frac{1}{0,15} - 8,0$

soit $\overline{OA_1}$ = –0,75 m, soit –75 cm.

16 **1.**

Œil	Appareil photographique
Iris	Diaphragme
Cristallin	Objectif
Rétine	Capteur

2. Dans l'œil, l'image doit se former sur la rétine ; dans l'appareil photographique, elle doit se former sur le capteur (pellicule ou capteur électronique).
3. En effectuant la mise au point, le photographe déplace la lentille par rapport aux capteurs pour que l'image se forme toujours sur le capteur. L'image est alors nette.
4. Dans l'œil, la distance entre le cristallin et la rétine est fixe. L'accommodation consiste à modifier la courbure du cristallin pour adapter la distance focale de l'œil afin d'obtenir une image nette sur la rétine.

27 **1. 2. 3.**

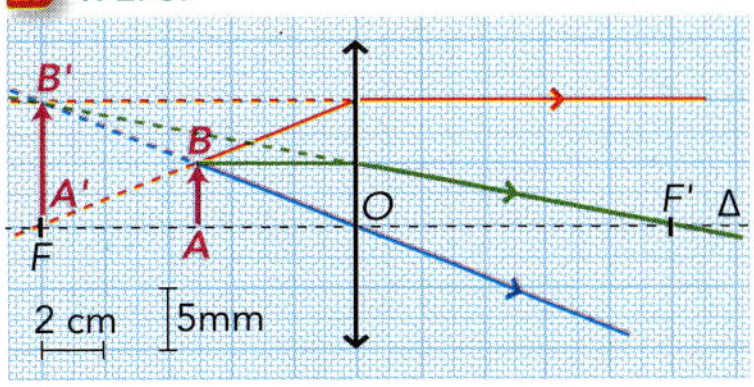

L'image est à gauche de la lentille, on ne peut pas l'observer sur un écran. Dans cette situation, on parle d'image virtuelle.
4. L'image mesure 10 mm, elle est droite et située à 10 cm à gauche de la lentille.

5. $\frac{1}{\overline{OA'}} = \frac{1}{f'} + \frac{1}{\overline{OA}} = \frac{1}{10} + \frac{1}{-5,0}$

soit $\overline{OA'}$ = –10 cm.

Taille : $\gamma = \frac{\overline{A'B'}}{\overline{AB}} = \frac{\overline{OA'}}{\overline{OA}}$

soit $\overline{A'B'} = \frac{\overline{OA'} \cdot \overline{AB}}{\overline{OA}} = \frac{-10 \times 5,0}{-5,0}$ = + 10 mm.

Chapitre 2

4 **1.** Les couleurs des lumières transmises et diffusées sont le vert et le rouge. La couleur de la lumière absorbée est le bleu. En effet, en synthèse additive, le jaune est une superposition de lumières colorées verte et rouge.
2. La couleur de la lumière qui traverse le verre et son contenu est rouge. En effet le verre rouge absorbe le vert.

5 D'après la synthèse additive, la couleur perçue pour A est le blanc (superposition des trois lumières primaires), la couleur perçue pour B est le jaune (superposition de lumières verte et rouge) et la couleur perçue pour C est le rouge.

Corrigés

7 1. Les couleurs primaires de la synthèse additive sont le rouge, le bleu et le vert.
2. En synthèse additive, la superposition de lumières rouge et verte donne une lumière jaune, donc on place le vert. Puis on place la troisième couleur primaire, le bleu. Enfin, on complète les dernières zones.

10 1. D'après la synthèse soustractive, la couleur obtenue après avoir traversé un filtre jaune et un filtre cyan est la couleur verte.
2. Pour obtenir une couleur rouge, la lumière blanche doit traverser un filtre jaune et un filtre magenta. Le troisième filtre doit être magenta.
3. En superposant les trois filtres MJC, toute la lumière blanche incidente est absorbée.

12 1. Ces écrans utilisent trois couleurs : le bleu, le vert et le rouge.
2. Afin d'obtenir pratiquement toutes les couleurs avec ces écrans, on utilise la synthèse additive.

15 1. Cette lampe émet une lumière dont les radiations sont principalement bleues et rouges.
2. La couleur perçue devrait être magenta (par superposition de lumière bleue et de lumière rouge).

27 1. a. Pour la synthèse additive, les couleurs primaires sont le rouge, le vert et le bleu.
Pour la synthèse soustractive, les couleurs primaires sont le cyan, le magenta et le jaune.
b. La couleur dominante du sang est le rouge et celle du bloc est le vert. Des cônes différents sont sollicités afin de percevoir ces deux lumières colorées.
2. Un objet jaune diffuse des radiations rouges, jaunes et vertes. Le chirurgien en détournant son regard du sang recevrait des radiations rouges provenant de l'environnement. Ces cônes sensibles au rouge ne seraient jamais au repos.

Chapitre 3

5 1. L'énergie de la transition correspondante a pour expression :
$\mathscr{E} = \dfrac{h \cdot c}{\lambda} = \dfrac{6{,}63 \times 10^{-34} \times 3{,}00 \times 10^{8}}{546 \times 10^{-9}}$
$\mathscr{E} = 3{,}64 \times 10^{-19}$ J.
2. $\mathscr{E} = \dfrac{3{,}64 \times 10^{-19}}{1{,}60 \times 10^{-19}} = 2{,}28$ eV.
3. 4,98 – 2,70 = 2,28

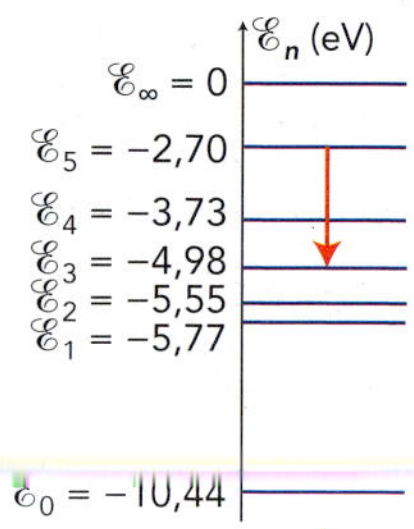

7 La radiation 1 appartient au domaine du visible (entre 400 nm et 800 nm), la radiation 2 au domaine des UV et la radiation 3 au domaine des IR.

9 1. λ_{max} est la longueur d'onde pour laquelle le profil spectral de la lumière émise par une source chaude passe par un maximum d'intensité. Quand la température de surface d'une étoile θ augmente λ_{max} diminue.
2. Lorsque θ augmente, la couleur de l'étoile évolue du rouge vers le bleu.
L'étoile A est rouge, l'étoile B est jaune et l'étoile C est bleue.

12 1. L'énergie du photon correspondant a pour expression :
$\mathscr{E} = \dfrac{h \cdot c}{\lambda} = 6{,}63 \times 10^{-34} \times \dfrac{3{,}00 \times 10^{8}}{516 \times 10^{-9}}$
$\mathscr{E} = 3{,}85 \times 10^{-19}$ J.
2. $\mathscr{E} = \dfrac{3{,}85 \times 10^{-19}}{1{,}60 \times 10^{-19}} = 2{,}41$ eV.

15 1. Les raies noires observées dans le spectre sont des radiations absorbées par les entités chimiques présentes dans l'atmosphère du Soleil.
2. En absorbant une radiation lumineuse, une entité chimique gagne de l'énergie. C'est donc le schéma b qui permet d'interpréter les raies noires contenues dans le spectre du Soleil.

28 1. La perte d'énergie lorsque l'atome passe du niveau $\mathscr{E}_1$ au niveau $\mathscr{E}_0$ s'accompagne de l'émission d'un photon d'énergie :
$|\Delta \mathscr{E}| = |\mathscr{E}_1 - \mathscr{E}_0|$.
2. a. $\lambda = \dfrac{h \cdot c}{|\mathscr{E}_1 - \mathscr{E}_0|}$
$\lambda = \dfrac{6{,}63 \times 10^{-34} \times 3{,}00 \times 10^{8}}{|-5{,}77 - (-10{,}44)| \times 1{,}6 \times 10^{-19}}$
$\lambda = 2{,}66 \times 10^{-7}$ m = 266 nm.
Lorsque l'atome de mercure passe de l'état d'énergie $\mathscr{E}_0$ à l'état d'énergie $\mathscr{E}_1$, une radiation de longueur d'onde 266 nm est absorbée.
b. Les radiations visibles ont des longueurs d'onde dans le vide comprises environ entre 400 nm et 800 nm. La radiation de 266 nm de longueur d'onde appartient au domaine des UV.
3. Les atomes de mercure, en passant de l'état d'énergie $\mathscr{E}_1$ à l'état d'énergie $\mathscr{E}_0$, vont émettre des radiations de longueur d'onde égale à 266 nm. La poudre est donc soumise à des radiations dont les longueurs d'onde sont comprises entre 200 et 300 nm. La vapeur de mercure permet donc à la poudre déposée sur les parois du tube d'émettre de la lumière visible.
4. On constate au niveau des deux spectres quatre pics d'intensités relatives et de longueurs d'onde équivalentes. Cependant, le spectre du tube 1 comporte des radiations autour de 580 nm relativement intenses. La lumière émise tend vers le jaune. Ce n'est pas le cas pour le tube 2. Le choix de la poudre a une influence sur la couleur émise par le tube.

Chapitre 4

4 Faire bouillir (décoction) le bois de campêche dans de l'eau (le colorant est hydrosoluble).
Filtrer et récupérer le filtrat : il est coloré.
Y ajouter de la poudre d'alun : le filtrat change de couleur.
Faire varier le pH de la solution en y ajoutant du vinaigre ou de l'hydrogénocarbonate de sodium : d'autres couleurs apparaissent.

5 1. La forme rose est celle qui possède le plus de liaisons conjuguées. La forme rose est donc la forme b.
2. La phénolphtaléine est sensible au pH : elle peut être utilisée comme indicateur coloré acido-basique.

7 Les pigments sont insolubles dans le milieu : b et c.
Les colorants y sont solubles : a et d.

9 1. Le MOED change de couleur en fonction du solvant.
2. L'acidité du milieu influence la couleur.

10 1. Chromatographie sur Couche Mince.
2. Le colorant vert est un mélange des colorants bleu (perçu cyan) et jaune. En effet, le colorant cyan absorbe les radiations rouges et diffuse les radiations bleues et vertes. Le colorant jaune absorbe les radiations bleues et diffuse les radiations rouges et vertes. Les radiations diffusées sont donc vertes.

14 Toutes les doubles liaisons sont conjuguées.

16 1. Seules les doubles liaisons colorées en rouge sont conjuguées :

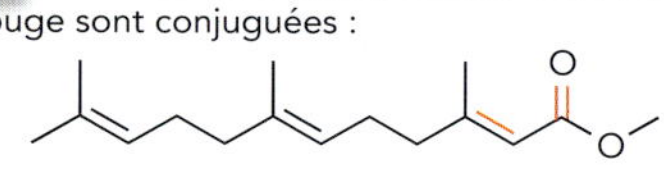

2. Les doubles liaisons du cycle sont conjuguées. Les autres doubles liaisons le sont également.

27 1. *Moulin à tan* : « tan » signifie « chêne ». Dans un moulin à tan, deux ou trois batteries de pilons tranchants réduisaient en poudre l'écorce des chênes, pour en extraire le tan (ou tanin), servant au tannage des peaux.
Alcalin : basique.
Mordant : pour renforcer la couleur et la solidité des colorants, les teinturiers ont ajouté des substances minérales ou organiques (les mordants).
2. En 1868, les Allemands Graebe et Liebermann déposent un brevet un jour avant l'Anglais Perkin.
3. Broyer, dans un pilon, les racines de garance pour les réduire en poudre. Introduire la poudre dans un bécher et y verser de l'eau chaude. Laisser macérer quelques minutes tout en agitant. Filtrer.
4. À l'acidité du milieu.
5. a. Elles sont conjuguées.
b. Les groupes chromophores sont les doubles liaisons des cycles ainsi que celles des liaisons C=O. Les groupes auxochromes sont les groupes hydroxyles –OH.

Chapitre 5

3 1. Équation de la réaction :
$$3\ S(s) + 2\ Al(s) \rightarrow Al_2S_3(s)$$
Voir le tableau en fin des corrigés, page 377.
2. Si Al est le réactif limitant, alors :
$0{,}60 - 2\ x_{max} = 0$, soit $x_{max} = 0{,}30$ mol.
Si S est le réactif limitant, alors :
$0{,}30 - 3\ x_{max} = 0$, soit $x_{max} = 0{,}10$ mol.
L'avancement maximal correspond à la plus petite valeur de x_{max}, soit $x_{max} = 0{,}10$ mol et S est le réactif limitant.
3. Dans l'état final : voir le tableau en fin des corrigés, page 377.

4 1. Le graphe est une droite passant par l'origine : la loi de Beer-Lambert est vérifiée.
2. La droite $A_1 = 1{,}05$ coupe la courbe d'étalonnage en un point dont l'abscisse est :
$C_1 = 31\ mmol \cdot L^{-1} = 3{,}1 \times 10^{-2}\ mol \cdot L^{-1}$.

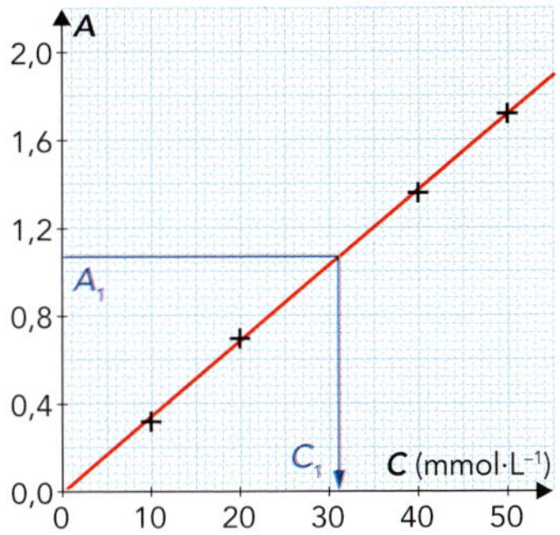

5 1. Une réaction a lieu, car on observe la décoloration de la solution violette de permanganate de potassium.
2. L'ion permanganate MnO_4^-(aq) est la seule espèce colorée du système chimique étudié.
Si l'ion fer (II) Fe^{2+}(aq) est le réactif limitant, alors la solution finale est de couleur violette, car l'ion permanganate MnO_4^-(aq) est en excès.
Si l'ion permanganate MnO_4^-(aq) est le réactif limitant, alors la solution finale est incolore.

7 1. Dans l'état final, la quantité de dioxygène étant nulle, le réactif limitant est le dioxygène O_2(g).
2. Tableau d'avancement complété (cases en violet) : voir le tableau en fin des corrigés, page 377.
3. Il se forme 2,0 mol d'oxyde de fer (III), donc :
$2\,x_{max} = 2{,}0$ mol, soit $x_{max} = 1{,}0$ **mol.**
4. Le dioxygène étant le réactif limitant, dans l'état final on a :
$n_0(O_2) - 3\,x_{max} = 0$,
soit $n_0(O_2) = 3\,x_{max} = 3{,}0$ **mol.**
5. La quantité de fer dans l'état final est :
$10{,}0 - 4\,x_{max} = 10{,}0 - 4{,}0 = 6{,}0$ **mol.**

8 1. Voir le tableau en fin des corrigés, page 377.
2. Si I_2 est le réactif limitant, alors :
$3{,}0 - x_{max} = 0$, soit $x_{max} = 3{,}0$ mol.
Si $S_2O_3^{2-}$ est le réactif limitant, alors :
$5{,}0 - 2\,x_{max} = 0$, soit $x_{max} = 2{,}5$ mol.
L'avancement maximal correspond à la plus petite valeur de x_{max}, soit $x_{max} = 2{,}5$ **mol.**
3. Le réactif limitant est, donc, $S_2O_3^{2-}$.
4. **Le diode est le réactif en excès : la solution finale est colorée en jaune-orangé.**

10 1. Les solutions d'iodure de potassium et de peroxodisulfate de potassium étant incolores, les ions I^-(aq) et $S_2O_8^{2-}$(aq) sont incolores. Sachant que l'ion sulfate SO_4^{2-}(aq) est aussi incolore, l'espèce responsable de la coloration du mélange est le **diiode** I_2(aq).
2. Quantité initiale d'ions I^-(aq) :
$n_0(I^-) = C(I^-) \times V = 0{,}50 \times 50 \times 10^{-3}$
$= 2{,}5 \times 10^{-3}$ **mol.**
Quantité initiale d'ions $S_2O_8^{2-}$(aq) :
$n_0(S_2O_8^{2-}) = C(S_2O_8^{2-}) \times V = 0{,}10 \times 50 \times 10^{-3}$
$= 5{,}0 \times 0^{-3}$ **mol.**
3. Voir le tableau en fin des corrigés, page 378.
4. Si I^- est le réactif limitant, alors :
$2{,}5 - 2\,x_{max} = 0$, soit $x_{max} = 1{,}25$ mmol.
Si $S_2O_8^{2-}$ est le réactif limitant, alors :
$5{,}0 - 2\,x_{max} = 0$, soit $x_{max} = 2{,}5$ mmol.
L'avancement maximal correspond à la plus petite valeur de x_{max}, soit $x_{max} = 1{,}25$ **mmol.**
Le réactif limitant est donc I^-.
5. Dans l'état final : voir le tableau en fin des corrigés, page 378.

12 1. Le mélange stœchiométrique est le mélange a.
2. La relation de stœchiométrie est :
$$\frac{n_0(Ca^{2+})}{3} = \frac{n_0(PO_4^{3-})}{2}.$$
Les propositions a et c vérifient cette relation.

14 1. Une solution de couleur jaune absorbe principalement dans la couleur complémentaire au jaune, c'est-à-dire le bleu (voir le cercle chromatique des couleurs, p. 84), d'où la valeur de la longueur d'onde choisie pour le réglage du spectrophotomètre, $\lambda_{max} = 400$ nm.
2. Tracé de la courbe d'étalonnage $A = f(C)$:

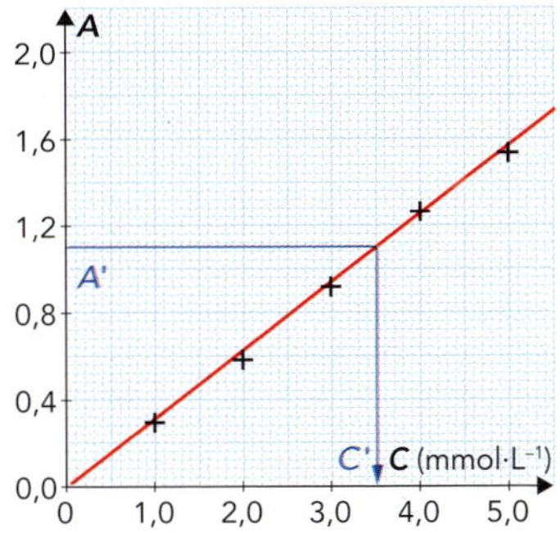

La courbe d'étalonnage est une droite **passant par l'origine**, la loi de Beer-Lambert est vérifiée.
3. La droite $A' = 1{,}12$ coupe la courbe d'étalonnage en un point dont l'abscisse est :
$C' = 3{,}5$ mmol·L^{-1}.

Chapitre 6

4
$_1$H : K^1 : il manque (2 – 1) = 1 électron pour un duet électronique ; il peut former une liaison.
$_6$C : $K^2\,L^4$: il manque (8 – 4) = 4 électrons pour un octet électronique ; il peut former quatre liaisons.
$_7$N : $K^2\,L^5$: il manque (8 – 5) = 3 électrons pour un octet électronique ; il peut former trois liaisons.
Trois électrons de la couche externe de l'atome d'azote sont engagés dans trois liaisons covalentes : il reste donc 5 – 3 = 2 électrons qui s'apparient en 1 doublet non liant localisé sur l'atome d'azote.

5 Un atome de carbone de la molécule est entouré de quatre atomes (4 liaisons simples). Pour minimiser leurs répulsions, ces doublets adoptent une disposition tétraédrique.

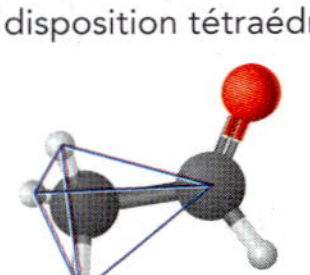

L'autre atome de carbone de la molécule est entouré de trois atomes (2 liaisons simples et 1 liaison double).
Pour minimiser leurs répulsions, ces doublets adoptent une disposition trigonale plane.

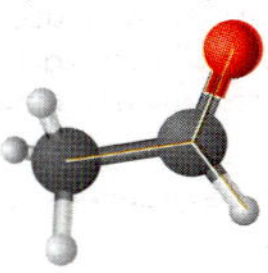

7 1. H : K^1 : il manque, en effet, un électron pour un duet et l'atome d'hydrogène établit une liaison.
2. N : $K^2\,L^5$: il manque, en effet, trois électrons pour un octet et l'atome d'azote établit trois liaisons.
3. Cl : $K^2\,L^8\,M^7$: il manque, en effet, un électron pour un octet et l'atome de chlore établit une liaison.

8
- $_8$O : $K^2\,L^6$: il lui manque (8 – 6) = 2 électrons pour un octet ; il peut former deux liaisons.
- $_9$F : $K^2\,L^7$: il lui manque (8 – 7) = 1 électron pour un octet ; il peut former une liaison.
- Deux électrons de la couche externe de l'atome d'oxygène sont engagés dans deux liaisons covalentes : il reste donc 6 – 2 = 4 électrons qui s'apparient en 2 doublets non liants localisés sur l'atome d'oxygène.
- Un électron de la couche externe de l'atome de fluor est engagé dans une liaison covalente : il reste donc 7 – 1 = 6 électrons qui s'apparient en 3 doublets non liants localisés sur l'atome de fluor.

11 $_1$H : K^1 : il manque (2 – 1) = 1 électron pour un duet ; il peut former une liaison.
$_6$C : $K^2\,L^4$: il manque (8 – 4) = 4 électrons pour un octet ; il peut former quatre liaisons.
$_8$O : $K^2\,L^6$: il manque (8 – 6) = 2 électrons pour un octet ; il peut former deux liaisons.
$_{17}$Cl : $K^2\,L^8\,M^7$: il manque (8 – 7) = 1 électron pour un octet ; il peut former une liaison.
$_{16}$S : $K^2\,L^8\,M^6$: il manque (8 – 6) = 2 électrons pour un octet ; il peut former deux liaisons.
- L'unique électron de la couche externe de l'hydrogène est engagé dans une liaison covalente : il ne possède aucun doublet non liant.
- Les quatre électrons de la couche externe du carbone sont engagés dans quatre liaisons covalentes : les atomes de carbone ne possèdent aucun doublet non liant.
- Deux électrons de la couche externe de l'atome d'oxygène sont engagés dans deux liaisons covalentes : il reste donc 6 – 2 = 4 électrons qui s'apparient en 2 doublets non liants localisés sur l'atome d'oxygène.
- Deux électrons de la couche externe de l'atome de soufre sont engagés dans deux liaisons covalentes : il reste donc 6 – 2 = 4 électrons qui s'apparient en 2 doublets non liants localisés sur l'atome de soufre.
- Un électron de la couche externe de l'atome de chlore est engagé dans une liaison covalente : il reste donc 7 – 1 = 6 électrons qui s'apparient en 3 doublets non liants localisés sur l'atome de chlore.

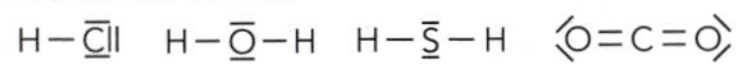

13 L'atome de phosphore est entouré de trois doublets liants et d'un doublet non liant. Les doublets adoptent une disposition tétraédrique. La molécule est donc pyramidale autour de l'atome de phosphore.

15 1. Une isomérisation sous l'effet de la lumière.
2.

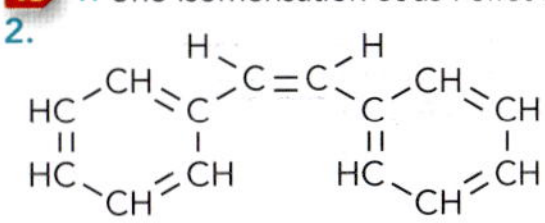

Isomère *Z*

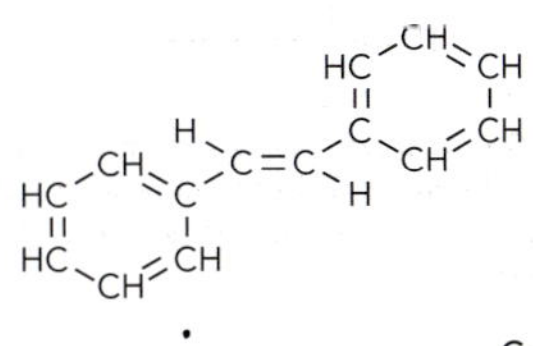

Isomère *E*

Corrigés

Chapitre 7

3 La force d'attraction gravitationnelle exercée par la Terre sur la Lune a pour expression :

$F_{T/L} = G \cdot \dfrac{m_T \cdot m_L}{d_{TL}^2}$

$F_{T/L} = 6{,}67 \times 10^{-11} \times \dfrac{6{,}0 \times 10^{24} \times 7{,}4 \times 10^{22}}{(3{,}84 \times 10^8)^2}$

$F_{T/L} = 2{,}0 \times 10^{20}$ N

4 $\dfrac{F_e}{F_g} = \dfrac{k\dfrac{|q_e^2|}{d^2}}{G\dfrac{m_e^2}{d^2}} = \dfrac{k \cdot q_e^2}{G \cdot m_e^2}$

$\dfrac{F_e}{F_g} = \dfrac{9{,}0 \times 10^9 \times (-1{,}6 \times 10^{-19})^2}{6{,}67 \times 10^{-11} \times (9{,}1 \times 10^{-31})^2}$

$\dfrac{F_e}{F_g} = \dfrac{9{,}0 \times 10^9 \times (-16 \times 10^{-20})^2}{6{,}67 \times 10^{-11} \times (9{,}1 \times 10^{-31})^2}$

On remarque que :

$\dfrac{9{,}0}{6{,}67} \approx 1$ et $\dfrac{16^2}{9{,}1^2} = \left(\dfrac{16}{9{,}1}\right)^2 \approx 2^2 = 4.$

Il vient alors : $\dfrac{F_e}{F_g} = \dfrac{10^9}{10^{-11}} \times 2^2 \left(\dfrac{10^{-20}}{10^{-31}}\right)^2.$

$\dfrac{F_e}{F_g} = 10^{20} \times 4 \times (10^{11})^2 = 4 \times 10^{42}.$

L'ordre de grandeur est 10^{42}.

7 1. La charge du proton est égale à la charge élémentaire, e, et celle de l'électron est l'opposé de la charge élémentaire, –e.
2. Un noyau d'hélium possède $Z = 2$ protons ; sa charge vaut donc +2e.

9 1. La charge q du noyau de l'atome de silicium a pour expression $q = Z \cdot e$.

$Z = \dfrac{q}{e}$ soit $Z = \dfrac{2{,}24 \times 10^{-18}}{1{,}6 \times 10^{-19}} = 14$ protons.

2. Le nombre de neutrons vaut :
$N = A - Z = 28 - 14 = 14.$
3. Un atome est électriquement neutre ; le proton et l'électron ont des charges opposées. Un atome possède donc autant d'électrons que de protons, soit ici 14 électrons.

14 L'interaction prépondérante à l'échelle :
a. humaine est l'interaction électromagnétique ;
b. moléculaire est l'interaction électromagnétique ;
c. nucléaire est l'interaction forte et l'interaction faible ;
d. astronomique est l'interaction gravitationnelle.

23 1. a. La charge élémentaire e a pour valeur e = $1{,}6 \times 10^{-19}$ C.
b. Cette appellation n'est plus justifiée puisque, dans la deuxième partie du xxe siècle, on a identifié des particules de charge électrique inférieure à e.
2. Un proton est constitué de deux quarks *up* et d'un quark *down*, soit une charge de :

$$2 \times \frac{2}{3}e + 1 \times \left(-\frac{1}{3}e\right) = +e.$$

Un neutron est constitué d'un quark *up* et de deux quarks *down*, soit une charge de :

$$1 \times \frac{2}{3}e + 2 \times \left(-\frac{1}{3}e\right) = 0 \text{ C}.$$

3. C'est l'interaction forte qui lie les quarks entre eux.
4. Lorsqu'un neutron se transforme en un proton, un quark *down* se transforme en un quark *up*.

24 1. Le *Large Hadron Collider* (LHC) ou grand collisionneur de hadrons est un accélérateur de particules mis en fonctionnement le 10 septembre 2008 près de Genève, à la frontière entre la France et la Suisse.
2. La détection d'une particule dans la chambre multifilaire met en jeu l'interaction électromagnétique.
3. La découverte du boson de Higgs permettra de valider le « modèle standard », qui est la théorie prévoyant son existence.
4. Le graviton devrait transmettre l'interaction gravitationnelle.
5. Les premiers ions lourds entrés en collision au LHC ont été des ions du plomb : Pb^{n+}.

Chapitre 8

4 $^{220}_{86}Rn \rightarrow {}^{216}_{84}Po + {}^{4}_{2}He$

5 L'algorithme permet de retrouver l'énergie libérée : $\mathscr{E} = 2{,}818 \times 10^{-12}$ J.

7 Les réactions nucléaires provoquées sont :
a. fission ; b. fusion ; d. fusion.
Les autres sont des réactions spontanées.

9 1. L'activité d'un échantillon radioactif est le nombre de désintégrations par seconde. Elle s'exprime en becquerel (Bq).
1 Bq = 1 désintégration par seconde.
2. 200 noyaux radioactifs sont désintégrés par seconde dans cette roche de granit.

11 1. Au cours d'une réaction nucléaire, il y a conservation du nombre de masse et du nombre de charge.
2. a. $^{107}_{46}Pd \rightarrow {}^{0}_{-1}e + {}^{107}_{47}Ag$
b. $^{218}_{84}Po \rightarrow {}^{4}_{2}He + {}^{214}_{82}Pb$ c. $^{208}_{83}Bi \rightarrow {}^{0}_{1}e + {}^{208}_{82}Pb$
d. $^{2}_{1}H + {}^{2}_{1}H \rightarrow {}^{1}_{0}n + {}^{3}_{2}He$

13 1. a. $Z_{mercure} = 80$ 1. b. $^{181}_{80}Hg$
2. $^{185}_{82}Pb \rightarrow {}^{181}_{80}Hg + {}^{4}_{2}He$

17 $\mathscr{E}_{libérée} = |\Delta m| \cdot c^2$
$\mathscr{E}_{libérée} = 2{,}457 \times 10^{-28} \times 299\,792\,458^2$
$\mathscr{E}_{libérée} = 2{,}208 \times 10^{-11}$ J

Chapitre 9

5 1. L'atome d'azote est entouré de trois doublets liants et d'un doublet non liant. Pour minimiser leurs répulsions, ces doublets adoptent une disposition tétraédrique. La molécule est donc pyramidale autour de l'atome d'azote.
2. L'azote est plus électronégatif que l'hydrogène, la liaison N – H est polarisée ; vu la géométrie de la molécule, la somme géométrique des moments dipolaires est non nulle, l'ammoniac est polaire.

6 1. De –10 °C à 0 °C, la température croît et l'eau est solide.

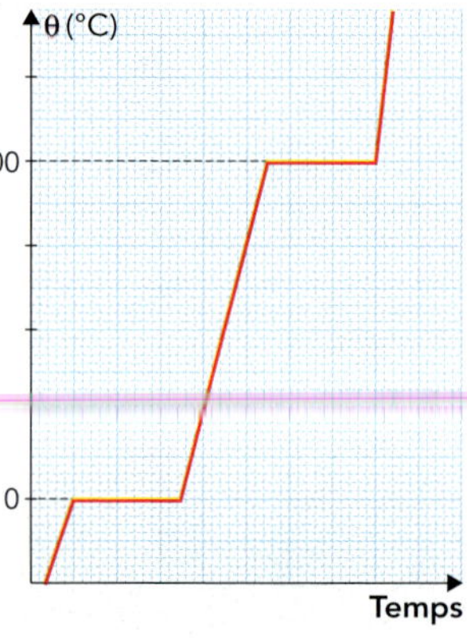

À 0 °C, l'eau fond. L'eau étant un corps pur, sa fusion s'effectue à température constante : elle est isotherme.
De 0 °C à 100 °C, l'eau est liquide.
À 100 °C, l'eau bout ; comme la fusion, l'ébullition d'un corps pur est isotherme.
Au-delà de 100 °C, l'eau est à l'état gazeux.
2. De –10 °C à 0 °C, l'agitation des molécules croît et la température s'élève.
À 0 °C, toute l'énergie thermique fournie au cristal est utilisée pour rompre les interactions intermoléculaires (Van der Waals et liaisons hydrogène), l'agitation des molécules n'augmente pas.
De 0 °C à 100 °C, l'agitation thermique croît à nouveau et la température augmente.
À 100 °C, les dernières interactions intermoléculaires disparaissent et la vaporisation se produit.
Au-delà de 100 °C, l'agitation thermique croît à nouveau et la vitesse des molécules augmente.

7 1. a. La tige T_3 porte une charge de même signe que T_1, donc positive.
b. La tige T_3 serait attirée par T_2.
2. T_4 porte une charge négative, elle serait repoussée par T_2.

9 1. F s'exprime en newton N, q_A et q_B en coulomb C et d en mètre m.
2. $F_{A/B} = F_{B/A} = \dfrac{9{,}0 \times 10^9 \times (1{,}6 \times 10^{-19})^2}{(53 \times 10^{-12})^2}$
$= 8{,}2 \times 10^{-8}$ N.

10 Voir le tableau en fin des corrigés, page 378.

13 1. Dans la classification périodique, les éléments proposés sont rangés dans l'ordre Be, C, N, O et F qui est aussi l'ordre croissant de leur électronégativité. Chaque liaison associe deux éléments différents d'électronégativité différente, elle est nécessairement polarisée.
2. FO_2 qui est coudée et NO sont polaires, alors que CBe_2 qui est linéaire et symétrique est apolaire.

14 1. Les liaisons entre deux atomes d'électronégativités différentes sont polarisées, c'est le cas de :

C – N, O – F, O – Cl et F – Br.

2. L'élément le plus électronégatif porte la charge négative :

+q –q	+q –q	–q +q	–q +q
C – N	O – F	O – Cl	F – Br

3. Le vecteur est dirigé du pole – vers le pole + :

C ← N	O ← F	O → Cl	F → Br
$\vec{p}$	$\vec{p}$	$\vec{p}$	$\vec{p}$

15 1. Un dipôle électrique permanent correspond à une distribution *permanente* non symétrique du doublet de la liaison entre les deux atomes, c'est le cas de H – Cl ou I – Cl.
Un dipôle électrique instantané résulte de l'existence à un *moment donné seulement* d'une distribution instantanée non symétrique du doublet de la liaison entre les deux atomes c'est le cas de H – H ou I – I.
2. a. N_2, Cl_2 constitués de deux atomes identiques sont apolaires.
Les liaisons C = Be et C = S sont polarisées, mais la somme de leur moment dipolaire est nulle dans les molécules linéaires et symétriques CBe_2 (Be = C = Be), CS_2 (S = C = S).
b. IBr, HI, constitués de deux atomes d'électronégativités différentes sont polaires.
Les liaisons H – S et Cl – O sont polarisées et la

somme de leur moment dipolaire n'est pas nulle dans les molécules coudées H_2S, Cl_2O.

17 1. De 0 °C à 6 °C, le triiodométhane est solide ; à 6 °C, il fond et de 6 °C à 10 °C, il est liquide.
2. La molécule de triiodométhane CHI_3 ne possède pas d'atomes de fluor, d'oxygène, d'azote ou de chlore ; elle ne peut pas participer à des liaisons hydrogène.
3. De 0 °C à 6 °C et de 6 °C à 10 °C, il y a rupture de liaisons intermoléculaires (ici des interactions de Van der Waals) et accroissement de l'agitation des molécules.
À 6 °C, il y a seulement rupture de liaisons intermoléculaires (ici des interactions de Van der Waals), la température restant alors constante.

27 1. Pour distinguer les quatre types de cristaux on peut considérer la nature des liaisons assurant leur cohésion.
2. Les conductibilités électriques et thermiques des métaux résultent de la mobilité des électrons de la couche externe.
3. Formule chimique du quartz SiO_2, du sel gemme NaCl, de la calcite $CaCO_3$ et du corindon Al_2O_3.
NaCl : Na^+ et Cl^- ; $CaCO_3$: Ca^{2+} et CO_3^{2-} ; Al_2O_3 : Al^{3+} et O^{2-}
4. Le **rubis** est la variété rouge de la famille minérale *corindon*. Sa couleur résulte principalement de la présence d'oxyde de *chrome* Cr_2O_3.
L'**émeraude** est un minéral, du groupe des *silicates*, variété de *béryl*, dont la couleur verte provient de traces des éléments *chrome*, *vanadium* et parfois *fer*.
Les **saphirs** sont constitués de cristaux d'*oxyde d'aluminium* (Al_2O_3) contenant des impuretés (oxydes métalliques) en traces qui leur donnent leur couleur (oxydes de *titane* et *fer* pour le bleu, oxydes de *vanadium* pour le violet, oxydes de *chrome* pour le rose, oxydes de fer pour le jaune et le vert).
L'**améthyste** est une variété de *quartz* violet (*dioxyde de silicium*), diaphane à translucide dont la teinte est due à des traces d'oxydes de fer.
5. Pour distinguer un fil de silicium d'un fil d'aluminium, il suffit de mesurer sa résistance électrique, le fil de silicium ayant une résistance nettement supérieure à celle du fil d'aluminium.
6. L'or a une « réflexion sélective », il réémet principalement les radiations de couleur jaune. La lumière qui « traverse » une très mince feuille d'or est donc une lumière blanche, privée principalement de sa composante jaune ; la couleur vue est alors celle de la couleur complémentaire du jaune, soit le bleu.

Chapitre 10

5 1. Les électronégativités des éléments bore et hydrogène étant différentes (2,0 et 2,2), les liaisons B – H sont polarisées (faiblement).
La molécule de borane BH_3 a une géométrie plane et présente une symétrie autour de l'atome de bore B, elle est apolaire.
2. L'eau est un solvant polaire. Les composés moléculaires apolaires sont généralement peu ou pas solubles dans les solvants polaires.
Le borane est donc faiblement soluble dans l'eau.

6 1. L'équation de dissolution s'écrit :

$$Fe(NO_3)_3(s) \xrightarrow{\text{eau}} Fe^{3+}(aq) + 3\ NO_3^-(aq).$$

2. La concentration molaire C de la solution en sulfate d'aluminium apporté est le quotient :

$$C = \frac{n(Fe(NO_3)_3)}{V_{sol}} = \frac{m(Fe(NO_3)_3)}{M(Fe(NO_3)_3) \cdot V_{sol}}$$

$$\text{soit } C = \frac{12{,}1}{241{,}8 \times 250 \times 10^{-3}} = 2{,}00 \times 10^{-1}\ mol \cdot L^{-1}$$

3. Voir le tableau en fin des corrigés, page 378.
Les concentrations molaires effectives des ions sont :

$$[Fe^{3+}] = \frac{x_{max}}{V_{sol}} = \frac{n}{V_{sol}} = C \quad \text{soit} \quad [Fe^{3+}] = 2{,}00 \times 10^{-1}\ mol \cdot L^{-1} ;$$

$$[NO_3^-] = \frac{3x_{max}}{V_{sol}} = \frac{3n}{V_{sol}} = 3C \quad \text{soit} \quad [NO_3^-] = 6{,}00 \times 10^{-1}\ mol \cdot L^{-1}.$$

7 Les liaisons N – H de la molécule d'ammoniac NH_3 sont polarisées. La molécule d'ammoniac n'est pas plane, mais présente une géométrie pyramidale autour de l'atome d'azote. L'ammoniac liquide est donc un solvant polaire.

9 La molécule de toluène est constituée d'atomes de carbone et d'hydrogène dont les liaisons sont très faiblement polarisées. Le toluène est un solvant apolaire.

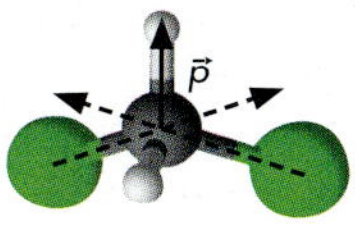

La molécule de dichlorométhane possède deux liaisons C – H très faiblement polarisées et deux liaisons C – Cl polarisées.
La molécule a une géométrie tétraédrique autour de l'atome de carbone. Ayant un moment dipolaire $\vec{p}$ non nul, le dichlorométhane est une molécule polaire.
Le solvant dichlorométhane est donc un solvant polaire.

11

$$MgCl_2(s) \xrightarrow{\text{eau}} Mg^{2+}(aq) + 2\ Cl^-(aq)$$
$$KOH(s) \xrightarrow{\text{eau}} K^+(aq) + HO^-(aq)$$
$$K_2CO_3(s) \xrightarrow{\text{eau}} 2\ K^+(aq) + CO_3^{2-}(aq)$$
$$AlCl_3(s) \xrightarrow{\text{eau}} Al^{3+}(aq) + 3\ Cl^-(aq)$$
$$Fe_2(SO_4)_3(s) \xrightarrow{\text{eau}} 2\ Fe^{3+}(aq) + 3\ SO_4^{2-}(aq)$$

13 1. Seule la liaison C = O de la molécule d'acétone est polarisée (les liaisons C – C sont non polarisées et les liaisons C – H sont très faiblement polarisées). La molécule d'acétone ayant un moment dipolaire non nul, l'acétone est donc un solvant polaire. De même, seules les liaisons C – O de la molécule d'éthoxyéthane sont polarisées. La molécule d'éthoxyéthane possède un moment dipolaire non nul : l'éthoxyéthane est donc un solvant polaire.

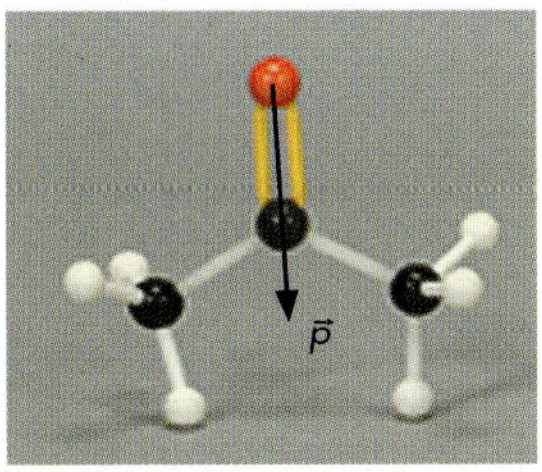

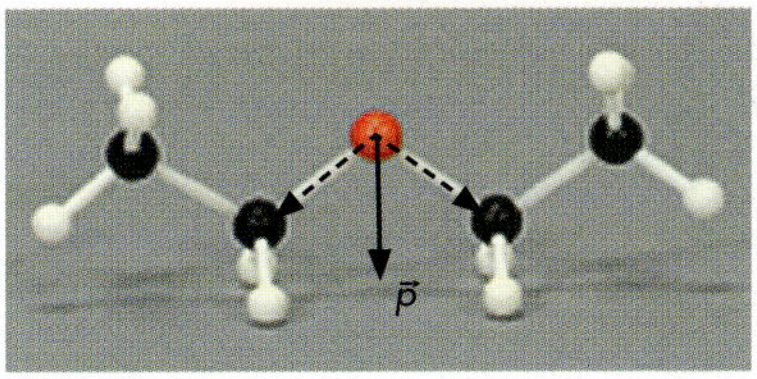

2. L'acétone et l'éthoxyéthane sont miscibles en toutes proportions car les deux molécules sont polaires.
3. L'interaction responsable de cette miscibilité est l'interaction de Van der Waals.

15 1. Le diiode I_2 est un composé moléculaire apolaire. Il est donc faiblement soluble dans l'eau, solvant polaire.
2. La molécule de cyclohexane C_6H_{12}, étant symétrique, est apolaire ; le cyclohexane est un solvant apolaire.
3. La nette coloration du cyclohexane et la décoloration de la solution orangée montrent que le diiode est plus soluble dans le cyclohexane que dans l'eau. Cela était prévisible, car les composés moléculaires apolaires, comme le diiode I_2, sont plus solubles dans les solvants apolaires que dans les solvants polaires.

17 1. Équation de dissolution :

$$Na_2SO_4(s) \xrightarrow{\text{eau}} 2Na^+(aq) + SO_4^{2-}(aq)$$

2. Voir le tableau en fin des corrigés, page 378.
Concentration effective en ions sodium et sulfate :

$$[Na^+] = \frac{2x_{max}}{V_{sol}} = 0{,}020\ mol \cdot L^{-1} ;$$

$$[SO_4^{2-}] = \frac{x_{max}}{V_{sol}} = \frac{[Na^+]}{2},$$

donc $[SO_4^{2-}] = 0{,}010\ mol \cdot L^{-1}$.

3. Concentration molaire C de la solution en soluté apporté :

$$C = \frac{n}{V_{sol}} = \frac{x_{max}}{V_{sol}}, \text{ soit } \quad C = 0{,}010\ mol \cdot L^{-1}.$$

Chapitre 11

4 1. $CH_3 - CH_2 - CH_2 - CH_3$: 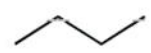
butane

et $CH_3 - CH(CH_3) - CH_3$: 
méthylpropane

2. Le plus volatil est le plus ramifié, soit le méthylpropane.

5
1. $CH_3 - CH_2 - C(OH)(CH_3) - CH(CH_3) - CH_3$: 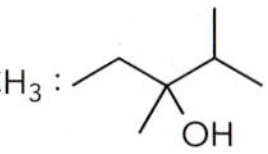

2,3-diméthylpentan-3-ol

2. $H_3 - CH_2 - CH_2 - CH_2 - CH_2 - OH$: 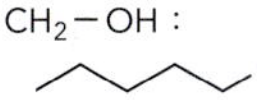

pentan-1-ol

$CH_3 - CH_2 - CH_2 - CH(OH) - CH_3$: 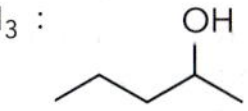

pentan-2-ol

$CH_3 - CH_2 - CH(OH) - CH_2 - CH_3$: 

pentan-3-ol

Corrigés

6 1. (1) ramifiée ; (2) cyclique.
2. (3) hydrocarbures.
3. (4) alcanes ; (5) tétragonaux ; (6) simples.
4. (7) cyclique ; (8) cyclanes.

9

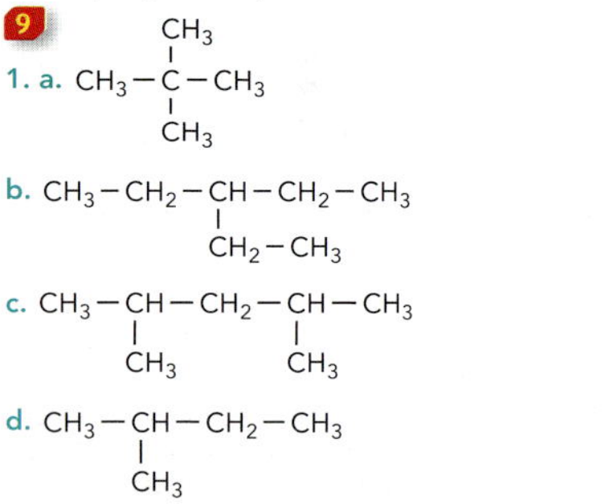

2. a et d, d'une part, b et c, d'autre part, forment des couples d'isomères.
3. a et d, de formule brute C_5H_{12}, sont isomères du pentane.
b et c, de formule brute C_7H_{16}, sont isomères de l'heptane.

12 1. a. méthanol ; b. butan-1-ol ;
c. 2,3-diméthylbutan-1-ol ; d. 3,3-diméthylbutan-1-ol ;
e. 3,4-diméthylpentan-2-ol ;

2.

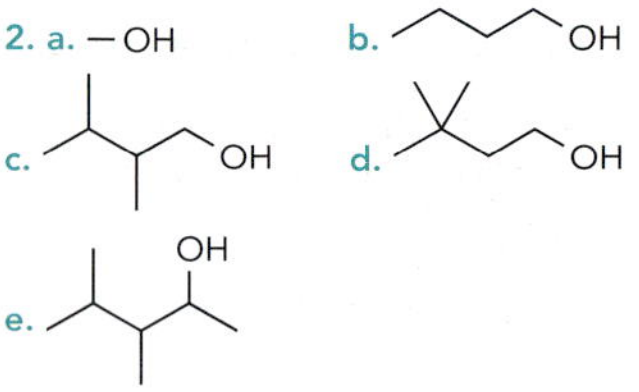

15 1. Un alcane a une température d'ébullition d'autant plus basse que sa chaîne carbonée est ramifiée, d'où l'ordre croissant des températures d'ébullition : B, A et C.
2. L'alcane le plus volatil est celui qui a la température d'ébullition la plus basse, c'est B.
3. L'alcane le moins volatil est celui qui a la température d'ébullition la plus haute, c'est C.

16 1. butan-1-ol : $CH_3-CH_2-CH_2-CH_2-OH$
soit $C_4H_{10}O$

2-méthylpropan-1-ol :

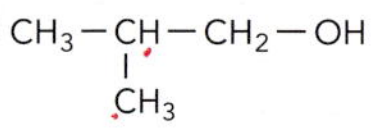

soit $C_4H_{10}O$

2-méthylpropan-2-ol :

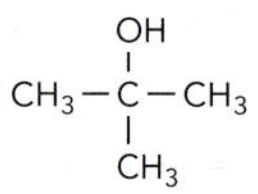

soit $C_4H_{10}O$

Ces trois alcools sont isomères.
2. À l'état liquide, les molécules d'alcools sont liées par des interactions de Van der Waals, mais aussi et surtout par des liaisons hydrogène.
3. Les interactions entre molécules sont d'autant plus fortes que les molécules peuvent êtres proches les unes des autres ; aussi, plus un alcool est ramifié, plus il est volatil, d'où l'ordre des températures d'ébullition.

[illegible] 1. Les molécules d'eau et d'alcool sont principalement liés par liaisons hydrogène (voir le **document 11**, p. 191).
Un alcool et l'eau sont d'autant plus miscibles que l'alcool a une chaîne carbonée courte.
2. A est l'heptan-1-ol ; B est le méthanol et C est le butan-1-ol.

Chapitre 12

4 1. Les lignes de champ électrostatique sont parallèles entre elles et perpendiculaires aux armatures du condensateur. Ces lignes sont orientées de l'armature chargée positivement vers l'armature chargée négativement.
2. Compte tenu de l'échelle indiquée, le champ électrostatique est représenté par un segment fléché de même direction et sens que les lignes de champ.

Sa longueur est de : $\dfrac{1 \times 10^4}{4 \times 10^3} = \dfrac{10}{4} = 2{,}5$ cm.

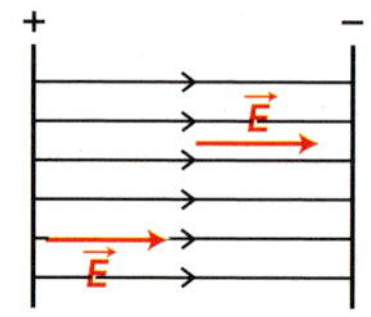

6 Les champs scalaires sont les champs de pression, de température, d'altitude.
Les champs vectoriels sont les champs magnétique, électrostatique, de pesanteur.

8 Pour cartographier un champ de vitesse du vent, il faut mesurer en chaque point la valeur de la vitesse du vent, déterminer sa direction et son sens. En général, pour un champ vectoriel, il faut la direction, le sens et la valeur en chaque point.

13 1. Le champ de pesanteur est vectoriel.
2. À la surface de la Terre, le champ de pesanteur s'identifie au champ gravitationnel.

Chapitre 13

3 L'énergie mécanique se conserve au cours du mouvement :
$\mathscr{E}_m$(départ) = $\mathscr{E}_m$(arrivée).
En prenant pour origine des énergies potentielles l'endroit de la piste où la vitesse du bobsleigh est de 20 m·s⁻¹, on a :

$$m \cdot g \cdot h_{\text{départ}} + \frac{1}{2} m v^2_{\text{départ}} = \frac{1}{2} m v^2_{\text{arrivée}}$$

soit $h_{\text{départ}} = \dfrac{1}{2g}(v^2_{\text{arrivée}} - v^2_{\text{départ}})$

d'où $h_{\text{départ}} = \dfrac{1}{2 \times 9{,}8}(20^2 - 5{,}0^2)$

$h_{\text{départ}} = 19$ m.

Le dénivelé est de 19 m pour que le bobsleigh passe d'une vitesse de 5,0 $m \cdot s^{-1}$ à 20 $m \cdot s^{-1}$.

6 1. $\mathscr{E}_c = \dfrac{1}{2} m v^2$, avec m la masse du solide en translation exprimée en kilogramme (kg) et v la valeur de sa vitesse exprimée en mètre par seconde ($m \cdot s^{-1}$). L'énergie cinétique $\mathscr{E}_c$ s'exprime en joule (J).

2. $\mathscr{E}_c = \dfrac{1}{2} m \cdot v^2 = \dfrac{1}{2} \times 19{,}9 \times 0{,}67^2$

$\mathscr{E}_c = 4{,}5$ J

8 1. $\mathscr{E}_p = m \cdot g \cdot h$, avec m la masse, en kilogramme (kg), du système dont on calcule l'énergie potentielle, g l'intensité de la pesanteur terrestre en newton par kilogramme ($N \cdot kg^{-1}$) et h l'altitude du système par rapport à une référence exprimée en mètre (m), l'axe des altitudes étant orienté vers le haut.
L'énergie potentielle s'exprime en joule (J).
2. $\mathscr{E}_p = m \cdot g \cdot h = 50 \times 9{,}8 \times 7{,}0$
$\mathscr{E}_p = 3{,}4 \times 10^3$ J
L'énergie potentielle de la kitesurfeuse au point le plus haut de sa trajectoire par rapport au niveau de la mer est de $3{,}4 \times 10^3$ J.

13 1. L'énergie potentielle $\mathscr{E}_p$ de la voiture ne varie pas, car elle se déplace horizontalement. Il en est de même pour son énergie cinétique $\mathscr{E}_c$, car la valeur de sa vitesse ne varie pas. L'énergie mécanique $\mathscr{E}_m = \mathscr{E}_p + \mathscr{E}_c$ est constante.
2. À cause des frottements de l'air et sur le sol, une partie de l'énergie de la voiture est transférée à l'environnement sous forme d'énergie thermique. L'énergie chimique du carburant compense cette perte.

Chapitre 14

1 1. Le sous-sol constitue une grande réserve d'énergie thermique ; plus on descend, plus la température augmente. On peut récupérer cette énergie si les roches chaudes sont accessibles et si on dispose d'un fluide caloporteur. Selon la température des roches atteintes, la géothermie peut servir soit au chauffage individuel, soit au chauffage urbain, soit à la production d'électricité.
2. La géothermique cherche à récupérer une partie de l'énergie thermique emmagasinée dans le sous sol terrestre.
3. Cette phrase signifie que la température du sol à une profondeur donnée n'est pas la même d'un lieu à un autre. Les surfaces isothermes ne sont pas horizontales.
4. Un fluide caloporteur est un fluide capable de transporter de la chaleur. L'eau est un fluide caloporteur.
5. On ne peut pas implanter une installation géothermique partout. Il faut avoir accès aux roches chaudes facilement.
6. On peut considérer que la part d'énergie prélevée est si faible qu'à l'échelle humaine cette ressource énergétique ne s'épuise pas ; elle est considérée comme renouvelable.
7. La géothermie permet le chauffage des habitations, la production d'électricité sans porter atteinte à l'environnement : « L'homme assure ses besoins énergétiques tout en préservant sa planète ».

3 1. L'électricité n'est pas une ressource énergétique, car elle ne se trouve pas dans la nature sous une forme utilisable. C'est un mode de transport de l'énergie.
2. L'électricité ne peut pas être stockée directement, on peut la convertir en énergie mécanique dans des barrages hydrauliques, en énergie chimique dans des accumulateurs. On transforme l'électricité sous une autre forme d'énergie qui elle peut être stockée.
3. GW·h signifie gigawatt-heure.
1 J = 1 W·s, donc :
1 GW·h = $1 \times 10^9 \times 3\,600$ W·s
1 GW·h = $3{,}6 \times 10^{12}$ J
1 GW·h = 3,6 TJ
4. Production d'électricité dans le monde

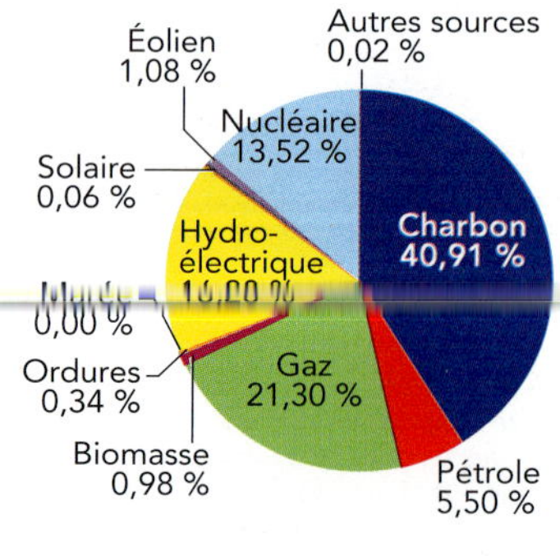

Production d'électricité en France

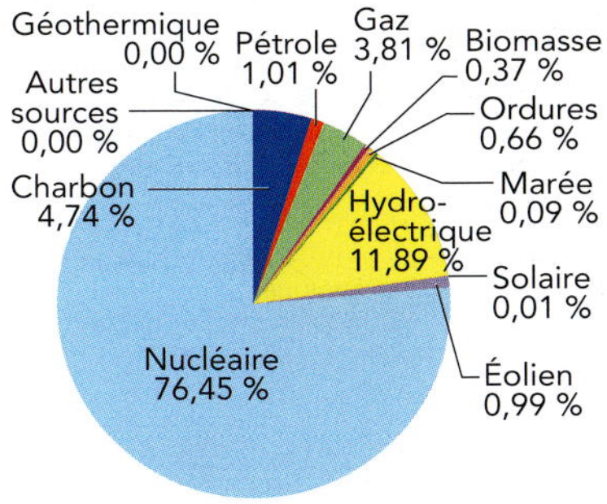

5. La production d'électricité en France provient très majoritairement de ressources énergétiques fissiles (nucléaire), alors que dans le monde ce sont majoritairement des ressources énergétiques fossiles (charbon, puis gaz et pétrole).

6. Le pourcentage d'électricité produite dans le monde par le nucléaire est d'environ 14 %, alors qu'il est d'environ 76 % en France.
La part de l'électricité d'origine nucléaire est environ 6 fois plus importante en France que dans le monde.

5 1. Les installations d'éoliennes se développent pour utiliser des ressources énergétiques renouvelables.
L'objectif visé par l'Europe est de 20 % en 2020.

2. Certaines personnes s'opposent au développement des installations d'éoliennes, car elles modifient le paysage et nécessitent de grandes surfaces d'occupation au sol.

3. Le projet d'éoliennes en 2015 doit avoir une capacité de production de 3000 MW.
Une centrale nucléaire de 4 réacteurs de 900 MW à une capacité de :
$4 \times 900 = 3600$ MW.
Le projet éolien assurera une production à peu près équivalente à celle d'une centrale nucléaire de ce type.

4. Un gaz à effet de serre est un gaz qui absorbe une partie des rayonnements infrarouges émis par la Terre et qui en réémet ensuite une partie vers la surface de la Terre, ce qui contribue à son échauffement. C'est le cas, notamment, du dioxyde de carbone et de la vapeur d'eau.

5. La fabrication des matériaux nécessaires à la construction des éoliennes libèrent beaucoup de gaz à effet de serre.

6. Un « bilan carbone » est un outil qui permet de comptabiliser les émissions de gaz à effet de serre des individus, des entreprises, des installations industrielles, des activités humaines, etc.

7. La production d'électricité d'origine nucléaire s'élève à :
$$0{,}75 \times 550 = 413 \text{ TW}\cdot\text{h}.$$
Pour produire un térawatt-heure, il faut une surface au sol de 15 km^2 ; il faudrait recouvrir une surface de $413 \times 15 = 6{,}2 \times 10^3$ km^2 d'éoliennes pour remplacer les centrales nucléaires en France, soit un peu plus que la moitié de la surface du département de la Gironde (10725 km^2).

Chapitre 15

4 D'après la relation puissance-énergie :
$$\mathscr{E} = \mathscr{P} \cdot \Delta t,$$
en 3,5 h, l'écran consomme en fonctionnement une énergie :
$\mathscr{E} = 28 \times 3{,}5 = 98$ W·h
et en une semaine de veille :
$\mathscr{E} = 1{,}2 \times 7{,}0 \times 24 = 2{,}0 \times 10^2$ W·h.
L'écran consomme donc plus en une semaine de veille qu'en 3,5 heures de fonctionnement.

5 1. Pour différentes valeurs de la tension délivrée par le générateur, on mesure la tension U aux bornes de la lampe et l'intensité I du courant qui la traverse.

2. Les mesures permettent d'obtenir la courbe suivante :

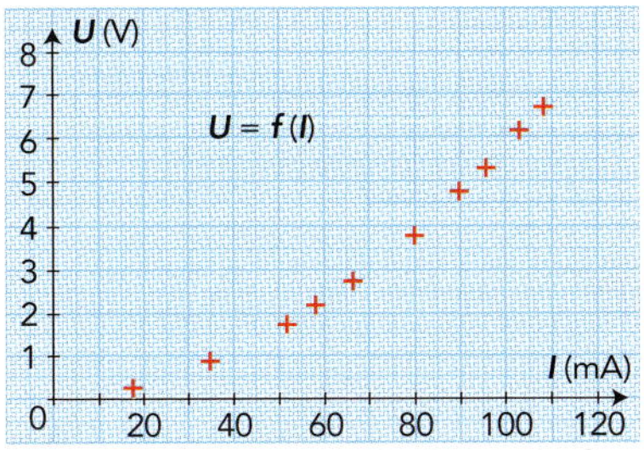

7 a. Le watt (W) est une unité de puissance.
b. Le kW·h est une unité d'énergie.
c. Le joule est une unité d'énergie.

12 1. Le tracé montre que la tension est proportionnelle à l'intensité du courant, donc le dipôle suit la loi d'Ohm $U = R \cdot I$.

2. Le coefficient directeur de la droite donne la valeur de la résistance R :
$$R = \frac{(3{,}0 - 0)}{(0{,}025 - 0)} = 120\ \Omega.$$

14 1.

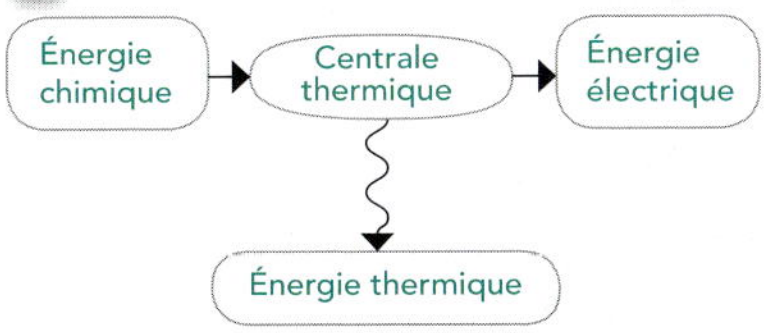

2. D'après le principe de conservation de l'énergie, l'énergie chimique est égale à la somme de l'énergie électrique et de l'énergie thermique.

27 1. a. L'énergie électrique reçue est :
$\mathscr{E}_e = U \cdot I \cdot \Delta t = 4{,}5 \times 0{,}100 \times 2{,}5 = 1{,}1$ J.
b. L'énergie thermique perdue par effet Joule est :
$\mathscr{E}_{th} = r \cdot I^2 \cdot \Delta t = 2{,}1 \times 0{,}100^2 \times 2{,}5$
$\mathscr{E}_{th} = 5{,}3 \times 10^{-2}$ J.
c. L'énergie disponible $\mathscr{E}_1$ se calcule par :
$\mathscr{E}_1 = \mathscr{E}_e - \mathscr{E}_{th} = 1{,}0$ J.

2. L'énergie mécanique s'identifie à l'énergie potentielle de pesanteur ; il n'y a pas d'énergie cinétique.
$\mathscr{E}_m = \mathscr{E}_p = m \cdot g \cdot h = 0{,}035 \times 9{,}81 \times 0{,}60$
$\mathscr{E}_m = 2{,}1 \times 10^{-1}$ J.

3. L'énergie mécanique est plus faible que l'énergie disponible ; il y a eu des pertes.

4. La chaîne énergétique est :

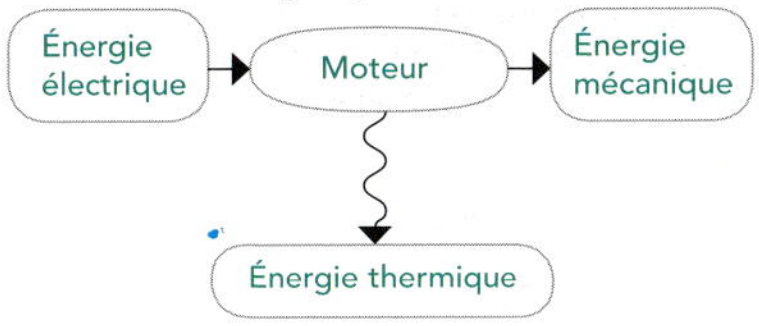

5. Le rendement se calcule par la relation :
$$r = \frac{\mathscr{E}_m}{\mathscr{E}_e} = \frac{2{,}1 \times 10^{-1}}{1{,}1} = 0{,}19, \text{ soit } 19\ \%.$$

28 1. La tour utilise l'énergie lumineuse, de rayonnement.

2. Ces installations utilisent une énergie renouvelable et ne dégagent pas de gaz à effet de serre. Les centrales thermiques utilisent des ressources non renouvelables et rejettent des gaz à effets de serre.

3. La chaîne énergétique de cette installation est :

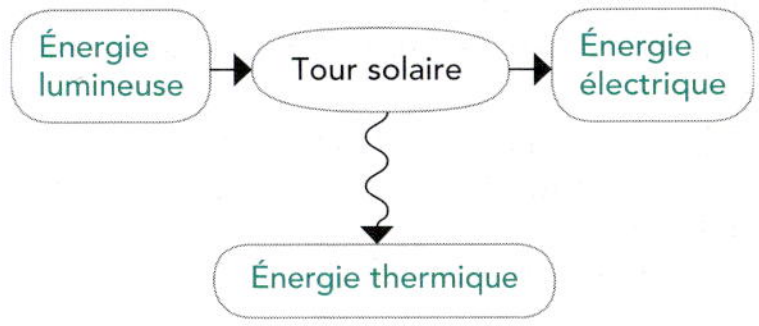

4. La puissance en entrée de chaîne se calcule par :
$\mathscr{P}_{\text{entrée}} = 0{,}70 \times 1{,}5 \times 10^5 = 1{,}1 \times 10^5$ kW.
Dans ces conditions, le rendement vaut :
$$r = \frac{\mathscr{P}_{\text{sortie}}}{\mathscr{P}_{\text{entrée}}} = \frac{20 \times 10^6}{1{,}1 \times 10^8}$$
$= 0{,}18$, soit seulement 18 %.

Chapitre 16

4 1. $C_2H_6O(\ell) + 3\ O_2(g) \rightarrow 2\ CO_2(g) + 3\ H_2O(g)$

2. a. $V(C_2H_6O) = 0{,}85 \cdot V = 7{,}0$ L.
b. Quantité d'éthanol consommée :
$$n(C_2H_6O) = \rho \cdot \frac{V(C_2H_6O)}{100 \times M(C_2H_6O)} = 1{,}2 \text{ mol}.$$
Masse de dioxyde de carbone produite :
$m = n(CO_2) \cdot M(CO_2) = 2 \cdot n(C_2H_6O) \cdot M(CO_2)$
$= 106$ g.

5 1. $m_{eau} = \rho \cdot V = 2{,}5 \times 10^2$ g
2. $m_{gaz} = (m_{eau} \cdot c_{eau} + C_{théière}) \cdot (\theta_f - \theta_i) / \mathscr{E}_{th}$
$= 2{,}1$ g.

6 c., d. et e.

8 a. Une feuille verte réalisant la photosynthèse.
b. Une chaudière à gaz, fioul, bois, etc.
c. Une pile ou un accumulateur.
d. Un muscle.

9 a. $CH_4 + 2\ O_2 \rightarrow CO_2 + 2\ H_2O$
b. $2\ C_{10}H_{22} + 31\ O_2 \rightarrow 20\ CO_2 + 22\ H_2O$
c. $C_9H_{20} + 14\ O_2 \rightarrow 9\ CO_2 + 10\ H_2O$
d. $C_2H_5OH + 3\ O_2 \rightarrow 2\ CO_2 + 3\ H_2O$
e. $2\ C_3H_7OH + 9\ O_2 \rightarrow 6\ CO_2 + 8\ H_2O$
f. $C_4H_9OH + 6\ O_2 \rightarrow 4\ CO_2 + 5\ H_2O$

12 1. Formule générale d'un alcane C_nH_{2n+2} d'où $C_{25}H_{52}$
2. $C_{25}H_{52} + 38\ O_2 = 25\ CO_2 + 26\ H_2O$

Corrigés

3. $\mathscr{E}_{th} = \frac{1}{m} \cdot [(m_1 \cdot c_{eau} + m_{boîte} \cdot c_{acier}) \cdot \Delta\theta] + Q_{éb(paraffine)}$

$= \frac{1}{0,44} \times (148 \times 4,18 + 26,6 \times 0,470) \times 25,4 + 1420$

$= 3,8 \times 10^4\ J \cdot g^{-1}$,

soit $\mathscr{E}_{th} = 3,8 \times 10\ kJ \cdot g^{-1}$

d'où $\mathscr{P} = 3,8 \times 10^4\ kJ \cdot kg^{-1}$

4. $\mathscr{E} = \mathscr{E}_{th} \cdot M_{paraffine} = 3,8 \times 10 \times 352$
$= 1,3 \times 10^4\ kJ \cdot mol^{-1}$

5. L'énergie de combustion est $1,3 \times 10^2$ fois supérieure à l'énergie de changement d'état de la paraffine. Cette différence est due à la différence de nature des liaisons qui se rompent et se forment.

22 1. *Anthropique* : qualifie tout élément provoqué directement ou indirectement par l'action de l'homme.
Bioséquestration : capture du dioxyde de carbone, produit par les activités humaines, par des végétaux, grâce à la photosynthèse pour produire de la matière organique.
Acre : unité de surface dont la valeur varie entre 3 000 m² et 6 000 m².
Biocarburant : carburant issu de la biomasse.
Biomasse : matière organique d'origine végétale.
2. La culture d'algues permet d'utiliser le CO_2, produit par les activités humaines, pour produire des biocarburants. On diminue ainsi les rejets de CO_2 (gaz à effet de serre) dans l'atmosphère.
3. a. La surface des cultures de soja serait de 8 000 ha, soit 80 km².
b. Cette surface est pratiquement le double de celle de la ville de Lyon : la surface des terres nécessaire serait trop importante et rendrait cette technique impossible à mettre en œuvre.
4. a. l'acide 3-hydroxybutanoïque présente un groupe hydroxyle et un groupe carboxyle ; l'acide but-2-ènoïque et l'acide octanoïque ont un groupe carboxyle.
b. Isomère *E* :

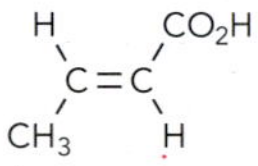

c. Formule topologique :

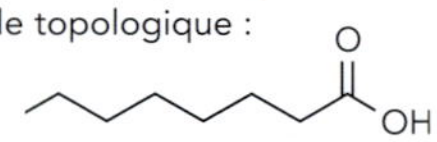

d. Le groupe carboxyle est hydrophile mais la chaîne carbonée hydrophobe est longue : l'acide but-2-ènoïque est très peu soluble dans l'eau.

Chapitre 17

5 1. Les couples oxydant/réducteur mis en jeu dans cette pile sont :
$Fe^{3+}(aq)/Fe^{2+}(aq)$ et $Ag^{+}(aq)/Ag(s)$.
2. Le courant traverse la résistance de l'électrode d'argent vers l'électrode de graphite.
3. Les électrons traversent la résistance de l'électrode de graphite vers l'électrode d'argent. L'oxydation se produit à l'électrode de graphite : $Fe^{2+}(aq) \rightarrow Fe^{3+}(aq) + e^-$
La réduction se produit à l'électrode d'argent :
$Ag^{+}(aq) + e^- \rightarrow Ag(s)$
4. L'électrode en graphite permet la collection [illegible] fer (II) en ions fer (III), oxydation qui se fait à la surface de cette électrode.

6 1. La quantité initiale d'ions hydrogène est :
$n_0(H^+) = C \cdot V = 1,0 \times 25,0 \times 10^{-3}$
$= 2,50 \times 10^{-2} mol = 25,0\ mmol$.
Voir le tableau en fin des corrigés, page 378.
Lorsque tous les ions hydrogène présents initialement dans la solution ont été consommés, elle ne peut plus oxyder l'aluminium.
Alors $25,0 - 6\ x_f = 0$, soit $x_f = 4,17$ mmol
et $n(Al) - 2\ x_f = 0$, soit $n(Al) = 2\ x_f = 8,34$ mmol.
La masse d'aluminium cherchée s'en déduit :
$m(Al) = n(Al) \cdot M(Al) = 8,34 \times 10^{-3} \times 27,0$
$= 0,225$ g.
2. La quantité de dihydrogène formée est égale à $n(H_2) = 3\ x_f = 3 \times 4,17 = 12,5$ mmol.
Le volume de dihydrogène $H_2(g)$ dégagé s'en déduit :
$V(H_2) = n(H_2) \cdot V_m = 12,5 \times 10^{-3} \times 24 = 0,30$ L.

7 1. Le boîtier en acier nickelé de cette pile constitue ses électrodes.
2. La solution ionique de potasse constitue l'électrolyte de cette pile.
3. Le dioxygène, un des réactifs de cette pile, est apporté par l'air. Cela permet, pour un même volume, d'avoir une quantité plus importante de l'autre réactif de la pile et, donc, une autonomie plus importante.
Les trous d'aération sont obturés jusqu'à la mise en service pour éviter que la pile commence à fonctionner et ne « s'use » avant d'être utilisée.

10 1. À l'extérieur de la pile, les électrons vont de l'électrode de fer vers celle de nickel.
2. À l'extérieur de cette pile, le courant va de l'électrode de nickel vers celle de fer.
3. La borne positive de cette pile est donc l'électrode de nickel.

12 1. Le magnésium est oxydé en ions $Mg^{2+}(aq)$.
2. Les ions hydrogène ont été réduits en dihydrogène $H_2(g)$.
3. L'oxydant qui réagit est l'ion hydrogène ; le réducteur est le magnésium.
4. Les couples oxydant/réducteur mis en jeu sont :
$H^+(aq)/H_2(g)$ et $Mg^{2+}(aq)/Mg(s)$.

13 1. Les couples oxydant/réducteur présents sont :
$Ni^{2+}(aq)/Ni(s)$ et $Fe^{2+}(aq)/Fe(s)$.
2. Les deux couples constituent les deux demi-piles reliées par le pont salin constitué par le tube en U rempli de solution gélifiée de nitrate d'ammonium. Le schéma de cette pile est donné à l'exercice 10.

16 a. $2\ IO_3^-(aq) + 10\ e^- + 12\ H^+(aq) \leftrightarrows I_2(aq) + 6\ H_2O(\ell)$
b. $H_2O_2(aq) + 2\ e^- + 2\ H^+(aq) \leftrightarrows 2\ H_2O(\ell)$
c. $O_2(g) + 4\ e^- + 4\ H^+(aq) \leftrightarrows 2\ H_2O(\ell)$
d. $2\ HOCl(aq) + 2\ e^- + 2\ H^+(aq) \leftrightarrows Cl_2(g) + 2\ H_2O(\ell)$

Chapitre 18

4 1. Le composé oxygéné considéré est un acide carboxylique : il présente un groupe carboxyle CO_2H.
2. Ses formules semi-développée et topologique sont respectivement :

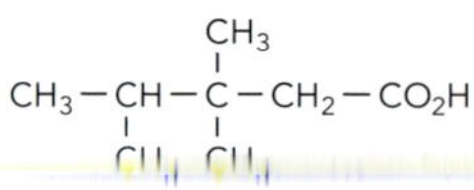

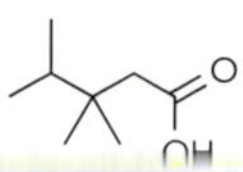

3. Sa chaîne carbonée possède cinq atomes de carbone. Elle est numérotée à partir de l'atome de carbone fonctionnel : l'atome de carbone n° 3 porte deux groupes méthyle et l'atome de carbone n° 4 en porte aussi un : c'est l'acide 3,3,4-triméthylpentanoïque.

6 1. L'alcool de gauche est primaire, celui de droite est secondaire.
2. Il n'y a pas d'alcool tertiaire comme le méthylpropan-2-ol.

7 Les composés b et f sont des aldéhydes. Les composés a et e sont des cétones.

10 1. Les composés a, c et d sont des acides carboxyliques.
2. a est l'acide butanoïque ;
c est l'acide 2-méthylbutanoïque ;
d est l'acide 3-méthylpentanoïque.

Chapitre 19

4 1. Cet alcool est un alcool secondaire, puisque son oxydation, avec un défaut ou un excès d'oxydant, donne un composé carbonylé, ici donc, une cétone. Sa structure peut être déterminée sans équivoque : il s'agit du butan-2-ol.
2. L'équation de la réaction correspondant à la première expérience s'écrit :
$5\ C_4H_{10}O(\ell) + 2\ MnO_4^-(aq) + 6\ H^+(aq) \rightarrow 5\ C_4H_8O(\ell) + 2\ Mn^{2+}(aq) + 8\ H_2O(\ell)$

5 Les quantités initiales des réactifs mises en jeu valent :
– pour l'alcool :
$n_1 = \frac{m}{M(C_4H_{10}O)} = \frac{1,33}{74,0} = 1,80 \times 10^{-2}$ mol ;
– pour l'ion permanganate :
$n_2 = C \cdot V = 50 \times 10^{-3} \times 0,40 = 2,0 \times 10^{-2}$ mol.
Voir le tableau en fin des corrigés, page 378.
Les quantités de réactifs s'annulent pour :
$n_1 - 5\ x_{1max} = 0$, soit $x_{1max} = n_1/5$
$= 3,6 \times 10^{-3}$ mol ;
$n_2 - 4\ x_{2max} = 0$, soit $x_{2max} = n_2/4$
$= 5,0 \times 10^{-3}$ mol.
Le butan-1-ol est le réactif limitant.
$n_f(C_4H_8O_2) = \frac{m'}{M(C_4H_8O_2)} = \frac{1,24}{88,0}$
$= 1,41 \times 10^{-2}$ mol
$n_{max}(C_4H_8O_2) = 5 \cdot x_{max} = 1,80 \times 10^{-2}$ mol.
D'où $\rho = \frac{n_f(C_4H_8O_2)}{n_{max}(C_4H_8O_2)} = \frac{1,41 \times 10^{-2}}{1,80 \times 10^{-2}} = 0,783$,
soit 78 %.

7

Dérivés carbonylés	DNPH	Liqueur de Fehling
a	précipité	précipité
b	précipité	précipité
c	précipité	rien

9 Les alcools qui ont donné, par oxydation, les produits considérés ont pour formule semi-développée :
a. l'éthanol : CH_3-CH_2-OH
b. le propan-1-ol : $CH_3-CH_2-CH_2-OH$
c. le butan-2-ol : $CH_3-CH_2-CH(OH)-CH_3$
d. le cyclohexanol :

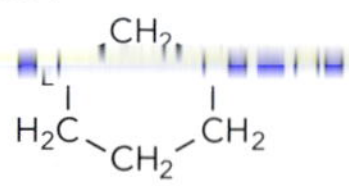

e. le méthanol : CH_3-OH

11 Les ions permanganate et hydrogène étant en excès, le réactif en défaut est le pentan-1-ol.

La quantité maximale d'acide attendue est égale à la quantité initiale d'alcool, soit :

$n_{max}(\text{acide}) = 2{,}21 \times 10^{-2}\ \text{mol} \cdot \text{L}^{-1}$.

Le rendement de la synthèse est égal à

$\rho = n / n_{max} = n / n_1 = 1{,}9 \times 10^{-2} / 2{,}21 \times 10^{-2} = 0{,}86$, soit 86 %.

17 **1.** Le propan-1-ol est un alcool primaire. Il peut donc être oxydé en propanal ou en acide propanoïque.

2. a. Si l'oxydant dichromate est en défaut, le propan-1-ol est oxydé en propanal selon :

$3 \times (C_3H_8O(\ell) \rightarrow C_3H_6O(\ell) + 2\ H^+(aq) + 2\ e^-)$

$Cr_2O_7^{2-}(aq) + 14\ H^+(aq) + 6\ e^- \rightarrow 2\ Cr^{3+}(aq) + 7\ H_2O(\ell)$

$Cr_2O_7^{2-}(aq) + 8\ H^+(aq) + 3\ C_3H_8O(\ell) \rightarrow 2\ Cr^{3+}(aq) + 7\ H_2O(\ell) + 3\ C_3H_6O(\ell)$

b. Voir le tableau d'avancement en fin des corrigés, p. 378.

$n_1 = C \cdot V = 0{,}25 \times 50 \times 10^{-3} = 1{,}25 \times 10^{-2}\text{mol}$;

$n_2 = \dfrac{m}{M(C_3H_8O)} = 1{,}67 \times 10^{-2}\text{mol}$.

Si l'ion dichromate est le réactif limitant :

$n_1 - x_{1max} = 0$, soit $x_{1max} = n_1 = 1{,}25 \times 10^{-2}$ mol.

Si le propan-1-ol est le réactif limitant :

$n_2 - 3\,x_{2max} = 0$, soit $x_{2max} = n_2/3 = 5{,}56 \times 10^{-3}$ mol.

Le propan-1-ol est le réactif en défaut et l'oxydant dichromate est en excès. Le propan-1-ol peut donc être oxydé en acide propanoïque.

3. a. Si l'oxydant dichromate est en excès, le propan-1-ol est oxydé en acide propanoïque selon :

$3 \times (C_3H_8O(\ell) + H_2O(l) \rightarrow C_3H_6O_2(\ell) + 4\ H^+(aq) + 4\ e^-)$

$2 \times (Cr_2O_7^{2-}(aq) + 14\ H^+(aq) + 6\ e^- \rightarrow 2\ Cr^{3+}(aq) + 7\ H_2O(\ell))$

$2\ Cr_2O_7^{2-}(aq) + 16\ H^+(aq) + 3\ C_3H_8O(\ell) \rightarrow 4\ Cr^{3+}(aq) + 11\ H_2O(\ell) + 3\ C_3H_6O_2(\ell)$

b. Voir le tableau d'avancement en fin des corrigés, p. 378.

Si la quantité d'ions dichromate utilisée est suffisante pour réaliser l'oxydation considérée, le propan-1-ol est le réactif en défaut, alors :

$n_2 - 3\,x_{max} = 0$, soit $x_{max} = n_2/3 = 5{,}56 \times 10^{-3}$ mol.

La quantité minimale d'ions dichromate nécessaire à l'oxydation complète de l'alcool vaut, alors : $n(Cr_2O_7^{2-}) = 2\,x_{max} = 1{,}11 \times 10^{-2}$ mol.

Cette quantité est inférieure à la quantité introduite, les ions dichromate sont bien en excès et la totalité du propan-1-olest oxydé en en acide propanoïque.

Chapitre 20

1 **1.** La surface totale du cube est $S_1 = 6 \times a^2$

2. En divisant par 10^3 la longueur de l'arête, le nombre de cubes est égal 10^9.

La surface de chacun des cubes est :

$S' = 6 \times (a/10^3)^2 = 6 \times a^2/10^6$

La surface de l'ensemble des cubes est donc :

$S_2 = 10^9 \times 6 \times a^2/10^6 = 10^3 \times 6 \times a^2 = 10^3 \times S_1$

3. Une réaction chimique se produit à la surface des réactifs solides. En le réduisant en poudre, on augmente considérablement la surface de contact et ainsi la vitesse de réaction. Ceci est important dans l'industrie chimique pour laquelle la réduction de la durée des réactions se traduit par une diminution des coûts de production.

2 **1. a.** Le volume de la nanoparticule est :

$$V = \frac{4}{3}\pi R^3.$$

Le volume d'un atome d'or est $v = \dfrac{4}{3}\pi r^3$.

En considérant que seulement 75 % du volume de la nanoparticule sont occupés par des atomes, le nombre d'atomes d'or N dans une nanoparticule vaut :

$N = 0{,}75 \times \dfrac{V}{v}$, soit $N = 0{,}75 \times \left(\dfrac{R}{r}\right)^3 = 6{,}5 \times 10^3$.

b. La quantité d'or contenue dans une nanoparticule est donc : $n = \dfrac{N}{N_A} = 1{,}0 \times 10^{-20}$ mol.

2. Les particules d'or de quelques dizaines de nanomètres de diamètre absorbent très fortement dans un domaine de longueurs d'onde centré sur 520 nm. Elles absorbent donc principalement les couleurs bleu-vert et apparaissent rouge-orangé.

3. Un colloïde est obtenu quand une substance (gaz, liquide ou solide) est finement dispersée dans une autre substance elle-même gazeuse ou liquide, de sorte que le mélange soit homogène. On peut donner les exemples suivants :

- d'un solide dans un gaz : fumée ;
- d'un solide dans un liquide : peinture, encre ;
- d'un liquide dans un gaz : brouillard, aérosol ;
- d'un liquide dans un liquide : lait, pastis, mayonnaise ;
- d'un gaz dans un liquide : crème fouettée, mousse ;
- d'un gaz dans un solide : aérogel, polystyrène expansé, etc.

4. Dans une nanoparticule d'or, les atomes ont moins de voisins, et donc subissent moins d'interactions attractives, que dans une particule de taille plus importante. L'éloignement des atomes les uns des autres nécessite alors moins d'énergie et la température de fusion est plus faible que pour une particule de taille plus importante.

4 **1.** Une particule, dans un fluide, a un mouvement désordonné appelé mouvement brownien. Ce mouvement est rectiligne entre deux chocs successifs sur les parois du réservoir, sur une autre particule ou sur les molécules du fluide.

2. Plus une particule est petite, plus son déplacement entre deux chocs successifs est important. Une particule de petite taille a donc plus de chance de rencontrer le maillage du filtre et donc d'être arrêtée par le filtre.

3. L'ordre de grandeur de la taille d'une molécule de diazote et d'une molécule de dioxygène est 0,2 nm.

On peut donc estimer que les plus petites particules arrêtées par le filtre ont une taille de l'ordre de 1 nm.

8 **1.** *Pathogène* : qui peut provoquer une maladie.

Surexpression : production d'une substance, ici d'un antigène, supérieure à la production par une cellule saine.

Antigène : macromolécule reconnue par des anticorps ou des cellules du système immunitaire et capable d'engendrer une réponse immunitaire. Ce sont généralement des protéines, des polysaccharides et leurs dérivés lipidiques.

Anticorps : protéine complexe utilisée par le système immunitaire pour détecter et neutraliser les antigènes de manière spécifique.

2. L'utilisation de nanoparticules greffées permet d'utiliser des quantités moindres de médicaments et donc de diminuer les effets secondaires et les coûts des traitements.

Chapitre 5 - Exercice 3, question 1.

Équation chimique		3 S(s)	+ 2 Al(s)	→ Al_2S_3(s)
État du système	Avancement (mol)	n(S)	n(Al)	$n(Al_2S_3)$
État initial	$x = 0$	0,30	0,60	0
État intermédiaire	x	$0{,}30 - 3\,x$	$0{,}60 - 2\,x$	x
État final	x_{max}	$0{,}30 - 3\,x_{max}$	$0{,}60 - 2\,x_{max}$	x_{max}

Chapitre 5 - Exercice 3, question 3.

État final	x_{max} = 0,10 mol	$0{,}30 - 3\,x_{max}$ = 0,00 mol	$0{,}60 - 2\,x_{max}$ = 0,40 mol	x_{max} = 0,10 mol

Chapitre 5 - Exercice 7, question 2.

Équation chimique		4 Fe(s)	+ 3 O_2(g)	→ 2 Fe_2O_3(s)
État du système	Avancement (mol)	n(Fe)	$n(O_2)$	$n(Fe_2O_3)$
État initial	$x = 0$	10,0	$n_0(O_2)$	0,0
État intermédiaire	x	$10{,}0 - 4\,x$	$n_0(O_2) - 3\,x$	$2\,x$
État final	x_{max}	$10{,}0 - 4\,x_{max}$	0,0	$2\,x_{max}$

Chapitre 5 - Exercice 8, question 1.

Équation chimique		I_2(aq)	+ 2 $S_2O_3^{2-}$(aq) →	2 I^-(aq)	+ $S_4O_6^{2-}$(aq)
État du système	Avancement (mol)	$n(I_2)$	$n(S_2O_3^{2-})$	$n(I^-)$	$n(S_4O_6^{2-})$
État initial	$x = 0$	3,0	5,0	0,0	0,0
État intermédiaire	x	$3{,}0 - x$	$5{,}0 - 2\,x$	$2\,x$	x
État final	x_{max}	$3{,}0 - x_{max}$	$5{,}0 - 2\,x_{max}$	$2\,x_{max}$	x_{max}

Corrigés

3. Les rayonnements infrarouges se situent après le rouge, donc du côté des longueurs plus grandes que celles du visible.
4. Le phénomène physique responsable de l'élévation de température est l'absorption du rayonnement, ici IR, par les nanoparticules.
Un rayonnement transporte de l'énergie ; lorsqu'il est absorbé, son énergie est absorbée. Cette énergie rayonnante est transformée en énergie d'agitation thermique dans la nanoparticule, cela se traduit par l'élévation de sa température.

9 **1.** Le mot « malaria » vient de l'italien *mala* : mauvais et *aria* : air. Il désigne le « mauvais air » que dégageaient les zones marécageuses, le respirer entraîne des fièvres.
2. Les symptômes du paludisme sont : fièvre élevée, douleurs diffuses (maux de tête, courbatures) et troubles digestifs (nausées, diarrhées).
3. Dans la quinine, on reconnaît un groupe hydroxyle, un groupe étheroxyde et un groupe amine, alors que dans la chloroquine, on reconnaît deux groupes amines.
4. La structure commune à ces 2 molécules est :

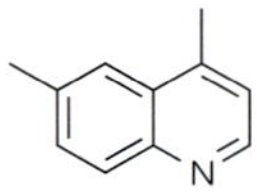

5. Dans la molécule d'artémisinine, on reconnaît le groupe ester et le groupe étheroxyde.
6. Les synthèses de l'artéméther et de l'artééther sont des hémisynthèses, car ces molécules sont obtenues à partir de l'artémisinine, molécule naturelle, en ne modifiant que certaines parties de cette molécule.
7. L'utilisation d'une seule molécule favorise le développement de souches résistantes à cette molécule. Il est donc recommandé d'associer deux (ou trois) molécules différentes pour éviter cela.

13 **1.** Le premier aérogel a été créé par S. Kistler en 1931.
2. La densité d'un verre est d'environ 2,5 $t \cdot m^{-3}$, soit 2,5 $g \cdot cm^{-3}$, soit environ 1 000 fois plus que celle d'un aérogel.
3. a. La densité d'un aérogel étant extrêmement petite, les frottements entre l'aérogel et le grain de poussière sont très faibles et ne conduisent donc pas à un échauffement du grain.
b. Les nanopores emprisonnent l'air qui ne peut donc pas se déplacer, ce qui bloque la propagation de la chaleur et des sons entre les deux faces du matériau. Ceci en fait un excellent isolant thermique et phonique.
4. Les aérogels pourraient être utilisés comme isolant thermique et phonique dans les vitrages et les cloisons, comme isolant thermique dans les combinaisons et les chaussures des astronautes, des pompiers ou des alpinistes, autour des fours ou des appareils qui dégagent beaucoup de chaleur pour éviter les brûlures, etc.
5. Pour obtenir une résistance thermique égale à 5, il faut 7,2 cm d'aérogel et 20 cm de laine de verre.
6. En passant à travers les pores des roches [illegible] accrochés aux pores et l'eau est filtrée. Sur le même principe, les pores des aérogels de silice pourraient retenir les polluants et servir ainsi de filtres capables de retenir des impuretés de très petite dimension.

Chapitre 5 - Exercice 10, question 3.

Équation chimique		$2\ I^-(aq)$	+ $S_2O_8^{2-}(aq)$ →	$I_2(aq)$	+ $2\ SO_4^{2-}(aq)$
État du système	Avancement (mmol)	$n(I^-)$	$n(S_2O_8^{2-})$	$n(I_2)$	$n(SO_4^{2-})$
État initial	$x = 0$	2,5	5,0	0,0	0,0
État intermédiaire	x	$2{,}5 - 2x$	$5{,}0 - x$	x	$2x$
État final	x_{max}	$2{,}5 - 2x_{max}$	$5{,}0 - x_{max}$	x_{max}	$2x_{max}$

Chapitre 5 - Exercice 10, question 5.

État final	x_{max} = 1,25 mmol	$2{,}5 - 2x_{max}$ = 0,0 mmol	$5{,}0 - x_{max}$ = 3,75 mmol	x_{max} = 1,25 mmol	$2x_{max}$ = 2,5 mmol

Chapitre 9 - Exercice 10.

Anion \ Cation	Na^+	Mg^{2+}	Al^{3+}
F^-	NaF	MgF_2	AlF_3
S^{2-}	Na_2S	MgS	Al_2S_3
NO_3^-	$NaNO_3$	$Mg(NO_3)_2$	$Al(NO_3)_3$
$C_2O_4^{2-}$	$Na_2C_2O_4$	MgC_2O_4	$Al_2(C_2O_4)_3$

Chapitre 10 - Exercice 6, question 3.

Équation de dissolution		$Fe(NO_3)_3(s)$ $\xrightarrow{eau}$	$Fe^{3+}(aq)$	+ $3\ NO_3^-(aq)$
État du système	Avancement	$n(Fe(NO_3)_3)$	$n(Fe^{3+})$	$n(NO_3^-)$
Quantités apportées dans l'état initial	$x = 0$	n	0	0
Quantités en solution dans l'état final	x_{max}	$n - x_{max} = 0$	x_{max}	$3x_{max}$

Chapitre 10 - Exercice 17, question 2.

Équation de dissolution		$Na_2SO_4(s)$ $\xrightarrow{eau}$	$2\ Na^+(aq)$	+ $SO_4^{2-}(aq)$
État du système	Avancement (mmol)	$n(Na_2SO_4)$	$n(Na^+)$	$n(SO_4^{2-})$
État initial	$x = 0$	n	0	0
État final	x_{max}	$n - x_{max} = 0$	$2x_{max}$	x_{max}

Chapitre 17 - Exercice 6, question 1.

Équation	$6\ H^+(aq)$ +	$2\ Al(s)$ →	$3\ H_2(g)$ +	$2\ Al^{3+}(aq)$
Quantités initiales	25,0	$n(Al)$	0	0
Quantités finales	$25{,}0 - 6x_f$	$n(Al) - 2x_f$	$3x_f$	$2x_f$

Chapitre 19 - Exercice 5.

Équation	$5\ C_4H_{10}O$ +	$4\ MnO_4^-$ +	$12\ H^+$ →	$5\ C_4H_8O_2$ +	$4\ Mn^{2+}$ +	$11\ H_2O$
État initial	n_1	n_2	excès	0	0	excès
État final	$n_1 - 5x_{max}$	$n_2 - 4x_{max}$	excès	$5x_{max}$	$4x_{max}$	excès

Chapitre 19 - Exercice 17, question 2b.

Équation	$Cr_2O_7^{2-}$ +	$3\ C_3H_8O$ +	$8\ H^+$ →	$2\ Cr^{3+}$ +	$3\ C_3H_6O$ +	$7\ H_2O$
État initial	n_1	n_2	excès	0	0	excès
État final	$n_1 - x_{max}$	$n_2 - 3x_{max}$	excès	$2x_{max}$	$3x_{max}$	excès

Chapitre 19 - Exercice 17, question 3b.

Équation	$2\ Cr_2O_7^{2-}$ +	$3\ C_3H_8O$ +	$16\ H^+$ →	$4\ Cr^{3+}$ +	$3\ C_3H_6O_2$ +	$11\ H_2O$
État initial	n_1	n_2	excès	0	0	excès
État final	$n_1 - 2x_{max}$	$n_2 - 3x_{max}$	excès	$4x_{max}$	$3x_{max}$	excès

Programme

Extrait du Journal officiel de la République française du 28 août 2010

Notions et contenus	Compétences attendues	Chapitres du manuel
Observer Couleurs et images ***Comment l'œil fonctionne-t-il ? D'où vient la lumière colorée ? Comment créer de la couleur ?***		
Couleur, vision et image		
L'œil ; modèle de l'œil réduit.	Décrire le modèle de l'œil réduit et le mettre en correspondance avec l'œil réel.	Chapitre 1
Lentilles minces convergentes : images réelle et virtuelle. Distance focale, vergence.	Déterminer graphiquement la position, la grandeur et le sens de l'image d'un objet-plan donnée par une lentille convergente.	
Formule de conjugaison ; grandissement.	*Modéliser le comportement d'une lentille mince convergente à partir d'une série de mesures.* Utiliser les relations de conjugaison et de grandissement d'une lentille mince convergente.	
Accommodation.	Modéliser l'accommodation du cristallin.	
Fonctionnements comparés de l'œil et d'un appareil photographique.	*Pratiquer une démarche expérimentale pour comparer les fonctionnements optiques de l'œil et de l'appareil photographique.*	
Couleur des objets. Synthèse additive, synthèse soustractive. Absorption, diffusion, transmission.	Interpréter la couleur observée d'un objet éclairé à partir de celle de la lumière incidente ainsi que des phénomènes d'absorption, de diffusion et de transmission. Utiliser les notions de couleur blanche et de couleurs complémentaires. Prévoir le résultat de la superposition de lumières colorées et l'effet d'un ou plusieurs filtres colorés sur une lumière incidente. *Pratiquer une démarche expérimentale permettant d'illustrer et comprendre les notions de couleurs des objets.*	Chapitre 2
Vision des couleurs et trichromie. Daltonisme. Principe de la restitution des couleurs par un écran plat (ordinateur, téléphone portable...).	Distinguer couleur perçue et couleur spectrale. Recueillir et exploiter des informations sur le principe de restitution des couleurs par un écran plat.	
Sources de lumière colorée		
Différentes sources de lumière : étoiles, lampes variées, laser, DEL...	Distinguer une source polychromatique d'une source monochromatique caractérisée par une longueur d'onde dans le vide.	Chapitre 3
Domaines des ondes électromagnétiques.	Connaître les limites en longueur d'onde dans le vide du domaine visible et situer les rayonnements infrarouges et ultraviolets.	
Couleur des corps chauffés. Loi de Wien.	Exploiter la loi de Wien, son expression étant donnée. *Pratiquer une démarche expérimentale permettant d'illustrer et de comprendre la notion de lumière colorée.*	
Interaction lumière-matière : émission et absorption. Quantification des niveaux d'énergie de la matière. Modèle corpusculaire de la lumière : le photon. Énergie d'un photon. Relation $\Delta\mathscr{E} = h\nu$ dans les échanges d'énergie.	Interpréter les échanges d'énergie entre lumière et matière à l'aide du modèle corpusculaire de la lumière. Connaître les relations $\lambda = c/\nu$ et $\Delta\mathscr{E} = h\nu$ et les utiliser pour exploiter un diagramme de niveaux d'énergie.	
Spectre solaire.	Expliquer les caractéristiques (forme, raies) du spectre solaire.	

Programme

Matières colorées		
Synthèse soustractive. Colorants, pigments ; extraction et synthèse.	Interpréter la couleur d'un mélange obtenu à partir de matières colorées. *Pratiquer une démarche expérimentale mettant en œuvre une extraction, une synthèse, une chromatographie.*	Chapitre 4
Réaction chimique : réactif limitant, stœchiométrie, notion d'avancement. Dosage de solutions colorées par étalonnage. Loi de Beer-Lambert.	Identifier le réactif limitant, décrire quantitativement l'état final d'un système chimique. Interpréter en fonction des conditions initiales la couleur à l'état final d'une solution siège d'une réaction chimique mettant en jeu un réactif ou un produit coloré. *Pratiquer une démarche expérimentale pour déterminer la concentration d'une espèce colorée à partir d'une courbe d'étalonnage en utilisant la loi de Beer-Lambert.*	Chapitre 5
Molécules organiques colorées : structures moléculaires, molécules à liaisons conjuguées. Indicateurs colorés.	Savoir que les molécules de la chimie organique sont constituées principalement des éléments C et H. Reconnaître si deux doubles liaisons sont en position conjuguée dans une chaîne carbonée. Établir un lien entre la structure moléculaire et le caractère coloré ou non coloré d'une molécule. *Repérer expérimentalement des paramètres influençant la couleur d'une substance (pH, solvant...).*	Chapitre 4
Liaison covalente. Formules de Lewis ; géométrie des molécules. Rôle des doublets non liants. Isomérie *Z/E*.	Décrire à l'aide des règles du « duet » et de l'octet les liaisons que peut établir un atome (C, N, O, H) avec les atomes voisins. Interpréter la représentation de Lewis de quelques molécules simples. Mettre en relation la formule de Lewis et la géométrie de quelques molécules simples. Prévoir si une molécule présente une isomérie *Z/E*. Savoir que l'isomérisation photochimique d'une double liaison est à l'origine du processus de la vision. *Mettre en œuvre le protocole d'une réaction photochimique.* *Utiliser des modèles moléculaires et des logiciels de modélisation.* Recueillir et exploiter des informations sur les colorants, leur utilisation dans différents domaines, et les méthodes de détermination des structures (molécules photochromes, indicateurs colorés, peintures...).	Chapitre 6

Notions et contenus	Compétences attendues	Chapitres du manuel
Comprendre Lois et modèles ***Quelles sont les causes physiques à l'œuvre dans l'Univers ? Quelles interactions expliquent à la fois les stabilités et les évolutions physiques et chimiques de la matière ? Quels modèles utilise-t-on pour les décrire ? Quelles énergies leur sont associées ?***		
Cohésion et transformations de la matière		
La matière à différentes échelles : du noyau à la galaxie. Particules élémentaires : électrons, neutrons, protons. Charge élémentaire e. Interactions fondamentales : interactions forte et faible, électromagnétique, gravitationnelle. Cohésion du noyau, stabilité.	Connaître les ordres de grandeur des dimensions des différentes structures des édifices organisés. Connaître l'ordre de grandeur des valeurs des masses d'un nucléon et de l'électron. Savoir que toute charge électrique peut s'exprimer en fonction de la charge élémentaire e. Associer, à chaque édifice organisé, la ou les interactions fondamentales prédominantes. Utiliser la représentation symbolique ^A_ZX ; définir l'isotopie et reconnaître des isotopes.	Chapitre 7

Radioactivité naturelle et artificielle. Activité. Réactions de fission et de fusion. Lois de conservation dans les réactions nucléaires. Défaut de masse, énergie libérée. Réactions nucléaires et aspects énergétiques associés. Ordre de grandeur des énergies mises en jeu.	Recueillir et exploiter des informations sur la découverte de la radioactivité naturelle et de la radioactivité artificielle. Connaître la définition et des ordres de grandeur de l'activité exprimée en becquerel. Utiliser les lois de conservation pour écrire l'équation d'une réaction nucléaire. Utiliser la relation $\mathscr{E}_{\text{libérée}} = \lvert \Delta m \rvert c^2$. Recueillir et exploiter des informations sur les réactions nucléaires (domaine médical, domaine énergétique, domaine astronomique...).	Chapitre 8
Solide ionique. Interaction électrostatique ; loi de Coulomb. Solide moléculaire. Interactions de Van der Waals, liaison hydrogène.	Interpréter la cohésion des solides ioniques et moléculaires. *Réaliser et interpréter des expériences simples d'électrisation.*	Chapitre 9
Électronégativité. Effet du caractère polaire d'un solvant lors d'une dissolution. Conservation de la matière lors d'une dissolution.	Recueillir et exploiter des informations sur les applications de la structure polaire de certaines molécules (super absorbants, tensioactifs, alginates...). Prévoir si un solvant est polaire. Écrire l'équation de la réaction associée à la dissolution dans l'eau d'un solide ionique. Savoir qu'une solution est électriquement neutre. *Élaborer et réaliser un protocole de préparation d'une solution ionique de concentration donnée en ions.* *Mettre en œuvre un protocole pour extraire une espèce d'un solvant.*	Chapitre 10
Variation de température et transformation physique d'un système par transfert thermique.	Interpréter à l'échelle macroscopique les aspects énergétiques d'une variation de température et d'un changement d'état. *Pratiquer une démarche expérimentale pour mesurer une énergie de changement d'état.*	Chapitre 9
Nomenclature des alcanes et des alcools ; formule semi-développée. Lien entre les températures de changement d'état et la structure moléculaire dans le cas de l'eau, des alcools et des alcanes. Miscibilité des alcools avec l'eau.	Reconnaître une chaîne carbonée linéaire, ramifiée ou cyclique. Nommer un alcane et un alcool. Donner les formules semi-développées correspondant à une formule brute donnée dans le cas de molécules simples. Interpréter : – l'évolution des températures de changement d'état au sein d'une famille de composés ; – les différences de température de changement d'état entre les alcanes et les alcools ; – la plus ou moins grande miscibilité des alcools avec l'eau. *Réaliser une distillation fractionnée.*	Chapitre 11
Réactions chimiques et aspects énergétiques associés : énergie libérée lors de la combustion d'un hydrocarbure ou d'un alcool ; ordres de grandeur.	Écrire une équation de combustion. *Mettre en œuvre un protocole pour estimer a valeur de l'énergie libérée lors d'une combustion.*	Chapitre 16

Programme

Champs et forces		
Exemples de champs scalaires et vectoriels : pression, température, vitesse dans un fluide.	Recueillir et exploiter des informations (météorologie, téléphone portable...) sur un phénomène pour avoir une première approche de la notion de champ. Décrire le champ associé à des propriétés physiques qui se manifestent en un point de l'espace.	Chapitre 12
Champ magnétique : sources de champ magnétique (Terre, aimant, courant). Champ électrostatique : $E = \frac{\vec{F}}{q}$. Champ de pesanteur local : $\vec{g} = \frac{\vec{P}}{m}$.	Comprendre comment la notion de champ a émergé historiquement d'observations expérimentales. *Pratiquer une démarche expérimentale pour cartographier un champ magnétique ou électrostatique.* Connaître les caractéristiques : – des lignes de champ vectoriel ; – d'un champ uniforme ; – du champ magnétique terrestre ; – du champ électrostatique dans un condensateur plan ; – du champ de pesanteur local.	
Loi de la gravitation ; champ de gravitation. Lien entre le champ de gravitation et le champ de pesanteur.	Identifier localement le champ de pesanteur au champ de gravitation, en première approximation.	
Formes et principe de conservation de l'énergie		
Énergie d'un point matériel en mouvement dans le champ de pesanteur uniforme : énergie cinétique, énergie potentielle de pesanteur, conservation ou non-conservation de l'énergie mécanique. Frottements ; transferts thermiques ; dissipation d'énergie.	Connaître et utiliser l'expression de l'énergie cinétique d'un solide en translation et de l'énergie potentielle de pesanteur d'un solide au voisinage de la Terre. *Réaliser et exploiter un enregistrement pour étudier l'évolution de l'énergie cinétique, de l'énergie potentielle et de l'énergie mécanique d'un système au cours du mouvement.*	Chapitre 13
Formes d'énergie.	Connaître diverses formes d'énergie.	
Principe de conservation de l'énergie. Application à la découverte du neutrino dans la désintégration β.	Exploiter le principe de conservation de l'énergie dans des situations mettant en jeu différentes formes d'énergie.	

Notions et contenus	Compétences attendues	Chapitres du manuel
Agir **Défis du XXIe siècle** ***En quoi la science permet-elle de répondre aux défis rencontrés par l'Homme dans sa volonté de développement tout en préservant la planète ?***		
Convertir l'énergie et économiser les ressources		
Ressources énergétiques renouvelables ou non ; durées caractéristiques associées. Transport et stockage de l'énergie ; énergie électrique.	Recueillir et exploiter des informations pour identifier des problématiques : – d'utilisation des ressources énergétiques ; – du stockage et du transport de l'énergie. Argumenter en utilisant le vocabulaire scientifique adéquat.	Chapitre 14
Production de l'énergie électrique ; puissance. Conversion d'énergie dans un générateur, un récepteur. Loi d'Ohm. Effet Joule. Notion de rendement de conversion.	Distinguer puissance et énergie. Connaître et utiliser la relation liant puissance et énergie. Connaître et comparer des ordres de grandeur de puissances. Schématiser une chaîne énergétique pour interpréter les conversions d'énergie en termes de conservation, de dégradation. *Pratiquer une démarche expérimentale pour :* *– mettre en évidence l'effet Joule ;* *– exprimer la tension aux bornes d'un générateur et d'un récepteur en fonction de l'intensité du courant électrique.* Recueillir et exploiter des informations portant sur un système électrique à basse consommation.	Chapitre 15

Stockage et conversion de l'énergie chimique. Énergie libérée lors de la combustion d'un hydrocarbure ou d'un alcool.	Recueillir et exploiter des informations sur le stockage et la conversion d'énergie chimique. Écrire une équation de combustion. Argumenter sur l'impact environnemental des transformations mises en jeu. Déterminer l'ordre de grandeur de la masse de CO_2 produit lors du déplacement d'un véhicule.	Chapitre 16
Piles salines, piles alcalines, piles à combustible. Accumulateurs. Polarité des électrodes, réactions aux électrodes.	*Pratiquer une démarche expérimentale pour réaliser une pile et modéliser son fonctionnement. Relier la polarité de la pile aux réactions mises en jeu aux électrodes.* Recueillir et exploiter des informations sur les piles ou les accumulateurs dans la perspective du défi énergétique.	Chapitre 17
Oxydant, réducteur, couple oxydant/réducteur, réaction d'oxydo-réduction. Modèle par transfert d'électrons.	Reconnaître l'oxydant et le réducteur dans un couple. Écrire l'équation d'une réaction d'oxydo-réduction en utilisant les demi-équations redox.	Chapitre 17
Synthétiser des molécules et fabriquer de nouveaux matériaux		
Nanochimie.	Recueillir et exploiter des informations sur un aspect de la nanochimie (nanotubes de carbone, nanomédicaments, nanoparticules métalliques...).	Chapitre 20
Synthèse ou hémisynthèse de molécules complexes, biologiquement actives.	Recueillir et exploiter des informations sur une synthèse d'une molécule biologiquement active en identifiant les groupes caractéristiques.	Chapitre 20
Alcools, aldéhydes, cétones : nomenclature, oxydations.	Nommer des alcools, aldéhydes, cétones et acides carboxyliques. Reconnaître la classe d'un alcool. Écrire l'équation de la réaction d'oxydation d'un alcool et d'un aldéhyde.	Chapitre 18
Acides carboxyliques : nomenclature, caractère acide, solubilité et pH. Obtention d'un acide carboxylique ou d'une cétone ; rendement d'une synthèse.	Pratiquer *une démarche expérimentale pour :* *– extraire un acide carboxylique d'un mélange ;* *– oxyder un alcool ou un aldéhyde ;* *– mettre en évidence, par des tests caractéristiques ou une CCM, un ou des produits issus de l'oxydation d'un alcool ;* *– déterminer la valeur du rendement d'une synthèse.* *Réaliser une extraction par solvant, un chauffage à reflux, une filtration sous vide, une CCM, une distillation en justifiant du choix du matériel à utiliser.* Argumenter à propos d'une synthèse en utilisant des données physico-chimiques et de sécurité.	Chapitres 18 et 19
Synthèses et propriétés de matériaux amorphes (verres), de matériaux organisés (solides cristallins, céramiques) et de matières plastiques.	Recueillir et exploiter des informations pour relier les propriétés physiques d'un matériau à sa structure microscopique.	Chapitre 20
Créer et innover		
Culture scientifique et technique ; relation science-société. Métiers de l'activité scientifique (partenariat avec une institution de recherche, une entreprise...).	Réinvestir la démarche scientifique sur des projets de classe ou de groupes. Comprendre les interactions entre la science et la société sur quelques exemples. Communiquer sur la science, par exemple en participant à des actions de promotion de la culture scientifique et technique. Recueillir et exploiter des informations sur l'actualité scientifique et technologique, sur des métiers ou des formations scientifiques et techniques en lien avec des ressources locales.	Traité dans l'ouvrage de manière transversale (voir en particulier la double page 352-353)

Index

Achevé d'imprimer en Italie par Grafica Veneta
Dépôt légal: 06/2012 - Collection n° 52 - Edition n° 04
13/5535/3

Classification périodique

2 — Numéro de la colonne

Masse molaire atomique en g·mol^{-1} — 9,0 ; Numéro atomique — 4 ; Symbole* — Be ; Nom — Béryllium

* La couleur du symbole indique l'état physique du corps pur simple à 25 °C et 1,013 bar ou l'origine synthétique.

Li Solide — H Gaz — Hg Liquide — Tc Préparé par synthèse

Période	1	2	3	4	5	6	7	8	9	10	11	12	13	14	15	16	17	18
I	1,0 H 1 Hydrogène																	4,0 He 2 Hélium
II	6,9 Li 3 Lithium	9,0 Be 4 Béryllium											10,8 B 5 Bore	12,0 C 6 Carbone	14,0 N 7 Azote	16,0 O 8 Oxygène	19,0 F 9 Fluor	20,2 Ne 10 Néon
III	23,0 Na 11 Sodium	24,3 Mg 12 Magnésium											27,0 Al 13 Aluminium	28,1 Si 14 Silicium	31,0 P 15 Phosphore	32,1 S 16 Soufre	35,5 Cl 17 Chlore	39,9 Ar 18 Argon
IV	39,1 K 19 Potassium	40,1 Ca 20 Calcium	45,0 Sc 21 Scandium	47,9 Ti 22 Titane	50,9 V 23 Vanadium	52,0 Cr 24 Chrome	54,9 Mn 25 Manganèse	55,8 Fe 26 Fer	58,9 Co 27 Cobalt	58,7 Ni 28 Nickel	63,5 Cu 29 Cuivre	65,4 Zn 30 Zinc	69,7 Ga 31 Gallium	72,6 Ge 32 Germanium	74,9 As 33 Arsenic	79,0 Se 34 Sélénium	79,9 Br 35 Brome	83,8 Kr 36 Krypton
V	85,5 Rb 37 Rubidium	87,6 Sr 38 Strontium	88,9 Y 39 Yttrium	91,2 Zr 40 Zirconium	92,9 Nb 41 Niobium	95,9 Mo 42 Molybdène	98 Tc 43 Technétium	101,1 Ru 44 Ruthénium	102,9 Rh 45 Rhodium	106,4 Pd 46 Palladium	107,9 Ag 47 Argent	112,4 Cd 48 Cadmium	114,8 In 49 Indium	118,7 Sn 50 Etain	121,8 Sb 51 Antimoine	127,6 Te 52 Tellure	126,9 I 53 Iode	131,3 Xe 54 Xénon
VI	132,9 Cs 55 Césium	137,3 Ba 56 Baryum	138,9 La 57 Lanthane	178,5 Hf 72 Hafnium	180,9 Ta 73 Tantale	183,9 W 74 Tungstène	186,2 Re 75 Rhénium	190,2 Os 76 Osmium	192,2 Ir 77 Iridium	195,1 Pt 78 Platine	197,0 Au 79 Or	200,6 Hg 80 Mercure	204,4 Tl 81 Thallium	207,2 Pb 82 Plomb	209,0 Bi 83 Bismuth	210 Po 84 Polonium	210 At 85 Astate	222 Rn 86 Radon
VII	223 Fr 87 Francium	226 Ra 88 Radium	227 Ac 89 Actinium	Rf 104 Rutherfordium	Db 105 Dubnium	Sg 106 Seaborgium	Bh 107 Bohrium	Hs 108 Hassium	Mt 109 Meitnerium	Ds 110 Darmstadtium	Rg 111 Roentgenium	Cn 112 Copernicium						

VI	140,1 Ce 58 Cérium	140,9 Pr 59 Praséodyme	144,2 Nd 60 Néodyme	145 Pm 61 Prométhium	150,4 Sm 62 Samarium	152,0 Eu 63 Europium	157,3 Gd 64 Gadolinium	158,9 Tb 65 Terbium	162,5 Dy 66 Dysprosium	164,9 Ho 67 Holmium	167,3 Er 68 Erbium	168,9 Tm 69 Thulium	173,0 Yb 70 Ytterbium	175,0 Lu 71 Lutétium
VII	232,0 Th 90 Thorium	231,0 Pa 91 Protactinium	238,0 U 92 Uranium	237,0 Np 93 Neptunium	242 Pu 94 Plutonium	243 Am 95 Américium	247 Cm 96 Curium	247 Bk 97 Berkélium	249 Cf 98 Californium	254 Es 99 Einsteinium	253 Fm 100 Fermium	256 Md 101 Mendélévium	254 No 102 Nobélium	257 Lr 103 Lawrencium

Utilisation des produits chimiques :

Certains produits présentent des risques et doivent être manipulés en respectant des consignes de sécurité.
Un nouveau système européen de classification et d'étiquetage des produits chimiques, basé sur le Système Général Harmonisé (SGH), est entré en vigueur en décembre 2010.

L'étiquette du produit doit obligatoirement porter les indications suivantes :

– un ou plusieurs **pictogrammes SGH** de DANGER choisi(s) parmi les 9 pictogrammes du tableau ci-contre ;
– une **mention d'avertissement** en rouge :
ATTENTION pour les produits les moins dangereux et
DANGER pour les produits les plus dangereux ;
– une ou plusieurs **mention(s) de danger**. Chaque phrase correspond à un code formé par la lettre H suivie de 3 chiffres.
L'étiquette peut comporter aussi une **mention additionnelle de danger** dont le code est EUH suivi de 3 chiffres ;
– un ou plusieurs **conseil(s) de prudence** pour manipuler le produit en toute sécurité. Chaque conseil correspond à un code formé par la lettre P suivie de 3 chiffres.

<u>Exemples de mentions de danger :</u>

H224 : Liquides et vapeurs extrêmement inflammables.
H302 : Nocif en cas d'ingestion.
H304 : Peut être mortel en cas d'ingestion et de pénétration dans les voies respiratoires.
H315 : Provoque une irritation cutanée.
H319 : Provoque une sévère irritation des yeux.
H336 : Peut provoquer somnolence et vertiges.
H350 : Peut provoquer le cancer.
H373 : Risque présumé d'effets graves pour les organes.
H410 : Très toxique pour les organismes aquatiques, entraîne des effets néfastes à long terme.

EUH014 : Réagit violemment au contact de l'eau.
EUH031 : Au contact d'un acide, dégage un gaz toxique.
EUH059 : Dangereux pour la couche d'ozone.

<u>Exemples de conseils de prudence :</u>

P102 : Tenir hors de portée des enfants.
P210 : Tenir à l'écart de la chaleur / des étincelles / des flammes nues / des surfaces chaudes. Ne pas fumer.
P262 : Éviter tout contact avec les yeux, la peau ou les vêtements.
P273 : Éviter le rejet dans l'environnement.
P280 : Porter des gants de protection / des vêtements de protection / un équipement de protection des yeux/ du visage.
P310 : Appeler immédiatement un CENTRE ANTIPOISON ou un médecin.
P351 : Rincer avec précaution à l'eau pendant plusieurs minutes.
P403 : Stocker dans un endroit bien ventilé.

Liste complète sur le site de l'UNECE annexe 3 :
http://www.unece.org/trans/danger/publi/ghs/ghs_rev02/02files_f.html

SGH01

DANGER D'EXPLOSION
au contact d'une flamme ou d'une étincelle, par élévation de température, par frottements, par choc.

SGH02

DANGER D'INCENDIE
au contact d'une flamme ou d'une étincelle, par élévation de température, par frottement, par choc, au contact de l'air, au contact de l'eau.

SGH03

PRODUITS COMBURANTS
Ces produits peuvent **PROVOQUER OU AGGRAVER UN INCENDIE** et même provoquer une explosion en présence de produits inflammables.

SGH04

GAZ SOUS PRESSION
Ces produits peuvent **EXPLOSER** sous l'effet de la chaleur ou **PROVOQUER DES BRÛLURES PAR LE FROID** si ce sont des gaz réfrigérés.

SGH05

DANGER DE CORROSION
Ces produits peuvent **ATTAQUER LES MÉTAUX** par contact. **RONGER LA PEAU / LES YEUX** par contact avec la peau / les yeux ou projection.

SGH06

DANGER DE TOXICITÉ AIGUË
Par voie orale ou cutanée, par inhalation. Ces produits peuvent **EMPOISONNER** rapidement même à faible dose et **PROVOQUER DES EFFETS SUR L'ORGANISME** comme nausées, vomissements, maux de tête, perte de connaissance et même **ENTRAÎNER LA MORT**.

SGH07

DANGER SUR LA SANTÉ
Ces produits peuvent **EMPOISONNER** à forte dose, **IRRITER** la peau, les yeux, le nez, la gorge, **PROVOQUER DES ALLERGIES** cutanées, **PROVOQUER UNE SOMNOLENCE** ou des **VERTIGES**.

SGH08

DANGER POUR LA SANTÉ
Ces produits peuvent **PROVOQUER DES LÉSIONS GRAVES**. Ces produits peuvent être cancérogènes, mutagènes, toxiques pour la reproduction. Ils peuvent modifier le fonctionnement de certains organes ou provoquer des allergies respiratoires ou des lésions pulmonaires.

SGH09

DANGER POUR L'ENVIRONNEMENT
Ces produits ont des effets **NÉFASTES** pour l'environnement ou le milieu aquatique. Leur toxicité peut être aiguë ou chronique. Ne pas les jeter à l'égout.